Geschichte

des

Ostpreußischen Füsilier-Regiments Nr.

bearbeitet

von

R. Lehfeldt,

Premierlieutenant im Ostpreußischen Füsilier-Regiment Nr. 33.

Mit 7 Karten.

Berlin 1877.

Ernst Siegfried Mittler und Sohn,

Königliche Hofbuchhandlung

Kochstraße 69. 70.

Seiner Excellenz

dem

Königlich Preußischen General=Feldmarschall

Chef des Ostpreußischen Füsilier=Regiments Nr. 33

Ritter des hohen Ordens vom Schwarzen Adler, des Ordens pour le mérite
und anderer höchster Orden

Herrn Grafen v. Roon

aus Verehrung dargebracht

vom

Offizierkorps

des

Ostpreußischen Füsilier-Regiments Nr. 33.

Hochgeborner Herr Graf!

Hochgebietender Herr General-Feldmarschall!

Euer Excellenz ein äußeres Zeichen seiner hohen Verehrung an dem Tage darzubringen, an dem Hochdieselben fünfzig Jahre in den Reihen des Preußischen Heeres gestanden hatten, war dem Regimente versagt. An jenem denkwürdigen Tage stand das Regiment im Felde. Wenige Tage vorher hatte es im Treffen von Bapaume erneute Gelegenheit gefunden, sich seinem Könige treu bis in den Tod zu erweisen. Die Reihen seines Offizierkorps waren so gelichtet, daß kein Vertreter desselben im Königlichen Hauptquartier zu Versailles Euer Excellenz die Glückwünsche Hochdessen Regiments überbringen konnte. Als Ehrengabe für seinen hohen Chef konnte das Regiment nichts besseres bieten, als eine Darstellung seiner Theilnahme an dem ruhmreichen Kriege gegen Frankreich. In diesem war dem Regimente Gelegenheit gegeben, darzuthun, daß es den guten Geist bewahrt, den Euer Excellenz als Kommandeur desselben gehegt haben.

Seit dem Entschluß, Euer Excellenz Rechenschaft abzulegen über die Thätigkeit des Regiments im Kriege 1870/71 ist ein jahrelanger Zeitraum verstrichen. Inzwischen gelangten Darstellungen der Operationen der Armee und des Korps, in deren Reihen das Regiment gekämpft hatte, in die Oeffentlichkeit. Ein Studium derselben gestattete

es erst, die bald nach den Kämpfen aufgezeichneten Erlebnisse des Re=
giments im richtigen Zusammenhange mit den anderen Truppen zu
schildern; ein richtiges Bild im zugehörigen Rahmen zu geben. So
verzögerte sich der Beginn der Arbeit.

Die heute Euer Excellenz dargebrachte Geschichte des Regiments
schildert nicht allein die Theilnahme desselben an dem deutsch=französischen
Kriege, sondern die ganze Zeit seines Bestehens im preußischen Heere.
Im Sinne der von Euer Excellenz gegebenen Anregung, umfaßt die
vorliegende Arbeit auch Mittheilungen über die Geschichte der beiden
Königlich Schwedischen Regimenter, aus denen das Regiment hervor=
gegangen ist. Die Quellen, die zur Verfügung standen, reichten aber
nicht aus, um die ruhmreiche schwedische Vorgeschichte des Regiments
in erwünschter Ausführlichkeit zu verzeichnen.

Euer Excellenz haben Ihrem Regimente in dem Zeitraum von mehr
als fünfundzwanzig Jahren, seit dem Tage, an welchem Hochdieselben
als Kommandeur an die Spitze des 33. Infanterie=Regiments (1. Re=
serve) traten, Ihr hohes Wohlwollen unausgesetzt bewahrt. — Mögen
Hochdieselben die Aufzeichnung seiner Erlebnisse mit gleichem Wohl=
wollen entgegennehmen.

Vorwort.

Die Geschichte eines Regiments ist eine Familiengeschichte, ein Rechenschaftsbericht über die Thätigkeit in vergangener Zeit, ein Denkmal für die, die rühmlich in den Reihen des Regiments gewirkt haben, und ein Lehrbuch für die Kameraden, die dem Regimente angehören. Diese vielfältige Aufgabe zu lösen, ist bei der Niederschreibung der Erlebnisse des Ostpreußischen Füsilier=Regiments Nr. 33 versucht worden.

Erst nach der großen Zeit der Befreiungskriege in die Reihen des preußischen Heeres aufgenommen, fällt die erste Periode des Bestehens des Regiments in die fünfzigjährige Friedenszeit. Die Erlebnisse eines Regiments im langen Frieden geben keinen reichen Stoff zur Schilderung. Die Uniformität eines geregelten Dienstbetriebes läßt keine außergewöhnlichen Ereignisse verzeichnen und doch birgt sie ein rühmliches Walten. Denn was ist höher zu achten im Leben eines königstreuen Soldaten als strenge Pflichterfüllung? Einer solchen hat sich das Regiment von dem Tage seiner Formation an befleißigt und dafür reichen Lohn geerntet. Die Anerkennung seines Allerhöchsten Kriegsherrn und seiner Vorgesetzten ist dem Regiment in ausgedehntem Maße zu Theil geworden. Es durfte das ihm gespendete Lob auf den folgenden Seiten niedergeschrieben werden, ohne den Vorwurf ungebührlicher Selbstschätzung dadurch hervorzurufen. Viele der Führer und Offiziere des Regiments, deren Walten und Fürsorge das auszeichnende Lob zu danken ist, deckt schon des Vaterlandes Boden. Ihr Name lebt im Regiment fort, und damit er nie vergessen werde, steht er in der Geschichte desselben verzeichnet.

Die lange Friedenszeit beendete der Krieg gegen Oesterreich. Mit frohem Muth trat das Regiment in die Reihen der Elbarmee; aber nur sein zweites Bataillon kam in den Kampf. Das Siegen ging 1866 zu schnell, die beiden anderen Bataillone des Regiments mußten auf das Glück verzichten, ihre Feuerprobe zu bestehen.

Wenige Jahre des Friedens folgten. Die Herausforderung des französischen Volkes rief das deutsche unter die Waffen. Das Regiment, das schon lange Jahre auf der Wacht am Rhein gestanden, zog nach Frankreich. Die blutigen Siege lichteten seine Reihen. Viele fehlten bei der Heimkehr ins Vaterland, sie deckt fremde Erde. — Die Namen aller, die in den Reihen des Regiments den Heldentod fanden, sind in diesem Buche nicht genannt worden, sie sind der Nachwelt an anderer Stelle verkündet. Auf den in der Garnisonkirche zu Danzig angebrachten Tafeln und dem von den überlebenden Kameraden errichteten Denkmal auf dem Wiebenplatze in Danzig stehen ihre Namen in langen Reihen.

Die Abweichung von dem zur Gewohnheit werdenden Gebrauche, alle von feindlichen Geschossen getroffenen Kameraden, wie auch alle für ihr Wohlverhalten vor dem Feinde ausgezeichneten Offiziere und Mannschaften des Regiments in einer Geschichte desselben zu nennen, mag die Familiengeschichte vielleicht unvollkommen erscheinen lassen. Auch finden sich in der vorliegenden Geschichte nicht so zahlreiche Personal-Notizen, wie in den meisten Geschichten einzelner Truppentheile. Solche Mittheilungen füllen die Seiten, ohne den geschichtlichen Stoff zu mehren; wer sie sucht, findet sie in den Ranglisten. Einige derselben sind auch hier wieder gegeben; hauptsächlich im Eingange des Buches. Diese Ausnahme von dem eigenen Grundsatz schien geboten, weil sich so der Uebergang des Regiments aus dem schwedischen in den preußischen Dienst am klarsten darstellt.

Aus dem schwedischen Dienste brachten die beiden Stamm-Regimenter „Leib-Regiment der Königin" und „v. Engelbrechten" eine lange ruhmreiche Geschichte mit in das preußische Regiment. Sie ist seine Vorgeschichte. Daß ihre Darstellung nicht der Geschichte des Regiments vorangestellt ist, geschah, weil das heute bestehende Regiment seine eigene Geschichte erst mit dem Tage beginnen kann, an dem die beiden Stamm-Regimenter aufgehört hatten, zu bestehen. Die geschichtlichen Mittheilungen über dieselben, soweit solche mit völliger Gewißheit möglich geworden sind, folgen als Anhang der Geschichte des Regiments.

Ist auch die vorliegende Arbeit nicht frei von Mängeln und Lücken, so wird sie hoffentlich doch den Zweck erfüllen, der sie hervorrief; der Anfang zu sein der Aufzeichnung der lange fortdauernden, ruhmvollen Geschichte eines preußischen Regiments, dessen Angehörige alle von dem einen Wunsche beseelt sind, ihrem Kaiser und Könige, ihrem Vaterlande treu zu dienen bis in den Tod.

Danzig, im Juni 1877.

R. Lehfeldt,
Premierlieutenant
im Ostpreußischen Füsilier-Regiment Nr. 33.

In den erſten Jahren unſeres Jahrhunderts war kein Theil des
vielſtaatigen deutſchen Landes verſchont geblieben von den verheerenden
Folgen Napoleoniſcher Siegeszüge. Preußen, das am ſchwerſten gelitten, das gebrochen und zerbrochen ſchien, fand ſchnell die Kraft wieder,
die ihm von Napoleon im Frieden zu Tilſit auferlegten Ketten zu
ſprengen. Preußens Volk erhob ſich gegen den fremden Tyrannen und
ſchaarte ſich um die Fahne ſeines Königs. Die Siege, die Preußens
Heer im Befreiungskriege erfocht, rächten die Schmach von 1807. Vom
Niemen bis zum Rhein führten preußiſche Generale ihre ſiegreichen
Truppen, Deutſchland vom fränkiſchen Joche befreiend. Ueber den Rhein
bis zur Seine drangen kämpfend und ſiegend die preußiſchen Regimenter
vor. Am 30. März 1814 trugen ſie ihre Fahnen bis vor die Thore
von Paris. Napoleon war beſiegt, entthront. Mit ſeinem Nachfolger
auf dem franzöſiſchen Throne wurde am 30. Mai der Friede geſchloſſen.
Die Wiederherſtellung der deutſchen Staaten in ihren früheren Grenzen und des dauerhaften Gleichgewichts in Europa war nach den geheimen Artikeln zum Pariſer Friedensvertrage dem in Wien zuſammen-
tretenden Kongreſſe vorbehalten. Durch die Beſchlüſſe deſſelben erhielt
Preußen deutſche Gebiete, die es früher nicht beſeſſen, während es alte
Beſitzungen, wie Oſtfriesland und die fränkiſchen Fürſtenthümer abtrat.

Ein Stück deutſchen Landes, auf das ſchon die erſten brandenburgiſchen Hohenzollern ihr beſtehendes Recht geltend gemacht, nach
dem ſchon der Große Kurfürſt ſeinen mächtigen Arm vergeblich aus-
geſtreckt hatte, war durch die 121 Artikel der am 9. Mai 1815 vollzogenen
Schlußakte des Wiener Kongreſſes noch nicht in preußiſchen Beſitz
gelangt. — Schwediſch Pommern mit Rügen war in dem zwiſchen
Schweden und Dänemark am 14. Januar 1814 zu Kiel vereinbarten
Traktat für das mit Schweden vereinigte Norwegen an Dänemark abgetreten worden. Seinen neuen Beſitz trat Dänemark in einem Separat-
vertrage vom 4. Juni 1815 an Preußen ab. — Ein hundert acht und

siebzig Jahre waren vergangen, ehe das letzte Stück Pommerns und Rügen unter das Szepter eines Hohenzollers kamen, ehe das Erbe seinem rechtmäßigen Besitzer übergeben wurde. —

Die Herzöge der 1107 in den Gebieten der Pommerjanen an dem Strande des baltischen Meeres, zwischen Weichsel und Oder, begründeten Herzogthümer Ost= und Westpommern besaßen nicht die Macht, sich gegen die Gewaltthätigkeiten Dänemarks selbst zu schützen. Kaiser Friedrich I. übertrug 1182 dem Markgrafen von Brandenburg, Otto I. aus dem Hause Ballenstädt, Lehnshoheit über Pommern, das dafür von Brandenburg siegreich gegen Dänemark geschützt wurde. Die späteren Jahrhunderte brachten Erbverbrüderungen zwischen den Herzögen von Pommern und den Markgrafen von Brandenburg, aber auch blutige Fehden gegen einander, die noch fortdauerten, als 1415 der erste Hohen= zoller nach der Mark Brandenburg kam. Während der Regierung des zweiten Hohenzollers, Kurfürst Friedrich II., starb 1464 der Herzog von Stettin und mit ihm seine Linie. Der Kurfürst machte sogleich das verbriefte Erbrecht Brandenburgs geltend und wollte die Herrschaft über Stettin antreten, doch die pommerschen Ritter erhoben Einsprache und erkannten die Rechte des Kurfürsten nicht an, so lange noch Herzöge von Wolgast lebten. Die Herzöge Erich und Wratislaw von Wolgast traten die Herrschaft über das Herzogthum Stettin an. Der Bruder und Nachfolger Friedrichs II., Albrecht Achilles, ließ sich vom Kaiser sein Recht auf Pommern nochmals bestätigen. Der Kaiser belehnte ihn mit den Herzogthümern Stettin, Pommern, Wenden und dem Fürsten= thum Rügen und erließ an die Herzöge von Wolgast Gebotsbriefe, den Kurfürsten an der Besitznahme nicht zu hindern. Diese Fürsten leisteten Widerstand, als Albrecht seinem Recht Geltung verschaffen wollte. Es kam zu neuen Fehden und zu neuen Verträgen. Erst Kurfürst Joachim I. beendete durch den Vertrag von Grimmitz 1529 die Jahrhunderte lang bestehenden Erb= und Lehnsstreitigkeiten zwischen den pommerschen Her= zögen und den Kurfürsten von Brandenburg. In diesem Vertrage ward festgestellt, daß die brandenburgischen Kurfürsten wegen ihres als „un= zweifelhaft anerkannten" Erbrechts fortan den Titel und das Wappen von Pommern führen und befugt sein sollten, sich von den Prälaten, der Ritterschaft und den Städten Pommerns den Eid leisten zu lassen, daß sie nach Abgang der Herzöge von Pommern, dem Hause Branden= burg treu, hold und gewärtig sein sollten. — Von nun an schien der dereinstige ungetheilte Besitz von Pommern für die brandenburgischen Hohenzollern gesichert.

Neben der staatlichen Machtentwickelung der pommerschen Herzog=

thümer wuchs das Ansehen und die Unabhängigkeit einzelner Städte in denselben. Stralsund war die sechste Stadt des Hansebundes.

Der dreißigjährige Krieg führte die Heeresmassen Wallensteins, des Generals des baltischen ozeanischen Meeres, nach Pommern und vor die Thore Stralsunds. Sie wichen vor den Schweden zurück, die sich in Pommern bald zu Herren machten.

Nicht lange nach der Ausbreitung der Schweden in Pommern starb 1637 der letzte Herzog von Pommern, Boguslaw XIV., ohne männliche Nachkommen zu hinterlassen. — Kurfürst Georg Wilhelm von Brandenburg war jetzt der rechtmäßige Herr von Pommern. Er besaß aber nicht die Macht, das ihm von dem schwedischen Statthalter, Steno Bielke, streitig gemachte Land in Besitz zu nehmen.

Drei Jahre nach dem Tode des letzten Pommernherzogs bestieg Kurfürst Friedrich Wilhelm der Große den Thron Brandenburgs. Der jugendliche Hohenzoller trat in eine schwere Zeit ein, die auf seinem Lande lastete. Sie nahte ihrem Ende, als der westfälische Friede den dreißigjährigen Krieg beschloß. Bei den Friedensverhandlungen zu Münster und Osnabrück forderte der Große Kurfürst den unverkürzten Besitz Pommerns, dessen Titel und Wappen seine Vorfahren schon lange geführt hatten; auch die Stände und Städte Pommerns verlangten bei Brandenburg, dem sie den Huldigungseid geschworen, zu bleiben. Der Uebermacht mußte der Große Kurfürst sein gutes Recht opfern und es geschehen lassen, daß Schweden seinen Besitz in Pommern theilweise behauptete. Nur Hinterpommern mit dem vormaligen Stifte Kamin, wurde Brandenburg aus der pommerschen Erbschaft zum Besitz gegeben, Vorpommern, Rügen, Stettin, Garz, Gollnow und die Obermündungen blieben schwedischer Besitz.

Die schwedische Nachbarschaft und gemeinsamen Interessen in Polen, machten den großen Kurfürsten zu einem starken Verbündeten Schwedens, das später dem Verlangen des französischen Königs folgend, zum gefährlichen Feinde wurde, bis der Sieg von Fehrbellin die Schweden die Stärke Brandenburgs unter den Hohenzollern fühlen ließ. Die Grenze zwischen schwedischem und brandenburgischem Besitz in Pommern blieb aber unverändert. Erst in dem Frieden zu Stockholm 1720, der dem nordischen Kriege ein Ziel setzte, gelangte König Friedrich Wilhelm I. in Preußen in den Besitz von Stettin und den Theil Vorpommerns zwischen Oder und Peene, sowie die Inseln Usedom und Wollin. Nur das Herzogthum Vorpommern mit Stralsund und Rügen blieben fortan in schwedischem Besitze bis zum Kieler Frieden, der dieses Land in den Besitz Dänemarks brachte. — Die Ausführung des Kieler Friedens stieß in Norwegen auf Widerstand. So lange die dadurch verzögerte Abtretung Norwegens an Schweden nicht erfolgte, blieb Pommern noch in schwedischem Besitz. Auch auf dem Wiener Kongreß wurden dem dänischen Besitz in Pommern ernste Bedenken entgegengestellt. Dänemark suchte unter diesen Umständen eine ihm günstige Einigung mit Preußen herbeizuführen, das gern bereit war, gegen die Abtretung des ihm zugefallenen Herzogthums Lauenburg und die Zahlung von 2,600,000 Thlr. in sämmtliche droits et titres, die Dänemark auf schwedisch Pommern erworben, einzutreten.

Ein hundert acht und siebenzig Jahre waren seit dem Tode des letzten Pommernherzogs Boguslaw XIV. vergangen, so lange Zeit hatte es gewährt, ehe Vorpommern und Rügen unter die rechtmäßige Herrschaft eines Hohenzollers kam. Einhundert fünf und achtzig Jahre hatte Schweden über diese Gebiete geherrscht, sie waren aber darum nicht für Deutschland verloren gegangen; sie hatten weder die deutsche Sprache, noch deutsche Gesittung aufgegeben und mit Freuden leisteten die Pommern dem Könige von Preußen ihren Huldigungseid. — Dänemark hat den Besitz Pommerns faktisch niemals angetreten, Preußen übernahm dieses Land von Schweden.

Am 19. September 1815 vollzog König Friedrich Wilhelm III. in Paris das Besitzergreifungspatent des mit der preußischen Monarchie vereinigten Herzogthums Pommern und des Fürstenthums Rügen. Der König beauftragte den Staatsminister und Oberpräsidenten von Pommern, v. Ingersleben, in Seinem Namen den Besitz zu ergreifen. Seit dem 30. Januar war durch ein Dekret des Königs Karl XIII. von Schweden der Feldmarschall Graf von Essen von dem Generalgouvernement über Pommern abberufen und wurden von dem Vizegouverneur dem Fürsten zu Putbus die Civilgeschäfte des Generalgouverneurs verwaltet. Die Leitung der militärischen Funktionen des Generalgouvernements lagen in anderer Hand.

In der Hauptstadt des neuen preußischen Landes, Stralsund, der wehrhaften Stadt, war das Generalkommando der schwedisch = pommerschen Truppen, unter dem königlich schwedischen Generallieutenant v. Engelbrechten. Diese Truppen waren im Juli 1814 aus dem Feldzuge der Nord=Armee unter dem Kronprinzen von Schweden nach ihrer Heimath zurückgekehrt, es waren die beiden Infanterie=Regimenter:

„Leibregiment der Königin" und

„Regiment v. Engelbrechten".

Außer diesen beiden Infanterie=Regimentern gehörten zu den schwebisch-pommerschen Truppen*) damals eine Kompagnie Artillerie, ein Marinedetachement und die Festungsbehörden von Stralsund.

Jedes der beiden Infanterie-Regimenter hatte zwei Bataillone zu sechs Kompagnien formirt. Das erste Bataillon des Leibregiments Königin stand zur Zeit der Uebernahme Pommerns durch Preußen in Greifswald, das zweite Bataillon in Stralsund. Hier hatten auch beide Bataillone des Regiments v. Engelbrechten ihre Garnison.

Die Mannschaften dieser beiden Regimenter, wie überhaupt alle in schwedisch Pommern liegenden Truppen waren pommerisch-deutschen Ursprungs und gehörten so von nun an zu den Dienstpflichtigen des preußischen Heeres. Auch die Offiziere, Beamten und Unteroffiziere waren zum größten Theile deutscher Abstammung.

In schwedischen Diensten hatten diese Truppen Kriegsruhm und Dank ihres Kriegsherrn in vielen Kriegen und unzähligen Schlachten und Gefechten erworben. Der neue Kriegsherr, König Friedrich Wilhelm III. faßte den hochherzigen Entschluß, in Würdigung der ruhmreichen Geschichte der beiden Infanterie-Regimenter, diese nicht aufzulösen, sondern bis zu einer späteren Bestimmung über sie, in ihrer Formation und ihrem seitherigen Truppenverbande fortbestehen zu lassen. Von dem königlichen Willen gab der General v. Engelbrechten den ihm unterstellten Truppen Kenntniß. Den Offizieren und Beamten und den nicht in Pommern geborenen Unteroffizieren und Mannschaften wurde es freigestellt, in den preußischen Dienst einzutreten oder nach Schweden zurückzukehren.

Am 1. Oktober vollzog König Carl XIII. im Schlosse zu Stockholm das Entlassungspatent für die in schwedisch Pommern bestehenden Behörden und Truppen. Die Entlassung derselben aus ihren Pflichten gegen die Krone Schwedens sollte mit dem Tage der Uebergabe eintreten. Für die Uebergabe ernannte der König den Generallieutenant Freiherrn v. Boye zu seinem Kommissarius.

Dem preußischen Kommissarius für die Uebernahme, dem Staatsminister von Ingersleben, war der Oberst v. Steinwehr speziell zur Uebernahme der Truppen und der Festung Stralsund beigegeben worden.

Der 23. Oktober war der Tag der feierlichen Uebergabe. An diesem Tage begab sich der Minister v. Ingersleben in das Gouvernementshaus, wo er von dem Regierungskanzler v. Pachelbel empfangen

---

*) Die für die Dauer des Krieges formirte schwedisch-pommersche Legion war bereits am 16. Juni 1814 aufgelöst worden.

und in das Regierungs-Konferenzzimmer geleitet wurde, um dort nach
altem Herkommen von dem Fürsten und Herrn zu Putbus als Nachkommen der alten rügianischen Fürsten den Huldigungseid zuerst und
besonders zu empfangen. — Im großen Saale des Gouvernements-
hauses, wo die höchsten und höheren Landesbehörden, der kommandirende
General, Generallieutenant v. Engelbrechten, sämmtliche Militärchefs,
die Deputirten der Ritterschaft, der Städte, der Universität Greifswald,
der Geistlichkeit versammelt waren, wurde erst die schwedische und dann
die preußische Vollmacht verlesen und beide ausgewechselt. Während im
Gouvernementshause diese Formalitäten sich vollzogen, waren durch das
Knieperthor die beiden Regimenter mit klingendem Spiel und entfalteten Fahnen an den Strand gerückt. Der Chef des Leibregiments
der Königin, der Generalmajor v. Normann, führte hierbei das
Kommando über die beiden Regimenter. Diese stellten sich in einem
Viereck auf, in dessen Mitte zunächst der General v. Boye und der
General v. Engelbrechten traten. Nach ihnen kamen der Minister
v. Ingersleben und der Oberst v. Steinwehr mit ihrem Gefolge. —

General v. Boye entließ die Truppen ihres Eides mit folgenden
Worten:

Soldaten!

Jetzt, da ich Euch zum letzten Male als Waffenbrüder begrüße
und den Auftrag erfülle, zu Folge dessen ich auf immer von Euch scheide,
rufe ich mir die Zeit ins Gedächtniß zurück, wo wir miteinander nach
einer Kriegsehre strebten, nach derjenigen, dem gemeinschaftlichen Vaterlande zur Mauer zu dienen.

Mit Freude blicke ich zurück auf die Gebirge des Nordens, wo ich
Euer Anführer gewesen, und wo ich Euch des ruhmvollen Zeugnisses
würdig gefunden, welches, in der Kriegsgeschichte Schwedens aufbewahrt,
Euch zur Dankbarkeit seines Königs und seines Volkes berechtigt. Es
gewährt mir daher eine innige Zufriedenheit, Euch nun im hohen Namen
derselben diese Dankbarkeit zu verkündigen, und so in Euch die Zuversicht zu erregen, daß Eure Würdigkeit zu einer Vereinigung mit der
tapfern preußischen Armee werde anerkannt werden. Folget dem neuen
Paniere mit derselben Treue und demselben Muthe, womit Ihr die
Fahnen vertheidigt, welche die Nachwelt den glorreichen Denkmälern
schwedischer Kriegsthaten beigezählt finden wird.

Soldaten!

Der König, mein Herr, löst heute das Band auf, daß Euch mit Ihm
und dem Königreiche Schweden vereinigt hat. Er entbindet Euch des Eides,
den Ihr Ihm geschworen und stets heilig gehalten. Der Abschied

Sr. Majestät ruft Euch zu gleichen Gesinnungen auf gegen Se. Majestät den König von Preußen. So nehmet denn diese Botschaft der Trennung vom schwedischen Throne. Meine aufrichtigen Wünsche werden Euch auf Eurer neuen Kriegsbahn begleiten.

Diesen Worten des Generals folgte ein dreimaliges Hoch auf den bisherigen Kriegsherrn König Karl XIII. von Schweden. Danach traten die Fahnenträger mit den schwedischen Fahnen aus den Reihen der Bataillone. Die alten Feldzeichen wurden durch die Regimentskommandeure dem General v. Boye übergeben. Er umarmte hierauf die Generale, Regiments- und Bataillonskommandeure und verließ dann mit den Fahnen die Truppen, denen sie bis zu dieser Stunde treu gefolgt waren.

Die beiden Infanterie-Regimenter „Leibregiment der Königin" und „v. Engelbrechten", hatten aufgehört der schwedischen Armee anzugehören.

Nachdem General v. Boye das Karree verlassen hatte, trat der Oberst v. Steinwehr in die Mitte und hielt folgende Rede:

Herr General, meine Herren!

Da die Besitznahme des Herzogthums Pommern und Fürstenthums Rügen für Se. Majestät den König von Preußen nunmehr erfolgt und das zu diesen Landen gehörende Militär von des Königs von Schweden Majestät durch Höchstihren Bevollmächtigten seines Eides entbunden worden ist, so übernehme ich hiermit als Allerhöchst ernannter Militär-Kommissarius das hier versammelte Militär im Namen Sr. Majestät des Königs, meines Herrn. In welcher Art Se. Majestät über dasselbe künftig zu bestimmen geruhen werden, ist mir noch nicht bekannt, indeß wird es gewiß auf eine Art geschehen, die zur allgemeinen Zufriedenheit gereichen wird. Es fordert der Beruf unseres Standes; daß Sie und Ihre Untergebenen, welche die Verpflichtungen desselben übernommen haben, die Ersten sind, welche durch Ablegung des Eides ihren festen Willen laut zu erkennen geben, dem Könige, unserm Allergnädigsten Landesherrn überall und jederzeit getreu und redlich zu dienen.

Die Trennung von einem Staate und von einer Armee, an deren Ruhm Sie den thätigsten Antheil genommen haben, kann nicht ohne diejenige Rührung geschehen, welche die natürliche Folge einer langen Verbindung ist. Um so stärker aber und unauflöslicher wird das Band sein, welches Sie von nun an wieder als Deutsche an das deutsche Vaterland knüpft, dem Sie ursprünglich angehören.

Die Liebe zum alten Vaterlande ist das Erbtheil Ihrer Väter, welches Sie treulich bewahrt haben, in dessen vollen Genuß Sie durch) die Uebereinkunft der für das wahre Wohl ihrer Völker bedachten Fürsten nun wieder eingesetzt worden sind.

So lassen Sie uns denn als Brüder, welche die große Begebenheit der neueren Zeit für immer verbunden hat, die feierliche Handlung jetzt beginnen, wozu wir hier versammelt sind, und durch die Feier des Gottesdienstes auf eine würdige Art uns dazu vorbereiten.

Nach diesen Worten sangen die Regimenter die ersten Verse des Liedes: „Nun danket alle Gott"; der Feldprediger Lagemann trat in die Mitte und wies mit beredtem Munde auf die Heiligkeit des Eides hin. Als er seine Predigt geendet, ließ der Oberst v. Steinwehr unter präsentirtem Gewehr die preußischen Kriegsartikel verlesen. Darauf legten der General v. Engelbrechten und der Ober=Auditeur zuerst den Eid ab. Hiernach schworen die sämmtlichen Offiziere und Mannschaften der beiden Regimenter den Fahneneid. Nach dem Schwure wurde das Gewehr geschultert und sangen die Mannschaften der beiden Regimenter die letzten Verse des angestimmten Liedes. Nach einem Gebet ertheilte der Prediger den Segen. — Ein dreimaliges Hurrah der neuen preu=ßischen Soldaten für ihren König Friedrich Wilhelm III. beschloß die Feier. Nach derselben formirten sich die Truppen zu einem Vorbei=marsch und defilirten in Parade vor dem General v. Engelbrechten und dem Oberst v. Steinwehr vorüber.

Bei der Mittags . stattfindenden Wachtparade war die Parole: „Treues" die Losung „Volk". Der erste Parolebefehl lautete: „Die preußische Kokarde wird von sämmtlichen Truppen sogleich angelegt".— Den Tag der Eidesleistung beschloß eine Festfeier in den Regimentern. Zu derselben hatte der Staatsminister v. Ingersleben 600 Thaler dem General v. Engelbrechten zur Verfügung gestellt: „mit dem er=gebensten Ersuchen, solche unter den beiden Regimentern, „Leibregiment Königin" und „v. Engelbrechten" zu vertheilen, dergestalt, daß eine jede Kompagnie an dem wichtigen Tage, welcher diese schönen Regimenter der preußischen Armee einverleibt, die Summe von 25 Thaler zu einer beliebigen Rekreation erhalte, um auf das Wohl unseres theuren Königs, dessen Gesinnung wir durch Erregung des soldatischen Frohsinns zu ent=sprechen glauben, sich erfreuen zu können."

Am folgenden Tage fand die Anbringung der preußischen Wappen am Gouvernementshause, der Hauptwache ꝛc., unter besonderer Feier=lichkeit statt. Zu derselben war eine Kompagnie des Leibregiments der Königin mit der Regimentsmusik vor der Wohnung des Staatsministers v. Ingersleben aufgestellt. Als unter der Führung des Regierungsraths

Heuer und des Rittmeisters v. Colmar das königliche Wappen, von zwei Unteroffizieren der Gensdamerie getragen, an der Thür des Hauses des Ministers erschien, präsentirte die Kompagnie und stimmte die Musik zum ersten Male die preußische Nationalhymne, „Heil Dir im Siegerkranz", an. Nachdem sich die Begleitung des königlichen Wappens auf dem rechten Flügel der Kompagnie aufgestellt hatte, wurde geschultert und setzte sich der Zug unter klingendem Spiele nach den Gebäuden in Bewegung, an denen das Wappen angebracht wurde.

Am 26. Oktober marschirte das 1. Bataillon des Leibregiments nach Greifswald zurück und übernahm dort wieder den Dienst in der Garnison.

Bis zu der näheren Bestimmung über die fernere Organisation und Formation der beiden Regimenter verblieben sie unter dem direkten Befehl des General v. Engelbrechten, welcher seine Befehle von dem in Brandenburg und Pommern kommandirenden General Graf Tauentzien von Wittenberg empfing. Die beiden Regimenter behielten vorerst ihre Uniform und Abzeichen, nur die Kokarde kennzeichnete sie als preußische Regimenter.

Jedes derselben hatte zwei Bataillone zu sechs Kompagnien, die selten mehr als 100 Mann stark waren. Außerdem gehörten zu jeder derselben 5 Unteroffiziere, worunter 1 Fahnenjunker und 1 Feldwebel, 2 Tambours und 1 Pfeifer.

Nach französischem Muster hatte eine jede Kompagnie eine für den Tirailleurdienst bestimmte Anzahl Mannschaften, die auf dem linken Flügel der Kompagnie rangirt standen und Jäger genannt wurden. War das Bataillon vereinigt, so formirten die Jäger der 6 Kompagnien eine Jägerdivision. Bei dem Leibregiment der Königin hatte außerdem jede Kompagnie eine bestimmte Anzahl ausgesuchter Leute, die als Grenadiere auf dem rechten Flügel der Kompagnien standen. Eine besondere Auszeichnung des Leibregiments der Königin war es, daß ihm von der jedesmaligen regierenden Königin eine Leibfahne mit dem Familienwappen derselben verliehen wurde. Das Regiment genoß dieselben Vorrechte, die den schwedischen National-Leibregimentern zukamen.

Das Kommando war auch bei den beiden deutschen Regimentern schwedisch, ebenso die schriftliche Dienstsprache. Die Oekonomie verwaltete jeder Kompagniechef selbstständig in seiner Kompagnie. Die hierfür bestimmten Etatsfonds wurden ihm zur Verwendung ausgezahlt.

Die Uniform der Mannschaften des Leibregiments bestand aus dunkelblauen Montirungen mit gelben abgeschrägten Kragen, Aufschlägen und Schooßbesätzen; auf jeder Seite des Kragens und auf den Aufschlägen waren weiße Bandlitzen aufgenäht. Die Mannschaften trugen Epauletts nach Art der Franzosen; die Jäger grün, die Grenadiere roth und die übrigen Mannschaften weiß wollene. Dunkelblaue, im Sommer weiße Pantalons, Schuhe mit kurzen, schwarzen Tuchkamaschen, schwarze Binden, dunkelblaue Kapotmäntel und dunkelblaue Feldmützen mit gelbem Besatz waren die anderen Uniformstücke. Der Czakot war von schwarzem Filz mit Lederdeckel und weißen Schuppenketten. Am Czako war ein eingepreßter Wappenstern aus weißem Blech, ein Pompon von der Farbe der Epauletts und unter demselben statt der Kokarde das Kompagnieabzeichen. Zur Parade wurden gelbe Rabatten mit vier Paar weißen Doppellitzen von Band auf die Knöpfe der Montirungen aufgeknöpft und am Czako weiße Kordons mit zwei Flechten, so wie ein weißer, in das Pompon einzusteckender Federbusch getragen.

Die Offiziere trugen Montirungen mit langen Schößen; aber ohne Litzen, außerdem aber einen hellblauen Uniformsüberrock ohne farbige Abzeichen, mit zwei Reihen weißer Knöpfe; für gewöhnlich hellgraue Beinkleider mit silberner Seitentresse, zur Parade hellblaue Beinkleider mit silberner Seitentresse und vorn reich mit Silber schoitaschirt, hellblaue Feldmützen mit Silbertresse, Epaulettes mit gereifelten Halbmonden und Generalsfranzen, bei welchen goldene Sternchen die Gradabzeichen bildeten (der Oberst hatte in jeder Epaulette eine Krone), silberne Passanten. Degen in Lederscheiden oder Säbel in Messingscheiden mit goldblauem Portepee wurden an Leibkoppeln von Silbertresse mit gelbem Lederfutter, durch Löwenknöpfe geschlossen, über dem Rock getragen. Vorn am Czakot war ein mit einer Krone verzierter silberner Stern mit blauem, runden Emailleschilde, worin der rothe pommersche Greif. Halb von diesem Stern verdeckt war die gelbseidene Kokarde unter einer Agraffe von zwei silbernen Kandillen. Das runde, mit Silberschnur besetzte Pompon, wurde zur Parade mit einem weißen Federbusch geschmückt. Außerdem wurden zur Parade am Czakot gold-blaue Kordons getragen, welche bis zur Schulter herabhingen. Die Schärpe, welche kein Dienststück ausmachte, bestand aus zwei blau und gelben seidenen Streifen, mit gelbseidenen Quasten, und wurde nur zu großen Paraden angelegt.

Die Uniformirung des Regiments v. Engelbrechten war wie die des Leibregiments, nur mit der Unterscheidung, daß Offiziere und Mannschaften Montirungen von dunkelblauem Tuche trugen, deren Kragen, Aufschläge und Rabatten roth und ohne Litzen waren. Das Regiment hatte auch keine Epauletts, sondern schmale blaue Schulterklappen. Die

Federbüsche waren von gelber Farbe. Die Offiziere trugen nur dunkelblaue Beinkleider ohne Treffen und hatten keine Schärpe.

Die Bewaffnung beider Regimenter bestand in englischen Stein-
schloßgewehren und Säbeln, die am Bandelier getragen wurden, die
Unteroffiziere trugen keine Gewehre, sondern Degen an Leibkoppeln.

An der Spitze eines jeden Regiments stand ein Regimentschef,
der Oberst oder Generalmajor seinem Range nach war. Chef des
Leibregiments der Königin war bei der Uebernahme in preußische
Dienste der Generalmajor v. Normann, der des Regiments v. Engel-
brechten der genannte General. Unter dem Regimentschef stand ein
Oberstlieutenant als Führer des Regiments, dem im Range zwei
Majors folgten, die die beiden Bataillone kommandirten. Diese vier
Offiziere waren gleichzeitig Chefs von Kompagnien. Die ökonomische
Verwaltung ihrer Kompagnien fiel ihnen zu und wurden ihnen die etats-
mäßigen Gelder gewährt; in der Dienstfunktion eines Kompagniechefs
wurden sie aber durch vier Stabskapitäns vertreten. Die übrigen
acht Kompagnien standen unter Kompagniechefs, die Kapitäns waren.
Ein Stabskapitain war Regimentsquartiermeister und Adjutant des
Regimentschefs. Außerdem gehörten zu dem Etat des Offizierkorps
eines Regiments 12 Lieutenants und 14 Fähnriche,*) von denen 2 als
Adjutanten fungirten; 1 Regimentsaubiteur, 1 Regimentspastor und
1 Regimentsarzt.

Eine Eigenthümlichkeit der schwedischen Armee war die nominelle
Rangerhöhung, durch die die Abstufung der Militärgrade im Regiment
nicht alterirt wurde. Es gab neben den Graden im Regiment noch
Grade in der Armee und Titulaturgrade, so daß der Fall eintreten
konnte, daß ein Lieutenant im Regiment gleichzeitig Kapitain in der
Armee und Titular-Oberst war. Als Lieutenant im Regiment that er
den Dienst eines solchen und bezog auch nur dessen Besoldung. Als
Kapitain in der Armee rangirte er in der Armee bei allen Dienstver-
richtungen, wobei Offiziere von mehreren Regimentern kommandirt waren
und bei Versetzungen, überhaupt in allen Beziehungen, die nicht direkt
das Regiment betrafen; als Titular-Oberst hatte er durchaus nur den
Titel und konnte außerhalb des Dienstes die damit verbundene Dekoration
tragen, auf das Rangverhältniß in der Armee hatte dieser Titel keinerlei
Einfluß.

---

*) Der Rang eines schwedischen Lieutenants entsprach dem eines Premier-
lieutenants, der eines Fähnrichs dem eines Sekondelieutenants der preußischen
Armee.

Bei der Uebernahme der beiden Regimenter waren ihre Offizierkorps wie folgt zusammengesetzt:

1. Leibregiment der Königin.

Regimentschef:	Generalmajor v. Normann.
Oberstlieutenant im Regiment: Oberst i. d. Armee	v. Friedrichs.
Erster Major:	Oberst in der Armee Baron v. Boye.
Zweiter „	Oberst in der Armee v. Hennings.
Kapitän und Kompagniechef: Major in der Armee	Graf v. Jahnke.
„ „ „ „ „ „ „	v. Vogelsang.
„ „ „ „ „ „ „	C. v. Boye.
„ „ „ „ „ „ „	v. Sodenstierna.
„ „ „ „ „ „ „	v. Stegemann.
„ „ „	Lichtenfeld.
„ „ „	v. Normann.
„ „ „	Ryberg.
Stabskapitän	v. Carnal.
Stabskapitän u. Regts.-Quartiermeister	C. Schwing.
Stabskapitän:	v. Thun.
„	G. v. Quillfeld.
„	Reinhold Bartholdi.
„	v. Knuth.
Lieutenant:	Kapitän in der Armee H. v. Friedrichs.
„	„ „ „ „ W. v. Köhler.
„	„ „ „ „ C. v. Harder.
„	Scheele.
„	v. Friedrichs.
„	„ „ „ „ A. v. Normann.
„	A. v. Blessingh.
„	v. Homeyer.
„	C. v. Blessingh.
Fähnrich:	A. v. Friedrichs.
„	Wossidlo.
„	Bergmann.
„	v. Mühlenfels.
„	v. Klinkowstroem.
„	v. Jhlenfeld.
„	C. v. Usedom.
„	v. Lindequist.
„	C. v. Friedrichs.
„	F. v. Seeckt.

Fähnrich:	Damm.
"	R. v. Seeckt.

Außerdem beim Regiment placirt:

Fähnrich:	W. v. Seeckt.
"	v. Eckensteen.

Unterstab:

Regimentsauditeur:	Stroem.
Regimentspastor:	Lagemann.
Regimentsarzt:	Lembke.

2. Regiment von Engelbrechten.

Regimentschef:	Generallieutenant v. Engelbrechten.
Oberstlieutenant:	Oberst in der Armee v. Gützkow.
Erster Major:	Oberstlieutenant in der Armee Bar. v. Düben.
Zweiter Major:	" " " " v. Rehfeldt.
Kapitän u. Kompagniechef:	Maj. i. d. Armee Groenland.
" " "	" " " " v. Dhlen.
" " "	" " " " v. Souhr.
" " "	" " " " v. Stjernroos.
" " "	Schütz.
" " "	R. v. Norrmann.
" " "	v. Reder.
Stabskapitän:	C. v. Lilljeström.
"	Mellendorf.
"	F. v. Lilljeström.
"	Flint.
Stabskapitän u. Regts.-Quartiermeister	G. Schwing.
Lieutenant:	Kapitän in der Armee v. Adlerbaum.
"	" " " " G. v. Köhler.
"	v. Wachenhusen.
"	L. v. Köhler.
"	G. v. Lilljeström.
"	Grönland.
"	v. Pachelbel.
"	v. Boß.
"	v. Schwarzer.
Fähnrich:	v. Norrmann.
"	v. Nußbaum.
"	Bar. v. Klot-Trautvetter.
"	v. Bohlen.

Fähnrich:	v. Pollet.
„	v. Kahlden.
„	C. v. Harder.
„	v. Hochwächter.
„	C. v. d. Lanken.
„	v. Schubert.
„	G. v. Harder.
„	Büssow.
„	Freund.
„	F. v. d. Lanken.
„	M. v. Normann.
„	C. v. d. Lanken.
„	Bancamp.
„	C. v. Usedom.
„	G. v. Usedom.

Außerdem beim Regiment placirt:

Kapitän:	v. Mühlenfels.
Lieutenant:	Schütt.
„	Halleen.

Unterstab:

Regimentspastor:	Howitz.
Regimentsarzt:	Dr. Winchenbach.

In beiden Regimentern begann gleich nach ihrer Uebernahme in die preußische Armee unter der Leitung ihrer Regimentsführer v. Friedrichs und v. Gützkow reger Eifer für die Kenntniß des preußischen Dienstes. Die Söhne Neuvorpommerns waren bestrebt, schnell so gute Soldaten zu werden, wie sie in den Reihen der altpommerschen Regimenter standen.

Der November verging, ohne daß die sehnlichst erwartete Bestimmung des Königs über eine andere Formation der Regimenter und das Schicksal der Offiziere erfolgte. Erst gegen Ende des Dezembers traf nachstehende Allerhöchste Kabinets-Ordre ein, durch die das fernere Geschick der beiden Regimenter bestimmt und geregelt wurde:

Da mit der Provinz schwedisch Pommern auch die beiden dortigen Regimenter, nämlich des Leibregiment Königin und das Infanterie-Regiment v. Engelbrechten übernommen worden sind, so habe Ich in der Rücksicht, daß sie bisher einen Theil der schwedischen stehenden Armee ausgemacht und sich stets brav bewiesen haben, beschlossen, sie in Meine Linien-Infanterie aufzunehmen, aus ihnen aber, da sie beide noch nicht die Stärke eines Linien-Infanterie-Regiments Meiner Armee erreichen, nur ein Regiment, und zwar das 33., formiren zu lassen. Das Regiment soll den nämlichen Etat wie die übrigen Regimenter Meiner Armee erhalten. Seine Formation geschieht in Stettin und es tritt zur 6. Brigade. Aus den beiden ehemaligen schwedisch-pommerschen Regimentern, welche zusammen nur aus 195 Unteroffizieren, 47 Spielleuten und 1452 Gemeinen bestehen, werden außer der nöthigen Zahl von Unteroffizieren und Spielleuten noch 1200 durchaus dienstfähige Leute zur Formation des 33. Regiments ausgewählt, so daß eine jede Kompagnie 100 Mann erhält, die übrigen Mannschaften bei jenen Regimentern verbleiben zur Formation der Landwehr im ehemaligen schwedisch Pommern und werden mit unbestimmtem Urlaub in ihre Heimath entlassen. Die außer jenen 1200 Mann zur Komplettirung des Regiments noch erforderliche Anzahl feldbiensttauglicher Leute wird von den Garnison- und Ersatzbataillonen genommen und ihre Abgabe in der Art angeordnet, daß sie mit jenen beiden Regimentern zur Formation in Stettin zusammentreffen. Welches von den drei Bataillonen des 33. Regiments das Füsilierbataillon sein soll, werde Ich noch bestimmen; vorläufig kann das dritte mit schwarzem Lederzeug versehen werden. Bei der Verpflegung wird der gewöhnliche Friedensetat der Linien-Infanterie-Regimenter zu Grunde gelegt; insofern indessen Feldwebel, Unteroffiziere und Gemeine ein höheres Gehalt in den ehemals schwedisch-pommerschen Regimentern bezogen haben sollten, als sie nach ihrer Anstellung im 33. Infanterie-Regiment bekommen, soll ihnen der Mehrbetrag als eine persönliche extraordinär zu liquidirende Zulage gewährt werden, die jedoch mit dem Abgange der jetzigen Empfänger erlischt. Durch die beiden bei den schwedisch-pommerschen Regimentern befindlichen Chirurgen werden die Chirurgenstellen nach den verschiedenen Verhältnissen bis auf anderweitige Bestimmung besetzt, die fehlenden Chirurgen aber durch den Generalstabs-Chirurgen ernannt. Auch muß für die fehlenden Büchsenmacher gesorgt werden. Bei der Formation soll das Regiment preußische Fahnen erhalten. Die Uniform desselben werde ich noch bestimmen, auch in Ansehung der Offiziere das Nöthige festsetzen. Ich gebe ihnen indeß anheim, schon jetzt immer die Formation nach den bevorstehenden Bestimmungen zu verfügen.

Berlin, den 15. Dezember 1815.

gez. Friedrich Wilhelm.

An den Kriegsminister

General v. Boyen.

In beiden Regimentern herrschte große Freude über die Entscheidung des königlichen Kriegsherrn, die statt einer erwarteten Trennung die Regimenter in Zukunft enger miteinander verband. Wenige Tage nach Eingang der Kabinets-Ordre traf der erste preußische Kommandeur des 33. Infanterie-Regiments Oberst v. Thile in Stralsund ein, um die Formation des neuen Regiments zu beginnen. Eine Allerhöchste Kabinets-Ordre, die an den Generallieutenant v. Engelbrechten gerichtet war, brachte die noch ausstehende Allerhöchste Entscheidung über die Verwendung der ehemals schwedischen Offiziere der beiden Regimenter.

„Ich übersende Ihnen hier neben die Rangliste der bei dem 33. Infanterie-Regimente angestellten Offiziere. Aus derselben werden Sie ersehen, welche Offiziere des ehemaligen schwedischen Leibregiments Königin und des von Engelbrechten Ich in jenes Regiment versetzt habe. Die Beilagen zeigen, welche ehemals schwedischen Offiziere Ich in die Infanterie-Regimenter und wie Ich sie angestellt habe, welche bis zu ihrer Anstellung Wartegeld haben und welche mit Gnadengehalt in den Ruhestand treten sollen. Ueber die beiden Seeoffiziere Longe und Moerk werde ich noch disponiren.

gez. Friedrich Wilhelm.

Aus den Beilagen zu der Allerhöchsten Kabinets-Ordre ging hervor, daß vom Leibregiment der Königin drei Offiziere verabschiedet, sechszehn Offiziere zu andern Regimentern versetzt und zweiundzwanzig Offiziere im 33. Regiment angestellt worden, während vom Regiment v. Engelbrechten elf Offiziere verabschiedet, sechs zu andern Regimentern versetzt und achtundzwanzig Offiziere im 33. Regimente angestellt waren. Ferner waren in das neue Regiment gleichzeitig mit dem Regiments-kommandeur sieben Offiziere aus anderen preußischen Regimentern in das neue versetzt worden.

Die beiden Offiziere des Festungsstabes Kapitain v. Albedyll und Premierlieutenant Schütt waren anderen Regimentern aggregirt worden, dieser unter Belassung als Adjutant des Generals v. Engelbrechten. Die beiden in der Kabinets-Ordre genannten Marineoffiziere verblieben als solche bei dem Stabe der Kommandantur in Stralsund und bildeten so gewissermaßen den Anfang eines preußischen Seeoffizierkorps.

Am letzten Tage des denkwürdigen Jahres 1815 formirte Oberst v. Thile das Offizierkorps des 33. Infanterie-Regiments. Noch ehe die letzte Stunde des Jahres herangenaht, in welchem neue unvergängliche Lorbeeren um die Fahnen des preußischen Heeres gewunden worden, war in der alten deutschen Hansestadt Stralsund, deren Thore Wallenstein verschlossen blieben, deren Bewohner mit trotzigem Muthe ihren

Glauben zu vertheidigen mußten, ein neues preußisches Offizierkorps entstanden. Die Männer, die demselben angehörten, trugen die Namen der pommerschen Ritterschaft. Der gute deutsche Geist, der in dieser gehegt worden, war eine herrliche Mitgabe, die deren Söhne dem neuen Regiment brachten. Das junge Offizierkorps, das die Berechtigung in sich trug, sich sogleich dem preußischen Offizierkorps an die Seite zu stellen, war wie folgt zusammengesetzt:

Regimentskommandeur:	Oberst v. Thile*) aus Sachsen,
Oberst	Frhr. v. Boye aus Pommern,
Major	v. Kuylenstierna aus Schweden,
„	Graf v. Jahnke aus Pommern,
„	Frhr. v. Boye „ „
„	v. Sodenstierna „ „
„	v. Stegemann „ „
Kapitän	Lichtenfeld „ „
„	v. Normann „ „
„	Nyberg „ „
„	v. Bismarck*) aus Altmark,
„	v. Schmeling*) „ Pommern,
„	Mellendorff „ „
„	v. Lilljenström aus Stralsund,
„	Flint aus Pommern,
„	Schwing I. aus Rügen,
„	Schwing II. „ „
„	v. Korff*) aus Preußen,
„	v. Adlerbaum aus Stralsund,
Premierlieutenant	v. Sydow*) aus Neumark,
„	v. Wachenhusen aus Mecklenburg,
„	v. Haselau*) aus Ostpreußen,
„	v. Köhler aus Wismar,
„	Frhr. v. Obernitz*) aus Sachsen,
„	Scheele aus Pommern,
„	v. Blessingh aus Pommern,
„	v. Voß aus Stralsund,
Sekondelieutenant	Halleen „ Schweden,
„	v. Normann aus Stralsund,
„	v. Wehrs*) „ Hannover,

---

*) Diese Offiziere sind von andern Regimentern in das neuformirte versetzt worden.

Sekondelieutenant	Waffiblo aus Pommern,
"	v. Nußbaum aus Mecklenburg,
"	v. Bergmann aus Schweden,
"	v. Mühlenfels aus Mecklenburg,
"	Frhr. v. Klot-Trautvetter aus Pommern,
"	v. Bohlen aus Rügen,
"	v. Pollet aus Stralsund,
"	v. Ihlenfeld aus Mecklenburg,
"	v. Klinkowström aus Pommern,
"	v. Usedom I. aus Rügen,
"	v. Lindequist aus Pommern,
"	v. Kahlden " "
"	v. Hochwächter aus Rügen,
"	v. d. Lancken I. aus Pommern,
"	v. Schubert " "
"	v. Harder I. " "
"	v. Harder II. aus Rügen,
"	Buessow aus Stralsund,
"	Freundt " "
"	v. Seeckt I. " Pommern,
"	Damm " "
"	v. Friedrichs " "
"	v. d. Lancken II. aus Pommern,
"	v. Normann aus Rügen,
"	v. d. Lancken III. aus Stralsund,
"	Bancamp aus Stralsund,
"	v. Seeckt II. aus Pommern,
"	v. Usedom II. " Rügen,
"	v. Usedom III. aus Rügen.

Die Namen der Offiziere wie deren Heimath zeigen, daß das neuformirte Regiment viele pommersche Adelsfamilien dem Heere zuführte, deren Söhne die Reihen des preußischen Offizierkorps in Zukunft zahlreich zierten. Wie sie früher brave schwedische Offiziere gewesen, so wurden sie auch tüchtige preußische Offiziere, treue Unterthanen ihres Königs.

Die schwierige Aufgabe des Obersten v. Thile wurde ihm sehr erleichtert durch die thätige Theilnahme des Generals v. Engelbrechten, der sich wie ein Vater der in Stralsund stehenden Truppen erwies. Es war aber auch vieles zu thun, wozu es der Vermittelung eines er-

klärenden Freundes bedurfte. Besonders waren es die Titularbezeich=
nungen einzelner Offiziere, die der Aufklärungen bedurften, da sie deren
Uebernahme in die ihnen zukommenden Stellungen erschwerten. In ein=
zelnen Fällen mußte die Allerhöchste Entscheidung angerufen werden.
Eine Allerhöchste Kabinets=Ordre vom 30. Dezember 1815 an den
General v. Engelbrechten entschied:

Sie werden aus der Rangliste des Offizierkorps vom 33. In=
fanterie = Regiment ersehen, daß Ich dem Obersten v. Boye diesen
Charakter belassen habe. Da er aber im schwedischen Leibregimente
nur Major war und in diesem Verhältnisse eigentlich Mir überkom=
men ist, so kann er nicht als Oberster in Meiner Armee einrangiren,
also in diesem Grade noch kein Patent erhalten, sondern Ich behalte
Mir vor, in Zukunft erst zu bestimmen, wann ihm das Patent zu
Theil werden kann. Der Major Graf Jahnke muß auf den Titel als
Oberstlieutenant ganz Verzicht leisten, weil es in Meiner Armee keine
Titularoffiziere giebt und alle Stabsoffiziere durch die gesammte Armee
rangiren.

gez. Friedrich Wilhelm.

An demselben Tage vollzog der König eine andere Allerhöchste
Kabinets=Ordre, die dem verdienten General v. Engelbrechten einen
königlichen Lohn für seine Arbeit und sein biederes Streben brachte,
durch die der Uebergang der ehemals schwedischen Truppen in die neuen
Verhältnisse und die günstige Aufnahme derselben im preußischen Heere
sehr erleichtert worden. Die Kabinets=Ordre lautete:

Die beiden mit schwedisch Pommern übernommenen Infanterie=
Regimenter haben sich bisher bei allen Gelegenheiten so brav bewie=
sen, daß Ich sie gerne in Meine Linien=Infanterie aufgenommen habe;
sie sind indessen an Mannschaften zu schwach, um als zwei Regi=
menter fortzubestehen und Ich habe daher beschlossen, aus ihnen ein
Linien=Infanterie=Regiment zu bilden, das den Namen das 33. führen
und zur Brigade von Stettin gehören soll. Es ist Mir aber daran
gelegen, auch Ihnen bei dieser Gelegenheit einen Beweis Meines Wohl=
wollens zu geben und Ich verleihe Ihnen daher die Chefsstelle bei
diesem Regiment als eine Ehrencharge in der Art, daß das Regi=
ment neben dem Namen des 33. Infanterie = Regiments auch den
Ihrigen führen und Ihnen den Rapport monatlich einreichen soll;
wogegen es aber in allen anderen Dienstbeziehungen blos von seinem
Kommandeur und dessen vorgesetzten Behörden abhängig bleibt. Sie
haben übrigens das Kommando in Stralsund bisher mit so vieler Um=

2*

ſicht geführt, daß Ich Ihnen daſſelbe auch von Meiner Seite wieder anvertraue.

Berlin, den 30. Dezember 1815.   gez. Friedrich Wilhelm.
An den Generallieutenant v. Engelbrechten.

So war dieſer um das Wohl ſeiner Truppen ſo bemüht geweſene General in dem Augenblick, in dem für ihn die Trennung von ſeinen Lieben in naher Ausſicht ſtand, durch ein neues Band mit denſelben dauernd vereint worden.

In den erſten Tagen des Jahres 1816 traf das ſeitherige erſte Bataillon des Leibregiments der Königin von Greifswald in Stralſund ein. Nachdem jetzt die vier Bataillone der beiden Regimenter vereinigt waren, ging Oberſt v. Thile ſogleich daran, das neue Regiment zu formiren. Es geſchah dies in der Art, daß die erſten acht Kompagnien des Leibregiments das neue 1. Bataillon des 33. Regiments, die erſten acht Kompagnien des Regiments v. Engelbrechten das 2. Bataillon, die letzten vier Kompagnien des Leibregiments die 9. und 10. Kompagnie, die letzten vier Kompagnien des Regiments v. Engelbrechten die 11. und 12. Kompagnie des 33. Regiments formirten. Schon am 19. Ja= nuar war die Formation des Regiments beendet.

Noch in den ſchwediſchen Montirungen begann ſogleich ein eifriges Exerziren nach dem preußiſchen Reglement, doch hatte es ſeine Schwie= rigkeiten damit, da außer den wenigen in das Regiment verſetzten alt= preußiſchen Offizieren keiner der andern in den neuen Formen Beſcheid wußten. Die Hauptarbeit blieb für die nächſte Zeit in Stettin auf= geſpart. Dorthin marſchirten am 10. Februar das 1. und 2. Bataillon. Das Füſilierbataillon folgte erſt am 23. Februar, nachdem ein Ba= taillon des 2. Regiments in Stralſund eingetroffen war.

Das Regiment war aus ſeiner Heimath, von ſeiner Geburtsſtätte, aus dem Theile Deutſchlands geſchieden, mit deſſen Geſchicken die ſei= nigen durch Jahrhunderte hindurch eng verbunden geweſen. Die ruhm= reiche Geſchichte der beiden ſchwediſchen Regimenter, Leibregiment der Königin und v. Engelbrechten, iſt das Eigenthum des preußiſchen 33. In= fanterie=Regiments geworden, das aus dieſen beiden Regimentern formirt worden. Es darf daher in einer Geſchichte dieſes Regiments die ſchwe= diſche Vorgeſchichte der beiden Stammregimenter vollberechtigt Aufnahme finden. Sie kann aber nicht mit der gewünſchten Ausführlichkeit und Klarheit gegeben werden, da es an archivaliſchen Quellen mangelt, — wenigſtens ſind noch nicht genügende entdeckt; in beſchränkter Form iſt ſie als eine Beilage der Geſchichte des Regiments angefügt worden. —

Majestät übertragen, und auch bereits die Eintheilung der Offiziere festgestellt, die den Regimentern, sobald die Eintheilung in den Bataillonen und Kompagnien geschehen, zugehen soll.

Nach den höheren Bestimmungen soll das 1. Bataillon des jetzigen 33. Infanterie-Regiments und dem aus den feldbienstfähigen Leuten von vier Garnisonbataillonen zu formirenden neuen Bataillon künftig das 34. Regiment (2. Reserve) bilden. Das 2. und Füsilierbataillon bilden als 1. und 2. Bataillon das 33. (1. Reserve-) Regiment. Vom 1. April tritt die neue Benennung ein und die Rapporte des künftigen Monats sollen nach dem neuen Etat angefertigt werden. Dieser wird dem Regiment noch zugehen. Nach einer Benachrichtigung haben Se. Majestät sich dahin geäußert, daß das neue zu formirende 34. Regiment in diesem Jahre von Allerhöchstdemselben in Augenschein genommen werden soll. Das 1. Bataillon desselben soll daher schon am 25 März nach Kolberg abrücken, denn diese Festung und Stralsund sind dem 34. Regiment als Garnison angewiesen. Vom 33. bleibt das 1. Bataillon in Graudenz, das 2. in Thorn, also wie jetzt stehen."

Schon Tags nach diesem Regimentsbefehle erhielt Oberstlieutenant v. Pfuel nachstehende Allerhöchste Kabinets-Ordre:

Ich übersende Ihnen hierneben die Ranglisten der bei den neu zusammenzusetzenden 33. und 34. Reserve-Infanterie-Regimentern angestellten Offiziere und übertrage Ihnen die spezielle Leitung der Formation unter der Oberleitung des Generalkommandos. Sie werden mit beiden neuen Regimentern bis zur weitern Verfügung dergestalt in Verbindung bleiben, daß Sie denselben ferner als Regimentskommandeur vorstehen. Sobald die Bestimmungen zur neuen Formation beider Regimenter Ihnen zugekommen sind, werden Sie sich denselben unterziehen.

Ich vertraue Ihrem Eifer zu Meinem Dienste, daß Sie sich dieses Auftrages zu Meiner Zufriedenheit entledigen werden und erwarte nach Beendigung desselben darüber Ihren umständlichen Bericht.

Berlin, den 3. März 1820.

gez. Friedrich Wilhelm.

Die beabsichtigte Beschleunigung der Formation des neuen Regiments konnte nicht zur Durchführung gelangen, da die von dem in Pillau stehenden 1. Garnisonbataillon heranzuziehenden Mannschaften nicht so frühzeitig eintrafen, daß das Regiment schon am 25. März hätte abmarschiren können; es erging vielmehr der Befehl, daß die Formation in aller Ruhe zu vollziehen sei. Nach Beendigung derselben sollte das 1. Bataillon des 34. Regiments nach Stralsund, das 2. nach Kolberg, den beiden zukünftigen Garnisonen, abrücken. Der Regimentskommandeur, Oberstlieutenant v. Pfuel, scheint persönlich die Veranlassung gegeben zu haben, daß unterm 29. März eine Benachrichtigung aus dem Kriegsministerium einging, wonach es den Allerhöchsten Intentionen gemäß sein würde, daß der Regimentsstab zum 34. Regiment übertrete und fortan mit diesem der Kommandeur der beiden Regimenter seine Garnison in Stralsund nehme. Als der kommandirende General v. Borstell hiervon Kenntniß erhielt, schrieb er u. A. an den Oberstlieutenant v. Pfuel: „Bei dem Interesse, das Ew. Hochwohlgeboren für das bisherige 33. Infanterie-Regiment, welches den guten Zustand, in dem es sich befindet, vorzugsweise Ihrer ausgezeichneten Führungsweise verdankt, und das nun unter Ihrer ferneren Führung verbleibt, hegen werden, darf der Unterzeichnete glauben, daß Sie bei der Formation des neuen 34. Infanterie-Regiments nicht die Mittel der hier zurückbleibenden Bataillone des 33. Regiments zu deren Nachtheil erschöpfen werden, namentlich wäre es wohl sehr schade, das so schöne Musikkorps zu trennen. Indeß dürfte eine Theilung desselben zu einem und zwei Drittheilen wohl in der Sache selbst liegen. Wie Sie nun diese Theilung in Hinsicht der Mannschaften und Instrumente zu ordnen gedenken, wird hier zu erfahren gewünscht." — Die Theilung der Musik erfolgte leider zum Nachtheil des Regiments, indem das von dem kommandirenden General als schön bezeichnete Musikkorps zum 34. Regiment übertrat und dem Regimente nur die zehn etatsmäßigen Hautboisten mit ihren Instrumenten belassen wurden. Die spätere Neubildung eines Musikkorps, in das die 1818 bei dem Füsilierbataillon errichtete Hornmusik aufgenommen wurde, legte dem Regiment beträchtliche Kosten auf. Auch noch ein Restbestand an kupfernen Feldkesseln und eine schwedische Bibliothek wanderten auf Befehl des Regimentskommandeurs mit nach Stralsund. Mit dem 1. Bataillon des Regiments hörte auch die äußere Auszeichnung eines Theiles desselben für die schwedische Vergangenheit als Leibregiment der Königin auf. Die Fahne des 1. Bataillons, deren Inschrift auf diese Auszeichnung hinwies, wurde die Fahne des 1. Bataillons des 34. Regiments. Ebenso die am Czakot angebrachten Blechschilde. Sie gingen derart auf das neuformirte Regiment mit über, daß dessen beide Bataillone diese Auszeichnung fortan trugen. Obschon die bisherige 9. und 10. Kompagnie, nunmehr 5. und 6. des 33. Regiments, ausschließlich aus Kompagnien des ehemals schwedischen Leibregiments der Königin formirt worden waren, blieb vorerst diesem Regiment kein äußeres Erinnerungszeichen dafür.

Das bisherige 1. Bataillon des 33. Regiments verließ im April als

34. Infanterie-Regiment (2. Reserve) gleichzeitig mit dem Regimentskom-
mandeur Graudenz, um nach Kolberg und Stralsund abzumarschiren.
So kurze Zeit auch erst das Offizierkorps des 33. Regiments bestand,
und obschon sich dasselbe aus preußischen und ehemals schwedischen
Offizieren, die mit ihrer Vergangenheit auf verschiedenem historischen
Boden standen, zusammensetzte, so hatte sich doch der kameradschaftliche
Geist, der das Kleinod der preußischen Offiziere ist, schnell zu voller
Blüthe entfaltet. Die Theilung des Offizierkorps und die Trennung
von liebgewonnenen Freunden war für alle gleich schmerzlich. — Da
die Zahl der Offiziere des 33. Regiments nicht ausreichte um die beiden
Offizierkorps vollzählig zu machen, so wurden zur Füllung der Lücken
aus andern Regimentern Offiziere in das 33. wie auch 34. Regiment
versetzt. — Die getrennten Offizierkorps waren folgende:

33. Infanterie-Regiment (1. Reserve). 34. Infanterie-Regiment (2. Reserve).
Kommandeur: Oberstlieutenant v. Pfuel.

Maj. v. Toll.	Maj. Nyberg.
⸱ Goeppingen.	⸱ Graf Bismarck v. Bohlen.
Kapit. v. Schmeling.	Kapit. v. Liebermann, bisher
⸱ v. Zenge, bisher aggreg. b.	aggr. b. 14. Inf.-Reg.
2. Inf.-Regt.	⸱ Mellendorf.
⸱ v. Korff.	⸱ v. Lilljeström.
⸱ v. Sydow.	⸱ v. Mühlenfels.
⸱ v. Haselau.	⸱ v. Wachenhusen.
⸱ Frhr. v. Obernitz.	⸱ v. Koehler.
⸱ Bering.	⸱ v. Melchior, bisher aggr.
⸱ Schmidt, bisher aggreg. b.	b. 15. Inf.-Reg.
21. Inf.-Reg.	⸱ v. Blessingh.
Pr.-Lieut. Gruetzmacher I.	Pr.-Lieut. v. Voß.
⸱ v. Palubicki.	⸱ Meister, bisher aggr.
⸱ Amtsberg.	b. 7. Inf.-Reg.
⸱ v. Rczewski.	⸱ v. Norrmann I.
⸱ v. Schoenermark, bis-	⸱ Wossidlo.
her aggr. b. 26. Inf.-	⸱ Bergmann.
Regt.	⸱ v. Seeckt I.
⸱ v. Nusbaum.	⸱ v. Barnekow.
⸱ v. Troschke, bisher	⸱ v. Lindequist.
aggr. b. 22. Inf.-Reg.	St.-Lieut. Zierold, bisher aggr.
⸱ v. Jhlenfeldt.	b. 2. Inf.-Reg.
St.-Lieut. v. Brczeski.	⸱ v. Hochwächter.

33. Infanterie-Regiment (1. Reserve). 34. Infanterie-Regiment (2. Reserve).

St.-Lieut. Gruetzmacher II.	St.-Lieut. v. d. Lancken I.
= Kopp.	= v. Schubert.
= Rohde.	= Werner.
= Wellmann.	= v. Harber.
= Stephani.	= Büssow.
= Ley.	= Damm.
= Böhm.	= v. Friedrichs.
= Weymann.	= v. d. Lancken II.
= v. Poyda.	= v. Normann II.
= v. Zadow.	= v. d. Lancken III.
= Baron v. Segond und Banchet.	= v. Seeckt II.
= Guise.	= v. Usedom I.
= Schneider.	= v. Usedom II.
= v. Friederici.	= Steffen.
= Graf v. Hoym.	= v. d. Osten.
= Graf v. Wartensleben.	= v. Hackwitz.
= Hauß.	= Timme.
= v. Stubnitz.	= Thiede.
	= v. Norrmann III.

Am 11. April berichtete der Oberstlieutenant v. Pfuel über die beendete Formation des 33. und 34. Regiments und sagt über die des 33. Regiments:

„Das bisherige 2. und 3. oder Füsilierbataillon bilden nun das 1. und 2. Bataillon 33. Regiments. Ihre innere Einrichtung ist in soweit unverändert geblieben, als nur allein drei Subaltern-Offizierstellen eingegangen sind. — Die Rangliste der Offiziere war von Sr. Majestät bestimmt worden. — Der Major Goeppingen erhielt das 1. Bataillon, der Major v. Toll behielt das 2. Bataillon. — Acht Unteroffiziere dieses Regiments wurden mit Bewilligung des hohen Generalkommandos von Preußen zum neuen 34. Regiment versetzt, um diesem Regiment bei dem Mangel an tauglichen Subjekten dazu als Aushülfe zu dienen. Auch die Garnisonen des Regiments blieben unverändert.

Gleichzeitig mit der Formation der neuen Reserveregimenter war eine Aenderung bei den ihnen zugehörigen Landwehrbataillonen herbeigeführt worden. Das zum Regiment gehörige Landwehrbataillon war das 1. Bataillon des 1. kombinirten Reserve-Landwehrregiments und hieß Landwehrbataillon (Kargesches) des 33. Infanterie-Regiments (1. Reserve).

Nachdem das Regimentskommando nach Stralsund verlegt worden, wurde dem Major v. Toll die Stellvertretung des Regimentskommandeurs übertragen.

Der gemeinsame Ursprung, die Kameradschaft der beiden Offizierkorps und die Leitung derselben durch einen gemeinsamen Regimentskommandeur erhielten den Verkehr zwischen beiden Regimentern lebhaft aufrecht.

Im Oktober rückte das Füsilierbataillon als nunmehriges 2. Bataillon von Thorn nach Graudenz in Garnison, wo das frühere 2. jetzt 1. Bataillon verblieben war.

Die bald deutlich hervortretenden Schwierigkeiten, die durch die große Entfernung des Regimentskommandos von Graudenz entstanden, wurden durch eine Allerhöchste Bestimmung beseitigt. Der älteste, wirkliche Bataillonskommandeur des 33. Regiments hatte die Geschäftsführung mit dem Generalkommando, die Oekonomie und Justiz des Regiments zu besorgen und von Allem, was er darin vornahm, dem Kommandeur des Regiments Meldung zu machen. In Folge dieses Allerhöchsten Befehls übernahm der Major v. Toll von nun an die eigentliche Leitung aller dienstlichen Angelegenheiten des Regiments. Als eine Entschädigung für den größeren Kostenaufwand, der ihm hieraus erwuchs, wurde ihm der Servis eines Regimentskommandeurs bewilligt.

Der Anfang des Jahres 1821 führte einen Theil des 33. Infanterie-Regiments in die Gegend von Loebau, wo in Folge der Aufhebung des dortigen Bernhardiner Klosters Unruhen ausgebrochen waren. 2 Kompagnien unter dem Befehl des Hauptmanns v. Zenge erfüllten den Auftrag, die Unruhen niederzuhalten.

Am 18. Juni 1822 inspizirte der kommandirende General v. Borstell das Regiment. Derselbe hatte schon in den früheren Jahren dem Regimente stets volles Lob gezollt und sich als ein großer Gönner desselben gezeigt. In diesem Jahre sprach General v. Borstell in einem Tagesbefehl vom 15. August sein Wohlwollen und seine ausgezeichnete Zufriedenheit ganz besonders aus und stellte das Regiment dem I. Armeekorps zum Muster hin. Er sagt in seinem Tagesbefehl über das ihm durch Major v. Toll vorgestellte Regiment: „Mit wahrem Vergnügen habe ich wiederum ein Regiment besichtigt, das in allen Theilen in einer so vortrefflichen Ordnung ist. Ungetheilte Aufmerksamkeit, Sicherheit und schnelle ordnungsmäßige Ausführung, wie sie nur immer verlangt werden konnte, leuchteten überall hervor und liefern den Beweis, welche nutzbare Thätigkeit in diesem Regimente besteht. Die Rekruten

waren diesem Regimente vierzehn Tage später als den übrigen Regi=
mentern des I. Armeekorps zugekommen und dennoch habe ich sie
gleich den alten Leuten, nicht nur in dem diesem Regimente eigenthümlich
gewordenen schönen eleganten Tritt und der Normalstellung, sondern
auch im Bataillonsdienst so rein ausgearbeitet gefunden, daß nirgend
Fehler oder auch nur Unsicherheit ihre Gegenwart andeuteten u. s. w.“
Am Schlusse des Tagesbefehl heißt es dann weiter: „Mögen die in
den wichtigsten Beziehungen erprobten und auch von mir hoch verehrten
alten Regimenter des mir untergebenen Armeekorps das Gesagte be=
herzigen und zur Erreichung der Zufriedenheit unseres theuern Königs
und Herrn es mir nicht verargen, wenn ich, was die einzelnen Aus=
arbeitungen und Zusammenstellungen alles dessen anbetrifft, worauf im
Frieden Werth gelegt wird, Ihnen das jüngste, erst wenige Jahre im
preußischen Dienste bestehende 33. Infanterie=Regiment als musterhaft
vorstelle, während ich diesem jungen und schönen Regimente für den
Krieg selbst kein besseres Beispiel als das dieser alten Stammre=
gimenter unseres preußischen Kriegsruhmes aufzustellen vermag.“ Dieses
schöne Lob des kommandirenden Generals mußte dem Regimente, nach=
dem es sechs Jahre im preußischen Dienste bemüht gewesen, denselben
zu lernen und zu üben, ein schöner Lohn für seine Arbeit sein, eine
Aufmunterung zur ferneren Arbeit und zur Erhaltung des guten Rufs,
den sich das Regiment in so kurzer Zeit erworben hatte.

Auch im darauf folgenden Jahre sprach der kommandirende General
v. Borstell bei seiner Inspizirung am 17. Juli seine vollständige Zu=
friedenheit mit dem Regimente erneut' aus.

Im Jahre 1824 fanden große Uebungen beim I. Armeekorps
statt. Dasselbe wurde in der Gegend von Danzig zusammengezogen
und manövrirte dort in der zweiten Hälfte des August. Am 26. fand
eine große Parade und am 27. ein Manöver vor dem Kronprinzen
Friedrich Wilhelm statt. Das Regiment nahm mit seinen beiden Ba=
taillonen daran Theil; geführt vom Major v. Toll. Bei dieser Ge=
legenheit sprach Se. Königliche Hoheit der Kronprinz vor dem versam=
melten Armeekorps lobende Worte für das Regiment, indem Höchst=
dieselben erklärten, daß namentlich bei dem Vorbeimarsch der Truppen
der Vorbeimarsch des Regiments ihn allein vollständig befriedigt habe.
Die Manöver währten bis zum 19. September, während derselben
ließ der kommandirende General v. Borstell das Regiment als Muster
vor allen Offizieren des Armeekorps exerziren und erwarb sich hierbei
das Regiment ungetheilten Beifall. Nochmals wurde das so reichlich

gewährte Lob in einem am Schluß der Korpsübung erlassenen Korpsbefehl wiederholt, in welchem es u. A. wörtlich heißt: „Vorzüglich ausgezeichnet haben sich durch dargethane Ordnung im Laufe der vierwöchentlichen Uebungszeit das 3., 4. und 33. Regiment und unter diesen
das 33. Infanterie-Regiment durch seinen normalmäßigen Zustand und
die innere Ordnung und Ausarbeitung."

Das Lob des kommandirenden Generals erhöhte immer wieder von
Neuem den Eifer der Offiziere und Mannschaften, es schuf einen vorzüglichen Korpsgeist, der eine feste Grundlage bildete für die kommenden
Zeiten.

Am 30. März 1825 wurde der Kommandeur des Regiments,
Oberst v. Pfuel, in gleicher Eigenschaft zum Kaiser Alexander Grenadier
Regiment versetzt. Das Offizierkorps überreichte gemeinschaftlich mit
dem des 34. Infanterie-Regiments dem scheidenden Oberst einen silbernen
Pokal zum Andenken. Er war der zweite Kommandeur des Regiments
gewesen und hatte sich unter ihm die Trennung desselben in zwei Regimenter vollzogen. Dadurch, daß ihm ein weit von der Garnison
des Regiments abgelegener Wohnsitz angewiesen war, war er mit dem
Regiment nicht in steter Berührung geblieben und wurde hier der Major
v. Toll als der Regimentskommandeur angesehen.

Oberst v. Mayer, bis dahin Kommandeur des 4. Landwehr-Regiments, wurde der neue Regimentskommandeur. Im Juni schied
der kommandirende General v. Borstell aus seiner Stellung, in der er
vom Generallieutenant v. Krafft ersetzt wurde. Das große Wohlwollen,
das er dem ihm direkt unterstellt gewesenen Regimente stets bezeigt,
hatte ihn demselben so nahe gestellt, daß sein Scheiden wie das eines
wohlwollenden Vaters im Regimente empfunden wurde.

Am 6. Februar 1826 wurde durch Kabinets-Befehl dem 2. Bataillon eine Fahne verliehen. Dasselbe war bis zur Formation des
34. Regiments das Füsilierbataillon gewesen, welchem bisher noch
keine Fahne verliehen war. Diese wurde am 5. Mai in feierlicher
Weise von dem kommandirenden General dem Bataillon übergeben, nachdem sie durch den Feldprediger geweiht worden.

Auf einen Bericht des Generalkommandos über den Dienst im
Regiment gab Se. Majestät der König am 3. Juli eine Allerhöchste
Kabinets-Ordre, in welcher Er das Regiment dafür belobte, daß es sich
durch Sorgfalt bei dem Unterricht der Unteroffiziere und Soldaten vortheilhaft ausgezeichnet habe. In demselben Jahre hatte das I. Armeekorps Revue vor Se. Majestät dem Könige bei Königsberg. Dorthin
marschirte am 31. Juli das Regiment unter dem Befehl des Majors

v. Toll.   Die Uebung dauerte bis zum 10. September. Wennschon bisher die Anstrengungen des Regiments durch die Zufriedenheit aller Vorgesetzten belohnt waren, so wurde demselben in diesem Jahre das höchste Anerkenntniß von Sr. Majestät dem Könige selbst zu Theil. Nachdem das Regiment zum ersten Male vor Sr. Majestät vorbeimarschirt war, kam der König zu demselben heran und äußerte Sich auf das Allergnädigste gegen den Major v. Toll sowohl über den Bekleidungszustand des Regiments als über die darin herrschende Ordnung und Sicherheit.   Auch nachdem einige Tage später das Regiment in der großen Parade vor Sr. Majestät vorbeidefilirt war und im Korps mitexerzirt hatte, kam der König an das Regiment herangeritten, wiederholte Seine Zufriedenheit und sprach Sich auf das Allerhuldreichste über das Regiment gegen seinen Führer, den Major v. Toll aus, dem Se. Majestät der König als ein Zeichen besonderer Zufriedenheit und Wohlwollens ein Gnadengeschenk von 500 Thalern reichen ließ.

In einer Allerhöchsten Kabinets-Ordre, in der Se. Majestät Sich über den Zustand des I. Armeekorps aussprach, gab der König dem Regiment das rühmliche Zeugniß, daß es mit dem 3. Infanterie-Regiment sich von der Infanterie des Armeekorps vortheilhaft bemerkbar gemacht habe.   Der verdienstvolle Führer des Regiments wurde am 30. März 1827 zum Oberstlieutenant befördert.

In diesem Jahre nahm das Regiment an den Uebungen der 2. Division bei Danzig Theil.

Am 14. April 1828 erging eine Allerhöchste Kabinets-Ordre in Folge eines Berichts des Generalkommandos über den Bekleidungszustand des Regiments, worin der König erneut Seiner Allerhöchsten Zufriedenheit Ausdruck gab.

Wohl selten ist es einem jungen Regiment gelungen, so schnell die Zufriedenheit und Anerkennung seines Allerhöchsten Kriegsherrn und aller Vorgesetzten zu erringen, wie dem 33. Infanterie-Regiment.   Die gegenseitige Mühewaltung von Untergebenen und Führern und deren unermüdliche Thätigkeit waren die Werkzeuge, mit denen gearbeitet, durch die Gutes geschaffen und das Höchste erreicht wurde.   Die Truppe, die sich im Frieden durch guten Korpsgeist, Disziplin und Dienstkenntniß hervorthut, ist der Lorbeeren im Kriege sicher.

Dem Oberstlieutenant v. Toll dankte das Regiment seine Erziehung in diesem Geiste.   Mit Freude begrüßten daher die Offiziere die Nachricht, daß der Führer des Regiments dessen Kommandeur geworden.

Die Schwierigkeit für den in Stralsund garnisonirenden Regimentskommandeur, von dort aus die Angelegenheiten des in Graudenz stehenden 33. Regiments zu leiten, war immer mehr und mehr hervorgetreten, sie gab zu einer Aenderung Veranlassung. Eine Allerhöchste Kabinets-Ordre vom 30. März 1829 an den Oberst v. Mayer lautete:

Nachdem es sich gezeigt hat, daß die Entfernung der Garnison zweier einem Kommandeur untergebenen Reserve-Infanterie-Regimenter auf die Verhältnisse derselben ungünstig eingewirkt hat, so habe Ich beschlossen, jedem dieser Regimenter einen eigenen Kommandeur zu geben und demzufolge das interimistische Kommando des 33. Regiments (1. Reserve) dem Oberstlieutenant v. Toll desselben übertragen. Indem Ich Sie daher von diesem Kommando entbinde, gebe Ich Ihnen gerne die Versicherung, daß Sie diese Anordnung nicht als einen Beweis meiner Unzufriedenheit anzusehen haben.   gez. Friedrich Wilhelm.

Von jetzt an waren beide Regimenter erst wirklich getrennt.

Am 30. März 1830 wurde der Regimentskommandeur Oberstlieutenant v. Toll zum Oberst befördert. Im Herbst dieses Jahres nahm das Regiment wieder an den Uebungen der 2. Division bei Danzig Theil und kehrte am 16. September in seine Garnison Graudenz zurück.

In den letzten Tagen des Juni dieses Jahres hatte sich in Paris das Volk gegen die Regierung Karls X. erhoben und den König entthront. Die in Paris ausgebrochene Revolution verbreitete sich über halb Europa, die Belgier lehnten sich gegen die holländische Herrschaft auf und gleichzeitig fing es in Polen an zu gähren. — Die Revolutionskämpfe in den benachbarten Staaten führten in Preußen zu außerordentlichen Maßregeln. Am 28. Oktober erhielt das Regiment durch Estafette einen Allerhöchsten Befehl vom 24., wonach es sich durch Einziehung von Kriegs-Reservemannschaften und Rekruten auf die Kriegsstärke von 1002 Mann per Bataillon setzen und sich marschfertig halten sollte.

Mit Lust und Eifer wurde diese erste Kriegsrüstung des 33. Regiments betrieben. Am 10. November ging bei demselben der Befehl ein, daß es, nachdem die letzten zum Kriegsetat gehörigen Mannschaften eingestellt, bekleidet und bewaffnet wären, vorläufig nach Delitzsch und Eilenburg im Regierungsbezirk Merseburg abmarschiren sollte. Am 26. November trafen die letzten Rekruten ein und am 1. Dezember marschirte das 1. Bataillon, am folgenden Tage das 2. aus Graudenz ab. Am 5. Dezember erreichte das 1. Bataillon Bromberg, wo soeben die Nachricht von einer in Warschau ausgebrochenen Revolution der Polen gegen den Kaiser von Rußland eingetroffen war. Russische Generale und Offiziere waren ermordet worden und der Großfürst Constantin gezwungen, mit den Truppen sich aus Warschau zurückzuziehen. Am 6. setzte das 1. Bataillon seinen Marsch fort, während an diesem Tage das 2. Bataillon in Bromberg eintraf. In der Nacht zum 7. erreichte ein Befehl Sr. Majestät des Königs den Regimentskommandeur, wonach das Regiment da, wo es dieser Befehl träfe, stehen bleiben und unter die Befehle des kommandirenden Generals des V. Armeekorps v. Roeder treten solle. Am 7. folgte dann ein Befehl von diesem, nach dem das Regiment in Bromberg als Besatzung verbleiben und durch den Bau von Barrikaden die Stadt nach Möglichkeit in Vertheidigungszustand setzen sollte; das Regiment sollte sich hier jedenfalls bis auf's Aeußerste vertheidigen. Die Ruhe wurde jedoch in Bromberg ebensowenig wie anderswo im preußischen Staate gestört. Nach Inowraclaw, wo man befürchtete, daß die Aushebung von Mannschaften und Pferden zu Unruhen Veranlassung geben könnte, wurde der Major Corvin v. Wiersbitzki mit 600 Mann des Regiments abgeschickt. Am 26. Dezember kehrte dieses Detachement nach Bromberg zurück.

Bei Beginn des Jahres 1831 war die ganze preußische Armee kriegsbereit, da die politischen Angelegenheiten in allen Theilen Europas diese Vorsicht erforderten. Der zwischen den Polen und Rußland ausgebrochene Krieg fesselte das Regiment an der östlichen Grenze Preußens. Obschon 800 Mann desselben polnischer Abkunft waren, fiel nichts vor, was darauf hätte hindeuten können, daß die preußischen Soldaten den revolutionären Geist ihrer Stammesgenossen theilten. Bei der allgemeinen Theilnahme für die benachbarten Polen bedurfte es allerdings einer ununterbrochenen Aufsicht, um die Soldaten den vielfachen Aufreizungen fern zu halten, die nicht zu vermeiden waren. Das Regiment hatte in Bromberg schwere Tage zu durchleben. In seinen Reihen waren noch viele unausgebildete Rekruten, deren Erziehung und Heranbildung unabläßig gefördert werden mußte, während starker Wachtdienst und Patrouillengang in der Stadt und Umgegend die Kräfte der älteren Mannschaften in Anspruch nahmen.

Der guten Haltung der Truppen und den schnell ergriffenen kräftigen Maßregeln war es zu danken, daß die Unruhstifter vor Unternehmungen zurückschreckten, die sie sonst sicher gewagt hätten.

In Folge des Ausbruches des Krieges in Polen hatte der König befohlen, in Posen ein Oberkommando über die vier östlichen Armeekorps: I., II., V. und VI. zu errichten und mit demselben den Feldmarschall Graf Gneisenau beauftragt.

Am 28. Februar ging dem Regiment der Befehl zu, nach Posen

gehegten guten Geiste. Nur noch wenige Offiziere standen seit der Be=
gründung des Regiments in dessen Reihen. Das Offizierkorps, das bei
der 25jährigen Feier dem Regiment angehörte, war Folgendes:

Oberst v. Craushaar,

Major v. Fuchs,

„   Amtsberg,

Kapitain v. Kczewski,

„   v. Brzeski,

„   Grützmacher,

„   Kopp,

„   Ley,

„   Segond v. Banchet,

„   Schneider,

„   Frhr. Hofer v. Lobenstein,

„   v. Toll,

Char. Kapitain Stahl,

Premierlieutenant Borel du Vernay,

„   v. Oppeln-Bronikowski,

„   Kasicki,

„   Muelenz,

„   v. Zanthier,

„   v. Wobeser,

„   v. Horcker,

Sekondelieutenant Simon,

„   Rehbach,

„   v. Oppeln-Bronikowski,

„   Grützmacher,

„   Oesterreich,

„   v. Michaelis,

„   v. Schaper,

„   Wundsch,

„   v. Chaumontet,

„   Schulz I.,

„   Marschall v. Bieberstein,

„   v. Arleben,

„   Fragstein v. Niemsdorff,

„   v. Stilarski,

„   v. Drygalski,

„   v. Raven,

„   v. Paris,

Sekondelieutenant v. Wedell,
„   Hahn,
„   v. Wohna,
„   Schulz II.,
„   Baron v. Portugall,
„   Lackowitz,
„   v. Rothkirch-Panthen,
„   Genß,
„   Göttlich,
„   v. Henning,
„   v. Kleist,
„   Zacha,
„   Staabs,
Regimentsarzt Dr. Krajewski.

Der kommandirende General v. Wrangel besichtigte das Regiment im Februar und Juni, und besprach dabei viele Einzelheiten, die Bezug hatten auf die Rekrutenausbildung, Feld-, Dienst- und Marschübungen, auch sorgte er für das körperliche Wohl der Mannschaften des Regiments, indem er anordnete, daß durch zu gewährende Vorschüsse die Einkäufe für die Menagen der Leute im Großen, und darum billiger herbeizuführen seien, wodurch es möglich wurde, das Essen der Mannschaften schmackhafter und ausreichender zu liefern.

Auch im folgenden Jahre wendete der General v. Wrangel bei seiner Inspizirung im März diesen Dingen seine volle Aufmerksamkeit zu, und sprach dabei seine Zufriedenheit darüber aus, daß seinen vorjährigen Anordnungen vollständig genügt sei. Bald nach der Inspizirung verlor das Regiment seinen kommandirenden General, der in gleicher Eigenschaft zum II. Armeekorps übertrat, während der seitherige kommandirende General des II. Armeekorps, Generallieutenant Graf zu Dohna, das Kommando über das I. Armeekorps übernahm. — Am 25. Juli stand das Regiment vor seinem Könige Friedrich Wilhelm IV., als er von Petersburg zurückkehrte, in Thorn in Parade. Der König sprach dem Regimente und seinem Kommandeur seine Zufriedenheit aus. Noch wurde ihm in diesem Jahre die Freude, daß bei einer Besichtigung seines Kasernements durch den Generalmajor v. Cosel vom Kriegsministerium, dessen Urtheil dahin lautete, daß die Kasernenräume des Regiments „die propersten in der ganzen Monarchie" seien. — Im September besichtigte der kommandirende General Graf zu Dohna das Regiment während der Feld- und Vorpostendienstübungen bei Kowallewo, und sprach hierbei nicht allein seine Zufriedenheit aus, sondern erstattete auch Seiner Majestät dem Könige Bericht über den guten Zustand des Regiments, in Folge dessen eine Allerhöchste Kabinets-Ordre vom 1. November dem Regimente die besondere Zufriedenheit seines Allerhöchsten Kriegsherrn wegen des vorzüglichen Zustandes, in dem es sich befände, aussprach.

Eine Kabinets-Ordre vom 3. Dezember brachte eine Veränderung der Nummern der Landwehrbataillone, wodurch das bisher zum Regiment gehörige Landwehrbataillon Karge die Nummer 18 erhielt, während von nun an das bisherige 1. Bataillon des 4. Landwehr-Regiments Bartenstein die Nummer 33 trug und den Namen führte: „Landwehrbataillon (Bartenstein) des 33. Infanterie-Regiments (1. Reserve-Regiment)".

Diesem Bataillon wurde in Folge einer Kabinets-Ordre vom 17. März 1843 aus Anlaß des 30jährigen Bestehens der Landwehr, wie allen anderen Landwehrbataillonen, eine Fahne verliehen, die unter Betheiligung der beiden Bataillone des Regiments in feierlicher Weise auf der Esplanade in Thorn übergeben wurde.

Im Juli wurde der Entwurf zu einem neuen Exerzirreglement für die Infanterie zur versuchsweisen Anwendung für die Truppen ausgegeben.

Im nächsten Jahre änderte sich das Aussehen der preußischen Soldaten von Grund aus; Helm und Waffenrock bildeten von nun an die Signatur des preußischen Soldaten; auch die Steinschloßgewehre waren nach und nach aus der Armee verschwunden und durch die umgeänderten Perkussionsgewehre ersetzt worden.

Im Mai 1845 hatte das Regiment wieder das seltene Glück, seinen Allerhöchsten Kriegsherrn in den Mauern seiner Garnison zu sehen. Auf dem Altmarkt in Thorn nahm Seine Majestät eine Parade über das Regiment ab, und wie schon so oft, sprach der König auch diesmal seine Allerhöchste Zufriedenheit mit dem Regimente aus. Am Schlusse des Jahres wurde die Besatzung von Thorn in nicht geahnte kriegerische Maßregeln hineingezogen. Eine von der polnisch sprechenden Bevölkerung in den ehemaligen polnischen Provinzen beabsichtigte Störung der Ruhe gab hierzu die Veranlassung. Dem rechtzeitigen, energischen Auftreten der Behörden und den schnell angeordneten Gegenmaßregeln war es zu verdanken, daß die geplanten Unruhen in Thorn nicht zum Ausbruch kamen, obschon in Posen der Aufstand wirklich ausbrach.

Der durch den Ausnahmezustand sehr erweiterte Wachdienst machte es aber nothwendig, daß zu Anfang des Jahres 1846 zweihundert Reservisten einbeordert werden mußten. — Die durch Gerüchte von Ueberrumpelungen, Brandstiftungen, Ermordungen beständig erhaltene Aufregung führte zu verschärfteren Maßregeln und schließlich zum Belagerungszustand von Thorn, welcher bis zum 26. April währte, nachdem der Anführer des Aufstandes Mieroslawsky gefangen worden war. Die Festungsgefängnisse Thorns füllten sich mit polnischen Gefangenen.

Am 21. März wurde Oberst v. Craushaar zum Kommandeur der 1. Landwehr-Brigade ernannt, und Oberstlieutenant Stiele vom 14. Infanterie-Regiment, unter Beförderung zum Oberst, Kommandeur des Regiments.

Am 17. Juni 1847 wurden die Bataillone durch den kommandirenden General nach dem durch eine Kabinets-Ordre vom 25. Februar neu eingeführten Exerzirreglement besichtigt; dasselbe ersetzte das 1843 gegebene Versuchsreglement. Auch die bisher versuchsweise betriebenen gymnastischen Uebungen, welche sich als praktisch erwiesen hatten, wurden für die Folge ein Uebungszweig der Mannschaften.

Als das Jahr 1847 zu Ende ging, regte sich im Lande der Revolutionen, Frankreich, von Neuem der Geist der Unzufriedenheit, genährt durch falsche Begriffe von Freiheit und angeblich verweigerten Menschenrechten. In Frankreich brach die Revolution im Februar 1848 aus und führte zur Vertreibung des dort herrschenden Hauses Orleans. Von Frankreich her überschwemmten Emissäre die Nachbarstaaten und riefen Ruhestörungen hervor, von welchen nur wenige Hauptstädte Mittel-Europas befreit blieben. In Berlin brach am 18. März die Revolution aus. Als Folge derselben wurden die früher verhafteten Führer der polnischen Insurrektion in Freiheit gesetzt, und erhielten dadurch die gewaltsam niedergehaltenen Revolutionsbestrebungen des Adels und der Geistlichkeit in den polnischen Landestheilen neue Thatkraft. An dem bald ausbrechenden offenen Aufruhr der polnisch redenden Preußen betheiligte sich auch das niedere Volk, und trennten sich die gemeinsamen Bewohner dieser Gegenden in Katholisch-Polnische und Protestantisch-Deutsche. — Um den polnischen Aufruhr zu unterdrücken, wurden sogleich durch Allerhöchste Kabinets-Ordres einzelne Regimenter auf Kriegsstärke gebracht, später diese Maßregel auf die ganze Armee ausgedehnt. Die Bataillone des Regiments waren schon im März auf den Kriegsetat gebracht worden. — Zur größeren Sicherung der Festung Thorn zogen die Wachen mit geladenen Gewehren auf ihre Posten; das Jakobsfort und der Brückenkopf erhielten permanente Kommandanten; die Thore wurden bei Dunkelwerden geblendet und von 9 Uhr Abends bis 6 Uhr Morgens geschlossen, die Brücken aufgezogen. Thorn und mit ihm das Regiment befanden sich im Kriegszustande, nur war es für das letztere wenig tröstlich, daß es durch seine polnisch-gesinnte Garnisonstadt immer an dieselbe, wenig

ruhmreiche Aufgabe gefesselt blieb, während anderen Regimentern Gelegenheit wurde, außerhalb ihrer Garnisonen Proben ihrer Kriegstüchtigkeit zu geben.

Die hier nicht zu schildernden Ereignisse des Revolutionsjahres 1848
hatten die Armee in außergewöhnliche Thätigkeit versetzt, an verschiedenen
Punkten des Vaterlandes hatten die Truppen zur Sicherung der Ordnung und des Königlichen Ansehens von ihren Waffen Gebrauch machen
müssen. Größere kriegerische Ereignisse standen zu erwarten. Unter
diesen Umständen schien es geboten, die theilweise Bewaffnung der Infanterie mit Zündnabelgewehren eintreten zu lassen. Durch eine Kabinets-
Ordre vom 6. Juni wurde die Bewaffnung der Füsilierbataillone mit
Zündnabelgewehren befohlen. Diese von Dreyse 1839 erfundenen und
nach und nach angefertigten Hinterladungsgewehre waren noch nicht
in genügender Zahl vorhanden, um die gesammte Infanterie damit aus-
rüsten zu können.

Ein Produkt der damaligen Anschauungen über die Sicherung der
öffentlichen Ruhe und Ordnung war die Errichtung von Bürgerwehren
zur Unterstützung der bewaffneten Macht. Die Bürgerwehr erhielt die
Befugniß, zur Aufrechterhaltung der öffentlichen Ruhe und Sicherheit
aufzutreten und Gebrauch von ihren Waffen, welche ihr aus den Zeug-
häusern verabfolgt wurden, zu machen. Wenn sie in ihren Dienstver-
richtungen bedroht oder angegriffen, oder wenn ihr Widerstand durch
Bedrohung oder Thätlichkeit geleistet wurde, sollte die Bürgerwehr von
ihrer Waffe Gebrauch machen können, auch wenn bei Aufläufen der
Aufforderung des Befehlshabers, auseinanderzugehen, nicht Folge geleistet
werde; Vergehen gegen die Bürgerwehr sollten auch militärischen Straf-
bestimmungen unterliegen. In Thorn wurde auch eine deutsche Bürgerwehr unter einem Oberbefehlshaber in vier Abtheilungen gebildet, und
trugen die Führer derselben als äußere Abzeichen schwarz-roth-goldene
Schärpen. Am 18. Juni wurde auf der Esplanade die Weihe ihrer
Fahne vollzogen. Ein von der Bürgerwehr erwirkter Kommandantur-
befehl, daß die Wachen dem Oberbefehlshaber die Honneurs eines
Stabsoffiziers, den Abtheilungsführern die eines Subalternoffiziers zu
erweisen hätten, führte zu Beschwerden der Offiziere des Regiments,
die die Aufhebung des Befehls durch das Generalkommando zur Folge
hatten.

Eine Kabinets-Ordre vom 21. März brachte auch den Truppen
den Befehl, schwarz-roth-goldene Kokarden neben der preußischen zu
tragen. — Am 1. Mai erließ der König einen Aufruf an Seine Armee,
in welchem Er ihr mittheilte, daß er Seinen Erblanden eine Verfassung

gegeben. — Durch einen Beschluß der Bundesversammlung zu Frank=
furt a. M. war Ost= und Westpreußen in den deutschen Bund aufge=
nommen worden, so daß von nun an Thorn eine Festung im Bereiche
des deutschen Bundes war.

So brachten die Ereignisse des Jahres 1848 viele Aenderung des
Althergebrachten, ihre Schilderung gehört nicht in die Geschichte eines
Regiments, dessen alleinige Aufgabe es ist, allen Befehlen ohne Be=
denken zu entsprechen und dem Rufe seines Königs folgend, den Thron
zu schützen.

Die im benachbarten Posen geführten Kämpfe zwischen Insurgenten=
schaaren und preußischen Truppen brachten die in Thorn stehenden
Truppen nicht in direkte Berührung mit bewaffneten Insurgentenschaaren.
Im September wurde sogar ein Theil der Reserven entlassen, die aller=
dings durch Rekruten schnell ersetzt wurden, so daß die Bataillone auf
einem Etat von 902 Köpfen verblieben. Die in der Umgegend von
Thorn grassirende Cholera verschonte glücklicherweise die Stadt, machte
aber außergewöhnliche Vorsichtsmaßregeln nothwendig.

Das Jahr 1849 begann unter dem noch nicht beseitigten Einflusse
der feindlichen Bestrebungen der Umsturzpartei. Es konnten daher die
im vorangegangenen Jahre getroffenen außerordentlichen militärischen
Maßregeln nicht aufgehoben werden. Auch in der Provinz Posen stand
ein erneuter Ausbruch der Feindseligkeiten wieder zu erwarten. Wenn
auch in Thorn bisher noch kein offener Widerstand den Behörden und
Truppen entgegengestellt worden war, so zeigten aufregende Ereignisse
anderer Art, daß der üble Geist der Auflehnung auch in Thorns Mauern
eingezogen war. Am Vormittage des 8. Mai brach in dem Kasernement
des Brückenkopfs plötzlich Feuer aus, welches mit großer Geschwindigkeit
um sich griff und die Montirungskammern des 2. Bataillons, sowie
dessen Wohnräume in Asche legte. Fehlte auch jeder bestimmte Anhalt
dafür, daß eine böswillige Brandstiftung die Ursache des Feuers ge=
wesen, so zweifelte doch Keiner daran, umsomehr als am 2. Juni
Abends im Jakobsfort wiederum ein großes Feuer ausbrach und die
Kaserne des 1. Bataillons zerstörte. Das Feuer verbreitete sich so
schnell, das 7 Mann des Regiments dabei ihr Leben einbüßten. Die
Beerdigung der verbrannten Soldaten fand unter der Theilnahme der
ganzen Garnison und eines großen Theils der Bürgerschaft statt.

Für ihre nützliche Theilnahme bei dem Löschen des Feuers wurden
2 Unteroffiziere und 2 Musketiere des Regiments mit Rettungsmedaillen
und Allgemeinen Ehrenzeichen dekorirt, die Lieutenants v. Drigalski,

v. Wedell I. und v. Blankenfeld durch Allerhöchste Kabinets=Ordre für ihre Thätigkeit bei Unterdrückung des Brandes belobt.

Die Folge der Brände war, daß der größere Theil der Mann=schaften des Regiments nicht mehr in Kasernen, sondern in Bürger=quartieren Unterkunft finden mußte, wodurch die Beaufsichtigung der Mannschaften gerade in einer Zeit sehr erschwert wurde, in der sie nicht genug geübt werden konnte.

An den kriegerischen Ereignissen des Jahres 1849 war das Re=giment, welches auf der Wacht in der polnischen Grenzfestung verblieben war, nicht betheiligt, und beschränkte sich seine Thätigkeit nur auf De=tachirungen in die gährenden Distrikte der Nachbarschaft, welche im Zaum gehalten zu haben, sein großes, wenn auch äußerlich wenig glän=zendes Verdienst bleiben wird. Durch eine Kabinets=Ordre vom 21. Juli wurde der dem Regiment aggregirte Oberstlieutenant George in Stelle des als Kommandant nach Danzig versetzten Regimentskommandeurs Oberst Stiehle mit der Führung des Regiments beauftragt.

Im folgenden Jahre fanden wie gewöhnlich im Mai und Juni die Feld= und Vorpostenübungen in der Nähe der Garnison statt, denen sich größere Exerzitien anschlossen. Nach Beendigung derselben wurden die Reserven entlassen und im Hinblick auf friedliche Verhältnisse ander=weitige Reduktionen in Aussicht genommen. Die friedlichen Aussichten währten nicht lange, denn schon durch eine Allerhöchste Kabinets=Ordre vom 6. November wurde die preußische Armee in Folge der wegen Kurhessen mit Oesterreich entstandenen Verwickelung mobil gemacht. Durch Estafette erhielt am 9. November das Regiment in Thorn den Befehl, seine Reserven wieder einzuziehen und sich auf volle Kriegsstärke zu setzen. Ende November war das Regiment auf dem Kriegsetat.

Am 26. Dezember wurde durch Allerhöchste Kabinets=Ordre der Kommandeur des Regiments, Oberstlieutenant George verabschiedet und der Oberstlieutenant v. Roon, bisher Chef des Generalstabes des VIII. Armeekorps zum Regimentskommandeur ernannt.

Am 25. Januar 1851 traf derselbe in Thorn zur Uebernahme des Regimentskommandos ein. Seine erste Thätigkeit war, das Regiment durch die in Folge der am 30. Januar befohlenen Demobilmachung auf den Friedensstand zurückzuführen. Bald nachher traf der Befehl ein, daß das Regiment seine langjährige Garnison Thorn mit Königsberg zu vertauschen bestimmt sei.

Mit Wehmuth schieden die beiden Bataillone des Regiments am 21. und 22. Februar aus einer Stadt, in der sie fast zwanzig Jahre lang im besten Einvernehmen mit ihren Bewohnern gestanden, die dem

Regiment bei seinem Abmarsch die aufrichtigsten Beweise ihrer Sym=
pathie gaben.

Am 10. und 12. März trafen die beiden Bataillone in ihrer neuen
Garnison Königsberg ein. Das 1. Bataillon bezog Bürgerquartiere,
das 2. die Kaserne auf dem Herzogsacker. Am 15. Mai wurde das
Regiment unter die Befehle der 1. Division gestellt. Es hörte damit
das in vielen Beziehungen für das Regiment sehr vortheilhafte Ver=
hältniß auf, den Befehlen des Generalkommandos direkt unterstellt zu
sein. In diesem Verhältniß war das Regiment ununterbrochen in den
33 Jahren verblieben, die es als 1. Reserve=Regiment in den Reihen
des 1. Armeekorps gestanden hatte.

Am 3. August fand die feierliche Enthüllung des Denkmals König
Friedrich Wilhelm III. vor Seinem Durchlauchten Sohne, dem Könige
Friedrich Wilhelm IV. statt. — Das Regiment war Zeuge des feier=
lichen Akts.

Große Ueberraschung brachte dem Regiment eine Kabinets=Ordre
vom 25. August, nach welcher das Regiment noch vor Schluß des
Jahres seine Garnison in Köln zu nehmen hatte. Am 30. September
waren die Rekruten eingestellt worden und schon am 19. Oktober trat
das Regiment seinen Marsch vom Pregel an den Rhein in einer Stärke
von 33 Offizieren, 104 Unteroffizieren, 43 Spielleuten, 1011 Gemeinen
an. — Bei seinem Scheiden aus den Reihen des I. Armeekorps
wurden dem Regimente vielfache Beweise seiner allgemeinen Beliebtheit.
An einem von den Offizieren der Garnison Königsberg am 7. Oktober
veranstalteten Abschiedsessen nahm auch der kommandirende General Graf
zu Dohna Theil und sprach herzliche Worte des Abschiedes, die der Oberst=
lieutenant v. Roon dankend erwiderte. Auch ein poetischer Abschiedsgruß
des Hauptmanns v. Zitzewitz vom 4. Regiment kam zum Vortrage. —
Die Trennung von so guten alten Kameraden wurde dem Regiment
schwer, das in der Hoffnung schied, auch am Rhein schnell so gute
Freunde zu erwerben.

Bis Bromberg marschirte das Regiment zu Fuß. Hier schied es
erst aus dem Verbande des I. Armeekorps, dem es seit 1818 ununter=
brochen angehört hatte. Der Weitermarsch wurde auf der Eisenbahn
fortgesetzt. Am Vormittage des 30. Oktober erreichte das Regiment
Berlin, wo ihm die Ehre zu Theil wurde, auf dem Stettiner Bahnhofe
vor dem dort anwesenden Allerhöchsten Kriegsherrn vorbeimarschiren zu
dürfen. Die Stabsoffiziere und Hauptleute des Regiments wurden zur
Königlichen Tafel befohlen. Am 1. November erreichte das Regiment
seine neue Garnison am Rhein und trat an diesem Tage in die Reihen

des VIII. Armeekorps. Es wurde der 15. Division zugetheilt und bildete mit dem 28. Infanterie-Regiment die 30. Infanteriebrigade. Das Regiment bezog Quartiere in den Kasernen der Stadt und in den Forts 5 und 7. Am 2. Dezember wurde der Regimentskommandeur Oberstlieutenant v. Roon zum Oberst befördert.

Das Regiment lebte sich in der neuen Garnison und den gegen früher vielfach veränderten Verhältnissen schnell ein. Der schöne Rhein gefiel den Söhnen Ostpreußens, wenn auch gerade diese von einem unwiderlegbaren Heimathsstolz beseelt sind und ihnen nichts schöner als ihre Heimath erscheint.

Am 27. März 1852 wurde das Regiment zum ersten Male im VIII. Armeekorps besichtigt. Der Militärgouverneur in der Rheinprovinz und der Provinz Westfalen, Seine Königliche Hoheit der Prinz von Preußen, nahm eine Parade über das Regiment auf dem Neumarkt ab und sprach sich über die Haltung desselben lobend aus.

· Am 30. April folgte die Inspizirung der Bataillone durch den Prinzen auf der Mühlheimer Haide.

Vor Seiner Majestät dem Könige, der zur Schlußsteinlegung des Westportals des Domes nach Köln gekommen war, stand am 30. Juli das Regiment in Parade. Im September traf Seine Majestät der König von Schweden in Köln ein, zu dem der Lieutenant Zacha als Ordonnanzoffizier kommandirt wurde. Der König bewies ein besonderes Interesse für das Regiment wegen seines schwedischen Ursprungs.

Das Regiment war nicht nur schnell in seiner neuen Garnison heimisch geworden, sondern hatte auch die Zuneigung der Bewohnerschaft Kölns schnell erworben, die sich dem Regiment gern freundlich erwies. Die Mannschaften desselben, an gute Disziplin gewöhnt, waren allesammt bestrebt, das gute Einvernehmen zu fördern und ließen keine Gelegenheit vorüber gehen, dies zu beweisen. Eine solche bot eine am 30. November in einem Privatgebäude erfolgte Pulverexplosion. In dem brennenden Hause lag noch mehr Pulver und drohte dadurch den Nachbargebäuden große Gefahr. Schnell entschlossen eilten Leute der in der Nähe einquartierten 4. Kompagnie des Regiments freiwillig zu dem gefährlichen Posten und suchten unter der Führung des Unteroffiziers Dreß das in dem brennenden Gebäude noch lagernde Pulver, die eigene Lebensgefahr nicht achtend, zu entfernen. Mit Ruhe und Entschlossenheit gelang ihnen die Ausführung der gefährlichen Arbeit. Der laute Dank der Bürgerschaft Kölns wurde ihnen dafür. Durch eine Allerhöchste Kabinets-Ordre vom 11. Dezember belobte Seine Majestät der König das muthige Benehmen der Dreiundbreißiger und verlieh dem Unteroffizier Dreß das Militär-Ehrenzeichen.

Nach den in diesem Jahre auf der Mühlheimer Haide abgehaltenen Exerzitien im größeren Truppenverbande ging das Regiment zu seinem ersten Manöver in der Rheinprovinz in die Gegend von Thurn, von wo es gegen Ende des September nach Köln zurückkehrte.

Im Jahre 1853 besichtigte der Prinz von Preußen die Bataillone im April. Die Besichtigung des Regiments fand im September durch den Prinzen und den kommandirenden General v. Hirschfeld gleich-zeitig statt.

Der in Coblenz residirende Prinz trat durch Seine wohlwollende Leutseligkeit auch den ihm untergebenen Offizierkorps, die nicht in Seiner Residenz standen, näher. Er lud sie häufig zu Seinen Soireen nach Coblenz ein und bewies bei jeder Gelegenheit, welch' hohes Inter-esse Er für sie bewahre. — Die Errichtung des Offizierkasinos in Köln ist ein Werk der Fürsorge des Prinzen gewesen.

Im Herbst 1853 fand ein Manöver der 15. Division bei Eus-kirchen statt.

Im darauf folgenden Jahre inspizirte Seine Königliche Hoheit der Prinz die Truppen der Garnison Köln im Juli. — Er erschien bei dieser Besichtigung als Generaloberst der Infanterie, welche hohe Charge Ihm Sein Erlauchter Bruder als Beweis Seiner Liebe und Anerkennung verliehen hatte. — Das Herbstmanöver fand bei Jülich statt. —

Das Jahr 1855 verlief im gewohnten, ungestörten Friedensdienst. Am 15. Oktober war es 50 Jahre, daß Seine Majestät der König die Uniform des 1. Garde-Regiments angelegt hatte. Dieser Tag wurde in der ganzen Armee festlich begangen. Seine Königliche Hoheit der Prinz von Preußen überbrachte dem Könige als der Vertreter Seines Heeres die Glückwünsche desselben, und überreichte einen von den Offi-zieren der Armee geschenkten Ehrendegen. — In Köln wurde dieser Ehrentag des Heeres durch eine Parade gefeiert.

Das Regiment hatte Dank der Mühewaltung seines Kommandeurs in dem VIII. Armeekorps schnell die ehrenvolle Stellung errungen, die es im I. Armeekorps ausgezeichnet hatte. Das Regiment sah darum seinen langjährigen Kommandeur am 26. Juni 1856 mit schwerem Herzen scheiden.

Oberst v. Roon war zum Kommandeur der 20. Infanteriebrigade in Posen ernannt worden und folgte seine Beförderung zum Generalmajor in dieser Stellung am 15. Oktober. Sein Nachfolger wurde der Oberstlieutenant v. Münchow vom 31. Infanterie-Regiment.

Im Oktober 1857 erkrankte Seine Majestät der König so ernstlich, daß eine baldige Genesung nicht in Aussicht stand und eine Enthaltung von den Regierungsgeschäften nothwendig wurde. Unter diesen Umständen forderte der König am 23. Oktober 1857 Seinen Bruder den Prinzen von Preußen auf, Seine Stellung in der obersten Leitung der Staats= geschäfte einzunehmen.

Das Jahr 1858 brachte für das Regiment einen erneuten Wechsel seines Kommandeurs. Oberst v. Münchow war zum Kommandeur der 20. Infanteriebrigade, derselben Brigade, die sein Vorgänger Oberst v. Roon übernommen hatte, am 22. November ernannt worden, nach= dem dieser zum Kommandeur der 14. Division befördert worden war. Kommandeur des Regiments wurde der Oberstlieutenant v. Plehwe vom 3. Infanterie-Regiment.

Das schwere Körperleiden des Königs ließ den Zeitpunkt einer vollständigen Genesung nicht absehen. Er erließ darum am 7. Oktober an den Prinzen von Preußen als den nächsten Agnaten der Krone die Aufforderung, die Regentschaft zu führen. Von nun an führte Derselbe den Titel: „Prinz von Preußen, Regent". —

Der Beginn des neuen Jahres brachte dem Preußenlande die Freude der Geburt eines Königlichen Prinzen, des voraussichtlichen Erben der preußischen Krone in späteren Zeiten. In diesem Jahre brachte der Krieg Oesterreichs mit Frankreich und Sardinien eine Reihe bedeutender Begebenheiten. Die eifrigen Rüstungen Frankreichs zwangen Preußen zu einer Kampfbereitschaft, die ihm gestattete für die Aufrechterhaltung des europäischen Gleichgewichts einzutreten. Am 20. März wurde be= reits die Kriegsbereitschaft des III., VII. und VIII. Armeekorps, sowie der acht Reserveregimenter befohlen. — Das Regiment empfing Anfangs April seine Reserven.

In Folge eines von Preußen in der Bundesversammlung zu Frank= furt am Main gestellten Antrages beschloß der deutsche Bund, die Marschbereitschaft der Hauptkontingente desselben. Darauf hin befahl der Prinz=Regent am 29. April, die Kriegsbereitschaft auf die ganze preußische Armee auszudehnen. — Zur Mobilmachung seines Landwehr= bataillons Bartenstein kommandirte das Regiment die nöthige Zahl von Offizieren dorthin ab.

Noch vor Ablauf des Monats Mai war die preußische Armee marschbereit. Schon hatten sich einzelne Regimenter in Marsch an den Rhein gesetzt, als der unerwartet schnelle Friedensschluß von Villa=

franca Preußen eine Theilnahme am Kriege ersparte. In Folge dessen begann Preußen sogleich eine theilweise Abrüstung. Das Kriegsministerium verfügte schon am 10. Juli die Entlassung älterer Jahrgänge und zahlreiche Beurlaubungen. — Am 16. Juli erließ dann der Prinz-Regent nachstehenden Armeebefehl:

In dem Augenblicke, daß der Krieg zwischen zwei großen und benachbarten Mächten ausbrach, habe Ich die Kriegsbereitschaft angeordnet, um die Machtstellung zu wahren, welche dem preußischen Staate zukommt.

Die Gefahr, die damals drohte, ist vorüber. Während Ihr noch auf dem Marsche waret, um die vorgeschriebenen Stellungen einzunehmen, haben die kriegführenden Mächte plötzlich Frieden geschlossen. Euer Vorrücken hat gezeigt, daß es unser fester Entschluß war, wie auch die Loose des Krieges fallen möchten, unsere Grenzen und die Marken Deutschlands unverletzt zu behaupten.

Ihr habt die Bereitwilligkeit an den Tag gelegt, die Ich von Euch erwartet habe und überhaupt eine des preußischen Namens würdige Haltung bewahrt. Viele von Euch haben persönliche Opfer gebracht. Ich spreche Euch Meine Anerkennung aus.

Schloß Babelsberg, den 16. Juli 1859.

Wilhelm,
Prinz von Preußen, Regent.

Hatte die Mobilmachung des preußischen Heeres auch nicht dem kriegerischen Zwecke gedient, für den sie hervorgerufen worden, so hatte sie für Preußen doch die größten Vortheile gebracht. Neben der erprobten Heereseinrichtung waren die schon bei den früheren Mobilmachungen hervorgetretenen Mängel der Landwehrformationen wieder von Neuem zu Tage getreten. Durchgreifende Aenderungen hierin wurden unumgänglich erforderlich.

Der Prinz-Regent, durchdrungen von der unabweisbaren Nothwendigkeit dieser schwierigen Aufgabe, begann das große Werk der Reorganisation der preußischen Armee. Die erste Grundlage für die Erweiterung derselben bildete das Bestehen der kriegsbereiten Cadres der Landwehrtruppen. Der Prinz befahl, daß nach stattgehabter Demobilmachung die Kriegsformationen beizubehalten seien. Die weise Voraussicht des Prinz-Regenten schuf zu rechter Stunde ein der Größe Preußens entsprechend starkes Heer, ungeachtet der Einsprache einer kurzsichtigen Landesvertretung. —

Seit Einführung der allgemeinen Wehrpflicht war der preußische Staat bedeutend volkreicher geworden, ohne daß eine Vermehrung seiner

Streitkräfte stattgefunden hatte. Auch die im Laufe der Jahre veränderte politische Lage Preußens forderte ein starkes Heer, stark genug, die Grenzen Preußens mit eigener Macht gegen starke Gegner zu vertheidigen. Dazu reichten die vorhandenen Streitkräfte nicht aus. Diese wurden zwar im Falle eines Krieges durch die Landwehr bedeutend vermehrt. Es hatte sich aber immer deutlicher gezeigt, daß diese Einrichtung nicht den militärischen Werth bewahren konnte, den Linientruppen stets haben müssen. So wurde es nothwendig, der Armee eine Ausdehnung zu geben, die die Aufstellung genügend zahlreicher Truppen gegen einen Feind gestattete, ohne daß die Landwehr zu den fechtenden Truppen gehörte. —

Die Zeit vom 25. Juli 1859, an welchem Tage der Prinz-Regent die Beibehaltung der Kriegsformation befohlen hatte, bis zum 4. Juli 1860, an welchem Tage Derselbe den neu geschaffenen Truppentheilen, wie auch den bereits bestehenden, aller Waffen neue und historisch begründete Benennungen verlieh, ist als die Uebergangsperiode anzusehen, die allgemein als die Reorganisation des Heeres bezeichnet wird.

Mit Stolz vernahm es das Regiment, daß der Prinz-Regent seinen früheren Kommandeur, den Generallieutenant v. Roon, als Seinen Mitarbeiter an dem großen Werke berufen hatte, indem er ihn am 29. November 1859 zum Kriegsminister ernannte.

Der bisherige Kriegsminister General v. Bonin trat als kommandirender General des VIII. Armeekorps an die Stelle des verstorbenen Generals v. Hirschfeld.

Der Prinz-Regent und Sein Kriegsminister v. Roon schufen das Heer, das in rascher Aufeinanderfolge von Kriegen Preußens Unabhängigkeit vom deutschen Bunde und die Erstehung eines neuen deutschen Reiches möglich machte, das in unvergleichlichen Siegeszügen den verblendeten Gegnern der Reorganisation bewies, wie scharfsichtig die Schöpfer derselben gewesen waren. Es ist Aufgabe der allgemeinen Armeegeschichte, diese denkwürdige Erweiterung des preußischen Heeres zu schildern, hier kann nur von dem Einfluß derselben auf das Regiment die Rede sein. —

Am 28. Juli war die Auflösung der Ersatz- und kombinirten Reservebataillone und dagegen die Formation von Landwehr-Stammbataillonen in der Anzahl der bestehenden Landwehrbataillone mit einer Etatstärke von 440 Köpfen pro Bataillon angeordnet worden. Die Bekleidung und Ausrüstung dieser Landwehr-Stammbataillone wurde aus den Beständen der Truppentheile hergegeben, so daß die der Landwehrbataillone unberührt blieben. Für diese wurden neue Stämme errichtet, während die

Landwehr-Stammbataillone in Linienbataillone umgewandelt wurden. Das Landwehr-Stammbataillon Bartenstein wurde am 10. Dezember dem Regiment als Füsilierbataillon zugetheilt und gleichzeitig befohlen, daß dasselbe im Anfang des nächsten Jahres zum Regimente heranzuziehen sei.

Am 16. Februar 1860 verließ das Bataillon in einer Stärke von 234 Mann Bartenstein und marschirte nach Bromberg, von wo es am 21. auf der Eisenbahn nach Köln befördert wurde, wo es am 24. eintraf. Erst hier wurde die Formation des neuen Füsilierbataillons vollendet und wurde es gleich den übrigen Bataillonen auf eine Stärke von 537 Köpfen gebracht.

Im weiteren Verlauf der Reorganisation bestimmte der Prinz-Regent, daß die Reserve-Regimenter 33 bis 40 in leichte Infanterie umzubilden und ihnen fortan die Bezeichnung „Füsilier-Regimenter" beizulegen sei. Es hieß in der darauf bezüglichen Kabinets-Ordre: „Es wird das Modell zu einem kurzen, gezogenen Zündnadelgewehr mit Haubajonett angefertigt und nach dessen Genehmigung sollen die zur Ausrüstung sämmtlicher Füsilier-Regimenter mit dieser Waffe erforderlichen Gewehre sofort bestellt werden. Wegen thunlichster Erleichterung des Gepäcks und der Kopfbedeckung dieser Regimenter bleiben die Entschließungen vorbehalten. Um den Füsilier-Regimentern diejenigen Elemente zuzuführen, welche für ihre Bestimmung als leichte Truppe die geeignetsten sind, sollen die Generalkommandos angewiesen werden, ihnen bei künftigen Aushebungen Mannschaften zuzutheilen, welche bei minderer Größe durch Kraft und Gewandtheit und nach ihrer bisherigen Beschäftigung, dem Wesen des leichten Infanteriedienstes am passendsten sind. Schon jetzt werden alle drei Bataillone eines jeden Linien-Füsilier-Regiments mit schwarzem Lederzeug ausgerüstet u. s. w."

Mit einem Schlage war das Reserve-Regiment zum Füsilier-Regiment geworden. Es erhielt am 4. Juli die Bezeichnung: „Ostpreußisches Füsilier-Regiment No. 33." Das seitherige Füsilierbataillon erhielt die Bezeichnung: 3. Bataillon.

Mit Freude und Begeisterung wurde diese willkommene Veränderung von dem Regimente aufgenommen. Der Degen der Offiziere machte schnell dem Füsiliersäbel Platz. Mit den äußeren Abzeichen des Füsilier-Regiments war es aber nicht gethan, daß demselben auch der Geist leichter Infanterie eingehaucht wurde. Es gehörte anstrengende Thätigkeit und erhöhter Eifer dazu, das Regiment schnell zu dem werden zu lassen, wozu es durch die Reorganisation der Armee bestimmt worden war. Die Arbeit führte aber zum Ziele. Schon am 31. August hatte

das Regiment die hohe Ehre, als Füsilier-Regiment von Seiner Königlichen Hoheit dem Prinz-Regenten besichtigt zu werden und dessen vollste
Zufriedenheit, namentlich für das neu formirte 3. Bataillon zu erlangen,
dessen Kommandeur, Major Orlovius, dafür mit dem Rothen Adler-
orden 4. Klasse ausgezeichnet wurde.

Als das Jahr 1860 zu Ende ging, war die Reorganisation schon
in Fleisch und Blut der Armee übergegangen, im Regiment wußte man
es kaum mehr anders, als daß es aus leichten Füsilieren bestand, wennschon erst die nächsten Jahre den hierzu geeigneteren Ersatz an Mannschaften bringen konnten.

Der Anfang des Jahres 1861 brachte Trauer über Land und Heer.
Am 2. Januar endeten die unsäglichen Leiden König Friedrich Wilhelms IV.
Sein Nachfolger auf dem Throne Preußens, König Wilhelm I. befahl,
um das Andenken Seines Königlichen Bruders zu ehren, daß von der
Armee während vier Wochen die große Trauer und während zwei Wochen
die kleine Trauer anzulegen sei. Nach dem Schluß derselben, am
17. Februar, fand in sämmtlichen Kirchen des Landes ein Trauer-
gottesdienst statt.

Einer der ersten Akte der Regierung Seiner Majestät König Wilhelms I., ein für die Armee bedeutungsvoller, war die Verleihung von
Fahnen an die neu formirten Truppentheile. Zu der in Berlin stattfindenden Feierlichkeit ging vom Regimente eine Deputation dorthin ab,
bestehend aus dem Regimentskommandeur Obersten v. Plehwe, dem
Hauptmann v. Hahn, dem Feldwebel Stahl und dem Gefreiten Koesler.
Am 17. Januar fand im Königsschlosse zu Berlin die feierliche An-
nagelung der Fahnentücher an die Fahnenstangen und die Uebergabe
der Fahnen an ihre Truppen statt. An dem darauffolgenden Tage fand
die Weihe der neuen Feldzeichen vor dem Standbilde des großen Königs
in Gegenwart Seiner Majestät und sämmtlicher Prinzen des Königlichen
Hauses statt. Ueber den Text: „Ist Gott für uns, wer mag wider
uns sein!" sprach der die feierliche Weihe vollziehende Hofprediger.

Das Regiment empfing in Paradeaufstellung die neue Fahne bei
ihrer Ankunft von Berlin. Der Regimentskommandeur übergab sie
feierlich dem 3. Bataillon. Der Schöpfer des den Anforderungen der
Zeit entsprechenden reorganisirten preußischen Kriegsheeres, der Allerhöchste Kriegsherr mußte es geschehen lassen, daß aus Unkenntniß Seine
zum Heile des Vaterlandes hervorgerufene Schöpfung innerhalb dessen
Grenzen verblendete Gegner fand. Großthaten lassen sich selten durchführen, ohne daß sich gegnerische Einsprache erhebe; je höher die Ziele,
die erstrebt und erreicht werden, desto nachdrücklicher der Widerspruch.

Während diesem ein bedauerlicher Ausdruck im preußischen Abgeordneten-
hause verliehen wurde, erregten die dort gehaltenen Reden auch im Auslande Haß und Unzufriedenheit mit Preußens heranwachsender Größe.
Das Attentat auf König Wilhelm durch Oskar Becker am 14. Juli in
Baden-Baden war die That eines Wahnsinnigen. Für die Errettung
des Königs aus der großen Gefahr fand am 31. Juli ein Dankgottesdienst in Preußen statt.

Mit Freuden ging das VIII. Armeekorps dem Herbste entgegen, da
während demselben das Korps vor seinem geliebten und von Gott sichtbar geschützten Könige ein großes Manöver haben sollte.

Um beim Manöver auf dem vollen Etat der alten Garde-
Regimenter zu sein, mußten die Truppen einen Theil ihrer Reserven
heranziehen. Da die des Regiments in ihrer ostpreußischen Heimath
zu weit entfernt waren, so wurden Reservisten aus den westfälischen
Landwehrbezirken für die Dauer der Uebungen dem Regimente überwiesen. Die Söhne vom Ostseestrande und von der rothen Erde schlossen
schnell gute Kameradschaft. Nachdem zu Ende August die Regiments-
und Brigade-Exerzitien bei Köln beendet worden, rückte das Regiment
in Kantonnements bei Bergheim, wo vom 29. bis 31. August dreitägige
Feld- und Vorpostendienstübungen in der Brigade stattfanden. Nach denselben ging das Regiment in die Gegend von Kerpen und nahm an dem
Korpsmanöver bei Düren und Bergheim vom 6. bis 10. September
im Verbande der 15. Division Theil. Am 11. September fand eine
Vorparade des Armeekorps unter dem kommandirenden General v. Bonin
bei Deesdorf statt. Die Parade des VIII. Armeekorps vor Sr. Majestät
dem Könige wurde am 13. bei Zieverich abgehalten. An diesem Tage
hatte der Erbprinz von Sachsen-Meiningen die Führung der 30. Infanteriebrigade für den erkrankten Kommandeur derselben übernommen.
Am 14. September wurde vor Sr. Majestät im Korps manövrirt.
Mit dem 17. begannen die Manöver des VIII. gegen das VII. Armeekorps
an der unteren Erft. Diesen wohnte Se. Majestät, umgeben von einer
großen Zahl deutscher Fürsten und Offiziere fast aller europäischen und
einzelner außereuropäischen Armeen bei. Am 21. September begann
der Rückmarsch der Truppen und schon in den folgenden Tagen wurden
die Reserven entlassen. — Das Regiment war zum Manöver schon mit den
neuen Füsiliergewehren ausgerüstet, als erstes Regiment, das diese Waffe
führte. Die Füsiliere fühlten sich hierdurch nicht wenig gehoben.

Am 18. Oktober fand im alten Königsschlosse zu Königsberg die
feierliche Krönung König Wilhelms I. statt. Zu derselben hatten alle

Regimenter des preußischen Heeres ihre Vertreter entsendet. Der Oberst v. Plehwe und der Vizefeldwebel Kreußer waren die vom Regimente berufenen glücklichen Zeugen der für Preußens, für Deutschlands Geschichte denkwürdigen Feier.

Am Tage der Krönung war vom Könige der Kronenorden gestiftet worden. Durch Verleihung desselben wurden der Oberst v. Plehwe, der Major v. Moritz und der Hauptmann Fragstein v. Niemsdorf ausgezeichnet. —

Das Jahr 1862 wurde ein Jahr erhöhter Thätigkeit. Die neueingestellten Rekruten waren nach den für den Ersatz der Füsilier-Regimenter gegebenen Bestimmungen zum ersten Male ausgehoben worden und dadurch dem Regiment ein Material geworden, aus dem sich wirkliche Füsiliere formen ließen. Das schwarze Lederzeug und die Füsiliergewehre ohne Bajonett reichten nicht aus, das zu ermöglichen. Im Herbst manövrirte das Regiment nur im Brigadeverbande bei Schlebusch und Moosbruch unter dem neuen Brigadekommandeur Generalmajor v. Schrabisch.

Der Anfang des nächsten Jahres brachte viele feierlich zu begehende Erinnerungstage. Am 18. Januar erließ Se. Majestät der König eine Allerhöchste Kabinets-Ordre, durch welche Er bestimmte, daß der Aufruf König Friedrich Wilhelms III. zur Errichtung der freiwilligen Jägerkorps vom 3. Febr. 1813, des Hubertsburger Friedens vom 15. Febr. 1763, der Stiftung des Eisernen Kreuzes vom 10. März 1813 und des Aufrufs König Friedrich Wilhelms III. an Sein Volk überall gefeiert werden sollten. Diese glorreichen Gedenktage wurden in Köln besonders feierlich begangen. — Wer ahnte es wohl damals, daß nach wenigen Jahren das Eiserne Kreuz von Neuem erstehen werde. — Der Kommandeur der 15. Division, Generallieutenant v. Kleist, nahm als Veteran der Befreiungskriege bei der Festfeier den ersten Platz ein. Bei seinem am 2. Februar gefeierten fünfzigjährigen Dienstjubiläum verehrten ihm die Offiziere seiner Division einen silbernen Tafelaufsatz.

Am 19. Januar 1863 war der Kommandeur des Regiments, Oberst v. Plehwe unter Stellung à la suite des Regiments zum Kommandeur der 29. Infanteriebrigade ernannt worden und der Oberstlieutenant v. Pape vom Gardefüsilier-Regiment sein Nachfolger geworden. — Der neue Regimentskommandeur ging mit großem Eifer daran, das Regiment nach den Grundsätzen zu erziehen und heranzubilden, die in den letzten Jahren im Garde-Füsilier-Regiment zur Geltung gelangt waren. Er hob in jeder Beziehung den „Füsiliergeist". Munteres

Marschtempo, Beweglichkeit im Terrain, Gewandtheit des einzelnen Mannes wurden durch Oberst v. Pape dem Regiment bleibend eingeprägt und gaben demselben eine vortheilhafte Signatur. Als ein Beweis, welch' guter Geist jeden Füsilier belebte, mag nachstehender Vorfall hier Erwähnung finden:

Am 13. Oktober war der Füsilier Szameit der 4. Kompagnie als Ordonnanz auf das Brigadebureau kommandirt. Als solche hatte er den Befehl, wichtige Briefe von Köln aus dem in Deutz wohnenden Brigadekommandeur schleunigst zu überbringen. Als er gerade über die Schiffbrücke an's jenseitige Ufer eilen will, findet er einen Theil derselben ausgefahren und keinen Nachen zum schnellen Uebersetzen bereit. Schnell entschlossen, wirft er seine Briefmappe auf den jenseitigen, stehenden Theil der Brücke, sich aber in die Fluthen des Rheins und erreicht schwimmend, unterstützt von Schiffern, den jenseitigen, feststehenden Theil der Brücke. Ohne weiteren Aufenthalt setzt er, durchnäßt, seinen Weg zum General fort, dem er die Briefschaften übergiebt. Der seltene Diensteifer brachte ihm das Lob aller Vorgesetzten. Der Kommandant brachte diesen Vorfall zur Kenntniß der gesammten Garnison.

Schon am 17. Dezember verlor das Regiment seinen Kommandeur, den Obersten v. Pape, der in gleicher Eigenschaft zum 2. Garde-Regiment versetzt wurde. So kurz auch der Zeitraum war, in welchem er das Regiment geleitet hatte, so war es ihm doch gelungen, die Liebe und Anhänglichkeit aller seiner Untergebenen schnell zu gewinnen. Darum ward sein Scheiden allseitig im Regiment bedauert. Das schnelle und muntere Wesen der Füsiliere, das er geschaffen, lebte als Andenken an ihn fort. Erst am 9. Januar des folgenden Jahres wurde der Oberstlieutenant v. Wegerer vom 2. brandenburgischen Infanterie-Regiment Nr. 20 zum Kommandeur des Regiments ernannt.

Das Jahr 1863 endete mit einer ungelösten politischen Frage. Die Eingriffe des eben zur Regierung gelangten Königs Christian IX. von Dänemark in die garantirten Rechte der Herzogthümer Schleswig und Holstein riefen den Beschluß einer Bundesexekution hervor. Diese, ursprünglich Sachsen und Hannover in erster Linie übertragen, führte im Februar 1864 zu dem Beginn des deutsch-dänischen Krieges, den Preußen und Oesterreich, als die verbündeten Großmächte Deutschlands, gegen Dänemark führten. Die geringen Streitmittel, über die das ohne Bundesgenossen kämpfende Dänemark verfügen konnte, und die Machtverhältnisse seiner Gegner erforderten preußischerseits nur die Aufstellung eines kleinen Theils seiner Truppen. Zu den auf den Kriegsschauplatz herangezogenen Regimentern gehörte keines des VIII. Armeekorps. Das Regiment war nicht dazu berufen, an den Siegen vor Düppel und auf Alsen Theil zu nehmen. Eine große Auszeichnung brachten dennoch diese Erfolge der preußischen Truppen in Schleswig dem Regiment. Sein früherer Kommandeur, der jetzige Kriegsminister, Generallieutenant v. Roon, wurde wenige Tage nach der Erstürmung der Düppeler Schanzen am 23. April zum Chef des ostpreußischen Füsilier-Regiments Nr. 33 von dem auf dem Kriegsschauplatze weilenden Könige in Anerkennung seiner hohen Verdienste um die Reorganisation des siegreichen Heeres ernannt. Die Allerhöchste Kabinetsordre, die diese Auszeichnung der Armee bekannt gab, lautet:

Ich habe den Kriegs- und Marineminister, Generallieutenant v. Roon zum Chef des Ostpreußischen Füsilier-Regiments Nr. 33 ernannt.

Das Regiment hat ihm die Rangliste und allmonatlich den Rapport einzureichen, wonach dasselbe mit Anweisung zu versehen ist.

Flensburg, den 23. April
1864.
                                        gez. Wilhelm.

Schon am 10. Mai hatte das Regiment das hohe Glück, bei Anwesenheit Sr. Majestät des Königs von seinem hohen Chef auf dem Neumarkte in Parade vorbeigeführt zu werden, wobei das Regiment das Allerhöchste Lob über seine gute Haltung erwarb. —

Die Manöver fanden in demselben Jahre unter dem Divisions-Kommandeur, Generallieutenant Hiller v. Gaertringen bei Zülpich und Euskirchen statt.

Im folgenden Jahre waren die Kompagnien im April und Anfangs Mai die Bataillone besichtigt worden. Am 25. Mai traf Se. Majestät der König in Köln ein, um der Grundsteinlegung des Denkmals für Seinen hochseligen Vater, König Friedrich Wilhelm III. beizuwohnen. Eine großartige Illumination der Stadt, der Brücke und des Domes, ein Feuerwerk auf dem Rhein gingen dem Festtage voraus. Am 17. nahm Se. Majestät über die Truppen der Garnison Köln auf der Mühlheimer Haide eine große Parade ab.

Da das Jahr 1865 das fünfzigste seit der Formation des 33. Regiments war, so hatte der Kommandeur des Regiments, Oberst v. Wegerer schon rechtzeitig gesorgt, daß der Tag der Stiftungsfeier an Allerhöchster Stelle bestimmt werde. Nachdem Se. Majestät der König sich darüber Vortrag hatte halten lassen, befahl Er, daß der 13. Dezember als

Stiftungstag des Regiments anzusehen sei, von welchem Tage die Aller-
höchfte Kabinetsordre Friedrich Wilhelm III., betreffend die Formation
des Regiments, datirte. Oberft v. Wegerer ging mit Eifer daran, das
fünfzigjährige Beftehen des Regiments zu einer würdigen Feier zu ge-
ftalten. Er fand in dem Hauptmann Backe eine thatkräftige Unter-
ftützung; derfelbe übernahm es, durch ausgedehnten Briefwechfel nach
allen Richtungen hin die gefchichtlichen und perfönlichen Verhältniffe des
Regiments aufzuhellen und aus dem gefammelten Material einen kurzen,
gefchichtlichen Abriß für die Feftfeier zu fchreiben. — Zur Sicherftellung
der Mittel wurden rechtzeitig Abzüge von den Gehältern der Offiziere
eingeleitet.

Der Theilnahme des Chefs des Regiments für diefe Jubelfeier
durfte der Oberft v. Wegerer gewiß fein. Ihm unterbreitete er daher
die Bitte, an Allerhöchfter Stelle herbeiführen zu wollen, daß der 5.
und 6. Kompagnie daffelbe äußere Abzeichen zu Theil werde, wie es
bis zur Formation des 34. Regiments von dem 1. Bataillon des Regiments getragen worden und welches mit diefem auf das 34. Regiment
übergegangen war. Diefe Bitte begründete der Oberft dadurch, daß die
jetzige 5. und 6. Kompagnie bis 1820 die 9. und 10. gewefen fei, welche
wie das damalige 1. Bataillon, ausfchließlich aus Kompagnien des Leib-
regiments der Königin formirt worden waren.*)

Die Zeit bis zu dem Stiftungsfefte verlief in der gewohnten Thätigkeit. Die Herbftmanöver fanden in der Gegend zwifchen Siegburg,
Bonn, Burtfcheid und Köln ftatt. Während derfelben herrfchte eine fo
außergewöhnliche Hitze, daß das Regiment Ende Auguft das Unglück
hatte, auf einem Marfch vier Füfiliere durch den Sonnenftich zu verlieren. Schon am 7. September kehrte das Regiment in feine Garnifon
zurück und entließ nach zwei Tagen die Referven. —

Seit der Rückkehr nach Köln wurden die Vorbereitungen zum
fünfzigjährigen Stiftungsfefte noch eifriger betrieben. Allen früheren
Offizieren und Beamten des Regiments, foweit ihr Wohnfitz zu ermitteln
war, wurden Einladungen zur Theilnahme an dem Fefte gefendet. Die
fpäte Jahreszeit, in die es fiel, veranlaßte leider die älteren Mitglieder
des Offizierkorps, die größtentheils im fernen Oftpreußen wohnten, die
weite Reife fcheuend, zu brieflichen Abfagen; herzliche Theilnahme und
fortbeftehende Kameradfchaft fprachen die Briefe aus, die zahlreich ein-
liefen. Dennoch durfte auf eine zahlreiche Betheiligung an dem Fefte

---

*) Siehe S. 20.

gehofft werden; besonders freudig erwartet wurde die Ankunft des hohen Chefs, General v. Roon.

Dieser theilte schon am 9. Dezember dem Oberst v. Wegerer mit, daß Se. Majestät der König durch eine Allerhöchste Kabinets-Ordre vom 5. Dezember genehmigt habe, daß die Unteroffiziere und Gemeinen der 5. und 6. Kompagnie des Regiments das Metallband am Helm mit der Inschrift: „Für Auszeichnung des vormaligen königlich schwedischen Leibregiments Königin" in Zukunft tragen dürften. In den wenigen Tagen bis zur Stiftungsfeier wurden die Metallbänder für die Helme der 5. und 6. Kompagnie beschafft, so daß diese Kompagnien zum Feste schon damit geschmückt erschienen.

Der 12. Dezember war zu einer Vorfeier des fünzigjährigen Bestehens des Regiments bestimmt.

An diesem Tage versammelten sich die von nah und fern herbeigeeilten ehemaligen Kameraden in dem Militärkasino zu einer allgemeinen Begrüßung. Unter den erschienenen Gästen waren der Oberst a. D. v. Schubert, der Oberstlieutenant a. D. v. Voß, der Major a. D. v. Hochwächter und der Unteroffizier Felsch anwesend, welche bereits in dem ehemals schwedischen Regimente Engelbrechten gedient hatten und bei der Formation des Regiments bei demselben verblieben waren.

Leider waren erwartete Gäste ausgeblieben, der kommandirende General Herwarth v. Bittenfeld war durch die Erkrankung seiner Gemahlin vom Feste fern gehalten, er gab seinem Bedauern darüber in einem Telegramm Ausdruck. Die Ankunft des Generals v. Roon wurde erst für den kommenden Tag erwartet.

Am Abend des 12. fand in dem von dem Direktor Ernst bereitwillig zu diesem Zweck überlassenen Stadttheater eine Festvorstellung statt, der die sämmtlichen Gäste, die Offiziere mit ihren Damen und die Mannschaften des Regiments beiwohnten. Ein vom Premierlieutenant Menner verfaßter Prolog eröffnete die Feier. Es folgten danach lebende Bilder mit Bezug auf die Vergangenheit des Regiments. An diese schloß sich die Darstellung des Lagers Wallensteins, des gewaltigen Generals, der die alten Schweden nicht besiegen konnte. Nach der Theatervorstellung fand ein Abendessen und Ball in den festlich geschmückten Räumen des Militärkasinos statt.

Am Vormittag des 13. Dezember, des Stiftungstages des Regiments, standen dessen drei Bataillone bei heiterem schönen Wetter auf dem Neumarkte in Parade. Sie waren in einem Karree aufgestellt, dessen vierte Seite von den Gästen und den zahlreich erschienenen Offizieren aller Waffengattungen der Garnison eingenommen wurde. Der Kommandeur des Regiments, Oberst von Wegerer, trat in die Mitte des Karrées und hielt eine längere Rede, in der er gewissermaßen Rechenschaft ablegte von der fünfzigjährigen Friedensthätigkeit des Regiments. Er wies auf die Bedeutung einer Erinnerungsfeier hin, die eine fünfzigjährige Pflichterfüllung abschließe, als Beispiel für die folgenden Zeiten. Am Schluß seiner Worte ließ der Oberst das Regiment präsentiren und brachte dem geliebten König und Kriegsherrn Wilhelm I. ein donnerndes dreifaches Hoch, in welches das Regiment und alle Anwesenden begeistert einstimmten. Nachdem geschultert worden, fand ein Vorbeimarsch des Regiments in Zügen statt.

Mittags 2 Uhr versammelte sich das Offizierkorps mit seinen Gästen zu einem Festessen. Viele Toaste ernsten und heitern Sinnes würzten das Mahl. Während der Tafel trafen zahlreiche Glückwunschtelegramme ein, von früheren Kameraden und anderen Truppentheilen, auch eines von dem Magistrat von Thorn als schöner Beweis für das gute Gedenken, das die alte Garnison dem Regimente bewahrt hatte, das schon seit 14 Jahren aus derselben geschieden war.

Spät am Abend endete die Feier des Festes. Diese war dadurch getrübt worden, daß der Chef des Regiments nicht daran hatte Theil nehmen können. Schon am Morgen brachte ein Telegramm die Mittheilung, daß wichtige Staatsgeschäfte den Kriegsminister hinderten, Berlin zu verlassen. Am nächsten Tage traf folgender Brief ein:

Lieber Herr Oberst!

Sie und meine lieben Regimentskameraden werden nicht erwarten, daß ich mich durch eine spezielle Darlegung der dringenden Staatsgeschäfte, deren meine Depesche gedachte, in Betreff meines Nichterscheinens zu rechtfertigen versuche, Sie müssen mir ohnedies unbedingtes Vertrauen und zweifellosen Glauben schenken, und ich zweifele daran nicht — Sie werden es thun. — Sie werden es begreiflich finden, daß ich an dem heutigen feierlichen Tage in Ihrer Mitte zu sein nur herzlich und dringend begehren konnte, und daß es mir ein Opfer gekostet hat, darauf verzichten zu müssen, ein Opfer, wie es nicht blos täglich von mir gefordert wird, sondern ein Opfer, das mir ans Herz gegriffen hat. — Warum nicht die dringenden Geschäfte früher erledigt wurden, warum sie nicht zu verschieben waren, warum ich mich nicht davon beurlauben durfte: das Alles sind Fragen, deren Erörterung hier zu weit führen würde.

Alle jene Auswege sind nicht unerwogen geblieben, aber als unpraktikable befunden worden.

Es hat mich gefreut, Se. Majestät bereit zu finden, dem Regiment die von Ihnen beantragte Auszeichnung zu gewähren. Wenn dies mit dem heutigen Tage in der betreffenden Allerhöchsten Kabinets-Ordre nicht in Verbindung gebracht worden ist, so liegt dies darin, daß Se. Majestät alle diese fünfzigjährige Stiftungsfeiern nicht als offizielle Akte angesehen wissen will. Es waren daher in Bezug auf diesen Tag auch anderweitige Gnadenerweise nicht zu erbitten. Ich glaube indessen, es war mit meiner Pflicht vereinbar, daß ich Sie von der Gnaden-bewilligung direkt so zeitig dienstlich benachrichtigte, daß Sie derselben am heutigen Tage gedenken konnten.

Indem ich Ihnen, mein theurer Oberst, schließlich noch die Bitte wiederhole, dem Regimente meine vollen und herzlichsten Sympathien auszudrücken, empfehle ich mich Ihnen und den Kameraden nicht ohne Wehmuth und bleibe in aufrichtiger Ergebenheit.

Berlin, den 15. Dezember 1865.

Ihr

v. Roon.

Die Jubelfeier war vorüber, sie hatte in dem Herzen aller, die daran Theil genommen, ein wohlthuendes Gedenken hinterlassen. Das Wiedersehen früherer Kameraden, die Erinnerung an gemeinsame Erleb-nisse, das Befragen nach den Schicksalen, das Familienleben im Offizier-korps das sind köstliche Dinge, die solch seltene Tage bringen, aber nur der versteht sie zu genießen, der durchdrungen ist von dem eigen-thümlichen Korpsgeist preußischer Offiziere.

Das Fest hatte dem Regimente auch einige Geschenke gebracht, die Militär-Effektenhandlung Mohr u. Speier hatte demselben einen in ihrer Fabrik gefertigten Bataillonstambourstock nebst Quasten darge-bracht.

Das Offizierkorps des Regiments am Stiftungstage war fol-gendes:

Generallieutenant und Chef des Regiments		v. Roon.
Oberst und Regiments-Kommandeur		v. Wegerer.
Oberstlieutenant	Marschall	v. Bieberstein.
Major		Fragstein v. Niemsdorff.
„		Hahn v. Dorsche.
„		v. Eckensteen.
Hauptmann		Zacha.
„		v. Schroetter.
„		v. Gilsa.
„		Backe.

Hauptmann	v. Kurowski.
„	v. Wedell.
„	Wolff v. Gobbenthow.
„	v. Milewski.
„	Oynhausen.
„	v. Haugwitz.
„	v. Brosy.
„	v. Wobeser.
Premierlieutenant	Menner.
„	Krusemark.
„	v. Schachtmeyer.
„	Liebtke.
„	v. Wedell.
„	Marth.
„	Goltz I.
„	Wolff.
„	v. Homburg I.
„	v. Buttler.
„	v. Wobeser II.
„	v. Zschüschen I.
Sekondelieutenant	v. Asmuth.
„	Ziemer.
„	Fragstein v. Niemsdorff I.
„	Marschall v. Bieberstein.
„	Schulz.
„	Meske.
„	v. Homburg II.
„	v. Diederichs.
„	Nolte.
„	v. Broich.
„	v. Zschüschen II.
„	Fragstein v. Niemsdorff II.
„	May.
„	Blankenhorn.
„	Freytag.
„	Januskowski.
„	Koch.
„	v. Voigts-Rhetz.
„	v. Besser.
„	Frhr. v. Ledebur.

Sekondelieutenant	Amtsberg.
"	v. Trotha.
"	v. Schoeler.
"	Fragstein v. Niemsdorff III.
"	Gabbum.
"	Goltz II.
"	Zacha.
"	Bender.

à la suite.

Oberst	Orlovius.
Premierlieutenant	Maier.
Oberstabs- und Regimentsarzt	Dr. Fröling.
Stabs- und Bataillonsarzt	Dr. Hesse.
" " "	Dr. Sell.
Zahlmeister	Nienaber.
"	Mohrhenn.
"	Apstein.

Als die letzte Stunde des Jahres 1865 das Offizierkorps zur Neujahrsfeier vereinigte, gedachte ein Jeder gern noch einmal der kürzlich verlebten Festsunden, freute sich ein Jeder, dem Regiment anzugehören, in dessen fünzigjährigem Bestehen ihm stets Lob und Anerkennung geworden. Was es im Frieden errungen, war eine feste Grundlage für den Krieg. Mit dem Wunsche, daß das kommende Jahr den stets erhofften Kriegsruhm bringen möge, endete das Jubeljahr 1865.—

Der Beginn des inhaltschweren Jahres 1866 ließ nicht ahnen, daß der Tag nicht mehr fern sei, an dem Preußen in den endlichen und unbestrittenen Besitz der Führerschaft Deutschlands gelangen würde. Der Antagonismus zwischen Oesterreich und Preußen, den beiden europäischen Großmächten am Tische des deutschen Bundestages in Frankfurt a. M., an welchem Oesterreich das Präsidium führte, mußte ein Ende finden. Unter dem Einflusse Oesterreichs, das nur seinen eigenen Interessen folgte, konnte Deutschland nicht zu der staatlichen Stellung in Europa gelangen, die ihm durch seine Bewohnerzahl, durch seine hohe Kultur gebührte. Der Wunsch, daß das weitere Vaterland nach tausendjährigem Ringen ans Ziel gelange, hatte unserem erhabenen König und Seinem Minister v. Bismarck die Politik vorgezeichnet, die Preußen seit dem Wiener Frieden von 1864 zum Heile Deutschlands verfolgte.

Im Wiener Frieden hatte der König von Dänemark die deutschen Elb-Herzogthümer an Oesterreich und Preußen abgetreten. Beide hatten

gleiche Anrechte auf das im gemeinsamen Kampfe für Deutschland zurück=
eroberte Land. Die von dem österreichischen Hauptlande entfernte Lage
der norddeutschen Herzogthümer machte den Besitz eines derselben für
Oesterreich nicht wünschenswerth, Preußen dagegen wollte es durch den
ausschließlichen Besitz dieser Länder nicht vergrößern und erstarken lassen.
Es begünstigte daher den künstlich gerechtfertigten Anspruch auf Schles=
wig und Holstein, den der Prinz Friedrich von Augustenburg geltend
machte. Preußen konnte eine Vermehrung der deutschen Kleinstaaten
unmöglich zugeben, da gerade die Kleinstaaterei Deutschlands Ansehen
und Kraft immer mehr und mehr geschwächt hatte. Die Meinungsver=
schiedenheit über die Zukunft der Herzogthümer zwischen Oesterreich und
Preußen steigerte sich beständig, und führte im August 1865 zu dem
Vertrage von Gastein, der eine Theilung der Verwaltung von Schles=
wig und Holstein bestimmte. Preußen übernahm das Gouvernement in
Schleswig, Oesterreich das in Holstein. So war zwar ein modus vivendi
geschaffen, keineswegs aber die politische Spannung zwischen den beiden
Bundesgenossen von 1864 damit beseitigt. Zu Ende des Jahres 1865
hatte Oesterreich durch die einseitig betriebene Begünstigung des Thron=
prätendenten Friedrich von Augustenburg ernste Differenzen geschaffen.
Die endgiltige Entscheidung rückte immer näher. Das mußte sich ein
Jeder sagen, der, die politische Lage bedenkend, die Schwelle des neuen
Jahres überschritt. Der Soldat ist aber kein Politiker, er darf es nicht
sein; seine Arbeit beginnt, wenn die Diplomatie nicht mehr im Stande
ist, die von ihr geplante politische Gestaltung herbeizuführen. Der Sol=
dat sah daher mißtrauisch auf die Thätigkeit der Diplomaten, die in den
letzten Dezennien schon oft die Hoffnung getäuscht hatten, daß endlich
die Stunde gekommen, in der zu zeigen sei, wie kriegstüchtig Preußens
Heer im langen Friedensdienste geworden.

In Friedenszeiten begrüßt der Soldat eine jede Thätigkeit mit
Freuden, die ihn für einige Zeit aus dem Alltagsleben der Garnison
herausführt. Eine solche Thätigkeit für Theile des Regiments brachte
ein Befehl des Generalkommandos, nach welchem das Regiment vier
Kommandos nach der holländischen Grenze zur Absperrung wegen der
jenseits derselben ausgebrochenen Rinderpest, zu entsenden hatte. Am
15. Januar gingen die Kommandos in Kantonnements an der Grenze
des holländischen Herzogthums Limburg. Sekondelieutenant Meske mit
2 Unteroffizieren, 42 Füsiliren nach Dalheim, Sekondelieutenant v. Asmuth
mit 3 Unteroffizieren, 41 Füsiliren nach Elsum, Premierlieutenant v. Wo=
beser mit 4 Unteroffizieren, 66 Füsiliren nach Waldfeucht, Premierlieute=
nant v. Homburg mit 3 Unteroffizieren, 47 Füsiliren nach Höngden. Den

Befehl über den Grenzkordon führte Major Reinicke vom 28. Regiment. Starker Patrouillengang und Postendienst machte die Zeit dieser Kommandirung beschwerlich, aber durch die von den Civilbehörden gezahlten Zulagen und gute Quartiere recht erträglich. Am 23. Februar erfolgte die Ablösung der Kommandos: Premierlieutenant Goltz kam nach Waldfeucht, Sekondelieutenant Freytag nach Höngben, Sekondelieutenant Schulz nach Wehr; Dalheim und Elsum besetzte fortan das 28. Regiment.

Während so einige hundert Füsiliere im Dienste der inneren Verwaltung des Staates außerhalb ihrer Garnison Verwendung fanden, bereiteten sich die politischen Ereignisse vor, die bald das gesammte preußische Heer an eine andere Grenze des Vaterlandes rufen sollten.

Schon am 28. Februar hatten die politischen Differenzen zwischen Oesterreich und Preußen eine Konseilsitzung unter Vorsitz Sr. Majestät nothwendig gemacht, in der die militärischen Konsequenzen der politischen Lage in Betracht gezogen wurden. In jedem anderen als dem preußischen Heere hätte darauf hin eine außergewöhnliche Thätigkeit und Regsamkeit bemerkbar, ja sogar nothwendig werden müssen. Die in langjährigem Frieden durch mühevolle Arbeit erlangte Kriegstüchtigkeit und die seit der Reorganisation des Heeres im kleinsten Detail vorbereitete Mobilisirung gestatteten es der Heeresleitung in Preußen, außergewöhnliche Maßregeln bis zum letzten Augenblicke zu vermeiden. Als aber Oesterreich, gezwungen durch seine langsamere Art der Mobilmachung und durch seinen schwerfälligeren Militärapparat im März anfing, seine Truppen auf den Kriegsetat zu komplettiren und die böhmischen Garnisonen zu verstärken, durfte Preußen nicht länger zögern, Gegenmaßregeln anzuordnen. Zunächst wurden die in Schlesien und im Osten stehenden Truppen von den Befehlen betroffen, die eine Erhöhung des Friedensstandes und Marschbereitschaft zur Folge hatten. Anfangs April zweifelte Keiner mehr daran, daß „es bald losgehen" und der Mobilmachungsbefehl für die ganze preußische Armee erfolgen werde. In Erwartung dieses, ordneten die Vorgesetzen an, daß die Mannschaften bei allen Uebungen feldmarschmäßig ausrücken sollten und durch immer weiter gehende Märsche für kommende Ereignisse vorgearbeitet würden.

Es gehört nicht hierher, die weitere Entwicklung der politischen Spannung zwischen Oesterreich und dem deutschen Bunde einerseits und Preußen andererseits zu schildern. Daß sie damals alle Gemüther bewegte, ist leicht erklärlich. Die durch die Zeitungen gebrachten Nachrichten wurden durch nebenher laufende Gerüchte vermehrt, bis endlich in den ersten Tagen des Mai die peinlich aufregende Ungewißheit, ob Krieg ob Frieden, beseitigt wurde. Allerhöchste Kabinets-Ordres ordneten die Mobilmachung des gesammten preußischen Heeres an. Der Soldat erwartete jetzt den Krieg, denn seit der Reorganisation des Heeres wurzelte in der Armee die Anschauung, daß eine Mobilmachung nicht mehr nur eine Demonstration sein könne. Die preußische Armee war auch im demobilen Zustande, bei der Möglichkeit ihrer schnellen Mobilmachung für jeden Feind Demonstration genug.

Am späten Abend des 5. Mai traf in Köln die Mobilmachungs-Ordre für die 15. Division ein und wurde mit lautem Jubel in dem Kreise der Offiziere begrüßt, zumal in dem Mobilmachungsbefehl für das VIII. Armeekorps besonders ausgesprochen war, daß das Regiment Nr. 33 mobil zu machen sei. Die Voraussetzung, daß unser Regiment aus den Reihen des VIII. Armeekorps ausscheiden und in die des I. Armeekorps für den bevorstehenden Krieg zurücktreten werde, bestätigte sich nicht, wenn auch das Ersatzbataillon des Regiments sich in Königsberg zu formiren hatte. Vorerst empfing das Regiment seine Befehle nach wie vor von der 15. Division. Die für die Formation des Ersatzbataillons abzugebenden Offiziere und Mannschaften, 28 Unteroffiziere, 138 Mann, verließen am 11. Mai Köln, um mit der Eisenbahn nach Königsberg befördert zu werden. Die Trennung der abgehenden Offiziere und Mannschaften vom Regimente war eine schwere für die, die auf das hohe Glück verzichten mußten, mit auszuziehen gegen den Feind. Nach dem Ausscheiden der zum Ersatzbataillon abgegebenen Mannschaften blieb der mobile Theil des Regiments stark: 49 Offiziere, 119 Unteroffiziere, 59 Spielleute und Hautboisten, 1257 Füsiliere, 3 Stabs- und 4 einjährig-freiwillige Aerzte. Erst am 18. Mai traf der erste Transport Reservisten aus ihrer entfernten östlichen Heimath an den Ufern des Rheins ein, am 20. folgte der zweite Transport, mit welchem 9 Landwehroffiziere des Landwehrbataillons Bartenstein eintrafen. Die für die Mobilmachung nothwendigen Pferde wurden dem Regiment aus dem Kreise Recklinghausen gestellt.

Inzwischen hatte der kommandirende General Herwarth v. Bittenfeld in einem Tagesbefehl vom 15. Mai die Ordre de bataille für das ihm unterstellte Armeekorps vorbehaltlich der Allerhöchsten Bestätigung bekannt gegeben und bestimmt, daß dieselbe am 20. in Kraft treten solle. In dieser Ordre de bataille war das Regiment nicht mit aufgenommen, so daß neue Zweifel über seine Verwendung in dem bevorstehenden Kriege eine unangenehme Ungewißheit schufen. Das mobile Regiment erwartete mit Ungeduld seine Bestimmung. Am 30. Mai war es stark:

1. Bataillon: 23 Offiziere, 75 Unteroffiziere, 27 Spielleute (incl. Hautb.),
     888 Füsiliere, 4 Lazarethgehülfen, 28 Trainsoldaten.

2.   „   17 Offiziere, 71 Unteroffiziere, 17 Spielleute 894 Füsiliere,
     4 Lazarethgehülfen, 17 Trainsoldaten.

3.   „   16 Offiziere, 74 Unteroffiziere, 17 Spielleute 891 Füsiliere,
     4 Lazarethgehülfen, 17 Trainsoldaten.

Während das Regiment seine Kriegstüchtigkeit durch Uebungen aller Art zu heben suchte und den Reservisten dadurch wieder das früher Erlernte ins Gedächtniß zurückgerufen wurde, machte die feindliche Haltung der mitteldeutschen Staaten eine andere als die ursprünglich geplante Aufstellung der preußischen Streitkräfte nothwendig. Bei Wetzlar wurde unter dem Kommandeur der 32. Infanteriebrigade eine kombinirte Division zusammengezogen. An der Grenze des Königreichs Sachsen sollte das VIII. Armeekorps aufmarschiren. In Folge dessen wurden die Truppen desselben mittelst Eisenbahn nach Halle befördert und ging der kommandirende General am 29. Nachmittags gleichfalls dorthin ab. Hierbei gab General Herwarth v. Bittenfeld eine veränderte Ordre de bataille für sein Armeekorps.

Dasselbe formirte sich in:

Avantgarde unter dem Befehle des Kommandeurs der 31. Infanterie-Brigade, Generalmajor v. Schoeler.

15. Infanteriedivision unter Generallieutenant v. Canstein.

16. Infanteriedivision unter Generallieutenant v. Etzel.

Reserveartillerie unter Oberst Hausmann.

In dieser Ordre de bataille war auch das Regiment mit aufgenommen. Das Regiment sollte danach mit dem 2. Bataillon seines Schwester-Regiments Nr. 34 — das 1. und 3. Bataillon verblieben zunächst noch in der Bundesfestung Rastatt — eine kombinirte Brigade unter dem Befehl des Kommandeurs des Regiments, Oberst v. Wegerer, formiren. Diese Brigade wurde in Bezug auf alle Verhältnisse, auch die administrativen, der 16. Division überwiesen.

In dem mobilen Ostpreußischen Füsilier-Regiment Nr. 33 standen am 1. Juni 1866:

Kommandeur: Oberst v. Wegerer.

5ter Stabsoffizier: Major v. Eckensteen.

Adjutant: Sekondelieutenant v. Fragstein I.

1. Bataillon.

Kommandeur: Major v. Fragstein.

Adjutant: Sekondelieutenant Nolte.

Oberstabsarzt: Dr. Fröling.

<table>
<tr><td>

1. Kompagnie.
Pr.-Lt. Krusemark.
Sek.-Lt. Januskowski.
Sek.-Lt. Bender.
Fähnrich v. Ploetz.
2. Kompagnie.
Pr.-Lt. Menner.
Sek.-Lt. Marschall v. Bieberstein.
Sek.-Lt. v. Besser.
Sek.-Lt. d. Landw. Pruß.
Fähnrich Schulz.

</td><td>

3. Kompagnie.
Hauptmann Zacha.
Pr.-Lt. Golz I.
Sek.-Lt. d. Landw. v. Bieberstein.
Sek.-Lt. Golz II.
Fähnrich Rupe.
4. Kompagnie.
Hauptm. Wolff v. Goddenthow.
Pr.-Lt. v. Zschüschen I.
Sek.-Lt. Frhr. v. Ledebur.
Sek.-Lt. d. Landw. Bahrendt.

</td></tr>
</table>

2. Bataillon.

Oberstlieutenant v. Marschall.

Adjutant: Sekondelieutenant v. Fragstein II.

Stabsarzt: Dr. Sell.

<table>
<tr><td>

5. Kompagnie.
Hauptmann v. Kurowski.
Pr.-Lt. Wolff.
Sek.-Lt. d. Landw. Rosenbaum.
Sek.-Lt. Amtsberg.

6. Kompagnie.
Hauptmann Backe.
Sek.-Lt. Meske.
Sek.-Lt. d. Landw. Gisevius.
Fähnrich v. Rosenberg.

</td><td>

7. Kompagnie.
Hauptmann v. Gilsa.
Pr.-Lt. v. Wobeser.
Sek.-Lt. Gabbum.
Sek.-Lt. d. Landw. Jebens.
Fähnrich Richter.
8. Kompagnie.
Hauptmann v. Wobeser.
Sek.-Lt. v. Zschüschen II.
Sek.-Lt. v. Trotha.
Fähnrich Gattung.

</td></tr>
</table>

3. Bataillon.

Major v. Hahn.

Adjutant: Sekondelieutenant v. Homburg II.

Stabsarzt: Dr. Hesse.

<table>
<tr><td>

9. Kompagnie.
Hauptmann v. Haugewitz.
Sek.-Lt. v. Asmuth.
Sek.-Lt. v. Fragstein III.

10. Kompagnie.
Hauptmann v. Brosy.
Pr.-Lt. v. Homburg I.
Sek.-Lt. d. Landw. Zielske.
Sek.-Lt. v. Voigts-Rheetz.

</td><td>

11. Kompagnie.
Pr.-Lt. v. Schachtmeyer.
Sec.-Lt. Ziemer.
Sek.-Lt. d. Landw. Kroszewski.
Sek.-Lt. Zacha.
12. Kompagnie.
Hauptmann Baron v. Schrötter.
Sek.-Lt. d. Landw. Andersen.
Sek.-Lt. v. Schoeler.
Fähnrich Reichwald.

</td></tr>
</table>

Am 1. Juni traf für das Regiment der Befehl ein, nach Halle zum VIII. Armeekorps abzurücken. Auf drei Eisenbahnzügen verließ das Regiment am Morgen und Vormittag des 3. Juni seine langjährige Garnison, um ins Feld zu ziehen und „mit Gott für König und Vaterland" in den Kampf zu treten. Dem Regiment wurden von dem Divisionskommandeur Kantonnements in und um Zörbig zugewiesen, die am Abend des 4. Juni bezogen wurden. Das 1. Bataillon lag in Zörbig, das 2. in Köckern, das 3. in Ostrau und Umgegend.

Der Vormarsch des versammelten VIII. Armeekorps an die Elbe und Grenze des Königreichs Sachsen begann am 5. Juni; am 8. wurde geruht, am 10. war das Ziel erreicht. Das Regiment bezog Kantonnements zwischen Torgau und Liebenwerda, mit den Stäben der Bataillone in Dobrichau, Arzberg und Coelsa. Im Ganzen hatte das Regiment 19 Ortschaften belegt. Am 11. Juni trafen auch das 1. und 3. Bataillon 34er mit der Eisenbahn von Rastatt in Herzberg ein und bezogen Kantonnements in dem von den andern vier Bataillonen der kombinirten Brigade belegten Rayon, wodurch für unser 3. Bataillon ein Kantonnementswechsel nothwendig wurde.

Die beiden Füsilier-Regimenter bildeten von nun an „die kombinirte Füsilierbrigade", der die 1. 6pfündige Batterie zugetheilt wurde und die dem Kommando des Oberst v. Wegerer unterstellt blieb. Diese Brigade trat nun dauernd an die Stelle der bei Wetzlar verbliebenen 32. Infanteriebrigade und so zur 16. Division. Der Kommandeur derselben besichtigte die Füsilierbrigade am Morgen des 14. Juni gleichzeitig mit der ihr zugetheilten Batterie und dem 8. Kürassier-Regiment und sprach seine volle Zufriedenheit mit der Haltung des Regiments aus.

An diesem Tage fand in dem Bundespalais zu Frankfurt die denkwürdige Sitzung statt, die den Deutschen Bund nach fünfzigjährigem Bestehen faktisch auflöste und Preußen zwang, den Krieg zu beginnen, der zum Heile Deutschlands die deutschen Heere gegen einander in den Kampf führte. Die Bundesbeschlüsse vom 14. Juni veranlaßten unsern Allerhöchsten Kriegsherrn, den Entschluß zu fassen, nicht erst die Bewegungen der feindlichen Heere abzuwarten, sondern den Krieg offensiv zu führen.

Die an der Elbe versammelten Truppen unter General Herwarth v. Bittenfeld, zu denen auch noch die 14. Division unter Generallieutenant Graf Muenster getreten war, bildeten „die Elbarmee". Als der General die Nachricht erhielt, daß am 16. Juni voraussichtlich der Einmarsch in das Königreich Sachsen erfolgen werde, befahl er, schon für

den Nachmittag des 15. die konzentrirte Aufstellung der Avantgarde
und der drei Divisionen.

Am Morgen des 15. Juni lag das Regiment in den seit dem
10. bezogenen Kantonnements, der Regimentsstab in Dobrichau.   Am
Vormittag ging der Befehl ein, daß das 2. Bataillon unter Oberstlieutenant v. Marschall sogleich zur Avantgarde der Elbarmee abrücken
solle.   Für die beiden andern Bataillone erging der Befehl, am Nachmittage um 5 Uhr zur Konzentrirung der 16. Division, bis dicht an
die Grenze des Königreichs Sachsen, heranzurücken.   Das 3. Bataillon
bezog Quartiere in Brottewitz, das 1. Bataillon biwakirte nördlich
dieses Ortes.   Freudig bewegt durch die oft schwankend gewesene, nun
gesicherte Aussicht auf den endlichen Beginn der Feindseligkeiten, suchte
an diesem Tage Jeder erst spät sein Lager auf, um von Sieg und
Kriegsglück zu träumen.   Nur Eins trübte die Freude des Regiments:
die Trennung des 2. Bataillons für die nächste Zeit der Kämpfe.   Die
im Frieden gehegte Kameradschaft, das Kleinod der preußischen Offiziere,
bekundet sich am schönsten im Kriege, darum war die Lostrennung eines
Theiles des Regiments eine schmerzlich empfundene Störung des Zu-
sammenlebens der Bataillone.   Gerne wäre das ganze Füsilier-Regiment
in die Avantgarde eingetreten.   Mit unverhohlenem Neide sahen das
1. und 3. Bataillon das 2. zur Avantgarde abrücken.   Da sich die Schicksale der beiden unter verschiedenen Kommandos stehenden Theile des
Regiments für die nächste Zeit trennen, müssen auch ihre Erlebnisse
getrennt geschildert werden.

Das 1. und 3. Bataillon bei der 16. Division.*)

Generallieutenant v. Etzel befahl am 15. für den am nächsten
Tage bevorstehenden Einmarsch in das Königreich Sachsen eine Truppen-
Eintheilung seiner Division, nach der das 1. und 3. Bataillon im Gros
derselben, zunächst mit dem 1. und 2. Bataillon 69er, der 3. Eskadron
Ulanen Nr. 7 und der 4. vierpfündigen Batterie, unter dem Befehl
des Oberst v. Wegerer standen.

Am frühen Morgen des 16. Juni begann der Feldzug mit dem
Einmarsch in das Königreich Sachsen.   Die 16. Division, die hinter
der Avantgarde der Elbarmee marschirte, ging bei Lösnig auf einer

---

*) Die Zeit vom 15. Juni bis 27. Juli, in welcher das 2. Bataillon in der
Avantgarde der Elbarmee an den Kämpfen theilnahm, ist derart geschildert, daß
sich die Darstellung der allgemeinen Kriegslage aus den getrennten Erzählungen
ergänzt.

dort geschlagenen Pontonbrücke auf das linke Elbufer über und bis nördlich Riesa in nachstehender Marschordnung:

Avantgarde.

1 Eskadron Ulanen Nr. 7,

Füsilier-Bataillon Regt. Nr. 29,

1. sechspfündige Batterie,

1. Bataillon Regt. Nr. 29,

2.   „   „   „ 29,

2 Eskadrons Ulanen Nr. 7.

Gros.

1. Bataillon Regt. Nr. 33,

5. vierpfündige Batterie,

3. Bataillon Regt. Nr. 33,

1.   „   „   „ 69,

2.   „   „   „ 69,

1 Eskadron Ulanen Nr. 7.

Reserve.

Kürassier-Regiment Nr. 8,

1. reitende Batterie,

2. Bataillon Regt. Nr. 34,

3.   „   „   „ 34,

Munitionswagen,

Feldlazareth.

(Das 1. Bataillon 34er war nach Riesa auf der Eisenbahn vorausgegangen.)

Das 1. Bataillon bezog in Pochra, das 3. in Ober-Reußen die ersten Kantonnements in Feindesland. Die Quartiergeber lieferten reichliche Verpflegung.

Am 17. war das Marschziel der 16. Division Meißen. Der Marsch war bei großer Hitze so anstrengend, daß es geboten war, um die Mittagszeit mehrere Stunden der Ruhe und eine durch Requisition von Lebensmitteln ermöglichte Mittagsmahlzeit den Truppen zu gewähren. Nachmittags 5 Uhr setzte die Division ihren Weitermarsch auf Meißen fort, wo sie am Abend um 8 Uhr Quartiere bezog. Am Morgen dieses Tages war von Riesa aus der Major v. Eckensteen mit der 2. und 4. Kompagnie und einer Eskadron Ulanen Nr. 7 auf das rechte Elbufer detachirt worden, um die Wiederherstellungsarbeiten an der zerstörten Eisenbahnbrücke über die Elbe zu sichern.

Sehr früh am Morgen des 18. Juni trat die 16. Division ihren weiteren Vormarsch an, sie folgte wieder der Avantgarde; am Nachmit=

tage erreichte sie die Hauptstadt Dresden. Mit entfalteten Fahnen und
unter klingendem Spiele zogen die Truppen bei ihrem Oberkomman=
birenden General Herwarth v. Bittenfeld vorüber. Oberst v. Wegerer
wurde zum Kommandanten der Neustadt ernannt, wo das 1. Bataillon
Quartiere bezog, nachdem vorher die 2. und 4. Kompagnie bei dem=
selben wieder eingetroffen waren. Das 3. Bataillon hatte gemeinsam
mit dem Regiment Nr. 34 Stellung im Plauenschen Grunde genommen.
Das 1. Bataillon wurde durch einen sehr ausgedehnten Wachtdienst in
der sächsischen Hauptstadt stark in Anspruch genommen.

Das königlich sächsische Heer hatte am Tage vorher Morgens
3 Uhr in drei Kolonnen die Hauptstadt verlassen, weil es nicht stark
genug war, der heranrückenden preußischen Elbarmee ohne Unterstützung
durch österreichische oder bayerische Truppen Widerstand leisten zu können.
Die sächsischen Truppen waren auf Böhmen zurückgewichen, um hier
Verbindung mit dem österreichischen Heere aufzusuchen. Dadurch war für
die preußische oberste Heeresleitung der große Vortheil gewonnen, daß
sie nun auch die Elbarmee nach Böhmen gegen das vereinte österreichisch=
sächsische Heer vorrücken lassen konnte.

Um den leicht errungenen Besitz Sachsens zu sichern und etwaigen
Vorstößen von Bayern her Widerstand leisten zu können, mußte in
Dresden ein befestigter Stützpunkt für die Besatzungstruppen des König=
reichs Sachsen geschaffen werden. Erst wenn das geschehen, konnte das
Land links der Elbe zunächst wieder preisgegeben werden. Damit die
Elbarmee durch diese defensive Thätigkeit nicht gefesselt und anderen
wichtigen Operationen entzogen werde, wurde die 2. Division des Re=
servekorps nach Dresden herangezogen.

An einem in der preußischen Kriegsgeschichte durch die Namen
Fehrbellin, Collin und Belle=Alliance denkwürdig gewordenen Tage hatten
die preußischen Truppen die sächsische Königsstadt besetzt; an diesem Tage
richtete König Wilhelm den Aufruf an Sein Volk, dessen Schlußworte
die Segnungen verkündeten, die König Wilhelm dem deutschen Volke zu
bringen von der göttlichen Vorsehung bestimmt war:

Flehen Wir den Allmächtigen, den Lenker der Geschicke der Völker,
den Lenker der Schlachten an, daß er Unsere Waffen segne. Verleiht
Uns Gott den Sieg, dann werden Wir auch stark genug sein, das lose
Band, welches die deutschen Lande mehr dem Namen als der That
nach zusammenhält und welches jetzt durch diejenigen zerrissen, die das
Recht und die Macht des nationalen Geistes fürchten, in anderer Gestalt
fester und heilvoller zu erneuern. Gott mit uns.

Berlin, den 18. Juni 1866.   ·   Wilhelm.

Der 19. Juni brachte einen ersehnten Ruhetag, der für die in Dresden liegenden Bataillone recht behaglich wurde. Gegen Mittag trabten die Blücher-Husaren von der I. Armee in die Stadt und stellten so die wichtige Verbindung mit dieser in der Lausitz stehenden Armee des Prinzen Friedrich Carl her. Die I. Armee sollte erst aus der Lausitz debouchiren, wenn auch die Elbarmee durch Sachsen dorthin vorgedrungen sei. — Von der gegenüberstehenden feindlichen Armee und deren Bewegungen war nur wenig bekannt. — Zu später Abendstunde des 19. verbreitete sich das Gerücht, daß ein österreichisch-sächsisches Heer im Anmarsch auf Dresden sei. Die hier liegenden Truppen wurden alarmirt, die Ausgänge der Stadt besetzt. Die Bataillone mußten ihre guten Quartiere mit einem Lager ohne Stroh und Holz in den Straßen Dresdens vertauschen; strömender Regen machte den nächtlichen Aufenthalt in den Straßen noch empfindlicher. Auch am Vormittage des 20. verblieben die Truppen im Alarmzustande in den Straßen, durch herbeigeschaffte Lebensmittel reichlich verpflegt. Gegen Mittag ging der Befehl zum Weitermarsch ein. Die 16. Division ging hinter der 15. über die feste Elbbrücke auf das rechte Ufer über und trat ihren Marsch gegen Böhmen auf der Straße Dresden—Stolpen an. Die Division bezog am Abend bei Ober-Weiffig ein Biwak.

Am 21. wurde bei großer Hitze weitermarschirt; die 16. Division gelangte in die Gegend von Polenz und Neustadt und bezog das Gros derselben unter Oberst v. Wegerer ein Biwak bei Polenz. Da die Verpflegung durch Requisition in dieser Gegend nicht ausreichend beschafft werden konnte, wurden von den Bataillonen Bäcker nach den nächstgelegenen Ortschaften entsendet, um über Nacht Brod zu backen.

Die Elbarmee näherte sich der böhmischen Grenze; noch war dieselbe von keiner preußischen Heeresabtheilung überschritten worden, der Krieg gegen Oesterreich nicht erklärt. Am 22. Juni rückte die Elbarmee in Böhmen ein. An diesem Tage ging auch der I. und II. Armee der telegraphische Befehl aus dem Hauptquartiere zu, daß beide Armeen in Böhmen einrücken und ihre Vereinigung in der Richtung auf Gitschin aufsuchen sollten. Der Krieg mit Oesterreich hatte thatsächlich begonnen.

Am Morgen vor dem Abmarsche befahl General v. Etzel eine neue Truppeneintheilung seiner Division in zwei Brigaden; die kombinirte 31. Brigade unter dem Kommando des Oberst v. Senden bestand danach aus dem Regiment Nr. 29, dem 1. und 2. Bataillon Regiment Nr. 69, der 3. Eskadron Ulanen Nr. 7, der 1. reitenden und der 1. sechspfündigen Batterie; die kombinirte Füsilierbrigade unter Oberst v. Wegerer setzte sich aus den beiden Bataillonen des Regiments, dem

34. Regiment, der 1. Eskadron Ulanen Nr. 7 und der 5. vierpfün=
digen Batterie zusammen.

Diese Brigade bezog ihr erstes Biwak auf österreichischem Boden
bei Wölmsdorf.

Bei dem weiteren Vormarsch in Böhmen nahm die Division am
23. ihr Biwak bei Schnauhübel; das 1. Bataillon bezog die Vorposten
bei Langengrund. — Trotz großer Marschanstrengungen bei Sonnen=
hitze, trotz manch anderer schädlicher Einflüsse war der Gesundheitszu=
stand der beiden Bataillone ein normaler, er betrug 127 Kranke. In
der Nacht zum 24. trat ungünstiges Wetter ein, starker Regen weichte
die nicht chaussirten Wege schnell auf, der Marsch wurde beschwerlich,
das Schuhzeug fing an zu leiden. — Die Brigade Wegerer marschirte
über Georgenthal und bezog bei Antonienhütte das Biwak. Das 1. Ba=
taillon wurde mit einer Eskadron Ulanen gegen Falkenau vorgeschoben
und blieb hier am 25. stehen, während die Division den Marsch bis
Brims fortsetzte, von wo aus das 3. Bataillon die Vorposten bei
Zwitte stellte.

Am 26. wurden Alarmquartiere bezogen, das 1. Bataillon traf
von Falkenau wieder ein und ging nach Grönau ins Quartier. Wäh=
rend die Division in ihre Quartiere rückte, kämpfte die Avantgarde der
Elbarmee und bei dieser das 2. Bataillon des Regiments zum ersten
Male mit österreichischen Truppen.

Am 27. blieb die Division in den Ortschaften um Niemes. Im
Schloßgarten dieses Ortes wurde ein Feldgottesdienst abgehalten.

Am folgenden Tage ging die Elbarmee gegen Münchengräß vor;
die Avantgarde hatte wieder Gelegenheit, mit dem Feinde zu ringen,
die 16. Division verblieb in der Reserve und kam nicht ins Gefecht.
Durch die vorübergebrachten Todten und Verwundeten wurde den Sol=
daten der 16. Division der Ernst des Krieges vor Augen geführt,
dennoch ersehnte ein Jeder die Stunde, in der auch er Proben seines
Todesmuthes ablegen könne. Die Division ging auf dem Gefechtsfelde
nördlich Münchengräß bei Haber und Kloster ins Biwak. Mit Neid
vernahmen die am Kampfe nicht betheiligt gewesenen Truppen die freu=
dige Nachricht von dem siegreichen Vordringen aller nach Böhmen ein=
gerückten Armeen. Die I. und Elbarmee waren durch den Kampf bei
Münchengräß vereinigt. Prinz Friedrich Karl übernahm nun den Ober=
befehl über die Elbarmee. Am Vormittage nach dem Gefechte bei München=
gräß verblieb die Division noch im Biwak bei Haber; am Nachmittage
gegen 4 Uhr marschirte sie in die Nähe des Städtchens Backofen ins Biwak,
nachdem die von den Sachsen zerstörte dortige Iserbrücke wiederher=

gestellt war. Im Biwak wurden die Siege der II. Armee bekannt und mit lautem Jubel aufgenommen.

Am 30. wurde der Marsch bei großer Hitze bis Unter-Rocitan fortgesetzt und erst am Nachmittage des 1. Juli von Neuem aufgebrochen und bis Icinowes marschirt. Erst Abends gegen 10 Uhr trafen die Truppen im Biwak ein. Das 1. Bataillon biwakirte, während das 3. in den elenden Hütten des Dorfes Unterkunft fand. Am 2. Juli ging der Marsch bis Hoch-Weseln, wo hinter der Avantgarde. biwakirt wurde. Recht empfindlich war es, daß seit dem 29. Juni die Bagage nicht mehr zu den Truppen herangekommen war; auf den durch Regengüsse grundlos gewordenen Wegen konnten die Fahrzeuge nur langsam folgen.

Am Abend des 2. Juli standen die Spitzen der beiden feindlichen Heere nicht mehr ganz eine Meile voneinander. Die II. Armee war in siegreichem Vordringen so nahe an die I. Armee herangelangt, daß ein gemeinsames Operiren für die nächsten Tage in Aussicht genommen werden konnte. Diese gemeinsame Operation wurde für den 3. Juli in dem Großen Hauptquartiere des Königs zu Gitschin befohlen. Seine Majestät der König hatte am 30. Juni Berlin verlassen und Sich zu Seiner Armee in Böhmen begeben. Am 1. Juli war Er bei dieser eingetroffen und hatte Sein Hauptquartier nach Gitschin verlegt. Hier gingen im Laufe des 2. Juli die Meldungen ein, daß der Feind mit einem großen Theile seiner Streitkräfte die Elbe noch nicht überschritten, sondern mit denselben diesseits des Flusses Stellung genommen hatte. Das Verbleiben feindlicher Truppen auf dem diesseitigen Elbufer führte zu dem Entschluß, diese schon am nächsten Tage anzugreifen, nachdem im Großen Hauptquartier Klarheit über die Stellung der österreichischen Armee erlangt war.

Prinz Friedrich Karl befahl für den Morgen des 3. Juli eine Konzentrirung seiner Streitkräfte. General v. Herwarth sollte „mit so viel wie möglich Truppen nach Nechanitz so früh als möglich vorrücken". General v. Herwarth erhielt diesen Befehl gegen 1 Uhr Nachts und gab folgende Disposition: „Die Oesterreicher haben die Linie der Bistritz und die Straße Horitz—Dub—Königgrätz noch besetzt. Die I. Armee wird morgen mit Tagesanbruch auf dieser Straße angreifen, die Elbarmee in der allgemeinen Richtung auf Nechanitz und gegen die linke Flanke des Feindes vorgehen. Die Divisionen brechen um 3 Uhr früh auf, nehmen nur Munitionswagen, Medizinkarren und leere Wagen mit Stroh für die Verwundeten mit sich und lassen sämmtliche übrigen Fahrzeuge auf den Biwakplätzen der Divisionen zurück."

„Die Avantgarde Schoeler marschirt über Striwan, Kralic und Kobilitz auf Nechanitz."

„Die Division Canstein über Neu=Bidsow, Prasek und auf Nechanitz, behält Neu=Bidsow bis zum Eintreffen der Division Rosenberg besetzt und sichert die rechte Flanke."

„Die Division Münster bricht um 3½ Uhr auf, überschreitet bei Smidar die Jaworka und marschirt über Podolic auf Lobin, von wo sie sich nach der Lage der Verhältnisse entweder in der Richtung auf Mzan wendet oder über Jucha oder auf Nechanitz weiter geht."

„Die Division Etzel marschirt über Smidar und folgt dem Wege der Avantgarde Schoeler."

Am Morgen des 3. Juli um 3 Uhr brach die 16. Division aus ihrem Biwak auf und erreichte nach sehr beschwerlichem Marsche gegen 11 Uhr die Höhen westlich der Bistritz bei Nechanitz, wo die Division zunächst Halt machte. Von dem Rendezvousplatze aus konnte man den heftigen Kampf, der auf dem jenseitigen Ufer schon entbrannt war, beobachten. Voll Ungeduld stürmten Offiziere und Mannschaften auf hochbelegene Aussichtspunkte, um den Kampf zu sehen, in den sie alsbald einzutreten hoffen durften. Erst am Nachmittage um 3 Uhr brach die Division wieder auf, um über Nechanitz in den Kampf der Elbarmee zu folgen. Die Füsilierbrigade marschirte hinter der 31. Brigade, sie hatte mit der Tete gerade die Brücke über die Bistritz erreicht, als vier Garde=Kavallerie=Regimenter mit den ihnen zugetheilten Batterien sich zwischen die beiden Brigaden schoben und sie trennten. Das Ueber= schreiten der Bistritz war für den Augenblick unmöglich geworden. Zwei Stunden qualvollen Wartens vergingen, ehe die Brigade der voraus= gezogenen folgen konnte, die schon an den Feind gekommen zu sein schien. Den Bemühungen des Oberst v. Wegerer gelang es inzwischen, wenigstens das 1. Bataillon seines Regiments und die 5. vierpfündige Batterie neben der Kavallerie über das Brückendefilee herüberzuziehen, während die anderen vier Bataillone seiner Brigade erst hinter der Queue der Kavallerie folgen konnten. Das 1. Bataillon und die Batterie führte Oberst v. Wegerer über Neu=Prim und Ober=Prim, über das Gefechtsfeld der 15. Division und erreichte gegen 6 Uhr Abends die letzten Höhen, von denen aus das Elbthal bei Königgrätz zu übersehen war. Generallieutenant v. Etzel befahl dem Bataillon hier zu halten und der Batterie abzuprotzen und ihr Feuer auf die auf Königgrätz zurückweichenden feindlichen Truppen wirksam zu eröffnen. Das 1. Bataillon ging näher an Stezirek heran und nahm Stellung am Walde, in den feindliche Granaten, ohne Schaden anzurichten, ein=

schlugen. Es wurde dem Bataillon versagt, ein beabsichtigtes Vorgehen gegen die Flanke des in Auflösung auf der Straße nach Königgrätz zurückweichenden Feindes auszuführen und verblieb es in der anfänglich eingenommenen Stellung bis gegen ½8 Uhr Abends. Inzwischen waren auch die anderen Bataillone der Füsilierbrigade herangekommen, keines derselben hatte wirklichen Antheil an dem großen Siege von Königgrätz.

Schon um 6 Uhr war die gewaltige Schlacht beendet, das ganze feindliche Heer geschlagen. Nachdem der auf dem Schlachtfelde anwesende Allerhöchste Kriegsherr Kenntniß von den Stellungen der Truppenkorps erhalten, befahl das Oberkommando: „Morgen wird im Allgemeinen geruht und werden nur die zur Bequemlichkeit und Wiedervereinigung der Truppen nöthigen Märsche ausgeführt, die Vorposten gegen Josephstadt sind von der II., die gegen Königgrätz von der I. Armee zu stellen und ist von der Elbarmee, soweit dies möglich, eine Verfolgung des in der Richtung auf Pardubitz zurückgegangenen Feindes auszuführen."

Am Abend des 3. Juli bezog die Division ein Biwak bei Stezirek und ruhte auf dem Schlachtfelde bis zum kommenden Morgen.

Am Vormittage des 4. Juli befahl General v. Herwarth in Folge des obigen Befehls, daß die Elbarmee ihren Marsch auf Pardubitz am nächsten Tage beginnen solle.

Um 12 Uhr Mittags brach die 16. Division aus ihrem Biwak auf und marschirte nach Urbanitz, an der Straße Königgrätz—Chlumetz, wo sie ein neues Biwak bezog.

Auf die Meldung, daß bei Plazic in der Nähe von Königgrätz ein österreichischer Fuhrenpark und Brückentrain ohne Bespannung stehen geblieben, befahl Generallieutenant v. Etzel bald nach dem Einrücken ins Biwak den Aufbruch der Füsilierbrigade nach Plazic, um den leeren Fuhrenpark davor zu sichern, daß der Feind sich von Königgrätz her seiner wieder bemächtige. Dieser Marsch störte die erwünschte Ruhe der Brigade und wurde umsomehr unangenehm empfunden, als ein Feind bis nach Königgrätz hin nicht mehr zu entdecken war.

Am 5. wurde der Marsch nach der oberen Elbe fortgesetzt und ging die Division in der Gegend von Chlumetz in enge Kantonnements. Die beiden Bataillone des Regiments kamen nach Chlumetz, wo am 6. geruht wurde. Der Ruhetag gestaltete sich um so bequemer, als die Bagagen wieder bei ihren Truppen eintrafen. Die Erfolge der Schlacht von Königgrätz traten jetzt erst immer deutlicher hervor. Prag, gegen das der rechte Flügel der Elbarmee im Vorgehen war, wurde ohne

Schwertstreich von den Oesterreichern verlassen. Es wurde klar, daß
die Hauptmasse des geschlagenen feindlichen Heeres nicht auf Wien, sondern auf Olmütz zurückgegangen sei und nur ein Theil derselben sich
auf Wien zurückzöge. Unter diesen Umständen entschloß sich Seine
Majestät der König, die auf dem linken Flügel stehende II. Armee dem
Feinde auf Olmütz folgen zu lassen, mit den beiden anderen Armeen
aber direkt auf Wien zu marschiren, um vor den Thoren der Hauptstadt oder nach Besitznahme derselben den Feldzug in kürzester Frist zu
entscheiden. Es war sonach der Elbarmee der Marsch nach Süden
auf Wien als nächste Aufgabe vorgezeichnet. Auf demselben gelangte
am 7. die 16. Division in die Gegend von Schusiz. Das 1. Bataillon
des Regiments wurde während des Marsches zur Bedeckung der Reserve-
Artillerie abkommandirt und trat dadurch unter den Befehl des Kommandeurs derselben. Mit dieser folgte das Bataillon in dem Abstande
eines halben Tagemarsches hinter den Divisionen und blieb für längere
Zeit vom Regimentsstabe und dem 3. Bataillon getrennt, das bei der
Füsilierbrigade verblieb. Dieses Bataillon ging am 7. in Zbechowitz
ins Quartier. Die Reserve-Artillerie und mit ihr das 1. Bataillon gelangte nach Elbeteinitz.

Am 8. wurde die große Straße nach Iglau eingeschlagen, das
3. Bataillon bezog in Hortulitz Quartier, das 1. Bataillon kam in die
Gegend von Chotusitz.

Am folgenden Tage bezog das 3. Bataillon Quartier in Sturow,
das 1. in Jenikau.

Am 10. Juli erreichte die 16. Division die Gegend von Stöcken.
Die Füsilierbrigade marschirte an der Tete der Division, eine selbstständige Avantgarde bildend. Eine, wie sich später herausstellte, un-
richtige Meldung, daß feindliche Kavallerie in starken Massen von Polna
her gegen die Division vorgehe, gab dem Kommandeur derselben Veranlassung, sie zum Gefecht zu entwickeln. Da es sich aber bald zeigte,
daß nur eine ganz kleine Abtheilung feindlicher Husaren, die in eiliger
Flucht auf Zaborna zurückgegangen waren, den Halt herbeigeführt hatte,
zog sich die Division aus der Gefechtsformation zum Weitermarsch
ab. Der Zwischenfall hatte einen längeren Aufenthalt herbeigeführt.

Am 11. gelangte die Division bis Wollsin, am 12. bis Eisenberg,
am 13. bis Namietz, am 14. bis Groß-Kaunitz. Da der vor der
Avantgarde zurückweichende Feind an keiner Stelle Widerstand leistete,
konnte der Marsch auf Wien ununterbrochen fortgesetzt werden. Es war
die Aufgabe der obersten Heeresleitung, die Truppen so schnell als
möglich vor Wien erscheinen zu lassen, es konnten daher den Truppen

keine Ruhetage gewährt werden, obschon meist bei drückender Hitze und nicht selten 12 Stunden lang marschirt werden mußte. Dennoch waren die Füsiliere immer guten Muthes und suchten in der kurzen Ruhe während der Nächte und bei der guten Verpflegung, die durch Lieferung von Cigarren und Wein erhöht wurde, sich immer schnell zu kräftigen, um am nächsten Tage wieder frisch vorwärts gegen die österreichische Kaiserstadt zu marschiren, hoffend, wenigstens hier noch ins Gefecht zu kommen.

Am 15. ging der Marsch der 16. Division bis Wainitz und Prosmeritz. Am 16. bezog die Division Quartier in Neudorf und Höflein, am 17. in Erbberg, am 18. ging die Division bis Eibesthal, nur noch fünf Meilen von Wien entfernt; erst der 19. war ein Ruhetag, am 20. gelangte die Füsilierbrigade beim Weitermarsch auf Wien nach Gaunersdorf. An diesem Tage traf das 1. Bataillon von seiner Abkommandirung zur Reserve-Artillerie beim Regiment wieder ein. Jeder freute sich schon auf den baldigen Einmarsch in Wien und die schönen Tage, die ihm eine lange Lagerung in der eroberten Hauptstadt bringen würde: gerne wäre schon am 21. Jeder weiter marschirt. Vorüberkommende Parlamentäre und Couriere deuteten darauf hin, daß Oesterreich sich für besiegt hielt und noch vor dem Falle seiner Hauptstadt die Feindseligkeiten zu beenden bemüht sei. So wurde der 21. wieder ein Ruhetag, an dem für die durch die anstrengenden Märsche stark mitgenommenen Sachen viel gethan werden konnte.

Der Krankenstand der bei der 16. Division befindlichen Bataillone des Regiments hatte sich bis zu diesem Tage in Folge der Marschanstrengungen bis auf 200 Mann erhöht.

Der Morgen des 22. brachte keinen Marschbefehl, wohl aber die Mittheilung, daß ein fünftägiger Waffenstillstand abgeschlossen worden sei; die Truppen sollten weite Kantonnements beziehen. Die für die Elbarmee festgestellte Demarkationslinie lief am Rußbach entlang.

Gerade ein Monat war verflossen, seitdem die Elbarmee die österreichische Grenze überschritten hatte. Nach schnell aufeinanderfolgenden gewaltigen Siegen war der Feind vor den drei preußischen Armeen zurückgegangen, jetzt standen dieselben zum letzten Schlage vor der Hauptstadt des Landes bereit. Oesterreich war geschlagen, gebrochen; Europa sah staunend auf die ungeahnten Erfolge, die Preußens Heer errungen hatte; keine europäische Großmacht hatte geahnt, welche Kraft Preußen durch die Heeresreorganisation und die gewissenhafte Friedensarbeit seit derselben in seinem Heere gewonnen hatte. Der Schöpfer dieses Heeres, der Führer in der Schlacht, König Wilhelm, war in dem österreichischen Kaiserstaat weiter vorgedrungen, als selbst sein glorreicher Ahnherr, der große König. Bis vor die Thore Wiens waren die preußischen Fahnen siegreich getragen worden, durch die Thore sollten sie nicht einziehen.

Während der fünftägigen Waffenruhe lag das 1. Bataillon mit der 9. Kompagnie in Eichenbrunn, die anderen drei Kompagnien des 3. Bataillons in Röhrabrunn. Von den Ufern des Rheines an die der Donau gelangte während dieser Tage eine Sendung vortrefflichen Weines, den die freigebigen Bewohner Kölns den Offizieren ins Feld gesendet hatten.

Die mit der Waffenruhe begonnenen Friedensverhandlungen führten nicht so schnell zu der erwarteten Unterzeichnung der Friedenspräliminarien, so daß, als der Ablauf des Waffenstillstandes herannahte, die Eventualität der Fortsetzung der Feindseligkeiten ins Auge gefaßt werden mußte. Es wurde daher am 26. Juli für den nächsten Tag die Konzentration der Division bei Ladendorf befohlen. Nach etwa einem Marsche von 1½ Meilen dorthin erhielt die Füsilierbrigade bei Schletz den Befehl, sogleich umzukehren und bis nach Jetzelsdorf, 1½ Meilen südlich von Znaym, zu gehen, weil sich hier am Tage vorher größere feindliche Abtheilungen ohne Rücksicht auf den abgeschlossenen Waffenstillstand gezeigt und die Etappenstraßen gefährdet hatten. Vor dem Abmarsch nach Jetzelsdorf wurde bekannt, daß am 26. in Nikolsburg die Friedenspräliminarien durch den österreichischen Feldzeugmeister Grafen Degenfeld und den General Freiherrn v. Moltke unterzeichnet worden seien und ein Waffenstillstand abgeschlossen worden.

Nach dreizehnstündigem Marsche trafen die Bataillone in Jetzelsdorf ein, wo das 1. Bataillon ins Quartier ging, während das 3. in dem nahen Dorfe Augenthal Kantonnements bezog.

Ein für den folgenden Tag beabsichtigter Angriff auf Znaym unterblieb auf speziellen Befehl Sr. Majestät; so daß das dort stehende österreichische Detachement, das den Waffenstillstand gebrochen hatte, unbehindert abziehen durfte.

In Folge der abgeschlossenen Friedenspräliminarien war noch am 27. die Avantgarde der Elbarmee aufgelöst worden. Unser 2. Bataillon trat seinen Marsch zur Wiedervereinigung mit den beiden anderen Bataillonen, von denen es seit dem Tage des Vormarsches nach Sachsen getrennt gewesen war, an.

Das 2. Bataillon in der Avantgarde der Elbarmee

Das Bataillon lag, als ihm am 15. Juni Mittags der Befehl zuging, zur Avantgarde der Elbarmee zu treten, in den seit dem 10. bezogenen Kantonnements auf dem rechten Elbufer gegenüber Belgern.

Oberstlieutenant v. Marschall hatte den Befehl, mit seinem Bataillon um 5 Uhr Nachmittags bei Boragk, südöstlich Mühlberg, bereit zu stehen. Er ließ den Kompagnien den Befehl zugehen, sich um 2 Uhr in Stehla zu sammeln. Die Kompagnien vernahmen mit Freuden die Ehre der Auszeichnung, die dem Bataillon durch seine Zutheilung zur Avantgarde geworden, und ließen es sich gerne gefallen, daß sie als erstes Opfer ihr Mittagsessen darbringen mußten, da keine Zeit blieb, dasselbe zu bereiten.

In Folge einiger Verzögerungen und der großen Hitze, die an diesem Tage sich sehr fühlbar machte, traf das Bataillon auf dem Rendezvousplatz der Avantgarde westlich Boragk erst gegen 7 Uhr Abends ein.

Die dem Kommando des Generalmajor v. Schoeler unterstellte Avantgarde bestand aus dem rheinischen Jägerbataillon Nr. 8, dem 2. Bataillon ostpreußischen Füsilier-Regiments Nr. 33, 1. Bataillon hohenzollernschen Füsilier-Regiments Nr. 40., den Füsilierbataillonen des 2. rheinischen Infanterie-Regiments Nr. 28 und des 7. rheinischen Infanterie-Regiments Nr. 69, dem Königs-Husaren-Regiment Nr. 7, der 4. vierpfündigen und der 3. reitenden Batterie des rheinischen Artillerie-Regiments Nr. 8.

Da der zum Kommandeur der Infanterie der Avantgarde bestimmte Oberst v. Gerstein-Hohenstein, Kommandeur des Infanterie-Regiments Nr. 28, noch nicht angelangt war, wurde dieses Kommando einstweilen dem Oberstlieutenant v. Marschall übertragen.

Der noch für den ersten Abend geplante Vormarsch der Avantgarde auf Riesa machte sogleich einen Uferwechsel nothwendig. Zu diesem Zwecke war dicht an der sächsischen Grenze bei Lößnig eine Pontonbrücke über die Elbe geschlagen worden, welche die Avantgarde gegen 9 Uhr Abends ohne Unfall überschritt und damit ihren Einmarsch in das Königreich Sachsen begann.

Um zu verhindern, daß die hölzerne Eisenbahnbrücke über die Elbe bei Riesa, wie zu erwarten stand, vom Feinde abgebrannt werde, war mit dem fahrplanmäßigen Zuge für Dresden von Herzberg aus das 1. Bataillon 34. mit dem Auftrage abgesendet worden, die Brücke vor Zerstörung zu sichern. — Die im Vormarsch befindliche Avantgarde gewahrte, als sie Strehla erreichte, an einem großen Feuerschein, der in

der Richtung auf Riesa den Himmel röthete, daß es dem Bataillon 34.
nicht mehr gelungen war, seinen Auftrag auszuführen.

Es war 1 Uhr Nachts, als die Avantgarde ihren ersten Marsch in
Feindesland hinein beendet hatte, und ein Biwak auf dem Exerzirplatz
südlich Riesa bezog.

Das erste Biwak währte nur kurze Zeit, denn schon um 4 Uhr
Morgens wurden der Avantgarde Quartiere in Riesa angewiesen. Hier
fanden die Truppen bei den Bewohnern freundliche Aufnahme und gute
Verpflegung.

Am nächsten Tage Morgens zwischen 4 und 5 Uhr wurde der Vormarsch auf Meißen fortgesetzt und dort westlich der Stadt, gegenüber
Questenberg, ein Biwak bezogen. Nachdem durch Requisitionen die
nothwendigen Lebensmittel beschafft worden, wurde abgekocht und dann
wieder aufgebrochen, um auf der Straße nach Dresden weiter vorzurücken, bis Nachts um halb 2 Uhr bei Ullendorf ein neues Biwak und
enge Kantonnements bezogen wurden. Das Bataillon gab die Vorposten von Ullendorf westlich über Kobitzsch bis Polenz. Die nicht auf
Vorposten kommenden Truppen der Avantgarde nahmen in diesen
Dörfern Quartiere.

Am 18. Juni marschirte die Avantgarde über Wilsdruff und Kessels-
dorf nach Dresden. Ohne auf Widerstand zu stoßen, rückte die Avantgarde durch die sächsische Hauptstadt nach Plauen, um dort ihre Vorposten auszusetzen.

Am 19. war die Avantgarde auf der Straße nach Pirna bis in
die Höhe von Pillnitz vorgerückt, und stellte ihre Vorposten zwischen der
Eisenbahn und der Elbe von Unter-Seblitz über Groß-Zschachwitz aus.
Abends gegen 10 Uhr wurde alarmirt und die Avantgarde auf Dresden
zurückgezogen, wo sie, im großen Garten konzentrirt, ohne Holz und
Stroh biwakirte, während es die ganze Nacht hindurch stark regnete. —
Das schon erwähnte Gerücht, daß eine sächsisch-österreichische Armee voraussichtlich am nächsten Tage vor Dresden erscheinen werde, war auch
für die Avantgarde eine Veranlassung zur Alarmirung gewesen, und
beschäftigte die Gemüther bis gegen 5 Uhr Morgens, zu welcher Stunde
der Aufbruch aus dem Biwak erfolgte. Der Marsch ging durch die
Stadt, wo über die festen Brücken der Uferwechsel erfolgte. Damit
hatte der Vormarsch nach Böhmen auf dem kürzesten Wege begonnen.

Die Avantgarde rückte bis Stolpen vor, das von der 5. und
6. Kompagnie besetzt wurde; die 8. Kompagnie war schon während des
Vormarsches von Rennersdorf aus nach Fischbach entsendet worden, um
die Deckung des dortigen Bahnhofes zu übernehmen, während die 7. Kom-

pagnie die Uebergänge über den Wesnitzbach bei Altstadt und Neu-
dörfel sicherte.

Am 21. bezog das Bataillon ein Biwak im Gros der Vorposten
bei Langen-Burkersdorf, dicht an der böhmischen Grenze. Hierher
brachte General Herwarth v. Bittenfeld persönlich die Mittheilung, daß
der Krieg gegen Oesterreich begonnen habe, welche mit lautem Jubel
aufgenommen wurde.

Am 22. rückte die Avantgarde der Elbarmee in Böhmen mit
einem kräftigen Hurrah ein. Sie biwakirte westlich Schluckenau, das
Bataillon im Gros der Vorposten.

Der 23. Juni brachte die erste Fühlung mit dem Feinde. Bei
dem Marsche nach Rumburg stießen diesseitige Husaren auf feindliche
Kavalleriepatrouillen, die sich eiligst zurückzogen. Die Vorposten, zu
denen die 6. und 8. Kompagnie herangezogen waren, wurden am Muntau-
bach bei Seifhennersdorf ausgesetzt, das Gros lagerte südlich Rumburg.
Gegen Abend öffnete der Himmel seine Schleusen, ein heftiger Regen,
der auch den ganzen nächsten Tag anhielt, machte die Wege nach
Gr.-Mergenthal sehr beschwerlich. Bei diesem Orte wurde am 24. auf
aufgeweichtem Boden das Biwak eingerichtet.

Am 25. Juni wurde der Marsch über Gabel und Prosten fortgesetzt. Statt des immer erwarteten Donners feindlicher Geschütze entsendete der Himmel Donner und Blitz mit wolkenbruchartigem Regen,
wodurch der Biwakplatz in einen Sumpf verwandelt wurde. Je mehr
aber die Unbequemlichkeiten, die das Wetter den kriegsgewohnten Füsilieren bereitete, empfindlich wurden, desto mehr steigerte sich ihre Kenntniß in den Mitteln zur Abwehr derselben.

Bald nach dem Einrücken in die Biwaks entstanden schnell aus
zur Hand befindlichem Laubwerk und Brettern schützende Schirme oder
Hütten, unter denen die Füsiliere sich möglichst behaglich einrichteten.
Mit der Kenntniß der Feldgewohnheiten wuchs auch die Schnelligkeit
in der Zubereitung der Speisen. Die Mahlzeiten waren schmackhaft
und ausreichend, da die Requisitionen reichlich ausfielen. Diesen Umständen war es auch zu verdanken, daß das Bataillon am 25. Juni
unter 47 Kranken, die es zählte, 40 Fußkranke hatte, während nur der
geringe Rest von inneren Krankheiten befallen war.

Am 26. Juni Morgens 5³/₄ Uhr stand die Avantgarde zum weiteren Vormarsch in südlicher Richtung gegen die Isar bereit. An der
Tete war die 3. Eskadron der Königs-Husaren unter Rittmeister
v. d. Goltz, hinter ihr folgte das Bataillon an der Spitze der Infanterie. Als die Eskadron den auf der Marschstraße liegenden Ort

Niemes passirt hatte und gegen den nördlich von Hühnerwasser sich erstreckenden Wald vortrabte, wurde sie plötzlich von einer Schwadron österreichischer (Nicolaus-) Husaren attackirt. Im glücklichen Gefechte war die feindliche Kavallerie geworfen und von den Königs-Husaren bis an den Wald verfolgt worden. An der Lisiere desselben wurde ihr durch das Feuer feindlicher Infanterie-Abtheilungen Halt geboten. Die Meldung von diesem Zusammenstoß mit dem Feinde bestimmte den General v. Schoeler, um 11 Uhr Vormittags, als die Infanterie heran war, dem Bataillon den Auftrag zu ertheilen, im Vormarsch gegen Hühnerwasser bleibend, den Wald abzusuchen.

Oberstlieutenant v. Marschall befahl, daß Hauptmann v. Kurowski mit der 5. Kompagnie östlich und Hauptmann v. Gilsa mit der 7. Kompagnie westlich der Straße durch den Wald vorgehen, die beiden anderen Kompagnien des Bataillons als geschlossenes Soutien auf der Straße folgen sollten. Erst nach einstündigem Marsche durch den Wald, durch welchen nur feindliche Infanteriepatrouillen vorgedrungen waren, stieß zuerst die 5. Kompagnie auf den Feind, gegen den sie im Vorgehen ihr Feuer eröffnete. Die 7. Kompagnie zog sich zur Unterstützung der 5. über die Straße an diese heran und blieben beide Kompagnien in dem östlich von Hühnerwasser sich hinziehenden Waldstücke im Vorgehen. Die 6. und 8. Kompagnie traten an die Stelle der 5. Kompagnie westlich der Straße und gingen in dem dort belegenen Theil des Waldes vor. Aus diesem traten sie, als sie bis auf etwa 5000 Schritt an Hühnerwasser herangekommen waren, heraus, um durch ein Getreidefeld gegen das Dorf vorzustürmen und sich zunächst eines großen massiven Bauerhofes zu bemächtigen.

Dieses Gehöft war von feindlicher Infanterie des italienischen Regiments v. Haugwitz stark besetzt. Gegen das Gehöft eröffnete ein vorgezogener Zug der vierpfündigen Batterie sein Feuer. Hauptmann Backe führte die 6. Kompagnie links, Hauptmann v. Wobeser die 8. Kompagnie rechts im Schützen-Anlaufe, das heftige feindliche Feuer nicht achtend, vor. Bei dieser Gelegenheit erhielt die bei der 6. Kompagnie befindliche Fahne des Bataillons eine feindliche Kugel. Die nicht entfaltete Fahne, vom Sergeanten Arndt der 5. Kompagnie getragen, war durch den Fahnenüberzug und das Fahnentuch getroffen worden; dasselbe Geschoß verwundete noch den Füsilier Rhode der 6. Kompagnie. — Gleichzeitig waren die 5. und 7. Kompagnie in den östlichen Theil des Dorfes eingedrungen und hatten den Feind auch hier vertrieben, der eiligst unter Verlusten an Todten, Verwundeten und Gefangenen, deren mehrere die 8. Kompagnie machte, in den südlich belegenen Wald abzog.

Dahin verfolgte ihn Oberstlieutenant v. Marschall mit der 6. und 8. Kompagnie und einer Kompagnie 8. Jäger unter Hauptmann Gaza, die ihm unterstellt worden war, und deren wirksames Feuer dem Feinde beträchtlichen Schaden zugefügt hatte. Am Nachmittage wurden diese Kompagnien von den Füsilierbataillonen des 28. und 69. Regiments, die die Vorposten übernahmen, in den eroberten Stellungen abgelöst.

Das Bataillon sammelte sich darauf in Hühnerwasser und bezog hier mit den Jägern Alarmquartiere. Generalmajor v. Schoeler ließ in Anerkennung des braven Verhaltens des Bataillons die Fahne desselben in seine Wohnung bringen und befahl, daß das Bataillon an diesem Tage die für ihn bestimmten Posten zu geben habe. In diesem ersten Gefechte des ostpreußischen Füsilier-Regiments Nr. 33 waren die Verluste: todt: 2 Füsiliere; verwundet: 2 Unteroffiziere, 6 Füsiliere.

Das Bataillon hatte 44 Gefangene gemacht.

Die Leute hatten diese erste Feuerprobe gut bestanden und die im Anfange des Gefechts gezeigte Zaghaftigkeit der Neulinge schnell überwunden.

Es herrschte allgemeiner Jubel bei den Leuten des Bataillons, daß es so glücklich gewesen, an dem ersten Kampfe der Elbarmee rühmlichen Antheil genommen zu haben.

Am Abend gegen ½8 Uhr ertönte bei den Vorposten heftiges Gewehrfeuer. Das 32. österreichische Jägerbataillon war von Münchengrätz zur Rekognoszirung gegen Hühnerwasser vorgegangen, um sich Kenntniß darüber zu verschaffen, ob der Kampf am Tage nur mit einer schwachen preußischen Abtheilung oder mit den Vortruppen einer Armee geführt worden sei.

Die in Hühnerwasser liegenden Truppen der Avantgarde wurden alarmirt. Das Bataillon war schnell gesammelt und erhielt den Auftrag, im Verein mit dem Jägerbataillon zur Unterstützung der Vorposten vorzugehen.

Mit dem durch den glücklichen Kampf am Tage gestählten Muth eilten die Füsiliere ihrer Aufgabe entgegen. Die waldige Bedeckung des Geländes zwischen Hühnerwasser und Weißwasser machte das Gefecht schwierig. Zuerst war das Bataillon westlich der nach Weißwasser führenden Straße vorgegangen, während die Jäger östlich derselben vordrangen. Der Kommandeur der Infanterie, Oberst v. Gerstein, zog das Bataillon auf die östliche Seite der Straße und bestimmte dann, daß die 7. und 8. Kompagnie zur Festhaltung der Lisiere in einer Reservestellung zurückbleiben, während die 5. und 6. Kompagnie in beschleunigtem Vorgehen in die Schützenlinie der Jäger einrücken und diese links verlängern sollten. Diese Kompagnien betheiligten sich nur kurz an dem von den Jägern mit großem Erfolge geführten Feuergefechte, dann wurde das Seitengewehr aufgepflanzt und mit Hurrah warfen sich Jäger und Füsiliere auf den Feind, der sich unter namhaften Verlusten zur eiligen Flucht wendete. Die Verfolgung ging durch den dicht bestandenen Wald mit vorgenommenem linken Flügel gegen die Chaussee hin, auf der noch viele Oesterreicher, unter diesen von dem Gefreiten Buckus der 6. Kompagnie ein unverwundeter Offizier zu Gefangenen gemacht wurden; den anderen Bataillonen der Avantgarde fielen ebenfalls sehr viele Gefangene in die Hände, so daß der Verlust des Feindes nahe auf 500 Mann geschätzt wird, während der preußische Verlust nur gering war; das Bataillon hatte in diesem Abendgefecht 1 Unteroffizier, 2 Füsiliere als Verwundete verloren.

Um 9 Uhr ließ General v. Schoeler das Signal zum Sammeln geben und bezog das Bataillon wieder seine Quartiere in Hühnerwasser.

Am Tage von Hühnerwasser hatte das Bataillon seine ersten Lorbeeren gepflückt, es wurde ihm dafür nicht sowohl die Anerkennung seiner Vorgesetzten, als auch eine engere Waffenbrüderschaft mit den anderen Truppen der Avantgarde zu Theil; besonders mit den Königs-Husaren, den „Lehm opps", mit welchen das Bataillon von nun an in gute Kriegskameradschaft trat und denen es jeden Morgen ein freundliches „Lehm opp" zurufen durfte, wenn die munteren Reiter vorwärts zogen gegen den Feind. — Dieser seltsame Husarengruß, der in dem Verlaufe des Feldzuges ein Erkennungszeichen für die ganze Avantgarde der Elbarmee wurde, verdankt seine Entstehung den örtlichen Verhältnissen der Friedensgarnison der Königs-Husaren Bonn. Zur Verständlichkeit des seltsamen Wortes diene folgende Erklärung: So oft die Husaren nach dem Exerzirplatz hinausritten, kamen sie einer Ziegelei vorüber, in der die Arbeiter für die Zureichung des Lehms sich immer „Lehm opp" zuriefen. Anfänglich hatten die Husaren diesen Ruf spöttischer Weise nachgeahmt, dann wurde er eine Begrüßungsformel der Husaren untereinander, wenn sie im Friedensdienst aus ihrer schönen Garnison zum Ritt in die Umgegend auszogen. — Von ihnen übertrug sich dieser Gruß als Erkennungsruf auf die übrigen Truppen der Avantgarde der Elbarmee, wie bei der Katzler'schen Avantgarde 1813 das „Heurich".

Am 27. Juni löste das Bataillon das auf Vorposten stehende Füsilierbataillon des 28. Regiments ab, die 5. Kompagnie stand westlich der nach Weißwasser führenden Straße, die 7. Kompagnie zwischen dieser und der Chaussee nach Münchengrätz, die 6. und 8. Kompagnie lagen im Piket dahinter, ungefähr 1500 Schritt südlich Hühnerwasser. —

Mittags 2 Uhr zeigte sich ein von Weißwasser vorgehender Zug feindlicher Kavallerie, der durch das Feuer der hier stehenden 5. Kompagnie
zur Umkehr gezwungen wurde.

Der 28. Juni begann sehr früh, schon um 3 Uhr Morgens wurden
die Vorposten eingezogen und marschirte das Bataillon zu der sich auf
der Straße von Hühnerwasser nach Münchengräß sammelnden Avantgarde. Es nahm seinen Platz in der Marschordnung hinter dem Jägerbataillon, das an diesem Tage die Tete der Infanterie der Avantgarde
bildete.

Mit der Annäherung der Elbarmee an die Iser gelangte sie in
engere Fühlung mit der I. Armee und damit unter den Oberbefehl
Sr. Königlichen Hoheit des Prinzen Friedrich Karl.

Dieser hatte schon am 27. einen Angriff der Stellung bei Münchengräß beschlossen, um die dort stehenden feindlichen Heeresmassen
möglichst bald in ein ernstliches Gefecht zu verwickeln.

Das Oberkommando der Elbarmee war angewiesen worden, mit
dem VIII. Korps die Stellung bei Münchengräß von Hühnerwasser her
am 28. um 9 Uhr Morgens anzugreifen und diesen Angriff durch die
14. Division, die bei Mohelnitz die Iser überschreiten sollte, zu unterstützen.

General v. Herwarth zog zur Verstärkung der Avantgarde aus
dem Gros der 15. Division noch zwei Bataillone des 40. Regiments
heran. Als die Tete der Avantgarde nach 6 Uhr Morgens aus dem
Walde von Hühnerwasser debouchirte, kündigten die ersten Kugeln die
Anwesenheit des Feindes an. Die Jäger trieben feindliche Patrouillen
vor sich her, und zwangen den Feind zur Aufgabe seiner Vorpostenstellung zwischen Nieder-Gruppay und Nieder-Rokittay. Er zog sich
auf Weißleim zurück. Um die auf dem diesseitigen Iserufer stehende
feindliche Abtheilung in ihrer rechten Flanke zu bedrohen und von ihrer
Rückzugslinie über die Iser abzudrängen, erhielt das Bataillon den
Befehl, die östlich der Straße liegenden Höhen zu ersteigen. Nach fast
einstündigem, sehr beschwerlichem Marsche über steile Höhen und durch
tief eingeschnittene Schluchten in der Sonnengluth des Hochsommers
stießen die an der Tete des Bataillons vorgehende 6. und 7. Kompagnie zunächst auf den Feind östlich Weißleim.

Hauptmann Backe führte die 6. Kompagnie links, Hauptmann
v. Gilsa die 7. Kompagnie rechts entwickelt gegen den hinter guter
Deckung ein heftiges Feuer unterhaltenden Feind vor. Feldwebel
Bendler der 7. Kompagnie wurde an der Spitze seines Halbzuges
tödtlich verwundet. — In langjährigem Dienste hatte er durch Kennt-

nisse und Eifer das volle Vertrauen seiner Vorgesetzten zu erringen ge=
wußt, er rechtfertigte dasselbe im vollsten Maße durch sein Verhalten
auf dem Schlachtfelde, wo er den neidenswerthen Soldatentod fand. —
Nach kurzem Feuergefechte pflanzten die Füsiliere ihre Seitengewehre
auf und stürzten sich auf die vom Feinde besetzt gehaltene Dorflisiere.
Im Verein mit zwei Jägerkompagnien und dem Füsilierbataillon des
28. Regiments drangen die beiden Kompagnien des Bataillons in das
Dorf ein und vertrieben daraus den Feind; zwei Bataillone des 40. Re=
giments folgten dahin zunächst als Reserve. Die 5. und 8. Kompagnie
waren mit dem Füsilierbataillon des 69. Regiments über Ober=Buko=
wina gegen die Thalschlucht, die der Sabertitzerbach durchfließt, voran=
gegangen.

Diese Truppenabtheilung bildete ein linkes Seitendetachement, wäh=
rend auf den rechten Flügel der Avantgarde zwei Jägerkompagnien und
ein Bataillon 40er detachirt waren. In der so gegen die Iser ent=
wickelten Avantgarde stand Oberstlieutenant v. Marschall mit zwei Kom=
pagnien seines Bataillons auf dem linken Flügel, während die beiden
anderen in der Mitte fochten. — Inzwischen hatte sich ein heftiger Ar=
tilleriekampf zwischen den vorgezogenen Batterien der Avantgarde und
den feindlichen Geschützen auf dem Judenkirchhofe, die bisher die vor=
dringende Infanterie zu ihrem Ziele gewählt hatten, entwickelt.

Noch waren die Dörfer Haber und Kloster vom Feinde stark be=
setzt gehalten und mußten erst genommen werden, ehe das vorgezeichnete
Kampfobjekt, die Stadt Münchengräß erstritten werden konnte. Während
sich gegen Haber die mittlere Kolonne wendete, wurde dem linken Flügel
der Auftrag, sich gegen das hoch gelegene und durch seine ausgedehnten,
massiven Baulichkeiten sehr feste Dorf Kloster zu wenden. Die 5. und
8. Kompagnie waren von Bukowina her am Sabertitzerbach entlang
— gegen Kloster vorgegangen; die durstigen Füsiliere hatten durch das
klare Wasser, das sie hier fanden, ihren brennenden Durst gestillt und
fühlten sich nun zur neuen Arbeit schnell gekräftigt.

Oberstlieutenant v. Marschall erhielt den Befehl, das Dorf von
Nordosten her umfassend anzugreifen. Es gelang ihm, den Bach auf
einer Brücke zu überschreiten und den östlichen Thalrand zu ersteigen;
von hier drang er mit seinen Kompagnien gegen Kloster vor, Lieutenant
Gaddum wurde auf dem Wege dahin durch einen Streifschuß am rechten
Oberschenkel verwundet, verblieb aber bei der Kompagnie. Der Feind
räumte das Dorf vor dem muthigen Andrängen der Abtheilungen der
Avantgarde, zumal die mittlere Abtheilung schon von dem inzwischen

genommenen Dorf Haber gegen Kloster vorgeführt wurde und die beiden Bataillone 40er auch schon nahe heran waren.

Der Feind eilte unter Zurücklassung zahlreicher Gefangenen nach der Iser zurück, die er auf einer Brücke zu überschreiten versuchte. Hauptmann v. Wobeser versuchte es, mit einer Abtheilung seiner Kompagnie im Schnelllauf dem fliehenden Feinde zu folgen und möglichst gleichzeitig mit ihm an der Iserbrücke anzulangen. Feindliche Infanterie-Abtheilungen, die zur Deckung des Rückzugs auf dem diesseitigen Iserufer belassen worden waren, setzten der Verfolgung bei der Ziegelei ein Ziel. Während derselben hatte Lieutenant v. Zschüschen eine schwere Verwundung am Fuße erlitten.

Der in Kloster eintreffende Kommandeur der Avantgarde befahl, daß Hauptmann v. Gilsa mit der 7. und 8. Kompagnie das Dorf besetzt halten solle, während die anderen hierher vorgedrungenen Truppen angewiesen wurden, über die Iser gegen Münchengrätz vorzugehen. Die über diesen Fluß führende Brücke stand aber schon in Flammen, als die Abtheilungen der Avantgarde dort eintrafen und mußten diese den Fluß unterhalb der Brücke durchwaten, was mit um so größeren Schwierigkeiten verbunden war, als in dem stark fließenden Wasser Balken und andere Trümmer der brennenden Brücke stromab trieben. Als die Avantgarde die Stadt Münchengrätz erreichte, fand sie in derselben schon Truppen der 14. Division, die sich über Mohelnitz von Norden her vordringend des Ortes bemächtigt hatten. Die 5. und 6. Kompagnie waren unter der Führung des Bataillonskommandeurs mit nach Münchengrätz gelangt und besetzten den südlichen und östlichen Ausgang dieser Stadt. — Hier hatte Se. Königl. Hoheit, der Prinz Friedrich Karl sein Hauptquartier genommen, nachdem der Kampf der I. Armee unter seiner Führung ein siegreiches Ende gefunden hatte. — Die I. und Elbarmee waren nun vereinigt.

Am Nachmittage gegen 2 Uhr brach eine von dem Besitzer herbeigeführte Feuersbrunst in einer großen Brennerei in Kloster aus, wodurch ein Unteroffizier und fünf Füsiliere der sich in diesem Gebäude aufhaltenden Mannschaften der 7. und 8. Kompagnie nicht unerhebliche Brandwunden erlitten.

Die Verluste des Bataillons an diesem Tage betrugen:

Todt: 1 Feldwebel, 3 Füsiliere,
Verwundet: 2 Offiziere, 16 Füsiliere.

Das Bataillon hatte im Ganzen 90 Gefangene gemacht, die meist dem Regiment Nobili angehörten.

Der 29. war ein Ruhetag und behielten die Kompagnien die am Tage vorher eingenommenen Quartiere.

Am 30. um 4 Uhr Morgens sammelte sich das Bataillon in Münchengrätz und marschirte im Gros der Avantgarde bei großer Hitze und auf sehr beschwerlichem Wege über Sobotka bis Libau, wo um 3 Uhr Nachmittags auf dem Marktplatze ein Biwak eingerichtet wurde.

Am 1. Juli wurde die Avantgarde des General v. Schoeler durch Truppen der 14. Division verstärkt und war danach in folgender Weise zusammengesetzt:

Füsilier-Bataillon Regiments Nr. 17,
   "   "   "   Nr. 28,
2.   "   "   Nr. 33,
1.   "   "   Nr. 40,
2.   "   "   Nr. 56,
Füsilier-   "   "   Nr. 69,
Jäger-   "   "   Nr. 8,
1. vierpfündige Batterie Westfäl. Feldartillerie-Regiments Nr. 7,
4.   "   "   Rheinische   "   "   Nr. 8,
Pionierdetachement Pionierbataillons Nr. 8,
Kavalleriebrigade des Generalmajor Graf v. d. Golz II.:
Westfälisches Husaren-Regiment Nr. 11,
Königs-   "   "   Nr. 7,
3. reitende Batterie Feldartillerie-Regiments Nr. 8.

Die Avantgarde brach erst um 1 Uhr Mittags auf und marschirte bis südlich Hoch-Wesely, wo gegen 9 Uhr Abends Halt gemacht wurde und Vorposten ausgesetzt wurden. Die 8. Kompagnie hatte die Vorposten des äußersten linken Flügels bei Alt-Smokowitz und erhielt den Auftrag, die Verbindung mit den Truppen der I. Armee aufzunehmen. Sie fand bald Fühlung mit den 4. Jägern. Die 6. Kompagnie schloß ihre Vorposten rechts an die der 8. Kompagnie an; die beiden anderen Kompagnien biwakirten im Gros der Vorposten. Es mußte bei anhaltendem Regen ohne Holz und Stroh biwakirt werden. Am nächsten Tage rückte die Avantgarde bis nördlich Smidar vor und bezog dort ein Biwak, das Bataillon im Gros. Auf diesem Marsche wurde von einer Patrouille des Bataillons in einem Walde eine verlassene Wagenkolonne entdeckt; ihre Wegnahme wurde besonders freudig von den „Lehm opps" begrüßt, da die Wagen mit Hafer beladen waren.

Im Biwak bei Smidar wurde den Truppen die Königliche Proklamation vom 30. Juni bekannt gegeben.

Der König sprach:

Soldaten Meiner Armee!

Ich begebe Mich heute zu Euch, Meinen im Felde stehenden braven Truppen, und biete Euch Meinen Königlichen Gruß.

In wenigen Tagen sind durch Eure Tapferkeit und Hingebung Resultate erfochten worden, welche sich würdig anreihen an die großen Thaten Unserer Väter. Mit Stolz blicke Ich auf sämmtliche Abtheilungen Meines treuen Heeres und sehe den nächsten Kriegsereignissen mit freudiger Zuversicht entgegen.

Soldaten, zahlreiche Feinde stehen gegen Uns im Kampfe, laßt Uns indeß auf Gott, den Herrn, den Lenker aller Schlachten und auf Unsere gerechte Sache bauen, Er wird durch Unsere Tapferkeit und Ausdauer die sieggewohnten preußischen Fahnen zu neuen Siegen führen.

gez. Wilhelm.

Diese Königlichen Worte zeugten von der Allerhöchsten Anerkennung für die Leistungen der Truppen in den letzten Tagen, die in Aller Herzen ein siegesgewisses Bewußtsein wach gerufen hatten, sie deuteten aber auch darauf hin, daß neue Kämpfe neuen Muth und große Ausdauer bald fordern würden.

Schon der nächste Tag brachte den erwarteten Kampf:

Die Schlacht bei Königgrät.

Während die Elbarmee durch Sachsen siegreich bis an die Iser vorgedrungen war und sich dort mit der I. Armee während des Kampfes bei Münchengrät vereinigt hatte, war die II. Armee unter der Führung Sr. Königl. Hoheit des Kronprinzen von Schlesien durch die Gebirge unter ernsten Kämpfen bis südlich Königinhof vorgedrungen.

Preußens Heer hatte in den wenigen Tagen seit Beginn der Feindseligkeiten gegen Oesterreich die zahlreichen Heeresabtheilungen dieses großen Reiches siegreich vor sich hergetrieben und standen jetzt die drei preußischen Armeen an der oberen Elbe zum gemeinsamen Handeln bereit. Es durfte vorausgesetzt werden, daß die österreichische Hauptmacht auf dem linken Ufer dieses Flusses, gestützt auf die beiden Festungen Josephstadt und Königgrät, eine ihr günstige Stellung einnehmen werde. Die preußische obere Heeresleitung, die seit dem Eintreffen Sr. Majestät des Königs auf dem Kriegsschauplatze ihr Hauptquartier in der Nähe der kämpfenden Truppen genommen hatte, hatte sich zu entscheiden, ob sie die gesammte feindliche Armee in der ihr günstigen Stellung hinter der Elbe angreifen oder aus derselben heraus manövriren sollte. —

Da über die Ansammlung und Aufstellung der feindlichen Streit=
kräfte ausführliche Meldungen, die eine Disposition für die weiteren
Operationen ermöglichen konnten, noch fehlten, so sollten zur Erlangung
zuverlässiger Nachrichten am 3. Juli Rekognoszirungen gegen die Elbe
vorgehen. Gleichzeitig sollten diejenigen Stellungen eingenommen werden,
deren Besitz für ein weiteres Vordringen von Wichtigkeit war. In
diesem Sinne erging aus dem Königlichen Hauptquartier zu Gitschin
für den 3. Juli der Befehl, daß die Elbarmee gegen Prag beobachten
und sich der Elbübergänge bei Pardubitz bemächtigen solle.

Die von der I. Armee im Laufe des 2. Juli ausgeführten
Rekognoszirungen der feindlichen Stellungen brachten dagegen die
kaum gehoffte Gewißheit, daß die feindlichen Hauptstreitkräfte auf dem
rechten Elbufer stünden, die Elbe im Rücken. Die Mittheilung dieser
Nachrichten führten Seine Majestät den König zu dem Entschlusse, schon
am nächsten Tage die Entscheidungsschlacht zu liefern. Die Dispositionen
hierzu wurden noch in der Nacht getroffen. Prinz Friedrich Karl hatte
aber in Folge der bei ihm eingegangenen Meldungen schon vorher zur
Konzentrirung seiner ihm unterstellten Truppen und für den Fall des
Zusammenstoßes mit dem Feinde in seinem Hauptquartier zu Kamenitz
einen Befehl gegeben, der für die Elbarmee lautete:

Die I. Armee formirt sich morgen früh mit Tagesanbruch zum
Gefecht gegen die Position an der Bistritz bei Sadowa auf der Straße
Horitz — Königgrätz. Der General v. Herwarth rückt mit allen Truppen,
die er disponibel machen kann, nach Nechanitz und trifft daselbst so
früh als möglich ein. Ich werde mich anfangs bei Milowitz aufhalten.

Möglichst bald melden, wann und wie stark in Nechanitz.

gez. Friedrich Karl.

Dieser Befehl veranlaßte den General v. Herwarth zu den bereits
auf Seite 81 mitgetheilten Dispositionen.

Danach war der auf dem rechten Flügel der preußischen Armee
stehenden Elbarmee für den kommenden Schlachttag ihre Stellung auch
während der Schlacht auf dem rechten Flügel angewiesen und ihr die
Aufgabe vorgezeichnet, den feindlichen linken Flügel zu besiegen.

Der österreichische Oberfeldherr, Feldzeugmeister Benedek glaubte
aus den ihm vorgelegten Meldungen, sowie aus den Erlebnissen der
letzten Tage folgern zu dürfen, daß gerade sein linker Flügel, auf dem
das königlich sächsische Armeekorps stand, am meisten bedroht sei. In
diesem Sinne erließ er am 2. Juli in seinem Hauptquartier zu Königgrätz eine Disposition, in der es u. A. heißt:

„Heute eingelaufene Nachrichten besagen, daß stärkere feindliche

Truppenmassen in der Gegend von Neu-Bidsow, Smidar und gegen Horic stehen; zwischen unseren und den feindlichen Vortruppen haben bei Kobilis und Suchar bereits Scharmützel stattgefunden. Nach der Stellung des Feindes dürfte morgen möglicherweise ein Angriff erfolgen, der zunächst gegen das königlich sächsische Armeekorps gerichtet ist. Für diesen Fall befehle ich Folgendes: Das königlich sächsische Armeekorps besetzt die Höhen von Popowitz, den linken Flügel etwas zurückgebogen und durch die eigene Kavallerie gedeckt. Vor der Front dieser Stellungen sind nur Vortruppen vorzuschieben, links von diesen und etwas zurück auf dem äußersten linken Flügel bei Problus und Prim hat sich auf einem geeigneten Terrain die erste leichte Kavalleriedivision aufzustellen. Das 10. Korps faßt Stellung rechts vom sächsischen Korps und endlich rechts vom 10. Korps das 3. Korps, welches die Höhen von Lipa und Chlum besetzt. Das 8. Korps hat zunächst dem sächsischen Korps als Unterstützung zu dienen und sich hinter demselben aufzustellen."

„Die nicht hier genannten Truppen haben, so lange der Angriff auf unseren linken Flügel beschränkt bleibt, sich nur in Bereitschaft zu halten. Sollte aber der feindliche Angriff größere Dimensionen annehmen und auch gegen unsere Mitte und den rechten Flügel gerichtet werden, dann tritt die ganze Armee in Schlachtordnung. Morgen früh muß die ganze Armee einer Schlacht gewärtig sein; das zuerst angegriffene Korps theilt dies unverweilt den nach dieser Disposition zunächst stehenden Korps mit, welche ihrerseits die erhaltenen Mittheilungen weiter senden."

„Das 8. Armeekorps bricht unverzüglich aus seinem dermaligen Lager auf, es sendet in das Hauptquartier des sächsischen Korps einen Offizier voraus, welcher je nach der Sachlage, wenn der Kampf schon ausgebrochen oder bevorstehend wäre, dem 8. Korps entgegen eilt und es in die bestimmte Aufstellung hinter das sächsische Korps führt. Sollte aber ein feindlicher Angriff nicht in Aussicht stehen, dann hat das 8. Korps das für dasselbe bestimmte Lager bei Charbusitz zu beziehen."

„Ich werde mich, wenn nur der linke Flügel der Armee angegriffen wird, bei diesem, im Falle aber einer allgemeinen Schlacht auf der Höhe von Chlum aufhalten u. s. w."   gez. Benedek.

So waren für den 3. Juli in beiden Heerlagern Dispositionen getroffen, die für den bevorstehenden Kampf der Elbarmee eine schwere Aufgabe zuwiesen.

Um 3 Uhr Morgens brachen die einzelnen Abtheilungen auf. Es regnete stark, die aufgeweichten Wege erschwerten ein schnelles Vorgehen. Die Avantgarde debouchirte daher erst um 6½ Uhr aus dem Walde, östlich Kobilis. Bald nach ihrem Heraustreten entwickelten sich die an der Tete marschirenden Bataillone zum Angriff auf Nechanitz und den Uebergang über die Bistritz. Bei dem Vorgehen gegen Nechanitz wurde das auf dem rechten Bistritzufer gelegene Dorf Alt=Nechanitz vom Feinde besetzt gefunden. Die sächsischen Vortruppen hatten schon seit einigen Tagen dieses Dorf besetzt gehalten. An diesem Tage war Alt=Nechanitz vom sächsischen 8. Bataillon besetzt, das Feldwachen noch weiter vorgeschoben hatte.

General v. Schoeler befahl zum umfassenden Angriff des Dorfs, daß das Füsilierbataillon 17 links, das Füsilierbataillon 28 in der Front, das 2. Bataillon 33 rechts vorgehen, sich des Dorfes bemächtigen und die Bistritzübergänge forciren sollten. Die Sachsen räumten nach kurzem Gefechte das Dorf und zogen sich auf das Städtchen Nechanitz zurück, nachdem sie noch vorher die über den bei Alt=Nechanitz vorbeifließenden Mühlengraben führende Brücke und die in ihrer Nähe liegenden Gehöfte in Brand gesteckt hatten. — Der Kampf hatte begonnen. Die Bataillone versuchten in schnellem Nachdringen durch den vom langen Regen sumpfartig aufgeweichten Wiesengrund des Bistritzthales über den Bach zu gelangen.

Das Füsilierbataillon 28 versuchte bei Nechanitz selbst die Bistritz zu überschreiten, das Füsilierbataillon 17 wendete sich dagegen nördlich, um von Komarow her den Bachübergang zu ermöglichen. — Oberstlieutenant v. Marschall führte sein Bataillon, da er keinen Uebergang bei Nechanitz finden konnte, rechts ausholend in südlicher Richtung Steyskal gegenüber. Er fand dieses ausgedehnte Gestütsgehöft vom Feinde besetzt, der ihm den Uebergang verwehrte. Um nicht unnütze Zeit in einem hinhaltenden Gefecht zu verlieren, befahl Oberstlieutenant v. Marschall dem Hauptmann v. Kurowski mit der 5. Kompagnie vor Steyskal liegen zu bleiben, während er mit den drei anderen Kompagnien seines Bataillons sich nach Kuncitz wendete.

Dieses Dorf war von zwei Kompagnien des sächsischen 11. Infanteriebataillons besetzt, die sich aber nach kurzem Gefecht abzogen. Die hier über die Bistritz führende Brücke war nur durch theilweise Wegnahme des Brückenbelages unbrauchbar gemacht. Einzelne Füsiliere durchwateten die Mühlgräben und die Bistritz, und machten die nach Kuncitz führende Brücke bald wieder gangbar. Hier versammelte Oberstlieutenant v. Marschall sein Bataillon und zog auch die 5. Kompagnie wieder heran, da der Gegner auch Steyskal aufgegeben hatte. Inzwischen war auch Nechanitz von der Infanterie der Avantgarde besetzt worden. Oberstlieutenant v. Marschall gab nun für das weitere Vorgehen seines Bataillons gegen den Feind den Befehl, zunächst das Dorf Hradek zu

beseßen. Er ließ die 5. und 6. Kompagnie im Vordertreffen in Kompagniekolonnen auseinandergezogen vorgehen und die beiden anderen Kompagnien als geschlossenes Soutien folgen. Ohne auf den Feind zu
stoßen, wurde der Hradeker Thiergarten durchschritten und von dem
dahinter liegenden Dorf und Schloß gleichen Namens Besitz genommen.

Generalmajor v. Schoeler, der von dem Vorgehen des Bataillons
über Kuncitz Kenntniß erhalten hatte, sendete dorthin das 2. Bataillon
56er, um dadurch den rechten Flügel der Avantgarde zu verstärken. Das
Bataillon traf mit den 33ern hier nicht mehr zusammen, da sie um
diese Zeit (11 Uhr) bereits in Hradek eingetroffen waren. Dorthin
wendete sich nun auch das Bataillon 56er.

Als der Kronprinz von Sachsen die Erfolge der Avantgarde der
Elbarmee gegen seinen linken Flügel übersah, sandte er, den Benedek'schen
Dispositionen gemäß, dem österreichischen Korps die Weisung, zu einer
Unterstützung seiner Truppen vorzugehen. Es vereinigten sich nunmehr
nach dem Einrücken des 8. österreichischen Korps in die Stellung Problus —
Nieder- und Ober-Prim bis zu dem Walbe von Stezirek die Vordertreffen zweier zur Schlacht entwickelten, des königlich sächsischen und
8 österreichischen Korps, gegen die vorerst nur die Avantgarde der Elbarmee im Gefecht stand. General v. Herwarth befahl, als er die feindliche Stellung übersah, das Vorgehen der 14. und 15. Division gegen
diese. Diese Divisionen gingen hinter der als Brückenkopf vorgeschobenen
Avantgarde bei Nechanitz über die Bistritz. —

Inzwischen war auch das 2. Bataillon 56er in Hradek eingetroffen.
Oberstlieutenant v. Marschall faßte nun als nächstes Angriffsobjekt
Neu-Prim und das am Nordausgange dieses Dorfes gelegene Schäferei-
gehöft ins Auge, während das Bataillon 56er sich nach der Lisiere des
Walbes von Stezirek wendete. Ohne erhebliche Verluste gelangte das
Bataillon in den Besitz von Neu-Prim und der Schäferei. Er-
muthigt durch dieses leichte Vordringen gegen den Feind, der nach dem
Schlachtendonner zu urtheilen, an anderen Punkten heftigeren Widerstand
zu leisten schien, entschloß sich Oberstlieutenant v. Marschall, der in
seiner vorgeschobenen Stellung zeitweise außer Verbindung mit dem General v. Schoeler gekommen war, zu einem weiteren Vorgehen auf das
vom Feinde besetzte Dorf Nieder-Prim.

Er mußte seine rechte Flanke, die durch den Wald von Stezirek
ungeahnte Gefahren in sich bergen konnte, dadurch gesichert, daß dieser
Wald von dem 2. Bataillon 56er besetzt war, das durch diesen gegen
Ober-Prim vorging.

Um bei dem Angriff auf Nieder-Prim einen günstigen Stützpunkt im Terrain zu haben, ließ Oberstlieutenant v. Marschall durch Hauptmann v. Wobeser mit der 8. Kompagnie die nordwestlich davon liegende Fasanerie besetzen, während er die anderen drei Kompagnien in einer Gefechtslinie südlich dieses Gehölzes zum Vorgehen gegen Nieder-Prim entwickelte. Links zeigten sich die anderen Abtheilungen der Avantgarde im Vordringen über die Höhen östlich Lubnow gegen die sächsischen Stellungen. Es schien der Augenblick gekommen, gegen Nieder-Prim vorzubrechen. —

General v. Schoeler, dem die auf dem äußersten rechten Flügel seiner Avantgarde ausgeführten Bewegungen nicht entgangen waren, schickte das 1. Bataillon 40er gleichfalls in die Fasanerie vor, wo sich die 8. Kompagnie schon an der Lisiere eingenistet hatte.

Die außerhalb dieses Gehölzes entwickelten 5., 6. und 7. Kompagnie versuchten ihre nächste Aufgabe dadurch zu erfüllen, daß sie mit lautem Hurrah aufsprangen und gegen Nieder-Prim vorzustürmen versuchten. Das von diesem Dorfe und Ober-Prim ihnen entgegengeschleuderte überaus heftige Infanterie- und Artilleriefeuer gebot dem kühnen Vorwärtsdrängen bald einen Halt.

Hauptmann v. Kurowski, der in der Schützenlinie seiner Kompagnie zu Pferde bleibend, diese vorwärts gegen die feindliche Stellung führte, erreichte ein tödtliches Geschoß. Der brave Hauptmann, der mit der tödtlichen Wunde noch zu Pferde und bei seiner Kompagnie verblieb, um Befehle zum weiteren Vorwärts zu geben, ritt erst dann langsam und stark blutend zu seinem Bataillonskommandeur und meldete sich schwer verwundet, nachdem er gewiß war, daß seine Kompagnie dem Gefechtszweck entsprechend Stellung genommen hatte. Nach einem langsamen schmerzhaften Ritt gelangte er bis Nechanitz, wo er nach wenigen Tagen den Tod eines braven Soldaten erlitt. Sein ritterlicher Geist und sein echt soldatisches Auftreten hatten ihm die Achtung seiner Kameraden erworben; sein heldenhafter Soldatentod hat diese Gefühle noch gesteigert und ein ehrendes Gedenken an ihn für die Dauer gesichert.

Den Kompagnien machte der gewaltige Geschoßhagel es unmöglich, weiter vorzudringen.

Die Stellung außerhalb der Fasanerie auf freiem Felde war einem weiteren Vordringen gegen Nieder-Prim zu ungünstig, das feindliche Feuer brachte das Gefecht hier zum Stehen. Oberstlieutenant v. Marschall wollte aber den unter schweren Verlusten errungenen Vorsprung nicht wieder aufgeben und verblieb mit seinen Kompagnien in der genommenen Stellung, in der Hoffnung von rückwärts weitere Unterstützung zu erhalten. —

Dem Führer der Sachsen, ihrem Kronprinzen, war es nicht entgangen, daß sich gegen seinen linken Flügel nur kleine, und wie es den richtigen Anschein hatte, vereinzelte Abtheilungen vorbewegten; er ordnete daher gegen dieses Vorgehen der preußischen Bataillone einen Offensiv= stoß in der Richtung auf Hradek an. Das Feuer einer Granatkanonen= batterie gegen die Fasanerie, sowie die außerhalb derselben stehenden Kompagnien leitete den Vorstoß der Sachsen ein. Das Granatfeuer brachte die Kompagnien nicht zum Wanken, sie hielten aus, bis eine über= wältigende Masse feindlicher Infanterie sich von Nieder=Prim her gegen sie vorbewegte. Es war die Leibbrigade, welche von der Wiesenschlucht südlich Nieder=Prim, an der Spitze das 15. Bataillon, in Kompagnie= Kolonnen und mit vorgenommenen dichten Schützenlinien einen Stoß in der Richtung auf die Schäferei ausführte. Dieser Brigade hatten sich noch das 4. Jägerbataillon und das halbe 12. Bataillon angeschlossen.

Die Granatkanonenbatterien (Hauptmann Heeringen und Göppingen) gingen bis in das Gewehrfeuer der 33er vor und vermehrten das gegen sie gerichtete sächsische Gewehrfeuer durch ein lebhaftes Shrapnelfeuer.

Das 1. Bataillon 40er, sowie das Bataillon des Regiments, wurden durch diesen feindlichen Vorstoß auf die Dörfer Jehlitz und Neu=Prim zurückgeworfen; sie machten aber dem Feinde seinen augenblicklichen Erfolg sehr theuer, da er namhafte Verluste, unter diesen den Oberstlieutenant v. Friesen, Kommandant des 16. Infanteriebataillons zu beklagen hatte. Hauptmann v. Wobeser mit der 8. Kompagnie an der Südwestecke der Lisiere stehend, hatte, nachdem das Feuer seiner Kompagnie besonders wirksam gewesen, dem Drängen des Feindes nicht sogleich nachgegeben. Auch als er sich flankirt sah, wich er nur langsam und immer wieder Front machend nach dem Försterhaus der Fasanerie zurück, blieb aber hier in der Lisiere des Gehölzes stehen und verhinderte so, daß dasselbe ganz in Feindes Hand kam.

Der Verfolgung, die die sächsische Leibbrigade auf die vor ihr zurückgewichenen Kompagnien einleitete, wurde ein Halt geboten als das 2. Bataillon 56er, welches in dem Walde von Stezirek dort postirte Oesterreicher des 8. Korps vor sich her getrieben hatte, an der Nord= lisiere desselben erschien und gegen die linke Flanke der Sachsen sein Feuer eröffnete. Diese Flankenbedrohung veranlaßte die sächsische Bri= gade zum Zurückgehen auf Nieder=Prim. Das Gehölz der Fasanerie wurde aber von dem 15. sächsischen Bataillon besetzt, mit der 8. Kompagnie in enger Fühlung.

Der glückliche Erfolg der von den Sachsen gegen die Fasanerie ausgeführten Offensivbewegung, die sie in deren Besitz gebracht hatte, veranlaßte den Kronprinzen von Sachsen, eine erneute weitergehende

Offensive in der Richtung auf Hrabek vorzubereiten. Er durfte sich um so größere Erfolge versprechen, als auch in dem Walde von Stezirek dort vorgedrungene österreichische Abtheilungen das 2. Bataillon 56er delogirt hatten und bei weiterem Vorgehen die linke Flanke nicht mehr bedroht schien.

Zu dieser Zeit, nach 1 Uhr, war aber die 15. Division bereits auf dem Kampfterrain hinter den Bataillonen der Avantgarde eingetroffen und befand sich in stetigem Avanciren gegen die Stellungen der Sachsen und des 8. österreichischen Korps.

Während die Sachsen gegen 2 Uhr im Vereine mit österreichischen Brigaden von Nieder- und Ober-Prim her sich zu einem erneuten Vorstoße entwickelten, war es der 30. Brigade gelungen, die in den Wald vorgedrungenen österreichischen Abtheilungen zurückzudrängen und aus dem Walde heraus auf Ober-Prim zu treiben. Diese rückgängige Bewegung, die bald in Flucht ausartete, brachte die auf dem linken Flügel hervorbrechenden Truppen in eine derartige Verwirrung, daß sich dieselben in der Richtung auf Bor eiligst zurückzogen.

Die ruhige Haltung der Sachsen brachte zwar das Gefecht wieder zum Stehen, doch war nunmehr eine Offensive gegen die preußischen Truppen, von deren verstärkter Anwesenheit sie sich überzeugt hatten, nicht mehr die Rede.

Oberstlieutenant v. Marschall hatte inzwischen die Kompagnien seines Bataillons wieder gesammelt und schloß sich dem Gegenstoß der 15. Division an. Er betheiligte sein Bataillon bei dem Angriff auf Nieder-Prim, wobei Hauptmann v. Wobeser, der sich mit seiner Kompagnie, trotz des mit den Sachsen getheilten Besitzes des Gehölzes, am Südrande der Fasanerie gehalten hatte, durch diese über den Wiesengrund gegen die Südwestecke des Dorfes vordrang. Der energische Widerstand der Sachsen, die unter großen Verlusten nur langsam auf Problus zurückwichen, konnte es nicht hindern, daß das Dorf genommen wurde. Nach 2 Uhr war es in preußischem Besitze. Vom Bataillon wurden bei dieser Gelegenheit einige sächsische Gefangene gemacht.

Jetzt erst ließ sich deutlich übersehen, wie gewagt das Unternehmen des vereinzelten Bataillons gegen das stark vertheidigte Nieder-Prim gewesen war, und wie ein Zurückweichen bei einem Vorstoß gegen einen so überlegenen Feind, der durch ein wirksames Artilleriefeuer von den Höhen bei Problus unterstützt worden war, keinen Vorwurf für die Truppe zuläßt, die nun im Verein mit der 15. Division in den Besitz des von ihr allein erstrebten Ziels gelangt war.

Der Feind stand jetzt noch in seiner Hauptstellung in und bei Problus. Gegen dieses nahe belegene Dorf mußte sich der nächste Angriff wenden. Die 14. und 15. Division wurden zum konzentrischen Angriff gegen diese Stellung von General v. Herwarth vorgeführt.

Oberstlieutenant v. Marschall hatte sich dem Befehle des Kommandeurs der 15. Division, General v. Canstein, für dieses weitere Vorgehen unterstellt, das um 2½ Uhr begonnen wurde. Zwar nicht in vorderer Linie, doch aber im Kampfgewühl, war das Bataillon bei der blutigen Eroberung der sächsischen Hauptstellung betheiligt.

Nachdem Problus genommen, war die Hauptarbeit der Elbarmee gethan, aber noch hielt der Feind den östlich belegenen Wald von Bor durch eine sächsische und eine österreichische Brigade besetzt, und eröffnete von hier, unterstützt von den nördlich davon wieder in Position gegangenen Batterien, ein so heftiges Feuer auf die von den preußischen Truppen genommenen Positionen, daß sich ein ernster Kampf um den Wald erneute, der von Bataillonen der 14. Division unter großen Verlusten genommen wurde. —

Es war 4 Uhr, als der Feind auf Rosnitz und Briza zurückwich, um nochmals eine Stellung gegen die verfolgenden Truppen zu nehmen; aber der Widerstand des österreichisch-sächsischen Heeres war auf allen Seiten gebrochen. Nach kurzem Widerstande zog sich der Feind nach der Elbe und der Festung Königgrätz zurück, verfolgt bis zu der Chaussee Königgrätz—Lipa. — Das Bataillon hatte sich der Verfolgung bis Rosnitz angeschlossen. Nördlich dieses Dorfes sammelte Oberstlieutenant v. Marschall sein Bataillon, da er für dasselbe keine Aufgabe mehr sah und suchte nun sich an die Avantgarde wieder heranzuziehen, welche er gegen 8 Uhr Abends in einem Biwak bei Ober-Prim antraf und wo die Kompagnien die Ruhe fanden, die sie nach einem so anstrengenden Tage wohl verdient hatten. Lange vor Sonnenaufgang war das Bataillon bereits unter das Gewehr getreten und die Sonne hatte sich unter den Horizont gesenkt, als die Gewehre wieder zusammengesetzt werden konnten.

Das Bataillon hatte an dem ruhmreichen Schlachttage von Königgrätz seine Aufgabe im vollsten Maße erfüllt. Es hatte, trotzdem es beinahe 10 Stunden unausgesetzt im Gefecht gewesen war, den verhältnißmäßig geringen Verlust von 7 Todten und 61 Verwundeten zu beklagen. Aber nicht die Größe der Verluste, sondern die Ausdauer im Kampfe bezeichnen den Werth einer Truppe. Das 2. Bataillon hatte an diesem Tage bekundet, daß es gelernt habe, zu siegen oder sich zu opfern für den Wahlspruch: Mit Gott, für König und Vaterland.

Die sehr ermüdeten Leute suchten im Biwak, wo Holz und Stroh fehlten und der nasse Boden wenig einladend zur Lagerung war, zunächst den Schlaf. Zur Stillung des Hungers, der ſich fühlbar machte, wurden zwei in Nieder-Prim aufgefundene Schweine geſchlachtet und ſchnell zubereitet; auf Brod mußte aber an dieſem Abend verzichtet werden.

Am frühen Morgen des 4. Juli, nachdem alle Verſprengten des Bataillons wieder eingetroffen waren, und auch die Bagage herangekommen war, ralliirte ſich das Bataillon in einer Stärke von 15 Offizieren, 62 Unteroffizieren, 14 Spielleuten und 705 Füſilieren.

General v. Schoeler ſprach ſeine volle Zufriedenheit mit den Leiſtungen des Bataillons aus und richtete an den Kommandeur deſſelben die Frage, ob er nach ſo ſchwerem Dienſt in der Avantgarde durch ein anderes Bataillon abgelöſt ſein wolle. Oberſtlieutenant v. Marſchall lehnte die freundliche Fürſorge ab und erbat vielmehr in dieſem ehrenden Dienſte bis zu dem Schluſſe des Feldzuges ſein Bataillon verwendet zu ſehen.

Gegen Mittag des 4. Juli marſchirte die Avantgarde aus ihrem Biwak bei Ober-Prim ab, um wieder vor die Front der Elbarmee zu gelangen. Vorher wurde noch der Befehl bekannt gegeben, daß die Elbarmee für die nächſte Zeit unter ſpeziellen Befehl Sr. Majeſtät des Königs getreten ſei. Die Avantgarde überſchritt die Straße Königgrätz—Chlumetz und biwakirte bei Syrowatka. Die 5. Kompagnie kam auf Vorpoſten bei Deboritz, die 7. Kompagnie bei Woſtreck.

Am folgenden Tage wurde die Avantgarde nach Klabrub und Recan an der Elbe vorgeſchoben. Das Bataillon fand ein gutes Quartier mit vortrefflicher Verpflegung in dem Privatgeſtüt des Kaiſers von Oeſterreich.

Am 6. Juli überſchritt die Avantgarde die Elbe und wendete ſich weſtlich gegen Elbeteinitz, die 7. Kompagnie bezog Vorpoſten bei Habrkowitz, die 8. bei Bernardow. —

In den der Schlacht folgenden Tagen hatte ſich die Verpflegung außerordentlich gebeſſert und erholten ſich die Truppen ſchnell von den großen Anſtrengungen der letzten Tage. Am 7. Juli ging die Avantgarde über Czaslau nach Philippshof, wo das Bataillon in enge Kantonnements kam. Am folgenden Tage auf der Iglauer Straße bis Haber. Das Bataillon gab die Vorpoſten, die 7. und 8. Kompagnie in Proſec, die 5. und 6. Kompagnie in Ziricow. Am 9. Juli wurde der Marſch über Deutſch-Brod bis nach Michalowitz und Owetinow fortgeſetzt. Dem Bataillon wurde hier der rechte Flügel der Vorpoſten zugewieſen, doch durfte es Quartiere beziehen.

Am 10. Juli traf die Avantgarde in Iglau in Mähren ein. Das

Bataillon wurde mit Verpflegung bei den Bürgern der Stadt einquartiert. Jeder Offizier und Soldat erhielt hier zum ersten Male österreichische Cigarren und Tabak als angenehme Zugabe zur Verpflegung. Da ein Wachtdetachement zurückgelassen werden sollte, wurden die kränkelnden Lieutenants v. Trotha und Rosenbaum mit 2 Unteroffizieren und 23 Füsilieren abgegeben. Für den gefallenen Hauptmann v. Kurowski übernahm an diesem Tage der vom 1. Bataillon abkommandirte Premierlieutenant Goltz die Führung der 5. Kompagnie, Premierlieutenant Wolff wurde zum Ersatzbataillon kommandirt.

In Folge eines eintreffenden Befehls des großen Hauptquartiers vom 9. Juli war die Elbarmee angewiesen worden, eine durch Kavallerie möglichst zu verstärkende Division als Avantgarde der auf Wien vorrückenden preußischen Streitkräfte zu bilden, dem entsprechend war die bisherige Avantgarde auf 7 Bataillone, 14 Eskadrons und 24 Geschütze verstärkt worden. Als Vorhut dieser Avantgarde wurde ein bereits am 8. Juli gebildetes Detachement unter Befehl des Generalmajors Graf v. d. Goltz bestimmt, und diesem das Bataillon, sowie das 2. Bataillon 56er zugewiesen. Außer diesen Bataillonen bestand die Vorhut aus den Königs-Husaren, dem 11. Husaren-Regiment, einer reitenden und einer vierpfündigen Batterie.

So gelangte das Bataillon in die vorderste Avantgarde der auf Wien vorrückenden preußischen Heeresmassen.

Am 11. Juli wurde der Marsch auf Znaim bis in die Höhe von Pröding und Alt-Reusch fortgesetzt; während das 2. Bataillon 56er die Vorposten westlich der Chaussee gab, übernahm das 2. Bataillon dieselben östlich derselben, und zwar die 5. und 6. Kompagnie bei Pröding, die 7. Kompagnie bei Horry, die 8. Kompagnie auf der Chaussee. Das Abkochen wurde durch einen falschen Alarm gestört, der zur Folge hatte, daß die Infanterie aus den schon eingenommenen Stellungen an die Chaussee heranrückte und dort die Nacht über biwakiren mußte.

Am 12. wurde schon Morgens 3 Uhr aus dem Biwak aufgebrochen, da die Nachricht eingegangen war, daß die feindlichen Vorposten, die bisher nur aus Kavallerie der Brigade Edelsheim, der eine Batterie beigegeben war, bestanden hatten, durch Infanterie verstärkt worden seien. Beim Vormarsch der Vorhut zeigte sich aber nur feindliche Kavallerie und Artillerie in der Höhe von Martinkau. Die Bataillone wurden im feindlichen Artilleriefeuer, das die vierpfündige Batterie bald erwiderte, in Kompagniekolonnen auseinandergezogen, was den Feind veranlaßte, schon vor den Husaren des Vortrupps der Avantgarde

auf Znaim zurückzugehen. Das Biwak wurde bei Görschelmaut bezogen.

Am 13. wurde der Vormarsch gegen Znaim fortgesetzt und war
schon nördlich Forstramitzkirchen ein Biwak bezogen, als die Nachricht
einging, daß Znaim vom Feinde besetzt und die Brücke über die Thaya
zerstört werde. Diese Meldung veranlaßte den Graf v. d. Goltz zu
einem schleunigen Aufbruch gegen Znaim. Dem Bataillon wurde der
Befehl, die Tornister abzulegen, und im beschleunigten Marsche hinter
den Husaren zu bleiben, um im gebotenen Augenblick in der Hand des
Führers zu sein, wenn dieser Znaim angreifen wollte. Die 5. Kompagnie wurde zur Deckung der Bagage in Rmamowitz zurückgelassen.

Die anderen Kompagnien erreichten nach nur einstündigem Marsche
etwa gegen 11 Uhr Vormittags noch vor den 11. Husaren die Stadt
Znaim.

Die Brücke über die Thaya brannte, nur jenseits derselben zeigten
sich noch feindliche Vedetten. Die 6. Kompagnie wurde bis an die
brennende Thaya-Brücke und eine westlich davon liegende Furth vorgeschoben, während die 7. und 8. Kompagnie so lange den Markt besetzt
hielten, bis das 2. Bataillon 56er und die Batterie nachgerückt waren.
Während die an der Thaya stehende Kompagnie sich noch eine Zeitlang
mit österreichischen Kavalleristen ohne Verluste herumschoß, wurden die
weiteren Anordnungen in Znaim getroffen. Darnach bezog die 7. Kompagnie für die Nacht die Vorposten an der Brücke und der Furth, während die anderen Kompagnien im Garten der Franz Joseph-Akademie
ihr Biwak einrichteten, wohin die Stadt eine gute Verpflegung zu
liefern hatte.

Der nächste Tag brachte einen lang ersehnten Ruhetag, der zur
Instandsetzung der arg mitgenommenen Bekleidungsstücke benutzt wurde.

Am 15. Juli wurde die Grenze des Erzherzogthums Oesterreich
überschritten und ein Biwak bei Jetzelsdorf bezogen. Auf den südlich
dieses Ortes gelegenen Höhen hatte der Feind seine Geschütze postirt
und sandte Granaten herüber, die aber keine Verluste herbeiführten.
Die vierpfündige Batterie vertrieb auch hier wieder bald die österreichischen
Arrieregarden-Batterien der Brigade Edelsheim.

Am folgenden Tage wurde die nach Stockerau führende Chaussee
verlassen und östlich über Groß-Harras bis Eichenbrünn marschirt, wo
auf den Höhen südlich des Ortes das Bataillon die Vorposten bezog.
Es war ein langer, bei großer Hitze sehr beschwerlicher Marsch und das
erste Mal, daß das Bataillon in Folge dieser Marschanstrengungen viele
Nachzügler zählte. —

Der nächste Marsch ging bis Langendorf, wo Alarmquartiere bezogen wurden.

Am Mittage des 17. Juli wurde das Bataillon in seiner Vorpostenstellung durch das Bataillon 56er abgelöst und bezog mit der 6. und 7. Kompagnie Alarmquartiere in Langendorf, mit der 5. und 8. Kompagnie in Ebendorf. —

Das preußische Heer war mit seiner Tete bis auf zwei Märsche an Wien herangerückt. Um die dort versammelten österreichischen Streitkräfte in einer zweiten Entscheidungsschlacht anzugreifen, war es nothwendig, daß von rückwärts her die Armeen aufschlossen, um zum Kampfe versammelt zu sein. Darum war die Avantgarde zwei Tage in derselben Stellung verblieben und rückte auch am 20. Juli nur eine kurze Strecke vor. Das Biwak wurde südlich Wolkersdorf genommen.

Man konnte bereits die österreichische Hauptstadt von einer Höhe bei Wolkersdorf erblicken. —

Am Nachmittage gegen 5 Uhr ging die Meldung ein, daß es den Anschein habe, der Feind sei mit Infanterie und Kavallerie in Ebersdorf, um zu fouragiren. Um ihn dort zu überraschen, wurden die 1. Eskadron der Königs-Husaren und Hauptmann v. Wobeser mit der 8. Kompagnie nach Ebersdorf entsendet. Nach kurzem Gefecht war der Auftrag erfüllt. — Während der diesseitige Verlust nur einen gefangenen Husaren betrug, brachte das Detachement 3 Infanteristen und 12 Lichtenstein-Husaren mit ihren Pferden gefangen zurück.

In der Nacht wurden die 5. und 6. Kompagnie in die Vorpostenlinie an den Rußbach, wo am Tage nur Kavallerie gestanden hatte, vorgeschoben. Die Vorposten wurden von Friedensunterhändlern, die zwischen Wien und Nikolsburg, wohin Seine Majestät sein Hauptquartier verlegt hatte, verkehrten, vielfach passirt. Das Ende des Krieges schien herangenaht.

Am nächsten Tage verblieb das Bataillon in derselben Stellung, in Wolkersdorf Alarmquartiere beziehend. An diesem Tage wurde der Kommandeur der Avantgarde, Generalmajor v. Schoeler, unter dessen Führung das Bataillon seine ersten Lorbeern erworben hatte, als Kommandeur der 8. Division von der Führung der Avantgarde abberufen und übernahm diese an seiner Stelle der Führer der Spezial-Avantgarde, General Graf v. d. Golz. Diese Veränderung im Kommando hatte keinen weiteren Einfluß mehr auf die folgenden Ereignisse, da schon während des nächsten Tages in Wolkersdorf die Mittheilung einging, daß eine fünftägige Waffenruhe mit Oesterreich abgeschlossen sei. Das Bataillon wurde nach Trauenfeld in Kantonnements verlegt und verblieb hier bis zum 26. Juli, sich für weitere noch erwartete Kämpfe durch Instandsetzung der Ausrüstungs- und Bekleidungsstücke vorbereitend.

Das Bataillon war am 27. Juli, am Tage des Ablaufs des Waffenstillstandes, bereit, von Neuem gegen den Feind zu ziehen und seine erprobte Tüchtigkeit im Ringen mit dem Gegner von Neuem zu bekunden.

Am Morgen dieses Tages wurde auf der nördlich Wolkersdorf belegenen Höhe wieder ein Biwak bezogen und Vorposten ausgestellt; aber schon Mittags um 11½ Uhr traf die Nachricht ein, daß die Friedenspräliminarien mit Oesterreich und Sachsen unterzeichnet seien. Der Krieg war beendigt. Der Chef des Generalstabes des 8. Armee-korps, Oberst v. Schlotheim, überbrachte den Befehl, daß die Avant-garde aufgelöst werde und jeder Truppentheil zu seiner Division abzu-rücken habe. Damit war der Verband der Truppenabtheilungen der ver-schiedenen Regimenter gelöst. Ostpreußen, Rheinländer, Westfalen trennten sich, nachdem sie auf blutigen Schlachtgefilden gewetteifert hatten, in dem Streben für König und Vaterland zu siegen.

Mit einem kräftigen „Lehm opp" trennten sich die Abtheilungen der Avantgarde und marschirten auf verschiedenen Wegen zu ihren Truppentheilen zurück.

Das Bataillon marschirte Nachmittags ab und kam über Laden-dorf nach Schletz ins Quartier. Am 28. setzte es seinen Marsch bis Groß-Harras fort, um sich am 29. in Jetzelsdorf mit seinem Regiment wieder zu vereinigen. Vom Oberst v. Wegerer, den Offizieren des 1. Bataillons, der Regimentsmusik und den Mannschaften des 1. Ba-taillons mit lebhafter Freude empfangen, trat das Bataillon in den Regimentsverband zurück. Es hatte das große Glück gehabt, an den Kriegsereignissen der Elbarmee, vom ersten Gefecht bei Hühnerwasser bis zum letzten Zusammenstoß mit dem Feinde bei Ebersdorf, bei allen Gefechten betheiligt gewesen zu sein. Das Bataillon hatte die volle Zufriedenheit seiner Vorgesetzten bei jeder Gelegenheit erworben und durch sein braves Verhalten eine die Kriegsperiode lange überdauernde Waffenbrüderschaft mit anderen Truppentheilen geschlossen, die dem Ba-taillon ihre Achtung für sein Verhalten vor dem Feinde zu bezeigen sich bestrebten. Das Glück des 2. Bataillons ist um so höher zu schätzen, als es den beiden anderen Bataillonen des Regiments nicht vergönnt gewesen, auf dem Schlachtfelde zu zeigen, daß sie ebenso brav und gefechtsgewandt ihre Aufgabe erfüllt haben würden.

Diese Bataillone lagen am 29. Juli in den Kantonnements, die sie am 27. bezogen hatten. Das 2. Bataillon erhielt Quartiere in Klein-Rüdenthal und Klein-Höflein.

Am 30. Juli hielt Seine Majestät der König bei Ladendorf eine Parade über die Truppen der Elbarmee ab. — Der Füsilierbrigade war es leider nicht vergönnt, daran Theil nehmen zu dürfen. Sie war in Folge ihrer Detachirung nach Jetzelsdorf zu weit von dem Paradeterrain entfernt, um dorthin herangezogen werden zu können.

Am Tage nach der Parade in der Nähe der österreichischen Hauptstadt trat die Elbarmee den Marsch hinter die von dem General Freiherrn v. Moltke und dem Feldzeugmeister Grafen Degenfeld vereinbarte Demarkationslinie an. Der den preußischen Truppen zur Besetzung überwiesene Rayon wurde westlich durch die Linie Eger, Pilsen, Tabor, Neuhaus, Zlabings, Znaym, begrenzt. Südlich machte die Thaya bis zu ihrem Einfluß in die March, östlich diesen Fluß aufwärts bis Napajebl und von hier eine gerade Linie nach Oderberg die Rayongrenze. Die Verpflegung während der Okkupation der österreichischen Landesgebiete hatten diese aufzubringen.

Um sich dem Marsch anzuschließen, wurde der bei Jetzelsdorf kantonnirenden Füsilierbrigade befohlen, am 31. Juli nach Neipersdorf und Umgegend zu gehen und dort am 1. August zu ruhen. Am 2. begann der Marsch in die Standquartiere, der bis zum 22. währte.

In den drei Wochen des Rückmarsches wechselten die Eindrücke, die Land und Leute machten, in schneller Aufeinanderfolge und prägten sich Jedem als angenehme Erinnerungen ein. Die Bewohner, die bei dem Vormarsch der siegreichen preußischen Heere zum Theil ihre Wohnstätten verlassen hatten, waren in diese zurückgekehrt und zeigten sich keineswegs feindlich. Ein furchtbarer Feind verfolgte aber die siegreichen Truppen, furchtbar, weil er nicht durch Waffengewalt zu vertreiben war: die Cholera forderte zahlreiche Opfer. Unser Regiment hatte das große Glück, davon verschont zu bleiben; aber das Auftreten der schrecklichen Krankheit machte eine strenge Beachtung aller sanitarischen Anordnungen nothwendig.

Das Regiment rückte am 23. August in die ihm zugewiesenen Standquartiere in Pilsen und Umgegend ein. Nach Pilsen, wo Generallieutenant v. Etzel sein Quartier genommen, ging der Regimentsstab mit der 6. und 7. Kompagnie. Major v. Eckensteen wurde Kommandant dieser Stadt. Die Genüsse derselben, besonders das vorzügliche Bier, wurden auch den nicht in Pilsen liegenden Offizieren und Mannschaften nicht vorenthalten, da es gestattet wurde, Beurlaubungen aus den Kantonnements eintreten zu lassen. In diesen beschäftigten sich die Kompagnien nach beendigtem Retablissement der Sachen mit Exerzirübungen, die schnell die etwa verlorene gute Haltung der Leute wieder herbeiführten. — Mit dem Einrücken in die Standquartiere trat an die Stelle der Verpflegung durch die Quartiergeber eine solche aus Magazinen. Die Offiziere mußten ihre Verpflegung bezahlen, bezogen aber dafür nicht unbedeutende Tagegelder.

Schon am 4. August hatte Se. Majestät der König Böhmen verlassen und war über Prag, Görlitz nach Berlin zurückgekehrt. Von hier aus wurden die Friedensverhandlungen mit den einzelnen deutschen Staaten und Oesterreich geleitet. Der mit diesem abgeschlossene Frieden wurde am 30. August in Prag ratifizirt. In diesem Frieden erkannte Oesterreich die Auflösung des Deutschen Bundes an und stimmte einer neuen Gestaltung Deutschlands ohne seine Betheiligung zu. Es erkannte alle von Preußen herbeigeführten Territorialveränderungen in Deutschland an und übertrug seine im Wiener Frieden erworbenen Rechte auf Schleswig und Holstein an Preußen. — Zum Heile Deutschlands hatte jetzt Preußen die Leitung seiner Geschicke übernommen. Es begann eine neue Zeit, die als erste große That die Erstehung des Deutschen Reiches in noch nicht gekanntem Glanze bringen sollte.

Als Folge der Friedensratifikation vom 30. wurde die Räumung der österreichischen Gebietstheile befohlen. Am 1. September traf das Marschtableau für die beiden Regimenter der Füsilierbrigade ein. Das Regiment sollte bis Zeitz marschiren, um dort auf die Eisenbahn zu gehen. Dem bezüglichen Befehl war die Bemerkung beigefügt, daß bei der Kürze der Zeit bis zum Eintreffen am Einschiffungspunkte es sich nicht habe vermeiden lassen, daß das Füsilier=Regiment Nr. 33 größtentheils sehr bedeutende Märsche zu machen habe. Auch in Betreff der Verpflegung waren die Aussichten für die nächste Zeit nicht glänzend. Nach den Friedensbedingungen war Sachsen, durch welches der Marsch des Regiments führte, von der Verpflichtung der Quartierverpflegung der durchziehenden Truppen befreit. Es wurde zum Zweck der Verpflegung des Regiments daher demselben die Proviantkolonne Nr. 2 des 7. Armeekorps beigegeben.

Am 2. September trat das Regiment den Marsch nach der Heimath an. Derselbe führte über Carlsbad, Schneeberg, Gößnitz, Gera, durch das Erzgebirge und den Thüringer Wald. Die schönen Gebirgsgegenden machten den Marsch genußreich und gewährten einen schönen Abschluß des Feldzuges 1866.

Zeitz wurde am 10. September erreicht. Die Bürgerschaft der preußischen Stadt bereitete den ostpreußischen Füsilieren einen feierlichen

Empfang. Hier trennten sich die Wege der beiden Füsilier-Regimenter. Die pommerschen Füsiliere kamen nach Frankfurt a. M. in Garnison. Unser Regiment hatte die große Freude, in seine alte liebe Garnison Köln zurückkehren zu dürfen. Mit dem 1820 aus dem Regiment hervorgegangenen Tochter-Regiment Nr. 34 waren die Schicksale unseres Regiments während des Feldzuges eng verknüpft gewesen und haben sich dadurch die früheren kameradschaftlichen Beziehungen von Neuem gefestigt.

Schmerzlich für beide Regimenter der kombinirten Füsilierbrigade war es, daß sie keinen direkten Antheil an den ruhmvollen Kämpfen der Elbarmee hatten. Gerade sie hatten hoffen dürfen, als Füsiliere in den vordersten Reihen zu stehen. Das Geschick war ihnen nicht günstig gewesen.

Die Erwerbung neuer Gebietstheile hatte viele Garnisonveränderungen der preußischen Truppen zur Folge gehabt. Das Regiment, das davon nicht betroffen worden, wurde im Laufe des September in Zeitz in drei Zügen verladen und fuhr über Eisenach nach Deutz, wo die Bataillone am Abend des 12. und in der Nacht zum 13. eintrafen und die ihnen zugewiesenen Kasernements bezogen. Das Regiment trat zu der 15. Division zurück und bildete mit dem 65. Regiment fortan die 29. Infanteriebrigade.

Der Kommandant von Köln, Se. Excellenz der Generallieutenant v. Frankenberg, begrüßte die Ankommenden durch folgenden Befehl: „Die aus einem so glorreichen Kriege, wie ihn selbst die Geschichte Preußens nicht aufzuweisen hat, in ihre alte Garnison Köln zurückkehrenden Truppen heißt der Kommandant aufs herzlichste willkommen. Die Stadt Köln ist stolz auf ihre alte Besatzung und freut sich, sie wieder in ihren Mauern zu sehen. Die Truppen festlich zu empfangen, wie Aller Wunsch war, ist den Bewohnern einstweilen unmöglich gemacht worden; ihrem Dank und ihrer Freude wird die Stadt aber in den nächsten Tagen Ausdruck geben."

Am 20. erst traf der Rest des Ersatzbataillons von Königsberg beim Regiment ein, während das aus demselben formirte 4. Bataillon Tags vorher nach Köln gelangt war.

Als bei Ausbruch des Krieges die Aufstellung größerer Streitkräfte geboten schien, befahl Se. Majestät unter dem 18. Juni weitere Kriegsrüstungen.

Es sollten die Ersatzbataillone des I., II., VI. und VIII. Armeekorps sich durch weitere Einziehungen von Mannschaften auf einen Etat bringen, der es gestattete, ein Bataillon von 802 gedienten Leuten als 4. Bataillon der betreffenden Regimenter aufzustellen und zu mobilisiren. Am 3. Juli

befahl Se. Majestät der König in Seinem Hauptquartier zu Gitschin
die Heranziehung der vierten Bataillone aus ihren Formationsorten zu
Kriegszwecken. Das 4. Bataillon des Regiments war bestimmt, zur Verstärkung der Elbarmee, zum Regiment abzugehen. Erst am 22. Juli
erging der Befehl des stellvertretenden Generalkommandos des I. Armeekorps an das 4. Bataillon, am Nachmittag des 24. Juli mittelst Eisenbahn von Königsberg nach Görlitz abzufahren. Das Bataillon rückte
unter dem Befehl des Kommandeurs des Ersatzbataillons, Major a. D.
v. Foelkersamb, in der Stärke von 17 Offizieren, 3 offizierdienstthuenden
Vizefeldwebeln, 2 Portepeefähnrichen, 2 Aerzten, 1 Zahlmeister, 79 Unteroffizieren, 718 Füsilieren und 12 Trainsoldaten aus. Am 26. Juli Nachmittags erreichte das Bataillon Görlitz und bezog daselbst Quartiere.
Leider forderte hier die Cholera sofort Opfer; schon am ersten Tage
wurden vier Mann davon befallen. Am 28. Juli traf die telegraphische
Ordre ein, daß das Bataillon mittelst Fußmarsches über Reichenberg zur
Elbarmee abrücken solle. Am 29. bezog das Bataillon in und um
Hirschfelde Quartier, um Tags darauf den Marsch nach Reichenberg
fortzusetzen. Es erhielt aber hier den Befehl, stehen zu bleiben, da alle
Vormärsche sistirt seien. Bis zum 5. August verblieb es in Hirschfelde,
um alsdann den Marsch nach Böhmen zum Regiment fortzusetzen. Es
ging über Gabel, Hühnerwasser, Jung-Bunzlau, Benatek, Brandeis nach
Prag und traf hier am 11. August ein. Hierher war der Hauptmann
Zacha vom Regiment gelangt, der auf Befehl des General Herwarth
v. Bittenfeld an Stelle des Major v. Foelkersamb das Kommando über das
4. Bataillon zu übernehmen hatte, während dieser zum Ersatzbataillon
in seine frühere Stellung zurückkehren sollte. In Prag erhielt das Bataillon
von dem General-Gouvernement von Böhmen den Befehl, schon am
folgenden Tage mittelst Eisenbahn nach Hannover abzufahren, wo es am
13. August eintreffen sollte. Bei seiner Ankunft in Lehrte erhielt das
Bataillon den telegraphischen Befehl des General-Gouvernements von
Hannover, dem es unterstellt worden war, nach Harburg zu fahren, wo
es spät Abends des 13. eintraf. Am 15. bezog es die dortigen Kasernements und übernahm den Wachtdienst. Die Cholera war dem Bataillon
auch hierher gefolgt und forderte immer neue Opfer. — Bis zum 3. September verblieb das Bataillon in seiner bisherigen Stärke, mit Exerzir-
und Feldbienstübungen beschäftigt. An diesem Tage erhielt es den telegraphischen Befehl, sofort sämmtliche Landwehrleute nach Königsberg
zu ihrer Entlassung befördern zu lassen. Gleichzeitig traf die Benachrichtigung ein, daß das Bataillon in einigen Tagen nach Köln zum Regiment herangezogen werden solle. Erst am 19. verwirklichte sich diese

Mittheilung. Der kleine Rest des bedeutend reduzirten Bataillons traf am 20. September in Köln ein und fand hier das Regiment schon im vollsten Friedensdienst an.

Dieses hatte am Tage nach seinem Eintreffen in der Garnison sogleich mit der Demobilmachung begonnen. Die Reservisten verließen in zwei Transporten am 16. und 17. September die Reihen des Regiments, von dem sie die Erinnerung an den glorreichen Feldzug mit heimbrachten.

Am Abend des 17. fand ein großer Zapfenstreich statt als Vor= feier der für den nächsten Tag festgesetzten Einzugsfeierlichkeiten. Die sämmtlichen zur Garnison Köln gehörenden Truppen zogen am 18. von der Mühlheimer Haide, auf der sie in Parade aufgestellt gewesen waren, feierlich in die Mauern Kölns ein. Auf dem Neumarkt war ein Triumphbogen errichtet, den die Truppen mit entfalteten Fahnen durch= schritten. Festlichkeiten in der Flora, im Thaliatheater und in Ehrenfeld vereinigten am Nachmittage Offiziere und Mannschaften mit der freund= lichen Bevölkerung Kölns. Das Festkomité machte Geldgeschenke zur Bewirthung der Mannschaften im Betrage von 365 Thalern.

Das Eintreffen des Ersatzbataillons und dessen sofortige Auflösung war die letzte Feldzugsarbeit. Das Regiment war demobil. — Die Friedensarbeit begann in altgewohnter Weise, sie sollte die Gewißheit neuer Siege schaffen.

Zunächst erforderte die Neuformation von drei Kompagnien manche Aenderung.

Im Hinblick auf die durch die Gebietserweiterung Preußens noth= wendige Vermehrung der Regimenter hatte Se. Majestät der König die Bildung einer 5. Kompagnie bei allen Bataillonen der Linien=Infanterie= Regimenter befohlen. Diese drei Kompagnien des Regiments wurden zu zwei Dritteln der Friedensstärke formirt und der Führung der Premier= lieutenants v. Wedell, Liedke und v. Schachtmeyer am 21. September unterstellt, gleich den andern Kompagnien des Regiments ausgerüstet und zum Dienst herangezogen. Am 7. Oktober besichtigte der Divisions= kommandeur Generallieutenant v. Canstein die drei Kompagnien. Diese formirten mit je drei andern Kompagnien der Regimenter Nr. 28, 65 und 68 ein neues Regiment, das die Nummer 87 erhielt. Die drei Kompagnien wurden die 10., 11. und 12. des neuen Regiments, dem Mainz als seine zukünftige Garnison angewiesen wurde. Am 8. November fuhr das neuformirte Regiment von Köln nach Mainz. Mit ihm die dorthin versetzten Offiziere des Regiments: der Premierlieutenant v. Wobeser und die Sekondelieutenants v. Zschüschen, v. Voigts-Rheetz, Amtsberg und Goltz.

8*

Am 2. November wurden die für Auszeichnung im Kriege laut Allerhöchster Kabinets-Ordre vom 20. September verliehenen Orden und Ehrenzeichen den Offizieren und Mannschaften durch den Generallieutenant v. Canstein feierlich übergeben. Die Truppen standen in Parade auf dem Neumarkte. Nachdem die Dekorirten vorgetreten waren, wurde dem Allerhöchsten Kriegsherrn ein dreimaliges Lebehoch unter präsentirtem Gewehr dargebracht und zogen dann die Truppen im Parademarsch an den Dekorirten vorüber. Vom Regiment hatten erhalten:

Oberst v. Fragstein den Rothen Adler-Orden 3. Klasse mit Schwertern und der Schleife.

Oberstlieutenant v. Marschall die Schwerter zum Rothen Adler-Orden 4. Klasse.

Die Hauptleute v. Gilsa, Backe und v. Wobeser den Rothen Adler-Orden 4. Klasse mit Schwertern.

Premierlieutenant v. Wobeser, Sekondelieutenant Meske und Stabsarzt Dr. Sell den Kronen-Orden 4. Klasse mit Schwertern.

Die Sekondelieutenants v. Zschüschen, v. Fragstein, Amtsberg, v. Trotha und Gaddum eine Allerhöchste Belobigung.

Portepeefähnrich Gattung, Feldwebel Remus, die Gefreiten Rückbrod und Burkus das Militär-Ehrenzeichen 1. Klasse.

Außerdem hatte das Regiment 20 Militär-Ehrenzeichen 2. Klasse erhalten.

Eine Allerhöchste Kabinets-Ordre vom 12. Dezember verlieh für die Theilnahme am Feldzuge den Fahnen die Bänder des am 20. September gestifteten Erinnerungskreuzes mit Schwertern.

Das inhaltschwere Jahr 1866 ging zu Ende. Der Blick rückwärts schweift über die Gefechtsfelder in Oesterreich, auf denen die preußischen Heere für ihren König siegten, der nach dem Siege „das lose Band, welches die deutschen Lande mehr dem Namen als der That nach zusammenhielt, fester und heilvoller geknüpft hatte". Die gleichen Interessen der nördlich der Mainlinie liegenden deutschen Gebiete führten zunächst zu der Begründung des Norddeutschen Bundes unter Preußens Führung. Ein starkes Bundesheer trat in die mühevolle Friedensarbeit nach preußischem Muster, die zum Siege befähigt, den Frieden sichert.

Das Jahr 1867 begann in altgewohnter Friedensthätigkeit. Durch die Neuformation der zum 87. Regiment abgegebenen drei Kompagnien waren besonders im Unteroffizierkorps Lücken entstanden, die nach und nach wieder ausgefüllt werden mußten. So fühlbar, wie in den meisten am Rhein garnisonirenden Regimentern war zwar der Unteroffiziermangel

im Regiment nie; vielmehr lieferte daſſelbe in jenen Jahren noch den rheini=
ſchen Regimentern einen Theil ihrer Unteroffiziere. Dieſer wichtige Vortheil
erwuchs dem Regimente aus ſeinem oſtpreußiſchen Erſatze, unter dem ſich
nur wenige Handwerker befanden. Die Oſtpreußen, denen die ſchönen Gegenden
des Rheinlandes gefielen, vertauſchten ihre Heimath mit demſelben gern
und blieben nach Ablauf ihrer Dienſtzeit in den Reihen des VIII. Armeekorps.

Am 17. März begann die Beſichtigung der Kompagnien. Der
70. Geburtstag Sr. Majeſtät des Königs brachte die feierliche Enthül=
lung des Reiterſtandbildes des Königs Friedrich Wilhelms IV. vor den
in Parade aufgeſtellten Truppen der Garniſon Köln.

Am 11. April verlor das Regiment ſeinen Kommandeur, den Oberſt
v. Wegerer, der durch Allerhöchſte Kabinets=Ordre zum Kommandeur
der 35. Infanteriebrigade befördert worden war. An ſeine Stelle trat
der bisher dem Füſilier=Regiment Nr. 39 aggregirt geweſene Oberſt
v. Arnoldi. Derſelbe war nach der Uebernahme der herzoglich naſſauiſchen
Truppen in den Verband der preußiſchen Armee eingetreten.

Am 24. April erging der unerwartete Befehl, daß ſchon am folgen=
den Tage ein Bataillon des Regiments nach der holländiſchen Grenze
zur Abſperrung derſelben abmarſchiren ſolle. Erneut war die Rinderpeſt
in Holland aufgetreten. Die ſchnell ergriffenen Schutzmaßregeln brachten
wieder einen Theil des Regiments an die Weſtgrenze des Vaterlandes.
Die beendete Ausbildung der Kompagnien geſtattete dieſes Mal, ein ge=
ſchloſſenes Bataillon zum Grenzdienſt zu entſenden. Das 3. Bataillon
unter dem Befehl des etatsmäßigen Stabsoffiziers Major v. Gilſa, der
Bataillonskommandeur Major v. Hahn war krank, rückte am 25. April
über Bergheim, Jülich, Geilenkirchen in die dem Regiment ſchon be=
kannte Gegend an der Grenze des Herzogthums Limburg. Erſt am
13. Juni traf das Bataillon in Köln wieder ein.

Die letzten Tage des Juni brachten die Erinnerungstage an die
Gefechte und Siege, an denen das 2. Bataillon im Jahre vorher Antheil
hatte. Die Truppentheile, die zu der Avantgarde der Elbarmee gehört
hatten, tauſchten telegraphiſche Grüße und „Lehm ops“ mit einander.

In dieſem Jahre fanden keine größeren Manöver ſtatt, nur in der
Nähe der Garniſonen wurden Feld= und Vorpoſtenübungen mit ge=
miſchten Waffen abgehalten.

Das folgende Jahr verlief im gleichmäßigen Friedensdienſt. Der
Auguſt brachte der Garniſon Köln die Freude, den geliebten Kriegs=
herrn zu begrüßen. Der König ſah das Regiment am 21. Auguſt auf
der Mühlheimer Haide und ſprach Seine Allerhöchſte Zufriedenheit mit
demſelben dem Oberſtlieutenant v. Hahn aus, der die Ehre hatte, das

Regiment Seiner Majestät vorzuführen, da der Oberst v. Arnoldi zur Wiederherstellung seiner Gesundheit sich in einem Badeort zur Kur befand. — In den Tagen vom 25. bis 27. August hatte das Regiment mit dem 65. Regiment die Brigadeübungen unter dem Generalmajor v. Stuckrad in der Gegend von Bergheim=Lechenich. Die Uebungen in der Division unter dem Generallieutenant v. Canstein fanden bei Euskirchen und Münstereifel statt. Zu diesen war auch das 87. Regiment von Mainz herangezogen worden und hatte das Regiment die Freude, die vor zwei Jahren in das 87. Regiment versetzten Offiziere und theilweise auch noch Unteroffiziere und Mannschaften wiederzusehen.

Das Jahr 1869 brachte keine Aenderung der geregelten alt hergebrachten Thätigkeit im Regiment. Wie im Jahre vorher fanden die Regiments= und Brigade=Exerzitien auf der Mühlheimer Haide statt, denen sich Detachementsübungen bei Kerpen und Bergheim anschlossen. Das Divisionsmanöver bei Königshofen, Jüchen und Wevelinghofen war am 5. September beendet. Nach Entlassung der Reserven fanden zahlreiche Beurlaubungen von Offizieren statt, denen dadurch Gelegenheit gegeben wurde, schöne Herbsttage im Kreise der Ihrigen zu verleben.

Das Jahr 1870 begann in friedlicher Arbeit. Die Ausbildung der Rekruten und Kompagnien nahm den altgewohnten Verlauf. Während der Wintermonate hielten Offiziere belehrende Vorträge im Kreise des Offizierkorps. Im Laufe des Sommers sollte die Aptirung der Zündnadelgewehre in einer für diese Arbeit zu Köln errichteten Handwerksstätte ausgeführt werden und war für dieses Jahr in Folge dessen von einem Prüfungsschießen Abstand genommen worden. Die Zeit der größeren Felddienstübungen hatte im Juni begonnen. Einige Offiziere suchten in Bädern Stärkung ihrer erschütterten Gesundheit. Nichts Außergewöhnliches stand zu erwarten.

Die Politik der europäischen Großstaaten erregte nirgends Besorgnisse. In dem fernen Spanien beschäftigten sich die Cortes mit der Wiederbesetzung des erledigten Thrones. In den ersten Tagen des Juli brachten die Zeitungen die Mittheilung, daß das spanische Ministerium sich entschlossen habe, den Erbprinzen Leopold von Hohenzollern zum Könige zu wählen. Diese Nachricht erweckte kein besonderes Interesse in Preußen, wenn auch hier alle Begebenheiten, die mit dem Namen eines Hohenzollern verknüpft sind, des Volkes Theilnahme wach rufen. Mit allgemeinem Erstaunen wurden die an die spanische Thronfolge sich knüpfenden Nachrichten aus Frankreich aufgenommen. Dort war die in Aussicht gestellte Besteigung des spanischen Thrones durch

einen dem preußischen Königshause kaum näher als Napoleon III. ver=
wandten Prinzen künstlich zu einer nationalen Frage gestaltet worden.
In der frivolsten Weise suchten die französischen Minister, der Senat
und die Deputirtenkammer in Paris dem König Wilhelm eine Verant=
wortlichkeit für die Absichten Seines Verwandten aufzudrängen.

Der König war wie alljährlich in Ems zur Brunnenkur anwesend.
Hier trafen ihn die unerwarteten Mittheilungen über die in den Kam=
mern zu Paris gehaltenen Reden und der Antworten der Minister auf
die an sie gerichteten Interpellationen. In wenigen Tagen war es zur
Gewißheit geworden, daß Frankreich einen Krieg mit Preußen unter
allen Umständen suchte. So kriegsbereit auch das preußische Heer war
und so sicher wie der König auf dessen Kriegstüchtigkeit zählen durfte,
so zögerte Er doch, Sein Volk zum Kriege aufzurufen, so lange die
Möglichkeit noch bestand, auf ehrenvolle Weise den Frieden zu erhalten.
Als aber der französische Botschafter im Auftrage Napoleons III. un=
erhörte Forderungen an Seine Majestät den König Wilhelm stellte,
gab es keine andere Antwort als die der Kanonen.

Am 14. Juli berief die französische Regierung die Reserven zu
den Fahnen. An diesem Tage verließ der König Ems und traf am
15. Juli in Berlin ein, von dessen Bewohnern jubelnd begrüßt. Aber
nicht allein in Berlin, in Preußen und in Norddeutschland wurde mit
Begeisterung die Mittheilung aufgenommen, daß Preußens König dem
fränkischen Uebermuth ein Ziel gesetzt habe; nicht Preußen allein griff
zum Schwert, ganz Deutschland trat unter die Waffen. Zum ersten
Male war Deutschland schnell geeinigt. Die vier Jahre, die seit der
Schlacht von Königgrätz verflossen, hatten schnell die schönen Früchte
reifen lassen, die König Wilhelm in dem Aufruf an Sein Volk, bevor
der deutsche Krieg begann, versprach. „Gott hatte Ihm den Sieg ver=
liehen; das lose Band, welches die deutschen Lande mehr dem Namen
als der That nach zusammenhielt, war fester und heilvoller erneut."
Der Main, der während vier Jahren eine künstliche Grenze zwischen
Nord und Süd in Deutschland gebildet, wurde tausendfach überbrückt
von dem deutschen Nationalbewußtsein. Die Verblendung eines frän=
kischen Imperators allein konnte den Gedanken aufkommen lassen, daß
die französischen Heere auf die Gefolgschaft der süddeutschen Truppen
bei einem Siegeszuge gegen Berlin rechnen könnten. Die Zeiten des
Rheinbundes waren nicht mehr möglich, sie hatten einer andern Zeit
die Wege geebnet, die zu dem reinen Bunde aller Deutschen unter
Preußens Panier führten.

In der Nacht vom 15. zum 16. Juli trug der Telegraph die

Befehle zur Mobilmachung der gesammten norddeutschen Streitkräfte nach allen Garnisonen. Die nicht zum norddeutschen Bunde gehörenden deutschen Staaten, Bayern, Württemberg und Baden, gaben die Befehle zur Mobilisirung ihrer Streitkräfte und Unterstellung derselben unter den Befehl des König Wilhelm schon in den nächsten Tagen. Ganz Deutschland rüstete mit gleicher Begeisterung seine Söhne zum Kriege gegen Frankreich. — Von der Ostsee bis zum Bodensee tönte das Lied: „Die Wacht am Rhein."

Zu den Truppen, die an Deutschlands Rhein lange Jahre Wacht gehalten, gehörte unser Regiment. Am 16. Juli Mittags ging in Köln der Befehl zur Mobilmachung ein, mit dem ausdrücklichen Hinzufügen, daß dieselbe nicht zu übereilen, sondern vorschriftsmäßig durchzuführen sei. — Der erste Sieg über unsere Gegner. — In Frankreich wurden die Rüstungen mit wilder Hast betrieben und führten darum nicht zu der angestrebten Schlagfertigkeit, obschon der Kriegsminister erklärt hatte, daß das Heer archiprêt sei. Am 19. Juli erfolgte die französische Kriegserklärung in Berlin. Die Zukunft hatte das Schwert zu entscheiden.

Noch am 16. Juli wurde die Kriegsrangliste des mobilen Regiments bekannt gegeben und das Ersatzbataillon formirt. Kommandeur desselben wurde Major v. Wedell, sein Adjutant der Sekondelieutenant der Reserve Bender. Die Kompagnien wurden wie nachstehend besetzt:

1. Kompagnie: Hauptmann v. Wulffen, Premierlieutenant May, Sekondelieutenant der Reserve Dilthey;

2. Kompagnie: Premierlieutenant Herber, Sekondelieutenant der Landwehr Hildebrandt, Sekondelieutenant der Landwehr Moeller, Sekondelieutenant Brandt;

3. Kompagnie: Hauptmann Goltz, Sekondelieutenant der Landwehr Stoermer, Sekondelieutenant Goltz;

4. Kompagnie: Premierlieutenant Schulz, Sekondelieutenant der Reserve Weyland, Sekondelieutenant der Landwehr Schrewe.

Außerdem traten noch Offizieraspiranten der Landwehr in Offizierstellen.

Zu dem Landwehr-Bataillon Königsberg gingen als Kommandeur desselben der Hauptmann Ihssen und als Offiziere Sekondelieutenant v. Besser und Sekondelieutenant v. Wegerer.

Am 17. Juli verließen die für die Reservetransporte bestimmten Offiziere Köln, um aus der Provinz Preußen die Reservisten des Regiments zu demselben zu geleiten.

Neben der mit allem Eifer betriebenen Mobilmachung wurden die Offiziere und Mannschaften des Regiments durch die Armirungsarbeiten der Festung Köln stark in Anspruch genommen. Der Oberst v. Arnoldi war beauftragt worden, die Abholzung der Glacis der Forts 5, 6, 7 und 8 und der dazu gehörigen Lünetten zu leiten. Hierzu wurden neben den Füsilieren zahlreiche Civilarbeiter mit verwendet.

Die Mobilmachung der Armee hatte naturgemäß viele Veränderungen in den Kommandostellen zur Folge. Der seitherige kommandirende General Herwarth v. Bittenfeld war zum Gouverneur der Rheinlande ernannt worden; an seine Stelle trat der Kommandeur der 13. Division, Generallieutenant v. Goeben, der nachstehenden Befehl an das ihm unterstellte Armeekorps erließ:

„Seine Majestät der König haben mich zum kommandirenden General des VIII. Armeekorps ernannt. In dem Augenblicke, wo wirberufen sind, französische Gewaltthat abzuweisen, trete ich an die Spitze dieses bewährten Korps mit der vollen Zuversicht, daß Gott uns den Sieg verleihen wird, wenn wir mit Aufbietung aller unserer Kräfte dem Kampf für unsere gerechte Sache nach altpreußischer Weise mit dem Rufe entgegengehen: Mit Gott für König und Vaterland."

Auch der Kommandeur des Regiments, Oberst v. Arnoldi, war durch eine Allerhöchste Kabinetsordre zu anderer Thätigkeit berufen worden. Er war zum Kommandeur der 3. Landwehr=Brigade ernannt. Mit schwerem Herzen nahmen die Offiziere von ihrem langjährigen Obersten Abschied, unter dessen Führung sie gern gegen den Feind gezogen wären. Seine Stelle war, zunächst für die Dauer des mobilen Verhältnisses, Allerhöchst dem Oberstlieutenant vom Füsilier=Regiment Nr. 40 v. Henning übertragen worden. In ihm begrüßte das Regiment einen langjährigen Kameraden, der nach fünfjähriger Trennung an seine Spitze trat, nachdem er in demselben vom Beginn seines soldatischen Lebens gestanden hatte. Er übernahm am 25. Juli das Kommando nach seinem Eintreffen von der französischen Grenze. Er hatte schon den Feind auf den Höhen jenseits Saarbrücken gesehen, zu dessen Schutz sein Bataillon von Trier herangezogen worden war. Oberstlieutenant v. Henning durfte hoffen, sehr bald von Neuem und jetzt als Führer eines Regiments an den Feind zu kommen.

Der 26. Juli war auf Befehl des Königs ein allgemeiner Buß= und Bettag. Er erbat mit Seinem Volke den Segen des Lenkers aller Geschicke. Er erflehte den Sieg, um Seinem Volke die Segnungen eines ehrenvollen Friedens bald wieder aus dem Kriege heimbringen zu können. Vertrauend auf den allgütigen Gott zogen Deutschlands Söhne gegen Frankreich.

Die letzten Tage des Juli vergingen unter steter Arbeit für die Beendigung der Mobilmachung des Regiments, die mehr Zeit als die der rheinischen Regimenter erforderte, da die Reservisten von dem fernen Osten des Vaterlandes bis an den Rhein einen weiten Weg zu machen hatten. Mit Ungeduld wurde der letzte Mobilmachungstag im Regiment ersehnt. Schon marschirten die meisten Regimenter nach der französischen Grenze. Das Gerücht, daß das Regiment möglicherweise zur Besatzung der Festung Köln zurückbleiben könne, beängstigte Jeden. Da traf die Nachricht ein, daß das 65. Regiment zu diesem Dienst bestimmt sei. Die Freude, zur mobilen Armee zu gehören, war groß. Die Trennung von dem Brigade-Regiment Nr. 65 erfüllte die Offiziere mit Schmerz. Im Frieden gehegte Freundschaft bekundet sich am schönsten im Kriege. „Auf Wiedersehn in Frankreich!" war das Trostwort, mit dem die Füsiliere von den 65ern schieden.

Die Kriegsrangliste des mobilen Regiments enthielt folgende Namen:

Kommandeur: Oberstlieutenant v. Henning.
Adjutant: Premierlieutenant v. Homburg.

1. Bataillon.

Kommandeur: Major v. Knobelsdorff.
Adjutant: Sekondelieutenant v. Plötz.
Stabsarzt: Dr. Sell.
Zahlmeister: Nienhaber.

1. Kompagnie.

Führer: Pr.-Lt. v. Buttler.
Pr.-Lt.: Sek.-Lt. Frhr. v. Ledebur.
1. Sek.-Lt. Richter (v. d. Landw.).
2. Sek.-Lt. v. Arnoldi.
3. Sek.-Lt. Port.-Fähnr. Preusse.
Feldwebel Ebert.

2. Kompagnie.

Chef: Hauptm. Menner.
Pr.-Lt.: Sek.-Lt. v. Rosenberg-Gruszczinski.
1. Sek.-Lt. Struebig (v. d. Landw.).
2. Sek.-Lt. Frhr. v. Boemelburg.
3. Sek.-Lt. Port.-Fähnr. Bigge.
Feldwebel Vetterling.

3. Kompagnie.

Chef: Hauptm. v. Wedell.
Pr.-Lt.: Sek.-Lt. Kolw (v. d. Landw.).
1. Sek.-Lt. Freudenfeld.
2. Sek.-Lt. Radtke (v. d. Reserve).
3. Sek.-Lt. Vize-Feldw. Fischer.
Feldwebel Kirstein.

4. Kompagnie.

Chef: Hauptm. v. Fischern.
Pr.-Lt.: Sek.-Lt. Schwink (v. d. Landw.).
1. Sek.-Lt. Reichwald.
2. Sek.-Lt. Meyer (v. d. Reserve).
3. Sek.-Lt. Vize-Feldw. Tribukeit.
Feldwebel Wiese.

2. Bataillon.

Kommandeur: Major v. Gilsa.
Adjutant: Sekondelieutenant Gattung.
Stabsarzt Dr. Schulz (v. d. Landw.).
Zahlmeister: Zarnikow.

5. Kompagnie.

Chef: Hauptm. Wolff.
Pr.-Lt. v. Broich.
1. Sek.-Lt. Scherf (v. d. Reserve).
2. Sek.-Lt. Driesemann (v. d. Res.).
3. Sek.-Lt. Vize-Feldw. Kiesing.
Feldwebel Puttkammer.

7. Kompagnie.

Führer: Pr.-Lt. v. Asmuth.
Pr.-Lt.: Sek.-Lt. Gabbum.
1. Sek.-Lt. Rupe.
2. Sek.-Lt. Port.-Fähnr. Donat.
3. Sek.-Lt. Vize-Feldw. Porsch.
Feldwebel Remus.

6. Kompagnie.

Chef: Hauptm. Cohen v. Baren.
Pr.-Lt. Meske.
1. Sek.-Lt. Lescheck (v. d. Landw.).
2. Sek.-Lt. Brandenburg.
3. Sek.-Lt. Portepee-Fähnrich
    v. Knobelsdorff.
Feldwebel Döppner.

8. Kompagnie.

Chef: Hauptm. v. Wobeser.
Pr.-Lt.: Sek.-Lt. Lehfeldt.
1. Sek.-Lt. Kyll (v. d. Res.).
2. Sek.-Lt. Woide.
3. Sek.-Lt. Port.-Fähnr. Hunger.
Feldwebel Neuber.

3. Bataillon.

Kommandeur: Major v. Reinhardt.
Adjutant: Sekondelieutenant v. Schöler.
Assistenzarzt: Dr. Busch (v. d. Landw.)
Zahlmeister: Zech.

9. Kompagnie.

Führer: Pr.-Lt. Graf v. Rittberg.
Pr.-Lt.: Sek.-Lt. Oehlmann
    (v. d. Landw.).
1. Sek.-Lt. Erdmann (v. d. Landw.).
2. Sek.-Lt. Charlier.
3. Sek.-Lt. Vize-Feldw. Heyden.
Feldwebel Haunschild.

11. Kompagnie.

Chef: Hauptm. v. Jasmund.
Pr.-Lt. Nolte.
1. Sek.-Lt. Rudolf (v. d. Res.).
2. Sek.-Lt. Baumeister (v. d. Res.).
3. Sek.-Lt. Vize-Feldw. Hoffmann.
Feldwebel Fürstenberger.

10. Kompagnie.

Chef: Hauptm. v. Etzdorff.
Pr.-Lt.: Sek.-Lt. Fragstein
    v. Niemsdorff.
1. Sek.-Lt. Heidweiller.
2. Sek.-Lt. Raberschatt (v. d. Res.).
3. Sek.-Lt. Vize-Feldw. Thulke.
Feldwebel Stoeckel.

12. Kompagnie.

Chef: Hauptm. v. Homburg.
Pr.-Lt. Januskowski.
1. Sek.-Lt. Krause.
2. Sek.-Lt. Recken.
3. Sek.-Lt. Vize-Feldw. Schulz.
Feldwebel Hamilton.

Der 30. Juli war der herbeigesehnte Tag. — Das Regiment war mobil und marschbereit. — Am Abend des 28. waren die letzten Komplettirungsmannschaften des Regiments aus ihrer entfernten östlichen Heimath eingetroffen. Am 29. war ihre Einkleidung beendet worden und am nächsten Tage konnte der neue Führer des Regiments, Oberstlieutenant v. Henning, sein vollzähliges, mobiles Regiment auf der Mühlheimer Haide zum Exerziren im Feuer versammeln. Mit begeisterten Worten schilderte er die Aufgaben, denen das Regiment entgegengehe und schloß mit einem dreimaligen, weithin tönenden Hurrah für den geliebten König und Kriegsherrn. Dann ließ er das Regiment im Parademarsch nach der Stadt hin an sich vorüberziehen.

Die Trennung von dem oft betretenen Exerzirplatz war keine allzuschwere, singend zog das Regiment in die alten Mauern seiner langjährigen Garnison ein, die es am nächsten Tage für lange Zeit verlassen sollte. — Der 30. Juli brachte Vielen die schweren Stunden der Trennung von Weib und Kindern, von Freunden und Bekannten. Auch dieser Schmerz mußte überwunden werden, wird er doch übertönt von der Freude, die dem preußischen Soldaten eigen ist, wenn er in's Feld zieht für seinen König, für sein Vaterland.

Das Regiment hatte den Befehl erhalten, am 31. Juli auf Dampfschiffen mit zwei Bataillonen nach Boppard, mit einem Bataillon nach St. Goar zu fahren, um von diesen beiden Orten aus seinen beschleunigten Marsch über den Hundsrück zu dem bei Lebach zu versammelnden VIII. Armeekorps anzutreten.

Der 31. Juli war ein sonnenheller Sonntag. Schon früh um halb sechs Uhr holte die 1. Kompagnie die Fahnen aus dem Gouvernementsgebäude ab. Unter den Klängen der Musik zog das Regiment vom Neumarkt hinunter an den Rhein, an den Anlegeplatz der Dampfschiffe.

So früh es auch noch am Tage war, so waren doch schon viele Bewohner der Stadt in den Straßen, um den Dreiunddreißigern ein Lebewohl zu sagen und sie an den Rhein zu begleiten. Hier zeigte es sich, wie groß die Theilnahme der Kölner für das Regiment war, wie lieb sie es im Laufe der Jahre gewonnen hatten. Es führte aber auch in seinen Reihen viele Söhne der rheinischen Großstadt mit in's Feld. Reserveoffiziere, einjährige und dreijährige Freiwillige in großer Zahl standen untermischt mit den Ostpreußen in Reih' und Glied.

Am Ufer des Rheines empfing der Gouverneur der Festung, Seine Excellenz der General v. Frankenberg, das scheidende Regiment. Auch der Oberbürgermeister der Stadt, Herr Bachem, hatte sich eingefunden.

Beide Herren richteten herzliche Scheideworte an das Regiment, die der Oberstlieutenant v. Henning mit einem freudig begrüßten Hoch auf die Stadt Köln erwiderte. Dann rückte das Regiment nach den Landungsbrücken. Hier lagen sieben Dampfschiffe der Köln=Düsseldorfer Dampfschifffahrts=Gesellschaft reich geflaggt. Sechs dieser Schiffe waren bestimmt, je zwei Kompagnien aufzunehmen; das siebente sollte hauptsächlich Pferde und Fahrzeuge führen. Die Eintheilung für das Besteigen der Schiffe war schnell getroffen. Ein letzter Scheidegruß wurde gewechselt; manches Auge füllte sich mit Thränen. Besonders schwer war der Abschied von den bei dem Ersatzbataillon verbleibenden Regimentskameraden. Es ist sehr hart für die davon Betroffenen, daheim bleiben zu sollen und in anstrengendem Dienst auszuharren, wenn die Andern zu Sieg und Ruhm ausziehen. Es muß aber sein, und dieses Muß ist der Trost, dem sich noch die Hoffnung hinzugesellt, bald dem Regiment folgen zu dürfen.

Kurz vor 7 Uhr waren die Mannschaften und das gesammte Gepäck des Regiments auf den Schiffen untergebracht. Auf dem vorderften Schiffe, dem „Elberfeld“, stand der Regimentskommandeur mit seinem Stabe; die Regimentsmusik intonirte die Nationalhymne. Auf den Kommandobrücken und Radkasten der Dampfschiffe standen die Offiziere des Regiments. Vom Ufer her tönten Hurrahs, von den Schiffen erwiedert. Böllerschüsse bezeichneten den Augenblick, in dem alle Räder mit voller Kraft einsetzten, den heiligen, viel besungenen deutschen Strom zu durchfurchen. Hoch gingen die aufgewühlten Wellen, hoch gingen die Wellen der Begeisterung der Scheidenden, wie der Zurückbleibenden. Vom Ufer und von den Schiffen tönte das Lied von der „Wacht am Rhein“, während die Schiffe sich vom Lande entfernten. Der Schlußreim: „Magst ruhig sein“ ertönte als Trostwort manch' geängstigtem, zurückbleibendem Herzen. — Die kleine Flotte schwamm nun inmitten des Rheins, auf Bonn Kurs nehmend. Immer mehr verschwanden die einzelnen Häuser der Stadt, nur der gewaltige Dom überragte weithin sichtbar das Häusermeer. Nach ihm richtete sich noch oft der Blick der in den Krieg Ziehenden, deren Viele ihre Familien in der Nähe des majestätischen Baues zurückgelassen hatten.

Lange währte es, ehe auf den Schiffen die militärische Ordnung vollkommen hergestellt war, denn nur Wenige können frei gewesen sein von den überwältigenden Gefühlen solcher Trennung in solcher Scene.

Als eine beruhigtere Stimmung eingetreten war, wurden alle für die auf zehn Stunden berechnete Fahrt nothwendigen Anordnungen getroffen. Jetzt gelangten die durch die Freigebigkeit der Kölner für die Fahrt bestimmten Gaben erst zur vollen Geltung.

Für die Mannschaften hatte die Stadt Bier und Cigarren, für die Offiziere Wein in reichem Maße niedergelegt. Herr Jean Maria Farina, Fabrikant des echten kölnischen Wassers, hatte einige Kisten seines erfrischenden Fabrikates gespendet. Herr Stollwerk, Besitzer der bekannten Chokoladenfabrik, hatte zur Erfrischung bei anstrengenden Märschen große Kisten voll Nerven belebender Pfeffermünzpastillen auf den Schiffen für die Füsiliere zur Vertheilung gelangen lassen. Auch patriotische und Kriegslieder waren in vielen Exemplaren mit auf den Weg nach Frankreich gegeben. — Dank allen gütigen Gebern.

Je höher die Sonne stieg, desto empfindlicher wurde die Julihitze, desto besser mundete den Füsilieren das reichlich fließende Bier. Auf beiden Ufern des Rheines standen die herbeigeeilten Bewohner der stark bevölkerten Gegend; Alle im Sonntagsstaat. Weiße Tücher wehten Abschiedsgrüße von den Ufern, wie von den Schiffen. Als diese bei Bonn vorbeifuhren, standen Tausende bei dem weithin sichtbaren Denkmal des Vater Arndt und donnerten ein lautschallendes Hoch den auf der Siegesfahrt befindlichen Füsilieren herüber. Dann zeigte der Drachenfels den mahnenden Denkstein, auf dem der Dank der deutschen Rheinländer in Stein gemeißelt, den sie ihrem Könige dargebracht für die Befreiung von französischem Joche durch die Siege von 1813 und 1814. Auf der Insel Nonnenwerth standen die dort zu ihrer Erziehung dem Kloster anvertrauten Mädchen in ihren einfachen grauen Kleidchen und winkten und sangen.

So wechselten die Eindrücke, das Gefühl auch des Empfindungslosesten erregend und anspannend.

Die immer mehr sich steigernde Hitze und die gegen sie angewendeten Palliativmittel hielten die Begeisterung in den gebotenen Schranken.

Als die Schiffe dem Siebengebirge vorüber gesteuert waren, war die Mittagsstunde herangerückt und wurde den Mannschaften auf den Schiffen eine Mittagsmahlzeit gereicht. Noch einmal flammte die Begeisterung auf den Schiffen hell auf, als Coblenz sichtbar wurde und der Ehrenbreitstein seine stolze Flagge zur Begrüßung aufzog.

Es war die sechste Stunde herangerückt, als die das 1. und 2. Bataillon führenden Schiffe Boppard erreichten. Das 3. Bataillon traf in St. Goar später ein. Die Landung wurde von einem abkühlenden Gewitter begleitet. In beiden Städten wurden Quartiere bei den Bürgern bezogen. In Boppard folgten die meisten Offiziere am Abende noch einer Einladung in das dortige Casino, wo die Regimentsmusik konzertirte. Der Bürgermeister richtete schöne und kernige Worte an die anwesenden Offiziere, die der Regimentskommandeur erwiderte. Nicht allzu spät trennte sich die Gesellschaft, denn für den nächsten Tag standen große Anstrengungen bevor.

Die gestattete Requisition von Wagen zur Beförderung des Gepäckes der Mannschaften erwies sich in Boppard als nutzlos, da die gesammten Fahrzeuge der Gegend schon einige Tage früher zu Kriegsdiensten herangezogen worden waren.

Es konnte die für den nächsten Tag erhoffte Erleichterung vorerst also nicht eintreten, was um so empfindlicher war, als der erste Fußmarsch gleich ein sehr großer werden mußte, da bei dem Regiment in Boppard der Befehl des Generalkommandos einging, den Marsch zum Armeekorps thunlichst zu beschleunigen.

Mit der Hoffnung auf nächtliche Abkühlung der trotz des Gewitters sehr schwülen Luft suchte Jeder sein Lager auf.

Es war den Bataillonen überlassen, die Zeit des Abmarsches zu wählen und ihnen nur das gemeinsame Marschziel Büchenbeuern angegeben, und die Weisung ertheilt, bei Castellaun eine dort bereit gestellte Mittagsportion abzukochen.

Am frühen Morgen des 1. August stiegen die ostpreußischen Füsiliere auf gewundenen, steilen Chausseen aus dem Rheinthal zum Plateau des Hundsrücks empor. Auf der Höhe angelangt, wandte sich noch einmal der Blick rückwärts nach dem Rhein.

Da floß der heilige Strom, der vom Feinde nicht erreicht werden sollte. Das gelobte sich noch ein Jeder, und dann wandte sich der Blick vorwärts, nach Westen, nach Frankreich. —

Die Sonne sandte sengende Strahlen.

Die von dem Regiment geforderte und erfüllte Marschleistung ist umsomehr zu bewundern, wenn man bedenkt, daß unter den 3000 Füsilieren 800 waren, die erst am Nachmittag des 28. Juli in Köln eingetroffen waren, nachdem sie ohne Unterbrechung von Dirschau, von der Weichsel nach dem Rhein, eng zusammengepfercht in der Julihitze auf der Eisenbahn gefahren waren. Aber auch schon, um nach Dirschau zu gelangen, hatten diejenigen lang andauernde Fußmärsche und Eisenbahnfahrten zu bestehen, deren Heimath im fernsten Osten liegt. — Die Entwöhnung der soldatischen Kleidung und des Gepäcks, die neuen Stiefel und die Tuchanzüge der neuen Kriegsgarnitur erschwerten die Bewegungen des Körpers. Dennoch zogen die ostpreußischen Füsiliere, die Söhne der Ebene, munter singend bergauf bergab auf den schattenlosen Straßen des Hundsrücks.

Die Lösung dieser Aufgabe mit nur wenigen Maroden verdient die Aufzeichnung in den Annalen des Regiments. —

Das 3. Bataillon war glücklicher gewesen, als die beiden anderen Bataillone, da es in und bei St. Goar die zum Fahren des Gepäcks nothwendigen Fahrzeuge zusammenbringen konnte.

Auf der Höhe des Gebirges drangen ab und zu kühlende Lüfte aus den nahen Waldungen und belebten die ermattenden Füsiliere. Ein kurzer Halt wurde an einem Sauerbrunnen gemacht, dessen Wasser Alle erquickte. Dann ging es bis Castellaun, wo durch vorausgesendete Fouriere Alles zum Abkochen vorbereitet war. Doch wurden die Füsiliere dieser Mühe überhoben, da die freundlichen und patriotischen Bewohner dieses Städtchens mit vorbereiteten Speisen aller Art auf den Rendezvousplätzen der Bataillone erschienen und mit rührender Theilnahme den Hunger und Durst der ermüdeten Soldaten zu stillen bemüht waren. Auch Wagen zur Fortschaffung der Tornister des 1. und 2. Bataillons waren hierher geholt worden, so daß der Rest des Marsches, der bei Kappel noch einmal kurz unterbrochen wurde, mit neu gestärkten Kräften und erleichtert angetreten werden konnte.

Während der Lagerung bei Castellaun hatte der Lieutenant Kyll das Unglück, sich den linken Fuß zu verstauchen, wodurch sein Weitermarsch unmöglich und seine Beförderung in das Lazareth zu Simmern geboten war.

Bei Büchenbeuern langten die Bataillone bei Untergang der Sonne an, um ein Biwak auf einem Rasenplatze unter herrlichen Eichen zu beziehen, für das durch die vorausgesendeten Fouriere Holz und Stroh schon herbeigeschafft war.

Ein fester Schlaf kräftigte die Müden für den Weitermarsch. Am 2. August um 5 Uhr Morgens wurde aufgebrochen. Die Bewohner der Dörfer an der Marschstraße und der Umgegend waren auch herbeigeeilt, um durch Speise und Trank die Füsiliere zu stärken. Einzelnen Ermatteten trugen Knaben und alte Männer für kurze Zeit das Gewehr. Die große Begeisterung für den begonnenen Krieg und das feste Vertrauen zu unserm Heere im ganzen Volke zeigten sich überall.

Wegen der erdrückenden Mittagshitze ruhten die Bataillone mehrere Stunden und wurde der Rest des Marsches erst gegen Abend zurückgelegt.

Bei Thalfang wurde das Biwak bezogen, für dessen Bedürfnisse durch Lieferung aus Magazinen gesorgt war. —

Der zweite Marschtag hatte sich fühlbarer gemacht. Die neuen Stiefel brannten auf den des Marschirens entwöhnten Füßen und hatten zur Folge, daß viele Leute mehr oder weniger fußkrank waren, die nur mühsam und unter Schmerzen den langen Marsch mitmachten.

Schon am 3. August erreichte das Regiment die der 15. Division zu ihrer Versammlung bestimmte Gegend von Wadern. Der Regimentsstab, das 1. und 3. Bataillon bezogen in Mettnich, das 2. Bataillon in Mühlfeld enge Marschquartiere. Das Regiment hatte in drei Tagen einen mehr als fünfzehn Meilen langen Marsch unter sehr schwierigen Verhältnissen ausgeführt und war bei den schon früher abgerückten Truppen der 15. Division eingetroffen, ehe diese an den Feind gekommen waren. Die Befürchtung, zu spät zu kommen, erwies sich nun zur Freude Aller als unbegründet, und schnell waren darum die Anstrengungen der Tage seit dem Ausmarsch aus der Garnison vergessen.

Das Regiment hatte nur wenige Leute in Folge der Marschanstrengungen zurückgelassen. Am Morgen des 4. August war es nach Ausweis der Rapporte 67 Offiziere 2943 Mann stark. —

Eine Erleichterung für Fußkranke war es, daß 90 derselben unter dem Lieutenant Strübig als Bedeckungsdetachement des Magazins nach Nunkirchen entsendet wurden.

Mit dem Einrücken des Regiments in den Bereich der versammelten Truppen gingen ihm die Befehle zu, die ihm seine Stellung in der Ordre de bataille zuwiesen. (Siehe umstehend.)

Das VIII. Armeekorps war der I. oder rechten Flügelarmee unter dem General der Infanterie v. Steinmetz zugetheilt worden. Von den vorgesetzten Generalen ergingen die Direktiven, nach denen in den Quartieren, während des Marsches, vor dem Gefecht, im Kampf und nach Beendigung desselben von den Truppen zu handeln sei. Von dem Oberkommandirenden wurden besonders sehr genaue und eingehende Bestimmungen über Marschordnung und Marschdisziplin, sowie über die Zahl der gestatteten Fahrzeuge und deren Einordnung in die Staffeln gegeben.

Am 4. August wurde zum ersten Male Losung und Feldgeschrei ausgegeben. — Das Regiment war im Kriege. —

Schon am 2. August war der Feind, der noch an keinem Punkte die Grenze mit namhaften Streitkräften überschritten hatte, bei Saarbrücken zu einem größeren Unternehmen gegen diese Stadt vorgegangen. Mit den nur schwachen Vortruppen des VIII. Armeekorps, die der 16. Division angehörten, war es zum Kampfe gekommen, den diese glänzend bestanden hatten. Die Mittheilungen hierüber erregten die Gemüther. Der Wunsch, daß auch bald die 15. Division mit dem Erbfeinde auf die Mensur treten möge, wurde immer lauter. —

An dem Tage, an welchem Deutsche und Franzosen in diesem Kriege zum ersten Male mit einander gekämpft hatten, war Se. Majestät

8. Armeekorps.

Kommandirender General: General der Infanterie v. Goeben.
Chef des Generalstabes: Oberst v. Witzendorff.

Generalstab:
Major Bumke vom Generalstabe.
Hauptm. Rogalla v. Bieberstein, desgl.
    „   Ahlborn, vom Inf.-Regt. Nr. 68.

Adjutantur:
Major v. Aweyde, vom Inf.-Regt. Nr. 81.
Rittmstr. Frhr. v. Lilien, vom Huf.-Regt. Nr. 8.
Pr.-Lieut. Lengerich, vom Inf.-Regt. Nr. 29.
  „   „   Gr. v. Westerhold, vom Königs-Huf.-Regt.

15. Infanterie-Division.
Kommandeur: Generallieutenant v. Weltzien.
Generalstab: Major Lentze.
1. Adjutant: Hauptm. Rohde, vom Inf.-Regt. Nr. 74.
2.   „   Pr.-Lieut. Friederici, vom Inf.-Reg. Nr. 65.

29. Infanterie-Brigade.
Gen.-Major v. Wedell.
Adj.: Pr.-Lieut. v. Schwebler, vom Inf.-Regt. Nr. 69.
Ostpr. Füf.-Regt. Nr. 33.
Ob.-Lt. v. Henning.
7. Brandenb. Inf.-Regt. Nr. 60.
Oberst v. Dannenberg.

30. Infanterie-Brigade.
Gen.-Maj. v. Strubberg.
Adj.: Pr.-Lieut. v. Carlowitz, vom Inf.-Regt. Nr. 27.
2. Rhein. Inf.-Regt. Nr. 28.
Oberst v. Rosenzweig.
4. Magdeb. Inf.-Reg. Nr. 77.
Oberst v. Zglinicki.

Rhein. Jäger-Bataillon Nr. 8.
Major v. Oppeln-Bronikowski.
Königs-Husaren-Regt. (1. Rhein.) Nr. 7.
Oberst Frhr v. Loë.
1. Fuß-Abtheilung Rhein. Feld-Art.-Regts. Nr. 8.
Major Mertens.

16. Infanterie-Division.
Kommandeur: General-Lieutenant Frhr. v. Barnekow.
Generalstab: Hauptm. Hassel.
1. Adjutant: Hauptm. Cardinal v. Widdern, vom Inf.-Regt. Nr. 11.
2.   „   Pr.-Lieut. v. Trotha, vom Huf.-Regt. Nr. 9.

31. Infanterie-Brigade.
Gen.-Maj. Gr. Reithardt- v. Gneisenau.
Adj.: Pr.-Lt. Fragstein v. Niemsdorff, vom Inf.-Regt. Nr. 74.
3. Rhein. Inf.-Regt. Nr. 29.
Ob.-Lieut. v. Blumröder.
7. Rhein. Inf.-Regt. Nr. 69.
Oberst Beyer v. Karger.

32. Infanterie-Brigade.
Oberst v. Rex.
Adj.: Pr.-Lieut. v. Willert, vom Inf.-Regt. Nr. 83.
Hohenz. Füf.-Regt. Nr. 40.
Oberst Frhr. v. Eberstein.
4. Thür. Inf.-Regt. Nr. 72.
Oberst v. Hellborf.

2. Rhein. Husaren-Regt. Nr. 9.
Oberst v. Wittich.
3. Fuß-Abtheilung Rhein. Feld-Art.-Regts. Nr. 8.
Ob.-Lieut. Hildebrandt.

Kommandeur der Artillerie: Oberst v. Kameke.

Korps-Artillerie.
Kommandeur: Oberst v. Bröcker.
2. Fuß-Abtheilung Rhein. Feld-Art.-Regts. Nr. 8.
Major Zwirnemann.
Reitende Abtheilung Rhein. Feld-Art.-Regts. Nr. 8.
Ob.-Lieut. Borkenhagen.
Munitions-Kolonnen-Abtheilung.
Rhein. Pionier-Bataillon Nr. 8 nebst leichtem Feldbrückentrain, der Schanzzeug- und Ponton-Kolonne.
Rhein. Train-Bataillon Nr. 8.

Summa: 25 Bataillone Infanterie, 8 Eskadrons und 15 Batterien; oder 25,000 Mann Infanterie, 1200 Pferde Kavallerie und 90 Geschütze.

der König mit dem großen Hauptquartier in Mainz eingetroffen und hatte folgenden Armeebefehl erlassen:

An die Armee!

Ganz Deutschland steht einmüthig in Waffen gegen einen Nachbar=staat, der uns überraschend und ohne Grund den Krieg erklärt hat. Es gilt die Vertheidigung des bedrohten Vaterlandes, unserer Ehre, des eigenen Heerdes. Ich übernehme heute das Kommando über die gesammten Armeen und ziehe getrost in einen Kampf, den unsere Väter einst ruhmvoll bestanden.

Mit Mir blickt das ganze Vaterland vertrauensvoll auf Euch. Gott der Herr wird mit unserer gerechten Sache sein.

Mainz, den 2. August 1870. gez. Wilhelm.

Nachdem das große Hauptquartier den an die Grenzen der deut=schen Lande vormarschirenden Armeen näher gerückt war, ergingen von der obersten Heeresleitung die Befehle und Direktiven für die einzelnen Armeen, die deren Operationen zu einander in Uebereinstimmung bringen sollten.

Die erste Armee, deren 16. Division größtentheils zur Sicherung der Grenze auf mehrere Meilen auseinander gezogen war, verfügte am 3. August über die bei Wadern konzentrirte 15. Division und das im Anmarsch von Trier und Conz her befindliche VII. Armeekorps. Das demnächst der ersten Armee noch zugetheilte I. Armeekorps befand sich zu dieser Zeit noch auf der Fahrt von Berlin nach den ihm bestimmten Debarkationspunkten.

Die Erwägung, daß ein isolirtes Auftreten der ersten Armee, die mit dem Feinde bereits in Fühlung stand, diese in einen ungünstigen Kampf verwickeln könne, führte zu dem Befehle, vorerst ihre vollständige Versammlung abzuwarten und vereint mit der heranrückenden II. Armee in den nächsten Tagen die Offensive in Feindesland zu beginnen.

Für den 4. August wurde dementsprechend bei der I. Armee das VII. Armeekorps in seinem Vormarsch saaraufwärts von der Saar ab und nach Lebach herangezogen. Das VIII. Armeekorps verblieb mit der Avantgarde der 16. Division am Feinde, das Gros derselben bei Ott=weiler, während die 15. Division in südlicher Richtung in die Gegend um Tholey dislozirt wurde.

Das Regiment stand im Gros dieser Division und waren für den 4. August dem 1. und 3. Bataillon Tholey, dem 2. Bataillon Alsweiler als Marschquartiere zugewiesen. Nach Tholey ging an demselben Tage das Armee=Oberkommando. — Als die in Tholey eingerückten Bataillone

bereits einige Stunden in ihren Quartieren waren, erwies ſich der kleine
Ort ohne Einſchränkung der Belegungsräumlichkeiten für das Ober=
kommando nicht genügend für die Unterbringung der beiden Bataillone.
Es erging daher noch am Nachmittag der Befehl, daß Tholey ſogleich
zu räumen und das Regiment mit dem 1. Bataillon Remmersweiler,
mit dem 3. Bataillon Alsweiler zu belegen habe.

Nachdem durch die Marſchbewegungen am 4. die enge Kon=
zentrirung der Streitkräfte der I. Armee in der Nähe des Feindes und
auf der Flanke die mit ihren Teten ſchon in der Linie Homburg—Nun=
kirchen eingetroffene II. Armee erreicht war, konnte der 5. Auguſt ein
ſehr erwünſchter Tag der Ruhe ſein.

General v. Steinmetz, dem das inzwiſchen von Birkenfeld heran=
rückende I. Armeekorps unterſtellt worden war, und dem das Vorgehen
der II. Armee für den 6. Auguſt auf Sulzbach bekannt geworden war,
beſchloß an dieſem Tage, das VII. und VIII. Armeekorps ſowie die zur
I. Armee gehörige 3. Kavallerie=Diviſion in ſüdweſtlicher Richtung näher
an den Feind heranzuführen und erließ am Abend des 5. nachſtehenden
Armeebefehl:

„Die Armee tritt morgen den Vormarſch gegen die Saar an.
Das VII. Armeekorps von Lebach mit der Tete bis gegen Guichenbach,
Avantgarden in den Richtungen auf Völklingen und Saarbrücken vor=
geſchoben. Das VIII. Armeekorps erreicht mit der Tete Fiſchbach, weſt=
lich Sulzbach, und echelonnirt ſich rückwärts über Quierſcheidt bis
Mergweiler. Das III. Armeekorps der II. Armee erreicht, einge=
gangenen Mittheilungen zufolge, morgen die Gegend von Bildſtock.
Die 3. Kavallerie=Diviſion dirigirt ſich nach Labach, 1 Meile ſüd=
weſtlich Lebach, und ſichert die rechte Flanke der Armee. Das Armee-
Oberkommando geht morgen nach Hellenhauſen. Die Rayongrenze
zwiſchen dem VIII. und III. Armeekorps bildet die Nahe=Bahn bis
Landsweiler und dann die Linie Landsweiler—Mainzweiler; die zwiſchen
dem VIII. und VII. die Linie Rußhütte—Wiesbach—Eppelborn; die
zwiſchen dem VII. Korps und der 3. Kavallerie=Diviſion iſt die Linie
Sprengen—Lebach. Das I. Armeekorps und die 1. Kavallerie=
Diviſion ſind der I. Armee dauernd überwieſen." —

Zum Vormarſch am 6. wurde bei der 15. Diviſion eine Avant=
garde unter dem Generalmajor von Strubberg aus der 30. Brigade
formirt.

Das Regiment verließ gegen 9 Uhr Morgens ſeine Quartiere und
bezog ſchon bald nach Mittag enge Kantonnements in Humes und
Hirſcheidt. Die Avantgarde ſetzte Vorpoſten bei Holz aus.

Gegen Abend wurde Kanonendonner in der Richtung auf Saar=
brücken gehört. Jeder eilte in sein Quartier, um sich marschbereit zu
machen, da angenommen wurde, daß der bekanntgewordene Befehl, auf
den Kanonendonner zu marschiren, bald zum Abmarsch dorthin führen
würde. Mit fieberhafter Erregung wurde dem dumpftönenden, fernen
Kriegslärm gelauscht. Die Sonne ging tiefer, der Befehl zum Vor=
rücken war nicht erfolgt. — Die 15. Division hatte nicht Theil ge=
nommen an der Schlacht bei Spicheren, nicht die ersten Lorbeeren er=
ringen helfen. Vom VIII. Armeekorps war nur die Avantgarde der
16. Division ins Gefecht gekommen.

Am 7. August Morgens 6 Uhr stand das Regiment bereit zum
Vormarsch auf Saarbrücken. Derselbe führte durch den großen Köller=
thaler Wald. Als die Truppen aus diesem heraustraten, gewahrten
sie die ersten Zeichen der gestrigen Schlacht. Gefangene und Ver=
wundete kamen vorüber. Immer mehr traten die Bilder der Schlacht
vor die Augen. Die von Mund zu Mund gehende Schilderung der
gestrigen Ereignisse wurde gewürzt durch die unglaublichsten Gerüchte,
wie sie sich nach allen Kämpfen in den Reihen der Truppen zu ver=
breiten pflegen. —

Gegen 2 Uhr Nachmittags bezog das Regiment ein Biwak zwischen
St. Johann und Mahlstadt. Auf dem linken Ufer der Saar erhoben
sich die Höhen von Spicheren, die in heldenhaftem Kampfe erstiegen
worden waren, um den Feind von Deutschlands Grenze zurückzuweisen.
Der Sieg war unser, die Verluste groß. Besonders war das 74. Re=
giment davon betroffen, das mit dem Regiment in Köln immer gute
Kameradschaft gehalten hatte. Die Theilnahme für die Vierundsieb=
ziger wurde allgemein bekundet. Ebenso wurden die Hauptleute v. Jas=
mund und v. Baren, die beide aus dem Leibregiment hervorgegangen
waren, sehr schmerzlich von der Kunde von den Verlusten, die ihr
früheres Regiment erlitten hatte, berührt. Beide Offiziere gelobten,
den Tod ihrer Kameraden am Feinde zu rächen. Opferfreudig hielten
sie Wort, bis sie der Tod in derselben Stunde in späterer Schlacht
ereilte. —

Müde und hungrig richteten sich die Bataillone schnell in dem
Biwak bei St. Johann ein. Bald brannten einzelne Feuer; doch war
die ordnungsmäßige Beschaffung der nothwendigen Lebensmittel nicht
möglich gewesen, nachdem die unvorhergesehene Schlacht von Spicheren
manche früheren Anordnungen durchkreuzt hatte. In einer nahe ge=
legenen Mühle wurden einige Säcke Mehl requirirt und durch die
Bereitung von Mehlsuppen eine Mahlzeit geschaffen.

Am Nachmittag erging der Befehl, daß das Regiment Abends 7 Uhr in seinem Biwak zum Feldgottesdienste bereit stehen sollte.

Zur befohlenen Zeit umstanden die evangelischen und katholischen Mannschaften in getrennten Karrees ihre Feldgeistlichen, die unter den Klängen von Chorälen mit beredtem Munde zu den Herzen der Hörer sprachen. Ein rauchendes Schlachtfeld ist nicht minder als der herrlichste Dom geeignet, die Gemüther in gottesfürchtige Stimmung zu versetzen. In dieser verblieben Alle noch lange, als auch schon längst das „Amen" verhallt war. — Aber in keiner Lebenslage wechseln die Stimmungen so schnell als im Kriege. Bald tönte lauter Jubel- und Hurrahruf, denn es war die Nachricht von den Siegen des Kronprinzen über die Armee Mac Mahons eingetroffen. — Als die Sonne im Westen niederstieg, ein glänzender Wegweiser für die kommende Zeit, da ertönte in allen Biwaks der Zapfenstreich und das Abendgebet. Jeder suchte seine Lagerstelle unter dem weiten Himmelszelt, an dem die Sterne hell funkelten, dieselben Sterne, zu denen auch die Lieben in der Heimath emporschauten, ein Gebet zum Himmel sendend für die da draußen im Felde. —

Durch die Schlacht von Spicheren und die Bewegungen der I. und II. Armee am folgenden Tage in derselben Richtung waren die Truppen beider Armeen durcheinander gekommen. Es mußte daher für den nächsten Tag die Trennung derselben in Aussicht genommen werden. General v. Steinmetz wollte zu diesem Zweck seine Armee rechts schieben und gab die hierzu erforderlichen Befehle, die der 15. Division einen Marsch nach Völklingen vorschrieben, um westlich oder nordwestlich dieses Orts ein Biwak zu beziehen. --

Der Marsch nach Völklingen war bereits angetreten, als der Befehl zur Umkehr der 15. Division eintraf. —

Es war aus dem großen Hauptquartier ein ändernder Befehl eingetroffen:

„Seine Majestät befehlen, daß die I. Armee mit dem VII. und VIII. Korps in der heutigen Stellung zwischen Saarbrücken und Völklingen morgen stehen bleibt, die Höhen von Spicheren besetzt und gegen eventuellen Angriff behauptet. Direktiven für weiteren Vormarsch können erst erfolgen, wenn Kavallerie über den Verbleib des Feindes sichere Nachrichten geschafft hat. II. Armee macht ebenfalls Halt."

In Folge dieses Befehls ordnete General v. Steinmetz die Besetzung der Höhen von Spicheren durch die 15. Division an und gingen die Truppen derselben in Saarbrücken über die Saar und zogen den blutgetränkten steilen Weg hinauf zu den erkämpften Höhen von Spicheren.

Je höher der Weg hinaufführte, deſto mehr zeugten die auf dem Felde
noch herumliegenden Leichen und die friſchen Grabhügel, mit welcher
Opferfreudigkeit, mit welchem Heldenmuth die Truppen am 6. Auguſt
in den Tod, zum Siege gegangen waren. Ernſt und ſtill zog das
Regiment den mühſamen Bergweg dahin. Da, mit einem Male ertönte
die Muſik: „Heil dir im Siegeskranz". Ein dreifaches Hurrah brach
aus den Reihen der Dreiunddreißiger hervor. Das Regiment überſchritt
die Grenze Frankreichs. —

Die Zeichen des ſiegreichen Kampfes mehrten ſich mit jedem wei=
teren Schritt. Ueberall Leichen, Preußen und Franzoſen, ausgeſöhnt
durch den Tod, den ſie fanden im Kampf für ihr Vaterland, an deſſen
Schwelle ſie mit einander gerungen. Dieſe hatte das Regiment über=
ſchritten und bezog ein Biwak nahe dem Dorfe Spicheren, auf einem
Platze, der noch die Spuren der Lagerung von Truppen der Diviſion
Laveaucoupet trug. Neugierig umſtanden die Füſiliere die zurückge=
laſſenen tentes, deren ſie ſich aber bald zu eigenem Nutzen bemächtig=
ten, zumal der blaue Auguſthimmel von drohenden Wolken bedeckt
wurde und gegen Abend Regenwetter eintrat. Weniger als der Geiſt
war der Magen beſchäftigt, da die Verpflegung nur kärglich aus
Speck und Zwieback beſtand. —

Im Hinblick auf den Einmarſch der I. Armee in Frankreich hatte
der Oberkommandirende derſelben, General v. Steinmetz, am 7. Auguſt
in ſeinem Hauptquartier zu Völklingen folgenden Armeebefehl erlaſſen:

Soldaten der I. Armee.

Auf Befehl Sr. Majeſtät des Königs wird die Armee
morgen die franzöſiſche Grenze überſchreiten. Laßt uns dieſen
erſten Erfolg unſerer bisherigen Anſtrengungen beim Betreten des
feindlichen Gebietes mit einem unſerm weiſen, Allerhöchſten Kriegs=
herrn ausgebrachten Hurrah begrüßen. Für Euer gutes Ver=
halten in dem uns bevorſtehenden Kampfe mit einer uns vollſtändig
ebenbürtigen Armee bürgt mir Eure Vaterlandsliebe, Euer Muth und
Euer gerechter Stolz, die Euch verbieten, die Beleidigung, welche ein
anmaßender Gegner uns zugefügt hat, ungeahndet auf Euch ſitzen zu
laſſen. Der friedliebende Bürger und Landmann aber, das werdet
Ihr Euch ſelbſt ſagen, ſteht unter dem Schutze der Humanität und
der preußiſchen Disziplin. Ich vertraue Euch, daß Ihr weder die
eine noch die andere durch Ausſchreitungen, die nie von Euren Vor=
geſetzten gebilligt werden könnten, verläugnen werdet. Wann und wo
der Feind ſich Euch entgegenſtellen ſollte, ſo erwarte ich, daß er mit
der größten Entſchiedenheit angegriffen wird. Für die Kavallerie iſt
es ſchon ein alter feſtſtehender Grundſatz, daß ſie ſtets zuerſt angreift.

Die Entschuldigung, nichts haben thun zu können, weil es an Befehlen gefehlt habe, kann ich da, wo der Kanonendonner zu hören ist, nie gelten lassen; es hat vielmehr jeder Truppentheil nach dieser Direktion hin zu marschiren, auf dem Schlachtfelde angekommen, sich schnell über das Gefecht zu orientiren, um angemessen sofort eingreifen zu können. Dasselbe muß auch bei dem rangirten Gefecht jedem höhern Truppenführer zur Richtschnur dienen. Noch auf eins will ich aufmerksam machen, was an einem Tage geschehen kann, muß nicht auf zwei Tage vertheilt werden. Nur mit der größten Energie werden große Resultate und dadurch auch der Friede herbeigeführt, den Gott uns nach siegreichem Kampfe geben wolle.

Hauptquartier Völklingen, den 7. August 1870.

gez. v. Steinmetz.

Am 9. August verblieb das Regiment in seinem Biwak.

In der Nacht war bei dem Oberkommando aus dem großen Hauptquartier der Befehl eingegangen:

„Da bis zur Stunde keine Nachricht darüber angelangt, ob der Feind Boulay und Bouzonville verlassen, hat I. Armee auch morgen in der heut befohlenen Stellung zu verbleiben. II. Armee rückt morgen mit dem letzten Korps an die Saar."

Da die französischen Heere nach den für sie ungünstigen Schlachten von Wörth und Spicheren sich schnell in westlicher Richtung abgezogen hatten, die deutschen Heere aber erst noch ihre nicht ganz vollendete Versammlung zu einem Hauptschlage abwarten und darum von einer Verfolgung auf dem Fuße abstehen mußten, so war die Fühlung mit dem Feinde theilweise verloren gegangen, die erst wieder aufgenommen werden mußte, ehe die gemeinsamen Operationen der drei Armeen zu demselben Zwecke angeordnet werden konnten. Die anfänglich nicht überall vor die Front der Armeen genommenen Kavalleriedivisionen erhielten nun die gleichlautenden Aufträge, vor und an den Feind heran zu gehen, während sich hinter ihnen die Armeen auf die richtigen Marschstraßen setzen und in die geplanten Stellungen vorrücken konnten.

Die I. Armee konnte daher am 10. August ihren Rechtsabmarsch ausführen und entsprach dadurch den Befehlen des großen Hauptquartiers Sr. Majestät des Königs:

„Die eingegangenen Nachrichten lassen vermuthen, daß der Feind hinter die Mosel, eventuell die Seille zurückgegangen ist. Alle drei Armeen werden dieser Bewegung folgen. Die III. Armee erhält dafür die Straße Saar-Union—Dieuze und die Verbindungen südlich;

die II. Armee Straße St. Avold—Nomeny und südlich; die I. Armee Straße Saarlouis—Boulay— les Etangs und südlich.

Zur Sicherung des Marsches ist die Kavallerie auf größere Entfernung vorzuschicken und durch weit vorgeschobene Avantgarden zu unterstützen, damit nöthigenfalls die Armeen Zeit haben, sich in sich zu versammeln.

Abweichungen von obigen Marschrichtungen werden Seine Majestät anordnen, soweit die Stellung des Feindes oder sein Vorgehen es erheischt.

Der 10. Augnft kann von der I. und II. Armee benutzt werden, um die Truppen ruhen zu lassen, oder sich auf die für sie bestimmten Straßen zu setzen.

Da der linke Flügel erst am 12. die Saar erreichen kann, so haben die Korps des rechten Flügels verhältnißmäßig kurze Märsche zu machen."

Durch die am 10. August ausgeführten Bewegungen der Korps der I. Armee kam das nun vollzählige I. Armeekorps in die Gegend von Creutzwald, das VII. Armeekorps nach Carling, das VIII. Armee=korps dahinter nach Lauterbach.

Um den Marsch nach diesem auf deutschem Boden belegenen Orte auszuführen, mußte die 15. Division Forbach passiren. Durch Kreuzungen mit Truppen der II. Armee bei dieser Stadt entstand ein langer, unvor=hergesehener Aufenthalt. Erst gegen Abend erreichte das Regiment den gemeinsamen Biwakplatz westlich Lauterbach. —

In den letzten Tagen hatte es schon einige Male geregnet. Der 10. August war aber ein sonnenheller, sehr heißer Tag gewesen; erst gegen Abend bezogen dicke Regenwolken den klaren Himmel und öffneten ihre Schleusen. Ein überaus heftiger Regen strömte unablässig auf den lehmigen Biwaksplatz, auf dem kein Halm Stroh zu sehen war. An eine Lagerung auf dem bald schlammigen Boden war nicht zu denken, auf dem sich die Füsiliere die Nacht hindurch bis an die Knöchel im Wasser bewegten. Das Biwak bei Lauterbach war eine wirkliche Strapaze und wird allen Theilnehmern unvergeßlich bleiben.

Am 11. August verblieb die I. Armee in ihrer Stellung. Nur die Biwaksplätze wurden gewechselt und in die nahe belegenen herr=lichen Wälder verlegt. Auch der Himmel nahm eine freundlichere Miene an. Die hell scheinende Sonne wärmte die durchnäßten Füsi=liere und trocknete ihre Bekleidung.

Bald nach dem Einrücken in die neuen Biwaks wurde der Armee=

befehl Seiner Majestät des Königs d. d. Homburg, den 8. August,
dem Regiment bekannt gegeben:

Soldaten! Die Verfolgung des nach blutigen Kämpfen zurück-
gedrängten Feindes hat bereits einen großen Theil unserer Armee
über die Grenze geführt. Unsere Korps werden heute und morgen
den französischen Boden betreten. Ich erwarte, daß die Mannszucht,
durch welche Ihr Euch bisher ausgezeichnet habt, sich auch besonders
auf feindlichem Gebiete bewähren werde.

Wir führen nicht Krieg gegen die friedlichen Bewohner des
Landes; es ist vielmehr die Pflicht jedes ehrliebenden Soldaten,
das Privateigenthum zu schützen und nicht zu dulden, daß der
gute Ruf unseres Heeres auch nur durch einzelne Beispiele von
Zuchtlosigkeit angetastet werde.

Ich baue auf den guten Geist, der die Armee beseelt, zugleich
aber auch auf die Strenge und Umsicht aller Führer.

gez. Wilhelm.

Die Königliche Mahnung wurde durch die Bataillonskommandeure
den Mannschaften eindringlich zu Herzen geführt und schloß sich hieran
ein dreifaches Hoch auf den geliebten Kriegsherrn. —

An diesem Tage stellte der Regimentskommandeur, Oberstlieutenant
v. Henning, den Offizieren des Regiments zwei Engländer vor, deren
Bekanntschaft er in den ersten Tagen nach der Kriegserklärung gemacht
hatte, als er noch als Kommandeur eines Bataillons des 40. Regiments die Sicherung Saarbrückens übernommen hatte. Major Roberts,
früher Kapitain in der englischen Armee, als militairischer Bericht-
erstatter des Daily Telegraph ·auf dem Kriegsschauplatz anwesend und
the honorable Mstr. Allanson Winn, der sich aus eigenem Antriebe
dem Mstr. Roberts angeschlossen hatte. Beide Herren erbaten und erhielten die Erlaubniß, in den nächsten Tagen sich den Bewegungen des
Regiments anzuschließen und übernahm es speziell Major v. Gilsa für
Unterbringung und Verpflegung der fremden Gäste zu sorgen, so gut es
im Kriege angeht.

Die Verpflegung der Truppen war, nachdem die I. Armee in dem
ihr zugewiesenen Rayon stand und über ihre eigenen Etappenlinien frei
verfügen konnte, wieder geordneter und ausreichender geworden. Die
gefüllten Magazine der nahen Festung Saarlouis lieferten alles Nothwendige. Die bereits angegriffenen eisernen Bestände wurden ergänzt.
Die höheren Truppenkommandos ließen es aber auch nicht daran fehlen,
in eingehender Weise Befehle zu ertheilen, die die Verpflegung regelten

und streng darauf hinwiesen, wie die eisernen Bestände nur im äußersten Nothfalle anzugreifen seien. Der Divisionskommandeur, General von Weltzien führte noch besonders aus: „daß die Soldaten sich eingedenk bleiben sollten, daß es eine ihnen im Kriege erwachsende Pflicht sei, den oft schwerer als dem Feinde zu begegnenden Entbehrungen Trotz zu bieten, die Ehre der Fahne durch strenge Mannszucht einerseits und andererseits durch die unermüdlichste Sorge der Vorgesetzten für die Bedürfnisse der Truppen aufrecht zu erhalten."

Diese Befehle und Hinweise schienen umsomehr geboten, als der nun beginnende Vormarsch gegen den zunächst hinter der französischen Nied stehenden Gegner in Feindesland hinein viele Schwierigkeiten für ·die Verpflegung und Aufrechthaltung der Disziplin bringen konnte. —

Für den 12. August wurde der Vormarsch befohlen. —

Die bei dem großen Hauptquartier eingegangenen Nachrichten und Meldungen hatten zu der Anschauung geführt, daß der Feind mit erheblichen Streitkräften vorwärts Metz auf dem linken Ufer der französischen Nied noch stehe. Ein engeres Zusammenschließen der I. und II. Armee erschien danach von Neuem geboten.

Seine Majestät der König befahl zu diesem Zwecke:

„Das III. Armeekorps in Faulquemont wird den Stützpunkt für die Vereinigung der beiden Armeen bilden. —

Die I. Armee marschirt morgen zeitig mit zwei Korps in die Linie Boulay—Marange, mit einem Korps nach Boucheborne ꝛc. ꝛc.

Die Vorposten der I. Armee sind im Allgemeinen an die deutsche Nied vorzuschieben ꝛc. ꝛc."

Das I. und VII. Armeekorps, die bei Creutzwald und Carling in vorderer Reihe standen, erhielten dementsprechend den Befehl, in die Linie Boulay—Marange vorzurücken und ihre Vorposten an die deutsche Nied vorzuschieben, während das VIII. Korps nach Boucheborne beordert wurde. Der 15. Division wurde befohlen, ihre Biwaks bei Ober-Wiße zu nehmen.

Um 9 Uhr Morgens wurde der Marsch über Hôpital nach Ober-Wiße angetreten. Die Sonne wurde sehr fühlbar und machte den Marsch beschwerlich. Erst am Nachmittage wurde das befohlene Biwak bezogen. In dem dicht bei demselben liegenden kleinen Dörfchen Biesten im Loch mußten Maßregeln getroffen werden, um die Vertheilung der dort gefundenen Weinvorräthe zu regeln, wobei es zu unliebsamen Häkeleien zwischen den verschiedenen Truppentheilen kam. Der Krieg war Vielen noch zu neu, und war es natürlich, daß es der Erfahrungen bedurfte, ehe die Eigennützigkeit zum allgemeinen Besten geopfert wurde. —

Am Abend traf Lieutenant Strübig mit den 90 Füſilieren, die zur Deckung des Magazins nach Nunkirchen entſendet worden waren, beim Regiment wieder ein. Daſſelbe war hiernach wieder faſt vollzählig, da der Krankenſtand im Hinblick auf die großen Anſtrengungen und ungünſtigen Witterungsverhältniſſe ein ſehr geringer war. Derſelbe betrug 1 Offizier, 6 Unteroffiziere, 57 Mann. Die Beförderung der Unteroffiziere Bigge und Hunger zu Portepeefähnrichen und die Zutheilung der Kadetten von Donat, Muelenz und v. Gilſa als Portepeefähnriche wurde dem Regiment mitgetheilt. Die beiden erſteren Kadetten waren zu dem Erſatzbataillon zunächſt entſendet worden, während der Kadett v. Gilſa, ein Sohn des Majors und Kommandeurs des 2. Bataillons, der beim Ausmarſch des Regiments bei ſeinem Vater in Köln zum Beſuch auf Urlaub war, dieſem gleich mit ins Feld gefolgt war, in der Vorausſicht, daß die nun erfolgte Beförderung zum Fähnrich im Regiment nicht lange auf ſich warten laſſen werde. —

Am 12. Auguſt gingen bei dem großen Hauptquartier Nachrichten ein, die darauf hindeuteten, daß die Hauptmacht des Feindes im Rückzug durch Metz über die Moſel begriffen ſei.

Seine Majeſtät der König befahl daher:

„Die I. Armee rückt morgen den 13. d. M. gegen die franzöſiſche Nied, Gros auf Linie Les Etangs—Pange und ſichert den Bahnhof von Courcelles. Kavallerie rekognoszirt gegen Metz und überſchreitet die Moſel unterhalb. Die I. Armee deckt ſomit die rechte Flanke der II. Armee. Letztere marſchirt auf die Linie Buchy—Château Salins und ſchiebt die Vorpoſten an die Seille; ſie ſucht ſich, wenn möglich, der Uebergänge von Pont-à-Mouſſon, Dieulouard, Marbach u. ſ. w. zu ſichern. Kavallerie rekognoszirt über die Moſel hinaus.

Die III. Armee ſetzt den Vormarſch gegen die Linie Nancy—Lunéville fort. Ueber ihre weitere Verwendung wird in den nächſten Tagen beſtimmt werden."

Während die Aufgaben der auf dem linken Flügel vorgegangenen III. Armee ſonach von dem Gang der Ereigniſſe und noch erwarteten Nachrichten über die Bewegung der Armee des Marſchall Mac Mahon abhängig blieb, war die Aufgabe für die rechte Flügelarmee genau vorgezeichnet. General v. Steinmetz befahl dementſprechend dem I. und VII. Korps, in die Linie Pange—Ladonvillers vorzurücken; das VIII. Korps ſollte dahinter in die Linie Bionville—Varize bis an die deutſche Nied herangehen.

Um 7 Uhr trat das Gros der 15. Diviſion den Marſch auf

Bionville über Narbéfontaine an und bezog ein Biwak zwischen dem Gehölz von Combange und Lobrange, das von einer Kompagnie des 60. Regiments besetzt wurde, um die Ordnung bei dem Schöpfen des Wassers und den vorzunehmenden Requisitionen aufrecht zu erhalten.

Da des Feindes unterbrochener Rückzug und die bei Metz genommenen Stellungen eine Offensive in östlicher oder südöstlicher Richtung wahrscheinlich machten, so war es für die I. Armee geboten, eine defensive Stellung zu behaupten, bis die oberhalb Metz ausholenden Bewegungen der II. Armee den Feind zum weitern Rückzuge gezwungen haben würden. Es wurde daher für den 14. August das Verbleiben der Truppen der I. Armee in ihren Biwaks befohlen. Nur die in der ersten Linie stehenden I. und VII. Korps sollten ihre Avantgarden näher an Metz heranzuschieben und durch Rekognoszirungen festzustellen versuchen, ob der Feind seinen Rückzug in westlicher Richtung über die Mosel durch Metz fortsetze oder sich zu einer Offensive gegen die I. und II. Armee formire.

Aus den Rekognoszirungen entwickelte sich am Nachmittage die Schlacht bei Colombey—Nouilly.

Der Donner der Kanonen tönte deutlich herüber nach dem Biwak des Regiments.

Es war die zweite Schlacht, die von Truppen der I. Armee geschlagen wurde, und wieder war es der 15. Division nicht vergönnt, daran Theil zu nehmen. Die, denen der Einblick in die höhere Truppenleitung unerschlossen ist und die nur von dem Wunsche beseelt sind, an den Feind zu kommen, um nicht zurückzustehen hinter den Andern, halten es leicht für absichtliche Hintenansetzung, nicht an den Feind zu dürfen. So auch heute die Leute der 15. Division während des gehörten und beobachteten Kampfes.

Dieser ging mit dem Tage zu Ende. — Nachdem der Zapfenstreich und das Abendgebet in den Biwaks vertönt war, wurde es nach und nach ruhig und während da vorn am Feinde brave Kameraden sich zur ewigen Ruhe niedergelegt hatten, suchten in ernsten Gedanken an diese die Füsiliere still ihre Lagerstätten auf.

Die Folge der siegreichen Schlacht am 14. August war, daß der Feind das rechte Moselufer gänzlich räumte und durch Metz auf das linke überging. Dieser Erfolg zeigte sich erst im Laufe des 15. als bereits die I. Armee sich auf dem gewonnenen Terrain enger konzentrirte und das VIII. Korps im Marsch dorthin begriffen war. Da nun eine erneute Offensive nicht mehr zu befürchten war, vielmehr feindliche Bewegungen gegen Süden oder Südwesten von Metz her zu erwarten

ſtanden, um der auf Nancy zurückgewichenen geſchlagenen Armee Mac
Mahons die Hand zu reichen, ſo erließ General v. Moltke von der
Höhe bei Flanville folgenden ändernden Befehl:

„Nachdem Seine Majeſtät Sich Allerhöchſt Selbſt überzeugt
haben, daß heute vom Feinde vorwärts Metz nichts mehr ſteht,
iſt der Vormarſch der I. Armee nicht mehr erforderlich. Das
I. und VII. Korps ſind direkt benachrichtigt, Halt zu machen und
nur Kavallerie zur Beobachtung der Feſtung und zum Schutze
der Verwundeten vorzuſchieben. Das VIII. Armeekorps, inſofern
es bereits in Marſch geſetzt, hat denſelben auf Orny zu richten,
wohin es ebenfalls direkten Befehl erhält."

Die 15. Diviſion bog daher, nachdem ſie Pont-à-Chauſſy paſſirt
hatte, ſüdweſtlich nach Orny aus und lagerte zunächſt bei Liéhon, um
dort abzukochen. Die heiß brennende Sonne war ſchon faſt bis zum
Horizont niedergegangen, als das Regiment vor dem Dorfe Baſſe Beux
anlangte, um in dieſem langentbehrte Quartiere zu beziehen. Während
der bei hereinbrechender Dunkelheit erfolgenden Unterbringung der Mannſchaften brach in einem Gehöfte des kleinen Dorfes Feuer aus, und
ſchnell mußten die Häuſer verlaſſen werden, um vor dem Dorfe ſtatt
der freudig begrüßten Quartiere wieder ein Biwak zu beziehen. Dem
1. Bataillon wurde das Löſchen des Hofes übertragen und blieb, Dank
den Anordnungen und der Energie des Majors v. Knobelsdorff, das
Feuer auf ein einziges Gebäude beſchränkt. Dieſer peinliche Zwiſchenfall
hatte die herbeigeſehnte Ruhe bis gegen Mitternacht nicht allein geſtört,
ſondern auch dazu geführt, daß ohne Holz und Stroh auf einer feuchten
Wieſe biwakirt werden mußte.

Der Feind ſchien die Gegend von Metz mit ſeinen Hauptkräften
verlaſſen zu haben. General v. Moltke gab danach folgende Direktiven
für die Bewegungen am 16. Auguſt:

„So lange die Stärke der in Metz zurückgebliebenen feindlichen
Streitkräfte noch nicht feſtgeſtellt iſt, hat die I. Armee ein Korps in
der Gegend von Courcelles zu belaſſen, welches in kürzeſter Friſt
durch das von Saarlouis nachrückende Truppenkorps des General-
lieutenants v. Kummer abgelöſt werden wird. Die beiden übrigen
Korps der I. Armee nehmen am 16. Stellung auf der Linie Arry—
Pommérieux zwiſchen Seille und Moſel. Ein Uebergang über letzteren
Fluß iſt ſofort herzuſtellen, ſofern dies nicht bereits durch das
III. Armeekorps bewirkt ſein ſollte. Ueber die am 15. ausgeführten
Bewegungen der II. Armee wird einer unverzüglichen Benachrichtigung

entgegengesehen, hinsichtlich der ferneren Maßregeln aber im Allgemeinen Folgendes bemerkt:

Die Verhältnisse, unter welchen das I. und VII. Armeekorps, sowie Theile der 18. Division gestern Abend einen Sieg erfochten, schlossen jede Verfolgung aus. Die Früchte des Sieges sind nur durch eine kräftige Offensive der II. Armee gegen die Straßen von Metz über Fresnes und über Etain nach Verdun zu ernten. Dem Oberkommando der II. Armee bleibt es überlassen, eine solche mit allen verfügbaren Mitteln nach eigenem Ermessen zu führen u. s. w."

Es war das VIII. Korps mit ausersehen, den vermeintlichen Vormarsch nach Westen gegen die Maas mit anzutreten. Zunächst mußte es aber erst den Uebergang auf das linke Moselufer bewerkstelligen und war daher für den 16. befohlen, daß das VIII. Korps nahe an die Mosel heranrücke, um am nächsten Tage nach Herstellung der nothwendigen Brücken den Uebergang zu bewerkstelligen. Der 15. Division wurde Marieulles als Marschziel angegeben und dorthin vor 7 Uhr Morgens aus dem Biwak bei Basse Beux aufgebrochen.

Die Division war noch nicht weit in ihrem Marsche gekommen, als sie zu langem, mehrstündigem Halt gezwungen wurde.

Das zur II. Armee gehörige IX. Korps, das noch auf dem rechten Moselufer war, sollte vor dem VIII. Korps auf einer Pontonbrücke bei Arry die Mosel überschreiten und mußte vorgelassen werden. Während die 16. Division noch vor Eintreffen des IX. Korps die Mosel erreicht und überschritten hatte, mußte die 15. Division auf schattenlosen Lagerplätzen die heißen Strahlen der Augustsonne brennen fühlen. Empfindlicher aber war der vernommene Kanonendonner von Mars la Tour und Vionville. Wieder wurde gekämpft; nicht allein hörbar, sondern sichtbar war der Kampf; wieder war die 15. Division fern vom Feinde. Immer lauter wurde das Verlangen, sich nun auch einmal mit ihm messen zu können. Es war die dritte Schlacht, die in erreichbarer Nähe der 15. Division geschlagen wurde und noch hatte kein Mann derselben in diesem heiligen Kriege geblutet. Schon bezeichnete der soldatische Humor die Truppen der 15. Division als den unantastbaren „eisernen Bestand".

Die Sonne stand schon tief, als das Regiment seinen Biwaksplatz dicht bei Marieulles einrichtete, von wo aus die Verpflegung durch Requisitionen herbeigeführt wurde.

In der Nacht ergingen die Befehle für den nächsten Tag. Die 15. Division sollte sich früh bei Marieulles konzentriren, die Avantgarde um 5 Uhr den Marsch auf Arry antreten, das Gros mit geringer Distanz folgen.

Nach dem Uebergange über die Mosel, der sich ordnungsmäßig vollzog, traten bald sichtbare Beweise des großen Ringens am vorangegangenen Tage vor die Augen der Füsiliere. Trupps leicht Verwundeter, die mit einem Nothverbande nach Pont=à=Mousson dirigirt wurden, bald auch Wagen mit schwer Blessirten folgten sich in großer Zahl. Je näher der Marsch an das Städtchen Gorze führte, desto eindrucksvoller wurden die Zeichen des Kampfes.

Die Straßen waren gefüllt von Verwundeten, Aerzten, Krankenträgern. Jedes Haus war ein Lazareth; aus den geöffneten Fenstern tönte das Stöhnen der Leidenden und Sterbenden. Todte wurden aus den Häusern getragen. Dazu brennende Hitze. Das Alles mußte auf die stärksten Nerven wirken, und ein Jeder athmete freier, als der nördlich von Gorze belegene Biwaksplatz erreicht wurde.

Der für den 17. geplant gewesene Angriff des bei Rezonville stehenden Gegners war auf den nächsten Tag verschoben und darum der Marsch des VIII. Korps nicht weiter fortgesetzt worden. Es wurde nahe bei Gorze Halt gemacht.

Hier lag das Regiment untermischt mit Regimentern der 16. Division, dem 72. Regiment und des IX. Korps, dem 11. Regiment, die am Nachmittag ihre gefallenen Kameraden in den blutgetränkten Boden senkten. Ernst und schweigsam sahen die Füsiliere der traurigen Beschäftigung zu und doch neidisch auf den miterkämpften Sieg.

Von jenseits des Waldes wurde vereinzeltes Gewehrfeuer verlautbar, bald untermischt mit dem unheimlichen Knattern der Mitrailleusen. — Das VII. Korps hatte einen Kampf am Bois de Vaux zu bestehen.

Da eine geregelte Verpflegung in dem Biwak bei Gorze nicht möglich war, so suchte ein Jeder mit den Resten des stark angegriffenen eisernen Bestandes den Hunger zu stillen. — Die ernste Stimmung wich auch, als es zur Gewißheit wurde, daß endlich am nächsten Tage die 15. Division an den Feind kommen werde. — Wohl kein Mann des Regiments hat sich am Abend des 17. dem Schlaf überlassen, ohne die Eindrücke des Tages noch einmal an seinem geistigen Auge vorüberziehen zu lassen und der langersehnten Stunden zu gedenken, in denen er auch im Kampfe für seinen König und sein Vaterland stehen werde, um zu siegen oder zu fallen.

Im Biwak des Regiments wurde es am 18. August sehr früh Tag, da die Lagerung ohne Stroh trotz der vorangegangenen Marschanstrengungen und Aufregungen nur eine kurze Nachtruhe gestattete. Im Glanze

einer herrlichen Morgensonne bereitete sich ein Jeder für die erwarteten
Ereignisse vor, und dies um so ungestörter, als der gänzliche Mangel
an Lebensmitteln die angenehme Unterbrechung durch ein Frühstück nicht
gestattete.

In der Voraussicht, daß die 15. Division an diesem Tage endlich
auch einmal an den Feind kommen werde, war befohlen worden, daß
diejenigen Patronen der Taschenmunition, die durch die vielen Regengüsse und nassen Biwaks nicht ganz brauchbar schienen, ausgesondert
und durch neue ersetzt werden sollten. Zum Empfange von Patronen
wurde Lieutenant Gaddum mit der nöthig scheinenden Zahl von Mannschaften an eine heranbeorderte Munitionskolonne entsendet. Gleichzeitig
wurde von jedem Bataillon ein stärkeres Kommando unter den Lieutenants Meßle und Richter und dem Vizefeldwebel Hoffmann zur Unterstützung der Zahlmeister bei der Heranschaffung von Lebensmitteln und
zur Deckung der damit beladenen Transporte abgeschickt.

Es war gegen 6 Uhr, als der Befehl zum Aufbruch gegeben wurde.
Das Regiment marschirte an der Tete des Gros der Division auf dem
durch die Gehölze von Bionville und Saint-Arnould auf Rezonville
führenden Wege vor, über das Terrain, auf dem am 16. der rechte
Flügel der II. Armee gekämpft hatte. Leichen bedeckten das Gefilde.
Ernst gestimmt durch den Eindruck dieses Anblicks marschirten die Bataillone
über das noch rauchende Schlachtfeld, um den Kampf von Neuem zu beginnen, bis der gewaltige Gegner ganz niedergeworfen.

Jenseits Maisonblanche wurde der nach Rezonville führende Weg
verlassen, und, da es das freie Feld gestattete, gingen die Bataillone
aus der Formation der Marschkolonne in die der Angriffskolonne über.
Dicht westlich Rezonville überschritt das Gros der Division die von
Verdun nach Metz führende Straße in der Richtung auf Villers aux Bois
vorgehend, während die Avantgarde, weiter östlich ausholend, die Richtung
auf Bagneux inne hielt. Das 28. Regiment, die Avantgarde bildend,
hatte vor dem Eintritt in das Bois de la Jurée schon einige Verluste
durch feindliches Infanteriefeuer, das von dem Bois des Genivaux
herkam. Ohne von diesen, den blutigen Tag einleitenden Schüssen etwas
zu hören, gelangten die übrigen Truppen der Division ohne Verluste,
ja sogar ohne die Nähe des Feindes zu merken, hinter das Bois de la
Jurée, das sie vor dessen Einblick deckte. Gegen 8½ Uhr marschirte
die 15. Division südlich Villers aux Bois Front gegen Osten auf; die
Regimenter mit ihren Bataillonen hinter einander, die Fahnen auf einander ausgerichtet. Auf dem rechten Flügel stand das Regiment. Die
Gewehre wurden zusammengesetzt und lagerte die Mannschaft bei den-

selben ohne das Gepäck abzulegen. Gegen 10 Uhr traf Lieutenant
Gabbum mit den Mannschaften ein, die zum Patronenempfang kommandirt
gewesen waren; er hatte bei seinem Marsche zum Regimente feindliches
Feuer erhalten, ohne Verluste zu erleiden.

Die Augustsonne sendete sengende Strahlen auf den schattenlosen
Rendezvousplatz. Da ringsumher Ruhe herrschte, gaben sich die Meisten
einem sorglosen Schlafe hin. Keiner ahnte, daß nach nur wenigen Stunden
Viele von ihnen sich zum ewigen Schlaf niederlegen würden. Freudige
Aufregung bereitete die Nachricht, daß Seine Majestät der König kommen
werde, die Division zu begrüßen. Zwar bewahrheitete sich diese Nachricht nicht, aber sie hatte die Schläfer munter gemacht, und soldatischer
Humor belebte die Reihen der Füsiliere. Durch die große Hitze war
der Durst bis zur Unerträglichkeit gesteigert und der Wunsch allgemein
laut geworden, von dem in der Nähe belegenen Gehöfte Villers Wasser
zu holen, demselben aber kein Gehör gegeben worden, weil jeden Augenblick der Befehl zum Vorrücken zu gewärtigen war. Als dieser immer
noch nicht erfolgte, wurde etwa um ¹/₂ 12 Uhr die Erlaubniß zum Holen
von Wasser ertheilt und Mannschaften des Regiments mit Kochgeschirren
entsendet. Bald nach 12 Uhr trafen diese mit dem ersehnten Naß beim
Regimente wieder ein, zu derselben Zeit erging der Befehl, an die
Gewehre zu treten; es blieb keine Zeit mehr, allen Leuten einen Trunk
zu gewähren; das Wasser mußte größtentheils ausgeschüttet werden. —
Bald stand die ganze Division unter dem Gewehr. Von Norden her
tönte der Kanonendonner des IX. Armeekorps.

Der Kampf hatte begonnen. Die Fahnen der Bataillone wurden
entfaltet, die Kommandos zum Laden mit Patronen gegeben. Das
Regiment war kampfbereit.

Um 12 Uhr 20 Minuten erhielt das Regiment den Befehl zum
Vorgehen in der Richtung auf das Dorf Gravelotte. Das Regiment
machte rechts um und ging links schwenkend, wobei das 1. Bataillon
das Pivot hatte, über die Römerstraße. Nachdem das Regiment auf
diese Weise hinter dem Walde vortretend die Front gegen den Feind
genommen hatte, ertheilte der Kommandeur desselben, Oberstlieutenant
v. Henning, dem 3. Bataillon den Befehl, sich ins Vordertreffen zu
ziehen und gegen das etwa 3000 Schritt entfernte Gravelotte seine
Kompagnien zu entwickeln.

Dieses Dorf war nach der Meldung vorgegangener Kavallerie-
Patrouillen am Morgen nicht besetzt gewesen; doch war es immerhin
möglich, daß ungesehen feindliche Abtheilungen vom Bois des Genivaux
her das Dorf von Neuem besetzt hatten. Der Kommandeur des

3. Bataillons, Major v. Reinhardt, entschloß sich darum, mit der nöthigen Vorsicht an das Dorf heranzugehen. Er ließ zunächst die 9. und 12. Kompagnie in Kompagniekolonnen, auf ganze Distanz auseinandergezogen, vorgehen und die 10. und 11. Kompagnie als Halbbataillon, unter der Führung des Hauptmann v. Jasmund, folgen.

Das 1. und 2. Bataillon führte Oberstlieutenant v. Henning hinter das 1000 Schritt westlich Gravelotte an der Chaussee gelegene Postgehöft. Hierher folgte gleichzeitig der Brigadekommandeur, Generalmajor v. Wedell, um die weiteren Befehle zu ertheilen.

Als die Bataillone hinter dem Walde hervortraten, eröffneten die feindlichen auf der östlich von Gravelotte sich hinziehenden Hochfläche aufgestellten Batterien ein heftiges Granat- und Shrapnelfeuer, das wegen der großen Entfernung nur geringe Verluste herbeiführte. Eine Granate schlug in die Queue der vorgehenden 12. Kompagnie ein und verwundete als ersten des Regiments den Hornisten Bornwasser, ihm ein Bein zerschmetternd. Um sich den Wirkungen des feindlichen Feuers möglichst zu entziehen, gingen die Bataillone in einer sich westlich erstreckenden Mulde vor; nur die 9. Kompagnie auf dem linken Flügel verblieb im Marsche über die Höhe in der Richtung auf das Gehöft Mogador. Je näher das 3. Bataillon an Gravelotte herankam, desto fühlbarer machte sich das feindliche Artilleriefeuer, in das sich das ruckweise Knattern der Mitrailleusen unheimlich mischte. Das 3. Bataillon erreichte im stetigen Vormarsch Gravelotte, das vom Feinde nicht wieder besetzt worden war. Premierlieutenant Graf Rittberg führte die 9. Kompagnie, die Fühlung mit den anderen Kompagnien des Bataillons aufgebend, nach Mogador. Das gegen seine Kompagnie gerichtete Granatfeuer der bei St. Moscou stehenden Batterien führte den Brand des mit französischen Verwundeten gefüllten Gehöfts Mogador herbei, von denen Viele den Tod in den Flammen fanden. Die Stellung bei diesem Hofe war durch das immer stärker werdende feindliche Artilleriefeuer nicht mehr haltbar und zog sich Graf Rittberg darum mit seiner Kompagnie näher an das Bataillon heran. Hauptmann v. Homburg ging mit der 12. Kompagnie durch Gravelotte auf der Hauptstraße bis an die Ostlisiere vor und besetzte den südlich der Straße belegenen Theil derselben, während Hauptmann v. Etzdorf, der, nachdem das Halbbataillon in Kompagniekolonnen auseinandergezogen worden war, mit der 10. Kompagnie auf der Dorfstraße gefolgt war, den nördlichen Theil der Ostlisiere besetzte. Hauptmann v. Jasmund führte die 11. Kompagnie in die große Lücke zwischen der 9. und 10. auf das zwischen Mogador und Gravelotte sich erstreckende freie Feld, so daß drei Kompagnien des

Bataillons nördlich und eine südlich der nach St. Hubert führenden Chaussee in gleicher Höhe standen; bei ihnen befand sich, am östlichen Dorfausgange haltend, Major v. Reinhardt.

Gegen die sich entwickelnden Kompagnien eröffnete feindliche Infanterie in einer Entfernung von 1000 Schritt vom Bois des Genivaux her ein ungezieltes, aber dennoch verlustbringendes Schnellfeuer.

Inzwischen hatte der Brigadekommandeur dem Oberstlieutenant v. Henning den Befehl ertheilt, auch die beiden andern Bataillone zu entwickeln, um den sich südlich der Metzer Chaussee erstreckenden Dorf= theil von Gravelotte zu besetzen. Da aber in dem vorliegenden Wald= rand des Bois de Vaux feindliche Patrouillen bemerkt wurden und der Besitz des Dorfes nicht zu behaupten war, so lange der Feind im Besitze des Waldes blieb, so erhielt das 2. Bataillon den weiteren Befehl, durch das Dorf hindurch zu gehen, sich des Waldrandes zu bemächtigen und die Fühlung mit den im weitern Vorgehen befindlichen Kompagnien des 3. Bataillons aufzunehmen. Major v. Gilsa ließ zunächst Hauptmann v. Baren mit der 6. Kompagnie und Premierlieutenant v. Asmuth mit der 7. Kompagnie gegen den zu durchschreitenden Dorftheil vorgehen, die 5. und 8. Kompagnie als Halbbataillon bei der Post zurückhaltend. Da aber die Ausdehnung des zu besetzenden Terrain=Abschnitts für zwei Kompagnien zu groß war, so entsendete er Hauptmann v. Wobeser mit der 8. Kompagnie nach dem Südausgange von Gravelotte und ließ Hauptmann Wolff mit der 5. Kompagnie in Reserve folgen. Unter heftigem Feuer, besonders der bei Point du jour aufgestellten Mitrail= leusenbatterien erreichten die Kompagnien mit geringem Verluste den östlichen Waldrand, hier noch 15 Gefangene des 55. französischen Regi= ments machend.

Dem 1. Bataillon ertheilte der Regimentskommandeur den Auftrag, die beiden im Vorgehen begriffenen Bataillone in ihrem weiteren Vor= bringen zu unterstützen. Um diesem Befehl zu entsprechen, dirigirte Major v. Knobelsdorff die 1. und 2. Kompagnie auf die Südecke von Gravelotte, um auf dem rechten Flügel dem 2. Bataillon zu folgen, die 3. und 4. Kompagnie auf die nach St. Hubert führende Dorfstraße zur Unterstützung des 3. Bataillons.

Die nur für den Augenblick geplante Trennung der Kompagnien des ersten Bataillons wurde im weiteren Verlaufe des Kampfes Veran= lassung, daß dasselbe an diesem Tage nicht wieder unter einen einheit= lichen Befehl treten konnte.

Es war etwa 1 Uhr, als das Regiment folgende Stellungen inne hatte: Auf dem rechten Flügel hatten, unter der Führung des Major

v. Knobelsdorff, Premierlieutenant v. Buttler mit der 1., und Hauptmann Menner mit der 2. Kompagnie den Westrand des Bois de Vaux erreicht; daran schlossen sich nach Norden hin die Kompagnien des 2. Bataillons an; die 10. und 12. Kompagnie hatten die Nordost-Lisiere von Gravelotte zu beiden Seiten der Metzer Chaussee besetzt, hinter sich die 3. und 4. Kompagnie; die 11. Kompagnie schloß sich links vorwärts der 10. Kompagnie auf freiem Felde an; daneben lag die 9. Kompagnie mit vorgebogenem linken Flügel, diese beiden Kompagnien im heftigsten Feuer der im Bois des Genivaux eingenisteten französischen Infanterie.

Da das ganze Regiment nunmehr in Kompagniekolonnen auseinandergezogen war, beorderte General v. Wedell das andere Regiment seiner Brigade, das 60., als Reserve an den westlichen Ausgang von Gravelotte.

Major v. Reinhardt mußte sich, nachdem er einen Ueberblick über die Lage seines Bataillons gewonnen hatte, entschließen, entweder die 9. und 11. Kompagnie aus dem Feuer in das Dorf zurückzunehmen und hier sein Bataillon als Besatzung desselben unthätig im heftigsten Feuer stehen zu lassen, oder die französischen Tirailleurs aus dem Bois des Genivaux zu vertreiben. Er entschloß sich natürlich zu letzterem und ließ den Kompagnien den Befehl zu gehen, sich den weiteren Bewegungen einheitlich anzuschließen. Ohne langen Halt in den erreichten Stellungen brachen die Kompagnien unter Führung des Major v. Reinhardt mit lautem Hurrah hervor und blieben, ohne einen Schuß zu thun, im steten Vorlauf gegen das dicht belaubte Gehölz. Ein mörderischer Kugelregen brach vernichtend über die Kompagnien herein, die aber dadurch in ihrem Lauf nicht aufgehalten wurden.

Der Führer der 9. Kompagnie, Graf Rittberg, stürzte getödet zu Boden.

Erst seit kurzer Zeit dem Regimente angehörend, hatte er sich die Liebe und Achtung seiner Kameraden erworben, die seinen Heldentod überdauern.

Bei der 11. Kompagnie ereilte das tödtliche Geschoß zu derselben Zeit den Premierlieutenant Nolte, der, von seinen Kameraden geliebt und geehrt, auch in weiteren Kreisen Anerkennung seiner vielfachen Talente gefunden hatte.

Bei der 12. Kompagnie wurden die Lieutenants Januskowsky und Krause durch schwere Verwundung gleich anfänglich von der weiteren Theilnahme am Kampfe ausgeschlossen.

Bei diesem Anstürmen gegen die feindlichen Stellungen war die Fühlung der einzelnen Theile des Bataillons verloren gegangen, besonbers dadurch, daß die auf der Chaussee vordringende 12. und halbe 10. Kompagnie die Thalschlucht des Mancebaches auf hohem gemauerten Straßendamme überschreiten mußten. Auf die in dem nicht erwarteten Straßendefilee zusammengedrängten Füsiliere sendete die feindliche Artillerie ihr verherendes Granat=, Shrapnel= und Mitrailleusenfeuer; aber kein Schreckniß hemmte das Vorwärtsdrängen gegen den Waldrand. Er wurde erreicht, die Franzosen daraus vertrieben und ihnen einige Gefangene abgenommen.

Kurz vor diesem erstrebten Ziele war an der Spitze seines Bataillons Major v. Reinhardt tödtlich verwundet worden. In den früheren Kriegen hatte er sich den Orden „pour le mérite" und den „Kronenorden 3. Klasse mit Schwertern" erworben; sein Name war in allen gebildeten Militärkreisen durch seine schriftstellerische Thätigkeit gekannt und geschätzt; er sah noch, wie sein braves Bataillon den Waldrand erreichte und wurde dann von seinem Adjutanten, dem Lieutenant v. Schoeler nach Gravelotte zurückgetragen, wo er in der folgenden Nacht verstarb, nachdem er die Offiziere bezeichnet hatte, die sich unter seinen Augen durch Bravour ausgezeichnet und deren Brust er mit der Dekoration geschmückt wissen wollte, die ihm sein früher Tod versagte.

Mit schweren Verlusten hatte das Bataillon den Besitz der Westlisiere des Bois des Genivaux erkämpft. Die wenigen unverwundeten Offiziere suchten die Mannschaften der gelichteten Kompagnien schnell um sich zu sammeln und für den Sturm des jenseitigen Randes der Thalschlucht vorzubereiten. Die 3. und 4. Kompagnie waren dem 3. Bataillon in der Entfernung gefolgt, die sich aus dem Zeitunterschied der späteren Entsendung nach Gravelotte ergab; die Verluste dieser beiden Kompagnien waren nicht so namhaft, wie bei dem 3. Bataillon. Den Bewegungen desselben hatte sich Lieutenant Reichwald mit einem Zuge der 4. Kompagnie angeschlossen und war zwischen der 11. und 10. Kompagnie mit gegen das Bois des Genivaux vorgestürmt, bis seine Verwundung ihn zwang, sich zurückbringen zu lassen. Seine Mannschaften schlossen sich unter der Führung des Sergeanten Semling im weitern Verlaufe des Kampfes der 11. Kompagnie an.

Die Kompagnien des 2. Bataillons und die 1. und 2. Kompagnie waren inzwischen im Bois de Vaux vorgedrungen. Bald nach dem Durchschreiten des Waldrandes zeigte sich, daß das Terrain sehr steil abfiel und war es eine schwere Aufgabe, in dem dicht belaubten Unterholz des etwa 25 Jahre alten Waldes auf die Thalsohle herabzusteigen. Dabei befanden sich aber die Kompagnien im todten Winkel und gelangten schnell aus der Wirkung der feindlichen Geschosse, die zu Tau senden hoch über die Köpfe dahinflogen gegen die inzwischen auffahrenden preußischen Batterien. Auf der Sohle des Mancethales, einer saftigen Wiese, sammelten sich die Kompagnien, deren Leute, je nachdem sie sich schneller oder langsamer durch die Gebüsche hindurchgewunden, hier anlangten. Da der zu ersteigende jenseitige Thalrand gleiche Schwierigkeiten bot, so ließen die Führer der Kompagnien die Tornister auf der Wiese niederlegen, um dann erst die schwierige Aufgabe der Ersteigung des jenseitigen Thalrandes zu beginnen. Der durch unvorhergesehene Schwierigkeiten entstandene Zeitverlust, der bei den Kompagnien ein nicht ganz gleicher war, trug die Schuld, daß sie nicht zu gleicher Zeit und in Fühlung unter einander die Höhe des östlichen Thalrandes erstiegen. Das dichte Unterholz erschwerte beim weiteren Vordringen das Zusammenbleiben der Leute noch mehr, die sich zum Theil mit dem Seitengewehr den Weg bahnen mußten. Auf der Höhe, auf der sich der Wald noch eine Strecke ausdehnt, erreichte das feindliche Infanteriefeuer die vordringenden Abtheilungen und fügte ihnen zahlreiche Verluste zu. Der dichte Wald gestattete keinen Ueberblick über die Gefechtslage, die ein unheimliches Gepräge annahm durch die Ungewißheit, wo man auf den Gegner stoßen würde. Dem Rufe ihrer Offiziere folgend, drängten sich die Kompagnien durch das Gebüsch an die Lisiere. Hier sammelten sich zunächst die stark auseinander gekommenen Kompagnien, um aus dem Walde herauszutreten. In einer Entfernung von mehr als 1000 Schritt erstreckte sich vor demselben die nach Metz führende Chaussee.

Ihre Gräben waren von feindlicher Infanterie dicht besetzt; jenseits derselben waren Schützengräben angelegt. Von der Straße her gegen das Gehölz waren auf die Hochebene, theils in die ausgedehnten und großen Steinbrüche, theils in die kleineren nicht mit einander verbundenen Kiesgruben Abtheilungen vorgeschoben. Es war die 2. Division Bastoul des II. französischen Korps, die die Stellung besetzt hielt, gegen die sechs Kompagnien ahnungslos anstürmten.

Auf dem rechten Flügel führte Major v. Knobelsdorff die 1. und 2. Kompagnie gegen die Steinbrüche vor; ihnen zunächst schloß sich die 7. Kompagnie und daneben die 6. an. Die 8. Kompagnie, bei der sich der Kommandeur des Bataillons, Major v. Gilsa, befand, erreichte den Waldrand gegenüber den etwa 300 Schritt entfernten Kiesgruben, die französische Tirailleurs besetzt hielten. Als sie die Füsiliere gewahr wurden, eröffneten sie ein heftiges Schnellfeuer, das die Verwundung des Portepeefähnrichs Hunger herbeiführte. Während Hauptmann v. Wobeser mit zwei Zügen seiner Kompagnie den Anschluß an die

6. Kompagnie aufnahm, ließ er den Lieutenant Lehfeldt mit einem Zuge gegen die Kiesgrube vorgehen. Er vertrieb aus denselben die vorgeschobene französische Abtheilung, die ihren Abzug durch heftiges Schnellfeuer deckte. Dabei trafen zwei Geschosse den an der Lisiere verbliebenen Major v. Gilsa, die ihn schwer verwundeten; er wurde nach der im Mancethal belegenen Mühle zurückgetragen. Die 5. Kompagnie folgte als Reserve im Walde. — Die aus dem Walde hervorgetretenen Kompagnien versuchten das weitere Vordringen über die Hochfläche gegen die Metzer Chaussee, die sie in ihren Besitz zu bringen hofften, da sie die gut gedeckten feindlichen Schützenlinien nicht übersahen. Als die anstürmenden Kompagnien in den sicheren Schußbereich der gedeckten französischen Infanterie gelangten, erlitten sie in kurzer Zeit eine gewaltige Einbuße an Todten und Verwundeten. Major v. Knobelsdorff, schwer verwundet, verblieb noch bei den beiden Kompagnien seines Bataillons, weitere Anordnungen treffend. Bei der 1. Kompagnie war Lieutenant v. Arnoldi verwundet worden. Der Chef der 2. Kompagnie, Hauptmann Menner, war, von drei Kugeln erreicht, am Rande des Steinbruchs zusammengebrochen; unweit von ihm lag der töbtlich verwundete Lieutenant v. Rosenberg, der in dem Feldzuge 1866 als Portepeefähnrich eine Auszeichnung für seine schon damals bewiesene Bravour erhalten hatte. Sein heiterer Sinn und seine kameradschaftliche Gesinnung hatten ihn zum Liebling des Offizierkorps gemacht, das seinen später erfolgenden Tod mit aufrichtiger Trauer vernahm. Major v. Knobelsdorff, der in Folge des Blutverlustes der Unterstützung beburfte, ließ sich vom Fähnrich Bigge und dem Feldwebel Wetterling auf einen Steinhaufen heben, um einen Einblick in die feindliche Stellung zu gewinnen; er sah, daß es unmöglich, weiter zu bringen und befahl den beiden Kompagnien seines Bataillons, sich an den Stellen einzunisten, bis wohin sie vorgedrungen waren; dann ließ er sich zur Thalmühle zurückbringen, wo er den schwer verwundeten Major v. Gilsa antraf.

Premierlieutenant v. Asmuth hatte die 7. Kompagnie geschlossen auf die Hochebene geführt und löste sie in Anlehnung an die Feuerlinie der Kompagnien des 1. Bataillons auf. Seinem weiteren Vordringen gegen die Chaussee wurde Halt geboten, als französische Abtheilungen von den Steinbrüchen her seine Flanke mit einem überwältigenden Schnellfeuer überschütteten. Lieutenant Gabbum fiel, von mehreren Kugeln durchbohrt, getödtet zu Boden. Der erste, der an diesem Tage im feindlichen Feuer gewesen, ohne eine Verwundung davon zu tragen, hatte er noch kurz vorher scherzhaft geäußert, daß er den heutigen

Schlachttag voraussichtlich unverwundet überleben würde; die rücksichts=
losen feindlichen Geschosse zerstörten seine Hoffnung und ein Leben, an
das die Hoffnung seiner trauernden Familie geknüpft war. Der Offizier=
dienst thuende Vizefeldwebel Porsch wurde schwer verwundet. Nach
namhaften Verlusten sah sich Premierlieutenant v. Asmuth veranlaßt,
seine Kompagnie nach der Waldlisiere zurückzuführen und nahm dieser,
etwa 600 Schritt von dem Steinbruche entfernt, in einer vorspringenden
Waldecke Stellung. Hauptmann v. Baren war mit der 6. Kompagnie
links neben der 7. aus dem Walde getreten und mit Hurrahruf ohne
Halt bis an den Feldweg vorgestürmt, der von den Steinbrüchen nach
der Kiesgrube führt. — Der Tod hemmte sein weiteres Vordringen. Er
gehörte erst seit kurzer Zeit dem Regimente an, in das er versetzt
worden war, nachdem er lange Jahre einer segensreichen Lehrthätigkeit
an der Kriegsschule zu Neiße obgelegen hatte; er war, wie auch Haupt=
mann v. Jasmund, aus dem Leibregimente hervorgegangen. Beide er=
füllten das auf dem Schlachtfelde von Spicheren gethane Gelöbniß, den
Tod ihrer alten Regimentskameraden am Feinde zu rächen. — Beide
lösten ihr Gelübbe in derselben Stunde durch den Tod.

Mit wahrem Heroismus hatte Hauptmann v. Baren seine Kom=
pagnie an den Feind geführt; an ihrer Spitze fand er seinen Heldentod.
Gleichzeitig mit ihm brach Lieutenant Rupe tödtlich verwundet zu=
sammen.

Durch den Verlust dieser Offiziere und den vieler Leute gerieth
die Kompagnie auseinander; ein Theil derselben unter Lieutenant
Brandenburg ging nach der Waldlisiere zurück, während ein kleiner
Theil unter der Führung des Lieutenant Lescheck in die Kiesgrube ge=
langte. Diese war von dem dort liegenden Zuge der 8. Kompagnie
unter Lieutenant Lehfeldt wegen des hohen Werthes dieser vorgeschobenen
Stellung für eine wirksame Defensive, da nach Erkenntniß der Gefechts=
lage eine Offensive zunächst ausgeschlossen war, sachgemäß besetzt worden.
Die beiden anderen Züge der 8. Kompagnie hatte Hauptmann v. Wobeser
nahe den Steinbrüchen postirt und war hier mit der ersten Kompagnie
in Fühlung getreten. Die 5. Kompagnie führte Hauptmann Wolff als
geschlossene Reserve nach einer neben der Kiesgrube liegenden Mulde
und nahm hier in Verbindung mit den andern Kompagnien des 2. Ba=
taillons dauernde Stellung.

Es war ungefähr 2 Uhr. Kurz vor dieser Zeit hatten die Kom=
pagnien des 3. Bataillons die Lisiere des Bois des Genivaux erstürmt.
Die getrennten Kämpfe der Kompagnien des Regiments hatten dieses
in zwei gleiche Theile getheilt, die etwa 1000 Schritt von einander

entfernt waren. Eine Vereinigung des Regiments war nun nicht mehr durchführbar, und so blieben die Schicksale der beiden Regimentshälften bis zum Ende der Schlacht geschieden. Zwischen sie schoben sich Kompagnien des 60. Regiments.

Die sechs Kompagnien des 1. und 2. Bataillons verblieben auf der Hochebene unter der Führung ihrer Offiziere, den äußersten rechten Flügel des VIII. Armeekorps bildend.

Die sechs Kompagnien des 1. und 3. Bataillons im Bois des Genivaux zu beiden Seiten der Metzer Straße ruhten nach ihrem ersten Erfolge nicht lange. Die von dem rechten Rande des Mancethales vertriebenen feindlichen Tirailleurs hatten auf dem linken Thalrande wieder Halt gemacht und waren von rückwärts verstärkt worden. Ihr Feuer hatte mit aller Heftigkeit wieder begonnen. Hauptmann v. Jasmund, dessen Kompagnie in dem feindlichen Infanteriefeuer am meisten litt, gab zuerst Anlaß zum erneuten Vorbruch gegen das von den Franzosen noch behauptete Waldstück. Als er sich an die Spitze seiner Kompagnie stellen wollte, um sie von Neuem gegen den Feind zu führen, wurde seinem hoffnungsreichen Leben durch zwei tödtliche Geschosse ein Ziel gesetzt. — Ausgezeichnet durch die Huld und Freundschaft Seiner Königlichen Hoheit des Kronprinzen, dessen langjähriger Adjutant er war, hatte er bei der Tüchtigkeit, die ihm in allen Dingen eigen war, eine hervorragende Stellung in der Zukunft zu erwarten; sein Heldentod gewährte ihm nach einem schönen Leben ein schönes Ende. — Lieutenant Rudolf führte die Absicht seines gefallenen Hauptmanns aus und drang zunächst in die Thalschlucht ein, um von hier die Ersteigung des jenseitigen Thalrandes zu beginnen. Lieutenant Baumeister wurde hierbei verwundet.

Lieutenant Oehlmann, der an Stelle des getödteten Grafen Rittberg die Führung der 9. Kompagnie übernommen hatte, führte diese links neben der 11. Kompagnie durch die Thalschlucht vor. Nur kurze Zeit blieb er an der Spitze seiner Kompagnie; bald ereilte auch ihn ein tödtliches Geschoß. Während vier Brüder des der Landwehr angehörenden Lieutenants Oehlmann als Berufssoldaten noch unverletzt in den Reihen des I. Armeekorps standen, fand er, der den bürgerlichen Beruf seines in Königsberg lebenden Vaters erwählt hatte, einen schönen Soldatentod an der Spitze einer gegen den Feind geführten Kompagnie.

Hauptmann v. Etzdorf führte die 10. Kompagnie gegen den Waldrand dort vor, wo die Metzer Chaussee ihn auf hohem Damm durchschneidet. Ein Theil der Kompagnie ging dabei auf der Straße selbst vor und richtete sich gegen ihn das heftigste Feuer. Hauptmann

v. Etzdorf wurde an der Spitze der Kompagnie verwundet; neben ihm brach der Reserveoffizier, Lieutenant Raderschatt, zu Tode getroffen zusammen. — Als Gerichtsassessor in seiner Vaterstadt Köln in allen guten gesellschaftlichen Kreisen gekannt und geehrt, war die Trauer über sein frühes Scheiden aus dem Leben eine allgemeine und fand sie mehrfachen Wiederhall in öffentlichen Nachrufen in der Kölnischen Zeitung.

Lieutenant v. Fragstein und Niemsdorff übernahm die Führung der Kompagnie nur für kurze Zeit, denn auch ihn traf bald ein tödtliches Blei. Erst nach langem Schmerzenslager erlöste ihn der Tod im elterlichen Hause zu Koblenz. Mit ihm verschwand aus der Rangliste des Regiments ein Name, dessen Träger viele Offiziere des Regiments in einer langen Reihe von Jahren gewesen waren. Der Offizierdienst thuende Vizefeldwebel Thulcke wurde zur selben Zeit schwer verwundet.

Es verblieb nur noch Lieutenant Heidweiler als Offizier der Kompagnie; doch auch er hatte schon eine Verwundung am Kopfe erlitten und mußte, nachdem er noch bis an das Gehölz mit vorgestürmt war, auf den Verbandplatz zurückgehen. So waren sämmtliche Offiziere der 10. Kompagnie gefallen oder kampfunfähig. — Führerlos, da auch viele Unteroffiziere verwundet waren, sammelte sich ein Theil der Leute um den Feldwebel Stoeckel, der sie im weiteren Gefecht führte.

Hauptmann v. Homburg war im Anschluß an die 10. Kompagnie auch auf der Chaussee vorgestürmt und gewann dadurch gleich den Ostrand des Gehölzes, in dem er sich schnell festsetzte und ein wirksames Schnellfeuer auf die in der Richtung auf St. Hubert zurückeilenden französischen Schützen eröffnete. Da so der östliche Rand der Thalschlucht für die Franzosen verloren war, räumten alle in das Gehölz vorgeschobenen Abtheilungen ihre hartnäckig vertheidigte Stellung, in der sich die Reste der gelichteten Kompagnien des 3. Bataillons ausbreiteten. Damit waren aber die Kräfte dieser Kompagnien vorerst zu sehr erschöpft, um sofort im weiteren Vordringen den Kampf fortzusetzen; zwar drangen auf dem linken Flügel Theile der 11. und 9. Kompagnie, denen sich ein Theil der hierhergelangten 3. Kompagnie anschloß, durch den Wald bis auf das freie Feld in der Richtung gegen das Gehöft Moscou vor, doch gebot ihnen ein heftiges Kreuzfeuer, von diesem Gehöft und St. Hubert herkommend, Halt. Bei diesem muthigen Nachdrängen war der Füsilier der 3. Kompagnie v. Weltzien gefallen. Der einzige Sohn des Kommandeurs der 15. Division, hatte ihn die Begeisterung beim Ausbruch des Krieges nach schnell bestandenem Abiturientenexamen aus der Schule in die Reihen des kampfbereiten Heeres gedrängt; seinen Bitten Folge gebend, hatte sein Vater bestimmt, daß der erst seit zehn

Tagen dienende Soldat mit ins Feld ziehe. Mit ungeübter Jugendkraft hatte er alle Anstrengungen bisher ertragen, sein Muth und seine
Begeisterung führten ihn in die ersten Reihen seiner Kompagnie; unter
den Vordersten einer, fand er seinen Tod. Am nächsten Tage legte der
Vater seinen einzigen Sohn in das selbst gegrabene Grab, — bald
sollte er ihm folgen. —

Die Reste der Kompagnie des 3. Bataillons und Theile der 3. und
4. Kompagnie verblieben zunächst in dem Gelände, das sie mit ihrem
Blut erstritten hatten. Ein Erfolg ihres muthigen Vorwärtsdringens
und der Vertreibung des Feindes aus dem Bois des Genivaux war es,
daß die Artillerie des VIII. Armeekorps mit ihren Batterien östlich Gravelotte auf der nach Mogador hin sich erstreckenden Hochfläche auffahren
und ihr wirksames Feuer gegen die starke feindliche Stellung eröffnen
konnte. Zur Bedeckung dieser Batterien wurde Lieutenant Freudenfeld
mit einem Zuge der 3. Kompagnie bestimmt.

Während dieser Zeit hatten Kompagnien des 8. Jägerbataillons
und der Regimenter 67 und 28 die Thalschlucht durchschritten und sich
zu beiden Seiten der Chaussee an dem östlichen Waldrande ausgebreitet,
um im Verein mit den dort angetroffenen Abtheilungen des Regiments
ein weiteres Vorgehen gegen das Gehöft St. Hubert, dessen Besitz die
gewonnene Stellung erst sicherte, vorzubereiten. Das Erscheinen dieser
in das Gefecht eintretenden Abtheilungen verschiedener Regimenter auf
einem so beschränkten Raume hatte zur Folge, daß die Mannschaften
der verschiedenen Truppentheile durcheinander geriethen. So gut es
ging wurden die Theile der Kompagnien des Regiments zusammen
gehalten, und zwar die der 9. und 11. Kompagnie nördlich der Straße,
die der 10. und 12. in einem dicht südlich der Straße belegenen kleineren Steinbruch. Von den in das Gefecht eintretenden Kompagnien
erbaten sich die Füsiliere Munition zum Ersatz für die fast ganz ver-
schossene eigene und bereiteten sich für den geplanten Sturm des etwa
800 Schritt entfernten Gehöfts vor.

Das Gehöft St. Hubert liegt dicht an der Metzer Chaussee; seine
massiven Gebäude wie der geräumige von einer einen Meter hohen
Mauer umschlossene Garten boten dem dahin vorgeschobenen französischen
60. Regiment eine vortreffliche Deckung, hinter der die Franzosen ein
gezieltes Schnellfeuer auf die ungedeckt davorliegenden Schützenschwärme
der Truppenabtheilungen der 15. Division richteten. Das feindliche
Feuer steigerte sich bis zur Unerträglichkeit, so daß die gegen das Gehöft vorgeschobenen Schützenlinien, ohne einen bestimmten Befehl abzuwarten, zum gemeinsamen Sturm unter lautem Hurrah gleichzeitig hervor-

brachen und die Strecke bis zu dem Gehöft ohne zu schießen durcheilten. Gegen 3 Uhr Nachmittags war dieses unter ungeheuren Verlusten genommen; in dasselbe drangen die Reste der Kompagnien des 3. Bataillons und der 3. Kompagnie unter Führung der Hauptleute v. Wedell und v. Homburg mit ein und nahmen Antheil an der sofort eingeleiteten Besetzung des Gehöfts. Die dort gemachten Gefangenen wurden nach Gravelotte zurückgeführt. Zu dem Transport derselben wurde der Sergeant Singer der 11. Kompagnie besonders bestimmt, weil er sich bei der Erstürmung des Gehöfts hervorragend ausgezeichnet hatte und an der Spitze der Vordersten in den Garten eingedrungen war. Der Sturm gegen St. Hubert hatte sich meist auf der Straße oder nördlich derselben fortbewegt, so daß es der südlich derselben liegenden Abtheilung des Regiments, speziell der 4. Kompagnie, nur gelang, an der Queue der vorstürmenden Gefechtsgruppe vorwärts zu bringen. Das aus der rechten Flanke gegen sie abgegebene Schnellfeuer zwang sie, in den südlich der Straße belegenen Steinbruch zurückzugehen. Nach der Wegnahme von St. Hubert trat bei den dabei betheiligt gewesenen Truppenabtheilungen der Gefechtslinie eine Gefechtspause ein, die aber kleinere Unternehmungen gegen die feindliche Stellung nicht ausschloß. Unter diesen ist die folgende besonders hervorzuheben: Der Unteroffizier Breitwich und Füsilier Kaesling der 4. Kompagnie machten eine Gefechtspatrouille gegen Point du jour. Sie wurden in ihrem weitern Vorbringen durch das heftige Feuer aus den feindlichen Schützengräben gezwungen, eine Deckung in dem Chausseegraben zu suchen. Kaesling allein, der sich von den andern Füsilieren reichlich mit Patronen hatte versehen lassen, kroch über den Erdboden noch einige hundert Schritte näher an den Feind heran und suchte sich Deckung hinter einem Erdaufwurf, von dem aus er ein gut gezieltes Feuer besonders auf die Pferde von einspännigen Munitionskarren richtete, die gerade herangekommen waren und von denen Patronen herabgeholt wurden. Seine Treffer veranlaßten die Karren zur Umkehr. Gegen den unsichtbaren Schützen richteten die Franzosen bald ein Massenfeuer, das den Rock und den Helm des tapfern Füsiliers verletzte, während dieser erst zurückkroch, als seine Munition verschossen und die Kammer seines Gewehrs voll Pulverschleim war. Kaesling erhielt eines der ersten eisernen Kreuze des Regiments für sein tapferes Verhalten. Leider brachte er es nicht in die Heimath, da er später fiel.

Bei den auf der Hochfläche vor Point du jour liegenden Kompagnien des 2. Bataillons und den beiden des 1. hatte sich nichts geändert. In unausgesetzt heftigem Feuer von der Chaussee her, das

durch die Ausnutzung der im Terrain vorhandenen Deckungen in seiner
Wirkung nicht mehr so furchtbar, wie anfänglich war, verharrten die
Kompagnien unter geringeren Verlusten in ihrer defensiven Stellung. —
Als von St. Hubert her das Hurrah und Feuer der stürmenden Ab-
theilungen gehört wurde, gewann es den Anschein, als ob der Feind
nach dorthin Verstärkung entsende und sich vor der Front der Kompagnien schwäche. Diese Annahme gab Veranlassung zu einem erneuten
Versuche, in den Besitz der Chaussee und der Steinbrüche zu gelangen.
Doch als sich die Füsiliere aus ihren Deckungen erhoben und nur
wenige Sprünge vorwärts machten, brach wieder das ungeschwächte
Schnellfeuer des Feindes in derselben vernichtenden Weise über sie
herein wie bei ihrem ersten Auftreten auf der Hochfläche; unter Verlust
von Todten und Verwundeten eilten sie in ihre Deckung zurück, immer
noch nicht der Hoffnung entsagend, sich des vorliegenden Gehöfts Point
du jour zu bemächtigen, wenn die preußischen Granaten dasselbe erst
in Brand geschossen haben würden. Da alle Versuche, über das freie
Gelände vorzudringen, an dem Feuer der in ihren Deckungen unsicht-
baren französischen Infanterie gescheitert waren, trat auch auf diesem
Flügel gegen 3 Uhr eine Gefechtspause ein. — Inzwischen war der
Regimentskommandeur, Oberstlieutenant v. Henning, nachdem er das
Gefecht des 3. Bataillons beobachtet hatte, in der Kiesgrube auf der
Hochfläche eingetroffen und nahm auch hier Kenntniß von dem Stande
des Gefechts der andern sechs Kompagnien seines Regiments. Auf dem
Wege dahin hatte ihn eine matte Kugel am Fuße kontusionirt. Der
Regimentsadjutant Lieutenant v. Homburg begleitete seinen Komman-
deur, der, nachdem er weitere Anordnungen für das Festhalten der ge-
wonnenen Stellung getroffen hatte, sich wieder zu den Kompagnien des
3. Bataillons nach der Metzer Straße begab.

Während die in und bei St. Hubert liegenden sechs Kompagnien
des Regiments mit andern Truppen der Division untermischt waren,
waren bisher die sechs Kompagnien auf der Hochfläche ohne jede fremde
Unterstützung geblieben. Gegen 4 Uhr erschienen am Waldrande des
Bois de Vaux in der Richtung auf die Chaussee vorgehende Infanterie-
Abtheilungen, die zum Theil bis an den von der Kiesgrube nach der
Thalschlucht führenden Waldweg vorgingen; es waren dies Schützen-
schwärme des 39. Regiments. Der Kommandeur desselben, Oberst
Eskens, gefolgt von seinem Adjutanten Lieutenant Fleischhammer und
den Hauptleuten Köppen und Graf Stosch, kam gleichzeitig nach der
Kiesgrube, um sich einen Ueberblick über die Lage des Gefechts zu
verschaffen, in das sein Regiment mit eingreifen sollte.

Gleich nach seinem Erscheinen erhielt Hauptmann Köppen einen Schuß durch die Hand und eilte nach dem Walde zurück, während Hauptmann Graf Stosch Leute seiner Kompagnie, die ihm in die Kiesgrube gefolgt waren, sammelte, um einen von ihm beabsichtigten Sturm gegen die Metzer Chaussee auszuführen, zu welchem er die Unterstützung der hier angetroffenen Dreiundbreißiger erbat. Die anwesenden Offiziere des Regiments riethen von einem erneuten Unternehmen gegen die Chaussee und die Steinbrüche ab, so lange der Gegner nicht mehr erschüttert sei, da die in diesem Sinne hier gemachten Erfahrungen gezeigt hatten, daß die Wegnahme der Chaussee über das freie Terrain hinweg unmöglich sei. Hauptmann Graf Stosch hielt die Einwendung für ungerechtfertigt und unternahm einen Vorstoß mit den zur Hand befindlichen Neunundbreißigern. Nur eine ganz kleine Strecke gelangte er über die Kiesgrube hinaus, kann brach er zum Tode verwundet zusammen und wurde von den zurückgehenden niederrheinischen Füsilieren zurückgetragen. Die unverwundeten Leute seiner Kompagnie verblieben größtentheils nun bei den ostpreußischen Füsilieren in der Kiesgrube. Diese hatten durch das in Folge des eben geschilderten Vorstoßes wieder heftig gewordene Feuer des Feindes erneute Verluste zu beklagen. Ihre isolirte Lage war aber günstiger gestaltet, seitdem die rückwärts liegende Waldlisiere von Abtheilungen des 39. Regiments besetzt blieb.

Durch die defensive Aufgabe und die Entfernung vom Gegner, die ein Zündnadelgewehrfeuer erfolglos erscheinen lassen mußte, mußten sich die Kompagnien unthätig in ihren Stellungen verhalten, bereit, einem feindlichen Vorstoß durch energisches Feuer in der Defensive zu begegnen. Da das gegnerische Feuer wieder nachgelassen hatte, wurden Leute entsendet, um die auf dem freien Felde liegenden schwer Verwundeten in die Deckungen zu tragen. Leider konnte dieser Samariterdienst nicht auf Alle ausgedehnt werden, da jedesmal, sobald sich auch nur wenige Leute zeigten, das Feuer von den Schützengräben her immer wieder heftiger wurde.

Viele Verwundete hatten während der langen Stunden, die sie blutend auf dem Schlachtfelde lagen, neue Verwundungen erlitten; so war die Zahl der Wunden des Hauptmann Menner auf vier gestiegen. Andere wurden durch das tödtliche Blei von ihren Schmerzen erlöst. —

Lieutenant Rupe war auf seinem entrollten Regenmantel von einigen braven Füsilieren langsam, da es seine schwere Verwundung nicht anders gestattete, über das freie Feld nach der Kiesgrube getragen worden; er blutete unaufhörlich aus einer Brustwunde und war schon sehr geschwächt; um ihm die nothwendige Wohlthat eines Verbandes zu verschaffen, sollte er nach dem Walde zurückgetragen werden; er bat aber im Hinblick auf die neuen Gefahren, die ein Erheben der Mannschaften über den Boden im Gefolge hätte, liegen zu bleiben, obschon er sich bewußt war, daß sich sein Zustand mit jeder Minute verschlimmerte, und obgleich ihn ein brennender Durst peinigte, ohne daß auch nur ein Tropfen zu seiner Labung zu beschaffen gewesen wäre.

Eine freudige Erscheinung in dieser langen Zeit peinigender Unthätigkeit war der Beginn des Brandes der Gebäude von Point du jour, den das Feuer unserer Batterien herbeigeführt hatte. Die Vernichtung dieses Zwing-Uri gab neue Hoffnung auf den endlichen Besitz der feindlichen Stellung.

Inzwischen war es auf der Hochfläche, besonders südlich von St. Hubert, lebhafter geworden; eine Batterie bemühte sich dort aufzufahren, um ihr Feuer in größerer Nähe gegen den Feind zu eröffnen; leider gelang es ihr nicht, und sie mußte nach der Thalschlucht zurückgehen; ebenso vereitelte das feindliche Feuer den Aufmarsch des 4. Ulanen-Regiments, von dem reiterlose Pferde über die auf dem Boden liegenden Füsiliere hinwegjagten. Immer klarer wurde die defensive Aufgabe der in ihren Deckungen beinahe heimisch gewordenen Dreiunddreißiger, die durch eine feindliche Bewegung sehr bald Geltung erlangte.

Etwa gegen ½5 Uhr Nachmittags brach der Feind plötzlich aus seinen Stellungen gegen die vorgedrungenen Gefechtsgruppen der ganzen Linie vor. Das Feuer der Zündnadelgewehre der auf der Hochfläche östlich des Bois de Vaux liegenden Abtheilungen des 60. und 39. Regiments, sowie der sechs Kompagnien Dreiunddreißiger ließ den Feind auf diesem Flügel nicht weit vordringen; er ging eiligst unter Verlust in die deckenden Schützengräben zurück.

Eine größere Wirkung erzielte aber der französische Vorstoß gegen St. Hubert und die dahinter liegenden durcheinander gekommenen Mannschaften der verschiedenen Truppentheile der 15. Division. Hier wogten einzeln durcheinander gemischte Kampfgruppen führerlos auf Gravelotte zurück, ohne daß aber ein Stück des mit so vielem Blute erkämpften Terrains verloren gegangen wäre. Die Reste der sechs Kompagnien des Regiments in und bei St. Hubert verblieben auch in diesem kritischen Moment in den erkämpften Stellungen. Um den Besitz derselben aber sicher zu stellen, wurde die 31. Infanterie-Brigade zur Verstärkung der Gefechtslinie vorgezogen und nahm an dem stehenden Feuergefecht Theil. Die Kompagnien des Regiments waren durch den Patronenmangel nicht im Stande, sich daran weiter zu betheiligen.

Um 5 Uhr war es wieder ruhiger geworden und ließ das Feuer auf beiden Seiten nach. Die Vorstöße hatten aber gezeigt, daß große

Ausdauer und Zähigkeit nothwendig seien, um unter allen Umständen auf dem Platze, der einmal erobert war, auszuhalten oder zu verbluten. Das schwächere Feuer des Feindes gab die erwünschte Möglichkeit, von den umherliegenden Verwundeten und Todten Patronen zu holen und den erschöpften Vorrath einigermaßen zu ergänzen.

Die brennende Sonnenglut des Augusttages und die Aufregung des langandauernden Kampfes übten namentlich auf die von Anfang an im Gefecht befindlichen Truppenabtheilungen eine abspannende und ermüdende Wirkung. Alle sehnten sich nach einer Entscheidung. — Sie wurde inzwischen auf dem linken Flügel der Deutschen eingeleitet. —

Ohne wichtigere Ereignisse verstrich die Zeit nur sehr langsam; der Feind schien ermattet oder in der Vorbereitung neuer Versuche, das verlorene Terrain wieder zu erobern. Die bei ihm eingetretene Feuerpause benutzte Hauptmann v. Wobeser mit einer kleinen Abtheilung seiner Kompagnie, ein Soutien derselben unter Lieutenant Woide an der Lisiere belassend, eine größere Annäherung an die Chaussee in den Steinbrüchen zu gewinnen. Die hier aus behauenen Steinen zusammengesetzten Wälle begünstigten sein weiteres Vordringen bis auf eine Entfernung, die seinen Leuten eine günstigere Feuerwirkung gestattete. —

An allen anderen Punkten zeigte die Hochfläche von Point du jour dieselbe Physiognomie, die sie seit dem ersten Erscheinen der ostpreußischen Füsiliere auf derselben trug.

Die Sonne senkte sich nach dem Horizont; in ihr Licht mischten sich die Flammen des brennenden Gehöfts Point du jour. Mehr in dem Bewußtsein der unter den schwersten Verhältnissen erfüllten Pflicht, als im berauschenden Siegestaumel sahen die müden Kämpfer mit Freude das herannahende Ende des Tages.

Da, mit einem Male wird es von Neuem lebhaft; aus der feindlichen Gefechtslinie brechen wieder französische Tirailleurs hervor; abermals tritt das Zündnadelgewehr in seine vollen Rechte, und das Blut der Feinde fließt auf dem blutgetränkten Felde von Point du jour. Diese eilen hier wieder in ihre Stellungen zurück. Aber auch dieser Vorstoß blieb nicht ohne verwirrenden Einfluß auf die noch nicht entwirrten Massen von Mannschaften aller Truppen, die auf und zu beiden Seiten der Metzer Chaussee bei St. Hubert lagen.

Das hier von den Oberführern beobachtete Hin- und Herschwanken des Kampfes, das sich bis in die Nähe des Königlichen Kriegsherrn, der bis nach Gravelotte vorgeritten war, bemerkbar machte, führte den Befehl herbei, das inzwischen bei Rezonville aufmarschirte II. Armeekorps vorrücken und in die Schlacht der I. Armee eingreifen zu lassen.

Es war etwa 7 Uhr Abends, als am Waldsaume entlang neue Truppenabtheilungen von der Chaussee her auf der Hochfläche erschienen. Mit freudigem Staunen begrüßten die Füsiliere eine bei ihnen eintreffende Kompagnie des 54. Regiments, der bald eine Kompagnie 2. Jäger folgte. Ihr frischer Muth belebte schnell die ermatteten Kräfte; die Offiziere verständigten die Neuankommenden über die Gefechtslage und über die seither vergeblichen Versuche, den nun brennenden Angriffspunkt des Tages, — Point du jour, — zu erstürmen. Die lange dichte Feuerlinie der Pommern begann bald ein gewaltiges Schnellfeuer gegen die Chaussee, das von dorther ebenso lebhaft erwidert wurde. Von rückwärts ertönten die preußischen Trommeln zum Sturmschritt; auf der ganzen Linie bliesen die Hornisten das Signal zum Avanciren, noch einmal donnerten alle Geschütze, der Boden schien zu zittern. Die Füsiliere der rechten Gefechtsgruppe verließen ihre Deckungen und eilten in die langsam vorrückenden Schützenlinien. Auf der ganzen Hochfläche bis über St. Hubert hinaus erneute sich der Kampf. Der Feind stimmte mit seinen ängstlichklingenden Signalen und allen seinen Batterien und Chassepotgewehren in das gewaltig erhabene Schlachtkonzert mit ein. Nur Schritt vor Schritt gewannen die verstärkten preußischen Linien Terrain; aber es war der sichere Sieg, den sie erkämpften. Von links her machte sich die Gewißheit desselben zuerst bermerkbar. Die untergehende Sonne vergoldete den Siegeslorbeer, den die Blutarbeit des Tages errungen hatte. —

Aber selbst die hereinbrechende Dunkelheit setzte dem Kampfe noch kein Ziel; schon als die Franzosen sicher sein mußten, daß es für sie nicht mehr möglich war, das verlorene Terrain wieder zu erobern, brangen sie an einzelnen Punkten von Neuem hervor. Schon nachdem die Sonne untergegangen, versuchten sie in den Steinbrüchen mit stärkeren Abtheilungen vorzubringen, augenscheinlich um den preußischen rechten Flügel zu umfassen, nachdem der linke Flügel sie zurückgedrängt hatte. Hier lag Hauptmann v. Wobeser mit seinen Leuten, denen sich 2. Jäger und Neununddreißiger anschlossen; er übernahm das Kommando und führte einen Gegenstoß aus, um sich in den Besitz eines Steinhaufens zu bringen, hinter dem er ein freieres Schußfeld hatte und von wo aus er die Franzosen durch sein Schnellfeuer zum Rückzuge zwang. Der andere Theil der 8. Kompagnie unter Lieutenant Lehfeldt, der Rest der 6. Kompagnie unter Lieutenant Lescheck, der Rest der 2. Kompagnie unter Lieutenant v. Ledebur und die 1. Kompagnie unter Premierlieutenant v. Buttler schlossen sich dem Vorgehen gegen die Chaussee unter erneutem Verluste an; sie gelangten aber untermischt mit den Truppen des II. Armeekorps, Neununddreißigern und Vierzigern, die noch in die Gefechtslinie geworfen waren, nur einige hundert Schritte weit über die bereits am Mittage gewonnene Stellung hinaus. Die Wegnahme der Chaussee und des niedergebrannten Point du jour gelang nicht.

Erst als das Dunkel der Nacht sich über das Schlachtfeld gesenkt hatte, verstummte der Schlachtenlärm nach und nach auf der ganzen Gefechtslinie, um ab und zu stellenweise neu aufzuflammen.

Um die immer mehr durcheinandergekommenen Gefechts-Abtheilungen nach ihren Regimentern zu trennen, führten die Offiziere des Regiments ihre Leute nach den Kiesgruben und Steinbrüchen in der Absicht zurück, sich hier für die Nacht einzurichten. Der durch den Regimentsadjutanten Lieutenant v. Homburg überbrachte Befehl, daß sich die Abtheilungen des Regiments in Gravelotte an einer näher bezeichneten Stelle sammeln sollten, gab den hier gesammelten Abtheilungen des Regiments die Veranlassung, von dem Gefechtsfelde abzurücken. Die Kompagnien des 3. Bataillons und die 3. und 4. Kompagnie sammelten sich am Ostausgange des Dorfes. Von der Hochfläche zogen sich zuerst die 5. und 7. Kompagnie durch das Mancethal ab; die 1. und 2. Kompagnie folgten auf demselben Wege, während die Leute der 6. und 8. Kompagnie von den Lieutenants v. Homburg und Lehfeldt am Waldrande entlang nach dem Straßendamm geführt wurden, die schwer verwundeten Lieutenants Rupe und v. Rosenberg, sowie den Vizefeldwebel Porsch und viele andere schwer Verwundete mitnehmend. — Es war ein ernster Rückmarsch durch die am Boden liegenden stöhnenden Verwundeten, von denen sich die im Walde Gefallenen für vergessen haltend durch häufige Schüsse bemerkbar machten, die den Vorübermarschirenden leicht verderblich werden konnten. Nachts 11 Uhr traf die letztbezeichnete Abtheilung, Dank der Führung des Regimentsadjutanten, auf dem Sammelplatz des Regiments ein. Hier begrüßte sie der Oberst v. Henning, um den sich erst wenige Leute aller Kompagnien des Regiments gesammelt hatten. Nach und nach trafen hier noch einzelne Offiziere mit kleinen Abtheilungen ein. Die geschlossenen Kompagnien vermittelten erst am nächsten Morgen ihre Wiedervereinigung mit dem Regiment. Die kurze Nacht wurde durch oft wiederkehrendes Feuer gestört, das die vergeblichen Versuche bezeichnete, im nächtlichen Dunkel die Ruinen von Point du jour dem Feinde abzunehmen, der diese Stellung bis zum nächsten frühen Morgen zähe behauptete, um dann aus ihr zurückzugehen und im Thale von Rozerieulles schnell zu verschwinden.

Der Sieg von Gravelotte war der blutigste in dem Kampfe der beiden Nationen miteinander. Das Regiment war zu seiner Einleitung bei der I. Armee bald nach der Mittagsstunde in das feindliche Feuer getreten und hatte in demselben 10 Stunden lang in der vordersten Linie ausgehalten; seine Verluste entsprechen dieser langdauernden Blut-arbeit. 11 Offiziere, 172 Mann waren todt, 13 Offiziere, 450 Mann verwundet, 9 vermißt, in Summa 24 Offiziere, 631 Mann und 8 Pferde; ungefähr der 30ste Theil des Gesammtverlustes der deutschen Armee bei Gravelotte, mehr als der 4te Theil des Regiments, als es am Morgen in die Schlacht einrückte. Die Verluste vertheilen sich:

Komp.	Todt.			Verwundet.			Vermißt.		
	Offiz.	Unteroffz.	Füf.	Offiz.	Unteroffz.	Füf.	Offiz.	Unteroffz.	Füf.
1.	—	3	18	2	6	32	—	—	—
2.	1	1	20	1	4	48	—	—	2
3.	—	1	8	—	4·	20	—	—	4
4.	—	—	4	1	1	23	—	—	—
5.	—	1	3	1	1	14	—	—	—
6.	1	2	14	—	8	33	—	—	—
7.	2	1	21	1	3	87	—	—	—
8.	—	1	8	1	3	23	—	—	—
9.	3	1	19	—	3	28	—	—	—
10.	2	3	18	3	4	38	—	—	1
11.	2	1	14	1	3	26	—	—	2
12.	—	1	9	2	8	35	—	—	—
Summa	11	16	156	13	43	407	—	—	9

An Offizieren und Offizierdienst thuenden Fähnrichen und Vize=
feldwebeln hatte das Regiment verloren:

Major v. Reinhardt † am 19. August in Gravelotte,
Hauptmann v. Jasmund † auf dem Schlachtfelde,
    „   Cohen van Baren † auf dem Schlachtfelde,
Premierlieutenant Graf Rittberg † auf dem Schlachtfelde,
    „   Nolte † am 19. August in Gravelotte,
Sekondelieutenant Gaddum † auf dem Schlachtfelde,
    „   der Landwehr, Oehlmann, † auf dem Schlachtfelde,
    „   der Reserve, Raderschatt, † auf dem Schlachtfelde,
    „   Fragstein von Niemsdorff † im Elternhause zu
                                   Koblenz,
    „   Rupe † in Privatpflege in Wiesbaden,
    „   v. Rosenberg = Gruszcinski † im Lazareth zu
                            Homburg in der Pfalz.

Verwundet waren:
Major v. Knobelsdorff — schwer,
    „   v. Gilsa — schwer,*)
Hauptmann v. Etzdorff — leicht,
    „   Menner — schwer,
Premierlieutenant Januskowski — schwer,
Sekondelieutenant Reichwald — leicht,
    „   Krause — schwer,
    „   v. Arnoldi — schwer,
    „   Heydweiller — leicht,
    „   der Reserve, Baumeister — leicht,
Portepeefähnrich Hunger — leicht.
Vizefeldwebel von der Landwehr, Thulcke — schwer,
    „   von der Landwehr, Porsch — schwer.

Die Schilderung der Eindrücke, die eine so gewaltige Schlacht wie
die bei Gravelotte hinterläßt, ist unmöglich. — Trauernachrichten, freu=
diges Wiedersehen, dienstliche Aufträge, kurze Mittheilungen an die
Lieben daheim beschäftigen den Geist und die Seele, während Todte,
Verwundete, Gefangene vorüberkommen. Zu diesen Eindrücken gesellen
sich die physischen Empfindungen von Müdigkeit und Hunger. All' das
wirkt abstumpfend und erschlaffend und hält das erst nach und nach
erwachende Bewußtsein des Sieges und des erkämpften Ruhmes nieder.
Eine Truppe, die mit dem Feinde in vorderster Linie unter harten

---

*) Nach langjährigem Leiden an den Folgen seiner Verwundung verstorben.

Verlusten gerungen hat, zeigt am Morgen nach der Schlacht eine Theilnahmlosigkeit, die nur der begreifen und verstehen kann, der „wirklich drin“ gewesen ist.

In einem solch' lethargischen Zustande sammelte sich das Regiment am Morgen des 19. August nordwestlich von Gravelotte zwischen den nach Rezonville und Malmaison führenden Straßen. Es währte mehrere Stunden, ehe das Regiment wieder vollständig gesammelt war. Jetzt erst ließen sich die Verluste feststellen und konnte die dadurch nothwendig gewordene neue Besetzung der Stellen der fehlenden Offiziere verfügt werden.

Das Regiment sammelte sich mit
34 Offizieren, 157 Unteroffizieren, 2198 Füsilieren.

Nach dem Dienstalter der Offiziere und Offizierdienst thuenden Vizefeldwebel und Fähnriche wurden die Zugführerstellen vertheilt und zu Führern der Bataillone und Kompagnien folgende Offiziere bestimmt:

1. Bataillon:

Führer: Hauptmann v. Fischern.

1. Kompagnie.

Führer: Premierlieutenant v. Buttler.

2. Kompagnie.

Führer: Sekondelieutenant v. Ledebur.

3. Kompagnie.

Führer: Sekondelieutenant Kolw.

4. Kompagnie.

Führer: Premierlieutenant v. Broich.

2. Bataillon:

Führer: Hauptmann v. Wobeser.

5. Kompagnie.

Chef: Hauptmann Wolff.

6. Kompagnie.

Führer: Premierlieutenant Meske.

7. Kompagnie.

Führer: Premierlieutenant v. Asmuth.

8. Kompagnie.

Führer: Sekondelieutenant Lehfeldt.

3. Bataillon:

Führer: Hauptmann v. Wedell.

9. Kompagnie.

Führer: Sekondelieutenant Erdmann.

10. Kompagnie.

Führer: Sekondelieutenant Lescheck.

11. Kompagnie.

Führer: Sekondelieutenant Rudolf.

12. Kompagnie.

Chef: Hauptmann v. Homburg.

In Folge der Verluſte an Offizieren in der Schlacht bei Gravelotte hatten am 19. Auguſt die drei Bataillone und acht Kompagnien andern Führern unterſtellt werden müſſen.

Nachdem die neu beſtimmten Führer die ihnen übertragenen Kommandos übernommen hatten, wurde das Regiment näher an Gravelotte heran auf den für daſſelbe beſtimmten Biwaksplatz geführt. Die nächſte Sorge wendete ſich der Wiedererlangung der von einigen Kompagnien abgelegten Torniſter zu. Die danach abgeſchickten Kommandos kehrten zwar mit der vollen Zahl der Torniſter zurück; aber dieſe waren geöffnet und fehlte der größte Theil ihres Inhalts. Wie ſpäter ermittelt wurde, trug die Schuld hieran die Maßregel, daß Aerzte, die in der Nähe der im Thal des Mancebaches niedergelegten Torniſter auf Verbandplätzen thätig waren, bei dem ſchnell eingetretenen Mangel an Verbandleinwand das Oeffnen der Torniſter angeordnet hatten, um aus dieſen leinene Hoſen herauszunehmen und für Verbandzwecke zu zerſtückeln. Die wenigen bei den Torniſtern verbliebenen Leute durften dagegen keinen Einſpruch erheben und mußten mit anſehen, wie Unberufene den Inhalt zu Samariterzwecken verwertheten. Eine Folge der Oeffnung der Torniſter war aber, daß neben den Hoſen auch Stiefel und Hemden großentheils verſchwanden. Die davon betroffenen Kompagnien hatten eine harte Lehre erhalten, denn an einen baldigen Erſatz der fehlenden Montirungsſtücke war nicht zu denken.

Nachdem das Regiment wieder ſchlagfertig war, wandte ſich die allgemeine Sorge den Verwundeten zu. Die anfänglich unſichern Nachrichten über den Verbleib einzelner verwundeter Offiziere wurden durch eingezogene Erkundigungen aufgehellt. Beſonders dankenswerth war hierbei das Bemühen der beiden engliſchen Begleiter des Regiments, die ſich ſchnell kameradſchaftliche Freundſchaft unter den Offizieren zu erwerben verſtanden hatten. Major Roberts hatte es ſich zur Aufgabe gemacht, den ſchwer verwundeten Major von Gilſa aufzuſuchen. Er fand ihn in der am Mancebach liegenden Waſſermühle, wohin auch der

Major v. Knobelsdorff gebracht worden war. Die Mittheilungen hiervon
überbrachte Mstr. Roberts den Offizieren des Regiments, die er herzlich
und mit Rührung begrüßte. Bald langte die traurige Nachricht an, daß
Major v. Reinhardt und Premierlieutenant Nolte, die noch lebend vom
Schlachtfelde zurückgetragen worden, in der Nacht in Gravelotte ver=
storben waren. Auch wo die andern getödteten Offiziere des Regiments
lagen, wurde bekannt; nur die Leichen des Hauptmann v. Baren und
des Lieutenant Gabbum waren nicht aufgefunden worden, ebenso der
todt geglaubte Lieutenant Rupe. — Um die Kameraden zu bestatten
wurde für die fünfte Nachmittagsstunde die Beerdigung auf einem dazu
ausgewählten Platze angeordnet.

Es war nach 4 Uhr, als sich der kleine Rest des Offizierkorps
des Regiments vor dessen Biwak versammelte, um den Weg zur Grab=
stätte der Kameraden anzutreten, mit denen sie noch am Tage vorher
in gleichem Dienst, in gleicher Pflichterfüllung gewetteifert hatten, mit
denen gemeinsam sie gegen den Feind angestürmt waren, dessen Geschosse
die Einen tödteten, die Andern schonten. — Eine Kompagnie mit der
Musik des Regiments folgte den vorauschreitenden Offizieren.

Am Ostausgange von Gravelotte, dicht am Nordende der tief ein=
geschnittenen Straße nach St. Hubert auf hoch belegenem freien Felde
war der Platz bestimmt, der die erkalteten Leiber des Major v. Reinhardt,
des Hauptmann v. Jasmund, der Premierlieutenants Graf Rittberg
und Nolte und der Sekondelieutenants Oehlmann und Raderschatt auf=
nehmen sollte. Dorthin hatten Mannschaften ihrer Kompagnie die Leichen
der Offiziere getragen, die in voller Uniform ohne Sarg in die Erde
gelegt werden sollten. Um die todten Kameraden stellten sich die lebenden
im Halbkreise auf, mit Thränen erfüllten Augen auf die für immer
geschlossenen blickend. Der Divisionskommandeur, Generallieutenant
v. Weltzien, begleitet von seinem Generalstabs=Offizier, dem Major Lentze
hatte sich dem Trauergefolge angeschlossen. — Zu dem herben Schmerz
über den Verlust seines einzigen Sohnes gesellte sich die Trauer über
den Verlust so vieler braver Offiziere und Soldaten seiner Division,
an den ihn die Todten ermahnten, die vor ihm hingestreckt lagen. Er
war tief erschüttert. — Der Divisionsprediger Große hielt die Grab=
rede. Seine Beredtsamkeit, gesteigert durch die seltsame Umgebung, in
der er ihr Ausdruck gab, drang in die Herzen der Hörer. Kein Auge
blieb thränenleer und mit wahr empfundener Inbrunst betete ein Jeder,
als der Geistliche das „Vater unser" anstimmte und den Segen über
die Todten sprach. Dann wurden sie in die Erde gelegt, auf der ein
herrlicher Sieg zum Ruhme und zur Ehre des Vaterlandes errungen

worden war. — Die Mufik intonirte den Choral: „Jefus meine Zu=
verficht," der die ernfte Feier befchloß. Salven wurden nicht gegeben,
um einen dadurch etwa entftehenden falfchen Alarm zu verhüten; auch
hatte der kommandirende General in feinem Tagesbefehl am 19. Auguft
gefagt: „Bei Begräbniffen im Kriege find keine Salven zu geben; das
feindliche Feuer ift als Ehrenfalve anzufehen." —

Auf dem Wege von der Grabftätte ins Biwak begegneten den
Heimkehrenden andere Leichenzüge. An diefem Tage mahnte jede Stunde
an den Ernft des Krieges und der geforderten Pflichterfüllung. — Der
Tag neigte fich zu Ende als das Trauergefolge in das Biwak des
Regiments zurückkehrte, das am Morgen bezogen worden war. Jeder
fuchte Ruhe und Alleinfein. Wer noch nicht Zeit und Gelegenheit ge=
funden, den Seinigen daheim einige Zeilen zu fchreiben, um ihnen
Beruhigung über die im Krieg weilenden Gatten, Brüder und Söhne
zu fenden, der fuchte eine Feldpoftkarte zu erlangen und fie möglichft
fchnell der in Gravelotte errichteten Poft zu übergeben.

Während das VIII. Armeekorps am 19. Auguft in der Referve
Stellung genommen hatte, war vor ihm das für diefen Tag der
I. Armee unterftellte II. Armeekorps in den am frühen Morgen einge=
nommenen Pofitionen zwifchen Point du jour und Moscou ferme bereit,
diefe wichtige und dominirende Pofition gegen einen etwaigen Verfuch des
Feindes, hier wieder vorzudringen, zu vertheidigen, wie auch damit be=
fchäftigt, diefe Stellung durch leichte fortifikatorifche Arbeiten zu verftärken.
— Die Feftung Metz war von allen Seiten eingefchloffen und mit ihr
die gefchlagene franzöfifche Hauptarmee, die Marfchall Bazaine hinter
die weit vorgefchobenen Forts zurückgeführt hatte. Es galt fonach nicht
blos eine Feftung einzufchließen und vielleicht zu belagern, fondern auch
eine ftarke Armee an dem vorauszufetzenden Verfuch, wieder abzumar=
fchiren, zu hindern. —

So wie im großen Hauptquartier diefe wichtige und fchwierige Auf=
gabe der um Metz verfammelten Truppen erkannt war, wurden die
nothwendigen Anordnungen und Befehle zu Rezonville fchon am Vor=
mittag 11 Uhr ertheilt.

„Nach den fiegreichen Ereigniffen der letzten Tage ift es nöthig
und auch zuläffig geworden, den Truppen ausreichende Ruhe zu ge=
währen und Erfatz für die gehabten Verlufte heranzuziehen. Ferner ift
erforderlich, daß die Armeen den Weitermarfch gegen Paris in gleicher
Höhe fortfetzen, um den in Chalons fich verfammelnden Neuformationen
in genügender Stärke entgegentreten zu können."

„In Betracht ferner, daß die auf Metz zurückgeworfene französische Armee den Versuch machen könnte, sich in westlicher Richtung durchzuschlagen, wird es angemessen sein, sechs Armeekorps am linken Moseluser stehen zu lassen, welche sich diesem Vorgehen auf den gestern eroberten Höhenrücken widersetzen können. Am rechten Ufer verbleiben ein Armeekorps und die Reservedivision, welche einem überlegenen feindlichen Angriffe, wenn nöthig, auszuweichen haben."

„Seine Majestät der König bestimmen, für diese Einschließung außer der I. Armee (I., VII. und VIII. Armeekorps) und der 3. Reservedivision das II., III., IX. und X. Armeekorps."

„Seine Majestät wollen Seine Königliche Hoheit den Prinzen Friedrich Karl mit dem Kommando über sämmtliche, zur Einschließung der französischen Hauptarmee bestimmte Truppen betrauen und befehlen ferner, daß das Garde-, IV. und XII. Armeekorps nebst der 5. und 6. Kavalleriedivision so lange unter Befehl Seiner Königlichen Hoheit des Kronprinzen von Sachsen treten, bis die ursprüngliche Armeeeintheilung wieder hergestellt werden kann."

„Der zur Vertheidigung bestimmte Höhenrücken ist fortifikatorisch herzurichten und können übrigens Kantonnements rückwärts bis zur Orne bezogen werden u. s. w."　　　　　　　gez. v. Moltke.

Die zur Ausführung dieses Armeebefehls nothwendigen Anordnungen wurden Seitens der Kommandobehörden schon im Laufe des 19. getroffen und gelangten am folgenden Tage zur Ausführung.

Am Morgen des 20. August zeigte sich im Biwak des Regiments schon wieder ein frischerer Geist. Die Abspannung und Ermüdung war nach einem ungestörten Schlafe von den Füsilieren gewichen. Eine große Freude und Ehre wurde dem Regiment an diesem Tage schon zu früher Morgenstunde zu Theil. Der Chef des Regiments, Seine Excellenz der General v. Roon hatte sein Regiment aufgesucht. Er sprach demselben seine Anerkennung für seine Leistungen in der blutigen Schlacht, die so viele Opfer gefordert, aus und gedachte derselben in theilnehmenden Worten. Nachdem das Offizierkorps dem Chef seines Regiments vorgestellt worden, trennte er sich von demselben, um sich wieder den Arbeiten zuzuwenden, die ihm sein Beruf als Kriegsminister in solch' schwerer Zeit auferlegte. —

Bald trafen die Befehle ein, die in Folge der noch in der Nacht vorher von dem Oberbefehlshaber der zur Cernirung von Metz bestimmten Truppen, Seiner Königlichen Hoheit dem Prinzen Friedrich Karl erlassenen Direktiven für die Cernirung im Laufe des Tages zur Ausführung gelangen sollten.

Das VIII. Armeekorps hatte danach auf dem linken Moseluser Stellung zu nehmen zwischen dem VII. und II. Armeekorps. Das erstere stand zu beiden Seiten der Mosel oberhalb Metz über die Höhe von Jussy hinaus. Links daran lehnte sich der rechte Flügel des VIII. Armeekorps, während der linke Flügel desselben in der Höhe von Moscou ferme in Fühlung mit dem rechten Flügel des II. Armeekorps stand.

Dieses Korps sollte am Nachmittag um 4 Uhr aus seinen noch innegehaltenen Stellungen vor Point du jour abrücken und mußte daher seine rechtzeitige Ablösung durch Truppen des VIII. Korps erfolgen.

Die zu diesem Zweck ausgeführten Bewegungen und die befohlene Aenderung in der Lagerung der Truppen hatten für das Regiment zur Folge, daß es um 2 Uhr Mittags in ein Biwak bei St. Hubert verlegt wurde. Die Einrichtung hier erforderte nicht viel Zeit, da Lagerstroh und Lebensmittel, die einer Zubereitung am Feuer bedurft hätten, vorerst noch fehlten. Die Kompagnien wurden dazu verwendet, die noch immer zahlreich herumliegenden Leichen und Kadaver zu beerdigen, sowie Waffen und anderes Kriegsmaterial aufzusammeln. Es war Abend geworden, ehe die nächste Umgebung von St. Hubert und Point du jour, der beiden viel umkämpften Gehöfte, befreit war von den Resten und Trümmern von Menschen und den durch ihren Geist und ihre Arbeit geschaffenen Waffen, Werkzeugen, Gegenständen aller Art, ehe das Schlachtfeld bewohnbar geworden war. —

Abends erging ein Korpsbefehl, der feststehende Bestimmungen für die nächsten Tage brachte:

„Das Hauptquartier des Korps bleibt bis auf Weiteres in Gravelotte.

Die 15. Division, die heute Nachmittag Biwak bei St. Hubert bezogen hat, stellt Vorposten gegen Metz aus, den rechten Flügel in der Richtung auf Vaux an die Vorposten des VII. Armeekorps anschließend, den linken Flügel bei Moscou ferme links davon an die Vorposten des II. Armeekorps anschließend.

Die ganze Vorpostenlinie ist in Vertheidigungszustand zu setzen.

Die 16. Division bezieht morgen Biwak zwischen Gravelotte und der westlich davon liegenden Schlucht auf beiden Seiten der Chaussee möglichst nahe an den Wald heran und durch denselben gedeckt.

Sämmtliche Biwaks sind vollständig als Hüttenlager einzurichten und täglich zu verbessern und zu vervollständigen, wozu die benachbarten Wälder hinlänglich Material liefern.

Das Hauptquartier des Oberkommandos der I. Armee geht nach Ars sur Moselle.

Die Requisitionen an Lebensmitteln finden, so lange das Korps in seiner jetzigen Stellung verbleibt, ausschließlich durch die Feld=intendantur statt und wird befohlen werden, welche Kommandos die Truppentheile dazu zu gestellen haben und wo sie empfangen können u. s. w."

So waren nun die Einrichtungen für die neue große Aufgabe, die den um Metz liegenden Korps wurde, angeordnet. Für die 15. Divi=sion machte die Durchführung derselben noch eine Aenderung der am 20. eingenommenen Stellung nothwendig. Die 29. Brigade, der zwei Eskadrons Husaren und zwei Batterien zugetheilt worden waren, wurde weiter nach Süden näher an das VII. Korps in ein Biwak verlegt. Am 21. Morgens rückte das Regiment auf den neuen Biwaksplatz ab. Die Infanterie der Brigade lagerte in einem Treffen, auf dem rechten Flügel das Regiment, links daneben anschließend das 60. Regiment. Es war dem Regiment speziell der Raum zum Biwaksplatz angewiesen, auf dem das 2. Bataillon und die 1. und 2. Kompagnie am 18. August ge=fochten und manch' schwere Stunde ausgeharrt hatten.

In der Voraussicht längerer Lagerung auf diesem Platze, ent=sprechend dem Befehle des Generalkommandos, wurde sofort daran ge=gangen, Stangen und Strauchwerk aus dem ganz nahen Bois de Vaux zu holen, um das Material zum Bau von Hütten zu haben, die bald in großer Zahl das Feld bedeckten. Sehr fühlbar machte sich dabei der Mangel an Schanzzeug, das theilweise durch den Tod und die Ver=wundung der Träger desselben verloren worden war. So' gut es aber ging wurden die Hütten aufgestellt und möglichst dicht mit Laub um=wunden, so daß sie schon am Abend ihren Bewohnern ein gastliches Dach boten, nach dem sich dieselben umsomehr sehnten, als sie in den letzten Biwaks stets ohne Lagerstroh unter freiem Himmel gelegen hatten. Freilich mangelte es auch hier an Stroh; aber unausgedroschene Weizen=garben aus der Scheuer von St. Hubert ersetzten, wenn auch nur sehr knapp bemessen, das ersehnte Requisit bequemer Lagerung. Die er=finderisch machende Noth hatte auch schon die Füsiliere gelehrt, sich eine Art Matratze zu fertigen. Entlaubte kleine Aeste wurden in dicker Schicht auf den Boden gelegt, darauf dicht belaubte Aeste und endlich das sparsam gewährte Getreide. — Es ruhte sich recht gut auf dieser elastischen Unterlage. —

Bald war das Regiment in seinem Hüttenlager heimisch. Leider verlor es an diesem Tage seinen Brigade=Kommandeur, den General v. Wedell, der durch ernste Krankheit gezwungen wurde, sich ins Lazareth zu begeben. An seiner Stelle übernahm der Kommandeur des Regi=

ments, Oberstlieutenant v. Henning die intermistische Führung der 29. Infanterie-Brigade.

Die Vorpostenstellung derselben lief von der Höhe von Jussy über Point du jour nach Moscou ferme. Das Gros dieser Vorpostenstellung bildete der nicht auf Vorposten befindliche Theil in seinem Biwak.

Die 30. Brigade lag im Biwak bei St. Hubert, in welchem Gehöft der Stab der 15. Infanteriedivision mit seinen Branchen sehr dürftig untergekommen war. —

Der 22. August brachte keine Aenderung der ausgeführten Anordnungen; das Regiment richtete sich in seinem Hüttenlager heimischer ein, so gut es eben ging.

Die Verpflegung wurde wieder eine ausreichendere und gute. Das lang entbehrte Brob wurde als Delikatesse begrüßt. Nur ein sehr bedenklicher Umstand trat ein. Das seither günstige Wetter änderte sich. Der Himmel war mit schweren Regenwolken bedeckt, die ihre Schleusen öffneten. Wind und Regen drang durch die festeste Laubhütte hindurch; der lehmige Boden, auf dem das Biwak eingerichtet worden, weichte auf. Es war eine natürliche nicht zu vermeidende Folge des Wetters, daß sehr bald einzelne Erkrankungen an der rothen Ruhr eintraten, die zwar anfänglich so gelinde auftrat, daß die daran Erkrankten bei der Truppe verbleiben konnten. Eine wichtige Aufgabe aber war es nun, von den Biwaksplätzen abgelegene Latrinen zu errichten und auf deren alleinige Benutzung strenge zu halten; welche Maßregel einen verstärkten Wachtdienst im Lager nothwendig machte. —

Zur Vervollständigung der fortifikatorische Arbeiten in dem dem VIII. Armeekorps zur Vertheidigung und Bewachung zuertheilten Abschnitt der gesammten Einschließungslinie wurden von den nicht auf Vorposten befindlichen Bataillonen zahlreiche Arbeitskommandos gestellt, die unter spezieller Anleitung des Hauptmanns Kallmann in vorderster Linie und nicht selten im feindlichen Feuer arbeiten mußten. Die Mannschaften fanden das nothwendige Schanzzeug an den Arbeitsstellen vor, wohin sie in voller Ausrüstung ohne Gepäck von Offizieren geführt wurden, die die Aufsicht während der Arbeit zu übernehmen hatten.

Im Laufe der Frühstunden des 23. August ging folgender Armeebefehl des Prinzen Friedrich Karl ein:

„In Vervollständigung der Dispositionen der Cernirung von Metz vom 19. d. M. befehle ich auf Grund der seitdem vorgenommenen Terrainrekognoszirungen:

Die I. Armee dehnt die Cernirungslinie des VIII. Armeekorps bis in das Thal Châtel St. Germain inclusive aus, so daß das

II. Armeekorps seinen rechten Flügel in Anschluß daran in das Bois de Châtel legt und von dort über die Ferme St. Maurice und Saulny seine immer stärker zu befestigende Cernirungslinie zieht. Die Läger des II. Korps sind demnach sämmtlich nordöstlich der im Bau begriffenen Eisenbahn zu nehmen. Dieser Wechsel der Aufstellung muß bis morgen früh 10 Uhr ausgeführt sein.

Die Vorpostenlinien sämmtlicher Korps sind morgen früh, nachdem nunmehr die ersten Arbeiten für fortifikatorische Verstärkung der Cernirungslinie hergestellt, rings um die Festung so weit vorzuschieben, daß überall unmittelbare Berührung unserer Infanterie=Schleich= patrouillen mit den feindlichen Vorposten stattfindet.

Jeder Vorpostenkommandeur ist mir dafür verantwortlich, daß er vollständige Auskunft geben kann, wo und wie die feindliche Vor= postenlinie ihm gegenüber steht. Es ist meine Absicht, auf diese Weise sämmtlichen auf Vorposten stehenden Truppen Gelegenheit zu verschaffen, in kleinen Patrouillen=Unternehmungen gegen die feindliche Postenlinie, die Ueberlegenheit unserer Truppen in der Felddienstaus= bildung und im Schießen dem Feinde gegenüber zur Geltung zu bringen.

Jedes Korps hat in seinem Rayon die bestehenden wie die Ko= lonnenwegen mit ausreichenden Wegweisern zu versehen, und neben den in erster Linie stets fortgehenden fortifikatorischen Verstärkungen der Cernirung für Erbauung immer ausreichenderer Hüttenläger Sorge zu tragen.

Auf denjenigen Punkten in vorderster Linie, von denen aus viel= fach eine vollständige Einsicht in das Moselthal bei Metz, auf die Festung und in die Läger stattfindet, sind seitens der betheiligten Korps permanente Beobachtungsposten von Offizieren zu etabliren, von denen mir täglich die Korps die eingegangenen Meldungen resp. Vakatanzeigen im Original einzusenden haben." —

Dieser Armeebefehl wurde der 15. Infanteriedivision seitens des Generalkommandos am 2. August Morgens 7½ Uhr mit dem Auftrage zugefertigt, dem Befehle bis 10 Uhr Vormittags entsprochen zu haben. In Folge dessen befahl General v. Weltzien:

„Bei der nunmehr befohlenen Stellung der 15. Division theile ich die zu besetzenden Linien unter die beiden Brigaden:

Die 29. Brigade hat den rechten Flügel, anschließend an die vom VII. Korps erbaute Batterie westlich Jussy, und reicht die zu besetzende Linie derselben etwa 3000 Schritt lang bis an die alte Metzer Straße nördlich Point du jour.

Von dieser Straße bis zum Thal von Châtel St. Germain, dieses incl. bis zum Bois de Châtel im Anschluß an das II. Korps, hat die 30. Brigade den Abschnitt zu besetzen.

Das Hüttenlager der 29. Brigade kann bis auf Weiteres für das Gros der Brigade, wo es steht, bleiben. Das Gros der 30. Brigade hat sich ein Hüttenlager nordwärts Moscou zu errichten.

Die den Brigaden zugetheilten Truppentheile verbleiben auch jetzt bis auf Weiteres bei ihnen.

Die zu besetzende Linie haben die Brigaden auf ihre Regimenter derart zu vertheilen, daß auf jedes Regiment etwa 1500 Schritt kommen. Diese Linie ist permanent durch ein Bataillon zu besetzen. Die Aufstellung muß durch Markirpfähle in den Verschanzungen genau bezeichnet werden.

Bei entstehendem Alarm rücken die beiden anderen Bataillone zur Verstärkung in die vorbereitete Position. Bei der Besetzung ist von dem Grundsatz auszugehen, daß die Beobachtung durch die Doppelposten, soweit vor die ersten Schützengräben vorgeschoben ist, daß bei Annäherung des Feindes die Besetzung der fortifikatorischen Anlagen mit Ruhe geschehen kann.

Grundsätzlich ist zu diesem Ende danach zu streben, daß die Feldwachen vor den äußersten Linien und nicht zu weit dahinter stehen."

Danach verblieb die Brigade in ihrem seitherigen Biwak. Ein sehr großer Vortheil, da schon viele Arbeit auf die Wohnlichkeit desselben verwendet worden war.

Die 29. Brigade befahl zur Durchführung der für die Vorposten gegebenen Befehle:

„Das Regiment 33 besetzt und übernimmt mit einem Bataillon und einem Zuge Husaren die Vorposten von der Batterie, die westlich Jussy vom VII. Korps erbaut ist, bis ungefähr 1500 Schritte westlich bis zum Knie der Chaussee (da, wo auf der französischen Generalstabskarte der Buchstabe R von Rozerieulles steht). — Von hier ab besetzt das Regiment 60 mit einem Bataillon und einem Zuge Husaren die Vorpostenlinie bis zum Knie der Chaussee zwischen St. Hubert und Point du jour. Die Kommandeure dieser Bataillone sind die Vorpostenkommandeure und haben alle Meldungen direkt an die 15. Division nach St. Hubert, und Duplikate an die Brigade zu schicken.

Die Vorposten sind außerhalb der angelegten Verschanzungslinien in Stärke von zwei Kompagnien vorzuschicken, wogegen die beiden anderen Kompagnien sich in den Verschanzungen placiren.

„Die den auf Vorposten liegenden Bataillonen zugetheilten Husarenzüge sind denselben vollständig attachirt."

Gleichzeitig befahl der Oberstlieutenant v. Henning, daß das 3. Bataillon, das auf Vorposten war, die so näher bezeichnete Vorpostenstellung sogleich einzunehmen habe. Die Ausführung dieses Befehls ergab die Aufstellung von drei Feldwachen in der Stärke eines Zuges im Vorpostenbereich des Regiments, hinter welchen Pikets in der Stärke von je zwei Zügen lagen, während eine Kompagnie als Gros und Reserve zurückgehalten wurde. Die rechte Flügelfeldwache stand vorwärts der Chaussee-Serpentine nordöstlich Jussy und hatte ihr Piket an der Chaussee. Die Nebenfeldwache links anschließend, etablirte sich östlich der Biegung der Chaussee in der Nähe der Steinbrüche auf einer nach Rozerieulles vorspringenden Bergnase, das Piket etwa 200 Schritt hinter sich an der Chaussee. Die dritte Feldwache stand östlich Point du jour, ihr Piket bei den Ruinen dieses Gehöfts. —

Auf der ganzen Linie hinter den Vorposten waren schon in den wenigen Tagen durch die angestrengte Thätigkeit der Truppen Schützengräben und Geschützemplacements entstanden, deren Besetzung für den Fall des Angriffs systematisch geregelt worden war. Um eine schnelle und sachgemäße Besetzung und Vertheidigung dieser fortifizirten Linien im Falle plötzlichen Alarms herbeizuführen, wurden die sämmtlichen Bataillonskommandeure und Kompagnieführer nach Point du jour befohlen und ihnen dort eine Instruktion durch den inzwischen für die Dauer der Krankheit des Generalmajor v. Wedell mit der Führung der 29. Infanteriebrigade beauftragten Obersten Beyer v. Karger vom 69. Regiment ertheilt. — Während der Nacht sollten die Pikets in den Schützengräben lagern.

Das 3. Bataillon wurde am 24. August Morgens 5 Uhr in seiner Vorpostenstellung durch das 1. Bataillon abgelöst, das zu diesem Zweck Morgens 4½ Uhr aus dem Biwak des Regiments abmarschirt war. —

Während die Infanterie-Feldwachen aus der vorgeschobenen Nachtstellung in die für den Tag bestimmte zurückgingen, unternahm Major Dinklage vom Königs-Husaren-Regiment mit zwei Zügen der 3. Eskadron unter Premierlieutenant v. Los eine Rekognoszirung über Longeau gegen Moulins les Metz, gefolgt von einem Zuge der 9. Kompagnie unter Lieutenant Charlier. Während die in schneller Gangart vorgegangenen Husaren ins feindliche Feuer geriethen, wodurch der Premier-

lieutenant v. Los getödtet wurde, gelangte die Abtheilung der 9. Kom=
pagnie nicht in das Bereich der feindlichen Kugeln, sondern kehrte ohne
Verluste zurück, den getödteten Husarenoffizier auf einer aus Buschwerk
bereiteten Bahre ins Biwak tragend.

Der 24. August verlief für das Regiment ruhig. Der Feind
zeigte noch an keiner Stelle das Bestreben, die von ihm beobachteten
fortifikatorischen Arbeiten zu stören oder die Vorposten zu belogiren.
Es schien eine Zeit der Ruhe für die am Feinde liegenden Truppen
gekommen zu sein.

Am Nachmittag wurden die nicht auf Vorposten befindlichen Ba=
taillone auf ihren Alarmplätzen versammelt und ihnen nachstehender
Allerhöchster Armeebefehl d. d. Pont=à=Mousson, den 21. August be=
kannt gemacht:

Nachdem nunmehr alle drei Armeen Gelegenheit gehabt haben,
in einer Reihe von blutigen aber stets siegreichen Kämpfen dem Feinde
entgegenzutreten, ist es Mir Bedürfniß, sämmtlichen dem großen Ar=
meeverbande angehörenden Truppenkorps für die dabei überall an
den Tag gelegte, ausgezeichnete Bravour und Hingebung Meinen
tiefgefühlten Königlichen Dank auszusprechen.

Wir haben mit Gottes Hülfe in kurzer Zeit große Erfolge er=
rungen; doch stehen Uns noch ernste Kämpfe bevor. An der Spitze
solcher Truppen sehe Ich indeß allen ferneren kriegerischen Ereignissen
mit vollständiger Zuversicht und mit der Ueberzeugung entgegen, daß
Wir das Uns vorgesteckte Ziel eines dauerhaften Friedens für das
Vaterland erreichen werden. gez. Wilhelm.

Diesen Königlichen Dankesworten antworteten die Bataillone durch
ein dreimaliges lautes Hurrah für den geliebten König und Kriegsherrn,
das weithin schallte, weit über die Vorpostenlinie zum eingeschlossenen
Feinde hinüber. Danach intonirte die Musik das Preußenlied, das die
Füsiliere mit wahrer Begeisterung vollstimmig sangen. Solche Augen=
blicke im Kriegsleben sind wichtiger als sie scheinen mögen. Nicht allzu
häufig darf man die Gemüther in diesem Sinne erregen, denn dann
stumpfen die der weniger gebildeten und weniger empfindsamen Soldaten
leicht ab; aber fehlen dürfen solche Augenblicke auch nicht, denn sie
tragen dazu bei, den sittlichen Werth und die Disziplin einer Truppe
zu fördern. Es liegt nicht in dem Wesen der aus der Provinz Preußen
stammenden Soldaten, leicht erregt und begeistert zu sein; desto nach=
haltiger wirkt es aber, wenn die Herzen einmal zu schnellerem und lau=
terem Schlagen angeregt werden.

Nachdem die Bataillone von ihren Alarmplätzen entlassen worden, spielte die Regimentsmusik lustige Weisen. Ueberhaupt wurde in den preußischen Biwaks viel musizirt, zumal der kommandirende General v. Goeben es in einem Befehle ausdrücklich gewünscht hatte, daß viel Musik zu hören sei.

Gegen Abend trafen unsere englischen Gäste, Mstr. Roberts und Mstr. Hadlay im Biwak ein und erfreuten die Offiziere nicht sowohl mit ihrem Besuche, als auch durch die Vertheilung einiger Flaschen Wein. Sie blieben im Biwak, um einige Tage das Kriegsleben ihrer Freunde zu theilen.

Aber nicht das materielle Leben nur der Offiziere hatte sich besser gestaltet, sondern auch das der Leute. — Diese erhielten neben einer auskömmlichen Verpflegung Cigarren und rothen Wein, der um so dankbarer aufgenommen wurde, als er gleichzeitig ein vorzügliches Mittel gegen die Ruhr war.

Am 25. August, Morgens 5 Uhr, erfolgte die Ablösung des 1. Bataillons auf Vorposten durch das 2. Bataillon. In den Vormittagstunden warf das Fort St. Quentin zum ersten Male seit der Schlacht am 18. einige Granaten gegen die Vorposten und die hinter denselben mit Schanzarbeiten beschäftigten Mannschaften. Obschon zwei Granaten in nächster Nähe des Pikets der 8. Kompagnie einschlugen, verursachten sie hier keine Verluste; dagegen wurden Leute der unweit auf Vorposten stehenden westfälischen Regimenter durch besser gezielte Granaten getödtet und verwundet. In den späteren Nachmittagsstunden wiederholten die Kanonen des Mont St. Quentin ihre laute Unterhaltung. Obschon den auf Vorposten befindlichen Füsilieren der Ton der durch die Luft hinfliegenden gewaltigen Projektile nun schon bekannt sein mußte, so veranlaßte dennoch jeder Schuß eine allseitige tiefe Verbeugung in der Meinung, sich dadurch vor dem Getroffenwerden zu sichern. Doch der Soldatenhumor läßt so etwas nicht lange zu und bald setzte sich der dem allgemeinen Spotte aus, der sich noch immer bei jedem Schuß verneigte.

Abends rückte die 11. Kompagnie nach Rozerieulles vor. Dieses Dorf lag vor der Vorpostenlinie im tiefen Thale. Während am Tage eine feindliche Annäherung an diesen wichtigen Punkt beobachtet werden konnte, mußte derselbe Nachts besetzt gehalten werden, um ihn dem Gegner streitig zu machen.

Am 26. August, Morgens 5 Uhr, hatte das 3. Bataillon das 2. in der Vorpostenstellung abgelöst. Der Feind verhielt sich an diesem Tage hier ebenso ruhig wie an den vorhergegangenen. Dagegen waren auf dem rechten Moselufer feindliche Truppenansammlungen vor der Front des I. Korps und der 3. Reservedivision gemeldet worden. Der Oberkommandirende Prinz Friedrich Karl ertheilte dem entsprechend folgenden telegraphischen Befehl:

„Feind marschirt gegen Division Kummer an, ich begebe mich nach Marange; eine Brigade des VIII. Korps habe ich nach Amanvillers beordert zur eventuellen Ablösung der Cernirung des II. Korps. Cernirung bleibt aufrecht zu erhalten.“

General v. Goeben bestimmte die 32. Infanteriebrigade zum Abmarsch nach Amanvillers mit dem Befehle, in ein bei Montigny la Grange bereits errichtetes Hüttenlager einzurücken. Auch das Generalkommando des VIII. Korps sollte nach Amanvillers verlegt werden, während die Branchen in Gravelotte verbleiben sollten. Da aber Amanvillers mit Verwundeten überfüllt war, so verblieb das General-Kommando in Gravelotte.

Waren auch die feindlichen Unternehmungen am 26. mehr demonstrativer Art gewesen, so hatten sie doch zu der Annahme führen müssen, daß die feindliche Armee sich nunmehr zum Abmarsch in der einen oder andern Richtung voraussichtlich zur Vereinigung mit der Armee des Marschall Mac Mahon bereit mache.

Von dieser Armee war bekannt geworden, daß sie sich im Vormarsch gegen die französisch-belgische Grenze hin befinde und war Allerhöchst der Abmarsch von zwei Korps der Cernirungsarmee nach Westen hin befohlen. Zu diesen gehörte das II. Korps, dessen Vorpostenstellungen die 16. Division einnahm. Die Aufgabe der bedeutend geschwächten Cernirungsarmee wurde dadurch eine schwierigere und war eine Lockerung der Cernirungslinie nicht unmöglich. Der Prinz Friedrich Karl befahl daher:

„Nachdem die Cernirung von Metz schon seit einigen Tagen vollständig durchgeführt und die diesseitigen Vorposten unmittelbaren Anschluß gefunden haben, muß Sicherheit darüber bestehen, daß jede Kommunikation der Festung Metz nach außen und von außen nach innen vollständig abgeschnitten ist.

Die kommandirenden Generale und Divisionskommandeure wollen ihre besondere Aufmerksamkeit diesem Punkte zuwenden und besonders auch die Feldgensdarmerie danach instruiren, damit der schriftliche Verkehr für die Besatzung von Metz somit zur Unmöglichkeit wird.

Um diesen Zweck, der von Tag zu Tag wichtiger wird, vollständig zu erreichen, müssen nothwendig durch die dichten Waldungen, welche in der Korpslinie liegen, Durchhaue von mehreren hundert

Schritten Breite nach und nach geschaffen werden, auf denen wenigstens das Unterholz durch stete Arbeit starker Infanterie-Abtheilungen mit dem Faschinenmesser rasirt wird. Die stehenbleibenden Wurzelreste werden dann zugleich als Verpfählung jede Bewegung größerer feindlicher Abtheilungen unmöglich machen. Auf diese Beschäftigung aller nicht im Dienst befindlichen Infanterie-Abtheilungen weise ich die Korps der ersten Linie namentlich hin, weil der Ausbruch von Krankheiten durch keine Mittel besser verhindert wird, als durch geordnete Thätigkeit."

Die Wirkung dieses Befehls war eine erhöhte Anspannung aller zu Gebote stehenden Truppenkräfte. Spezialbefehle ordneten einen vermehrten Patrouillengang, überhaupt größte Wachsamkeit an.

Die Ablösung der Vorposten durch das 1. Bataillon am 27. August verlief ohne jede Störung.

An diesem Tage wurde dem Regiment bekannt gegeben, daß der Hauptmann v. Kemnitz vom Infanterie-Regiment Nr. 25 als Major dem Regiment aggregirt worden sei.

Gegen Abend wurde die 8. Kompagnie aus dem Biwak zur Besetzung von Rozerieulles und Longeau herangezogen. Als die Kompagnie vor Rozerieulles eintraf, begegnete ihr eine Offizierpatrouille eines westfälischen Regiments, die ein kleines Patrouillengefecht unter geringen Verlusten bestanden hatte und die Mittheilung machte, daß Longeau vom Feinde besetzt gehalten werde. Lieutenant Lehfeldt ließ den Schützenzug gegen dieses Dorf sogleich vorgehen, fand es aber unbesetzt. Erst etwa 400 Schritte jenseits desselben zeigte sich eine feindliche Patrouille von etwa 20 Mann, gegen die zwei Sektionen vorgingen, die hinter einer Weinbergsmauer günstige Deckung fanden, von wo aus sie die feindliche Patrouille durch ihr Feuer vertrieben. In der Nacht erging an die Kompagnie die Meldung zu erhöhter Vorsicht und der Befehl, die Glockenstränge der Kirche zu durchschneiden, da zu befürchten sei, daß Signale mit der Glocke gegeben würden. Vor Sonnenaufgang schossen sich Patrouillen der Kompagnie im Anschluß an Patrouillen der bei Châtel auf Vorposten liegenden achten Jäger mit den feindlichen Vorposten herum, ohne daß Verluste für die diesseitigen Truppen daraus entstanden.

In Folge des in der Nacht ertheilten Befehls des Generalkommandos, daß die 15. Infanteriedivision ein Regiment nach Gravelotte zu verlegen habe, das für den Fall des Gefechts zur Disposition des kommandirenden Generals verbleiben sollte, erhielt das Regiment den Befehl, dorthin abzurücken. Gleichzeitig sollte von dem Regiment die

Kommandantur und Besatzung von Gravelotte und der Schutz der Telegraphenlinien übernommen werden.

Das Regiment wurde am 28. August auf Vorposten vom 60. Regiment abgelöst und trat dann bei strömendem Regen den befohlenen Abmarsch an. Eine Woche lang hatte es auf demselben Platze biwakirt; es war dort heimisch geworden, und mit Wehmuth schieden die Füsiliere von dem Platze, auf dem sie gefochten und manche Stunde im Biwak verbracht hatten.

Das 1. und 3. Bataillon bezogen ein Biwak vor dem Ostausgange von Gravelotte, nördlich der Metzer Straße, und errichteten sich dort ein Hüttenlager in der gewohnten Weise. Das 2. Bataillon ging nach dem Westausgange von Gravelotte und nahm dort ein vom 2. Bataillon des 72. Regiments bereits eingerichtetes und eingewohntes Hüttenlager auf dem Hofe hinter einem Hause ein. Zum Schutze der Feldtelegraphen wurde Lieutenant Scherf mit einem Zuge der 7. Kompagnie nach dem Gehöft Mogador verlegt, ebenso 2 Unteroffiziere, 30 Mann der 8. Kompagnie nach der an der Straße nach Ars belegenen Mühle Fayon. Zum Kommandanten von Gravelotte wurde der Führer des 2. Bataillons, Hauptmann v. Wobeser bestimmt. Dem Bataillon wurde nicht sowohl die Besetzung der sämmtlichen Kantonnementswachen in einer ungefähren Stärke von 100 Mann täglich übertragen, sondern auch die Gestellung von Arbeitern in den Magazinen und Mannschaften zur Beerdigung verstorbener Soldaten, wie des Aufsichtspersonals für die zur Straßenreinigung herangezogenen Dorfbewohner. — Das 1. und 3. Bataillon dagegen wurden in erhöhtem Maße zu fortifikatorischen und Wegearbeiten herangezogen. — Die anhaltende Ungunst des Wetters machte den Aufenthalt in den Hüttenlagern sehr ungemüthlich und mehrten sich die Ruhrerkrankungen, die zum Theil einen ernsten Verlauf nahmen. Für das Regiment, das keine Vorposten mehr gab, trat eine kurze Zeit täglich wiederkehrender gleichmäßiger Thätigkeit ein.

Am 31. August traf der à la suite des Regiments stehende Hauptmann Maier, der für die Dauer des Krieges von seiner Stellung als Militärlehrer am Kadettenkorps entbunden worden war, ein und übernahm die Führung der 10. Kompagnie.

Die freien Stunden wurden, so gut es anging zur Wiederherstellung der Bekleidung und Ausrüstung verwendet. Es ergingen darauf bezügliche Befehle. Aber auch in taktischer Beziehung ergingen Befehle von Bedeutung, so nachstehender Allerhöchster Armeebefehl:

Ich habe aus den Berichten über den Verlauf der bisherigen siegreichen Kämpfe dieses Feldzuges entnommen, wie die großen Ver-

luste der Infanterie zum Theil daraus entstanden sind, daß bei den
Angriffen vielfach in Bataillonskolonnen vorgegangen worden ist,
welche ihren Schützenlinien auf ganz nahe Distanzen folgten. Ich
mache daher darauf aufmerksam, daß der Angriff auf eine feindliche
Stellung zunächst durch die Artillerie und ein wohlgezieltes Schützen-
feuer gehörig vorbereitet werden muß und daß in den seltenen Fällen,
wo ein Umfassen oder Flankiren des Feindes nicht möglich wird und
ein Frontangriff über ebenes Terrain also durchaus geboten ist, die
im Reglement vorgeschriebenen und auf den Uebungsplätzen zur Anwendung gekommenen Formationen der Kompagniekolonnen und Halbbataillone beizubehalten ist. Ich lasse dem braven Vorwärtsstürmen
der Infanterie, der bisher keine Aufgabe zu schwierig erschien, gewiß
die vollste Anerkennung zu Theil werden; erwarte aber von der
Intelligenz der Offiziere, daß es ihnen gelingen wird, durch eine
recht geschickte Benutzung des Terrains, durch eine gründliche Vorbereitung des Angriffs und durch Anwendung entsprechender Formationen dieselben Erfolge künftig mit geringeren Opfern zu erreichen.
gez. Wilhelm.

Die hier kundgegebene Allerhöchste Willensmeinung über die Ausnutzung der im Friedensdienst erlernten Formen war eine um so ein-
bringlichere Mahnung an alle Führer, als die Ueberlegenheit der französischen Handfeuerwaffen einen Jeden darüber belehrt hatte, daß ein
Frontalangriff die blutigste Arbeit geworden sei. Vor Allem war es
nothwendig geworden, durch eine zweckmäßige Gliederung der Infanterie-
massen in kleinere selbstständige Abtheilungen die Gefechtsleitung in vorderster Linie nach einem einheitlichen Gedanken zu ermöglichen. Das
muthige „Draufgehen gegen den Feind“ mußte reglementarisch gezügelt
werden. Die dem modernen Feuergefecht günstigsten Formen waren
durch Spezial= und Nachtragsbestimmungen zum Exerzirreglement von
1845 gegeben; der Neuabdruck desselben, der alle die Abänderungen
enthielt, die in den letzten Jahren eingeführt worden, erschien erst an
dem Tage, als die preußische Infanterie ihre Fahnen siegend gegen den
Feind trug.

Eine Allerhöchste Kabinetsordre d. d. Mainz, den 3. August 1876
bestimmte, daß die in dem Neudruck des Exerzirreglements Allerhöchst
genehmigten Abänderungen und die damit gegebenen Festsetzungen künftig
allein maßgebend sein sollten.

Erst vor Metz erreichten die Exemplare des abgeänderten Exerzir=
reglements die Truppen und wurde es eine erwünschte Lektüre in den
Tagen ungestörter Gleichmäßigkeit.

Für das Regiment währten dieselben bis zum 1. September.

Dem Oberkommandirenden der französischen Rheinarmee, Marschall Bazaine, war, trotz der Einschließung in und um Metz, die Nachricht zugekommen, daß der Marschall Mac Mahon im Marsche von Chalon nach Norden hin sei. Mit seiner Armee sich zu vereinigen, beabsichtigte Bazaine einen Durchbruch in der Richtung auf Thionville. Er zog zur Erreichung dieses Zweckes am Nachmittage des 31. August einen großen Theil seiner Streitkräfte im Nordosten der Festung zusammen. Die Meldung von dieser beobachteten Truppenkonzentration veranlaßte diesseits Bewegungen und Verschiebungen in der Cernirungslinie. Noch ließ sich nicht erkennen, ob man einer Demonstration oder einem ernsten Durchbruchsversuch entgegentreten müsse.

Das Generalkommando des VIII. Armeekorps erließ daher noch am Abend des 31. August folgenden sekreten Befehl:

„Der Feind hat heute jenseits der Mosel sehr bedeutende Streit= kräfte gezeigt, dieselben aber ohne ernsten Kampf zurückgenommen. Es muß die Eventualität ins Auge gefaßt werden, daß er, nachdem er seiner Meinung nach unsere Reserven auf jenes Ufer gelockt hat, in seiner verzweifelten Lage morgen versucht, auf diesem Ufer durch= zubrechen. Ich empfehle die höchste Wachsamkeit, namentlich in den Stunden vor und nach Ablauf des Tages, resp. so lange der Morgen= nebel die Umsicht verhindert. Ich setze voraus, daß jetzt jeder Truppentheil über seine Rolle und über den bei Nacht oder bei Tage, im Falle eines feindlichen Vordringens, einzunehmenden Posten durchaus sich klar ist 2c."

Am 1. September waren die Truppen des VIII. Korps vom Tagesgrauen an alarmbereit. Das Regiment war der Befehle seines kommandirenden Generals gewärtig, zu dessen alleiniger Disposition es für den Fall des Kampfes stand. — Der feindliche Durchbruchs= versuch richtete sich nicht gegen die Linien des VIII. Korps; er wurde auf dem rechten Moselufer in der Schlacht von Noisseville zurück= gewiesen. — Metz und die französische Rheinarmee blieben von den preußischen Korps cernirt.

Der heiße Kampf, den zunächst Truppen des I. Armeekorps zu bestehen hatten, gab Veranlassung, die in der Cernirungslinie benachbarten Korps marschbereit zu machen, um sie in den Kampf eingreifen zu lassen. Da hierzu zuerst eine Ablösung in der Cernirungslinie erfolgen mußte, wurde diese verfügt. Das VIII. Korps sollte das VII. ablösen.

Der kommandirende General v. Goeben befahl dem entsprechend am Nachmittag um 3 Uhr, daß das 1. und 3. Bataillon des Regiments sogleich aus ihrem Biwak, östlich Gravelotte, abrücken und die vom

VII. Korps auf dem linken Moseluser innegehaltene Cernirungsstellung bei Jussy einnehmen sollten. Das 2. Bataillon sollte in seinem Biwak und Dienst in Gravelotte verbleiben.

Die beiden nach Jussy abgerückten Bataillone fanden in der dortigen Cernirungsstellung das 15. Regiment und lösten dasselbe ab.

Es besetzten zwei Kompagnien die Höhe von Jussy und den dort belegenen Observationsposten, den Lieutenant Rudolf übernahm. Zwei Feldwachen waren gegen St. Ruffine vorgeschoben. Zwei Kompagnien standen auf der Höhe des Weinberges von Jussy im Piket, hinter den auf Vorposten befindlichen Kompagnien. Zwei Kompagnien besetzten das Dorf Jussy, dessen nach St. Ruffine hin belegener Ausgang zur nach=haltigen Vertheidigung eingerichtet war. Zwei Kompagnien nahmen östlich Vaux Stellung, zur Sperrung des Moselthales und der in dem=selben nach Metz führenden Chaussee.

Der rechte Flügel dieser, von dem 1. und 3. Bataillon neu ein=genommenen Vorpostenstellung lehnte sich an das linke Moseluser östlich Vaux. Auf dem linken Flügel schloß sich die Vorpostenstellung des 60. Regiments an. Die zwei Bataillone des Regiments traten in den Brigadeverband zurück; nur das zweite stand noch zur speziellen Ver=fügung des kommandirenden Generals in Gravelotte.

Am 2. September verblieb das Regiment in seinen Stellungen wie Tags zuvor.

Die durch die Schlacht von Noisseville und die am 30. August mit der Armee Mac Mahons geschlagene Schlacht von Beaumont, die nicht sowohl seine Entfernung von Metz, als auch seine ungünstige Lage bekundete, mußten die Anschauungen der Lage der Cernirungsarmee ändern, deren taktische Aufgabe nun erleichtert schien. — Der Prinz Friedrich Karl gab daher am Vormittage des 2. Septembers eine ver=änderte Disposition.

Danach sollte das VII. Armeekorps vorläufig die Stellung zu beiden Seiten der Mosel, oberhalb Metz, wieder einnehmen. Das VIII. Korps sollte seine Vorpostenstellung mit einer Division besetzen; der rechte Flügel an der bei Jussy erbauten Schanze, der linke an der Ruine von Châtel. Eine Division sollte mit der Korpsartillerie in Reserve bleiben.

Als die künftige Aufgabe der Cernirungstruppen bezeichnete der Prinz: „eine, in noch erhöhtem Grade festere Einbauung in unseren Vertheidigungspositionen, immer dreisteres Vorschieben unserer Infanterie=patrouillen zur steten Belästigung und Einschüchterung des Feindes auf der ganzen Linie, immer sicherere Abschließung der Festung, zur Ver=

meidung jeder Kommunikation und des Entweichens von Einwohnern, die nöthigenfalls durch Schüsse zurückzutreiben sind."

Als Folge der in der früheren Weise wieder einzunehmenden Vorpostenstellung der 15. Division, wurde die Stellung im Moselthal von Truppen des VII. Korps besetzt. Das 15. Regiment löste das 1. Bataillon in der Vorpostenstellung bei Jussy ab und bezog dieses Bataillon ein Biwak am Bois de Vaux, während das 3. Bataillon die alte Vorpostenstellung vor Rozerieulles besetzte.

Am frühen Morgen des 4. September löste das 1. Bataillon das 3. auf Vorposten ab. Während des Aussetzens der Posten gingen wie gewöhnlich die Patrouillen gegen den Feind vor, der aber an diesem Morgen seine Patrouillen in den Weinbergen von Longeau weiter vorgeschoben hatte und die unsrigen mit heftigem Feuer begrüßte, das der 3. Kompagnie einige Verluste zufügte, darunter einen Todten. Am Morgen desselben Tages war das 2. Bataillon bei Gravelotte von einem Bataillon des 40. Regiments abgelöst worden und kehrte zum Regiment, in das Biwak am Bois de Vaux, zurück. Hier fand Vormittags Feldgottesdienst statt.

Am nächsten Morgen bezog das 2. Bataillon die Vorposten von Rozerieulles, wurde aber schon nach einigen Stunden abgelöst, um, sich rechts schiebend, in die Vorpostenstellung von Jussy abzurücken.

Eine in den Frühstunden des 5. September beobachtete Bewegung des Feindes gegen das rechte Moselufer hatte es nothwendig gemacht, das VII. Korps wieder nach seinen rechten Flügel zu konzentriren. Es mußten seine Truppen zu diesem Zweck in ihrer Vorpostenlinie abgelöst werden und hatte das den Aufbruch des Regiments aus seinem Biwak am Bois de Vaux zur Folge.

Die nunmehr eingenommene Stellung des Regiments war:

 zwei Kompagnien des 2. Bataillons in Jussy,

 zwei Kompagnien auf der Höhe von Jussy;

 zwei Kompagnien des 1. Bataillons als Piket dahinter,

 zwei Kompagnien in Vaux;

 zwei Kompagnien des 3. Bataillons zur Sicherung des Thales von Vaux,

 zwei Kompagnien in Vaux.

Die neue Vorpostenstellung war zur Mittagsstunde bezogen. Bald darauf traf unter dem Kommando des vom Ersatzbataillon zum mobilen Regiment versetzten Hauptmann v. Wulffen ein Transport von Komplettirungs-Mannschaften ein, in einer Gesammtstärke von 10 Offizieren resp. Offizierdienst thuenden Vizefeldwebeln, 20 Unteroffizieren und 534 Mann.

Es war nach den Verlusten, die die Schlacht von Gravelotte dem Regiment gebracht hatte, und den Lücken, die durch die Erkrankungen an Ruhr entstanden waren, eine sehr nothwendige Ergänzung der Kompagnien, die ihnen nun zu Theil werden konnte. Gleichzeitig traf der dem Regiment aggregirte Major v. Kemnitz ein und übernahm die Führung des 3. Bataillons.

Der 6. September wurde zum Ehrentage für das Regiment. Die ersten eisernen Kreuze 2. Klasse gelangten zur Vertheilung. Es erhielten dasselbe:

der Führer des Regiments, Oberstlieutenant v. Henning,
der Major v. Kobelsdorff,
der Hauptmann v. Wobeser und
der Füsilier Käsling von der 4. Kompagnie.

Mit herzlichen Glückwünschen wurden die Träger dieser altehrwürdigen Auszeichnung von allen Seiten begrüßt.

Unter präsentirtem Gewehr der im Gros liegenden Kompagnien und unter den Klängen der Regimentsmusik wurden die Dekorationen vor der Front angeheftet. Leider konnte der schwerverwundete Major v. Knobelsdorff an dieser erhebenden Feier nicht Theil nehmen.

An demselben Tage ernannte eine Allerhöchste Kabinetsordre die Premierlieutenants v. Buttler und v. Zschüschen zu Hauptleuten, die Sekondelieutenants v. Massenbach, v. Besser, Lehfeldt, Freiherr v. Ledebur zu Premierlieutenants.

Der dem Regiment aggregirte Major Ihssen wurde einrangirt, verblieb aber noch bis auf Weiteres als Kommandeur des Landwehrbataillons Königsberg in Memel.

Nach dem Eintreffen der Komplettirungs-Mannschaften waren die Bataillone und Kompagnien folgenden Führern anvertraut:

1. Bataillon Hauptmann v. Fischern.

1. Kompagnie Hauptmann v. Buttler,
2.   „   Premierlieutenant Freiherr v. Ledebur,
3.   „   Hauptmann v. Wedell,
4.   „   Premierlieutenant v. Broich.

2. Bataillon Hauptmann v. Wobeser.

5. Kompagnie Hauptmann Wolff,
6.   „   Premierlieutenant Wieske,
7.   „   Premierlieutenant v. Asmuth,
8.   „   Premierlieutenant Lehfeldt.

3. Bataillon Major v. Kemnitz.

  9. Kompagnie Hauptmann v. Wulffen,
10.   „   Premierlieutenant May,
11.   „   Hauptmann Maier,
12.   „   Hauptmann v. Homburg.

War auch das Regiment nicht auf voller Kriegsstärke, so war es doch nur etwa um ein Fünftel schwächer. Der Krankenstand, excl. der Verwundeten, betrug 3 Offiziere, 9 Unteroffiziere, 159 Mann.

In der Stellung in und vor Jussy und Vaux verblieb das Regiment mehrere Tage. Die Bataillone lösten die Kompagnien in ihren Stellungen in sich ab.

Auf dem Observatorium verblieb Lieutenant Rudolf.

Durch das dort aufgestellte Fernrohr konnte man die französischen Regimenter, in ihren Biwaks südlich Metz, sehr genau beobachten, besonders die in dem großen Biwak bei Longeville les Metz liegenden Kavallerie-Regimenter. Auch die Franzosen hatten Observatorien zur Beobachtung unserer Vorposten errichtet. Ein solches war in der Kommunikation zwischen den Außenwerken des Fort St. Quentin und von Plappeville. Der observirende Offizier machte es sich zum Vergnügen, sobald sich die beiderseitigen Observatorien zufällig anvisirten, mit ausgesuchter Höflichkeit einen Gruß zu senden, der Erwiderung fand. Schon fingen Einschließende und Eingeschlossene an, sich an ihre, an den Platz fesselnde Thätigkeit zu gewöhnen, ohne daß aber dabei der Ernst des Krieges aufhörte sich fühlbar zu machen. Nicht selten wurden Mannschaften des Regiments beim Patrouillengang oder auf Vorposten verwundet.

Der Dienst der Einschließungstruppen und deren Leben in ihren Lägern und Quartierorten gestaltete sich mit jedem Tage gleichartiger. Außergewöhnliche Ereignisse schienen in nächster Zeit nicht bevorzustehen.

Eine Unterbrechung der scheinbar eingetretenen Ruhe brachte folgender Befehl des Oberkommandos der Cernirungsarmee:

„Um die Entschlüsse des Marschall Bazaine zu beschleunigen, soll am 9. Abends 7 Uhr an möglichst vielen Punkten eine Beunruhigung der feindlichen Truppen durch sechspfündige Granaten stattfinden. Solche Beschießung ist auf 5000 Schritt und weniger auszuführen, möglichst auf folgenden Punkten, neben denen die Korps auch noch andere aufsuchen können:

Von der I. Armee von Punkten vorwärts Vaux gegen die stark belegte Vorstadt Longeville. Falls die weitere Cernirungslinie der

I. Armee noch andere Punkte angiebt, von denen aus sichtbare größere Lager erreicht werden können, so sind auch diese mit schweren Batterien zu derselben Zeit zu beschießen.

Beim VIII. Korps können andere Batterien während der Zeit das Fort von St. Quentin beschäftigen. Die Truppen sind zu der angegebenen Zeit zur Begegnung etwaiger Ausfälle bereit zu halten rc."

In Folge dieses Befehls rückten die Bataillone in die ihnen vorgeschriebenen Gefechtsstellungen auf der Höhe vor Jussy und an den Ausgang von Vaux. Es regnete unaufhörlich. Schlag 7 Uhr eröffnete eine Feldbatterie, die östlich der Höhe von Jussy im Moselthale stand, ihr Feuer gegen Longeville les Metz. Der stark strömende Regen und die völlige Dunkelheit, die bald eintrat, erschwerten die Beschießung, die die Geschütze des St. Quentin bald erwiderten. Diese schienen ihr Ziel in der Richtung des Feuers zu nehmen, das sie anscheinend von der Höhe von Jussy kommend vermutheten, wenigstens nahm der größte Theil der Granaten seinen Weg dahin. Hier standen unser 1. und 2. Bataillon eng beisammen in den durch Mauern begrenzten Weinsbergswegen. Jede in der Luft über die Köpfe der Füsiliere dahinfliegende Granate wurde mit unwillkürlichen Verbeugungen begrüßt. Glücklicherweise traf keine Granate die eng aufgestellten Abtheilungen, die gewiß große Verluste erlitten haben würden. Die nur etwa dreiviertel Stunden während Beschießung hatte dem Regiment eine recht ungemüthliche Situation geschaffen. Heftiger Regen und schwere Granaten sind eine schlechte Abendunterhaltung; darum war ein Jeder, der nicht zu den auf Vorposten bleibenden Kompagnien gehörte, froh, als er um 8 Uhr in die Alarmquartiere nach Jussy und Vaux wieder abrücken konnte. Leider erschoß sich bei dieser Gelegenheit durch einen unglücklichen Zufall ein Einjährig-Freiwilliger der 9. Kompagnie, der erst seit vier Tagen mit dem Nachersatz vor Metz eingetroffen war.

Mit diesem war auch ein früherer Einjährig-Freiwilliger, nunmehr Unteroffizier, Moses eingetroffen, der sich durch seine nationalen Eigenthümlichkeiten bald in weiten Kreisen hervorthat und als Faktotum bei Requisitionskommandos und ähnlichen in das Bereich kaufmännischer Würdigung fallender Vorkommnenheiten nützlich erwies. Es ist hier seiner Erwähnung geschehen, weil er sich später bei mancher Heiterkeit erregenden Scene zum Mittelpunkt derselben machte.

Am 10. September verblieb das Regiment in seiner bisherigen Stellung. An diesem Tage wurde durch das Oberkommando der Cernirungsarmee eine anderweitige Vertheilung der Armeekorps angeordnet. Danach sollte am folgenden Tage die 25. (großherzoglich hessische)

Diviſion die Cernirungsſtrecke von Juſſy bis zur oberen Moſel übernehmen; das VIII. Armeekorps aber auf das rechte Moſelufer rücken.
Der Schluß des bezüglichen Armeebefehls lautete:

„Alle Anſtrengungen ſind jetzt dahin zu richten, daß das andauernd
ſchlechte Wetter für uns nicht zur Kalamität werde. Es iſt deshalb
jedes Dach zur Unterkunft zu benutzen, ſo daß die Vorpoſten von
Zeit zu Zeit abgelöſt werden und ihre Sachen unter Dach am Feuer
trocknen können. Geſicherte ausreichende Verpflegung, feſter Wille
und die Ueberzeugung, daß der Feind mehr leidet als wir — wie die
Ausſagen der Gefangenen bezeugen — wird uns auch dieſe Prüfung
überwinden laſſen.“

Dieſer Hinweis auf die Witterungsverhältniſſe zeigt am deutlichſten,
wie ungünſtig ſich dieſelben geſtaltet hatten und wie ſchwer die Erfüllung
der Pflicht einem Jeden werden mußte. Aber nirgens ſchien der Eifer
erlahmt, die Pflichterfüllung vernachläſſigt.

Für die veränderte Aufſtellung des VIII. Korps in der Cernirungslinie wurde beſtimmt, daß das Korps das Terrain zwiſchen Moſel und
Seille zu beſetzen habe. Das Hauptquartier ging nach Jouy aux arches.
Der 15. Infanteriediviſion wurde die Terrainſtrecke vom rechten Moſelufer bis Augny, im Anſchluß an den linken Flügel der 16. Diviſion weſtlich
Marly ſur Seille, zur Beobachtung und Vertheidigung übertragen. Der
Diviſionsſtab nahm ſein Quartier in der Ferme Gros Yeux. Die
30. Brigade, bei welcher das 68. Regiment an Stelle des 67. getreten
war, übernahm mit einem Regiment die Vorpoſten von der Moſel
bis Orly—Frescati und legte ein Regiment in Reſerve bei Jouy.

Die 29. Brigade, der die 2. leichte und 2. ſchwere Batterie, ſowie der
Stab, die 2. und 3. Eskadron Königshuſaren und eine Sappeurkompagnie
zuertheilt waren, hatte ihre Stellung vorwärts Augny, in Fühlung
links mit der 30. Brigade, rechts mit der 16. Diviſion, zu nehmen;
der Stab kam nach Augny.

Während das Regiment ſeine Ablöſung in der ſeitherigen Vorpoſtenſtellung abwarten mußte, ging das 60. Regiment in den der Brigade
neu zugetheilten Vorpoſtenabſchnitt voraus und übernahm bis auf Weiteres
hier den geſammten Vorpoſtendienſt. Am 11. September gegen 11 Uhr
Vormittags rückten großherzoglich heſſiſche Infanterie-Abtheilungen auf
die Höhe von Juſſy und nach Vaux vor und übernahmen hier die
Vorpoſten des Regiments. Den Beobachtungspoſten auf dem St. Quentin
war die ungewöhnliche Bewegung in der Vorpoſtenlinie nicht entgangen
und kamen ſehr bald einige wohlgezielte Granaten als Abſchiedsgruß
herüber, die in die Stellungen der Pikets einſchlugen und einige Verluſte

verurfachten. Das mächtige Fort wollte die Füfiliere nicht ohne Abschied scheiden laffen, nachdem sie seit dem Tage von Gravelotte treue Wacht davor gehalten hatten. Von solch' unbequemen Bekannten wird die Trennung aber nicht schwer und ohne Wehmuth wendete das Regiment dem St. Quentin den Rücken, um die Mosel bei Ars zu überschreiten und nach Augny abzurücken, wohin der Regimentsstab mit dem 1. und 2. Bataillon bestimmt war, während das 3. Bataillon nach der Ferme Gros Yeux abrücken und dort zur Disposition des Divisionskommandeurs verbleiben sollte. Nach kurzem Marsch waren die neuen Kantonnements erreicht und in Augny Alarmquartiere in Scheunen und Ställen, in Gros Yeux ein Hüttenlager bezogen.

Das neue Vorpoftenterrain war wesentlich anders gestaltet als das seitherige. Die Stellungen vor Rozerieulles und vor Juffy waren auf dominirenden Höhen belegen und gewährten das Sicherheit gebende Gefühl des Ueberhöhens. Das Vorterrain von Augny ist das Plateau von St. Privat. Die Oberfläche dieses Plateaus gestattet eine weit ausgedehnte Ueberficht, die nur an einer Stelle durch das Schloß Frescati und eine sich daran anschließende Waldparzelle behindert wird. Südlich Augny steigen die Höhen nicht unbedeutend an, die von der Ruine St. Blaise gekrönt werden. In diesem Abschnitt stand man auf gleichem Niveau mit dem nahen Feinde, der einen festen Stützpunkt an dem zwar noch nicht vollendeten, aber in stetigem Ausbau begriffenen Fort St. Privat hatte. Es war daher geboten, den Cernirungsdienst mit erhöhter Vorficht und Wachsamkeit durchzuführen; gleichzeitig aber auch durch künstliche Verstärkungsmittel die Widerstandsfähigkeit der Vorpoften zu erhöhen.

Augny ist ein großes, durchweg massiv erbautes Dorf, sich von Nordoft nach Südoft hinziehend. Den Mittelpunkt desselben bildet ein großes Schloß mit ausgedehntem Park, der mit einer Mauer umrahmt ist und sich nach Norden, in der Richtung gegen den Feind hin, erstreckt. Die Parkmauer, die zu diesem Zwecke krenellirt worden war, bildet- die natürliche Vertheidigungsstellung. Schützengräben und Geschütze Emplacements auf dazu geeigneten Terrainerhebungen vervollständigten die vorderfte Vertheidigungsstellung. Westlich des Ortes an einem Gehölze südlich der Ferme Orly war eine Batterie errichtet, die mit 12^{cm} Geschützen armirt war. Der rechte Flügel dieser Stellung lehnte sich an die von der 16. Division eingenommene Position bei Marly sur Seille an, von der als vorgeschobener Posten die Papeterie in gleicher Höhe mit dem Gehölz von Frescati besetzt gehalten wurde. Beide vorgeschobene Posten lagen nur ungefähr 1000 Schritt vom Fort St. Privat entfernt.

Vor diesem Fort und zu beiden Seiten desselben hatte der Feind seine Vorpostenstellung eingerichtet, die in der Befestigung des nahen Chateau de la grange aux Ormes und der dahinter liegenden Fermen einen Stützpunkt fand.. Von dem auf dem St. Blaise errichteten Observatorium wurde der Feind und seine emsige Thätigkeit bei der Anlage von Schützengräben, Kommunikationen, besonders aber dem Ausbau des Forts St. Privat beobachtet.

In Augny übernahm für den von seiner Erkrankung noch nicht wieder genesenen Brigadekommandeur General v. Wedell der Chef des Generalstabes der I. Armee Generalmajor v. Sperling die Führung der 29. Infanteriebrigade.

Die große Nähe des Feindes erheischte eine stete Alarmbereitschaft der nicht auf Vorpostendienst befindlichen Bataillone, sowie einen geregelten Sicherheitsdienst im Kantonnement. Um diesen einer einheitlichen Leitung zu unterstellen, wurde eine Kommandantur in Augny errichtet und die Geschäfte derselben dem Kommandeur der Königshusaren Obersten Freiherrn v. Los übertragen.

Zur Besetzung der starken Dorfwachen an allen Ausgängen, die nach dem Feinde hin verbarrikadirt waren, wurden zunächst die beiden in Augny liegenden Bataillonen des Regiments herangezogen.

Im Laufe der folgenden Tage und nach dem Eintreffen des Generals v. Sperling wurde der mehrfach geänderte Vorpostendienst dahin festgestellt, daß auf dem rechten Flügel der Vorpostenstellung der Brigade ein Bataillon Dreiunddreißiger, auf dem linken Flügel ein Bataillon Sechsziger die Vorposten übernahmen.

Am 17. September bezog das 1. Bataillon die neue Vorpostenlinie. Eine Kompagnie lagerte östlich des Schloßparkes von Augny in Fühlung mit der 16. Division, zwei Kompagnien lagen im Park; die vierte lag in dem westlichen baumlosen Theile des Parkes im Anschluß an die Sechsziger, die das Wäldchen von Frescati besetzt hielten, wo auch noch rheinische Jäger lagerten. Die Uebersichtlichkeit des ganzen Vorterrains zwischen diesem Gehölz und der Papeterie gestattete, daß hier der Vorpostendienst des Tages einer einzigen Kavalleriefeldwache anvertraut werden konnte. Die Vedetten derselben hatten einen unbeschränkten Gesichtskreis und genügte es darum, nur zwei auszustellen. Die Infanterie hatte während des Tages eine Feldwache in der Nordlisiere des Gehölzes von Frescati, doch beschränkte sich auch hier der Postendienst auf zwei Posten. Diese Anordnungen erleichterten der Infanterie in diesem Cernirungsabschnitt ihre Aufgabe außerordentlich. Nur während der Nacht hatte das auf Vorposten liegende Bataillon des Regiments zwei Infanterie-Feldwachen zu geben, die ihre Stellungen eingenommen haben mußten, ehe die Kavallerie ihre Feldwache zurückzog. Für die näher an das Fort St. Privat herangeschobenen Infanteriefeldwachen waren Schützengräben und für die Posten Schützenlöcher ausgehoben, sowie gedeckte Kommunikationen geschaffen.

Zur Besetzung der Kavalleriefeldwache waren die Regimenter der im nahen Biwak liegenden 3. Kavalleriedivision herangezogen worden, um auch den Königshusaren eine wohlverdiente Zeit der Ruhe zu schaffen.

Die auf Vorposten liegenden Bataillone lagen in Hütten, die aus Laub erbaut waren, und für deren Wohnlichkeit täglich mehr gethan wurde, so daß der Aufenthalt in denselben bei dem inzwischen eingetretenen schönen Herbstwetter ein sehr angenehmer wurde. Der Brigadekommandeur befahl darum, daß die Ablösung der vom 17. an auf Vorposten befindlichen Bataillone erst nach fünf Tagen zu erfolgen habe.

Den nicht auf Vorposten befindlichen zwei Bataillonen Sechsziger und dem Bataillon des Regiments, die gemeinsam in Augny lagen, wurden für den Fall eines Alarms bestimmte Plätze zugewiesen. Das am westlichen Ausgange des Dorfes in Alarmhäusern liegende Bataillon Sechsziger hatte sich am Westausgange von Augny, das andere Bataillon dieses Regiments westlich der Straße nach Gros-Yeux aufzustellen; das Bataillon des Regiments hatte am Ostausgange zwischen den Wegen nach Coin les Cuvry und Gros-Yeux Stellung zu nehmen. Bei dieser Ferme lag das 3. Bataillon im Hüttenlager.

Das herrliche Herbstwetter, die Unterkunft unter Dach und Fach und eine geregelte, gute Verpflegung gestalteten den Cernirungsdienst immer angenehmer und ließen die Einförmigkeit desselben leichter ertragen. Die Tage von Augny gestatteten eine vollständige Wiederherstellung des bereits stark mitgenommenen Anzuges und die Reparatur der Waffen. Der innere Dienst wurde ganz wie in der Garnison gehandhabt und durch Exerzirübungen der Haltung der Leute, wie der Disziplin in altgewohnter Weise eine feste Grundlage verliehen. Leider war durch die vorhergegangenen Anstrengungen und die frühere Ungunst des Wetters die Gesundheit Vieler erschüttert worden. Ruhr und typhöse Krankheiten streckten die Führer des 1. Bataillons, Hauptmann v. Fischern und des 2. Bataillons Hauptmann v. Wobeser aufs Krankenlager. Hauptmann v. Homburg erkrankte so bedenklich, daß seine Rückbeförderung in die Heimath nothwendig wurde. An seiner Stelle übernahm der vom Besatzungsbataillon Königsberg zum Regiment zurückgekehrte Premierlieutenant v. Besser die Führung der zwölften Kompagnie. — Die Führung des ersten Bataillons übernahm der Hauptmann v. Wulffen, dessen Kompagnie der Lieutenant Erdmann. Hauptmann v. Wobeser behielt vorerst noch das Kommando des 2. Bataillons, auf Besserung hoffend.

Am 16. wurde den Truppen mitgetheilt, daß der Oberkommandirende der I. Armee, der General der Infanterie v. Steinmetz zum Generalgouverneur in Posen ernannt und der Befehl über die ihm unterstellten Korps für die Fortdauer der Cernirung von Metz dem Prinzen Friedrich Karl übertragen worden sei. Der seitherige Führer der I. Armee schied mit folgendem Parolebefehle vom 15. September von seinen Truppen:

Seine Majestät der König haben mich durch Allerhöchste Kabinetsordre vom 12. huj. unter Ernennung zum Generalgouverneur von Posen (Bereich des V. und VI. Armeekorps) von dem Oberkommando der I. Armee zu entbinden und die Geschäfte des letztern bis auf Weiteres dem General der Kavallerie, Prinz Friedrich Karl von Preußen, Königliche Hoheit, neben seinen anderweitigen unverändert gebliebenen Funktionen zu übertragen geruht. Indem damit die dienstlichen Beziehungen, welche mich bisher mit der I. Armee I., VII., VIII. Armeekorps, der Division des Generallieutenant v. Kummer und der 1. und 3. Kavalleriedivision verbanden, gelöst worden sind, kann ich nicht von hier scheiden, ohne allen diesen Truppenkörpern meine hohe Achtung zu versichern und mich ihrer Erinnerung zu empfehlen. Mich hier anerkennend über die Leistungen der Truppen der I. Armee in diesem Kriege auszusprechen, kann sich da nicht mehr ziemen, wo Seine Majestät der König durch zahlreiche Allerhöchste Gnadenbeweise Allerhöchst seine Anerkennung bereits zu erkennen gegeben haben und es sich um Thatsachen handelt, die dem Urtheil der Geschichte bereits angehören. Aber meinen wärmsten Dank sage ich den Truppenführern unter mir von dem kommandirenden General an für die umsichtsvolle und bereitwillige Unterstützung, die ich bei ihnen gefunden, den Herren Offizieren aller Grade aber für das schöne Beispiel, welches sie ihren Untergebenen gegeben haben, und der gesammten Mannschaft für ihre vertrauensvolle Hingabe und ihr treues Verharren auf dem Wege der Ehre und des Ruhmes, wodurch der Sieg an unsere Fahnen gefesselt und mir meine Aufgabe möglich geworden ist.

Und nun Allen noch ein Lebewohl und noch ferner vorwärts mit Gott für König und Vaterland!

gez. v. Steinmetz.

Immer mehr gewann es den Anschein, als ob die eingeschlossene Armee des Marschall Bazaine sich in ihr trauriges Loos ergeben hätte. Zwar verging kein Tag, an dem nicht Gewehrschüsse in der Vorpostenlinie gewechselt wurden und die Kanonen des Forts nach allen Richtungen hin Granaten zum Gruß entsendeten; aber energische Thatkraft zeigte der eingeschlossene Gegner an keiner Stelle; auch ließ nichts auf einen erneuten Durchbruchsversuch schließen. Es konnte aber die anscheinende Ruhe des Feindes der Deckmantel neuer Unternehmungen sein, die nach den Erfahrungen von Noisseville für ihn nur auf Erfolg hoffen ließen, wenn an irgend einer Stelle der Cernirungslinie die Aufmerksamkeit der einschließenden Truppen nachgelassen hätte. Um so mehr war es deren Aufgabe, unausgesetzt ihrem genau geregelten und allgemein verständlichen Dienste bei Tag und Nacht obzuliegen. Die Unthätigkeit des Feindes ließ es wahrscheinlich werden, daß eine Verschiebung der um die Mitte des September eingenommenen Stellungen der Cernirungskorps nicht mehr nothwendig werden würde. Seine Königliche Hoheit der Prinz Friedrich Karl erließ in diesem Sinne folgenden Tagesbefehl:

„Der öftere Wechsel in der Aufstellung der Korps in der Cernirungsarmee hat veranlaßt, daß die Einrichtung der Truppen speziell, was die Zurichtung guter Unterkunftsräume und die Anlage von Kommunikationen betrifft, einen provisorischen Charakter tragen.

Die Aufstellung der Korps, wie solche jetzt besteht, wird wesentlichen Veränderungen nicht mehr unterworfen sein. Die Truppen, welche somit von jetzt ab für das eigene Interesse arbeiten, müssen daher darauf bedacht sein, unter Benutzung der noch guten Jahreszeit und mit allen disponiblen Mitteln diese Arbeiten zu fördern."

In Folge dieses Befehls begann die Erbauung fester Hüttenlager neben den schon bestehenden. Unter Leitung des Pionierhauptmanns Eichapfel und seiner Leute wurde im Park von Augny der Bau begonnen, wobei der Gedanke an eine Ueberwinterung in diesen Hütten die Form derselben bestimmte. Die Septembertage brachten zwar herrliches Wetter; doch konnte schnell ein Wechsel eintreten, und dann waren die seitherigen Unterkunftsräume zu luftig und kühl. — Um den Körper direkt gegen das rauhe Wetter zu schützen, waren nicht sowohl von Seiten der Armeeverwaltung Leibbinden und schützende Unterkleider ausgegeben worden, als besonders freiwillige Gaben aus der Heimath in reichem Maße für die Vervollständigung der Unterkleider sorgten. Die

Liebesgaben, die bis dahin noch nicht so recht in die Hände der vor=
dersten Truppen gelangt waren, kamen nun zur gleichmäßigen und ge=
regelten Vertheilung. An der Spitze der Geber stand Ihre Majestät
die Königin, die eine reiche Sendung für die Truppen des VIII. Korps
gespendet hatte. Aus allen Theilen des deutschen Vaterlandes wurden
die Gaben auf den benutzbar gewordenen Kommunikationen herbeige=
schafft. Mit den Gaben kamen aus der Heimath auch viele Freunde
und Verwandte als sogenannte „Liebesgabenritter" und erfreuten
durch ihren kurzen Besuch in den Kantonnements. In diesen ge=
staltete sich von Tag zu Tag das Leben viel gleichmäßiger und
heiterer. Die Musikkorps konzertirten täglich mehrfach. Aber auch
drüben beim Feinde schien es nicht trauriger herzugehen, wenigstens
drangen die Töne seiner Musikkorps oft zu uns herüber. In die Musik
mischte sich dann der Donner der Kanonen von den Forts und den pro=
visorischen Zwischenwerken des Feindes. Erschreckende Ueberraschung er=
regte die Meldung, daß der St. Quentin mit einer Granate den Stall
der am Wäldchen von Orly errichteten Batterie erreicht hatte. Fast
eine Meile weit lag das bekannte Fort, das die Vorposten von Roze=
rieulles und Jussy oft geängstigt hatte und nun reichte seine Wirkungs=
sphäre auch bis in die neue Vorpostenstellung, die von rechts her der
Wirkung der Kanonen des Fort Queuleu ausgesetzt war. Vor der Front
lagen nur kleinere provisorische Werke, die mit schweren Geschützen ar=
mirt waren, die in großen Pausen ihre Projektile in der vermeintlichen
Richtung unserer Lagerplätze entsendeten. Besonders waren sie zur Thä=
tigkeit durch das Feuer der 12$^{\text{cm.}}$ Batterie bei Orly gereizt worden.
Dieser war es zur Aufgabe gemacht, den Bau des Forts St. Privat,
an dem die Franzosen unausgesetzt arbeiteten, zu stören. Sobald von
dem Observatorium des St. Blaise aus die Ablösung der Arbeiter oder
sonst eine Ansammlung von Mannschaften im Fort wahrgenommen wurde,
wurde eine weiße Flagge als Signal für die Batterie gezeigt, die dann
möglichst schnell ihr Feuer gegen den Hof des Werkes richtete. Die
Antwort auf dieses Feuer blieb gewöhnlich nicht lange aus, und nicht
selten erreichten die feindlichen Granaten die Vorgärten von Augny.

Neben diesen artilleristischen Uebungen der sich gegenüberstehenden
Armee war zu Anfang der zweiten Hälfte des September eine ruhigere
Stimmung auf beiden Seiten eingetreten. Nur ganz kühne Heraus=
forderungen hatten feindliches Gewehrfeuer zur Folge. Es schien sich
ein stillschweigendes Einverständniß zur gegenseitigen Schonung hergestellt
zu haben. Wenigstens schienen die französischen Soldaten hieraus den
Muth zu schöpfen, sich der friedlichen Arbeit der Kartoffelernte zwischen

den beiderseitigen Vorposten hinzugeben — ein Zeichen der hereinbrechen-
den Noth bei der eingeschlossenen Armee, die die von uns herbeigesehnte
Kapitulation beschleunigen mußte. Die oberste Heeresleitung befahl sehr
bald, daß dem Kartoffelsuchen energisch entgegengetreten werde, wie
überhaupt dem Feinde keine schonende Ruhe gelassen werden sollte.

Prinz Friedrich Karl sagt hierüber in seinem Armeebefehl:

„Es ist zu meiner Kenntniß gekommen, daß zwischen den beiderseitigen Vorposten von dem Feinde das Ausnehmen der Kartoffeln in
einem Umfange betrieben wird, der wesentlich für den Unterhalt der
cernirten Armee beitragen muß, und daß eine Störung des Feindes
in dieser Arbeit seitens unserer Vorposten unterbleibt. Dieser Verfahren entspricht nicht meinen Intentionen; es ist vielmehr mein be-
stimmter Wille, daß der Vorpostendienst mit aller Schärfe betrieben
werde und daß Unterlassungen, die auf beiderseitigem stillschweigenden
Einverständnisse beruhen, wie sie in früheren Kriegen bei dauernden
Vorpostenaufstellungen vorgekommen sind, nicht geduldet werden. Die
Verhältnisse von Metz bedingen, daß der Feind in steter Spannung
erhalten und zu diesem Punkte unsererseits große Aktivität entwickelt
werde. Es gehört hierzu die Beunruhigung der feindlichen Vorposten
durch regen Patrouillengang und wird sich trotz der nahen gegenseitigen Aufstellung immer noch — namentlich bei Nacht oder Nebel
— Gelegenheit zu kleinen Unternehmungen bieten, die den Feind ein-
schüchtern und Gefangene einbringen.

Ich habe zur Belohnung derjenigen, welche sich bei solchen Unternehmungen hervorthun, dem Armeekorps eine Anzahl eiserner Kreuze
zugewiesen.

Die weittragenden Gewehre des Feindes, welche bei jenen Gelegenheiten in unsern Besitz gelangen, können — einzelnen guten
Schützen gegeben — vortheilhaft verwandt werden.

Ich bestimme in Rücksicht auf die Veränderungen unterworfenen
Vorpostenaufstellungen, daß die Doppelposten und Patrouillen das Gepäck bei der Feldwache resp. detachirten Posten ablegen. Die Unternehmungen werden hierdurch wesentlich erleichtert."

Am 20. September wurde für das bei Gros Yeux liegende 3. Bataillon bestimmt, daß die 11. Kompagnie die Bergruine St. Blaise, die
10. Kompagnie die auf halber Höhe liegende Ferme Chateau bas als
Ablösung der abrückenden Etappentruppen der I. Armee besetzen sollten.

Am 23. September wurde das 1. Bataillon in der Vorposten=
stellung im Park von Augny durch das 2. abgelöst und ging in dessen
Alarmquartiere. Der Hauptmann v. Wobeser war durch seine Krank=
heite verhindert, seinem Bataillon auf Vorposten zu folgen; er mußte
zur Pflege zurückbefördert werden. Für ihn übernahm vorläufig der
Hauptmann Wolff die Führung des 2. Bataillons.

Den nicht auf Vorposten befindlichen Bataillonen wurde jetzt die
Einsammlung der Kartoffeln auf den umliegenden Feldmarken übertragen,
um dieses wichtige Nahrungsmittel für die Truppen nutzbar zu machen.
Die Besitzer der Kartoffelfelder waren meist hinter die schützenden Mauern
von Metz geflohen und theilten dort den Mangel der Truppen an Le=
bensmitteln. Sie befanden sich so in viel schlechterer Lage an der Seite
ihrer eigenen Soldaten, als sie es im Zusammenleben mit den unsrigen
gewesen wären. — Neben den Erntearbeiten waren die Mannschaften
mit dem Hüttenbau und der bessern Einrichtung der Alarmhäuser be=
schäftigt. Aus den nahen Waldungen wurden Baumstämme angefahren,
Bretter lieferten entferntere Orte, kurz es bot das Leben dicht hinter
den Vorposten ein Bild des Friedens. Dagegen war es vorn wieder
munterer geworden. Nicht sowohl der Tagesbefehl des Prinzen, sondern
auch die Unternehmungen des Feindes hatten zu neuen Zusammenstößen
geführt.

Der zunehmende Mangel an Lebensmitteln bei der eingeschlossenen
Armee veranlaßte den Feind zu gewaltsamen Fouragirungen, die sich
meist gegen die Vorpostenstellung des VII. Korps wendeten und zu ernsten
Gefechten führten. Die Folge derselben war die Alarmirung der an=
grenzenden Truppen des VIII. Korps, ohne daß diese mit ins Gefecht
kamen. Die erneuten Kämpfe hatten auf der ganzen Linie eine erhöhte
Anspannung aller Kräfte wach gerufen.

Der Prinz Friedrich Karl befahl:

„Die Gefechte am 22. und 23. September nordöstlich Metz sind
vom Feinde zu dem Zwecke von Fouragirungen unternommen worden,
und hat der Feind aus Ortschaften, die vor resp. in unserer äußersten
Vorpostenlinie gelegen sind, Fourage zurückgeführt.

Es ist mein Wille, daß dem Feinde jede Gelegenheit, seine schwin=
denden Vorräthe zu vermehren, entzogen werde und befehle ich daher:
daß aus allen Ortschaften, welche vorwärts der Vertheidigungslinie
des Korps, sowohl innerhalb unserer Vorposten, als auch in erreich=
barer Nähe von denselben gelegen sind, die Bestände an Pferden,
Vieh, Fourage und Lebensmitteln zurückgeführt, resp. wenn das un=
ausführbar sein sollte, vernichtet werden.

Manche dieser Bestände werden für den eigenen Bedarf der Truppen von Nutzen sein, so das noch auszudreschende Getreide als Lagerstroh für die Vorposten. Ich mache die Herren Truppenkommandeure darauf aufmerksam, daß jede Vermehrung der Vorräthe in Metz die Dauer der Cernirung um Wintertage verlängert, abgesehen davon, daß es der Thatkraft einer Armee nicht entspricht, feindliche Unternehmungen dieser Art zuzulassen."

Aus den den Vorposten zunächst liegenden Ortschaften wurden alle brauchbaren Vorräthe zurückgeschafft. Da wo Einwohner zurückgeblieben waren, wurde das Dreschen des Getreides zwangsweise angeordnet, um Korn und Stroh getrennt verwerthen zu können. Während so unsere Truppen aus dem Erntesegen der Umgegend von Metz manchen Nutzen zogen, nahm der Nothstand beim Feinde mit jedem Tage zu.

Am 26. und 27. September brach er mit erneuter Kraft gegen die Stellung des VII. Korps bei Peltre und Merci le haut vor. Am Nachmittag des zweiten Tages schien der Kampf sich auszudehnen und standen alle Truppen unserer Brigade auf ihren Alarmplätzen bereit. Am Abend gewährten die Flammen des in Brand geschossenen hoch gelegenen Schlosses Merci le haut einen majestätischen Anblick, der durch das Feuer des St. Quentin noch erhöht wurde.

Am 26. waren die Sekondelieutenants Goltz und Brandt vom Ersatzbataillon beim Regiment eingetroffen. Beide Offiziere hatten dem Wunsch, auch an den Feind zu kommen, mehr Rechnung getragen als der Disziplin, die sie an ihre Stellung in Köln fesselte. Ohne daß der eine von den Absichten des andern Kenntniß hatte, waren beide, nachdem die Kunde von der Schlacht bei Spicheren ihre Garnison erreicht hatte, nach dem Kriegsschauplatz abgegangen. Die Schicksale der jungen Offiziere waren die gleichen. Beide hatten das Regiment aufgesucht und hatten dort den Befehl zur sofortigen Rückkehr nach Köln erhalten. — Dort waren beide Offiziere im September vor ein Kriegsgericht gestellt worden. Das Urtheil desselben bedurfte der Allerhöchsten Bestätigung und wurde diese unter den obwaltenden Verhältnissen erst in späterer Zeit erwartet. Bis zur Eröffnung derselben sollte den thatendurstigen jungen Offizieren Gelegenheit geboten werden, vor dem Feinde ihre Schuld zu sühnen, und darum waren sie zum mobilen Regiment versetzt worden.

Am 28. September wurde das 2. Bataillon vom 3. auf Vorposten vor Augny abgelöst. Die 5. und 7. Kompagnie bezogen das Hüttenlager bei Gros Yeux, die 6. Kompagnie ging nach Chateau bas, die 8. auf den St. Blaise. Hier war der Dienst des wichtigen Observationspostens geregelt worden. Das Zuströmen Neugieriger oder nicht im Dienst befindlicher Offiziere zu dem Fernrohr der Observationshütte war seitens des Oberkommandos streng untersagt; der Verkehr mit diesem nach Corny erleichtert und durch Relais beschleunigt worden.

Am 29. September wurde die Tags vorher erfolgte Kapitulation von Straßburg dem Oberkommando bekannt und dadurch die Befürchtung, der Feind könne nach Süden hin einen Durchbruchsversuch machen, beseitigt. Da dieser aber Vorkehrungen traf, die auf die Möglichkeit eines Durchbruchs nach Norden hin schließen ließen, so wurde am letzten Tage des September eine erneute Verschiebung der Truppen in der Cernirungsstellung nothwendig.

Der diese anordnende Armeebefehl vom 30. September bestimmte:

„Das VII. Korps erhält die Cernirungslinie Montoy, incl. Ars Laquenexy. Eine Infanteriedivision und die Korpsartillerie sind so zu dislociren, daß sie nach rechts schnell verwendbar sind. Die Grenze zwischen dem VII. und VIII. Korps bildet die Straße Ars Laquenexy—Remilly. Die daran gelegenen Orte gehören dem VII. Korps.

Das VIII. Korps enthält im Anschluß an das VII. Korps die Cernirungslinie bis zur Seille unterhalb Marly. Marly und die vor diesem Ort auf dem rechten Seilleufer gelegenen Waldparzellen werden vom II. Korps besetzt. Im Uebrigen bildet die Seille die Grenze zwischen dem II. und VIII. Korps. Das VIII. Korps hat seine Reserve nach dem rechten Flügel zu dislociren 2c.

Die Kavallerie des Graf Groeben bleibt dem VIII. Korps attachirt und ist à cheval der Straße Metz—Straßburg zu dislociren.

Das II. Korps rückt in die bisherige Stellung des VIII. Korps zwischen Seille und Mosel vor, besetzt den auf dem rechten Ufer gelegenen Theil von Marly und dehnt sich über die zwischen Marly—Magny liegenden Waldparzellen und links über die Mosel bis einschließlich Ars aus.“

Zur Ausführung dieser Verschiebung der Korps befahl General v. Goeben u. A.:

„Die 15. Infanteriedivision, welcher wieder das Jägerbataillon mit Ausnahme einer Kompagnie zugetheilt wird, läßt ihre Vorposten stehen, bis dieselben durch Truppen des II. Korps abgelöst werden. Mit den übrigen Truppen bricht die Division um 7 Uhr auf und marschirt so, daß der Feind den Abmarsch nicht sieht, über die südlich

Coin les Cuvry gelegene Brücke mit einer Brigade nach Jury, Frontigny, Mecleuves (dieser Brigade sind die drei Jägerkompagnien zugetheilt), mit der anderen Brigade nach Courcelles, Sorbey und Pontoy. — Die am weitesten vorgelegenen Orte Pouilly, Chesny, Jury Frontigny sind vollständig zur Vertheidigung einzurichten und zu diesem Zwecke genügend stark zu belegen, wonach sich die Belegung der übrigen Orte modifizirt zc."

Von der Division wurde danach befohlen, daß die 29. Brigade ihre Vorposten nicht sowohl stehen lassen, sondern durch ein Bataillon und eine Batterie verstärken solle, bis die Truppen des II. Armeekorps ihre Stellung eingenommen haben würden. Um 7½ Uhr Morgens sollte der Rest der Brigade über Gros Yeux, Fey, Coin sur Seille, wo dieser Fluß zu überschreiten war, nach Pontoy, Sorbey und Courcelles abmarschiren. — Der Alarmplatz der Brigade wurde östlich Mecleuves, zwischen dem Dorfe und der nordwestlich liegenden Waldparzelle bestimmt.

Am 1. Oktober Morgens 8 Uhr standen das 1. und 2. Bataillon des Regiments auf dem Sammelplatz der Brigade bei Gros Yeux, um in ihre neuen Quartiere bei Courcelles abzurücken. Das 3. Bataillon verblieb noch auf Vorposten und sollte nach Sorbey abrücken, sobald es in seiner Vorpostenstellung durch Truppen des II. Armeekorps abgelöst war.

Für den im Lazareth aufgenommenen Hauptmann v. Wobeser übernahm Hauptmann v. Wedell die Führung des 2. Bataillons; Lieutenant Kolw die der 3. Kompagnie. —

Mit schweren Herzen schieden die Bataillone von Augny und seiner Umgebung. Es waren die schönsten Tage seit dem Beginn des Feldzuges gewesen, die den Füsilieren hier geworden waren. Die schönen, warmen Herbsttage machten den Aufenthalt in den gut gepflegten Gärten und Parkanlagen von Augny sehr angenehm. Manch' freie Stunde wurde dort verträumt in Gedanken an die Lieben in der Heimath. —

Als die für Courcelles bestimmten beiden Bataillone hier Quartiere beziehen wollten, wurde ihnen bekannt gegeben, daß dies unmöglich sei. Nur ein Theil der Häuser des Ortes konnte wegen vielfacher Erkrankungen in denselben belegt werden; die wenigen belegungsfähigen waren aber von Etappentruppen, Branchen aller Art, Lazarethen, Depots u. dergl. überfüllt. Die Bataillone mußten deshalb ein verlassenes Hüttenlager in der Nähe des Bahnhofes als Quartier nehmen; nur der Regimentsstab fand Unterkunft in Courcelles. Der Aufenthalt in den verlassenen Erd- und Laubhütten war sehr unangenehmer Art, denn diese waren großentheils verunreinigt und voll Ungeziefer. Trotz der kühlen Herbstnacht und dem gänzlichen Mangel an Stroh zogen es die meisten Offiziere und Mannschaften vor, ihr Lager außerhalb der Hütten auf freiem Feld zu suchen.

Die Meldung von der Unmöglichkeit der Unterkunft der Bataillone in Courcelles hatte den Befehl zur Folge, daß die dorthin bestimmten Bataillone nach Sorbey abzurücken hatten, wo das 3. Bataillon bereits im Kantonnement lag.

Am 2. Oktober Mittags lag das gesammte Regiment im Kantonnement zu Sorbey. Seit langer Zeit war es hier wieder, daß die drei Bataillone des Regiments mit einander vereinigt waren. — In dem langen Vorpostendienst seit der Schlacht von Gravelotte waren nur wenige Leute verwundet worden; dagegen hatten Krankheiten, hervorgerufen durch das langanbauernde schlechte Wetter und den anstrengenden Dienst, die Reihen des Regiments gelichtet. Nach Ausweis der Rapporte waren krank im Lazareth: 6 Offiziere, 26 Unteroffiziere, 4 Spielleute, 3 Lazarethgehülfen, 373 Füsiliere. Im Revier: 1 Offizier, 8 Unteroffiziere, 1 Spielmann, 94 Füsiliere. —

An demselben Tage befahl General v. Goeben, nachdem er die neue Vorpostenstellung rekognoszirt hatte:

„Die 15. Infanteriedivision übernimmt den Vorpostendienst von Jury, incl. Merci le haut bis zum Anschluß an die Vorposten des VII. Korps.

Das hiermit zu beauftragende Detachement in Stärke von einem Infanterie-Regiment und drei Kompagnien Jäger, einer Batterie und einer Eskadron wird eventuell ein Bataillon und eine Jägerkompagnie in erster Linie zu verwenden haben. Für ein zweites Bataillon hat die Division schleunigst ein Barackenlager im Walde südlich des von Chesny nach Laquenexy führenden Weges herzustellen. Der Rest dieses Detachements wird in Courcelles und Champel Ferme untergebracht. Für die Batterien ist eine Aufstellung zu erwählen und vorzubereiten, ans der sie Merci le haut und das freie Terrain östlich dieses Orts beschießen können.

Das mit dem vorgedachten Infanterie-Regiment zu derselben Brigade gehörige Regiment ist möglichst nahe bei Courcelles zu disloziren."

Der 15. Infanteriedivision wurden danach die zu belegenden Ortschaften zugewiesen; von diesen drei für das Regiment, die es am

3. Oktober bezog und zwar: mit dem Regimentsstabe und dem 1. Bataillon Basse-Beux, dem 2. Bataillon Silly und dem 3. Bataillon Liéhon. Um einen schleunigen Alarm der gesammten Brigade zu ermöglichen, wurde dem 1. Bataillon aufgegeben, ein Fanal auf der Höhe von Haute-Beux zu errichten. Als Fanalwache wurden 1 Offizier und 6 Husaren bestimmt. Sobald das Fanal brenne, sollte in den Kantonnements der Brigade Alarm geschlagen werden. Um aber einem Irrthum der Beobachtungsposten und dadurch entstehendem falschen Alarm vorzubeugen, wurden in allen Kantonnements Stangen mit Querlatten errichtet, über die hinweg visirt gerade das Hauptfanal gesehen werden mußte. Die alamirte Brigade sollte sich am Ostausgange von Pontoy schnell sammeln.

Die Verpflegung wurde in dem neuen Rayon sehr erleichtert, weil das Korpsmagazin in Buchy an der seit Beginn der Cernirung neugebauten und jetzt nutzbar gemachten Eisenbahnstrecke Pont-à-Mousson—Remilly am 5. Oktober eröffnet wurde und so das Magazin in direkter Eisenbahnverbindung mit den rückwärtigen Verbindungen stand. Zur Deckung dieses Magazins wurde ein Kommando von 40 Mann unter dem Lieutenant v. Boemelburg nach Buchy verlegt.

In den neuen Kantonnements, die in der Reservestellung lagen, war es möglich gewesen, die Leute weitläufiger unterzubringen und ihnen dadurch mehr Bequemlichkeit und angenehmere Ruhe zu verschaffen. Kantonnementswachen und Patrouillen nach den benachbarten Kantonnements bildeten den einzigen Sicherheitsdienst. Auch der Arbeitsdienst wurde von der Vorpostenbrigade gegeben, so daß eine vollständige Zeit der Ruhe eintrat und den Kompagnien Zeit zu Exerzirübungen und Herstellung von Ausrüstung und Bekleidung gegeben wurde.

Am 6. Oktober brachte ein Mordanfall auf den Premierlieutenant v. Broich, Führer der 4. Kompagnie, allgemeine Erregung. Dieser Offizier war allein nach dem nördlich von Basse-Beux belegenen Wäldchen geritten. Noch war er nicht weit in den Wald eingedrungen, als zwei Franktireurs auf ihn zusprangen, der eine die Zügel des Pferdes erfaßte, während der andere auf ihn einen Schuß abgab, der das obere Gelenk eines Fingers traf. Mit gezogenem Säbel schaffte sich der stark blutende Offizier Platz und ritt nach Basse-Beux zurück, von wo sogleich Patrouillen nach der angegebenen Richtung entsendet wurden, ohne daß es ihnen jedoch gelang, der Franktireurs habhaft zu werden. — Für den verwundeten Premierlieutenant v. Broich übernahm der Lieutenant Schwink die Führung der 4. Kompagnie. —

Nachdem der Unterbringung der Truppen der Cernirungsarmee unausgesetzt Fürsorge und Arbeit zugewendet worden war, durfte selbst der Möglichkeit einer Einwinterung mit Ruhe entgegen gesehen werden. Dagegen richtete sich nun die Aufmerksamkeit der obersten Heeresleitung auf eine Erhöhung der Widerstandskraft der einschließenden Truppen durch Anlage ausgedehnterer fortifikatorischer Werke. Prinz Friedrich Karl befahl unterm 4. Oktober:

„Die Ausfallgefechte der letzten Tage trugen den übereinstimmenden Charakter, daß der Feind mit großer Uebermacht, durch seine nahen Forts unterstützt, sich entwickelte und einzelne Punkte unserer Vorpostenlinie umfassend angriff und wegnahm. Auch nachdem die feindlichen Divisionen oder Brigaden sich nach einigen Stunden wieder zurückgezogen hatten, sind die angegriffenen Oertlichkeiten zum Theil im Besitz der feindlichen Vorposten verblieben, weil die diesseitigen kommandirenden Herren Generale diese Punkte fernerhin zu besetzen nicht für vortheilhaft und wünschenswerth hielten. Auf diese Weise hat in den letzten Tagen unsere Vorpostenlinie dauernd Terrain verloren: bei Peltre, Maxe und Ladonchamps. Abgesehen davon, daß, je weiter unsere Vorpostenlinie von der Festung entfernt, genommen wird, auch ihr Umfang um so größer wird, würde sie dadurch, wenn weiter so verfahren würde, in immer größere Nähe an die fortifizirten Cernirungsstellungen gerathen. Die Zeit, die uns zur Bereitstellung unserer Truppen bleiben muß, würde immer geringer, dadurch die Pflege ökonomischer Rücksichten durch weitläufigere Dislokationen immer mehr erschwert werden.

Außerdem erweitert sich der Bereich des Feindes, und er gewinnt, wenn nicht Vorräthe in den Oertlichkeiten, — was, wie ich bestimmt voraussetze, durch meinen Befehl vom 27. August ausgeschlossen ist, — so doch Feldfrüchte und größere Strecken zur Pferdeweide.

Ich bestimme deshalb, daß die kommandirenden Herren Generale in sorgfältige Erwägung ziehen, welche Vorpostenlinien sie nunmehr innehalten wollen und über die getroffene Wahl an mich berichten.

Erfolgt hierauf ein überlegener feindlicher Angriff, so wird es ganz richtig sein, wenn die Vorposten, ohne sich einem Echec auszusetzen, sobald dieser Angriff ausgesprochen ist, sich seitwärts abziehen und unsere Stellung demaskiren; geht der Feind aber nicht weiter vor, so muß die alte Vorpostenstellung wieder eingenommen werden, und ist nicht zu gestatten, daß der Feind sich dort dauernd einniste.

Die Mitwirkung unserer zahlreichen überlegenen Feldartillerie wird uns hierbei von wesentlichem Nutzen sein.

Die herannahende schlechte Jahreszeit macht es uns zur Pflicht, an eine einigermaßen erträgliche Unterkunft, wenigstens des größeren Theiles unserer Truppen zu denken, wenn sich hierdurch die Bereitschaft zur Beziehung unserer Bereitschaft vermindert, so ist die Abhülfe darin zu suchen, daß in diesen Stellungen feste, sturmfreie Punkte beschafft werden, in welchen einzelne Batterien mit Geschütz sich auch gegen überlegene Angriffe so lange behaupten können, bis die hinterwärts liegenden Truppen heraneilen. —

Hierzu wird bei jedem Armeekorps der Bau einiger geschlossener sturmfreier Schanzen oder die sturmfreie Einrichtung passender Oertlichkeiten nöthig werden. Bis jetzt trugen unsere Fortifikationen einen anderen Charakter; sie hatten mehr vortheilhaft vorbereitete Gefechtsfelder uns zu schaffen zur Absicht. Ich stelle deshalb einen neuen Gesichtspunkt hin, nach welchem, sobald die Unterkunftsarbeiten einigermaßen vollendet, die Truppen in recht lebhafte Thätigkeit zu versetzen sind. Ich will den Befehlen der kommandirenden Herren Generale entgegensehen, welche Arbeiten nach dieser Richtung hin in Angriff genommen werden sollen, wobei ich noch bemerke, daß binnen sechs Wochen der gefrorene Boden uns weitere Erdarbeiten verbieten kann."

Als Folge dieses Tagesbefehls wurde die Thätigkeit bei der Anlage von Verschanzungen, Emplacements, Schützengräben u. s. w. überall gesteigert. Dem diese Arbeiten bei der 15. Infanteriedivision leitenden Hauptmann Eichapfel wurden von der in vorderer Linie stehenden Brigade zahlreiche Arbeitskommandos täglich zur Disposition gestellt, die in der Stellung der Vorposten und in der Hauptgefechtsstellung angestrengt arbeiten mußten.

Der Gesundheitszustand besserte sich trotz der günstigeren Lage, die den Truppen durch die Vorsorge der Heeresleitung bereitet worden war, nicht in dem erhofften Maße. Auch der Kommandeur der 15. Infanteriedivision, Generallieutenant v. Weltzien, mußte schwer krank Heilung in der Heimath suchen. An seiner Stelle übernahm am 6. Oktober der Generalmajor Graf Neidhardt v. Gneisenau die Führung der 15. Infanteriedivision.

Die von der Division mit einer Brigade besetzte Vertheidigungsstellung des Cernirungsabschnittes in vorderster Linie war so nachhaltig fortifizirt, daß selbst sehr überlegene feindliche Kräfte zur vollen Entwickelung gezwungen werden mußten. Es war dadurch möglich geworden, die Division auf einem größeren Raume unterzubringen, da ein Aufrollen der ersten Linie nicht denkbar war. Nur die vordere Brigade war an ihre Stellungen für den Fall des Kampfes gebunden. Die in der Reserve liegende 2. Brigade sollte nach weiteren Bestimmungen des Generals v. Goeben sich zu dessen Disposition zwischen Pontoy und Mecleuves östlich der Metz-Straßburger Chaussee aufstellen.

Am 14. Oktober wurde die 30. Brigade von der 29. in der vorderen Linie abgelöst. Zunächst kam das 60. Regiment für 6 Tage in die Vorposten= und vorderste Vertheidigungsstellung. — Das Regiment belegte mit dem Stabe, dem 3. Bataillon und der 5. und 8. Kompagnie Sorbey, mit der 6. und 7. Kompagnie Champel und mit dem 1. Bataillon Courcelles.

Mit dem Einrücken in die vordere Linie begann wieder eine erneute Thätigkeit für das Regiment. Zum Ausbau der Verschanzungen und festen Barackenlager wurden sechs Kompagnien des Regiments täglich zur Disposition des Hauptmanns Eichapfel gestellt. Einzelne Abtheilungen derselben kamen bei der Arbeit nicht selten in das Infanteriefeuer der feindlichen Vorposten und der Kanonen des Forts Queuleu, ohne namhafte Verluste dabei zu erleiden.

In diesen Tagen traf der seitherige Führer des Ersatzbataillons des Regiments, Major v. Wedell, ein und wurde zum Kommandeur des 3. Bataillons für den gefallenen Major v. Reinhardt ernannt. Der Major v. Kemnitz übernahm die Führung des 2. Bataillons. Für den erkrankten Premierlieutenant v. Asmuth übernahm Lieutenant Lescheck die 7. Kompagnie. Hauptmann v. Wedell trat zur 3. Kompagnie zurück.

Am 18. Oktober traf die schmerzliche Nachricht ein, daß der Divisionskommandeur Generallieutenant v. Weltzien am 16. seinen Leiden in Wiesbaden erlegen sei. Diese Nachricht wurde mit allgemeiner Trauer aufgenommen. Mit frohem Muth und wahrer Vaterlandsliebe war der Vater mit seinem einzigen Sohne ins Feld gezogen. Schon in der ersten Schlacht war dieser gefallen; der gebrochene Vater legte ihn selbst ins Grab. Jetzt war auch er heimgegangen zu früher Vereinigung mit seinem geliebten Sohne.

Am 20. Oktober löste das Regiment das 60. auf Vorposten ab. Seit Augny, also seit drei Wochen war es das erste Mal, daß das Regiment wieder in enge Fühlung mit dem Feinde trat. Es standen schwere Vorpostentage bevor, denn es war wieder sehr schlechtes Wetter geworden. Die Wege waren aufgeweicht. In den Schützengräben und Kommunikationen stand das Wasser kniehoch.

Die zu besetzende Vorpostenstellung erstreckte sich von dem westlich Ars Laquenexy liegenden Wäldchen bis zum Schnittpunkte der Saarbrücker Eisenbahn mit der nach Straßburg führenden Chaussee. Das bei dem Ausfallgefecht am 26. September ausgebrannte Schloß Mercy le haut lag in der Vorpostenlinie. Hier war ein Observationsposten errichtet, der dem Lieutenant Rudolf für die Dauer der Vorposten übertragen wurde. Dieser Posten war vielen Gefahren ausgesetzt, denn mit peinlicher Genauigkeit verstanden es die Kanoniere des Queuleu, die observirenden Offiziere durch wohlgezielte Granaten zu schrecken, die darum weniger furchtbar waren, weil sie nur selten krepirten.

Drei Infanterie-Feldwachen lagen bei Tage und Nacht in den für sie hergerichteten Schützengräben. Die rechte Flügelfeldwache, deren eingegrabene Posten in Fühlung mit den Vorposten des VII. Korps standen, lag nördlich von Mercy le haut vor dem Wäldchen von Laquenexy. Die mittlere Feldwache hatte ihre Stellung südlich von Mercy, nahe der Straßburger Straße, und die linke Flügelfeldwache an der Saarbrücker Eisenbahn hinter einem Wärterhäuschen unweit Peltre. Ein Jägerposten war für den Tag in die Allee, die von Mercy nach der Straßburger Chaussee führt, zum „Abschuß" vorgeschoben. Die Feldwachen gab dasjenige Bataillon, welches mit zwei Kompagnien in dem Wäldchen von Ars Laquenexy, mit zwei Kompagnien in dem Gehölz nordwestlich Jury lag. Dieses war mit einem tiefen Schützengraben gegen den Feind hin umrahmt, der in den drei ausspringenden Winkeln der Lisiere die fortifikatorische Bezeichnung Saillant erhielt. In diesen drei Saillants waren kleinere Unteroffizierwachen postirt. — Zwischen beiden Wäldchen waren Geschützemplacements erbaut, in welche stets ein Zug Artillerie eingefahren war, zu dessen Sicherung eine Kompagnie in einer kleinen Waldremise eingenistet war. — Nach Jury, das zu nachhaltigster Vertheidigung eingerichtet war, führte vom Jurywäldchen aus eine tief eingeschnittene Kommunikation. In dem Dorfe lag das 2. Bataillon des Vorpostenregiments, während das 3. Bataillon in dem zwischen der Ferme Champel und Jury sich hinziehenden Walde am Wege von Chesny nach Laquenexy im Barackenlager lag. Die ganze Vorpostenstellung trug den Charakter einer besetzten Verschanzung. Allerdings war der Feind bedenklich nahe; auch hatte er gerade gegen diese Stellung mehrfache Ausfälle gemacht. Das dicht vor der Postenlinie liegende ausgebrannte Dorf Peltre war im Gefecht am 26. September für uns verloren gegangen; jetzt war es neutrales Gebiet, auf dem ein beständiges Patrouillengeplänkel stattfand. Das Fort Queuleu war wenig mehr als 3000 Schritt entfernt und ließ alltäglich seine

Kanonen meist am Nachmittag nach allen Richtungen hin Granaten senden. Hauptsächlich fielen diese auf ein Ackerstück zwischen dem Jury- und Champelwäldchen, weshalb dieser Platz „der Granatwinkel" genannt wurde. Er war von den feindlichen Geschossen vollständig aufgewühlt. Wahrscheinlich vermutheten die französischen Artilleristen hier ein größeres Lager der Unsrigen.

Die Vorpostenstellung bei Mercy le haut hatte das Renommee der Gefährlichkeit, und da alle Anzeichen dafür sprachen, daß die eingeschlossene Armee sich sehr bald entweder im Verzweiflungskampf durchschlagen oder kapituliren werde, so war es in Rücksicht auf die erstere Möglichkeit geboten, besonders auf die Aufgaben des Regiments hinzuweisen.

Oberstlieutenant v. Henning sprach dies in seinem Befehle aus:

„Es ist für das Regiment eine Ehrenaufgabe, den ihm überwiesenen Abschnitt unter allen Umständen zu halten. Das Vorpostenbataillon hat die drei Saillants im Jurywäldchen und den Saillant im Walde von Laquenexy zu besetzen und zu halten. Das in Jury kantonnirende Bataillon dient zur Unterstützung der im Jurywäldchen liegenden Kompagnien und hat die Vertheidigung des Eisenbahndammes zu übernehmen. Das im Barackenlager untergebrachte Bataillon hat die in den Geschützemplacements stehende Batterie zu decken und geht eventuell zur Verstärkung und Besetzung von Mercy le haut vor. — Der Wechsel der drei Bataillone geschieht alle zwei Tage, und zwar um 5 Uhr Morgens."

Um den Vorposten die Möglichkeit zu gewähren, auch auf Entfernungen zu treffen, wie sie das feindliche Gewehr gestattete, wurden die Feldwachen mit Chassepotgewehren ausgerüstet.

Am 20. Oktober, Morgens 6 Uhr, stand das 1. Bataillon auf Vorposten, Vorpostenkommandeur war Hauptmann v. Wulffen.

Das 2. Bataillon lag im Barackenlager im Champelwäldchen, das 3. Bataillon im Kantonnement in Jury.

Durch die Erkrankung des Generalmajor v. Sperling trat ein erneuter Wechsel in der Führung der Brigade ein, die für nur wenige Tage dem Oberst v. Sommerfeld vom 68. Regiment übertragen wurde.

Am 22. trat der befohlene Wechsel ein; das 2. Bataillon bezog die Vorposten, Major v. Kemnitz wurde Vorpostenkommandeur; das 1. Bataillon ging nach Jury und das 3. Bataillon ins Barackenlager.

Am Morgen des 23. meldete der Observationsposten von Mercy le haut ungewöhnliche Bewegungen beim Feinde und Wagengeräusch bei

Grigy. Gleichzeitig waren bei Tagesanbruch ſtärkere feindliche Patrouillen im Vorterrain der Vorpoſten betroffen worden. Hierdurch wurde das Einrücken in die Gefechtsſtellungen und die Beſetzung der Saillants und Schützengräben veranlaßt. Das 1. Bataillon rückte zur Verſtärkung der 7. und 8. Kompagnie nach dem Wäldchen ab. Der Feind beſchränkte ſich aber auf die Beſchießung der Feldwache Nr. 3 vor Peltre, und ſo rückten gegen Mittag die Kompagnien auf ihre Lagerplätze zurück. Um über den Verbleib des Feindes ſichere Nachrichten zu erhalten, entſendete die 8. Kompagnie eine ſtärkere Abtheilung unter der Führung des Feld-webels Neuber nach Peltre, die hier eine feindliche Patrouille fand und vertrieb, wobei ein Mann verwundet wurde.

Am 24. erfolgte die letzte Ablöſung der Vorpoſten in dem inne-gehaltenen Turnus durch das 3. Bataillon; Vorpoſtenkommandeur wurde Major v. Wedell.

Bei dem Oberkommando der Cernirungsarmee waren am 24. Nachrichten eingegangen, die an einen Durchbruchsverſuch der franzö-ſiſchen Armee für den 25. glauben ließen; deshalb erging noch in der Nacht der Armeebefehl:

„Morgen Vormittag 7 Uhr ſtehen ſämmtliche Truppen der Cer-nirungsarmee in ihren Gefechtsſtellungen und rücken erſt wieder ein, wenn der Vormittag ruhig verläuft.‟

Zur Ausführung dieſes Befehls ordnete die Brigade für das Re-giment folgendes an:

„Das Regiment Nr. 33 beſetzt morgen früh zur befohlenen Zeit die vorderſte Vertheidigungslinie, und zwar mit einem Bataillon den Schützengraben von der Chauſſee bis an das Jurygehölz, dieſes ſelbſt, den Schützengraben vom Jurygehölz bis zum Champelwäldchen und Schützengräben zu beiden Seiten der Batterie; ohne das es von dem Feinde bemerkt werden darf.

Das Bataillon, das in Jury kantonnirt, rückt an die Südliſiere des Jurygehölzes. — Das im Barackenlager liegende Bataillon rückt aus ſeinem Lager an die Nordliſiere des Waldes bis an ſeine nach dem Geſchützemplacement detachirte Kompagnie.‟

Am 25. Oktober, Morgens 7 Uhr war die geſammte Cernirungs-armee in ihren Gefechtspoſitionen. Wäre ein gemeinſamer Ueberblick möglich geweſen, es hätte ein impoſanter Anblick ſein müſſen.

Die Franzoſen kamen aber nicht, wohl aber der Feind, gegen den die feſteſten Gefechtsſtellungen nichts nützen: Regen und kalter Wind blieben auch an diesem Tage nicht aus, nachdem sie sechs Tage lang den Vorposten des Regiments unliebsame Gesellschaft geleistet hatten.

Am frühen Morgen des 26. Oktober wurde das Regiment von dem 28. Regiment abgelöst; die 30. Brigade rückte wieder in die vordere Linie ein; die 29. Brigade ging in die Reservestellung zurück. Das Regiment kam mit dem Stabe und dem 2. und 3. Bataillon nach Pontoy, mit dem 1. nach Liéhon.

An diesem Tage kehrte der wieder genesene Hauptmann v. Fischern zurück und übernahm die Führung des 1. Bataillons; Hauptmann v. Wulffen trat zur 9. Kompagnie zurück. Gleichzeitig war der zum Chef der 11. Kompagnie ernannte Hauptmann v. Zschüschen eingetroffen, nachdem er von seiner Stellung als Militärlehrer beim Kadettenkorps entbunden worden war.

Am 27. Oktober war zunächst ein Jeder bemüht, seine Kleidung zu trocknen und von dem Schmutz zu befreien, den er als Andenken an sechs sehr anstrengende Vorpostentage mitgebracht hatte. So bedeutungslos dieser Tag den Meisten erschien, so war er doch der wichtigste, den bis dahin die I. und II. Armee in diesem Kriege erlebt hatten. An diesem Tage Nachmittags 5 Uhr wurde die Kapitulation der Festung Metz und der Armee des Marschall Bazaine in dem Schloß von Frescaty unterzeichnet.

Am Morgen des 28. wurde das gewaltige Ereigniß bekannt, mit nicht enden wollendem Jubel begrüßt. Jeder eilte auf die Dorfstraße, Jeder frug, ob es wirklich wahr sei.

Kein Zweifel mehr, Metz la pucelle und die französische Armee, an ihrer Spitze die Kaisergarde, waren bezwungen, besiegt durch den Muth und die Ausdauer der preußischen Korps, die in lang dauernder Cernirung sie umlagert hatten. Schnell vergessen waren die Anstrengungen, die zu diesem Erfolge verholfen hatten. Wohl Keiner hatte gehofft, ihn so bald erreicht zu sehen. Am 28. ergingen die Anordnungen für den Ausmarsch der gefangenen Armee aus Metz, für die Besetzung der Festungswerke und für die Unterbringung der Gefangenen bis zu sicherm Transport nach Deutschland, jusqu'à Berlin.

Die 15. Division hatte das Fort Queuleu zu besetzen. Die Ausführung dieses ehrenvollen Auftrages fiel der in vorderer Linie befindlichen Brigade zu. Das 28. Regiment durfte seine entfalteten Fahnen auf den feindlichen Wällen aufpflanzen.

Von der 29. Brigade schied schon Tags nach der Kapitulation das 60. Regiment, um sogleich nach Verdun zu einer neuen Einschließung abzurücken.

Mit diesem Regiment schieden die treuen Kampfgenossen von Gra-velotte, die guten Nachbarn im Biwak und auf Vorposten. Die Söhne der Mark, großentheils der Hauptstadt angehörend, hatten schnell Kamerad-schaft mit den ostpreußischen Füsilieren geschlossen, nachdem sie deren Werth in der Schlacht, vor dem Feinde ermessen gelernt hatten. Die anfänglich zu Tage tretenden Charakterverschiedenheiten schwanden bei der gemein-samen Arbeit von Tag zu Tag. — Das Regiment bewahrt den Sechs-zigern ein treues Andenken. „Auf Wiedersehen, wenn es wieder gilt, in den Krieg zum Schutze des Thrones und des Vaterlandes auszu-ziehen!" so lauteten die Abschiedsworte für die Scheidenden.

Unser Regiment wurde dazu bestimmt, die erforderliche Masse von Brennholz für die aus Metz kommenden Kriegsgefangenen herbeizu-schaffen.

Am Morgen des 29. Oktober marschirte zu diesem Zweck der Premierlieutenant Lehfeldt mit 1000 Mann des Regiments nach Pouilly, um dort die Anweisungen des Kommandeurs der 16. Division General-lieutenant v. Barnekow zu empfangen. Es sollte das in dem Bois de l'Hopital schon gefällte Holz gekleint, oder neue Stämme gefällt werden. Bei anhaltendem Regen wurde die Arbeit begonnen und das gekleinte Holz nach dem Biwakplatz bei Thiebault Ferme getragen, der zur La-gerung der Gefangenen bestimmt war.

Durch diese Arbeit in der Nähe des für die Gefangenen bestimmten Lagers war wenigstens ein Theil des Regiments Zeuge des denkwür-digen Ereignisses.

Es war ein nicht zu beschreibender Anblick, als die von Metz her nach Süden führende Chaussee sich plötzlich mit dichtgedrängten Massen füllte, die stumm des Weges zogen. Waffenlose Soldaten auf dem Wege in die Kriegsgefangenschaft.

Das zweite französische Korps Frossard, gegen dessen Linien das Regiment in der Schlacht bei Gravelotte angestürmt war, und die Di-vision Lapasset, die uns vor Augny gegenüber gelagert hatte, durch-schritten die Vorpostenlinie der 15. Division von Metz herkommend.

Bei strömendem Regen marschirten die französischen Regimenter in guter Haltung auf den ihnen zugewiesenen Biwaksplätzen auf, nachdem vorher ihre Offiziere nach der Festung zurückgekehrt waren.

Die mit Jubel und Freude bei der Armee, in ganz Deutschland begrüßte Gefangennehmung der französischen Rheinarmee sah von Aug' zu Auge sehr ernst und tief erschütternd aus. Der lauteste Siegesjubel mußte verstummen bei dem Anblick der moralisch gebrochenen Gestalten,

die stumm und erwartungsvoll, von Regen triefend neben einander
standen.

Still und ernst gestimmt marschirten die Füsiliere nach vollbrachter
Arbeit zurück in ihre Kantonnements.

Am 30. Oktober stellte das Regiment wieder 500 Mann zu gleicher
Arbeit nach dem Bois de l'Hopital.

Der nächste Tag wurde ein Tag der Ruhe. Die Hoffnung, daß
noch die folgenden Tage dem Regiment Ruhe bringen würden, erwies
sich als trügerisch.

Am 27. Oktober, an dem Tage, an welchem im Schlosse Frescati
der Abschluß der Kapitulation von Metz erfolgte, waren schon bei dem
Oberkommando der Cernirungsarmee von dem großen Hauptquartier
die Direktiven für die fernere Verwendung der durch die Kapitulation
frei werdenden Armeekorps eingegangen.

Danach sollte die I. Armee, bestehend aus dem I., VII. und
VIII Armeekorps, der 3. Reservedivision und der 3. Kavalleriedivision,
Metz besetzen, Thionville und Montmedy belagern, die kriegsgefangene
Armee bewachen und durch Landwehrtruppen abführen lassen. Zur Er=
füllung dieser Aufgaben sollte nur ein Armeekorps und die Reserve=
division Verwendung finden. Zwei Armeekorps sollten nach den Ge=
genden nördlich von Paris, und zwar gegen die Linie St. Quentin—
Compiegne möglichst unverzüglich nach Abschluß der Konvention abrücken.

Seine Königliche Hoheit der Prinz Friedrich Karl, der während
der langen Dauer der Einschließung von Metz den Oberbefehl über alle
diese Festung umlagernden Truppen geführt hatte, denen nun getrennte
Aufgaben zufielen, erließ am Tage des Abschlusses der Kapitulation nach=
stehenden Armeebefehl:

Soldaten der I. und II. Armee!

Ihr habt Schlachten geschlagen und den von Euch besiegten
Feind in Metz 70 Tage umschlossen. 70 lange Tage, von denen
aber die meisten Eure Regimenter an Ruhm und Ehre reicher, keiner
sie deren ärmer machte. Keinen Ausweg ließet Ihr dem tapferen
Feinde, bis er die Waffen strecken würde. Es ist soweit.

Heute endlich hat diese Armee von noch 175,000 Mann, die
beste Frankreichs, über fünf ganze Armeekorps, darunter die Kaiser=
garde mit drei Marschällen von Frankreich, mit über funfzig Gene=
ralen und über 6000 Offizieren kapitulirt und mit ihr Metz, das
niemals zuvor genommen. Mit diesem Bollwerk, das wir Deutsch=
land zurückgeben, sind unermeßliche Vorräthe an Kanonen, Waffen

14*

und Kriegsgeräth dem Sieger zugefallen. Diesen blutigen Lorbeer, Ihr habt ihn gebrochen durch Eure Tapferkeit in der zweitägigen Schlacht bei Noisseville und in den Gefechten um Metz, die zahlreicher sind, als die es rings umgebenden Oertlichkeiten, nach denen Ihr diese Kämpfe benennt. Ich erkenne gern und dankbar Eure Tapferkeit an, aber nicht sie allein, beinahe höher stelle ich Euren Gehorsam und den Gleichmuth, die Freudigkeit, die Hingebung im Ertragen von Beschwerden vielerlei Art. Das kennzeichnet den guten Soldaten. Vorbereitet wurde der heutige, große und denkwürdige Erfolg durch die Schlachten, die wir schlugen, ehe wir Metz eingeschlossen und — erinnern wir uns dessen in Dankbarkeit — durch den König selbst, durch die mit Ihm abmarschirten Korps und alle diejenigen Kameraden, die den Tod auf dem Schlachtfelde starben oder ihn sich durch hier geholte Leiden zugezogen. Dies ermöglichte erst das große Werk, das Ihr heute mit Gott vollendet seht, nämlich daß Frankreichs Macht gebrochen ist. Die Tragweite des heutigen Ereignisses ist unberechenbar.

Ihr aber, Soldaten, die Ihr zu diesem Ende unter meinem Befehle vor Metz vereinigt waret, Ihr geht nächstens verschiedenen Bestimmungen entgegen.

Mein Lebewohl also den Generalen, Offizieren und Soldaten der I. Armee und der Division Kummer und ein Glückauf zu ferneren Erfolgen.

gez. Friedrich Karl.

Damit hatte die I. Armee aufgehört, unter dem Befehl des Höchstkommandirenden der Cernirungstruppen zu stehen und war wieder in sich vereinigt. Für den früheren Oberkommandirenden der I. Armee, General v. Steinmetz, wurde der General der Kavallerie Freiherr v. Manteuffel, kommandirender General des I. Armeekorps, mit der Führung der I. Armee beauftragt.

Am 31. Oktober ging dem Regiment der Befehl zu, daß es am 1. November aus der Gegend von Metz abmarschiren sollte.

In den Argonnen hatten französische Freischaaren seit längerer Zeit sich durch Ueberfälle einzelner Posten bemerkbar gemacht und hatte das Generalgouvernement von Reims hierüber Meldung an das große Hauptquartier nach Versailles erstattet. In Folge dessen telegraphirte General Moltke am 29. Oktober dem Oberkommando der I. Armee, daß es wünschenswerth sei, wenn baldmöglichst in den Argonnen neue Truppen erschienen.

Die 3. Kavalleriedivision, die bis an die Maas vorgeschoben war, erhielt den Auftrag, den Argonner Wald von Freischaaren zu säubern; um ihr aber für dieses bewaldete Gebirge nutzbare und ausreichende Kräfte zu Gebote zu stellen, wurde unser Regiment mit zwei Batterien der 15. Division bestimmt, möglichst schnell zu der um Fresnes en Woëvre stehenden Kavalleriedivision zu stoßen, um dort unter den Befehl des Kommandeurs derselben, Generallieutenant Graf von der Groeben zu treten.

Dem Kommandeur des Regiments, Oberstlieutenant v. Henning, war das Kommando über das abrückende Detachement übertragen worden. Er befahl, daß dasselbe in nachstehender Truppeneintheilung am Morgen des 1. November um 8 Uhr am östlichen Ausgang von Cherisey auf der Straße Pontoy—Cherisey stehen solle.

Avantgarde: 1. Bataillon des Regiments.
Gros: 2. Bataillon,
1. leichte Batterie,
2. leichte Batterie,
3. Bataillon.

Das Regiment vereinigte sich wie befohlen, um aus der Gegend von Metz zu scheiden, an die sich unvergängliche Erinnerungen knüpfen, wo die Felder liegen, auf denen Hunderte des Regiments für König und Vaterland bluteten, wo die Ortschaften liegen, in denen während der langen Einschließung von Metz und der französischen Rheinarmee das Regiment Unterkunft gefunden hatte, wenn ihm nach einem mühsamen Vorpostendienst eine kurze Ruhe in der Linie der Bereitschaften gestattet wurde, wo die Vertheidigungsstellen liegen, von denen der vorbrechende Feind zurückgeworfen werden sollte, bis Hunger und Krankheit die letzte Kraft desselben gebrochen haben würden. — Jetzt war es so weit gekommen.

Nicht der mühevolle Dienst der Einschließungstruppen, nicht die schwächenden Einflüsse von Krankheitserscheinungen, nicht die Entbehrungen aller Art konnten den guten Muth, die Pflichttreue und Pflichterfüllung verringern. — Jetzt schied das Regiment aus der Gegend, in der es mehr als zwei und einen halben Monat in steter Fühlung mit einem starken Feinde gestanden, um neuen Aufgaben, neuen Kämpfen mit gleichem Muth und gleicher Opferfreudigkeit entgegen zu ziehen.

Als erste Etappe für seinen Marsch zur Kavalleriedivision war dem Regiment das Städtchen Thiaucourt angewiesen, wo es mit den beiden Batterien Quartier beziehen sollte. Um den Uebergang auf das linke

Ufer der Mosel zu bewerkstelligen, sollte Oberstlieutenant v. Henning
mit seinem Detachement die bei Arry geschlagene Pontonbrücke überschreiten. — Als aber das Regiment hier die Mosel erreichte, war die
Pontonbrücke abgefahren, weil sie für die durch die anhaltenden Regengüsse stark angeschwellte Mosel nicht mehr zulangte. Der nächste Uebergang war moselabwärts bei Corny die Kettenbrücke zwischen diesem
Orte und Novéant. Bis hierher mußte marschirt werden, um über
die Mosel gehen zu können. Dann wandte sich der Marsch wieder
moselaufwärts über Arnaville, um hier die Straße nach Thiaucourt zu
erreichen. Dieser unvorhergesehene große Umweg wurde um so empfindlicher, als das Regiment seit dem letzten Vorpostendienst noch nicht Zeit
zur Ruhe und zu der so nothwendigen Wiederherstellung der Fußbe-
bekleidung gefunden hatte. Die Mannschaften, körperlich geschwächt
durch die Ruhr, an der sie mehr oder weniger fast alle gelitten hatten,
waren an große Marschanstrengungen nicht mehr gewöhnt, da solche in
dem Cernirungsdienst nur selten gefordert wurden. Zwar besserte sich
das anfänglich regnerische Wetter während der Marsches; aber die durch
den langen Regen der letzten Wochen aufgeweichten Wege erschwerten
den Marsch, der bis zum späten Abend währte und beinahe 40 Kilometer betrug. Viele Leute blieben in Folge dieser Marschanstrengungen
zurück. Auch erwies sich die Hoffnung auf gute Quartiere am Ziele als
eine getäuschte; denn als das Regiment um 6 Uhr Abends endlich seinen
Bestimmungsort Thiaucourt erreichte, meldete der dorthin vorausgesendete
Regimentsadjutant, daß dieser unbesetzt geglaubte Ort von dem Generalkommando und zahlreichen Truppen des im Vormarsch auf Troyes befindlichen III. Armeekorps vollkommen belegt sei und das Regiment in einem Biwak seine Unterkunft suchen solle. Die großen Fatiguen des Tages und die
völlige Ermattung der Leute, bestimmten den Oberstlieutenant v. Henning, bei
dem kommandirenden General des III. Armeekorps, General v. Alvensleben, die Erlaubniß zu erbitten, in dem allerdings von Truppen stark
angefüllten Ort wenigstens noch die drei Bataillone vom Regimente
unterbringen zu dürfen, während die beiden Batterien bis Beney weiter
marschiren sollten. General v. Alvensleben gab der Bitte Folge, und
so war es möglich, die Leute in einigen wenigen Häusern, die dem
Regiment zugewiesen worden waren, unterzubringen. An eine geordnete
Verpflegung war an diesem Tage nicht mehr zu denken, auch waren die
Leute so ermüdet, daß sie es vorzogen, sich rücksichtslos dem Schlafe an
der Stelle in die Arme zu werfen, die ihnen hierzu frei gegeben war.

Erst um 9 Uhr des nächsten Morgens wurde der Weitermarsch
auf Fresnes angetreten, wo das 1. Bataillon mit dem Regimentsstabe

am Nachmittag Quartier bezog, während das 2. Bataillon nach Marcheville und das 3. Bataillon nach Riaville und Fres kamen. An diesem Tage hatte das Regiment die 3. Kavalleriedivision *) erreicht und empfing von jetzt ab seine Befehle von dem Generallieutenant, Graf von der Gröben.

Am 3. November marschirte die Division, bestehend aus dem Regiment, dem 5., 7. und 14. Ulanen-Regiment, dem 8. Kürassirregiment, einer reitenden Batterie des 7. Artillerie-Regiments und den zwei Fußbatterien des 8. Artillerie-Regiments nebst den nöthigen Kolonnen nach der Maas vor. Das Regiment bezog Kantonnements mit dem Regimentsstabe und 2. Bataillon in Génicourt, mit dem 1. Bataillon in Recourt und Gaint und mit dem 3. Bataillon um Troyons sur Meuse an der von Verdun nach St. Mihiel führenden Straße.

Am nächsten Tage ging die Division über die Maas bis an die Straße, die von Clermont nach Bar le Duc führt. Der Regimentsstab kam nach Julvecourt, der Stab des 2. Bataillons nach Autrécourt, das 1. Bataillon nach Rarécourt. — General Graf von der Groeben gewährte für den 5. November im Hinblick auf die Ermattung der Infanterie einen Ruhetag, der dem Regimente sehr zu statten kam, da dadurch Zeit gewonnen wurde, die Bekleidung, soweit es an einem Tage anging, in besseren Zustand zu versetzen. So kurze Zeit auch erst das Regiment aus der krankheitsschwangeren Athmosphäre von Metz abgerückt war, so zeigte sich doch schon jetzt ein allgemein besserer

------

*) **3. Kavallerie-Division.**

Kommandeur: Generallieutenant Graf von der Groeben.
Generalstab: Hauptmann Graf v. Wedell.
1. Adjutant: Rittmeister Nebelthau, vom Ulanen-Regt. Nr. 6.
2. Adjutant: Premierlieutenant v. Klüber vom Husaren-Regt. Nr. 9.

6. Kavallerie-Brigade.	7. Kavallerie-Brigade.
Generalmajor v. Mirus.	Generalmajor Graf zu Dohna.
Adjutant: Pr.-Lt. v. Meyerfeld, vom Husaren-Regt. Nr. 14.	Adjutant: Pr.-Lt. v. Holtzenbecher, vom Dragoner-Regt. Nr. 12.
Rheinisches Kürassier-Regiment Nr. 8.	Westfäl. Ulanen-Regiment Nr. 5.
Oberst Graf v. Rödern.	Oberst Frhr. v. Reitzenstein.
Rheinisches Ulanen-Regiment Nr. 6.	2. Hannov. Ulanen-Regiment Nr. 14.
Oberstlieutenant v. Pestel.	Oberst v. Lüderitz.

1. reitende Batterie Westfäl. Feldartillerie-Regiments Nr. 7.
Summa: 16 Eskadrons und 1 Batterie, oder: 2400 Pferde, Kavallerie und 6 Geschütze.

Geſundheitszuſtand. Die reichliche und gute Verpflegung bei den Quar=
tierwirthen, vortreffliches Herbſtwetter, das die nicht zu großen Märſche
angenehm machte, äußerten ſchnell einen ſehr günſtigen Einfluß auf das
körperliche Befinden der Mannſchaften, die mit jedem Tage geſunder
und friſcher ausſahen.

Für den 6. November ſtand die Annäherung und der Durchmarſch
durch den Argonnerwald bevor. Graf von der Groeben theilte die ihm
unterſtellten Truppen in drei Detachements. Das erſte Detachement
unter der Führung des Generalmajor Graf zu Dohna beſtand aus der
7. Kavalleriebrigade, dem 3. Bataillon und der 1. und 2. leichten
Fußbatterie. Das zweite Detachement unter der Führung des General=
major v. Mirus beſtand aus der 6. Kavalleriebrigade, dem 1. Ba·
taillon und der reitenden Batterie. Das dritte Detachement, unter der
Führung des Major v. Kemniß vom Regiment, wurde von dem 2. Ba=
taillon und einer Eskadron des 14. Ulanen=Regiments gebildet. Das
3. Bataillon bezog Kantonnements in Neuvilly und Autréville; der Re=
gimentsſtab kam nach Clermont. Das 1. Bataillon bezog Kantonnements
in St. Ménéhould, das 2. Bataillon in les grandes Ilettes.

Graf von der Groeben hatte zur vollen Ausführung ſeines Auf=
trages ſchon für den nächſten Tag eine allgemeine Razzia durch den
Argonnerwald beſchloſſen. Es waren zu dieſem Zwecke Anordnungen
getroffen, daß der Argonnerwald zwiſchen der Aire und der Aisne nörd=
lich der Straße Clermont—Ménéhould bis nach Vienne le Château hin
vollkommen abgeſucht werde. Das 1. und 2. Detachement waren an=
gewieſen, von Oſten nach Weſten her in der ganzen Ausdehnung des
Waldes bis zu der Straße, die den Argonnerwald in nördlicher Richtung
durchzieht und bis zu dem Dorf les Ilettes herabreicht, abzuſuchen.
Die Ausführung dieſes Auftrages fiel in der Hauptſache der Infanterie
zu, da das unwegſame Waldterrain der Kavallerie keine freie Bewegung
geſtattete. Die Kavallerie umſchwärmte den ausgedehnten Wald und
unternahm weiter ausholende Rekognoszirungen und Abſuchungen von
Ortſchaften. Die Batterien wurden in der Hand des Führers zur
Dispoſition gehalten. Das auf dem Kamm des Bergzuges liegende
Detachement des Major v. Kemniß erhielt den Auftrag, alle im Ar=
gonnerwalde ſüdlich von Vienne le Château liegenden Ortſchaften gleich=
zeitig Punkt 7 Uhr Morgens abzuſuchen, und ſo zu verhindern, daß
aus einem derſelben Leute ungeſehen entweichen könnten. Dieſe Ort=
ſchaften waren von den Kompagnien des 2. Bataillons zur befohlenen
Stunde umſtellt und wurden unter Heranziehung ihrer Maires abgeſucht.
Gleichzeitig wurde die Herausgabe aller vorhandenen Waffen und nicht

ortsangehöriger Persönlichkeiten bewirkt. Die bei der Absuchung der Ortschaften verwendeten Truppenabtheilungen mußten mit einem auskömmlichen Frühstück in den abgesuchten Dörfern bewirthet werden.

Das Resultat der Absuchung entsprach nicht den Erwartungen. — Mag die Annäherung neuer Truppen schuld gewesen sein, daß sich die Freischärler schon rechtzeitig aus dem sie schützenden Waldgebirge entfernt hatten, oder waren die dort vermutheten Banden durch die Meldungen von Patrouillen und Feldpostillonen zahlreicher geschildert, als sie in der That gewesen sein mögen, es fanden sich nur sehr wenige verdächtige Leute, die eingezogen und vernommen wurden. Auch die Ausbeute an weggenommenen Waffen war keine große. Das Erscheinen der 3. Kavalleriedivision hatte aber den Erfolg, daß die abgesuchte Gegend sich für die Zukunft widerstandslos in das Schicksal fügte, das im weiteren Verlauf des Krieges unerläßlich war.

Nachdem die Aufgabe der Kavalleriedivision erfüllt schien, konnte den Truppen derselben eine mehrtägige Ruhe gewährt werden, bis die von Metz nachrückende I. Armee im Argonnerwalde eingetroffen sein würde. Den Bataillonen verblieben so einige Tage der Ruhe in ihren Quartieren und benutzten sie diese Zeit zur vollständigen Wiederherstellung von Bekleidung und Ausrüstung.

Am 10. ging der Befehl ein, daß am folgenden Tage nach dem Eintreffen des VIII. Armeekorps das Regiment in den Verband der 29. Brigade zurückzutreten habe. Dieser Befehl machte eine Dislokation nothwendig. Das 1. Bataillon marschirte am 11. nach La Neuville, das 2. Bataillon nach Florens. Am 12. November wurde in diesen Quartieren Ruhe gehalten, weil an diesem Tage das VIII. Armeekorps einen Ruhetag hatte. —

Während das I. Armeekorps über Laon auf St. Quentin marschirte, war dem VIII. Armeekorps zu seinem Vormarsch auf Compiegne von Clermont die Linie Suippe—Reims—Soissons als Marschstraße zugewiesen; zwischen beiden Armeekorps sollte die Kavalleriedivision die Verbindung aufrecht erhalten. —

Am 12. November vereinigte sich die 15. Division zu ihrem Marsch nach Compiegne. Auf dem Rendezvousplatz begrüßte der neue Divisionskommandeur, Generallieutenant v. Kummer, das Regiment. Das Offizierkorps wurde seinem neuen Führer durch Oberstlieutenant v. Henning vorgestellt, der der Freude darüber Ausdruck gab, daß, nachdem der Division ein geliebter Führer durch den Tod geraubt, die Gnade Seiner Majestät einen General an die Spitze derselben gestellt habe, dessen Name in diesem Kriege schon oft genannt worden, wenn von heldenmüthigen

Siegen berichtet worden sei. General v. Kummer dankte in herzhaften Worten und verwies dabei als Direktiven für die nächste Zeit auf folgenden Divisionsbefehl:

„Nachdem nunmehr die mir untergebene Division im Wesentlichen wieder vereinigt ist, liegt mir die Aufforderung nahe, mich über gewisse Grundsätze, denen ich allgemeine Beobachtung empfohlen wissen will, auszusprechen:

Auf eine gute Marschdisziplin muß mit Recht der höchste Werth gelegt werden. Dahin gehört, daß jeder Truppentheil dicht aufgeschlossen ist; Offiziere und Unteroffiziere an den ihnen zugewiesenen Plätzen sich befinden. Traineurs und sogar Marode dulde ich nicht, resp. wenn ich sie finde, sind sie mir ein Zeugniß von nicht ausreichender Disziplin, mindestens dürfen sie nur ausnahmsweise vorkommen.

Als allgemeinen Anhalt bestimme ich, daß in der jetzigen Jahreszeit nach dem Antreten von den Stellungsplätzen etwa eine und eine halbe Stunde marschirt wird, dann 20 bis 35 Minuten Ruhe, von Neuem Marsch ein und eine halbe Stunde, wieder eine Ruhe von 20 bis 30 Minuten und demnächst Einrücken in die Quartiere.

Früherer Ausmarsch, d. h. frühestens von den entferntest liegenden Truppenabtheilungen 6 Uhr früh, und dem entsprechend frühes Eintreffen in den Quartieren ist bei den jetzigen kurzen Tagen geboten.

Die Kavallerie wird möglichst an der Tete und als Avantgarde vorzunehmen sein; sie muß vorwärts und seitwärts das Terrain weit aufklären, rechtzeitig Meldung machen und stete Verbindung mit der Infanterie halten. Die Divisionskavallerie muß gewissermaßen das Auge des Divisionskommandeurs sein, indem diese Kavallerie für ihn weithin Alles sieht und ihn über Alles so rasch als möglich in Kenntniß setzt.

Für den Abmarsch der Infanterie bestimme ich, daß stets in Kompagniekolonnen marschirt wird und eine Kompagnie der andern auf ungefähr 15 Schritte folgt.

Die Formation der Infanterie zum Gefecht erfolgt in der Art, daß von der vorderen Brigade von jedem Bataillon 2 Kompagnien einzeln ins Vortreffen treten, während die beiden anderen Kompagnien als Halbbataillone geschlossen bleiben.

Die zweite hintere Brigade (zweites Treffen) formirt sich in Kompagniekolonnen nach der Mitte in Kolonnen zum Gefecht, und wird nicht auseinandergezogen, ehe nicht das Angriffsobjekt fest erkannt ift. Selbftredend muß die Aufftellung fo gewählt werden, daß das zweite Treffen dem feindlichen Feuer entzogen und doch dem erften Treffen fo nahe ift, um rechtzeitig und energifch ein= zugreifen.

Ich erwarte von allen Chargen kurze und beftimmte Befehle, jeder in feinem Reffort, Belaffung der vollen Selbftftändigkeit der Untergebenen, foweit dies geboten. Vor Allem hüte man fich vor dem Zuvielbefehlen, namentlich bis in die kleinen Details; ift aber etwas befohlen, fo muß mit rückfichtslofer Energie auf der pünkt= lichften Ausführung des Befehls beftanden werden.

Eine wefentliche Aufgabe für jeden Vorgefetzten ift die Sorge für feine Untergebenen. Wer keinen Beruf dazu in fich trägt und diefe Sorge nicht von felbft angezeigt findet, dem fehlt der wefentliche Faktor eines guten Soldaten. Unfere Soldaten werden den ftärkften Strapazen unterworfen; dies macht es nothwendig, daß fie ausreichend und fo gut als möglich verpflegt werden. Ich verlange, daß mir jeder Kommandeur des Morgens auf dem Rendezvous auf mein Be= fragen die genauefte Meldung machen kann, wie feine Untergebenen Tags vorher verpflegt gewefen oder welche Mängel die Verpflegung gehabt habe.

Der Erhaltung des Materials ift die entfchiedenfte Sorgfalt zu= zuwenden; die Montirungsftücke nebft Waffen müffen ftets in gutem Zuftande erhalten, für Reparatur oder Erfatz des Schuhzeuges recht= zeitig geforgt werden. Das Fehlen des guten Schuhzeuges ift ein Vorwurf, der nicht geduldet werden kann.

Fefte Disziplin ift der Grundftein der preußifchen Armee, ift mit der Faktor unferer Regierung. Diefe Disziplin ift in der mir anvertrauten Division im vollften Maße vorhanden und jederzeit von ihr, ob im Frieden oder vor dem Feinde, vollbewährt worden.

Es fei unfer ferneres Beftreben, diefe Disziplin zu bewahren und mit aller Hingebung für das Intereffe unferes Herrn, des Königs und für das Dienftintereffe gemeinfchaftlich zu wirken."

Diefe vom Divifionskommandeur gegebenen Beftimmungen waren für den folgenden langen Marfch die Norm, nach der die einzelnen Truppenabtheilungen zu verfahren hatten und deren ftets beobachtete Befolgung eine heilfame Wirkung äußerte.

Auch in dem Kommando der 29. Infanteriebrigade war ein Wechfel eingetreten. Für den in Folge feiner Krankheit zum Komman= danten von Koblenz ernannten Generalmajor v. Wedell war der frühere

Kommandeur des 65. Regiments, seither Chef des Generalstabes des württembergischen Truppenkorps, Oberst v. Bock zum Kommandeur der Brigade ernannt worden.   Bis zu seinem Eintreffen wurde er von dem Kommandeur des 70. Regiments Oberst Mettler vertreten.

Neben dem Wechsel in den Kommandostellen war auch eine Veränderung in der Zusammensetzung der Truppen des VIII. Armeekorps erfolgt.   Schon vor Metz waren die in Koblenz und Saarlouis bei Ausbruch des Krieges als Besatzung dieser bedrohten Festungen zurückgebliebenen Regimenter 68 und 70 bei ihren Korps eingetroffen und waren die an ihre Stelle getretenen Regimenter 67 und 72 zu anderen Kriegszwecken verwendet worden.   Nun war auch das aus Köln nachgerückte, zur 29. Brigade gehörige Regiment bei dieser wieder eingetroffen, nachdem es schon vor Verdun blutige Lorbeeren errungen hatte.

Die an Stelle der Sechsziger getretenen Fünfundsechsziger waren für die Füsiliere alte Bekannte, die sie freudig begrüßten, nicht ohne Stolz auf ihre Kriegserlebnisse; besonders das Wiedersehen der Offiziere war ein herzliches, wenn auch im Gedenken an die Fehlenden ein ernstes.

Von dem Rendezvousplatze aus, auf dem der Rücktritt des Regiments zur Brigade erfolgt war, marschirte die Division in zwei Kolonnen. Die linke Flügelkolonne unter dem Kommando des Oberst Mettler bestand aus der 29. Brigade, der 2. Sappeurkompagnie des 8. Pionierbataillons, der 1. Eskadron Königs-Husaren, der 1. und 2. leichten Batterie und einer Sektion des Sanitätsdetachements.

Da das zu durchschreitende Gebiet bereits von Landwehrtruppen besetzt war, waren feindliche Unternehmungen nicht zu gewärtigen.   Das Generalkommando befahl daher, daß die Truppen vom Rendezvous aus am Morgen starke Quartiermacherkommandos in die ihnen zugewiesenen Kantonnements vorausschicken sollten — wodurch die Unterbringung und Verpflegung der Truppen außerordentlich erleichtert wurde.

Für den begonnenen Vormarsch war auch noch angeordnet worden, daß in allen belegten Ortschaften von den Behörden die Auslieferung aller etwa noch vorhandener Waffen verlangt werde und waren die jedesmaligen Kantonnementsältesten mit der Ausführung dieses Befehls beauftragt, die den Einwohnern bekannt zu geben hatten, daß diejenigen von ihnen, bei denen versteckte Waffen vorgefunden würden, kriegsgerichtlich behandelt werden würden.

Am 13. bezog der Divisionsstab Quartier in Sommepuis, das Regiment mit dem Stabe und dem 1. Bataillon in Tahure, das

2. Bataillon in Minocourt und in Bargemoulin, das 3. Bataillon in Hurles und Mesniles les Hurles. Am folgenden Tage ging das Armee-Oberkommando nach Reims, das Generalkommando nach dem durch das Lager von Châlons bekannt gewordenen Mourmelon, das Regiment mit dem Stabe und dem 1. Bataillon nach Beténiville, Stab und zwei Kompagnien vom 2. Bataillon ebenfalls dahin, die beiden anderen Kompagnien nach St. Hilaire le petit, das 3. Bataillon nach Hauviner.

Da das Schuhzeug mit jedem Tage schlechter wurde und die Nachsendung nicht ausreichend zu bewirken war, war den Truppen aufgegeben worden, die Gelegenheit der Nähe der großen Stadt Reims zum Ankauf von fertigem Schuhzeug zu benutzen. Diese Anordnung konnte aber nur sehr vereinzelt zur Ausführung gelangen, da sich in den Schuhläden in Reims nur ungenügendes Material vorfand.

Am 15. November dislozirte das Regiment mit dem Stabe und 3. Bataillon nach Lavannes, dem 3. Bataillon nach Pomacle, dem 1. nach Fresnes. An diesem Tage war der neue Brigadekommandeur Oberſt v. Bock eingetroffen und hatte die Führung seiner Brigade übernommen. Der 16. war ein Ruhetag.

Am 17. kam das Regiment mit dem Stabe, dem 1. und 2. Bataillon nach Ventelay und Les saites fermes, dem 3. Bataillon nach Baurecourt und Gegend.

Am 18. bezog der Regimentsstab und das 1. Bataillon Quartier in Brenelles, das 2. Bataillon in Bauxtin und Umgegend, das 3. Bataillon in Bauxerre, am 19. der Regimentsstab mit dem 1. und 2. Bataillon in Crouy, das 3. Bataillon Budy de long und Marguerite. Am 20. nahm der Regimentsstab mit einer Kompagnie des 1. Bataillons Quartier in Clutreches, die anderen Kompagnien dieses Bataillons in Moulins sous Tourent, das 2. Bataillon in Chevillecourt, das 3. Bataillon in Morsain.

Am 21. ging das Regiment mit dem Stabe, dem 2. und 3. Bataillon nach Compiegne, das 1. Bataillon in die mit der Stadt zusammenhängenden Orten Venette, Margny, Clarois und Bienville.

An diesem Tage war das zunächst dem VIII. Armeekorps vorgezeichnete Marschziel erreicht. Inzwischen waren bei dem Oberkommando der I. Armee Direktiven aus dem großen Hauptquartier vom 18. November eingetroffen, die dahin lauteten:

„Das Oberkommando wird benachrichtigt, wie Seine Majestät der König den bisherigen Operationen des Oberkommandos beistimmend zu befehlen geruht haben, daß die I. Armee von der Linie Compiegne—

Noyons aus ihren Vormarsch in der Richtung auf Rouen fortsetze; ob hierbei mit den Hauptkräften der Weg über Amiens einzuschlagen sein wird, bleibt davon abhängig, ob die bisher dort gemeldeten stärkeren Ansammlungen in jener Gegend verbleiben oder nicht vielmehr bei dem Anmarsch der I. Armee sich abziehen. Jedenfalls bleibt Amiens an und für sich wichtig genug, um es in jedem Falle durch ein stärkeres Detachement zu okkupiren und besetzt zu halten."

Im Sinne dieser Direktiven befahl General v. Manteuffel am 20.:

„Die Armee wird in den jetzt folgenden Tagen ihren Aufmarsch an der Oise bewirken und, falls die Umstände nicht einen früheren Aufbruch veranlassen, voraussichtlich am 24. den weiteren Vormarsch antreten. Für diese Zwischenzeit wird im Anschluß an den Befehl vom 16. bestimmt:

Das VIII. Armeekorps, welches heute Compiegne mit einer Avantgarde besetzt hat, dislozirt sich von morgen ab mit dem Gros auf dem rechten Oiseufer. Die Kavalleriedivision, welche angewiesen ist, heute bis Guiscard vorzurücken, wird das Terrain für den rechten Flügel und in der rechten Flanke der Armee durch weit vorzupoussirende Kolonnen aufklären. Dem entsprechend ist auch seitens des I. Armeekorps der Oiseübergang bei Noyons morgen in Besitz zu nehmen. Die 1. Division, deren Transport von Boutzincourt nach Laon heute begonnen hat, trifft mit der Tete heute dort ein und ist ihr der echelonweise Vormarsch auf Noyons mit der Zwischenetappe Coucy bereits vorgeschrieben. Das I. Armeekorps, mit Ausnahme der 4. Brigade vor La Fère ist demnächst je nach seinem Eintreffen in dem Rayon nördlich der Linie Ressons—Blerancourt zu disloziren und hat sich nach Bedarf rechts auszudehnen. Die Kavalleriedivision geht je nach dem Eintreffen des I. Armeekorps mit ihrem Gros weiter in das Dreieck Roye—Nesle—Ham, und hat insbesondere zu konstatiren, ob große feindliche Streitkräfte bei Amiens stehen.

Mit dem Beziehen von Kantonnements auf dem rechten Oiseufer ist vermehrter Sicherheitsdienst nothwendig. So lange die Nähe größerer feindlicher Truppenmassen nicht konstatirt ist, wird zwar von zusammenhängenden Vorpostenlinien abzusehen sein, dagegen muß auf den gegen Lille, Amiens und Rouen führenden Hauptstraßen fleißig patrouillirt werden und bleibt außerdem jedes Kantonnement für die eigene Sicherheit verantwortlich."

Am 22. verblieb das Regiment in seinen Quartieren. An diesem Tage trafen General v. Manteuffel und General v. Goeben mit ihren Stäben in Compiegne ein und bezogen ihre Hauptquartiere im kaiserlichen Schlosse. — Hier hatte Napoleon gewöhnlich im Spätherbst seine Pariser Gäste vereinigt, um Jagden in den schönen und großen Waldungen abzuhalten. Das Schloß war zur Aufnahme der kaiserlichen Gäste vollkommen hergerichtet; statt ihrer bezogen es nun die preußischen Heerführer. Dem hohen Interesse, das dieses vielgenannte Kaiserschloß für Alle hatte, wurde dadurch Rechnung getragen, daß den Mannschaften der Besuch des Schlosses unter Führung von Unteroffizieren frei gegeben wurde. Es machte einen wunderlichen Eindruck, auf den breiten Schloßrampen zahlreiche Gruppen preußischer Soldaten zu sehen, die sich angesichts der kaiserlichen Pracht ihrer seitherigen Leistungen so recht bewußt werden konnten.

Der Herr des Palastes war kriegsgefangen in Deutschland. War er es auch, der ohne Grund den blutigen Krieg heraufbeschworen hatte und mußte das Gedenken an ihn bei der Erinnerung an das vergossene Blut ein schlimmes sein, im Schlosse von Compiegne stimmte sich das Urtheil milder und Theilnahme für sein trauriges Geschick beschlich so manchen preußischen Krieger, wenn er die deutlichen Zeichen eines glücklichen Familienvaters betrachtete. An einem Thürpfosten des Bibliothekzimmers Napoleons war mit Bleistiftlinien und unter Angabe des Datums die alljährliche Zunahme des körperlichen Wachsthums des kaiserlichen Prinzen von dem glücklichen Vater verzeichnet, der jetzt von seinem Sohne getrennt war. Der interessante Autograph .wurde durch seine Stabilität vor der Mitnahme geschützt. Im Bibliothekzimmer lag ein Exemplar: „Das Leben Cäsars." Wohl mag der entthronte Kaiser auf Wilhelmshöhe oft an sein römisches Vorbild gedacht haben. Ob er damals Cäsar und sein Ende beneidete? —

Am 24. November setzte die Division ihren Vormarsch gegen Amiens in zwei Kolonnen, eine jede in der Stärke einer kombinirten Brigade fort. Die 29. Brigade marschirte als rechte Flügelkolonne auf der direkten Straße von Compiegne nach Amiens. Das Regiment belegte an diesem Tage mit dem Regimentsstabe und dem 3. Bataillon Vaudencourt, dem 2. Bataillon Elincourt und dem 1. Bataillon Chevincourt.

Für den 25. November war dem Regiment eine Dislokation in und bei Montdidier vorgeschrieben, die jedoch während des Vormarsches wegen der inzwischen gemeldeten Nähe feindlicher Streitkräfte abgeändert wurde. Der Regimentsstab bezog mit der 5. Kompagnie Marschquartier in Becquigny, während die anderen Kompagnien des 2. Bataillons nach Varsy, das 1. Bataillon nach Figuières, das 3. Bataillon nach Guerbigny kamen.

Am 25. marschirte die 15. Division zwischen der 16. Division und der 3. Kavalleriedivision; die Avantgarde unter General v. Strubberg — Regiment 68, zwei Schwadronen, zwei Batterien. — Als Gros folgte die 29. Brigade mit einer Schwadron, zwei Batterien, der Sappeur=kompagnie, dem Sanitätsdetachement. Das Regiment 28 folgte dem Gros. —

Bei dem Durchmarsch durch Montdidier erhielt das Regiment eine erwünschte Verstärkung an Mannschaften durch das Eintreffen eines Rekonvaleszenten=Transports unter der Führung des vom Ersatzbataillon zum Regiment versetzten Premierlieutenant Schulz, welcher die Führung der 7. Kompagnie übernahm. Gleichzeitig war auch der von seinen in der Schlacht bei Gravelotte davongetragenen vier Wunden genesene Hauptmann Menner beim Regiment wieder eingetroffen und hatte die Führung des 1. Bataillons übernommen; Hauptmann v. Fischern trat zur 4. Kompagnie zurück. Premierlieutenant May, Führer der 10. Kom-pagnie, war schwer erkrankt und hatte im Lazareth Aufnahme suchen müssen; an seine Stelle trat Hauptmann Maier. —

Das Regiment war wieder am Feinde. —

Nach der Schlacht von Sedan, nachdem der Kaiser Frankreichs als Kriegsgefangener die deutsche Grenze überschritten, hatte Frankreich aufgehört, ein Kaiserreich zu sein. Wie schon so oft in diesem Jahr=hundert wechselten Regierung und Regierungsform in Frankreich mit nicht geahnter Schnelligkeit. Am 2. September war die Entscheidungs=schlacht bei Sedan geschlagen, und schon am 4. war Frankreich eine Republik unter der Diktatur eines Advokaten. Mit Energie und pa-triotischem Eifer für die Vertheidigung Frankreichs gegen den siegreichen Feind ergriff Gambetta die Zügel der Regierung. Er berief alle waffenfähigen Männer zu den Fahnen und suchte aus der levée en masse eine neue Armee, neue Widerstandskraft gegen den Feind zu schaffen. Ein großer Theil der deutschen Streitkräfte war vor Metz gefesselt, während dem andern die Aufgabe zufiel, die ausgedehnte Hauptstadt des Landes mit ihren gewaltigen Hülfsmitteln sich zu unter=werfen. Noch wenige Gebiete Frankreichs waren von unseren Truppen besetzt, es konnte sich daher die Formation und Organisation neuer Heeresmassen, entfernt vom Feinde, ruhig vollziehen. Besonders be-günstigt für die Erfüllung dieser Aufgabe war der Norden Frankreichs. Zahlreiche Festungen, in denen noch die Depotbataillone von sieben

Linienregimentern und die Depots von vier Jägerbataillonen standen, wo Material, Waffenvorräthe und Montirungen lagerten, erleichterten die Organisation einer Armee, in die die Bewohner der dicht bevölkerten Departements des Nordens einzutreten verpflichtet waren. Auch ein General, an dessen Namen sich ruhmreiche Erinnerungen knüpfen, fehlte nicht.

General Bourbaki, der auf mysteriöse Weise die Festung Metz während der Einschließung derselben verlassen hatte, um sich zur Kaiserin Eugenie zu begeben, stellte sich dem Diktator Gambetta zur Verfügung und wurde zum Kommandanten des Armeekorps ernannt, das als das XXII. Korps bezeichnet wurde. Dr. Testelin, ein Arzt aus Lille, wurde von Gambetta zum Kommissar der Vertheidigung in den Departements de l'Aisne, du Nord, du Pas de Calais und de la Somme ernannt, aus welchen das XXII. Korps seine Mannschaften ausheben und heranziehen sollte. Während Testelin von soldatischen Dingen nichts wußte, stand ihm als sachverständiger Rathgeber der Genieoberst Farre zur Seite. Beiden geziemt das Verdienst der schnellen Schöpfung des XXII. Korps.

Als Bourbaki in Lille an die Spitze des ihm unterstellten Korps trat, hatte dasselbe seine Organisation noch nicht beendigt, es war erst im Entstehen. Er zögerte darum, sich zur Offensive zu entschließen, und kam dadurch in Streit mit dem Doktor Testelin, der dieserhalb an Gambetta schrieb, welcher Bourbaki für ein anderes Kommando bestimmte. — An seine Stelle sollte ein Sohn der Stadt Lille treten, der noch in Algier kommandirende General Faidherbe, bis zu dessen Eintreffen der zum General beförderte Oberst Farre die Operationen zu leiten hatte. — Dieser übernahm am 19. November den Befehl über das XXII. Korps, dessen Konzentration im Thale der Somme bei Amiens er am 21. November anordnete, als kein Zweifel mehr obwalten konnte, daß die I. Armee im Anmarsch gegen diese Stadt sei.

Das XXII. Korps setzte sich zu dieser Zeit aus drei Brigaden zusammen. Die erste unter General Lecointe, die zweite unter Oberst Derroja, die dritte unter Oberst du Bessol. Hierzu trat noch der General Paulze d'Jvoy mit sechs Bataillonen Mobilgarden, die sich in Amiens formirt hatten. — Die Gesammtstärke des Korps betrug: 11 Bataillone Linie, 15 Bataillone Mobilgarden, 7 Batterien mit je 6 Geschützen; ungefähr 22,000 Mann mit 42 Geschützen.

Gegen dieses französische Korps war die I. Armee im Anmarsch. Die vorausgegangene 3. Kavalleriedivision, verstärkt durch die beiden Jägerbataillone 1 und 8, war am 23. November zum ersten Male mit dem Feinde in Berührung gekommen. Seitdem verblieb sie am Feinde und meldete am Morgen des 25., der Feind ſtehe bei Amiens und ſüdlich davon zwiſchen Somme und Luce.

Dieſe Meldungen waren für den General v. Manteuffel ent=ſcheidend, den Feind anzugreifen, auch ehe das im Anmarſch befindliche I. Armeekorps, deſſen Avantgarde erſt eingetroffen war, ganz ver=ſammelt ſei.

Während urſprünglich für den 26. November das Verbleiben in den Tags zuvor eingenommenen Quartieren angeordnet war, ging gegen Morgen bei den Truppen der Befehl zum weiteren Vor=marſch ein.

Die 15. Diviſion ging im Centrum über Moreuil vor. Als von der Avantgarde das Füſilierbataillon 68 gegen 1½ Uhr Mittags die Dörfer Thennes—Berteaucourt erreichte, erhielt es Feuer. Die 30. Bri=gade entwickelte ſich zum Gefecht, während die 29. Brigade nördlich Moreuil Halt machte und eine Rendezvousſtellung an der nach Amiens führenden Chauſſee einnahm. Ein naßkalter Novembernebel erſchwerte den Ueberblick für die fechtenden Truppen. Die 30. Brigade drängte den Feind mit nicht unerheblichen Verluſten zurück und nahm eine Vor=poſtenſtellung nördlich des Lucebaches. Es fing ſchon an zu dunkeln, als beim Regiment der Befehl einging, in Moreuil enge Quartiere zu beziehen, wohin auch das Generalkommando ging.

An dem Gefechte bei Berteaucourt war das Regiment nicht direkt betheiligt geweſen, es hatte nur in der Reſerve geſtanden.

Das Zurückweichen des Feindes über die Luce führte beim Ober=kommando zu der Anſchauung, daß der Feind ſeine Hauptſtellung hinter der Somme genommen habe und ſich dieſſeits des Fluſſes nur auf eine nachhaltige Vertheidigung von Amiens beſchränken werde. General v. Manteuffel wollte einer ſolchen Defenſive mit kräftiger Offenſive ent=gegentreten und zu gemeinſamer Aktion ſeine Armee am folgenden Tage enger konzentriren und die im Anmarſch befindlichen Truppen des I. Armeekorps abwarten, um am 28. den Feind mit überlegenen Kräften anzugreifen. Er befahl, daß am Morgen des 27. ſich ſeine Armee nach dem linken Flügel enger zuſammenziehen und dabei ſich ſo weit vorwärts bewegen ſolle, daß der Einfluß des Noyebaches in die Avre hinter der Front läge und ſo nur dieſer eine Bach den linken und rechten Flügel der Armee trenne.

Der zum Zweck dieſer Bewegungen am Abend des 26. November gegebene Armeebefehl lautete:

„Das VIII. Armeekorps schiebt sich morgen in das Terrain zwischen den Noye- und Selleabschnitt und zwar mit den Avantgarden auf die Linie Hebecourt—Sains—Fouencamps. Gegen Amiens sind Patrouillen vorzutreiben und bleibt die Gegend in Richtung auf Poix und Marseille zu beachten.

Das I. Armeekorps rückt im Anschluß an das VIII. morgen mit seinen Hauptkräften an den Luceabschnitt etwa auf die Linie Thezy—Demuin. Die Kavalleriedivision, welche bis auf Weiteres noch unter Befehl des General v. Bentheim bleibt, ist im Terrain zwischen Luce und Somme gegen Amiens vorzupoussiren. Insbesondere hat sie die ganze Sommelinie mit Bezug auf die Uebergänge zu rekognosziren und Nachrichten über die hinter derselben stehenden Streitkräfte einzuziehen.

Es sind ferner die Noye und Avre und zwar erstere vom VIII. und letztere vom I. Armeekorps in Bezug auf deren Uebergänge zu rekognosziren, und auf Herstellung solcher zur Verbindung beider Armeekorps bedacht zu nehmen.“

Die 15. Division hatte sonach am 27. November zunächst einen Linksabmarsch zu bewerkstelligen, um in die ihr vorgeschriebene Stellung auf dem linken Noyeufer zu gelangen. General v. Kummer befahl für die 30. Brigade, daß sie am Morgen des 27. nach Fouencamps und Dommartin in Quartiere abrücken solle. Ihren Linksabmarsch sollte die Brigade durch die noch kurze Zeit am Feinde stehenbleibenden Vorposten verschleiern und diese erst folgen, sobald das Gros der Brigade den Avrebach überschritten haben würde.

Für die 29. Brigade befahl General v. Kummer:

„Die Brigade nimmt morgen früh 9 Uhr ihr Rendezvous auf der Straße von Moreuil nach Ailly und marschirt von dort aus zur Besetzung der Orte Sains, St. Fuscien und Cagny. Die Brigade setzt nach dem Einrücken in die Quartiere Vorposten nördlich von St. Fuscien aus und bewirkt ihre Flankendeckung rechts gegen Boves, sowie ihre Verbindung mit der 16. Division.“

Diesem Befehle zu entsprechen, befahl Oberst v. Bock:

„Die Brigade steht morgen früh 8³/₄ Uhr auf der Straße von Moreuil nach Ailly fur Noye südöstlich Rouvrel, da, wo der Weg von der erstgenannten Straße nach diesem Dorfe abgeht, in nachstehender Ordnung:

Avantgarde: Oberstlieutenant v. Doernberg.

Eine Eskadron Husaren.

1. Bataillon 65.

2. Bataillon 65.

Gros: Oberstlieutenant v. Henning.

1 leichte Batterie.

1 schwere Batterie.

Füsilierbataillon 65.

Regiment 33.

Sappeurkompagnie.

Sanitätsdetachement.

Die Trains folgen in zwei Staffeln formirt unmittelbar hinter dem Gros unter Bedeckung einer Kompagnie.

Die beabsichtigte Dislokation ist: Ein Bataillon Fünfundsechs=ziger nach St. Fuscien; ein Bataillon Fünfundsechsziger nach Cagny; der Rest der Brigade nach Sains."

Die 16. Division sollte in dem näher an die Selle heranlie=genden Terrainabschnitt um St. Sauflieu mit der Avantgarde nörd=lich bis Hebecourt disloziren, ihren linken Flügel an die Selle lehnen und mit einem Detachement von hier aus die Zerstörung der nach Rouen führenden Eisenbahn bei Baconel bewirken.

Die von dem I. Armeekorps eingetroffenen Truppen sollte Ge=neral v. Bentheim hinter den Luceabschnitt führen, in den Rayon, in dem die 15. Division gestanden hatte.

Während die diesseitigen Anordnungen nur für einen Linksabmarsch der Armee und eine dadurch nothwendig veränderte Dislozirung der Truppen getroffen wurden, in der Absicht, am 28. November zu einer geplanten Schlacht zu schreiten, bereitete sich der Feind auf einen Kampf am 27. vor. —

General Farre hatte die Nachricht erhalten, daß die I. Armee auf den Straßen von Roye, Montdidier und Breteuil gegen ihn heranrücke. Er hatte Nachrichten darüber, daß auf der ersten Marschstraße 6000 Mann in Roye, 3000 näher an Amiens heran in Bouchoir ein=getroffen seien; daß auf der mittleren Marschstraße 12,000 Mann mit einer zahlreichen Artillerie in Moreuil und daß etwa 3 bis 4000 Mann in Breteuil stünden. — Der General glaubte daher annehmen zu müssen, daß der Angriff auf Amiens von Osten und Süden her zu ge=wärtigen sei.

Seitdem in Amiens kein Zweifel mehr obwaltete, daß der General v. Manteuffel den Besitz dieser Stadt mit seiner Armee erzwingen wollte, war man an die schleunige Schöpfung einer Vertheidigungsstellung gegangen. Von den südwestlich der Stadt auf dem linken Selleufer belegenen Höhen von Petit St. Jean zog eine zusammenhängende Schanzenlinie, immer etwa ein bis zwei Kilometer von den letzten Häusern der Stadt entfernt gehalten, bis an die Somme dicht unterhalb der Einmündung des Avrebaches in diesen Fluß. Diese beim Eintreffen der Armee noch nicht vollendete Schanzenreihe hatte eine Ausdehnung von über acht Kilometern. Es hätte zu ihrer Vertheidigung einer zahlreichen Positionsartillerie bedurft; es waren aber beim Anrücken der I. Armee nur 12 Geschütze für diesen Zweck disponibel. General Farre hätte zu einer wirksamen Vertheidigung der Verschanzungen von den 42 Feldgeschützen seines Korps einen Theil hergeben und so seinen Truppen das wichtige Impediment der Schlachtenartillerie großentheils entziehen müssen. Diese Erwägung, sowie die Unmöglichkeit, die Schanzen in ihrer ganzen Ausdehnung mit den vorhandenen Truppenkräften auskömmlich zu besetzen, veranlaßte den General Farre, den Gedanken an eine Besetzung und Vertheidigung der Schanzen ganz aufzugeben und sich vorwärts derselben zu schlagen.

In der Erwartung, daß der Hauptstoß von Osten und Süden erfolgen werde, hatte er die Brigade des Obersten du Bessol, verstärkt durch Truppen der Brigade Lecointe, im Osten Stellung nehmen lassen. Die Briegade Derroja war bestimmt, den auf der Straße von Montbidier vorgehenden Truppen entgegenzutreten und das Avrethal zu sperren. Zwischen du Bessol und Derroja wurde der Rest der Brigade Lecointe eingeschoben. General Paulze d'Ivoy hielt mit seinen sechs Bataillonen Mobilgarden, einem Bataillon Jäger und zwei Batterien das sich südlich von Amiens erstreckende Plateau besetzt. Zur Verstärkung seiner Truppen hatte General Farre in Arras die Entsendung einer Batterie und einiger Kompagnien Marinesoldaten telegraphisch erbeten.

Da der Linksabmarsch der I. Armee vom Feinde nicht bemerkt worden war, so vermuthete General Farre immer noch den Hauptstoß gegen seinen linken Flügel und wandte diesem seine hauptsächliche Aufmerksamkeit zu. Er versammelte dort acht und ein halbes Bataillon.

Gegen 9 Uhr Morgens des 27. November begannen die am Abend vorher befohlenen Bewegungen der I. Armee nach ihrem linken Flügel hin. Naßkalter Nebel deckte auch an diesem Morgen die Gegend.

Das I. Armeekorps rückte auf der Straße von Roye, an welcher das Gros der bisher eingetroffenen neun und ein halbes Bataillon und elf Batterien des I. Korps in Kantonnements gelegen hatte, vor, um mit der Avantgarde über die Luce bis Cachy und Gentelles, mit dem Gros bis Moreuil und Mézières und die davon nördlich belegenen Orte heranzurücken und so die ihm vorgezeichnete Linie Demuin—Thery zu besetzen. Als die Avantgarde antreten sollte, gingen von ihrer Kavallerie die Meldungen ein, daß Gentelles, Cachy und Villers-Bretonneux vom Feinde stark besetzt gehalten würden. Die Avantgarde entwickelte sich sogleich zum Gefecht und besetzte die vorliegenden Gehölze von Domart, Hanguard und Morgemont, sich dabei rechts ziehend. Die übrigen Truppen des I. Korps, in dieser Richtung folgend, gaben so die Fühlung mit dem in den Abschnitt zwischen Avre und Selle rückenden VIII. Korps auf und entstand zwischen beiden Korps ein unbesetzter Raum von beträchtlicher Ausdehnung, der während der Dauer der Schlacht nur von einer sehr schwachen Truppenabtheilung besetzt werden konnte.

Während der rechte Flügel der I. Armee im selbstständigen Kampfe mit den Truppen des Oberst du Bessol stand, befand sich die 15. Division auf dem Marsch in die ihr vorgeschriebene Stellung. Zunächst trat hier die 30. Brigade — fünf Bataillone, zwei schwere Batterien, zwei Eskadrons — in Fühlung mit dem Feinde.

Diese Brigade hatte ihr Rendezvous um 9 Uhr am Westausgange von Hailles genommen, um von hier aus in zwei Kolonnen nach Fouencamps und Dommartin zu marschiren.

Die für Fouencamps bestimmte Kolonne, zwei Bataillone Achtundzwanziger und die 3. Eskadron Königshusaren, sollte, nachdem sie ihr Ziel erreicht hatte, nördlich des Ortes zwischen dem Gehölz westlich Gentelles und dem Walde südlich Boves Vorposten aussetzen. Die für Dommartin und Cottenchy bestimmte Kolonne wurde vom 68. Regiment, der 2. Eskadron und den beiden schweren Batterien gebildet.

Dem Führer der rechten Kolonne, dem Obersten v. Rosenzweig, war von den vorausgerittenen Husaren gemeldet, daß Fouencamps wie die Uebergänge über die Avre frei vom Feinde seien. Er erreichte unangefochten das Dorf und entsendete eine Kompagnie des 2. Bataillons 28. Regiments zur Besetzung der über die Avre führenden Eisenbahnbrücke.

Diese Kompagnie wurde, als sie ihre Posten aussetzte, plötzlich in der linken Flanke von dem bei le Paraclet liegenden Gehölz her von feindlicher Infanterie heftig beschossen. Zur Unterstützung der im Gefecht befindlichen Kompagnie entwickelte sich nach und nach das 2. Bataillon

Achtundzwanziger und trat in ein stehendes Feuergefecht am Eisenbahn=
damm auf beiden Seiten des Avrebaches. Die Batterie Busse unter=
stützte von der Höhe südlich Fouencamps den Kampf der Infanterie.

Die linke Kolonne der 30. Brigade hatte bei Dommartin den
Noyebach überschritten und ging im Thale desselben gegen le Paraclet
vor. Das 68. Regiment vertrieb den Feind aus dem Walde und
gelangte so in Verbindung mit dem 28. Regiment. Hier kam die
Batterie Uthmann zur Thätigkeit.

Es war ungefähr ½ 1 Uhr geworden.

Inzwischen hatte die 29. Brigade die ihr vorgeschriebenen Orte
erreicht. Während des Marsches dorthin wurde das Gefecht der
30. Brigade in der rechten Flanke hörbar.

Oberst v. Doernberg ging mit der Avantgarde der 29. Brigade
durch Sains auf St. Fuscien, besetzte vom Feinde unbehindert mit dem
1. und 2. Bataillon seines Regiments dieses Dorf, die ihm beigegebene
1. Eskadron Königshusaren nach Cagny vorschiebend.

Das Gros unter Oberstlieutenant v. Henning, Füsilierbataillon 65,
unser Regiment und die beiden leichten Batterien, hatte zu derselben
Zeit Sains erreicht, woselbst Quartiere bezogen werden sollten. Die
Quartiermacher waren bereits im Orte thätig, als der Befehl eintraf,
daß die hier disponibeln Kräfte in den Kampf der 30. Brigade über
le Cambos Ferme eingreifen sollten. Sains sollte besetzt gehalten werden.

Oberstlieutenant v. Henning befahl sogleich, daß das 2. Bataillon,
Major v. Kemnitz, die Tornister ablegen und mit der 1. leichten Batterie
Geißler nach le Cambos Ferme vorgehen solle. Zur Besetzung von
Sains wurde die 1. und 2. Kompagnie unter dem Führer des 1. Bataillons
Hauptmann Menner bestimmt.

Major v. Kemnitz, der zunächst die Ferme besetzen und der Batterie
die nöthige Bedeckung geben sollte, bestimmte hierzu die 7. Kompagnie
unter Premierlieutenant Schulz, der seitwärts der Batterie Stellung
nahm, als diese auf günstiger Stelle nördlich der Ferme auffuhr und
ihr Feuer gegen die feindliche starkbesetzte Stellung auf dem Ruinen=
berge von Boves eröffnete.

General v. Kummer, der dem 2. Bataillon über le Cambos Ferme
vorausgeritten war, gab den Befehl, hier nicht zu halten, sondern im
Vorgehen gegen die feindliche Position bei Boves zu bleiben.

Major v. Kemnitz führte die Kompagnien seines Bataillons in
Kompagniekolonnen en échelon auseinandergezogen vor. Hauptmann
Wolff übernahm mit der 5. Kompagnie die Avantgarde. Dahinter links
debordirend folgte Premierlieutenant Meske mit der 6. Kompagnie.

Die 8 Kompagnie unter Premierlieutenant Lehfeldt wurde im Vormarsch an einer Waldparzelle nördlich der Ferme durch den vom Divisionskommandeur ertheilten Befehl aufgehalten, dieses auf der Rückzugslinie liegende Gehölz mit einer schwachen Abtheilung dauernd zu besetzen und die Bedeckung für die inzwischen auch vorgezogene 2. leichte Batterie Leo zu geben. Ein Halbzug der Kompagnie wurde an dem Gehölz zurückgelassen und ein Zug zur Artilleriebedeckung bestimmt; aus dem Rest der 8. Kompagnie wurden zwei Züge formirt, die dem Vormarsch der 5. und 6. Kompagnie folgten.

Als diese in den Feuerbereich der auf dem Ruinenberge aufgestellten feindlichen Infanterie geriethen, begrüßte sie ein dichter Geschoßhagel. In den bekannten feinstimmigen, klagenden Ton der Chassepotgeschosse mischte sich der noch bisher ungehörte tief summende der Tabatièregewehre, mit denen die französischen Mobilgarden ausgerüstet waren. — Trotz zahlreicher Verluste blieben die beiden im Vordertreffen auseinandergezogenen Kompagnien im steten Vorgehen, ohne zu schießen, da die Entfernung für eine Wirkung der Zündnadelgewehre zu groß war. Erst als Hauptmann Wolff ungefähr auf 700 Schritt an den Feind herangegangen war und als ein Feldgraben seinen Leuten einige Deckung gewähren konnte, ließ er seine Kompagnie halten und das Feuer eröffnen. Premierlieutenant Meske verlängerte mit der 6. Kompagnie die Schützenlinie der 5. nach links. Als Premierlieutenant Lehfeldt nach kurzer Zeit mit dem Rest der 8. Kompagnie eintraf, befahl ihm Major v. Kemnitz, den rechten Flügel der 5. Kompagnie zu verlängern.

Während diese drei Kompagnien des 2. Bataillons unter der Leitung des Majors v. Kemnitz vorerst ein einleitendes Feuergefecht führten, befahl Oberstlieutenant v. Henning dem Kommandeur des Füsilierbataillons 65, Major v. Bastineller, mit seinem Bataillon und der 3. und 4. Kompagnie unsers Regiments auf dem in einer Terrainsenkung sich hinziehenden direkten Wege von Sains nach Boves vorzugehen.

Allen ins Gefecht gezogenen Abtheilungen war die weithin sichtbare Ruine des Château de Boves das gemeinschaftliche Ziel, auf das auch die beiden nördlich der Ferme im Feuer stehenden leichten Batterien ihre wohlgezielten Granaten richteten. Da eine stärkere Reserve als die zwei in Sains stehenden Kompagnien unter Hauptmann Menner nicht geboten erschien, ertheilte um 2^1/$_2$ Uhr Oberstlieutenant v. Henning auch dem Major v. Wedell den Befehl, mit seinem Bataillon links neben dem 2. ins Gefecht zu treten.

Als der Major v. Bastineller in den Bereich der feindlichen Geschosse gelangte, befahl der Major die Fahne des Bataillons zu entfalten, was von lautem weithin hörbarem Hurrah der von ihm

geführten Kompagnien begleitet wurde. Es war das ein Zeichen zum
Vordringen für alle gegen Boves im Gefecht stehenden Abtheilungen.
In diesem Augenblick zerriß der Nebel, der den Tag über auf der
Gegend gelastet hatte; die Sonne leuchtete den stürmenden Preußen vorauf,
erhellte ihren Weg zum Siege, zum Tode. — Rechts im Thal des
Avrebaches gingen die Achtundsechsziger in der Mitte auf dem Wege
und rechts desselben vor. Ueber die Höhe und durch eine am Abfall
derselben sich hinziehende Baumplantage ging das Detachement Bastineller
vor; links daneben führte Major v. Kemnitz seine drei Kompagnien
über freies Feld gegen die Ruine vor. Die beiden Batterien sendeten
ihre Granaten in schneller Aufeinanderfolge in gleicher Richtung. Die
Infanterie schoß nicht mehr, die Seitengewehre wurden von den Füsilieren
aufgepflanzt, alle Trommeln ertönten vom Sturmschritt, immer lauter
wurde das Hurrah. Hier und da brach ein Sterbender oder Verwundeter zusammen. Es ging zum Siege. Etwa acht Minuten mag
der Siegessturm gewährt haben, dann war der Ruinenberg und die
daranstoßenden Dorftheile von Boves erreicht. Hier standen Kompagnien
der Mobilgarden du Nord, des 2. Jägerbataillons, des 24. Linien-
regiments und der französischen Dreiunddreißiger. Der größte Theil von
ihnen wandte sich zur Flucht, nur die Muthigeren, und es waren deren nicht
wenige, erwarteten den stürmenden Feind. Es kam zum kurzen Handgemenge, dann war die Ruine unser und die nicht Zurückgewichenen
unsere Gefangenen. Die preußischen Dreiunddreißiger entwaffneten mit
lautem Humor ihre französischen Nummerbrüder.

Die Höhe, auf der die alter Zeit entstammende Schloßruine von
Boves liegt, spitzt sich zu einem isolirten Bergkegel zu, der weithin als
der höchste Punkt sichtbar ist. Ein tiefer Graben umgiebt die alten
Mauerreste, in denen sich der Feind eingenistet hatte. Hier bot sich
jetzt ein buntes Kriegsbild. Franzosen, unter diesen ein Mobilgarde-
offizier, der die deutsche Sprache ohne fremden Accent sprach, umringt
von preußischen Soldaten vom 33., 65. und 68. Regiment, die von
drei Seiten gleichzeitig hierher vorgedrungen waren, Todte von Freund
und Feind, Verwundete, die sich gegenseitig behülflich waren. In diesem
Durcheinander waren die Offiziere bemüht, die Ihrigen um sich zu
versammeln.

Nur die 3., 5. und 8. Kompagnie des Regiments hatte den Sturm
auf die Ruine selbst mitgemacht; die 4. und 6. Kompagnie waren rechts
und links des Berges vorgegangen.

Hauptmann v. Fischern hatte die 4. Kompagnie auf einen Kirchhof
geführt, der sich auf dem steilen Ostabhange des Berges nach dem im

Avrethale liegenden Dorfe Boves hinunterzieht. Vor ihm wichen die Franzosen in ein hinter der Kirche liegendes Gehöft. Mit lautem Hurrah stürmte er dorthin nach und erreichte das Hofthor, ehe es den Fliehenden gelang, es zu schließen. Er machte hier 81 Gefangene.

Premierlieutenant Meske war mit der 6. Kompagnie bis an den Fuß des Ruinenberges mit vorgestürmt; von hier aber ging er mit der 6. Kompagnie gegen ein am Nordwestausgange liegendes Gehöft vor, von dem aus unser Anlauf stark flankirt worden war. Er stand hier einem überlegenen Gegner in fester Position gegenüber, der der Kompagnie zahlreiche Verluste zufügte. Sein Entschluß war schnell gefaßt. Er besetzte ein gegenüberliegendes Haus, um einen Rückhalt zu haben und wandte sich zum Sturm gegen das Gehöft, der ihm gleich im ersten Anlauf gelang. Nach kurzem Handgemenge ergab sich ein Theil der hier aufgestellten französischen Dreiundbreißiger ihren „Compatriotes“, wie sie unsere Füsiliere selber nannten. Andere fanden noch einen Ausweg auf die Dorfstraße. Hierher folgte der Unteroffizier Huhn der 6. Kompagnie mit seiner Sektion und drang im dichtesten Infanteriefeuer noch weiter vor, stürmte ein kleines Gehöft und nahm die Besatzung desselben gefangen. Die 6. Kompagnie hatte hier im Ganzen 93 Gefangene gemacht, alle dem Depotbataillon des französischen 33. Linienregiments angehörig. Premierlieutenant Meske sammelte zunächst seine Kompagnie, ordnete eine sachgemäße Besetzung des von ihm genommenen Nordwestausganges von Boves an und bestimmte eine angemessen starke Abtheilung zur Abführung der Gefangenen.

Auf dem Ruinenberge ertheilte Oberstlieutenant v. Henning die Befehle für den weitern Fortgang des Gefechts. Hauptmann Wolff besetzte mit der 5. Kompagnie die Höhe links neben der Ruine, Front gegen Amiens; rechts davon schlossen sich die Füsiliere der Fünfundsechsziger an.

Hauptmann v. Wedell nahm mit der 3. Kompagnie eine Reservestellung am Fuße des Ruinenberges auf der Straße nach Sains. Premierlieutenant Lehfeldt erhielt den Befehl, in das Dorf hinabzusteigen, dort die Verbindung mit der 30. Brigade aufzunehmen und sich an der Absuchung des Dorfes zu betheiligen. Mit einem Zuge an der Kirche Halt machend, entsendete er den Lieutenant Kyll nach der Avrebrücke gegen den zu Boves gehörigen Dorftheil St. Nicolas. Der Zug griff hier noch in ein Gefecht der Achtundsechsziger mit französischer Infanterie, die sich auf Longueau zurückzog, ein. Die 8. Kompagnie machte in Boves Versprengte zu Gefangenen. Zu gleicher Zeit drangen Kompagnien des 2. Bataillons Achtundzwanziger zu beiden Seiten des

Eisenbahndammes von Süden gegen St. Nicolas vor und in das Dorf
ein. Um 3¹/₂ Uhr Nachmittags war kein Feind mehr in der wichtigen
Position von Boves; die französischen Soldaten, die noch dort weilten,
waren unsere Gefangenen. Auf den Dorfstraßen begrüßten sich die
Mannschaften der vier Infanterie-Regimenter der 15. Division mit
lautem Jubel.

Inmitten einer freudig erregten Soldateska, die zahlreiche Gefangene umstand, gewahrte man einen elegant gekleideten Herrn, der,
als er arretirt werden sollte, sich als Engländer zu erkennen gegeben
hatte. Er hatte, um den eigenthümlichen Passionen seiner Landsleute
alle Ehre zu machen, sich auf den Kirchthurm in Boves begeben und
von hier aus den begonnenen Kampf beobachtet, nicht bedenkend, daß er
sehr leicht von den Franzosen, ebenso wie von den Preußen als Spion
hätte behandelt werden können.

Der glückliche Ausgang des Gefechts schützte ihn unsererseits vor
den Folgen solchen Verdachts, zumal er schnell bewies, daß er der
Führer einer internationalen Sanitätskolonne sei. Bei dem späteren
Bericht in einer englischen Zeitung über seine Erlebnisse machte er unseren Füsilieren das Kompliment, daß sie so brav gewesen seien, daß,
wenn sie rothe Röcke getragen hätten, er sie für Engländer hätte halten
mögen.

Dem Muthe der Füsiliere allein war der hier erfochtene wichtige
Sieg nicht zu danken; es haben zu demselben Alle gleich viel beigetragen.

Während hier die wichtige Entscheidung erfolgt war, hatte Major
v. Wedell, dem während des Marsches vom Brigadekommandeur Oberst
v. Bock der Befehl gegeben wurde, bis an die Avre vorzugehen und
dort nach Umständen in das Gefecht mit einzugreifen, das 3. Bataillon
bis an den Avrebach zwischen Boves und Cagny geführt, ohne auf den
Feind zu stoßen. Er traf hier ein, als die letzten der aus Boves vertriebenen französischen Abtheilungen auf der Chaussee nach Longueau
zurückeilten.

Das Avrethal zwischen Cagny und Boves ist von sumpfiger Wiese
erfüllt, die nur auf schmalen Pfaden passirbar war. Erst mußte die
Wiese durchschritten werden, ehe der Bach erreicht werden konnte. Nach
einigem Suchem war hier ein Brückensteg gefunden, der über den Avrebach führte. Major v. Wedell befahl, daß die 11. und 12. Kompagnie
hier ihren Uebergang bewerkstelligen und ein zu St. Nicolas gehöriges
Gehöft auf dem jenseitigen Ufer besetzen sollten. Die 9. und 10. Kompagnie hielt er auf diesem Ufer zurück. Hauptmann v. Zschüschen ging
mit der 11. Kompagnie zuerst über den Brückensteg, der so schmal war,

daß die Leute sich dort nur zu Einem folgen konnten. Dadurch ging viel Zeit verloren und gelangte die Kompagnie erst in den Besitz des jenseitigen Ufers, als sie dem zurückweichenden Feinde keinen Abbruch mehr thun konnte. Hauptmann v. Zschüschen ging, als er seine Kompagnie gesammelt hatte, bis dahin vor, wo die pariser Eisenbahn die von Montdidier nach Amiens führende Chaussee überschreitet und nahm hier Stellung. Ein etwa 500 Schritt vor ihm liegendes Gehöft, das zu Longueau gehört, barg eine feindliche Abtheilung, die ein schlecht gezieltes Feuer auf die gut gedeckten Füsiliere eröffnete, welches diese mit Erfolg erwiderten. Inzwischen hatte auch Premierlieutenant v. Besser mit der 12. Kompagnie an der gleichen Stelle die sumpfigen Wiesen und den Bach überschritten und verlängerte mit seiner Kompagnie die Schützenlinie der 11. Kompagnie nach rechts, das Feuer gegen das Gehöft aufnehmend.

Als die in demselben stehende Abtheilung die Verstärkung durch die 12. Kompagnie gewahrte, räumte sie das Gehöft eiligst und besetzte Premierlieutenant v. Besser dasselbe.

Da dem Major v. Wedell der Befehl gegeben war, nicht über diese Stellung hinauszugehen, so endete hier die Thätigkeit des 3. Bataillons.

Die 15. Division hatte ihre Aufgabe an diesem Tage glänzend erfüllt. Nach 4 Uhr verstummte das Infanteriegefecht vor ihrer Front gänzlich. Der kurze Novembertag neigte sich zu Ende, von beiden Flügeln her tönte aber noch der Geschützdonner herüber.

Das Gefecht des I. Armeekorps hatte sich immer mehr von der 15. Division entfernt. In die große Lücke zwischen diesen Truppen war die Bedeckung des Hauptquartiers, 1. Bataillon Achtundzwanziger und 4. Eskadron Königshusaren, auf die Höhen bei Thennes eingeschoben.

Dem Feinde entging die Schwächung der Schlachtlinie an dieser Stelle und machte er keinen Versuch hier durchzudringen, woraus ihm manche Vortheile erwachsen wären. Gegen Abend neigte sich auch auf dem rechten Flügel der blutige Sieg auf die Seite der Unsrigen. Die Franzosen gingen auf Amiens zurück. Als dieser Erfolg von der Höhe bei Boves wahrgenommen wurde, befahl der hier mit seinem Stabe eingetroffene General v. Goeben der Batterie Geißler die zurückweichenden Abtheilungen des Feindes zu beschießen. Die Batterie Leo beschoß das auf der feindlichen Rückzugslinie liegende Dorf Longueau.

Die 16. Division, die ihre Verbindung mit der 15. durch die in St. Fuscien stehenden Fünfundsechsziger hergestellt hatte, drang über

Durch bis gegen die französischen Verschanzungen vor und beendete hier mit hereinbrechender Dunkelheit den Kampf.

Die Strahlen der untergehenden Sonne beleuchteten die von dem Ruinenberge bei Boves sichtbare Kathedrale von Amiens. Die Schlacht vor den Thoren dieser Stadt war gewonnen. Der Divisionskommandeur an der Ruine haltend sprach patriotische Mahnworte zu den hier stehenden Kompagnien seiner Division, die in ein donnerndes Hurrah für den König einstimmten.

Die Besetzung und Bewachnng der eroberten Stellung wurde der 30. Brigade übertragen. Die zehn Kompagnien des Regiments, die an dem Kampfe Theil genommen, führte der Regimentskommandeur, nachdem es schon Nacht geworden, nach Sains zurück, wo die abgelegten Tornister aufgenommen und die von den Fourieren bestimmten Quartiere bezogen wurden. Die 5. Kompagnie blieb in der Ferme le Cambos.

Die Verluste des Regiments an diesem Tage waren gering für den Erfolg, den es mit erringen geholfen hatte. Die sachgemäße und zusammenhängende Leitung des Kampfes hatte die Kompagnien vor unnöthigen Verlusten geschützt und so gereicht die weniger zahlreiche Verlustliste dieses Tages dem Regiment zur besonderen Ehre, denn sie ist der Beweis für das allseitige taktische Verständniß und die Befolgung der in diesem Sinne gegebenen Befehle.

Das Regiment hatte 1 Offizier 59 Füsiliere verloren, und zwar:

	Todt:		Verwundet:		Vermißt:
3. Komp.	— Füs.	1 Offizier.	— Unteroff.	9 Füs.	1 Füs.
4. "	1 "	— "	— "	2 "	— "
5. "	4 "	— "	— "	15 "	— "
6. "	4 "	— "	1 "	19 "	— "
7. "	— "	— "	— "	2 "	— "
8. "	— "	— "	— "	4 "	— "
Summa	9 Füs.	1 Offizier.	1 Unteroff.	52 Füs.	1 Füs.

Der Offizierdienst thuende Vizefeldwebel Fischer der 3. Kompagnie war an der Spitze seines Zuges beim Sturm gegen den Ruinenberg schwer verwundet worden.

Das Resultat der siegreichen Schlacht theilte der Oberkommandirende, General v. Manteuffel, noch am Abend in einem Armeebefehl seinen Truppen mit:

„In der heutigen siegreichen Schlacht vor Amiens ist die zwischen Somme, Avre und Seille im Vorrücken begriffene feindliche Armee auf beiden Flügeln in der Richtung auf Amiens zurückgeworfen mit Verlust von mehreren Tausend Verwundeten und Gefangenen. Ich spreche der Armee meinen Dank aus und werde Seiner Majestät dem Könige Meldung von der wiederum an den Tag gelegten Tapferkeit erstatten.

Es hat sich ergeben, daß vor Amiens Verschanzungen liegen, deren Rekognoszirung nothwendig ist. Demgemäß bestimme ich:

Das VIII. Armeekorps befestigt seine, dem Feinde abgenommene Stellung, Front gegen Amiens, und hält sich außerdem bereit, mit einer Division nach rechts hin einzugreifen, falls das I. Armeekorps gegen den zwischen Avre und Somme stehenden Feind engagirt wird."

Die Ausführung dieser Maßregeln wurde nicht erforderlich, da der Feind die Verschanzungen und die Stadt mit Ausnahme der im Norden derselben liegenden Citadelle geräumt hatte.

General v. Kummer, der seit der Uebernahme der 15. Division zum ersten Male am 26. und 27. November mit derselben im Feuer gestanden hatte, sprach den Truppen seine Anerkennung in nachstehendem Divisionsbefehle aus:

„Ich danke der Division für die Hingebung, die sie in dem heutigen Gefechte bei Boves und Fouencamps bewiesen hat und freue mich, Gelegenheit gehabt zu haben, mit der Division in eine Verbindung getreten zu sein, wie solche dem General nur erwünscht sein muß, indem nichts fester ketten kann, als die gemeinsam ehrenvoll bestandenen Gefahren und das Bewußtsein, für unsern Herrn und König mit dem Theuersten eingetreten zu sein, was der Mensch hat, mit seinem Leben. Es lebe der König!"

Am Morgen des 28. hatte sich die Division in den Quartieren zum sofortigen Aufbruch bereit zu halten, während die 16. Division nach Amiens vorging. Da diese Stadt ohne Kampf in ihren Besitz kam, so konnte der Tag im Hinblick auf die sichere Ruhe der Fürsorge für die Verwundeten zugewendet werden, die in Sains schnell etablirten Lazarethen zugeführt wurden.

In diesen wirkte die Prinzessin Salm an der Seite des Geheimen Medizinalrath Dr. Busch aus Bonn mit hingebender Opferfreudigkeit segensreich für die Verwundeten. Selbst durch den Tod ihres Gatten in der Schlacht bei Gravelotte betroffen, kämpfte sie Schmerz und Trauer nieder, um unter dem rothen Kreuz zu schaffen und zu helfen. Mit

Vertrauen sahen die Verwundeten auf die Dame, die tröstend zu ihnen sprach, die sich nicht scheute, die niedrigste Arbeit zu thun, die selbst thätig war, Gypsverbände um die zerschossenen Glieder zu legen.

Am 28. November wurden von dem Oberkommandirenden der I. Armee die Beschlüsse gefaßt, die die weiteren Operationen zur Folge hatten.

Die vom großen Hauptquartier am 18. gegebenen Direktiven hatten als das zu erreichende Ziel die Hauptstadt der Normandie bezeichnet und die Gewinnung von Amiens nur als ein wünschenswerthes Ereigniß freigestellt. Jetzt war die Hauptstadt der Picardie in blutiger Schlacht erobert. Ihr Besitz mußte gesichert werden; aber es lag kein strategischer Grund vor, über Amiens hinaus gegen Norden vorzudringen, in die von zahlreichen Festungen gedeckten Departements des Nordens einzutreten und dort die I. Armee durch Cernirungen, Blockaden, Belagerungen zu zersplittern und zu fesseln. Die in dieser Richtung zurückgezogene Armee des General Farre war nach allen Anzeichen sobald nicht wieder fähig, im offenen Felde aufzutreten. Diese Armee zwischen oder in den Festungen aufzusuchen, hätte der gesammten Kriegslage nicht entsprochen, die es erheischte, daß alle Gefahren, die der Einschließungsarmee vor Paris drohten, abgewehrt, alle gegen diese aufgestellten oder im Anmarsch befindlichen Streitkräfte geschlagen und zerstreut wurden. Bei Rouen stand aber noch eine zahlreiche Armee — einzelne Angaben behaupteten 40,000 Mann — unter dem General Briand versammelt. In nur wenigen Tagemärschen konnte General Briand mit seiner Armee die Einschließungsarmee von Paris erreichen. Schon hatten einzelne Streifzüge seiner Truppen vermuthen lassen, daß er eine Offensive in allernächster Zeit beabsichtige. Gegen ihn mußte sich daher die I. Armee zunächst wenden.

Die Besetzung von Amiens und seiner Citadelle wurde dem Kommandeur der 3. Kavalleriedivision, Generallieutenant Graf v. d. Groeben, übertragen und ihm ein Detachement von sechs Bataillonen, acht Eskadrons und drei Batterien zu diesem Zweck unterstellt. Den übrigen Truppen der I. Armee ging der Befehl zu, sich zum Abmarsch nach Westen zu formiren.

Am 29. rückte das Regiment von Sains nach Quévauvillers an der nach Rouen führenden Straße, wo es auch am 30. mit dem 1. und 2. Bataillon verblieb, während das 3. Bataillon mit einer Eskadron an diesem Tage nach Poix ging. Der hier den Befehl übernehmende Major v. Wedell hatte den Auftrag, durch weit ausholende Kavalleriepatrouillen die Front und linke Flanke der 15. Division zu sichern.

Der 1. Dezember brachte den erſten Froſt. An dieſem Tage begann der Vormarſch gegen Rouen. Das Regiment ging über Poix
in ſüdweſtlicher Richtung in Quartiere nördlich Grandvillers, der Regimentsſtab mit dem 3. Bataillon, der 1. und 4. Kompagnie nach Som-
mereux, die 2. und 3. Kompagnie nach Laverrière, das 2. Bataillon
nach Dargie.

Am 2. Dezember nahm die Brigade ihr Rendezvous bei Grandvillers um 9 Uhr Morgens. Der Feind hatte Patrouillen gezeigt. Es
war die Fühlung mit der Armee des General Briand aufgenommen
und wurde die Sicherung der Kantonnements befohlen. Der Regimentsſtab und das 1. Bataillon gingen nach Brombos, das 2. Bataillon
nach Briqueterie und Gegend, das 3. nach Hautbos.

Da ein Zuſammenſtoß mit der Armee des General Briand bevor-
ſtand, wurde vom Oberkommando für den Weitermarſch nach Ueberſchreiten
der Epte der Armee eine veränderte Formation gegeben und eine Armeereſerve ausgeſchieden. — Das VIII. Korps, dem die 30. Brigade als
Armeereſerve entnommen war, ging auf dem rechten Flügel auf der direkten Straße Amiens—Rouen und nördlich derſelben vor; das I. Armeekorps auf der Straße Breteuil—Rouen. Die Armeereſerve folgte.

Zu der 29. Brigade traten das Königshuſaren = Regiment, die
Batterie Buſſe. Mit der kombinirten 29. Brigade ging General
v. Kummer vor, die Bewegungen leitend.

Für den weiteren Vormarſch dieſer Brigade wurde folgende Truppeneintheilung befohlen:

        Avantgarde: Oberſt Freiherr v. Loë.
           Königshuſaren-Regiment,
           2. und Füſilier-Bataillon 65.
           1. leichte Batterie.
        Gros: Oberſtlieutenant v. Henning.
           1. Bataillon 65.
           2. leichte Batterie.
           1. ſchwere Batterie.
           Regiment 33.
           Sappeur-Kompagnie.
           Sanitäts-Detachement.

Das Regiment dislozirte mit dem Stabe und 1. Bataillon nach
Forges les Eaux, dem 2. Bataillon nach Serqueu, dem 3. nach La
Foſſée.

Am folgenden Tage trat das 8. Jägerbataillon zur Brigade und
wurde dem Gros zugetheilt. Die Brigade nahm um 9 Uhr Morgens

weſtlich Forges ihr Rendezvous und trat den weitern Vormarſch an.
Gegen 11 Uhr ſtieß die Avantgarde jenſeits Forgettes auf den Feind,
der eine Batterie auf einer Höhe bei le Bosc Bordel poſtirt hatte, die
ihr Feuer auf große Entfernung eröffnete. Gegen ſie fuhr die Batterie
Leo auf und gelang es dieſer ſchon nach wenigen wohlgezielten Schüſſen
ein feindliches Geſchütz außer Gefecht zu ſetzen, das beim weitern Vor=
bringen in unſere Hände fiel. Dem zum Gefecht in Kompagniekolonnen
auseinandergezogenen 65. Regiment folgte unſer 1. Bataillon auf der
Marſchſtraße, das 2. rechts derſelben. Das 3. Bataillon und das
8. Jägerbataillon wurden als Reſerve zurückgehalten und folgten mit
der ſchweren Batterie im dritten Treffen. Der Kampf war ein kurzer
und leichter, da der Feind nirgends ſtandhielt; nur das 2. Bataillon
65er hatte Todte und Verwundete verloren. Dagegen waren dem Feinde
viele Gefangene und das demontirte Geſchütz abgenommen worden. Da
ſich der Feind ſehr eilig zurückgezogen hatte, ſo ſammelte ſich die Brigade
in Rendezvousſtellung bei Baſſe Boral zu beiden Seiten der Straße
nach Buchy und marſchirte in die ihr zugewieſenen Quartiere ab; der
Regimentsſtab mit dem 2. Bataillon nach Bois Guilbert, das 1. Ba=
taillon nach Bosc Regnier und Gegend, das 3. Bataillon nach Bois
Héroult.

Die Unterkunft der Truppen in der Haute=Normandie war wegen
der Armuth ihrer Bewohner keine gute. Sehr empfindlich wurde die
zunehmende Kälte, gegen die in den nur mit Kaminen heizbaren Stuben
auch kein genügender Schutz zu finden war. — In Bois Guilbert
trafen der von Krankheit geneſene Adjutant des 2. Bataillons, Lieutenant
Gattung, und der von ſeinen Wunden geheilte Lieutenant der Reſerve
Baumeiſter ein.

Nachdem am 4. Dezember auf allen nach Rouen führenden Straßen
der Feind ſich gezeigt und entgegengeſtellt hatte, durfte auf nachhaltigen
Widerſtand und eine zähe Vertheidigung der Hauptſtadt der Normandie
gerechnet werden.

Am 5. rückten die Kolonnen der I. Armee mit den nothwendigen
Vorſichtsmaßregeln näher an Rouen heran.

Die kombinirte 29. Brigade ſollte Germain, Catenay, Blainville
und die zwiſchenliegenden Orte beſetzen. Ein ausgedehnter Vorpoſten=
dienſt und die Entſendung von zahlreichen Kavallerie=Rekognoszirungen
gegen Rouen ſollten die dahinter liegenden Truppen ſichern.

Um 9 Uhr Morgens wurde der Vormarſch in der früher befoh=
lenen Truppeneintheilung von dem Rendezvous bei Catenay angetreten.
Die für dieſen Tag beſtimmten Marſchziele waren bald erreicht. Das

Regiment ging bis auf die Höhen westlich Blainville vor und nahm eine Vorpostenstellung mit dem 2. Bataillon vor Mailloz—Metz, rechten Flügel an Gruchy, linken an Capendy. Die 5. und 8. Kompagnie gaben die Feldwachen, die 6. und 7. Kompagnie die Pikets. Das 1. Bataillon bezog Quartiere in Blainville, das 3. in Catenay. Um 12 Uhr Mittags war die Vorpostenstellung eingenommen.

Ueber den Tags zuvor auf Rouen zurückgegangenen Feind waren bei den Vorposten keine bestimmten Meldungen eingegangen.

Die Truppen gingen daran, durch Requisitionen für ihre Verpflegung zu sorgen und sich mit der Zubereitung der Mittagsmahlzeit zu beschäftigen. Als diese noch nicht hergerichtet war, ertönte plötzlich das Alarmsignal. Alle stürzten zu den Waffen, denn Jeder glaubte an einen Ueberfall durch den nahen Feind; aber nirgends hörte man schießen. Die Verwunderung über den unerwarteten Alarm wurde durch die überraschende Nachricht von einem sogleich anzutretenden Marsch nach Rouen aufgeklärt.

General Briand hatte am Abend des 4. Dezember, selbst als alle von ihm vorgesendeten Detachements vor den Spitzen der I. Armee eiligst zurückgegangen waren, nach den in einer Proklamation des Maire von Rouen gemachten Mittheilungen, noch an dem Entschluß festgehalten, bei Rouen eine Schlacht anzunehmen. In der Nacht zum 5. scheint er aber anderer Ansicht geworden zu sein, denn er entschloß sich, die beabsichtigte Vertheidigung von Rouen aufzugeben und diese offene Stadt zu räumen, um sich auf die Festung Havre zurückzuziehen. Um 5 Uhr Morgens hatte der Rückzug seiner Truppen auf beiden Ufern begonnen und am Vormittag des 5. Dezember war die feindliche Armee vor der unsrigen zurückgegangen, ohne ihre Kraft zu erproben, ohne einen ernsten Kampf zu wagen.

Die Meldung von der Räumung der Hauptstadt der Normandie erstatteten zuerst die Königshusaren, die durch die Vorstadt Darnétal bis auf den Hauptplatz von Rouen vorgeritten waren. Um ½3 Uhr rückte schon die Infanterie der 16. Division von Buchy her in die Stadt ein.

Zu dieser Zeit hatte General v. Kummer auf die ihm zugegangenen Meldungen hin die kombinirte 29. Brigade alarmiren lassen und marschirte mit dieser nach Rouen.

Es war schon dunkel geworden, als die Truppen in das Thal der Seine hinabstiegen. Auf den letzten Höhen fanden sich die Zeichen der beabsichtigten nachhaltigen Vertheidigung. Barrikaden, die den Weg sperren sollten, Schützengräben und schanzenartige Aufwürfe, deren einer sogar mit schweren Geschützen armirt war, sperrten den Weg oder lagen zur Seite desselben; aber kein Vertheidiger zeigte sich.

Der Mond beleuchtete den Weg und herrlich erglänzte in seinem matten Lichte das liebliche Thal, dessen Schönheiten trotz des winterlichen Aussehens das Auge erfreuten.

Die ersten Häuser der Vorstadt Darnétal wurden erst in der neunten Abendstunde erreicht. Mit klingendem Spiele rückten die Bataillone durch die Straßen der großentheils nur von der Arbeiterbevölkerung bewohnten Vorstadt. Nur wenige Leute zeigten sich in dem Doppellicht des Mondes und der Gaslaternen auf der Straße. Die Stadt selbst kündigte sich durch die schönen Façaden ihrer Häuser an. Der Marsch der 29. Brigade wurde erst auf dem Place de l'Hôtel de ville unterbrochen. In dem Hotel war bereits eine Kommandantur eingerichtet, die mit Hülfe der städtischen Behörden die Eintheilung der Quartierrayons anordnete. Die Einquartierung erfolgte straßenweise vom Fleck aus nach dem Augenschein. Die mitternächtliche Stunde war herangerückt, ehe alle Füsiliere in den ihnen bestimmten Häusern Aufnahme und Ruhe fanden. Wohl keiner hatte geglaubt, heute Nacht schon in Rouen schlafen zu können und ohne neue Kämpfe dorthin zu gelangen.

Erst am Morgen des 6. Dezember wurde man sich des großen Erfolges so recht bewußt. Schon früh füllten sich die Straßen mit den eingerückten Mannschaften, die voll Staunen die schöne Stadt in Augenschein nahmen, die ohne Schwertstreich in ihre Hände gefallen war. Die herrlichen Bauwerke gothischer Kunst, die schönen Plätze, die eleganten Straßen entzückten das Auge eines Jeden. Aber auch für andere lang entbehrte Genüsse war reichlich gesorgt. Die vortrefflichen Restaurants am Seinequai mußten schon früh ihre Salons öffnen. Dorthin strömten die nicht im Dienst befindlichen Offiziere aller Waffen und labten sich an dem Genuß von Austern und Champagner. An reich besetzten Tafeln vergaß sich die lange Zeit der Entbehrung solch' angenehmer Zeichen der Civilisation schnell. Hier hätte ein Jeder freudig die Nachricht von einem mehrtägigen Waffenstillstand entgegengenommen; aber der Krieg war nicht zu Ende, keine Pause in den Operationen trat ein. — Die okkupirte Stadt wurde entwaffnet. Nicht allein die Nationalgardisten, sondern alle Bewohner wurden in einer Proklamation unter Androhung sehr harter Kriegsstrafen aufgefordert, ihre Waffen im Hôtel de ville am Morgen des 6. abzuliefern. Bald reichten nicht mehr die großen Säle des Stadthauses zur Aufnahme der herbeigebrachten Waffen; außerhalb desselben neben dem Reiterstandbilde Napoleons I. wurden Tausende von Gewehren aufgehäuft. Neben den ordonnanzmäßigen

Waffen wurden Jagdgewehre, Pistolen, Säbel, Dolche, von sehr schöner
Arbeit, alte Familienstücke herbeigebracht, um gleich den anderen Waffen
der Zerstörung preisgegeben zu werden. Mit schwerem Herzen mögen
sich die Besitzer von werthvollen Waffen getrennt haben, die ein Stück
Familiengeschichte repräsentirten; mit schwerem Herzen wurden sie von
uns vernichtet. — C'est la guerre. —

Am 6. Dezember war auch das I. Armeekorps bei Rouen einge=
troffen und wurden den Truppen bestimmte Rayons in und um Rouen
angewiesen, in die sie dislociren sollten. Für die 15. Division befahl
General v. Goeben:

> „Die Division rückt mit einer Brigade in den Rayon Elbeuf la
> Bouille, welche in südlicher und östlicher Richtung Patrouillen vor=
> schickt; mit der andern Brigade in den Rayon Grand=Couronne sur Seine
> und südlichen Stadttheil von Rouen. Die Formation der Brigaden
> bleibt, wie sie in den letzten Tagen befohlen war."

Der Rayon Elbeuf la Bouille wurde für die kombinirte 29. Brigade bestimmt.

Schon am Mittag des 6. wurden das 1. und 2. Bataillon in
die auf dem linken Seineufer liegende Arbeitervorstadt St. Sever ver=
legt; das 3. Bataillon verblieb noch in Rouen. Bei Frost und Schnee
überschritten die beiden für St. Sever bestimmten Bataillone gegen
2 Uhr Nachmittags die Seine auf der Kettenbrücke. Unten im Fluß
lagen Seeschiffe, die von der Flutwelle bis hierher getragen wurden.

In St. Sever hatten beide Bataillone starke Wachen zu besetzen.
Die Hoffnung auf schöne und bequeme Tage in Rouen war geschwunden.
Am 7. ging auch das 3. Bataillon wieder ins Dorf in Quartier nach
Sotteville. — Adieu Austern und Champagner! — Das 1. und
2. Bataillon verblieben noch in St. Sever.

Auf die Meldung der Besitznahme von Rouen an das große Haupt=
quartier waren von dort weitere Direktiven eingetroffen, die eine Ver=
folgung des Feindes nach Havre als nächste Aufgabe der I. Armee
bezeichneten. General v. Manteuffel befahl hiernach und gestützt auf
die Meldungen des VIII. Korps, wonach der Feind in einzelnen kleinen
Kolonnen nach allen Richtungen zurückgegangen sei, Folgendes:

> „Es sind seitens des VIII. Armeekorps über Bernay nach Pont
> Audemer, sowie auf dem rechten Seineufer auf Havre mobile Kolonnen
> in Stärke je einer kombinirten Brigade aller Waffen vorzupoussiren,

um die Verfolgung des Feindes, Entwaffnung des Landes und die Okkupation wichtiger offener Städte vorzunehmen.

Jede Kolonne hat sich durch Relais mit Rouen in Verbindung zu erhalten, um häufig zu melden und Befehle zu anderweitiger Verwendung rechtzeitig erhalten zu können.

Die Bewegungen werden morgen früh angetreten und ist es geboten, sie schnell und kräftig durchzuführen."

General v. Goeben befahl:

„Eine Kolonne unter Oberst v. Bock, bestehend aus der 29. Infanteriebrigade, drei Eskadrons Königshusaren, zwei Batterien der 1. Fußabtheilung und einer reitenden Batterie, geht nach Pont Audemer, Bernay. Die nähern Anordnungen bleiben dem Obersten v. Bock überlassen; doch ist ein kräftiges Vorgehen auf Pont Audemer, wohin bedeutende Kräfte des Feindes gekommen sein sollen, sowie die baldige Besetzung des Eisenbahnknotenpunktes Montfort erforderlich. Die Umstände müssen ergeben, ob von Pont Audemer Detachirungen nach Honfleur, resp. von Montfort solche auf Bernay stattfinden können, oder ob nur auf Honfleur zu detachiren und demnächst der Rückmarsch mit der ganzen Kolonne über Bernay nach Rouen auszuführen ist.

Es kommt für die fliegenden Kolonnen darauf an, in möglichst vielen Orten Truppen zu zeigen, überall die Entwaffnung vorzunehmen und Nachrichten über die verschiedenen feindlichen Streitkräfte, namentlich in Havre, einzuziehen.

In geeigneter Weise ist zur allgemeinen Kenntniß zu bringen, daß die Straßen nach Rouen frei sind, daß Lebensmittel dort fehlen und solche gut bezahlt werden.

Relais sind zu etabliren."

Die Truppen der kombinirten 29. Infanteriebrigade: Regimenter 33 und 65, die 1., 2., 3. Eskadron Königshusaren, 1. leichte Batterie Geißler, 1. schwere Batterie Buffe und 3. reitende Batterie Schlieben standen am 8. Dezember 11 Uhr Vormittags an dem Straßenknotenpunkt bei la Bouille zum Vormarsch bis an die Küste des atlantischen Ozeans bereit.

Auf dem Rendezvous traf der Brigadekommandeur die Anordnungen für die Ausführung des ihm gewordenen Auftrages.

Oberst v. Loë übernahm die Avantgarde mit:

> 1. und 2. Bataillon 65er,
> 1. und 2. Eskadron,
> 1. leichte Batterie.

Oberstlieutenant v. Henning wurde die Führung des Gros übertragen:

> Regiment 33er,
> 1. schwere Batterie,
> 3. reitende Batterie.

Oberstlieutenant v. Doernberg führte in linkes Seitendetachement:

> Füsilierbataillon 65er,
> 3. Eskadron.

Die Hauptkolonne ging auf der nach Pont Audemer führenden Straße vor, das linke Seitendetachement nach Montfort an der Rille zur Besetzung der dortigen Eisenbahngabelung.

Schon am vorhergehenden Tage hatte sich der Winter ebenso fühlbar gemacht, wie in unserer nordischen Heimath. Eine dicke Schneelage deckte die Gefilde und blendete während des Marsches die Augen. Starker Frost glättete die Wege und erschwerte das Marschiren. Von dem Westausgange der Vorstadt St. Sever bis zum Rendezvous der Brigade führte die Marschstraße im Seinethal und bot dem Blick eine schöne Winterlandschaft. Als Moulineau erreicht wurde, suchten die Augen die auf der Karte verzeichneten Ruinen des Schlosses „Roberts des Teufels", die auf der Höhe zur Linken lagen. Unter wechselnden Eindrücken wurde la Bouille erreicht. Westlich dieses an der Seine hin sich erstreckenden Ortes wurde das Plateau erstiegen, auf dem die Straße nach Pont Audemer weiterführt.

Ein scharfer Nordwind machte sich sehr empfindlich. Erst bei Eintritt der Dunkheit war der Marsch beendet. Das Regiment bezog mit dem Stabe, dem 1. Bataillon, der 9. und 10. Kompagnie in Bourg Achard, mit der 11. und 12. in Bosc Gouet, mit dem 2. Bataillon in Honguemare Quartiere.

Oberst v. Bock hatte schon am 8. Husarenpatrouillen bis Pont Audemer vorgehen lassen und von diesen Meldungen über den Verbleib des Feindes erhalten. Er befahl für den nächsten Tag:

„Alle eingegangenen Nachrichten besagen, daß der Feind seinen Rückzug von Rouen auf Honfleur genommen und von dort nach Havre übergesetzt sei.

Die Brigade setzt morgen ihren Vormarsch auf Pont Audemer in folgender Weise fort:

Die Avantgarde in ihrer heute befohlenen Zusammensetzung nimmt ihr Rendezvous in der Höhe von Bouquetot und tritt von dort aus um 8½ Uhr den Vormarsch auf der großen Straße nach Pont Audemer an, welchen Ort sie vorläufig besetzt.

Das Gros unter Befehl des Oberstlieutenant v. Henning: Regiment 33, reitende und schwere Batterie, Sanitätsdetachement, folgt um 8¾ Uhr vom Rendezvous hart östlich Bourg Achard der Avantgarde auf ihrer Marschstraße dahin, wo solche die Straße Montfort—Pont Audemer trifft. Dort nimmt es sein Rendezvous und erwartet weitere Befehle."

Auch am 9. wurde dem Vormarsch der Brigade kein feindlicher Widerstand entgegengestellt und ergaben die Meldungen, daß der Feind erst bei Honfleur angetroffen werden würde. Bis gegen diesen Ort waren am Morgen Offiziere der Königshusaren vorgeritten und hatten angesichts der französischen Küste den Feind erreicht und von ihm Feuer erhalten. Mit kräftigem „Lehm opp!" hatten sie das Weltmeer begrüßt und dann ihre Pferde gewendet, um Meldung über das Auffinden des Feindes zu erstatten.

Am Nachmittage wurden Quartiere bezogen. Der Regimentsstab nahm mit dem 2. und 3. Bataillon in Pont Audemer Quartiere. Die Bewohner dieses Städtchens zeigten sich sehr freundlich und erleichterten eine schnelle und gute Unterbringung der Truppen, die bei der herrschenden Kälte sehr erwünscht war. — Das 1. Bataillon bezog Quartier in Corneville. —

Der Feind hatte nirgends Widerstandsfähigkeit gezeigt, vielmehr sprachen alle Mittheilungen dafür, daß er in Auflösung und Unordnung ans Meer zurückgewichen war und daß sich die Reihen der Mobilgarde-Bataillone durch zahlreiche Desertionen stark gelichtet hätten. Oberst v. Bock durfte selbst gegen überlegene Streitkräfte eines anscheinend stark demoralisirten Feindes sein Detachement vorführen, auch ohne fürchten zu müssen, demselben eine Katastrophe zu bereiten. Um es aber für ein solches, gegen Honfleur zu richtendes Unternehmen möglichst unabhängig in seinen Bewegungen und der Wahl seiner Wege zu machen, befahl er die Rücksendung aller Bagagen und aller nicht marschfähigen Mannschaften nach Rouen, dem Ausgangspunkt und Endziel der Expedition.

Oberst v. Bock disponirte am Abend des 9. für den 10. Dezember:

„Morgen früh 8 Uhr steht die Brigade mit Avantgarde und Gros in der heutigen Marschformation, die Avantgarde bis St. Maclou vorgezogen, das Gros mit der Tete bei Toutainville zum Vormarsch auf Honfleur bereit. — Als linkes Seitendetachement wird das 1. Bataillon 33er mit einem Zug Husaren und einem Zug der 1. schweren Batterie von St. Maclou auf Beuzeville abbiegen, diesen Ort besetzen und das Zerstören der Eisenbahn daselbst in Angriff nehmen.

Pont Audemer wird von dem Detachement des Oberstlieutenant v. Doernberg besetzt, welches möglichst zeitig daselbst einzutreffen hat.

Von der Avantgarde ist ein Zug Husaren zur Aufrechterhaltung der Verbindung in St. Maclou zu belassen."

So waren alle Befehle für den Marsch jusqu'à la mer ertheilt. Mit dem Gedanken, am nächsten Tage am Ozean Halt zu machen, schlossen sich die Augen der Müden. — Diese Erwartung ging nicht in Erfüllung; denn noch in der Nacht ging der Befehl zum Rückmarsch nach Rouen ein. —

Der Grund für die plötzliche Zurückberufung der kombinirten 29. Brigade war die inzwischen veränderte Kriegslage an der Somme, die energische Maßregeln schnell nothwendig machte.

Die nach der Besetzung von Rouen entsendeten Detachements waren zum Theil bis an die Küste Nordfrankreichs vorgedrungen.

Auf diesen Zügen war der Feind nur in der Nähe von Havre und gegenüber diesem wichtigen Hafenplatze bei Honfleur angetroffen worden.

General Briand war auf beiden Ufern der Seine bis hierher zurückgewichen und hatte es nicht versucht, sich dem Vordringen der schwachen preußischen Heeresabtheilungen an irgend einem Punkte entgegenzustellen.

Die Widerstandsfähigkeit der französischen Streitkräfte im Norden schien gebrochen, eine Fortsetzung der Feindseligkeiten im offenen Felde für lange Zeit unmöglich. — Ein Theil der im Nordosten von Frankreich liegenden Festungen war erobert. Nur ein Gebiet Nordfrankreichs, die reichen und dicht bevölkerten Departements der Provinzen Flandern und Artois, waren noch nicht von deutschen Truppen betreten worden. Gegen diese konnten sie sich auch nicht wenden wollen, da sie sich zu weit von ihrer Aufgabe, der Deckung der Einschließungstruppen von Paris gegen Norden hin, entfernt hätten. Dieses Gebiet, in dem unter zahlreichen Festungen und Depotplätzen als größter Lille liegt, war der Boden, auf dem sich französische Heeresmassen sammeln und neu formiren konnten. Nicht sowohl die Vorräthe der französischen Depots lieferten zahlreiches Armeematerial aller Art, sondern auch der offene und kurze Seeweg nach England, der Waffenkammer aller kämpfenden Völker, die Geld genug haben, theure Waare zu bezahlen. — In das Bereich der schützenden Festungen Avesnes, Cambrai, Arras, Douai, Valenciennes, Lille u. s. w. war die am 27. November vor Amiens geschlagene Armee des General Farre zurückgegangen.

In Lille, dem Hauptquartier der französischen Nordarmee, war am ersten Tage des Dezember der an Bourbaki's Stelle aus Algier herbeigerufene Divisionsgeneral Faidherbe eingetroffen und an das ihm übertragene, bereits begonnene Werk der Reorganisation des Nordheeres sofort herangetreten.

Dieser Offizier, von sehr gutem Rufe, aus dem Geniekorps hervorgegangen, hatte lange Zeit in fernen Landen dienstliche Stellungen inne gehabt. Nachdem er Gouverneur des Senegal gewesen, war er zuletzt Kommandant von Constantine. Der Ruf seiner großen Thatkraft und Energie war allgemein bekannt. Großes Vertrauen setzte daher die französische Regierung und das schwergeprüfte französische Volk auf diesen General. Mit Umsicht und Schnelligkeit reorganisirte er die ihm unterstellten Truppen des 22. Korps, denen er den Geist einer guten Disziplin einzuflößen suchte. Er ergänzte die Bataillone durch Mannschaften aus den Resten der Depots, der Marine und der Mobilisirten. Vor Allem aber war er besorgt, sich eine zahlreiche und gute, von Marinesoldaten bediente Artillerie zu schaffen.

Die neugefestigten und vermehrten Truppen theilte er in drei Divisionen ein:

    1. **Division:** General Lecointe.

        1. Brigade: Oberst Derroja:

            4 Linien-, 3 Mobilgardenbataillone   7 Bataillone.

        2. Brigade: Oberstlieutenant Pittié:

            4 Linien-, 3 Mobilgardenbataillone   7 Bataillone.

        3 Batterien à 6 Geschütze   18 Geschütze.

    2. **Division:** General Paulze d'Ivoy.

        1. Brigade: Oberst du Bessol:

            4 Linien-, 3 Mobilgardenbataillone   7 Bataillone.

        2. Brigade: Oberstlieutenant du Gislain:

            4 Linien-, 3 Mobilgardenbataillone   7 Bataillone.

        3 Batterien à 6 Geschütze   18 Geschütze.

3. Division: Admiral Moulac.

   1. Brigade: Kapitän zur See Payen:

      4 Linien-, 3 Mobilgardenbataillone   7 Bataillone.

   2. Brigade: Fregattenkapitän de Lagrange:

      4 Linien-, 3 Mobilgardenbataillone   7 Bataillone.

   3 Batterien à 6 Geschütze   18 Geschütze.

Reserve-Artillerie:

   2 Batterien à 6 Geschütze   12 Geschütze.

         In Summa: 42 Bataillone, 66 Geschütze.

Zu diesen ansehnlichen Streitkräften mit mehr als 30,000 Mann trat noch ein Streifkorps von ungefähr 3000 Mann unter dem Oberstlieutenant de la Sauzaie, dem der Auftrag zufiel, von Osten her die preußischen Truppen durch kühne Unternehmungen zu beschäftigen.

General Faidherbe zögerte nicht lange, durch glückliche Unternehmungen mit einzelnen Detachements gegen die Etappentruppen der I. Armee und einzelne von der pariser Einschließungsarmee vorgeschobene schwache Abtheilungen das Vertrauen auf seine Tüchtigkeit zu befestigen und seinen Truppen den moralischen Halt zu geben, ohne den der beste Feldherr keinen Sieg erringen kann. Gleichzeitig beabsichtigte aber Faidherbe durch sein Erscheinen im Osten die preußischen gegen Havre vorgegangenen Truppen auf sich abzuziehen, da er besorgt war, daß dieser wichtige Hafen und Handelsplatz den dagegen vorgegangenen Truppen in die Hände fallen könne. — Schon am 9. Dezember hatte die Division Lecointe in Ham eine mit der Wiederherstellung der zerstörten Eisenbahn beschäftigte Eisenbahnabtheilung aufgehoben. Am 12. ging Faidherbe gegen die bereits in preußischem Besitz befindliche Festung La Fère vor, um sich derselben durch einen Handstreich wieder zu bemächtigen. Dieser mißlang; aber Faidherbe hatte den einen Zweck erreicht, die preußischen Truppen auf sich zu ziehen, von denen er glaubte, daß sie die Einnahme von Havre bewirken sollten. — Für diese Operationen der Truppen des französischen Nordheeres gegen Osten war die Festung Peronne an der Somme ein günstiger Stützpunkt gewesen, die von uns vergeblich zur Uebergabe aufgefordert worden war. Während sich die französische Nordarmee in nicht erwarteter Weise wieder bemerkbar machte, vollendete sich ihre Organisation in den in ihrem Besitze befindlichen Festungen und zog nun die volle Aufmerksamkeit der deutschen obersten Heeresleitung auf sich.

Schon vor dem Bekanntwerden des erneuten energischen Auftretens des französischen Nordheeres unter seinem tüchtigen Führer waren für

die I. Armee aus dem großen Hauptquartier neue Direktiven einge=
gangen, nach denen Rouen besetzt zu halten und von dort aus das
linke Seine=Ufer zu beobachten bleibe. Die Hauptkräfte der I. Armee
aber sollten zur Fortsetzung der Offensive gegen die im nordöstlichen
Frankreich noch im freien Felde sich bewegenden feindlichen Truppen
Verwendung finden.

General v. Manteuffel beschloß, schon gleich eine Dislokation seiner
Armee eintreten zu lassen, die ein Operiren auf der inneren Linie
zwischen der Seine und Somme gestattete und ein schnelles Frontmachen
nach diesen beiden Hauptrichtungen hin begünstigte. — Zur Erreichung
dieses Zweckes sollte die Armee sich in zwei Hauptgruppen formiren:
das I. Armeekorps und die diesem zugetheilte Garde=Dragonerbrigade
an der Seine; das VIII. Armeekorps nebst der 3. Kavalleriedivision
an der Somme. — Günstig für die Verbindung dieser zwei getrennten
Armee=Abtheilungen war die voraussichtlich bald ermöglichte Inbetrieb=
setzung der Eisenbahn von Rouen nach Amiens.

General v. Manteuffel theilte am 9. Dezember den kommandirenden
Generalen der beiden Armeekorps folgende Disposition mit:

„Es fällt der I. Armee jetzt die Aufgabe zu, Rouen und Amiens
zu behaupten, das linke Seineufer zu beobachten, die Verbindung mit
der bei Dreux stehenden 5. Kavalleriedivision zu erhalten, die nördliche
Cernirungslinie von Paris zu sichern und, wenn die feindliche Nord=
armee oder die Armee des General Briand zu neuen Offensivunter=
nehmungen vorgehen sollte, sie von Neuem zu schlagen. Deshalb be=
stimme ich:

General v. Goeben erhält die Aufgabe, Amiens zu behaupten und
die nördliche Cernirungslinie von Paris zu schützen. General v. Bentheim
behauptet Rouen, beobachtet das linke Seineufer und erhält Verbindung
mit der 5. Kavalleriedivision, sowie mit General Lippe in Gisors. Mit
den Hauptkräften macht General v. Goeben auf seinem Marsch nach
Amiens eine rekognoszirende Bewegung gegen Havre, um festzustellen,
ob der Platz durch einen Handstreich zu nehmen ist; erscheint das nicht
angängig, so läßt sich der General auf keine ernsten oder zeitraubenden
Unternehmungen gegen den Platz ein und marschirt dann längs der
Küste nach Amiens. Das Detachement Dohna wird unter General
Goeben gestellt, dagegen tritt die Garde=Dragonerbrigade unter den Be=
fehl des General Bentheim bei Rouen. Dieser Letztere wird in Be=
rücksichtigung der Verhältnisse die Stadt im Falle eines Angriffs von
Havre oder von Süden her nicht in Rouen selbst vertheidigen, sondern
dadurch, daß er dem Feinde entgegengeht und ihn schlägt. Vielleicht

ist es nöthig, daß die Hauptkräfte konzentrirt bleiben, daß aber mobile Kolonnen auf dem südlichen Seineufer und in der Richtung auf Havre weit ins Land hineingehen und dadurch das Terrain bis zur Linie Pont Aubemer—Bernay—Evreux festhalten.

Von besonderer Wichtigkeit ist hierbei Evreux wegen der Verbindung mit der 5. Kavalleriedivision. Es ist ferner darauf Bedacht zu nehmen, die dem Feinde nützlichen Eisenbahnen und Telegraphen jenseits Pont Aubemer—Bernay und Evreux zu zerstören; dagegen wird unsererseits die Bahn Amiens—Rouen in einigen Tagen hergestellt sein und dann eine vielleicht nöthige Konzentration der Armee erleichtern.

Die Bewegungen beider Armeekorps beginnen morgen früh. Die kommandirenden Generale einigen sich wegen Ablösung der noch auf dem linken Seineufer befindlichen Truppen des VIII. Armeekorps, um Kreuzungen zu vermeiden. Auf dem Marsche ist nach wie vor die fortschreitende Entwaffnung des Landes zu bewirken und deshalb, wo kein Feind entgegensteht, in breiter Front zu marschiren."

In Folge dieser gegen früher veränderten Aufgabe für das VIII. Armeekorps zog General v. Goeben die 29. Brigade auf dem kürzesten Wege von Pont Aubemer nach Rouen zurück.

In der Nacht vom 9. zum 10. Dezember trafen bei dem Obersten v. Bock in Pont Aubemer die Befehle ein, die den sofortigen Rückmarsch zur Folge hatten.

Als am Morgen des 10. die Truppen des Detachements auf ihren Sammelplätzen antraten, um gegen Honfleur vorzugehen, wurde ihnen der Befehl bekannt, auf Rouen zurückzumarschiren. Das Detachement rückte in folgender Marschordnung nach Rouen ab:

     3. und 1. Eskadron Königshusaren,
     Regiment Nr. 65,
     1. schwere Batterie,
     1. leichte Batterie,
     2. und 3. Bataillon Regiments Nr. 33,
     reitende Batterie,
     1. Bataillon Regiments Nr. 33,
     2. Eskadron Königshusaren.

An diesem Tage bezog das Regiment nach beschwerlichem Marsche bei starkem Schneefall mit dem Regimentsstab, dem 2. und halben 3. Bataillon Quartiere in Routot, dem andern halben 3. Bataillon in St. Paul de la Haye und dem 1. Bataillon in Bouquetot.

Am nächsten Morgen sammelte sich das Detachement zum weiteren Marsch nach Rouen. Schnee und Glatteis erschwerten diesen Marsch außerordentlich. Als das Detachement von den Höhen bei Maison brulée in das Seinethal wieder hinabstieg konnte die Bespannung der Geschütze diese wegen des glatten Weges nicht lenken. Durch die hülfreiche Thätigkeit der Füsiliere, die hier ihre Waffenbrüderschaft mit den im heißen Kampf liebgewonnenen Batterien bethätigten, wurde es möglich, die Geschütze in ihrem Laufe auf der bergabführenden Straße zu hemmen. Nur langsam bewegte sich die Marschkolonne vorwärts, in der die Königshusaren abgesessen die Pferde am Zügel führen mußten, da es unmöglich war, auf der spiegelglatten Straße zu reiten. Nach sehr ermüdendem Marsche langte das Detachement gegen Abend in Rouen wieder an und bezog hier das Regiment Quartiere.

Am Abend meldete der Kommandeur des 2. Bataillons Major v. Kemnitz seine Erkrankung und übernahm für den in Rouen Zurückbleibenden der Hauptmann Wolff bis auf Weiteres die Führung des 2. Bataillons unter Beibehalt seiner Kompagnie. —

Nachts gingen dem Detachement die Befehle für den folgenden Tag zum Weitermarsch auf Amiens auf der Straße über Gournay, Marseille le petite, Crevecoeur zu. General v. Manteuffel wünschte die Truppen bei ihrem Abmarsch zu begrüßen. Es wurde deshalb ein Vorbeimarsch auf dem Place de l'Hôtel de ville befohlen. Als aber am 12. Morgens die Mannschaften aus ihren Quartieren auf die Straßen traten, waren diese so mit Glatteis bedeckt, daß es kaum möglich war, sich auf denselben zu bewegen. Dennoch war General v. Manteuffel, der immer noch nicht von seinem in Folge eines Sturzes mit dem Pferde herbeigeführten Fußübel gänzlich befreit war, auf einen Stock gestützt am Arme eines Adjutanten erschienen, um seinen Truppen beim Abmarsch einen Morgengruß zu bringen. Das Glatteis machte einen geschlossenen Vorbeimarsch unmöglich, und in fast gelöster Ordnung zog das Regiment unter den Klängen der Musik an seinem Oberfeldherrn vorüber, der seine volle Anerkennung für die seitherigen Leistungen des Regiments, sowie für seine gute Haltung trotz großer Anstrengungen der letzten Tage aussprach. Die Königshusaren verließen zu Fuß, die Pferde am Zügel, Rouen, während die Batterien dort noch zurückbleiben mußten, da ihr Weitermarsch erst einen Tag später möglich war, nachdem die Hufeisen aller Pferde ordentlich geschärft worden waren. Am Mittage trat Thauwetter ein und beseitigte die den Truppen durch das Glatteis bereiteten Beschwerlichkeiten. Das Regiment bezog seine Quartiere mit dem Regimentsſtabe und dem 3. Bataillon in Vascoeil, dem 2. Bataillon in Elboeuf an der Andelle und dem 1. Bataillon in Croiſy. —

Am folgenden Tage war ſtarkes Regenwetter eingetreten. Die Quartiere wurden um und in La Feuillie bezogen. Die Kompagnien lagen in kleinen Ortſchaften, die nur aus wenigen Höfen beſtanden, eng zuſammen, der Regimentsſtab mit der 8. Kompagnie in Les Vents.

Um den Truppen die nothwendige Ruhe nach ſo anſtrengenden und beſchwerlichen Märſchen zu gewähren, wurde am 14. Dezember ein Ruhetag in dieſen Quartieren gehalten. An dieſem Tage traf ein ſtärkerer Transport von Rekonvaleszenten und Nacherſatz vom Erſatzbataillon ein.

Das Zurückgehen der früher auf derſelben Straße gegen Rouen vorgegangenen Truppen wurde von den franzöſiſchen Behörden ausgenutzt, um durch falſche Gerüchte den Muth der Bewohner von Neuem zu beleben und dieſe zur Fortſetzung des Widerſtandes bis aufs Aeußerſte zu ermuthigen. —

Die abenteuerlichſten Mittheilungen wurden über die Erfolge der franzöſiſchen Waffen verbreitet. In allen Ortſchaften fanden ſich Depeſchen, die ihrer Ungeheuerlichkeit wegen hier theilweiſe Erwähnung finden mögen:

„Paris ſeit 46 Stunden bombardirt; Fritz, indem er ſeine Armee ordnete, getödtet; Bismarck mit 20,000 Preußen gefangen, 80,000 getödtet und 190 Geſchütze genommen.“ —

„Vom Maire von Pontoiſe ging die offiziöſe Mittheilung ein, daß General Vinoi am 6., 7. und 8. Dezember die Preußen geſchlagen habe; ihre Armee, von General Vinoi verfolgt, ziehe ſich auf Luzarche und Pontoiſe zurück. Der Prinz von Sachſen ſei gefangen.“ —

Eine Depeſche aus Tours lautete: „100,000 Mann und 600 Kanonen ſind am 8. Dezember Morgens 10 Uhr aus Paris hinausgegangen. Die Armee der Loire hat 20,000 Gefangene und 10,000 Todte und Verwundete. Wilhelm und Bismarck eingeſchloſſen von 150,000 Mann der Loirearmee und von Trochu.“ —

Endlich eine Depeſche über die Affaire von Bondy beſagte: „Eine Petroleumbombe tödtete Prinz Fritz. Bismarck iſt gefangen. Trochu und Thiers ſind in das Hauptquartier des Königs berufen. Ein Waffenſtillſtand von 48 Stunden abgeſchloſſen. Preußen verlangt den Friedensſchluß, Trochu dagegen verlangt erſt 5 Milliarden und die Wiederherſtellung unſerer Feſtungen und aller Kunſtwerke, die zerſtört worden ſind. Der Waffenſtillſtand iſt am geſtrigen Tage abgeſchloſſen worden.“

Diese bei den leichtgläubigen Landleuten verbreiteten Nachrichten waren gleichzeitig eingetroffen mit den von Rouen nach Amiens zurückgehenden Truppenabtheilungen der I. Armee. Da den französischen Bauern und Bürgern der kleinen Städte der Sinn dieser strategischen Bewegung nicht klar sein konnte, war es natürlich, daß sie dieselben für eine Flucht ansahen und die ihnen geworbenen Mittheilungen dadurch bestätigt glaubten. Es war geradezu komisch, daß einzelne Quartierwirthe ihre Einquartierung ob des großen Unglücks, das ihre Armee betroffen, bedauerten. Zum Ruhme der französischen Landbevölkerung sei es aber gesagt, daß sie trotz ihres Siegesbewußtseins sich in keiner Weise feindselig bezeigte, ja sogar Vernünftigere aus den Mittheilungen das Unglaubliche herausfühlten und zurückhaltender mit ihrem Siegesjubel waren. —

Das VIII. Armeekorps stand am 14. Dezember Front gegen die Somme, mit der 29. Brigade bei La Feuillie, mit der 30. Brigade bei Forges les Eaux, wo General v. Kummer sein Quartier genommen hatte. — Die 16. Division stand mit dem Detachement der 3. Kavalleridivision unter General Graf Dohna und dem Generalkommando des VIII. Armeekorps in Dieppe und südlich davon.

Während das VIII. Armeekorps sich im Anmarsch gegen die Somme befand, hatte auch General Faidherbe, nachdem die Organisation der drei Divisionen, die zunächst noch das XXII. Korps bildeten, beendet war, sich zu einer größeren Unternehmung gegen die Hauptstadt der Pircardie, Amiens, entschlossen. Diese Stadt war von dem, dem Generallieutenant Graf von der Groeben unterstellten Detachement besetzt. Am 14. Dezember hatte Faidherbe seine Bewegungen gegen Amiens begonnen und zunächst das weite Plateau, das die Landschaft Santerre ausfüllt, okkupirt. Hierher folgte ihm die Division Moulac, die an den Unternehmungen gegen Ham und La Fère nicht Theil genommen hatte.

Die inzwischen im Hauptquartiere der I. Armee eingegangenen Nachrichten über die Vorgänge bei Ham und La Fère ließen zunächst zwar noch keine Absichten des Feindes gegen Amiens erkennen, wohl aber gegen den nördlichen Theil des Cernirungsgürtels von Paris voraussetzen. Es schien nach den Resultaten der gegen den Feind vorgegangenen Rekognoszirungen, daß die Hauptbewegung des Feindes von Arras über Bapaume, Peronne und Ham, sowie auf den weiter östlich führenden Straßen in der Richtung auf Paris gehe.

General v. Manteuffel disponirte diesen Anschauungen entsprechend am Nachmittage des 13. Dezember:

General Graf von der Groeben habe den Abmarſch von Truppen zur Wiederwegnahme von Ham nur in ſolcher Stärke zu veranlaſſen, daß Amiens geſichert bleibe. Mit der am 17. oder 18. bei Mont= bidier zu erwartenden 15. Diviſion ſei die Verbindung aufzunehmen. — General v. Kummer erhielt den Befehl, ſeine Diviſion, ſo ſchnell als es die Aufrechterhaltung der Schlagfertigkeit zuließ, bei Mont= bidier zu konzentriren, um von hier aus im Verein mit dem General Graf Groeben ein weiteres Vorgehen des Feindes zu hindern und gegen deſſen Flanke und Rücken zu operiren. — Bis zum Eintreffen des General v. Goeben von Dieppe her wurde dem General v. Kum= mer der Oberbefehl über des Generals Graf Groeben Truppen übertragen.

General v. Kummer befahl dem entſprechend am 14. Dezember, daß die 30. Brigade, die an dieſem Tage zwiſchen Formerie und Grandvillers lag, am 15. Crevecoeur, am 16. Breteuil, am 17. Mont= bidier; die 29. Brigade am 15. Gournay, am 16. Marſeille, am 17. Breteuil erreichen ſollte, um am 18. ſich bei Montdibier mit der 30. Brigade zu vereinigen. Da aber von dem Diviſions=Kavallerie= Regiment, den Königshuſaren, zu der Expedition gegen Pont Audemer drei Schwadronen verwendet worden waren und die näher an den Feind herangeſchobene 30. Brigade nur eine Schwadron zu ihrer Verfügung hatte, ſo wurde noch befohlen, daß zwei Schwadronen ſchon am 16. in Breteuil bei der 30. Brigade eintreffen ſollten, um den Aufklärungsdienſt zu übernehmen. Dieſe Schwadronen mußten alſo der 29. Brigade voraus und allein marſchiren, da ſich aber vielfach Franktireurs in den zu durchſchreitenden Gegenden gerade in der letzten Zeit gezeigt hatten, ſo wurde befohlen, daß den beiden vorausgehenden Schwadronen eine Kompagnie unſeres Regiments bei= gegeben werde, die, ſoweit es die Requiſitionen von Wagen ermög= lichten, fahrend den Schwadronen folgen ſollte.

Oberſtlieutenant v. Henning beſtimmte für die Ausführung dieſes Auftrages die 8. Kompagnie unter Premierlieutenant Lehfeldt, der am 15. Morgens 7 Uhr ſich bei La Feuillie bei dem Kommandeur der Königshuſaren, Oberſt v. Los, zum Marſch nach Breteuil meldete. Das Regiment marſchirte mit der Brigade am 15. in die Gegend von Gournay und bezog mit dem Regimentsſtabe und dem 1. Bataillon in Ferrieres, dem 2. Bataillon in Lobancourt, dem 3. Bataillon in Gournay Quartiere. — Die 8. Kompagnie bezog mit den Königshuſaren Kan= tonnement in Songeons und übernahm die Beſetzung dieſes Städtchens während der Nachtzeit. — Am 16. Dezember marschirte die Brigade in die Gegend von Crevecoeur. Der Regimentsstab und das 1. Bataillon kamen nach Haute-Epine, das 2. Bataillon nach Rothois, das 3. Bataillon nach Achy. Die 8. Kompagnie erreichte an diesem Tage mit den Husaren die 30. Brigade und hatte ihren Auftrag erfüllt; sie hatte in zwei Tagen die Entfernung von drei Märschen zurückgelegt, obschon sie wegen des Mangels an genügenden Fuhrwerken nur die Tornister hatte fahren lassen können. Sie erhielt für den 16. Quartier in Troussencourt zugewiesen.

Am 17. kam das Regiment beim Weitermarsch auf Montdidier mit dem Regimentsstabe und dem 3. Bataillon nach Tertigny, dem 1. Bataillon nach Les Meniles St. Ferment und dem 2. Bataillon nach Rouvoix les Merles. Die 8. Kompagnie schloß sich dem Regimente auf dem Durchmarsche in Breteuil an.

An diesem Tage trafen auch die Lieutenants Goltz und Brandt von der Festung beim Regiment wieder ein, nachdem sie durch ein Zusammentreffen mit Franktireurs in der Gegend von Moreuil, wo sie das Regiment zu finden glaubten, ihr Gepäck verloren, sich selbst aber durch schleunige Flucht vor Gefangennahme gerettet hatten.

Am 18. erreichte die Brigade die Gegend von Montdidier. Das Regiment bezog mit dem Regimentsstabe und dem 2. Bataillon Quartiere in Fignières, dem 1. Bataillon in Gratubus, dem 3. Bataillon in Courtemandie. — Das zunächst vorgeschriebene Marschziel war erreicht.

Während der Märsche zur Zusammenziehung des VIII. Armeekorps waren beim Oberkommando in Rouen Nachrichten eingegangen, die übereinstimmend bestätigten, daß der Feind seinen Rückzug nach der Somme genommen habe. Es war somit ein Zusammenstoß mit der feindlichen Armee in dem Somme-Departement vorauszusehen. General v. Manteuffel ging in Folge dessen mit seinem Hauptquartier gleichfalls dahin ab, vorher telegraphirte er noch am 17. Vormittags an General Moltke:

„Die Stellung bei Beauvais sollte nach Ew. Excellenz Direktiven genommen werden, um die Pariser Nord-Cernirung zu schützen und eventuell auf Rouen und Amiens vorzustoßen. Letzteres tritt heute in den Vordergrund. Ich dirigire deshalb die 16. Division nicht auf Beauvais, sondern so, daß meine Hauptkräfte auf der Linie Breteuil—Montdidier stehen werden, wodurch Umwege für die Truppen vermieden werden und sie mehr à porté sind, sowohl für Amiens, als auch für die weitere Offensive nach Norden."

Gleichzeitig erließ der Oberbefehlshaber am 17. Nachmittags, nachdem er an diesem Tage bereits einen starken Marsch von Rouen nach Amiens zurückgelegt hatte, folgenden Befehl:

„Nach den gestern und heute eingegangenen Nachrichten hat der Feind sein Vorrücken in der Richtung auf Paris nicht fortgesetzt, vielmehr die Gegend von Laon, La Fère, Roye geräumt und sich über Ham hinter die Somme zurückgezogen, wo er sich durch Zuzüge über Arras in der Gegend von Peronne zu formiren scheint. Zu den weiteren Operationen der Truppen der I. Armee ist zunächst deren Konzentration erforderlich und bestimme ich deshalb:

Die 15. Division formirt sich in und nördlich Montdidier, wartet hier die Versammlung des VIII. Armeekorps ab und nimmt Verbindung mit dem Detachement des General Lippe (königlich sächsische Kavalleriedivision) in Compiègne auf. Ein isolirtes Engagement der Division mit dem Feinde ist zu vermeiden. Die 16. Division geht nicht in der Richtung auf Beauvais weiter, sondern nimmt aus ihren jetzigen Marschquartieren die Richtung auf Breteuil resp. Conty."

In Folge dieses Befehls wurde für die Truppen der 15. Division der 19. Dezember ein Ruhetag. An diesem Tage erreichte General Manteuffel Breteuil und befand sich somit bei dem VIII. Armeekorps. Gleichzeitig war auch General v. Goeben mit der 16. Division in der Gegend v. Conty eingetroffen und hatte sein Hauptquartier in Ailly genommen. Die Korpsartillerie lag in Breteuil.

Es stand am 19. Dezember das VIII. Armeekorps in dem Viereck: Conty—Moreuil—Montdidier—Breteuil. Rechts und links waren vorgeschoben: Die 3. Kavalleriedivision bei Quesnel, das Detachement des General Mirus in Amiens und ein kleines Detachement in Roye. Das Oberkommando mit der General-Etappen-Inspektion war in Breteuil.

An diesem Tage ging aus Versailles die telegraphische Mittheilung ein, daß ein Theil der feindlichen Nordarmee unter General Faidherbe am 16. bei St. Quentin konzentrirt worden sei. Diese Armee stehe nach Heranziehung der letzten Mobilisirten aus Lille jetzt mit wohl 62,000 Mann im Felde.

Ein neuer Feldzug stand in Aussicht; die feindlichen Armeen waren so nahe an einander herangerückt, daß schon die nächsten Tage einen blutigen Zusammenstoß bringen mußten. —

Am Morgen des 19. wurde den Truppen ein von Seiner Majestät dem Könige am 6. Dezember zu Versailles gegebener Armeebefehl mitgetheilt, der als Einleitung zu den Ereignissen der nächsten Wochen angesehen werden muß:

Soldaten der verbündeten deutschen Armeen!

Wir stehen abermals an einem Abschnitt des Krieges. Als Ich zuletzt zu Euch sprach, war nach der Kapitulation von Metz die letzte der feindlichen Armeen vernichtet worden, welche uns bei Beginn des Feldzuges gegenüber standen. Seitdem hat der Feind durch die äußersten Anstrengungen uns neugebildete Truppen gegenüber gestellt. Ein großer Theil der Bewohner Frankreichs hat seine friedlichen, von uns nicht gehinderten Gewerbe verlassen, um die Waffen in die Hand zu nehmen. Der Feind war oft uns in der Zahl überlegen, aber dennoch habt Ihr ihn wiederum geschlagen; denn Tapferkeit und Manneszucht und das Vertrauen auf eine gerechte Sache sind mehr werth, als die Ueberzahl. Alle Versuche des Feindes, die Cernirungslinie von Paris zu durchbrechen, sind mit Entschiedenheit zurückgewiesen worden, oft zwar mit vielen blutigen Opfern, wie bei Champigny und bei Bourget, aber auch mit einem Heldenmuth, wie Ihr ihn überall beweiset. Die Armeen des Feindes, welche zum Entsatz von Paris von allen Seiten heranrückten, sind sämmtlich geschlagen. Unsere Truppen, die zum Theil noch vor wenigen Wochen vor Metz und Straßburg standen, sind heute schon über Rouen, Orléans und Dijon hinaus, und neben vielen kleinen siegreichen Gefechten sind zwei neue große Ehrentage, Amiens und die mehrtägige Schlacht von Orléans, den früheren hinzugetreten. Mehrere Festungen sind erobert und vieles Kriegsmaterial ist genommen. Somit habe Ich nur Anlaß zur größten Zufriedenheit und ist es Mir eine Freude und Bedürfniß, Euch dies auszusprechen.

Ich danke Euch Allen, vom General bis zum gemeinen Soldaten.

Beharrt der Feind bei einer weiteren Fortsetzung des Krieges, so weiß Ich, daß Ihr fortfahren werdet, dieselbe Anspannung aller Kräfte zu bethätigen, welcher wir unsere bisherigen großen Erfolge verdanken, bis wir einen ehrenvollen Frieden erringen, der würdig der großen Opfer ist, die an Blut und Leben gebracht worden.

gez. Wilhelm.

Die Königlichen Worte wurden beim Apell den Truppen vorgelesen unter Hinweis auf die nahenden Ereignisse. —

Bevor diese geschildert werden, ist es nothwendig, einen Blick auf die Stellung des Gegners zu thun.

General Faidherbe hatte das XXII. französische Korps bald nach seiner Neuformation in südlicher Richtung aus den schützenden Festungen zu den bekannten Unternehmungen gegen Ham, Roye und La Fère vorgeführt. Da er in dieser Richtung überall auf preußische Truppenabtheilungen gestoßen war, wandte er sich westlich, um, gestützt auf die Festung Peronne, seine Armee hinter der Somme zu konzentriren und wenn möglich das, wie er wußte, nur schwach besetzte Amiens in den französischen Besitz zurückzubringen. — Der schnell ausgeführte Rückmarsch des VIII. Armeekorps von der untern Seine nach Amiens und an die Somme bewies aber dem französischen Feldherrn, daß er sich dieser Stadt ohne großen Kampf nicht werde bemächtigen können. Er zog daher seine Armee enger zusammen und suchte in einer gutgewählten Vertheidigungsstellung in großer Nähe von Amiens zunächst den gegen ihn heranrückenden Gegner abzuwehren. Unter dem Schutze der Somme, deren Uebergänge er zerstören ließ, etablirte Faidherbe im Norden von Amiens seine Stellungen, in denen er die Preußen empfangen wollte. Er hatte sich auf dem linken Ufer der Hallue Front gegen Amiens aufgestellt und seine Truppen in den zahlreichen Ortschaften auf beiden Ufern des Baches untergebracht. Seinen linken Flügel lehnte er an die Somme, Detachements zwischen Peronne und Corbie längs des Flusses belassend.

Die Hallue, von den Höhen bei Vadencourt kommend, fließt in einer Gesammtlänge von ungefähr 15 Kilometer in fast genau nordsüdlicher Richtung bei Vecquemont in die Somme. Die Hallue ist durchschnittlich 4 bis 5 Meter breit. Den Unterlauf von Pont Noyelles an begleitet ein breiter Torfmoor. Das Thal der Hallue ist gleichmäßig schmal; die Erhebungen auf dem linken Ufer beherrschen die langsam gegen das rechte Ufer abfallenden Höhen, die sich zwischen Amiens und der Hallue erstrecken. — Drei Straßen, von Amiens kommend, führen nach dem Halluethale, die nördlichste davon über Allonville nach Contay, der Quelle der Hallue, die mittlere zwischen Querrieux und Pont Noyelles die Hallue überschreitend, auf Albert, die südliche nach der Mündung der Hallue über Vecquemont und Daours nach Corbie. Der linke Flügel dieser Stellung lehnte sich bei den Dörfern Vecquemont und Daours an die Somme; einige Kilometer westlich davon wird dieser Fluß von der nach Arras führenden Eisenbahn bei La Motte Brebière überschritten, die im Thale des Encrebaches, bei Corbie vorbei, dem Laufe dieses Baches folgt.

Seit dem 19. Dezember hatte Faidherbe seine Armee in dieser Stellung in Kantonnements gelegt und zwar: die 1. Division Le Cointe, die Brigaden Derroja und Pitté auf dem rechten Flügel, in Babencourt, Bavelincourt, Beaucourt und Béhencourt; sie sollte die Straße von Arras nach Amiens decken. Die 2. Division Paulze d'Ivoy, die Brigaden du Bessol und de Gislain in Fréchencourt, Querrieux und Pont Noyelles, Bussy und Daours—Becquemont zur Deckung der Straßen nach Albert und Corbie. Für den Fall, daß diese Division angegriffen würde, sollte sie die 1. Brigade Payen der 3. Division Moulac, welche provisorisch in Corbie untergebracht war, unterstützen. Die 2. Brigade dieser Division de la Grange sollte die Somme decken und lag mit Detachements in Corbie, Fouilloy und La Neuville. Ein Theil dieser Brigade diente als Armeereserve und war in Bonnay und La Houssoye an der Straße nach Albert untergebracht. —

Der französische Feldherr benutzte die Tage vom 19. Dezember bis zum Tage der Schlacht, um seine Defensivstellung soviel als möglich künstlich zu verstärken. Er brachte seine Artillerie, zu der noch 12 Geschütze Gebirgsartillerie traten, von 78 auf 90. Auch hatte er aus der Festung Arras 24-Pfünder herangezogen, mit denen er bei einem weiteren Vorgehen gegen Amiens die Citadelle zu bombardiren beabsichtigte. Im weiteren Verlauf der ihm gebliebenen Zeit traf er eine neue Eintheilung seiner Armee, die nun aus vier Divisionen bestand, in zwei Korps und wies dem XXII. Korps unter dem General Lecointe die Divisionen Derroja und du Bessol zu. Das XXIII. Korps stellte er unter den Befehl des Generals Paulze d'Ivoy und bestimmte für dieses Korps die Division Moulac und die aus Mobilen des Nordens zusammengesetzte Division des Generals Robin mit zwei Batterien. Die Reserveartillerie, die von Marineoffizieren kommandirt und von Marinemannschaften bedient wurde, kommandirte der Oberstlieutenant Charon. Nach französischer Berechnung repräsentirten diese beiden Korps ungefähr 45,000 Mann. — Der neuhinzugetretenen Division Robin wurde die Deckung der Somme zwischen Corbie und Bray übertragen, der Rest der Division auf den rechten Flügel nach Behencourt hinter die Division Derroja gezogen. Eine spezielle Instruktion für die Vertheidigung der wohlvorbereiteten Stellung schrieb jedem Führer seine Aufgabe vor. —

Gegen die in so vortrefflicher Stellung stehende französische Nordarmee war das VIII. Korps, 25 Bataillone, 8 Eskadrons mit 80 Geschützen, in der Nähe von Amiens konzentrirt. Berechnet man diese

Streitkräfte nach den durch Verwundungen und Krankheiten sehr ver-
minderten Stärken, so repräsentirte dieses Armeekorps zur Zeit höchstens
18,000 Mann.

General v. Manteuffel zog im Hinblick auf den in der Ueberzahl
gegenüberstehenden Feind vom I. Armeekorps soviel als möglich dis-
ponible Truppen heran. Außerdem verfügte er noch über die sechs
Schwadronen und sechs Geschütze der 3. Kavalleriedivision, sowie die
3. Infanteriebrigade, die unter Befehl des Generals Graf v. d. Groeben
die Besetzung von Amiens seither gebildet hatten.

Während die französischen Truppen schon mehrere Tage der Ruhe
genossen hatten, hatten die preußischen Truppen mehr oder minder
große Marschanstrengungen in der letzten Zeit zu bestehen gehabt;
besonders die Divisionen des VIII. Armeekorps hatten große Märsche
zurückzulegen, ehe sie in die konzentrirte Stellung bei Amiens eingerückt
waren. So vortrefflich und ausreichend auch die Verpflegung seither
im Norden Frankreichs gewesen war, so machte es sich doch in den
Ortschaften um Amiens fühlbar, daß in der Nähe dieser Stadt bereits
starke Einquartierungen und ernste Kämpfe stattgefunden hatten. Die
Dörfer waren mehr oder minder ausfouragirt und konnten nicht mehr
eine reichliche Verpflegung für Mannschaften und Pferde liefern. Die
Bekleidung, besonders das Schuhzeug der Truppen, hatte auf den
Märschen sehr gelitten, Zeit zur Wiederherstellung des schadhaften war
bisher nicht gewesen; ebenso war ein Ersatz nicht möglich, da die französischen Landleute hauptsächlich Holzschuhe tragen und die zu ihrem
Sonntagsstaat gehörenden Lederschuhe nicht zu Marschstiefeln geeignet,
auch meist nicht groß genug waren, um die weniger zierlichen Füße der
ostpreußischen Füsiliere zu bedecken. Es war daher kein Wunder, daß
bei den Truppen viele Fußkranke waren, denen eine Berücksichtigung
zu Theil werden mußte. Um diese für jeden anderen als den Marsch-
dienst brauchbaren Mannschaften zu verwerthen, wurde am 19. befohlen,
daß die gesammte Infanterie alle Fußkranken und augenblicklich nicht
ganz marschfähigen Mannschaften aussondern und am 21. nach Amiens
unter der nöthig erscheinenden Zahl von Offizieren entsenden solle, wo
aus den sämmtlichen Fußkranken ein Detachement zur Besetzung der
Stadt gebildet wurde und dadurch die hierzu verwendeten Bataillone
der 3. Brigade des Detachements der 3. Kavalleriedivision unter General
v. Mirus für die Operationen im Felde frei wurden. — Zur weiteren
Verstärkung der Nordarmee war noch die Garde-Kavalleriebrigade Seiner
Königlichen Hoheit des Prinzen Albrecht Sohn, Garde-Husaren und

2. Garde-Ulanen über Beauvais in Marsch nach Amiens gesetzt worden. —

Am 21. Dezember lag das Regiment in folgenden Kantonnements: Das 1. Bataillon mit drei Kompagnien in Hangard, wo General v. Kummer sein Quartier genommen hatte, eine Kompagnie in Hourges, der Regimentsstab und das 2. Bataillon in Domart an der Luce, auf der Straße von Montdidier nach Amiens, das 3. Bataillon in Mezières und Billiers aux Erables. Es war für den 21. Dezember ein Tag der Ruhe in Aussicht genommen. — An diesem Tage wurden unter Befehl des Lieutenant Rudolf die Fußkranken des Regiments dem Detachement in Amiens zugeführt. — Am Nachmittage ging der Befehl beim Regiment ein, mit einem Bataillon und zwei Geschützen sogleich nach Glisy an dem Trennungspunkte der Eisenbahnen von Amiens nach Tergnier und Arras abzurücken und den nicht zerstörten festen Somme-Uebergang bei La Motte zu besetzen. Oberstlieutenant v. Henning ließ das 2. Bataillon in Domart sogleich alarmiren und führte es nach Glisy. — Hauptmann Wolf, an diesem Tage Führer des Bataillons, ließ drei Kompagnien in Glisy Alarmquartiere beziehen, während er die 8. Kompagnie unter Premierlieutenant Lehfeldt bestimmte, die Brücke bei La Motte zu besetzen. Kurz vor Sonnenuntergang traf die 8. Kompagnie hier ein und fand dort eine Kompagnie des 4. Regiments, die aus Amiens vorgeschoben war und dorthin zurückging, nachdem der Führer derselben mitgetheilt hatte, daß der Feind in den nahe liegenden Dörfern Becquemont und Daours mit starken Abtheilungen stünde. Da bald, nachdem die Kompagnie die ihr zugewiesenen Stellungen eingenommen hatte, feindliche Patrouillen aus großer Entfernung einzelne Schüsse auf die Vorposten der 8. Kompagnie abgegeben hatten, wurde zur Vertreibung derselben ein starker Patrouillengang gegen die Hallue-Mündung hin angeordnet. Lieutenant Woide nahm mit einer Feldwache Stellung zwischen der Eisenbahn und dem von La Motte nach Becquemont führenden Wege; Patrouillen gingen auf diesem und der Eisenbahn bis an die französische Stellung heran, wobei es der Patrouille des Sergeanten Krauskopf gelang, sich unentdeckt so nahe an eine feindliche um ein Feuer geschaarte Feldwache heranzuschleichen, daß sie dieselbe wirksam beschießen konnte. — Es war früh dunkel geworden und der eingetretene starke Frost machte sich um so geltender, als auf der schnee-bedeckten Lagerstelle die Leute ohne Stroh biwakiren mußten. Das Gros der Kompagnie lagerte hinter einer Barrikade, die die Brücke gegen den Feind hin sperrte. Diese Brücke war seitens der Franzosen zwar zur Sprengung vorbereitet worden, doch war diese unterblieben und dadurch ein wichtiger Uebergangspunkt über die Somme gewonnen, auf dessen Vertheidigung unter allen Umständen großes Gewicht gelegt werden mußte. Die Aufgabe der Kompagnie war daher eine ernste und schwierige, zumal die Unbilden einer kalten Winternacht sich sehr fühlbar machten.

An die Stelle des von Domart abgerückten 2. Bataillons wurde das 3. Bataillon dorthin in Kantonnement verlegt. An diesem Tage war ein Transport von Rekonvaleszenten beim Regimente wieder eingetroffen, mit diesen der in der Schlacht bei Gravelotte verwundet gewesene Lieutenant v. Arnoldi und der vom Landwehrbataillon Königsberg zum Regiment zurückversetzte Lieutenant v. Wegerer.

Die Nacht vom 21. zum 22. Dezember verlief ruhig.

Am 22. Dezember wurde die 15. Division enger konzentrirt. Das 1. Bataillon rückte am Morgen des 22. über Glisy und die von der 8. Kompagnie besetzt gehaltene Brücke nach La Motte. Das 1. und 2. Bataillon gingen mit dem Regimentsstabe in diesem kleinen Dorfe mit einer Eskadron Königshusaren und einer Batterie in Alarmquartiere. Das 1. Bataillon übernahm die Vorposten mit der 1. und 2. Kompagnie in Fühlung mit den Vorposten des 1. Bataillons 65er bei Blangy. Das 3. Bataillon belegte Camon, bei welchem Dorfe zwei Brücken über die Somme geschlagen worden waren. Das Hauptquartier war in Amiens; der Divisionsstab ging nach Longueau, der Brigadestab mit zwei Bataillonen des 65. Regiments nach Glisy. — Am Nachmittag nach 2 Uhr deckte der Mondschatten einen Theil der Sonnenscheibe. Wem sollte die Sonnenfinsterniß ein verheißendes Himmelszeichen sein!?

Am 22. Dezember waren die Divisionen des VIII. Armeekorps in einer eng konzentrirten Stellung in und östlich Amiens vereinigt; der Oberfeldherr verfügte über die Truppen zu einem Angriff gegen den Feind.

Bestimmend für die Dispositionen für denselben waren die am 17. Dezember aus dem großen Hauptquartier eingetroffenen allgemeinen Direktiven, die für die I. Armee besagten: „Die allgemeinen Verhältnisse machen es nothwendig, die Verfolgung des Feindes nach erfochtenem Siege soweit fortzusetzen, wie erforderlich, um seine Massen der Hauptsache nach zu zersprengen und deren Wiederversammlung auf längere Zeit unmöglich zu machen. Wir können ihm nicht bis in seine letzten Stützpunkte wie Lille, Havre und Bourges folgen, nicht entfernte Provinzen wie die Normandie, Bretagne oder Vendée dauernd besetzt halten, sondern müssen uns entschließen, selbst gewonnene Punkte wie Dieppe eventuell auch Tours wieder zu räumen, um unsere Hauptkräfte an wenigen Hauptpunkten zu konzentriren. Diese sind möglichst durch ganze Brigaden, Divisionen oder Korps zu besetzen; von ihnen aus wird die nächste Umgebung durch mobile Kolonnen von Franktireurs zu säubern sein; an ihnen warten wir ab, bis die feindlichen Abtheilungen sich wieder in formirte Armeen verkörpern, um diesen durch eine kurze Offensive entgegenzugehen. Daburch wird unseren Truppen voraussichtlich die Ruhe eine Zeitlang gewährt werden, deren sie bedürfen, um sich zu erholen, ihre Ergänzungsmannschaft und Munition heranzuziehen, ihren Vertheidigungszustand herzustellen.

Seine Majestät der König haben hiernach das Nachstehende befohlen:

Für die fernere Deckung der Cernirung von Paris wird gegen Norden die Hauptmacht der I. Armee bei Beauvais (später, wenn die Eisenbahnen für größere Truppentransporte nutzbar gemacht werden können, bei Creil) zu versammeln sein. Besetzt zu halten sind Rouen, Amiens und St. Quentin und wird für letzteren Punkt die Division Senden demnächst abrücken. Das linke Seineufer wird von der I. Armee aufgegeben, dagegen ist dieser Strom bei Vernon zu bewachen u. s. w. gez. Moltke.

Im Norden Frankreichs hatten sich die feindlichen Abtheilungen, wie wir sahen, schnell zu einer formirten Armee verkörpert; die Direktiven des großen Hauptquartiers ordneten in diesem Falle eine kurze Offensive an. Zu dieser mußte sich General v. Manteuffel um so früher entschließen, als er in unmittelbarer Nähe der französischen Hauptarmee mit den disponiblen Streitkräften der I. Armee konzentrirt stand und der Feind seinen Aufmarsch hinter der Hallue bereits beendet hatte. General v. Manteuffel faßte den Entschluß, den Gegner aus dieser von ihm behaupteten Stellung zu vertreiben. In einer am 22. Dezember Vormittags im Hauptquartiere zu Amiens stattgefundenen Berathung wurde in Betracht gezogen, daß ein Zögern bei Amiens dem Feind an der Seine Muße zu Unternehmungen gegen Rouen und zu einer gemeinsamen Offensive gegen diese Stadt und Amiens gewähren müsse, auch müßte eine fortgesetzte Verstärkung des Feindes aus den Nordfestungen Frankreichs erwartet werden. Der baldige Angriff wurde daher beschlossen. Es gab aber verschiedene Wege, auf denen derselbe erfolgen konnte. Von Süden her mußte die Somme, über die alle Uebergänge abgebrochen waren, voraussichtlich unter dem feindlichen Feuer, überschritten werden; ein Angriff von dieser Seite schien wegen des schwer zu paſſirenden Sommethales nicht angänglich. Es war daher der Entſchluß zu faſſen, entweder rechts abzumarſchiren, ſich mit der auf St. Quentin vorrückenden Diviſion Senden zu vereinigen und den Feind von Oſten her in ſeiner Stellung anzugreifen oder gegen den rechten Flügel derſelben von Amiens her direkt vorzugehen. Entſcheidend für dieſen letzteren Angriffsplan war es, daß ein Rechtsabmarſch eine ſtarke Beſetzung von Amiens und dadurch Schwächung der disponiblen Streitkräfte nothwendig gemacht haben würde, während ein Vorgehen von hier aus nur eine geringe Beſetzung erheiſchte, da die zwiſchen dem Feinde und der Stadt aufmarſchirenden Streitkräfte dieſe deckten. Es wurde danach für den 23. Dezember ein allgemeiner Angriffsplan feſtgeſtellt.

General v. Goeben ſollte mit dem VIII. Armeekorps und drei Regimentern der Kavalleriediviſion auf den nach der Hallue führenden drei Straßen vorgehen. Seine rechte Flügeldiviſion ſollte den Feind womöglich über die Hallue zurückwerfen und ihn dann unter Behauptung dieſes Abſchnitts in der Front feſthalten. Die auf der Straße nach Acheux vorgehende linke Flügeldiviſion nebſt der Kavallerie ſollte auf die dort vermuthete rechte Flanke des Feindes drücken und ſie zu umgehen ſuchen. Mit den übrigen Truppen in Reſerve wollte General v. Manteuffel je nach Umſtänden ſelber eingreifen. Es wurde dem entſprechend folgender Armeebefehl am 22. Dezember Nachmittags erlaſſen:

Wir treten morgen den Marſch gegen den dicht vor uns ſtehenden Feind an. Der I. Armee habe ich nicht nöthig, Weiteres zu ſagen.

Ich befehle demgemäß wie folgt:

Das VIII. Armeekorps nebſt der 3. Kavalleriediviſion beginnt den Vormarſch morgen früh 8 Uhr. General Goeben hat ſeine Inſtruktion erhalten. Das VIII. Armeekorps ſorgt für die nöthige Zahl von Brücken oberhalb und unterhalb der Stadt.

Zu meiner Reſerve beſtimme ich das Regiment Nr. 3, fünf Bataillone der 3. Brigade mit deren beiden Batterien und ein Kavallerie-Regiment. Von dieſer Reſerve ſteht ein Detachement, beſtehend aus dem von Rouen hier eingetroffenen Regiment Nr. 3, einer Eskadron und einer Batterie um 10 Uhr bei La Motte Brebière; die fünf Bataillone der 3. Infanteriebrigade; drei Eskadrons und eine Batterie treten unter General Mirus um 11 Uhr von Amiens aus an und ſtellen ſich ſüdlich des Gehölzes in der Höhe

von der Ferme les Alençons an der Straße nach Querrieux verdeckt auf.

Es bleiben in Amiens zur Verfügung des Kommandanten:

    a. die Besatzung der Citadelle;

    b. das Etappenbataillon;

    c. die als Bataillon formirten Fußkranken des VIII. Armee-
       korps;

    d. die von morgen früh an eintreffenden Bataillone des
       I. Armeekorps.

Die Bagagen sind bis auf weiteren Befehl nicht über die Somme
mitzunehmen.

Truppenkreuzungen innerhalb der Stadt sind zu vermeiden.

Ich marschire mit dem Tetenbataillon des Detachements Mirus,
wo mich bis auf Weiteres die Meldungen treffen.

gez. v. Manteuffel.

General v. Kummer befahl:

„Die Division wird morgen den im Abschnitt St. Gratien—Querrieux stehenden Feind angreifen und befehle ich Folgendes:

Die 29. Infanteriebrigade nimmt morgen früh 8 Uhr ihr
Rendezvous nördlich Camon in der Vertiefung hinter den dort stehenden
Strohschobern, wo ich ihr die Befehle ertheilen werde. Sie benutzt
zu ihrem Vormarsch die Straße Longueau—Camon und die zu derselben gehörige feste Brücke.

Die Proviantkolonnen und Bagagen rücken morgen früh unmittelbar nach Aufbruch der Truppen nach Cagny und parkiren südlich
des Ortes an dem auf St. Fuscien führenden Weg, bis die weiteren
Befehle der Division eintreffen." —

Die Schlacht war beschlossen, die Befehle klar und verständlich
gegeben.

Die Schlacht an der Hallue war keine Rencontreschlacht, sondern
eine geplante und in allen Einzelheiten durchdacht angeordnete. Die
Stellung des Feindes war erkannt, gegen ihn konnte der Oberfeldherr
die zur Hand habenden Truppen seiner Armee vorführen.

Im Angesicht der Hauptstadt der Picardie, deren Besitz in der
Schlacht am 27. November erstritten worden und der nun in einer
neuen Schlacht vertheidigt werden mußte, wurde die französische Nordarmee angegriffen.

Der 23. Dezember war ein sonnenheller Wintertag, an dem die Kälte 8 Grad erreichte. Der Boden war hart gefroren, die klare Winterluft ließ auf große Entfernung die Höhen erkennen, auf denen der Feind seine Stellung genommen.

Der Aufmarsch der 15. Division und der ihr für diesen Tag zuertheilten reitenden Abtheilung der Korpsartillerie bei Camon war nach 9 Uhr beendet. General v. Kummer machte die Kommandeure mit ihren Aufgaben bekannt. Die 29. Brigade sollte zunächst links abmarschiren und bis in das Gehölz westlich Querrieux vorgehen, die 30. Brigade links daneben als Echelon folgen. Dann sollte nach Einschwenken rechts der Angriff auf die Stellung des Feindes diesseits der Hallue, ein Vorgehen über diesen Bach aber erst auf speziellen Befehl erfolgen.

Dem Obersten v. Bock waren außer den sechs Bataillonen seiner Brigade die 1. und 4. Eskadron Husaren, unter Major Dinklage, die 1. leichte und 1. schwere Batterie und eine halbe Sappeurkompagnie unterstellt worden.

Der Vormarsch gegen den Feind begann um 9³/₄ Uhr in nördlicher Richtung. Oberst v. Bock befahl, daß das 1. Bataillon unter Hauptmann Menner und die 4. Eskadron Rittmeister Rudolphi zur Sicherung der rechten Flanke der Brigade in der Richtung auf Daours vorgehen sollten. Hauptmann Menner bog an der Stelle vom Regiment ab, wo der Weg von Camon auf die Ferme les Alençons die Straße Amiens—Daours schneidet und nahm zunächst seine Richtung auf das Gehöft Croix de l'Indict in Höhe von La Motte. Die 2. Kompagnie unter Premierlieutenant v. Ledebur wurde nach der Brücke von La Motte detachirt, die hier bis zu dem baldigen Eintreffen des Detachements vom I. Armeekorps verblieb, um sich danach dem 1. Bataillon wieder anzuschließen, das bei Croix de l'Indict gedeckte Stellung nahm, abwartend bis die Tete der Brigade in gleiche Höhe komme, um dann mit dieser in Verbindung zu treten, während die Husaren den Raum bis zur Somme deckten. —

Die Avantgarde der Brigade bildeten die vorausstrabenden Husaren der 1. Eskadron, denen Major v. Wedell mit dem 3. Bataillon und der Batterie Geißler folgte. Der erkrankte Adjutant Lieutenant v. Schoeler war an diesem Tage noch nicht ersetzt worden und der Major v. Wedell so ohne Adjutanten. Er hatte die 10. und 11. Kompagnie im Vordertreffen in Kompagniekolonnen auf ganze Distanz auseinander gezogen und ließ die 9. und 12. Kompagnie als Halbbataillon unter der Führung des Hauptmann v. Wulffen folgen. — Die Husaren meldeten, daß die

Tages zuvor besetzt gewesene Ferme les Allençons frei vom Feinde, hingegen die an der Hallue liegenden Ortschaften ausnahmslos stark besetzt seien. Bei der Ferme angelangt schwenkte das 3. Bataillon rechts und nahm seine Front gegen die Hallue, zunächst gegen das Bois de Querrieux vorgehend.

Die 10. Kompagnie, gefolgt von dem Halbbataillon Wulffen, ging auf der Chaussee Amiens—Albert vor, während Hauptmann v. Zschüschen die 11. Kompagnie nördlich um das Gehölz herum zu führen sich genöthigt sah, da das Dornengestrüpp im Gehölz ein Durchschreiten verhinderte.

Hinter dem 3. Bataillon folgte das 2. unter Führung des Hauptmann Wolff zunächst noch in Kolonne nach der Mitte. An seiner Stelle führte an diesem Tage Lieutenant Lescheck die 5. Kompagnie. Oberstlieutenant v. Henning ging mit dem 3. Bataillon vor.

Im zweiten Treffen der Brigade folgte das 65. Regiment mit der Batterie Busse.

Bald nachdem die Kompagnien des 3. Bataillons aus dem Gehölz am Ostrande herausgetreten waren, erhielten sie von einzelnen, aus Querrieux vorgeschobenen Abtheilungen auf sehr große Entfernung Feuer. Major v. Wedell befahl im Avanciren zu bleiben, ohne das Feuer zu erwidern. Um die durch das Ausbiegen der 11. Kompagnie entstandene Lücke auszufüllen, wurde die 9. Kompagnie zwischen die 10. und 11. geschoben; die 12. Kompagnie nahm als Reseve eine, durch ein kleines Gehölz gedeckte Stellung. Das Feuer wurde stärker und brachte die vorgehenden Kompagnien zum Stehen. Hauptmann v. Wulffen wurde in diesem Augenblick sein Pferd unter dem Leibe erschossen. Bald kamen auch Granaten von den auf den Höhen hinter der Hallue postirten Batterien zu uns herüber.

General v. Kummer, welcher hierher vorgeritten war, befahl, daß die Batterien der 29. Brigade auf einer Höhe südlich der Chaussee auffahren und ihr Feuer eröffnen sollten. Hierher ging auch unser 2. Bataillon. — Da sich sogleich ein heftiger Geschützkampf entspann, wurden auch die beiden Batterien der 30. Brigade vorbeordert und nahmen Stellung auf einer Höhe nördlich der Caussee. Das 65. Regiment stand mit zwei Bataillonen hinter unserm 3. und mit einem Bataillon neben unserm 2. Inzwischen war auch die 30. Brigade hinter den linken Flügel der 29. herangerückt. General v. Kummer übersandte jetzt dem beim 3. Bataillon haltenden Oberstlieutenant v. Henning den Befehl, daß er mit diesem Bataillon Querrieux weg=

nehmen solle, wobei ihm das eine Bataillon 65er als Reserve zu folgen
habe. — Es war 11 Uhr vorüber. —

Oberstlieutenant v. Henning befahl den Angriff. Hauptmann
v. Wulffen sollte mit der 9. und 10. Kompagnie den Westeingang des
Dorfes Querrieux von der Chausse her nehmen, Hauptmann v. Zschüschen
mit der 11. Kompagnie, gefolgt von der 12. Kompagnie unter Premierlieutenant v. Besser, auf dem von Allonville kommenden Wege den Nord-
westeingang des Dorfes forciren.

Die bis zur Lisiere von Querrieux zurückzulegende Strecke von
mehr als 1000 Schritt bot keinerlei Deckung; es wurde daher der weite
Weg möglichst in einem Lauf zurückgelegt. Ohne erhebliche Verluste
gelangte das Bataillon in den Besitz von Querrieux und machte hier
2 Offiziere und 300 Mann zu Gefangenen. Während Hauptmann
Maier mit der 10. Kompagnie die Absuchung des Dorfes übernahm,
besetzte die 9. Kompagnie sogleich den Ostausgang an der Hallue gegenüber Pont Noyelles und gelangte in den Besitz der hier liegenden Brücke.
Die 11. Kompagnie besetzte das Schloß und den Park, dahinter die
12. Kompagnie. Da der Feind auch Pont Noyelles aufgegeben hatte
und auf die östlich davon belegenen Höhen zurückgewichen war, so wurde
durch Oberstlieutenant v. Henning sogleich die Besetzung dieses Dorfes
angeordnet und dem 2. Bataillon der Befehl geschickt, zur Besetzung
von Querrieux vorzurücken. Während dieses im heftigsten Granatfeuer
unter Verlusten seinen Auftrag erfüllte, hatten die Kompagnien des
3. Bataillons folgende Stellungen eingenommen. Am Ostausgange
nach Albert hin war die 9. Kompagnie ausgeschwärmt, ihr Soutien
bildete die 11. Kompagnie, von der der Zug des Fähnrich Muelentz zur
Verlängerung der Schützenlinie der 9. Kompagnie später in Verwendung
trat. In der Ostlisiere nördlich der Chaussee stand die 12. Kompagnie;
ihr diente die 10. Kompagnie als Soutien. Die Kompagnien nahmen
sogleich darauf Bedacht, sich in dieser Stellung zu nachhaltiger Vertheidigung einzurichten. Auf dem Kirchthurm war von der 12. Kompagnie ein Beobachtungsposten eingerichtet worden, der hauptsächlich sein
Augenmerk auf den Gang des Gefechts der bei Fréchencourt in den
Kampf tretenden 30. Brigade zu richten hatte. In Querrieux standen
die Kompagnien des 2. Bataillons, hier befand sich auch der Regiments-
Kommandeur. Von Süden her war ein Bataillon 65er in Querrieux
eingedrungen und nahm zunächst Stellung am Westeingange des Dorfes.
Der Feind beschoß mit seiner zahlreichen und schweren Artillerie die beiden
Dörfer unaufhörlich, ohne erhebliche Verluste zu bereiten.

Zwischen die in Pont Noyelles stehenden Theile der 29. Brigade und die auf Beaucourt und Contay vorgehende 16. Division war von der 30. Brigade das 68. Regiment nach Fréchencourt vorgeschoben. Es machte langsame Fortschritte.

Inzwischen war auch auf unserm rechten Flügel gegen Bussy und Becquemont—Daours ein heftiger Kampf entbrannt. Als unser 1. Bataillon an dem Gehöft Croix de l'Inbict Stellung genommen, hatte Hauptmann Menner dem Obersten v. Bock Meldung hierüber erstattet und von ihm den Befehl erhalten, weiter vorzugehen. Hauptmann Menner nahm die 1. Kompagnie nördlich, die 3. Kompagnie südlich der Straße Amiens—Daours vor und ließ die 2. und 4. Kompagnie als Halbbataillon unter Hauptmann v. Fischern folgen. Rechts an die 3. Kompagnie schloß sich die 4. Eskadron, bis zur Somme hin deckend, an. Bald nach dem Antreten erhielt das Bataillon Feuer von feindlichen Tirailleurs, die Rittmeister Rudolphi erfolgreich attackirte. Die feindlichen Schützen zogen sich auf Bussy les Daours von der 1. Kompagnie und auf Becquemont von der 3. Kompagnie verfolgt eiligst zurück. Einige hundert Schritt vor diesen Dörfern machten die Kompagnien Halt und eröffneten ihr Feuer. Dadurch waren beide Kompagnien unbeabsichtigt so weit auseinander gekommen, daß Hauptmann Menner sich entschloß, vor weiterem Vorgehen sein Bataillon erst wieder zu vereinigen. Er entsendete den Adjutanten Lieutenant v. Plötz nach Bussy zu dem Hauptmann v. Buttler mit dem Befehle, sich nach Becquemont heranzuziehen und den bereits eingeleiteten Angriff auf Bussy zu unterlassen, da gegen diesen Ort von Querrieux her ein Bataillon 65er schon im Vorgehen zu sehen war. Hauptmann v. Buttler ordnete den Abzug seiner Kompagnie aus dem Gefecht zugweise an und zog sich nach der Straße Amiens—Daours ab.

Während Hauptmann Menner die 1. Kompagnie abwartete, um nach ihrem Eintreffen sein Bataillon zum Vorgehen gegen Becquemont zu formiren, hatte der Kommandeur der Königshusaren die der 30. Brigade zugetheilt gewesenen 2. und 3. Eskadron nach dem rechten Flügel geführt und dort mit der 4. vereinigt. Er nahm mit diesen drei Eskadrons Stellung hinter dem Bataillon und rekognoszirte die feindliche Stellung bei Daours.

Der aus den beiden Dörfern Becquemont — Daours gebildete Häuserkomplex liegt an dem Einfluß der Hallue in die Somme. Auf dem linken Ufer der Hallue, die das Dorf Daours durchfließt, liegen nahe an das Dorf heranreichende dominirende Höhen. Hier hatte der Feind eine starke Artillerie-Aufstellung inne, während das ausgedehnte, mit großen massiven Baulichkeiten ausgestattete Dorf von mehreren Bataillonen der Division du Bessol besetzt war.

Oberst v. Loë theilte dem Hauptmann Menner die gemachten Wahrnehmungen über die feindliche Stellung mit unter der Aufforderung, einen Angriff gegen dieselbe einzuleiten. Hauptmann Menner erklärte sich bereit vorzugehen, sobald er sein Bataillon wieder in seiner Hand vereinigt haben würde. Währenddessen war das 8. Jägerbataillon unter Major v. Oppeln-Bronikowski von Villers Bretonneux über La Motte an der Straße Amiens—Daours eingetroffen, um von hier zum Gros der 15. Division nach Querrieux heranzurücken. Oberst v. Loë theilte dem Major v. Bronikowski die Gefechtslage mit und äußerte, wie wünschenswerth es sei, wenn auch die Jäger mit den Füsilieren zum Angriff gegen Daours schritten. Major v. Bronikowski entschloß sich hierzu, bat aber um Entsendung der Meldung hierüber an General v. Kummer.

Als inzwischen Hauptmann v. Buttler die 1. Kompagnie herangeführt hatte, formirte Hauptmann Menner sein Bataillon zum Angriff. Er nahm die 1. und 3. Kompagnie wieder ins Vordertreffen und ließ unter den Klängen der von dem Kapellmeister Laudenbach geführten Regimentsmusik antreten. Gleichzeitig gingen die 1. und 2. Jäger-Kompagnie gegen Daours vor. Im ersten Anlauf wurden die auf dem rechten Hallueufer liegenden Häuser genommen und besetzt.

Aus den Häusern am Bache eröffnete der Feind ein lebhaftes Schnellfeuer gegen die vordringenden Füsiliere. Um von der linken Flanke her geschützter vorzugehen, führte Lieutenant v. Arnoldi den 2. Zug nach der Nordlisiere und versuchte sich hier festzusetzen. Der Feind erkennt die ihm drohende Gefahr rechtzeitig und wirft dem Zuge Arnoldi's starke Schützenschwärme entgegen. Ein Geschoß verwundet den erst seit wenigen Tagen wieder beim Regiment eingetroffenen Lieutenant v. Arnoldi. Kaum von seiner bei Gravelotte davongetragenen Verwundung genesen, war er von Neuem kampfunfähig und mußte zurückgetragen werden. —

Zur Unterstützung der 1. und 3. Kompagnie wollte Hauptmann Menner gerade das Halbbataillon des Hauptmann v. Fischern an das Dorf heranziehen, als ihn von Bussy her der Befehl des Oberstlieutenant v. Doernberg erreichte, das Bataillon, das dieser noch auf der Straße Amiens—Daours glaubte, nach Bussy zu führen. Da aber die 1. und 3. Kompagnie mit dem Feinde bereits engagirt waren, so ging Hauptmann Menner nur mit der 2. und 4. Kompagnie nach Bussy. Hierher hatte Oberstlieutenant v. Doernberg sein 1. Bataillon 65er aus der Reservestellung vor Querrieux geführt und war in den

Besitz des Dorfes gelangt. Auf die Meldung hiervon an General
v. Kummer erhielt er den Befehl, im Verein mit dem 1. Bataillon
unsers Regiments Daours zu nehmen. Er hatte den Hauptmann Menner,
ohne zu wissen, daß inzwischen die Eroberung von Daours begonnen
hatte, heranbeordert. Als er nun erfuhr, was bei Daours sich vollzogen
habe, ließ er zwei Kompagnien 65er in Bussy und rückte mit den zwei
andern Kompagnien und dem Halbbataillon Fischern nach Daours ab.
Hierher war aber der Befehl vorausgelangt, daß Oberst v. Loë den
Befehl über alle auf diesem Flügel fechtenden Abtheilungen zu über=
nehmen habe und daß zwei Bataillone des 3. Regiments und eine
Batterie aus der Armeereserve im Anmarsch gegen Daours seien. —
Es war ½3 Uhr, als Oberst v. Loë die Gefechtsleitung übernahm. —

Während unsere 1. und 3. Kompagnie in einem Häuserkampf an
der Hallue standen, nahm das Halbbataillon des 1. Bataillons eine
Reservestellung an der Kirche und ließ die angrenzenden Dorfstraßen
absuchen. Die übrigen in Daours eingedrungenen Abtheilungen rangen
mit dem Feinde um den Besitz der einzelnen Häuser an der Somme bis
zu den sich in nördlicher Richtung erstreckenden Höhen.

Die vier und ein halb Bataillone des Obersten v. Loë kämpften
auf dem äußersten rechten Flügel an der Mündung der Hallue, während
die 16. Division auf dem äußersten linken Flügel an der Quelle dieses
Baches im langsamen Vordringen von Dorf zu Dorf war. Südlich
daran anschließend in Fréchencourt war das 68. Regiment nach Wegnahme
dieses Dorfes bemüht, den Uebergang über die Hallue zu erzwingen,
um sich dann gegen das auf der jenseitigen Höhe belegene Bois de
Parmont zu wenden. Es konnte den Widerstand des Gegners vorerst
nicht brechen.

Im Centrum, der Hauptstellung des Feindes an der Straße
Amiens—Albert, war Pont Noyelles und der Hallue=Uebergang in unsern
Händen. Den Ostrand dieses Dorfes hielt unser 3. Bataillon besetzt.
Als Reserve dahinter auf der Dorfstraße von Pont Noyelles stand
das dorthin vorbeorderte und unter den Befehl des Major v. Wedell
gestellte 2. Bataillon in zwei Treffen; im ersten die 5. und 8., im
zweiten die 6. und 7. Kompagnie. In Querrieux standen unter dem
Major v. Bastineller das 2. und Füsilierbataillon 65er, die dem Befehl
des Oberstlieutenant v. Henning mit unterstellt waren. Auch das
28. Regiment war etwa gegen 1 Uhr herangezogen worden und durch
den Schloßpark vorgehend in dem sumpfigen Thale der Hallue nach
Fréchencourt hin ins Feuergefecht mit eingetreten. Den Auftrag, den
Bach zu überschreiten, konnte es nicht erfüllen, da kein Uebergang dort

zu finden und der Bach zu breit und tief war, um auf eine andere
Weise überschritten zu werden.   Trotz der großen Kälte der letzten Tage
war die Hallue nicht zugefroren; nicht einmal der sich daran hinziehende
Torfmoor war so hart gefroren, daß er eine freie Bewegung gestattete.

Der Feind stand auf den von ihm seit mehreren Tagen wohl vor-
bereiteten Höhen auf dem linken Bachufer.   Aus dieser Stellung gegen
Amiens vorzugehen war durch die von unseren Truppen errungenen
Vortheile des Tages vereitelt worden.   Erst mußte General Faidherbe
wieder im Besitz der Uebergänge sein, ehe er es versuchen konnte, unsere
Linie zu durchbrechen.

Gegen 2½ Uhr gab er dieser Absicht Ausdruck.   Von der Höhe
östlich Pont Noyelles zu beiden Seiten der Chaussee kamen starke Ti-
railleurlinien herab, um die wichtige Stellung wieder zu erobern.   Den
gegen die Südostecke der Lisiere von Pont Noyelles vorgehenden Kompagnien des französischen 43. Linien-Regiments trat die 8. Kompagnie
schnell entgegen.   Da hier Gärten vor der Dorflisiere sich hinziehen, die
einen freien Blick verhindern, mußte die Kompagnie über diese hinaus
den Franzosen bis an den nach Daours führenden Weg entgegengehen,
wo sie hinter Strohschobern und im Straßengraben Deckung fand.   Bei
dem Vorlauf dahin hatte sie durch das Feuer der avancirenden Franzosen stark zu leiden.   An der Spitze seines Zuges brach Lieutenant
Woide verwundet zusammen.   Die Franzosen wurden hier durch unser
Feuer am weitern Vorgehen gehindert und gingen unter Zurücklassung
zahlreicher Todten, worunter ein höherer Offizier, zurück.

Mit mehr Energie waren sie gegen den Haupteingang des Dorfes
vorgedrungen.   Hier ließen sie sich durch das heftige Feuer der Schützenlinie der 9., 11. und 12. Kompagnie nicht aufhalten, auch die Salven
der Soutienzüge der 11. Kompagnie, die Hauptmann v. Zschüschen vor-
führte, geboten dem muthigen Drängen des Feindes nicht Halt.   Er
blieb feuernd im Avanciren.   Lieutenant Baumeister, auch erst seit einigen
Wochen zum Regiment nach Genesung von seiner bei Gravelotte erhaltenen Verwundung zurückgekehrt, trug eine neue Wunde davon.   Der
Feind erreichte den Dorfeingang.   Hier kam es zum Handgemenge.
Unsere Leute schlugen sich mit außerordentlicher Bravour.   Der von
preußischem Arm geschwungene Kolben und das Seitengewehr auf dem
Lauf waren die Waffen, die sich Geltung verschafften.   Ein französischer
Infanterist stürmt gegen Hauptmann v. Zschüschen vor, schon erreicht
ihn die Spitze des Bajonetts, da streckt der wuchtige Kolbenschlag
des Unteroffiziers Gramberger den Feind zu Boden.   Ein anderer
Franzose ist an den Hauptmann v. Wulffen herangesprungen und schießt

auf drei Schritte ihn durch den Paletotkragen, sein Gesicht streifend; um ihren Hauptmann zu rächen, stürzen sich Füsiliere der 9. Kompagnie auf den frechen Feind und strecken ihn zu Boden. Der Feind sieht, daß er hier auf tapfere Gegenwehr gestoßen ist und eilt auf der Chaussee nach der Höhe zurück, gefolgt von einzelnen Füsilieren, die ohne Aufhören ihre Tod und Verwundung bringenden Geschosse ihm nachsenden.

Um 3 Uhr war der Gegner abgewiesen. Inzwischen hatte der Brigadeadjutant Lieutenant v. Poremski dem Oberstlieutenant v. Henning den Befehl gebracht, daß er zum Angriff auf die Höhe unter Festhalten von Pont Noyelles mit den ihm unterstellten Bataillonen vorgehen solle, sobald sich ein günstiger Fortgang des Gefechts der 30. Brigade wahrnehmen lasse. — Als bald nachher der Beobachtungsposten vom Kirchthurm meldete, daß die bei dem Bois de Parmont stehende Batterie ihr Feuer mehr nach Norden richte, konnte angenommen werden, daß von dort her die 30. Brigade im Vordringen sei und traf Oberstlieutenant v. Henning alle Anordnungen für den Sturm auf die Höhe. Denselben sollte Major v. Wedell leiten. Er bestimmte hierzu das 2. Bataillon und die sich daran anschließende 9. Kompagnie. Hauptmann Maier trat mit der 10. Kompagnie in deren seitherige Stellung ein. Hauptmann v. Zschüschen mit der 11. und Premierlieutenant v. Besser mit der 12. Kompagnie sollten in ihren Stellungen am Ostrande von Pont Noyelles zur eventuellen Aufnahme verbleiben. Die beiden aus Querrieux herangezogenen Bataillone des 65. Regiments nahmen Stellung an der Südostlisiere.

Der Regimentsadjutant Premierlieutenant v. Homburg überbrachte die Mittheilung von dem bevorstehenden Sturm zunächst der an den Strohschobern noch im Feuergefecht befindlichen 8. Kompagnie. Hier traf auch bald Major v. Wedell ein und setzte von hier aus den Angriff an.

Je nachdem die Kompagnien aus der Dorflisiere herausgetreten, gingen sie neben einander vor. Der Weg, der bis zu der Krete der Höhe zu durchlaufen war, führte über ganz offenes, gegen den Feind hin terrassenförmig ansteigendes Terrain. Auf dem äußersten rechten Flügel führte Premierlieutenant Schulz die 7. Kompagnie vor, links vorwärts daran anschließend ging die 8. Kompagnie unter Premierlieutenant Lehfeldt, daneben die 6. Kompagnie unter Premierlieutenant Meske, neben dieser die 5. unter Lieutenant Lescheck vor; daran schloß sich links Hauptmann v. Wulffen mit der 9. Kompagnie und je ein Zug der 10. Kompagnie unter Feldwebel Stöckel und der 11. Kompagnie unter

Portepeefähnrich Muelentz an. Der Führer des 2. Bataillons Haupt=
mann Wolff befand sich bei der 5. Kompagnie, Major v. Wedell vor
der Front der avancirenden Linie, Oberstlieutenant v. Henning auf dem
linken Flügel an der Chaussee.

Es war ¼4 Uhr, als die so formirte Linie unseres Regiments sich
in Bewegung setzte, um einen heldenmüthigen Sturm auf des Feindes
letzte Position zu unternehmen. Die Trommeln ertönten. Es ging vor=
wärts. Im steten Laufen von Terrasse zu Terrasse drangen die Fü=
siliere vor. Ein von der Höhe sich gegen das Dorf hin herabziehender
tief eingeschnittener Feldweg wurde von Theilen der 5. und 9. Kom=
pagnie als gute Deckung gegen die feindlichen Geschosse benutzt.

Kaum hatte der Feind unser Anstürmen gewahrt, als dichte Schützen=
linien die Höhe krönten und ihr Feuer uns entgegen sendeten. Die
7. Kompagnie hatte neben dem rasanten Feuer von der Front noch von
der rechten Flanke durch Infanteriefeuer sehr zu leiden. Lieutenant
Strübig bricht sehr schwer verwundet zusammen. Premierlieutenant
Schulz wendet sich gegen seinen Gegner in der rechten Flanke und giebt
Salven; aber auch ihn hindert eine Verwundung an der weiteren Führung
seiner Kompagnie. Bei der 6. Kompagnie ist der Portepeefähnrich
v. Knobelsdorff leicht verwundet. Der Führer der 5. Kompagnie Lieu=
tenant Lescheck wird schwer verwundet. Aber es giebt keinen Halt bei
solchem Sturm. Immer heftiger wird das feindliche Feuer. Der
Führer der Sturmkolonne Major v. Wedell blutet aus einer Wunde,
ohne daß er vom Platze weicht. — Endlich ist die Höhe in unserm
Besitz. Dort steht noch eine feindliche Batterie; zu ihrer Deckung ver=
bleiben noch einzelne Infanterie=Abtheilungen auf der Höhe, die andern
wenden sich zur Flucht. Die Batterie protzt eben auf, aber zwei Geschütze
bleiben in unserm Besitz. Die vordersten Leute aller Kompagnien, unter
ihnen als Führer der Vizefeldwebel Kising der 5. Kompagnie, stürzen
sich auf die Vertheidiger dieser eroberten Geschütze; im Handgemenge
wird der Besitz behauptet. — Unser ungestümes Anstürmen wird erst
spät von unsern Batterien wahrgenommen, denn noch in dem Augenblick,
wo wir Herren der Höhe sind, schlagen eigene Granaten, zum Glück
ohne uns Schaden zuzufügen, dort ein. Doch es ist nicht Zeit zu ver=
lieren. Die Kompagnien sind durcheinander gekommen. Hauptmann
v. Wulffen als ältester der noch wenigen hierher gelangten Offiziere
ist bemüht, eine geregelte Besetzung der eroberten Stellung anzuordnen.
Etwa fünfzehn Minuten sind wir in dem unbestrittenen Besitz der eroberten
Position und Geschütze; da bricht auf einmal verheerendes Feuer von
rechts her über uns herein. Feldwebel Neuber der 8. Kompagnie wird

todt zu Boden gestreckt, Lieutenant Kyll verwundet. Nun bringt auch in der Front der Feind auf uns ein, voran die französischen Dreiund=breißiger. Neues Handgemenge, wir müssen weichen — les intrépidos Polonais du colonel Henning, wie uns schmeichelhaft ein französischer Historiograph nennt, der dieses Handgemenge in folgender Weise schildert: „Les prussiens montaient toujours, accompagnant de hourrahs les accents de leur musique, mais nos tambours battirent la charge, le 33e français se leva, se jeta sur le 33e prussien et le culbuta." Blutend aus vielen Wunden, mit blutendem Herzen gaben wir die errungenen Vortheile auf.

Die Sonne hatte mit ihren letzten Strahlen unsern Sieg vergoldet. Der Tag geht zu Rüste, an dem wir Lorbeeren gepflückt, die wir nicht um unsere Stirne winden können. Die im Feuer auf dominirender Höhe im Frontalangriff genommenen Geschütze sind für uns verloren. Wir kehren dem Feinde das erste Mal den Rücken. Noch ehe wir zurückgehen, erreicht ein tödtliches Geschoß den Portepeefähnrich Muelentz. Bei Ausbruch des Krieges dem Regiment aus dem Kadettenkorps über=wiesen, war er erst seit Kurzem ins Feld nachgekommen. Guten Muthes hatte er seine ungeübte Jugendkraft eingesetzt, um alle Anstrengungen eines Winterfeldzuges zu ertragen, jetzt war das junge Leben vernichtet, mit ihm die Hoffnung eines Vaters, der in früheren Jahren auch dem Regiment angehört hatte.

Der Rückzug auf Pont Noyelles wurde vom Feinde, der uns auf dem Fuße folgte, stark beschossen und wären die Verluste gewiß nahmhafter gewesen, wenn nicht schnell die Dunkelheit hereingebrochen wäre.

Auf halber Höhe ließ der Feind von der unmittelbaren Verfolgung ab, er schien sich zu sammeln und zu einem Angriff auf Pont Noyelles zu formiren. In der Lisiere dieses Dorfes standen zu beiden Seiten der Chaussee die Theile unseres 3. Bataillons, die an dem Sturm auf die Höhe nicht betheiligt gewesen waren. Sie hatten sich enger zu=sammengeschlossen, weil auf der Straße starke Kolonnen des Feindes heranrückten.

In ihrer ganzen Länge war die ausgedehnte Dorflisiere nicht be=setzt, da die hierzu verfügbaren Kräfte nicht ausreichten. Die beiden Bataillone 65er hielten die Südostlisiere besetzt. Zwischen ihnen und unseren Kompagnien war so südlich der Straße nach Albert eine große Lücke entstanden, auf die sich gerade unser Rückzug richtete. Als der Führer des 2. Bataillons Hauptmann Wolff diese Lücke gewahrte, be=fahl er mit wahrer Stentorstimme sofort Front zu machen und sich in der Lisiere auszubreiten. Der vor derselben vorbeiführende Weg nach Daours bot in seinem tief eingeschnittenen Straßengraben günstige Deckung. Mit rühmenswerther Disziplin machten die zurückgegangenen Füsiliere Front und warfen sich in den Graben. Die Gefahr war groß. Der Feind war nahe heran, gelang es ihm in das Dorf ein= zudringen, so waren die Errungenschaften des Tages wieder verloren. Es galt von Neuem mit ganzer Energie und frischem Opfermuth dem Feinde die Stirn zu bieten. Hauptmann Wolff eilte die Linie entlang und befahl, daß die noch vorhandenen Patronen zur Hand genommen würden, daß die Leute, die keine mehr hätten, sich welche von ihren Nebenleuten geben ließen, daß aber kein Schuß eher falle, als bis der Feind ganz nahe heran sei. Es war ganz dunkel. „Nicht schießen“, war die Parole, die von Mund zu Mund die Schützenlinie durchlief. Alle waren still wie der Jäger auf dem Anstande. Da bewegen sich dunkle Gestalten dicht vor uns. „Seid Ihr Franzosen?“ lautet die naive Frage Einzelner. Schon knallen einzelne Schüsse, doch sie ver= stummen schnell, denn es verbreitet sich der Glaube, daß noch eigene Schützen vor uns seien. Peinliche Ungewißheit. Doch da tönt fremd= artiger Hörnerklang vor uns, dunkle Massen werden kenntlich, französische Kommandos werden laut. Der Feind geht mit seinen Bataillonen zum Sturm vor. Da mit einem Male flammt unsere ganze Linie auf. Ein Schnellfeuer aus Hunderten von Gewehren kracht den Franzosen entgegen. Einzelne von ihnen sind den geschlossenen Abtheilungen voraus, es kommt zum neuen Handgemenge, besonders die an der Straße nach Albert stehenden 10., 11. und 12. Kompagnien ringen mit ihren Gegnern mit Kolben und Seitengewehr. Doch das Schnell= feuer überwältigt den Muth der Feinde, sie gehen zurück und lassen zahlreiche Todte vor unserer Front liegen; wir sind gerächt. Aber auch uns hat der Kampf neue Opfer gekostet; Lieutenant Charlier ist einer der letzten Verwundeten des Tages.

In dem Augenblick, in welchem die letzten Patronen im wirksamen Schnellfeuer verschossen waren, trafen zwei Bataillone des 4. Regiments aus der Hauptreserve ein. Sie waren nur noch Zeugen des abge= schlagenen Angriffs des Feindes.

Da die Besetzung der Lisiere von Pont Noyelles der 30. Brigade übertragen wurde, konnten die Bataillone des Regiments, die hier ge= fochten hatten, sich weiter rückwärts sammeln. Nachdem sie sich ge= sammelt empfingen sie Patronen, deren sie keine mehr hatten. Während dies in der Nähe einiger brennenden Häuser geschah, deren unheimliches Licht diese Thätigkeit erleichterte, traf der von langer Krankheit genesene

Hauptmann v. Wobeſer ein, der mit dem 4. Regiment vorgegangen war, um das ſeinige zu erreichen. Er übernahm die Führung des 2. Bataillons, Hauptmann Wolff wieder die der 5. Kompagnie, Lieutenant Scherf die der 7. Kompagnie. — Die Bataillone bezogen Alarmquartiere in Querrieux.

Das 1. Bataillon war bis zum ſpäten Abend in der ſchon am Nachmittag eingenommenen Stellung verblieben, da die Franzoſen den Beſitz von Daours trotz mehrfacher Vorſtöße nicht wieder erzwingen konnten. Die 1., 2. und 3. Kompagnie gingen ſpät Abends in Alarmquartiere nach Buſſy, die 4. Kompagnie bezog Vorpoſten zwiſchen dieſem Dorf und Daours. Eine ihrer Patrouillen zündete in der Nacht einen Strohſchober an, hinter dem eine franzöſiſche Abtheilung in ſorgloſer Ruhe ſchlief.

Der Verluſt des Regiments an dieſem Ehrentage betrug:

Todte: — Offiz., 5 Unteroffiz., 56 Füſil.
Verwundete: 11 = 11 = 178 =
Vermißt: — = — = 3 =

Summa 11 Offiz., 16 Unteroffz., 227 Füſil.

und zwar:

Komp.	Todt.			Verwundet.			Vermißt.		
	Offiz.	Unteroffz.	Füſ.	Offiz.	Unteroffz.	Füſ.	Offiz.	Unteroffz.	Füſ.
1.	—	—	2	1	—	5	—	—	—
2.	—	—	—	—	—	1	—	—	—
3.	—	—	1	—	—	1	—	—	—
4.	—	—	—	—	—	—	—	—	—
5.	—	—	7	—	—	14	—	—	—
6.	—	—	1	2	—	20	—	—	—
Latus	—	—	11	3	—	41	—	—	—

Komp.	Todt.			Verwundet.			Vermißt.		
	Offiz.	Unteroffz.	Füf.	Offiz.	Unteroffz.	Füf.	Offiz.	Unteroffz.	Füf.
Transp.	—	—	11	3	—	41	—	—	—
7.	—	1	7	2	3	23	—	—	—
8.	—	2	9	2	2	29	—	1	—
9.	—	—	9	2	2	19	—	1	—
10.	—	1	4	—	2	18	—	—	—
11.	—	1	7	2	1	25	—	—	—
12.	—	—	9	—	1	24	—	1	—
Summa	—	5	56	11	11	178	—	3	—

Feldwebel Neuber fiel als Zugführer. Viele Leute hatten Stich=
wunden von den feindlichen Bajonetten erhalten.

An Offizieren und Offizierdienst thuenden waren verwundet:

Major v. Wedell,
Premierlieutenant Schulz,
Sekondelieutenant Woide,
   „   v. Arnoldi,
   „   Charlier,
Sekondelieutenant der Landwehr Lescheck,
   „   „   „   Struebig,
   „   „ Reserve Baumeister,
   „   „   „   Kyll,
Portepeefähnrich Muelentz † im Lazareth,
   „   v. Knobelsdorff.

Schon früh am Morgen des 24. Dezember sammelten sich die
Kompagnien auf den noch nicht vom Tageslicht erhellten Dorfstraßen;
nur die glimmenden Balken und manchmal noch auflodernde Flammen

der niedergebrannten Gebäude erhellten die Sammelplätze. Die Kälte war noch empfindlicher als Tags zuvor; dazu gesellte sich die körperliche Unbehaglichkeit, die eine kalte und schlechte Lagerstätte und der Mangel an Lebensmitteln in Jedem hervorrufen.

Da die Fortsetzung des Kampfes erwartet wurde, wandte sich die vornehmlichste Aufmerksamkeit der Prüfung der Brauchbarkeit der Waffen und der Vollzähligkeit der Munition zu, die aus den nach Querrieux herangezogenen Patronenwagen ergänzt worden war. —

Die Dunkelheit hatte den Kampf am 23. beendet. Die am Tage eroberten Dörfer waren in unseren Händen geblieben. Unsere Truppen standen am Fuße des vom Feinde noch besetzten Höhenrückens. Die blutigen Errungenschaften des Tages vorher hatten gezeigt, daß nur mit großen Opfern ein erneuter Frontalangriff gegen die letzten Positionen des Feindes möglich sei. Vor Allem war es aber für alle weiteren Angriffsdispositionen nothwendig, ein ganz klares Bild über die Stellung und die Absichten des Feindes zu haben. Dazu mußte der Tag abgewartet werden. Die in der Nacht zum 24. erfolgenden Befehle beschränkten sich auf die Anordnungen zur Behauptung des gewonnenen Terrains und zur Zurückweisung feindlicher Versuche, dasselbe wieder zu erobern.

General v. Kummer gab Morgens 2½ Uhr folgenden Befehl:

„Die Division wird heute früh zunächst den eroberten Abschnitt Daours—Bussy—Querrieux—Pont Noyelles, resp. Fréchencourt behaupten und ist derselbe daher von den unterhabenden Truppen zur hartnäckigsten Vertheidigung einzurichten. Für die Vertheidigung des genannten Abschnittes befehle ich:

1) Die 30. Infanteriebrigade unter General v. Strubberg mit der 1. und 2. schweren und der 2. leichten Batterie und der ihr schon zugetheilten 4. Eskadron besetzt Pont—Noyelles und Querrieux, sowie Fréchencourt, wenn dasselbe nicht von der 16. Division besetzt ist, und richtet sich daselbst zur nachhaltigsten Vertheidigung ein. Die Brigade erhält Anschluß links an die 16. Division, rechts an das Detachement des Oberst v. Loë und übernimmt heute früh von 7 Uhr ab die Vertheidigung des ihr zugewiesenen Abschnitts, zu welcher Zeit sie auch die Vorposten südlich der großen Chaussee bis gegen Bussy zu geben hat.

2) Das Detachement des Obersten v. Loë, Jägerbataillon Nr. 8, 1. Bataillon 33er, 1. Bataillon 65er, 2. Eskadron, 1. leichte Batterie, besetzt den Abschnitt Bussy—Daours in Verbindung mit dem Detache-

ment des I. Armeekorps.   Die Vertheidigungseinrichtungen in Daours und Bussy müssen mit besonderer Sorgfalt geschehen und hat sich Oberst v. Loë links mit der Brigade Strubberg in Verbindung zu setzen. — Spezialreserve ein Bataillon 65er.

3) Die 29. Infanteriebrigade mit dem Rest ihrer Truppen unter dem Oberst v. Bock bildet die Spezialreserve für die von der 30. Brigade besetzten Abschnitte und steht zu meiner alleinigen Disposition.

4) Die reitende Abtheilung tritt zur Spezialreserve zu meiner alleinigen Disposition.

5) Die Division hat gestern die Patronenwagen nach Querrieux heranbefohlen und sind dieselben von dort von ihren Truppentheilen heranzuziehen.

6) Meldungen werden mich von heute früh 8 Uhr ab auf der Windmühlenhöhe westlich Querrieux treffen.

Die mir untergebene 15. Division hat sich gestern gegen einen fast dreifach überlegenen Feind, der sich in sehr günstiger Position etablirt hatte, glänzend geschlagen, den Gegner überall geworfen und das Schlachtfeld behauptet.   Ich bin stolz, an der Spitze einer so ausgezeichneten Division zu stehen und bin mir bewußt, mit einer solchen Truppe das Möglichste zu leisten.   Indem ich der Division meinen Dank sage, rufe ich in altpreußischer Weise: Es lebe der König!"

Um 8 Uhr Morgens waren die Truppen in den befohlenen Stellungen eines neuen Kampfes gewärtig, wenn der Feind von den Höhen herabsteigen und den Versuch machen sollte, das verlorene Terrain wieder zu gewinnen.

Der Feind verhielt sich anfänglich ruhig, nur seine Batterien er= öffneten ihr Feuer gegen die gewonnenen und von uns besetzten Dörfer. Ab und zu schlug eine Granate in bedrohlicher Nähe der in vorderster Linie stehenden Abtheilungen ein, ohne erheblichen Schaden anzurichten. Da das Artilleriefeuer einen Angriff vorzubereiten schien, wurde der Befehl gegeben, daß ein Bataillon der Spezialreserve näher an die vorderste Stellung herangehen solle.   Das 2. Bataillon unter Haupt= mann v. Wobeser wurde nach Pont Noyelles vorbeordert und stellte sich hier hinter der 30. Brigade in einigen Gehöften auf.   Wegen des sehr kalten Windes wurde es den Leuten gestattet, abtheilungsweise in den Häusern für einige Zeit Schutz gegen die Kälte zu suchen.   Eine

Granate störte dabei die 7. Kompagnie, die zum Theil in einer Scheune stand. Obschon dieselbe mitten unter die Leute niederfuhr, verwundete sie keinen, da sie glücklicherweise nicht krepirte.

Das 3. Bataillon verblieb den Tag über in der am Morgen eingenommenen Stellung in der Spezialreserve auf einer Höhe westlich Querrieux an der nach Amiens führenden Straße. Ein scharfer und Kälte bringender Nordwind machte sich sehr empfindlich.

Das 1. Bataillon hatte am frühen Morgen sich zwischen Bussy und Daours gesammelt und war wieder unter den Befehl des Obersten v. Loë getreten. Es nahm für die Dauer des Tages Stellung hinter einer bei Daours gelegenen Ziegelei. — Der Mittag kam heran, ohne daß sich etwas in der Situation geändert zu haben schien. Bewegungen beim Feinde wurden beobachtet und gemeldet, doch war noch nicht klar, ob er Verstärkungen abwarte, um in einen neuen Kampf einzutreten oder ob er unter dem Schutze einer starken auf der Höhe postirten Arrieregarde abmarschire; daß dies der Fall war, wurde erst in den späteren Nachmittagsstunden kurz vor Eintritt der Dunkelheit zur Gewißheit.

Es war die Dämmerung hereingebrochen, als die Befehle, für die durch die veränderte Kriegslage ermöglichte Unterbringung der Truppen in vom Feinde weiter abgelegenen Ortschaften gegeben werden konnten. Danach rückten nach 5 Uhr Nachmittags bei völliger Dunkelheit das 2. und 3. Bataillon nach Allonville, das 1. Bataillon nach Bussy in Alarmquartiere.

Zu der Stunde, in der die Füsiliere frierend, hungrig und müde in die Häuser eintraten, deren Bewohner geflohen waren oder geängstigt und mißtrauisch ihre ungeladenen Gäste empfingen, war der heilige Weihnachtsabend hereingebrochen. In der Heimath brannten jetzt die Lichter am Weihnachtsbaum, und freudigen Herzens wurden Geschenke ausgetauscht. Die draußen im Felde standen gedachten der Lieben daheim, welche in diesem Augenblicke an die gemahnt wurden, die am Weihnachtstisch fehlten, weil sie im Schlachtendonner auf französischer Erde den heimathlichen deutschen Heerd vertheidigten, an dem eben die eigne Familie versammelt war, um den deutschen Weihnachtsabend zu feiern. Welcher Unterschied in der Feier, und doch fehlte es auch hier nicht an einem herrlichen Geschenk: dem schönen Bewußtsein der erfüllten Pflicht. —

Die vielen Verwundeten waren im Laufe des Tages nach Amiens gebracht worden und hatten dort Aufnahme und Pflege in den Lazarethen gefunden. Einzelnen von ihnen ward ein schönes Weihnachtsgeschenk zu Theil. Der Oberkommandirende, General v. Manteuffel, hatte

berer gedacht, die an der Hallue geblutet hatten. Er beschenkte die
Tapfersten von diesen mit dem eisernen Kreuz. Der Major v. Wedell
und acht Füsiliere des Regiments erhielten aus der Hand ihres Feld=
herrn diese Dekoration. —

Am Nachmittag des 24., noch ehe die Gewißheit über den Rück=
zug des Feindes beim Oberkommando bestand, waren von demselben die
Anordnungen für den 25. getroffen, die ein zähes Festhalten des Gegners
in der von ihm behaupteten Position auf dem Plateau östlich der Hallue
in Betracht zogen. Blieb die französische Nordarmee hier stehen, so
sollte am 25. ein kräftiger Vorstoß gegen ihren linken Flügel vorbereitet
werden. Zur Durchführung desselben sollte sich das VIII. Korps nach
rechts hin zusammen schieben.

Während am frühen Morgen des 25. die Bewegungen nach dem
rechten Flügel begonnen hatten, wurde es zur Gewißheit, daß der Gegner
sich auf seiner ganzen Linie im vollen Rückzuge befände. — Die Ver=
folgung des Feindes durch das VIII. Armeekorps wurde sogleich ange=
ordnet. Die 15. Division war, als sie der Befehl zum Vorgehen auf
der großen Straße nach Albert erreichte, mit der 29. Brigade bis Cachy,
südlich der Straße Amiens—Peronne, gelangt; von hier wurde der
Marsch über Daours zunächst wieder nach der Straße Amiens—Albert
angetreten. Die 16. Division ging auf der Departementalstraße nach
Contay vor. — Ein eisiger Wind blies von Nordost den in dieser
Richtung marschirenden Truppen gerade entgegen. Es war ein schlechter
Weihnachtsfeiertag, an dem obenein der Magen leerer war, als er es
je vorher an einem gleichen Tage gewesen. Der Marsch führte über
die Gefechtsfelder vom 23. und zeigte erst recht deutlich, wie erfolgreich
der Kampf gewesen. An vielen Stellen deckten noch zahlreiche Leichen
das Feld; vor den Strohschobern bei Pont Noyelles, von denen aus
die Kompagnien des 2. Bataillons vorgestürmt waren, lagen 1 Offizier
und 12 Mann des 43. französischen Linien=Regiments nebeneinander
hingestreckt. Ihr Tod zeugte für ihren Muth. Auch einzelnes Kriegs=
geräth, das durch die Wirkung unserer Granaten nicht mehr trans=
portabel war, lag auf den Höhen. Mit Stolz, aber auch gleichzeitig
mit unverhohlenem Aerger betrachteten die Füsiliere die Höhe, die sie
todesmuthig gestürmt, auf der sie feindliche Geschütze im Feuer ge=
nommen, von der sie aber wieder zurückgedrängt worden waren. Jetzt
erst, zwei Tage später, waren die Höhen in unsern dauernden Besitz
gekommen.

Nach einem Marsch von beinahe 40 Kilometern gelangten die Ba=
taillone in die ihnen zugewiesenen Quartiere. Der Regimentsstab mit

dem 1. Bataillon bezog diese in Pont Noyelles, das 2. Bataillon mit der 10. und 12. Kompagnie in Lahoussoye, die 9. und 11. Kompagnie in Franvillers. — Hier trug sich bei dem Einrücken unserer Avantgarden ein erzählenswerthes Ereigniß zu. Als die „Lehm opps" hier einritten, fanden sie den Füsilier Kendziorra der 9. Kompagnie mit zwei anderen Füsilieren im Begriff, drei französische Mobilgardisten zu entwaffnen. Unsere Füsiliere waren am Abend des 23. auf der Höhe von Pont Noyelles gefangen, nach Franvillers gebracht und hier in einen Stall gesperrt worden. Als am 25. unser Vorrücken die französischen Abtheilungen zur Eile antrieb, wollte die Bedeckung der Gefangenen, drei Mobilgardisten, sich mit diesen in Bewegung setzen. Kendziorra erwartend, daß bald unsere Truppen einrücken würden, heuchelte Schmerzen, die eine kurze Rücksicht erforderten und sein Verbleiben mit der Bedeckung bis zum Abmarsch der größeren Abtheilungen zur Folge hatte. Zwar trieben die Franzosen die Gefangenen zur Eile, aber Kendziorra wimmerte zu kläglich, und so verstrich Minute um Minute, endlich hatte das Erbarmen der Franzosen ein Ende; sie luden die Gewehre und drohten, die entwaffneten Füsiliere niederzuschießen, wenn sie nun nicht folgten; schon schickten diese sich an, in die Gefangenschaft abzugehen, da galoppirten zwei Husaren ins Dorf. Ein lautes „Lehm opp" verständigte sie schnell über die Lage der Füsiliere, diese waren frei, die Franzosen aber ihre Gefangenen, denen sie schnell die Gewehre entrissen und die sie sicher bewachten, bis die Kompagnien einrückten. Triumphirend führte Kendziorra seine Gefangenwärter gefangen seinem Hauptmann v. Wulffen zu.

So bedeutungslos dieser lustige Zwischenfall auch ist, so liefert er den Beweis, daß der Rückzug Faidherbe's doch wohl beschleunigter gewesen sein muß, als er es in seiner Schrift über den Feldzug des französischen Nordheeres zugesteht.

Für den Vormarsch am 26. wurde befohlen:

„Die Brigade Bock sendet die am weitesten vorwärts dislozirten Bataillone und die beiden Husaren-Eskadrons unter dem Kommando des ältesten Stabsoffiziers so nach Albert voraus, daß sie dasselbe mit der Tete um 10 Uhr Vormittags erreicht haben."

Oberstlieutenant v. Henning ging mit dem 2. und 3. Bataillon und der 1. und 2. Eskadron nach Albert vor, das 1. Bataillon folgte mit zwei Batterien. Um 10 Uhr war Albert erreicht. Kein Feind hatte sich dem Vormarsch entgegengestellt.

Auf dem Rendezvous bei Albert ging für das 3. Bataillon der Befehl ein, nach Sailly vorzurücken und dort unter den Befehl des Generallieutenant Graf von der Groeben zu treten, dem gleichzeitig die Garde-Kavalleriebrigade des Prinzen Albrecht unterstellt worden war. Das Kommando über das 3. Bataillon hatte der am 25. beim Regiment aus Memel eingetroffene Major Ihssen für den verwundeten Major v. Wedell übernommen. Er erreichte erst am Abend das ihm vorgeschriebene Marschziel und mußte noch die 9. Kompagnie nach le Transloy, die 10. nach Morval detachiren, in welchen Dörfern die beiden Garde-Kavallerie-Regimenter kantonnirten.

Das 1. und 2. Bataillon marschirten auf der Straße nach Bapaume mit einer Batterie weiter vor und bezogen am Abend Quartiere in le Sars und Warlencourt.

Am 27. verblieb die 15. Division in der Tags zuvor eingenommenen Stellung. Es wurden aber die unbesetzten Ortschaften im Umkreise von einer Meile von den Kantonnements entfernt von den Kompagnien des Regiments abgesucht. Die Rückkehr in dieselben Quartiere und die nicht zu ausgedehnten Märsche gestatteten an diesem Tage eine gute, durch reichlich ausgefallene Requisitionen sicher gestellte Verpflegung und Stunden behaglicher Ruhe und Wärme. Eine wohlverdiente Erholung nach den vorangegangenen Anstrengungen der letzten acht Tage.

Der Feind hatte sich in das Bereich seiner schützenden Festungen hinter den Abschnitt der Scarpe zurückgezogen. Bis dorthin ihm zu folgen, lag nicht in der Absicht der Heerführung, nicht in der Aufgabe, die der I. Armee gestellt war. Für diese war es ein sehr wichtiges Resultat, sich in dem Besitz der Sommelinie zu befinden und hinter dieser eine günstige Defensivstellung gegen Norden zu haben. Um aber ganz Herr über die Somme zu sein, war der Besitz der Festung Peronne durchaus erforderlich. Eine Berennung dieses festen Platzes war sofort herbeigeführt worden, nachdem der Feind durch die Erfolge in der Schlacht am 23. zum Rückzuge gezwungen worden war. Am 27. war die völlige Einschließung von Peronne erfolgt. Jetzt galt es, diese Cernirung vor einer feindlichen Unternehmung zu sichern. Der günstigste Punkt zu einer Stellung für solchen Zweck, besonders gegen die Festung Arras, wohin die feindlichen Kräfte zurückgewichen waren, war Bapaume.

Dorthin ging mit der 30. Brigade das Generalkommando und der Stab der 15. Division. Für die 29. Brigade war befohlen worden, daß sie dahinter an der Straße nach Peronne disloziren solle. Die 5. und 6. Kompagnie kamen nach Rocquigny; der Regimentsstab, das

1. Bataillon, die 7. und 8. Kompagnie nach Sailly in Quartiere. Hier wurden mehrere Tage der Ruhe verbracht; nur Requisitionen und starke Patrouillen zur Verbindung mit den bei Peronne liegenden Truppen und der Garde-Kavalleriebrigade beschäftigten die Kompagnien des 1. und 2. Bataillons.

Das 3. Bataillon war am 27. in den am Tage vorher eingenommenen Quartieren geblieben und hatte gleichfalls Absuchungen und Requisitionen vorzunehmen. Bei dieser Gelegenheit wurde ein Zug der 12. Kompagnie unter der Führung des Lieutenant Recken bei Bouchavesnes in ein Gefecht mit Franktireurs verwickelt, wobei 1 Unteroffizier und 2 Mann verwundet wurden und einer der Verwundeten in die Hände des Feindes fiel; auch die gleichzeitig vorgegangenen Gardehusaren hatten Verluste. Das gab Veranlassung zu einer größeren Unternehmung gegen Bouchavesnes zur Bestrafung dieses Ortes. General Graf von der Groeben leitete persönlich das Vorgehen des Gardehusaren-Regiments mit der 11. und 12. Kompagnie und eines Zuges Artillerie gegen das Dorf, wobei es sich herausstellte, daß die Franktireurs nicht aus dem Dorfe selbst, sondern aus einem nahen Gehölz geschossen und sich auch schon davon gemacht hatten. Dadurch wurde das Dorf vor den ernsten Maßregeln bewahrt, die beabsichtigt gewesen waren.

Am 28. ging das 3. Bataillon mit der Garde-Kavalleriebrigade nach Fins vor und besetzte diesen Ort mit der 9. und 10. Kompagnie. Die 11. kam nach Equancourt, die 12. nach Sorel. Diese Stellung hatte den Zweck, die Cernirung von Peronne nach Cambrai zu decken, während die Kavallerie auch noch die Verbindung mit der bei Chatelet stehenden königlich sächsischen Kavalleridivision aufnahm.

In den am 28. Dezember eingenommenen Quartieren verlebten die Bataillone die letzten Tage des denkwürdigen Jahres 1870. In Sailly, wo sechs Kompagnien des Regiments zusammenlagen, wurde eine Neujahrsfeier von den Offizieren vorbereitet.

Am 31. Dezember wechselte das Kommando des 1. Bataillons. Hauptmann Menner mußte den Kriegsschauplatz wieder verlassen, da seine Wunden von Neuem aufbrachen. Hauptmann v. Fischern übernahm wieder die Führung des 1. Bataillons. Die 4. Kompagnie trat unter das Kommando des Lieutenant Goltz.

Am Abend versammelten sich die in Sailly anwesenden Offiziere in dem Gartensaal eines verlassenen Landsitzes. Die Ingredienzien für eine Punschbowle hatten sich beschaffen lassen, nicht aber die obligatorischen Pfannkuchen. Um sie zu ersetzen, war ein Kuchen unter der kundigen Hand eines Füsiliers, der im Frieden dem Geschäft eines Zuckerbäckers oblag, entstanden.

Die Anwesenden nahmen an einer sauber gedeckten Tafel Platz. Der Saal war mit all dem Komfort ausgestattet, den die geflohenen Besitzer den Fremdlingen gelassen hatten, die hier an ihrer Stelle das Neujahrsfest begingen. Schmerzliche Wehmuth mag den Flüchtlingen gerade an diesem Abend das Herz gefüllt haben, und mit Schrecken mögen sie der Barbaren gedacht haben, die sich in ihren Räumen ein rauschendes Fest bereiten konnten.

Das Fest war aber kein rauschendes. Vergeblich bemühten sich Einzelne, durch heitere Bemerkungen eine fröhliche Stimmung zu erwecken. Gern war man zusammengekommen, keiner mochte allein in seinem Quartier bleiben, die Gemeinsamkeit hatte den Reiz der Heimath, und nun, wo man am traulichen Kamin beisammen saß, da verließen die Gedanken den Kameradenkreis und eilten heimwärts nach der lieben Heimath in die Räume, in denen man zu dieser Stunde so sehr fehlte.

Langsam verstrichen die Stunden. Endlich war die letzte des Jahres 1870 herangerückt. Man füllte die Gläser, Oberstlieutenant v. Henning erhob das seinige und forderte die anwesenden Offiziere auf, zuerst ein stilles Glas im Andenken an die zu leeren, die in diesem heiligen Kriege in den Reihen des Regiments vorwärts gegen den Feind stürmend ihren Tod gefunden hatten. Stiller Ernst lag auf allen Gesichtern. Das nächste Glas dem Könige, dem geliebten Kriegsherrn, für den es sich so leicht, so gern blutet. Ein stürmisches Hoch gab der Begeisterung Ausdruck, die diese Worte in Jedem wach riefen. Das dritte Glas den Lieben daheim. Mit innerer Bewegung wies der Regimentskommandeur auf die Familie daheim hin, die in steter Sorge um die sei, die draußen im Felde den heimathlichen Heerd vertheidigten. In tiefer Rührung hörte die Gesellschaft die Worte, die plötzlich unterbrochen wurden durch die feierlichen Töne des Chorales: „Jesus meine Zuversicht." Die Musik des Regiments war vor der Thür des Gartensaales aufgestellt, um das neue Jahr in harmonischer Stimmung zu begrüßen. Mächtig wirkten in diesem Augenblick die Klänge der Musik. Die Offiziere traten aus dem Saale auf die nach dem Garten hin belegene Rampe. Welche Scenerie!

Die kalte Winternacht ließ die Sterne in noch glänzenderer Pracht als gewöhnlich erscheinen; die schneebedeckte Fläche bildete einen scharfen Kontrast mit dem dunkeln Himmel, der an einer Stelle erhellt war. In dem nahen Peronne brannten mehrere Häuser. In gleichen Pausen durchzuckten die Blitze der Kanonen der Belagerer und der Belagerten

die Luft und dumpf tönten die hinüber und herüber gesendeten ge=
waltigen Schüsse. In naher Entfernung Tod und Verderben, hier feier=
liche Festruhe.

Mit enblößtem Haupte lauschte ein Jeder den Klängen des herr=
lichen Kirchenliedes, nicht fühlend, wie kalt der Nachtwind von Bapaume
her blies. Es war ein erhebender Augenblick, ein wirklicher Markstein
in dem Leben des Einzelnen. Ein Jeder fühlte es, ohne selbst so recht
zum Bewußtsein alles dessen zu gelangen, was zu dem Erhabenen dieser
seltsamen Stimmung beitrug. Das Preußenlied beendete den stummen
Ernst, der sich Aller bemächtigt hatte. Ein fröhliches „Prosit Neujahr"
verwischte den letzten Schimmer der Sentimentalität, die Alle ergriffen.
Dennoch fühlte ein Jeder, daß er noch eine Weile mit sich und seinen
Gedanken allein sein wolle, ehe er den ersten Schlaf im neuen Jahre
thäte. Die Gesellschaft trennte sich, um die Quartiere im Dorfe auf=
zusuchen.

Am Morgen des ersten Tages des neuen Jahres waren die Kom=
pagnien auf ihren Alarmplätzen vereinigt, um dort die Wünsche ihrer
Vorgesetzten für das neue Jahr zu vernehmen. Die in der Nacht ge=
gebenen Befehle hatten sie gebracht.

Schon am Tage vorher war von den gegen den Feind entsendeten
Patrouillen gemeldet worden, daß einige bis dahin vom Feinde unbe=
setzte Dörfer in der Nähe von Arras nunmehr besetzt gefunden worden
wären. Ebenso war die Nachricht von Truppenbewegungen hinter der
Scarpe und Truppentransporten auf der Eisenbahn nach Arras beim
Generalkommando des VIII. Armeekorps eingetroffen.

Von diesem Korps war die 31. Infanteriebrigade von der 16. Di=
vision zur Cernirung und Beschießung von Peronne in Verbindung mit
der dort bereits anwesenden 3. Reservedivision und zur Ablösung der
nach Rouen abmarschirten Truppen des I. Armeekorps herangezogen
worden. Es standen nur die 15. Division, die 3. Kavalleriedivision
und Detachements der 16. Division in Verbindung mit der Garde=
Kavalleriebrigade zur Verfügung, um einem Vorgehen der aus zwei
Korps bestehenden französischen Nordarmee zum Entsatze von Peronne
entgegenzutreten. Die Aufgabe der in und bei Bapaume stehenden
15. Division war eine ernste. Es wurde daher schon am Nachmittag
des 1. Januar eine engere Konzentration befohlen. Beim Regiment
wurde dadurch die Verlegung des Regimentsstabes und die Versammlung
des 2. Bataillons in Rocquigny herbeigeführt.

Die Anzeichen einer erneuten feindlichen Offensive ließen es sehr
geboten erscheinen, eine baldige Entscheidung bei Peronne herbeizuführen

und den wichtigen Besitz dieses Platzes zu erzwingen. So lange derselbe noch cernirt wurde, war die Deckung der dort gefesselten Truppen
gegen einen feindlichen Vorstoß und die Exponirung der gegen die feindliche Armee vorgeschobenen Abtheilungen mehr als erwünscht nothwendig.

Die für einen Kampf ausschließlich disponibeln Streitkräfte waren
im Anfang des neuen Jahres numerisch bedeutend geschwächt. Nicht
sowohl die Verluste in der Schlacht an der Hallue, wie auch Krankheiten in Folge der Marschanstrengungen und Kälte hatten die Reihen
stark gelichtet. Die Bataillone zählten kaum mehr als fünfhundert
Kombattanten. Um so schwieriger mußte die Lösung der an sie heran-
tretenden Aufgabe werden, wenn die französische Nordarmee aus dem
Gebiete ihrer Festungen hervorbrach, nachdem sie in den Depots ihre
Truppen und ihr Kriegsmaterial ergänzt hatte.

Diese Aufgabe sollte in den nächsten Tagen gelöst werden.

Am 1. Januar hatte General Faidherbe seine beiden Korps, etwa
35,000 Mann mit 90 Geschützen um Arras vereinigt, er hielt die
Ortschaften südlich dieser Festung zwischen den nach Doullens und
Cambrai führenden Straßen besetzt und war zum Vormarsch in südlicher
Richtung über Bapaume auf Peronne bereit. Er berief an diesem
Tage seine Generale nach Beaurains an der Straße nach Bapaume
und hielt Kriegsrath. Seinem Vorschlage, zum Entsatze von Peronne
eine offene Feldschlacht zu wagen, trat die Ansicht seiner Generale entgegen, daß die Armee, die in der vorbereiteten überhöhenden Stellung
nördlich der Hallue in der Defensive Kraft und Muth entwickelt habe,
doch wohl nicht in der Verfassung sei, auch eine Offensive zu wagen.
Diesen kleinmüthigen Anschauungen seiner Generale trat Faidherbe mit
dem Entschluß entgegen, am nächsten Morgen gegen den Feind zu
marschiren. —

Bei der I. Armee war am 1. Januar 1871 die allgemeine Kriegslage folgende:

An der unteren Seine hatten die um Havre versammelten Truppen
die Offensive gegen Rouen von Neuem aufgenommen. Dadurch war
das gesammte I. Armeekorps hier nothwendig geworden. Um dieses
ganz zu versammeln, wurde die vor Peronne engagirte 3. Brigade
durch die 31. Brigade abgelöst und nach Rouen herangezogen. Die
16. Division marschirte hinter der 15. Division rechts ab und wurde
in dem Terrain westlich der Eisenbahn Arras—Amiens von der 3. Kavalleriedivision ersetzt, welche durch Infanterie-Abtheilungen verstärkt
wurde. Amiens wurde gleichfalls von Infanterie der 16. Division

besetzt. Im Centrum der über die Somme vorgeschobenen Abtheilungen der I. Armee in und bei Bapaume stand die 15. Infanteriedivision, die zu dieser Zeit nur elf Bataillone, vier Eskadrons, vier Batterien stark war. — Der General v. Goeben hatte sein Hauptquartier nach Combles verlegt und hier das 8. Jägerbataillon und zwei reitende Batterien zu seiner Verfügung behalten. — Rechts neben der 15. Division bei Fins und gegen Cambrai vorgeschoben stand die Garde-Kavalleriebrigade mit unserm 3. Bataillon und einer reitenden Batterie. Endlich waren noch das 40. Regiment, das 9. Husaren-Regiment und zwei Batterien von der 16. Division abgezweigt und hatten zwei Detachements unter den Obersten v. Herzberg und v. Wittich gebildet, die im Marsch zum Prinzen Albrecht waren. Nach dem Eintreffen des 40. Regiments am 2. Januar sollte am folgenden Tage unser 3. Bataillon zum Regiment zurückkehren.

Die Cernirung von Peronne leitete seit dem 1. Januar der Generallieutenant v. Barnekow mit den ihm unterstellten Truppen der 3. Reservedivision und dem Rest der 16. Division — 5 Bataillone, 2 Batterien, sowie der Fußabtheilung der Korpsartillerie, VIII. Armeekorps.

Die auf dem Kriegstheater an der Somme versammelten deutschen Streitkräfte verfügten verhältnißmäßig über mehr Kavallerie wie Infanterie. Die Beweglichkeit dieser Offensivwaffe war aber durch den hartgefrorenen und glatten Boden eine beschränkte und kam die kavalleristische Uebermacht darum im Gefecht auch nicht zur vollen Geltung. Die Hauptaufgabe fiel der Infanterie und Artillerie zu. —

Nachdem General Faidherbe den Entschluß zum Vormarsch zunächst gegen die die Cernirung von Peronne deckenden Truppen gefaßt hatte, disponirte er:

Das XXII. Korps solle am Morgen des 2. Januar auf dem rechten Flügel in zwei Kolonnen vorgehen, mit der Division Derroja auf dem Wege von Rivières—Groseille über Bucquoi und Pusieux au Mont; mit der Division du Bessol auf der Departementalstraße Arras—Amiens, über Ablainzevelle bis Achiet le grand. — Das XXIII. Korps solle auf dem linken Flügel über Ervillers auf der Straße Arras—Bapaume gegen diese Stadt vorgehen; an der Tete die Division Payen, gefolgt von der Division Robin.

Jede Division sollte, sofern sie nicht selbst engagirt sei, nach eigenem Ermessen des Führers, den Umständen entsprechend, die andern Divisionen, wenn sie in einen Kampf eintreten, unterstützen. Alle Leute hatten für drei Tage Proviant mit sich zu führen.

General Faidherbe selbst marschirte mit der Division du Bessol gegen Achiet le grand.

Hierher waren am 2. Januar zwei Kompagnien des Füsilier-bataillons 28. Regiments mit einem Zuge Husaren und zwei schweren Geschützen zur Deckung des dortigen Bahnhofs und Herstellung der Verbindung mit der 3. Kavalleriedivision vorgeschoben. Das 1. Bataillon 28er stand in Favreuil, das 2. Bataillon in Sapignies; das 68. Regiment mit zwei Bataillonen in Bapaume und Frémicourt—Beugny. (Ein Bataillon dieses Regiments war als Bedeckung der Kolonnen abkommandirt.)

Bald nach der Mittagsstunde wurde der Anmarsch des Feindes ge-meldet. General v. Kummer befand sich gerade zu dieser Zeit auf einem Ritt von Achiet le grand nach Sapignies und übernahm selbst sogleich die Gefechtsleitung. Das 28. Regiment schlug sich besonders nachdrück-lich bei Béhagnies und Sapignies und zwang den Feind zur Entwicke-lung in breiter Front, wodurch Zeit gewonnen wurde, die zum Vor-rücken des 68. Regiments von Bapaume her erforderlich war. Als eine Ueberflügelung durch die feindliche Uebermacht erfolgte, zog sich das Regiment auf Beugnâtre und Favreuil zurück, wo die Achtundsechs-ziger Stellung genommen hatten.

Erst als es dunkel geworden, endete der fast vierstündige Kampf, den die 30. Brigade gegen drei Divisionen des französischen Nordheeres zu bestehen hatte, ohne daß es diesen gelungen war, die schwache preußische Abtheilung aus dem Vorterrain von Bapaume zu verdrängen, welches die 29. Brigade gleich nach ihrem Eintreffen mit einigen Bataillonen für die Nacht besetzte.

General v. Kummer hatte, als er von der Erneuerung der feind-lichen Offensive sich überzeugt, den Befehl zum Heranrücken der 29. Brigade gegeben. — Das 65. Regiment lag am 2. Januar in Bertincourt und südlich davon; unser Regiment mit dem 2. Bataillon in Rocquigny, mit dem 1. in Sailly und in le Transloy. Es währte wegen der großen Entfernungen der Kantonnements eine geraume Zeit, ehe der Befehl die einzelnen Bataillone erreichte. Der hörbar werdende Kanonendonner hatte aber schon die Bereitschaft zum sofortigen Abmarsch herbeigeführt, der nach kurzem Alarm erfolgen konnte.

Das 2. Bataillon mit der Batterie Geißler trafen zuerst in Ba-paume gegen 4½ Uhr Abends ein, wo Hauptmann v. Wobeser sogleich den Befehl erhielt, die westlich und nordwestlich von Bapaume liegenden Dörfer Avesnes, Biefvillers und Grévillers zu besetzen und dort die Vorposten zu übernehmen. Das bald später eintreffende 1. Bataillon wurde in Bapaume in Alarmquartiere gelegt.   Das 65. Regiment besetzte mit dem 1. Bataillon Beugnâtre, mit dem 2. Frémicourt und ging mit dem Füsilierbataillon nach Bapaume.   In Fravreuil, rechts an unser 2. Bataillon anschließend, standen Achtundsechsziger, die die Verbindung mit den Fünfundsechszigern in Beugnâtre und Frémicourt herstellten.

In dem nach Norden gespannten Bogen von Grévillers bis Frémicourt standen die Vorposten der 15. Division; das Gros derselben lag in Bapaume und dessen Faubourgs in Alarmquartieren, alle auf einen ernsten Kampf am folgenden Tage vorbereitet. —

Für diesen gab General v. Goeben am Abend des 2. Januar folgenden Armeebefehl:

„Der Feind hat heute die Offensive von Arras aus in zwei Kolonnen gegen Bapaume und Bucquoy ergriffen.

Die Division Kummer hat den gegen sie gerichteten Angriff abgeschlagen, 300 Gefangene gemacht und steht bei Bapaume, Avesnes und Favreuil.

Der Generallieutenant v. Kummer hält die Stellung bei Bapaume und bleiben die näheren Details je nach den Terrainverhältnissen seinen Anordnungen überlassen.

Die 3. Kavalleriedivision hält die Höhe diesseits des Abschnittes von Petit Miraumont mit Infanterie, Artillerie und einigen Eskadrons besetzt; mit den Resten der Kavallerie geht sie direkt gegen Flanke und Rücken des Feindes offensiv vor, in der Weise, daß sie vom Feinde besetzte Orte umgeht, denselben in seinem Rücken beunruhigt und attackirt.

Seine Königliche Hoheit der Prinz Albrecht schickt frühzeitig Patrouillen auf Lagnicourt und Vaulx vor und steht um 9 Uhr mit dem Detachement v. Herzberg und v. Wittich, den 2. Garde-Ulanen und der zugetheilten reitenden Batterie bei Bertincourt.   Die Garde-Husaren sichern die rechte Flanke durch Vorpoussiren bis Masnières auf Cambray; eine Schwadron bleibt in le Catelet.

Das Jägerbataillon und die beiden reitenden Batterien stehen um 9 Uhr bei le Transloy.

Der Generallieutenant v. Barnekow wird ersucht, die vier Batterien der 2. Fußabtheilung des Feldartillerie-Regiments Nr. 8 nebst drei Bataillonen so in Marsch zu setzen, daß sie um 9 Uhr Morgens bei Sailly zu meiner Disposition stehen."

Diesem Befehl fügte General v. Goeben noch hinzu:

„Die Aufgabe des Generallieutenant v. Kummer ist, die von

ihm eingenommene Stellung zu halten, während ich beabsichtige, mit dem Detachement Seiner Königlichen Hoheit des Prinzen Albrecht in des Feindes linke Flanke vorzugehen. Die Herren Kommandeure werden ersucht, bis 9 Uhr nach le Transloy über die Situation zu melden. Schon während der Nacht sind von allen Detachements Patrouillen in der Richtung auf den Feind vorzuschicken. Um keinenfalls in den Bewegungen durch die Trains und Bagagen behindert zu sein, bestimme ich, daß früh am Morgen die Trains der 15. Infanteriedivision auf Combles zurückgehen."

General v. Kummer, der seine Dispositionen für den 3. Januar erst nach genauer Kenntniß über die Stelluug und die voraussichtlichen Absichten des Feindes treffen wollte, befahl in der Nacht zum 3. nur:

„Die sämmtliche Bagage der Division fährt heute früh 6 Uhr nach Combles und parkirt daselbst.

Ich erwarte vor Tagesanbruch bestimmte Meldung darüber, welche Orte noch vom Feinde besetzt sind, besonders ob Sapignies, Achiet le grand und Bihucourt vom Feinde okkupirt sind. Vor Tagesanbruch sind auf allen Straßen Kavalleriepatrouillen weit vor bis an den Feind zu treiben, zur Orientirung über Stärke und Aufstellung." —

Hauptmann v. Wobeser hatte bei seinem Eintreffen mit dem 2. Bataillon in Avesnes bestimmt, daß Hauptmann Wolff mit der 5. Kompagnie und einem Zuge Husaren Biefvillers, Premierlieutenant Meske mit der 6. Kompagnie Grévillers, Lieutenant Scherff mit der 7. Kompagnie Avesnes besetzen sollen. Die 8. Kompagnie unter Premierlieutenant Lehfeldt blieb in Avesnes als Piket. Es war schon ganz dunkel, als die Kompagnien die ihnen zugewiesenen Ortschaften besetzten. Nur der die Felder bedeckende Schnee ließ durch seinen Reflex die Gegend erkennen, die vom 2. Bataillon okkupirt wurde. Seine Aufgabe war eine schwere und verantwortliche. Der vielfach überlegene Feind stand in unmittelbarer Nähe. — Die 5. Kompagnie in Biefvillers hatte ihn in Bihucourt kaum ein und einen halben Kilometer entfernt gegenüber. Die vorgegangenen Patrouillen dieser Kompagnie stießen in der Dunkelheit auf französische Patrouillen, die sie erst zu erkennen vermochten, als sie dicht heran waren und beide vor einander zurückprallten, um ungezielte Schüsse ohne diesseitigen Verlust zu wechseln. Ebenso trafen die Patrouillen der 6. Kompagnie den Feind im Vorterrain von Achiet le grand. Es war eine dunkle unheimliche Nacht, die dabei grimmig kalt war. Sie verstrich nur sehr langsam.

Das Terrain, auf dem sich die am nächsten Tage folgenden Ereignisse vollzogen, liegt nördlich und westlich von Bapaume, einer Stadt von ungefähr 3000 Einwohnern im Departement du Pas de Calais. Die Stadt war bis 1846 Festung gewesen und sind die meisten Festungswerke eingeebnet und zu Promenaden umgeschaffen. Nur im Westen der Stadt bestehen noch vertheidigungsfähige Reste der ehemaligen Befestigung, besonders eines aus Erde aufgeführten Bastions. Ueber die ursprünglichen Festungsgräben hinaus erstrecken sich Vorstädte, nach Norden hin der Faubourg d'Arras zu beiden Seiten der nach Arras führenden Straße; nach Süden der Faubourg de Peronne an der nach dieser Festung führenden Chaussee. Zwischen den Vorstädten und der eigentlichen Stadt liegen große freie Plätze, die nördliche und die südliche Esplanade. Nahe der Stadt liegen die Vororte Avesnes les Bapaumes und St. Aubin. — Die von Amiens nach Arras führende Eisenbahn berührt Bapaume nicht unmittelbar; um mit ihr in Verbindung zu treten, ist ein Schienenstrang nach der Station von Achiet le grand gelegt, der sich in naher Entfernung und parallel der von Bapaume über Avesnes nach Achiet führenden Straße hinzieht. Das ganze Vorterrain von Bapaume ist wellig, meist offen, birgt jedoch eine Menge weitverzweigter Mulden sowie terrassenartiger Absätze, Einschnitte und Hohlwege. Es ist so recht von der Art, daß man glaubt, eine weite Uebersicht zu haben und doch oftmals in nächster Umgebung entdeckt, daß man sich getäuscht hat. Von einem eigentlichen Terrainabschnitt, von einer begünstigten, dem Feinde schwer zugänglichen Stellung ist bei Bapaume nicht die Rede. Der Besitz der Ortschaften entscheidet hier zumeist die Herrschaft über das umliegende Terrain. Unter diesen ist das Dorf Biefvillers, weil auf dominirender Höhe belegen, von besonderem Werth. Bapaume aber als die größte Ortschaft hat den relativ größten Werth.

Die Nacht vom 2. zum 3. Januar verlief ruhig. Morgens um ¹/₂5 Uhr erhielt Hauptmann v. Wobeser vom Brigadekommandeur Oberst v. Bock den Befehl, mit seinem Bataillon auch nach Anbruch des Tages in den eingenommenen Stellungen zu verbleiben, bis er einen ändernden Befehl erhalten würde.

Als der Morgen herannahte meldete Hauptmann Wolff, daß der Feind in Bihucourt Vorbereitungen zum Vorgehen zu treffen scheine. Auch Premierlieutenant Meske meldete ein Gleiches von Bihucourt und Achiet le grand. Diese Meldungen sendete Hauptmann v. Wobeser vor 6 Uhr direkt an den General v. Kummer.

Der 3. Januar brach noch kälter als die vorhergegangenen Tage an. Den fest gefrorenen Boden deckte eine dünne Schneelage, die wegen ihrer Glätte die Beweglichkeit der Artillerie und Kavallerie beeinträchtigte. Dennoch ritten die „Lehm opps" schon als der Tag graute munter gegen den Feind und brachten bald, mit den Meldungen unserer Kompagnien übereinstimmend, die Gewißheit, daß der Feind seine Massen zum Kampfe zusammenziehe und anscheinend seine Hauptkräfte zwischen Béhagnies und Bihucourt aufstelle, während er auch starke Kolonnen bei Mory und Vaulx zeige.

Als Hauptmann Wolff vor seiner Front die Massen des Feindes gewahrte und kein Zweifel mehr darüber bestehen konnte, daß ein Angriff auf Biefvillers nahe bevorstehe, meldete er, daß er nicht im Stande sei, das Dorf in seiner ganzen großen Ausdehnung mit seiner Kompagnie allein gegen überlegene feindliche Kräfte zu vertheidigen. Da Hauptmann v. Wobeser die in Reserve gehaltene 8. Kompagnie nicht vor Beginn des Kampfes aus der Hand geben wollte, um diese zu rechter Zeit einsetzen zu können und weil er über keine weitere Reserve verfügte, so gab er dem Hauptmann Wolff den Befehl, in Biefvillers auch ohne Verstärkung stehen zu bleiben.

Inzwischen waren Truppen der 15. Division in die ihnen befohlene Aufstellung eingerückt. Die 30. Brigade stand mit dem 28. Regiment und einem Bataillon 68er, zwei Batterien und zwei kombinirten Schwadronen Königshusaren am Nordausgange von Bapaume an der Straße nach Arras. Ein Bataillon 68er hielt Favreuil besetzt.

Von der 29. Brigade standen das 1. Bataillon 65er in Beugnâtre, das 2. und Füsilierbataillon dieses Regiments in Reserve auf dem Marktplatze von Bapaume. Unser 2. Bataillon verblieb in seiner Vorpostenstellung. Zu seiner etwa nothwendig werdenden Unterstützung stand Oberstlieutenant v. Henning mit dem 1. Bataillon und den Batterien Geißler und Busse auf der nördlichen Esplanade. Von der 1. Kompagnie waren 54 Mann unter Führung des Portepeefähnrichs Preuße auf der Straße nach Albert gegen Warlencourt vorgeschoben. (Das 3. Bataillon befand sich zu dieser Zeit nach Eintreffen des 40. Regiments beim Detachement des Prinzen Albrecht auf dem Marsch von Fins nach Rocquigny.)

General v. Kummer hielt an der Tête der 30. Brigade auf einer Höhe, in der Nähe einer Windmühle. Es war gegen 8 Uhr Morgens, als die Bewegungen des Feindes gegen unsere Stellungen begannen.

General Paulze d'Jvoy führte das XXIII. Korps in zwei Kolonnen vor. Die Division Payen ging von Sapignies, die Division

Robin über Morp und Baulp vor. Vom XXII. Korps entwickelte sich die Division du Bessol von Bihucourt her gegen Biefvillers, während die Division Derroja im Anmarsch von Achiet le grand noch weiter rückwärts war.

Gegen die Kolonnen des XXIII. Korps traten zunächst die Batterien Uthmann und Leo, zwischen Favreuil und Beugnâtre Stellung nehmend, in erfolgreiche Wirksamkeit und verhinderten das Debouchiren feindlicher Batterien aus Sapignies. Zu ihrer Verstärkung wurde die Batterie Geißler nördlich Bapaume aufgestellt.

Auf die Meldung, daß die Division du Bessol von Bihucourt gegen Biefvillers vorgehe, befahl Oberst v. Bock, daß Oberstlieutenant v. Henning nun mit dem 1. Bataillon nach Avesnes vorrücken und dort die Gefechts- leitung übernehmen solle. Es war etwa ½9 Uhr, als das 1. Bataillon unter Zurücklassung der Feldwache des Fähnrich Preuße in Avesnes eintraf.

Hier war die nach dem Feinde hin belegene Lisiere des Dorfes auf Befehl des Hauptmann v. Wobeser durch die 7. Kompagnie besetzt, während die 8. Kompagnie in einem Gehöft dicht dahinter in Reserve stand. Gleichzeitig mit dem 1. Bataillon traf die Meldung des Haupt- mann Wolff aus Biefvillers ein, daß starke Schützenschwärme gegen das Dorf vorgingen und er sich nicht länger halten könne. Der Befehl, auch jetzt noch stehen zu bleiben, erreichte den Hauptmann Wolff, als er die 5. Kompagnie bereits durch einen Hohlweg von Biefvillers nach einer tief eingeschnittenen Kommunikation zwischen der nach Avesnes führenden Straße und dem Eisenbahndamm geführt hatte. Er hatte das Dorf erst geräumt, als ein Bataillon des 43. Marschregiments, zwei Kompagnien des 18. Jägerbataillons und ein Mobilgarden- Bataillon den Eingang von Biefvillers forcirten. Hauptmann Wolff hatte seine Kompagnie in bester Ordnung in die neue Stellung geführt, in der er alle Anordnungen für einen energischen Widerstand schnell traf.

Als General v. Kummer die ihm sofort erstattete Meldung von der Räumung von Biefvillers erhielt, ließ er dem Oberstlieutenant v. Henning den Befehl zugehen, dieses Dorf, das wegen seiner domi- nirenden Lage gewissermaßen den Schlüsselpunkt der diesseitigen Stellung bildete, wieder zu besetzen.

Inzwischen hatte auch die Batterie Busse Aufstellung östlich von Avesnes genommen und ihr Feuer gegen das vom Feinde stark besetzte Biefvillers eröffnet, während es die Batterie Geißler verhinderte, daß die Divisionen du Bessol und Payen ihre angestrebte Verbindung zwischen Biefvillers und Sapignies herstellten.

Gegen 9 Uhr erreichte der Befehl, Biefvillers wieder zu besetzen, den Oberstlieutenant v. Henning und sogleich ertheilte er dem Führer des 1. Bataillons, Hauptmann v. Fischern, den Befehl, mit seinem Bataillon und der 5. Kompagnie gegen das vom Feinde besetzte Dorf vorzugehen und dasselbe wieder zu nehmen. An die Stelle der 5. Kompagnie sollte die 8. Kompagnie treten und dort als Rückhalt der gegen Biefvillers vorgehenden Kompagnien stehen bleiben. Premierlieutenant Lehfeldt führte zwei Züge dieser Kompagnie unter dem Portepeefähnrich Hunger und dem Vizefeldwebel Toop dorthin.

Hauptmann Wolff erhielt die Nachricht, daß er zum Angriff auf Biefvillers mit dem 1. Bataillon unter Hauptmann v. Fischern mit vorgehen solle. Noch ehe dieser der 5. Kompagnie einen Befehl geben konnte, nahm Hauptmann Wolff mit derselben in dem Hohlwege wieder näher an Biefvillers Stellung.

Hauptmann v. Fischern disponirte nun so, daß Lieutenant Goltz mit der 4. Kompagnie zunächst als Reserve folgen, Hauptmann v. Buttler mit der 1. Kompagnie die Avantgarde übernehmen, die 2. und 3. Kompagnie in geringer Entfernung folgen sollten. Als den Angriffspunkt bezeichnete Hauptmann v. Fischern die Südostecke des Dorfes, dahin sollten die zum Angriff zunächst bestimmten Kompagnien in einem am Fuße der Höhe, auf der das Dorf Biefvillers liegt, sich hinziehenden Ravin vorgehen, um so lange als möglich gegen die Wirkung der feind= lichen Geschosse gedeckt zu sein. Die Kompagnien sollten so nahe als thunlich an den Angriffspunkt herangehen, dann links einschwenken, starke Schützenlinien auflösen und ohne einen Schuß zu thun sich mit lautem Hurrah auf die Dorfecke stürzen, sie nehmen, sich schnell in der Lisiere ausbreiten und festsetzen und dann versuchen, die Nordlisiere des Dorfes zu erlangen und zu halten. Noch bezeichnete Hauptmann v. Fischern als erstrebenswerthes Ziel für die auf dem äußersten rechten Flügel vorgehende 1. Kompagnie, die Wegnahme der nahe östlich Biefvillers aufgefahrenen Batterie.

Während die Führer der Kompagnien des 1. Bataillons die zur Ausführung der ihnen gewordenen Aufträge nothwendigen Bewegungen anordneten, hatte Hauptmann Wolff seine Kompagnie im Hohlwege gegen die Südwestecke von Biefvillers näher heranzuführen versucht. Der in dem Hohlwege zusammengewehte Schnee erschwerte die Bewe= gungen der Kompagnie, die nur langsam und unter mäßigem Feuer des Feindes avancirte. Es schien als halte dieser das Dorf nur mit schwachen Kräften besetzt. Schon wollte Hauptmann Wolff mit seiner Kompagnie einen Anlauf über das freie Feld gegen das Dorf machen,

als plötzlich Salven gegen die Front und die linke Flanke vom Feinde
her krachten. Ein verderbenbringender Geschoßhagel schlägt vernichtend
in die Reihen der 5. Kompagnie. Hauptmann Wolff bricht von drei
Kugeln getroffen zusammen und wird sterbend zurückgetragen. — In
ihm verlor das Regiment einen Kameraden, dessen militärische Eigenschaften ihn allgemein beliebt gemacht hatten. — An seine Stelle tritt
der offizierdienstthuende Bizefeldwebel Kiesing, er sucht die auseinander-
kommenden Leute zu halten und sich mit ihnen im Hohlweg einzunisten. Die Lage der 5. Kompagnie ist dem Hauptmann v. Fischern
nicht entgangen. Er dirigirt seine Reservekompagnie über die Straße
gegen den Eisenbahndamm mit dem Auftrage, gegen die Westlisiere von
Biefvillers von dort her vorzugehen und dadurch die 5. Kompagnie zu
degagiren. Lieutenant Goltz tritt vor seine Kompagnie und führt sie
mit geschwungenem Säbel vor, durch Zurufe seine Leute ermunternd, er
giebt ihnen ein heldenmüthiges Beispiel und fällt an der Spitze seiner
Kompagnie von mehreren Kugeln durchbohrt. — Sein Thatendurst, den
er durch seine Kommandirung zum Ersatzbataillon sehr widerwillig hatte
zügeln müssen, fand hier sein Ziel, mit ihm das hoffnungsvolle Leben
eines strebsamen, lernbegierigen Offiziers, dessen Name im Regiment
mit Liebe und Achtung fort und fort genannt werden wird. — Feldwebel
Wiese übernahm die Führung der Kompagnie und erreichte die Höhe,
wobei der Zug des Sergeanten Bauer bis auf etwa 50 Schritte unbe-
merkt an ein feindliches Bataillon herankam und dasselbe durch die
verheerende Wirkung gut gezielten Schnellfeuers zum Rückzuge zwang.
Dadurch gelang es einem Theile der Kompagnie, untermischt mit Leuten
der 5. Kompagnie, von Südwesten her in das Dorf einzudringen und
die dort stehenden feindlichen Abtheilungen zu delogiren. Bald aber
traten Bataillone der Brigade Aynés von der Division Derroja von
Grévillers her in das Gefecht an der Westlisiere von Biefvillers ein
und zwangen die 4. Kompagnie zum Aufgeben der errungenen Vortheile. Nur langsam und unter schweren Verlusten wich die Kompagnie
auf Avesnes zurück. Hierbei fiel der Füsilier Kaesling, der für sein
braves Verhalten bei Gravelotte eines der ersten eisernen Kreuze erhalten
hatte. Als die Trümmer der 5. Kompagnie die 4. Kompagnie zurückgehen sahen, zogen sie sich auch auf Avesnes zurück. Westlich der von hier
nach Biefvillers führenden Straße standen jetzt nur die zwei Züge der
8. Kompagnie in dem Einschnitt und wehrten durch ihr Feuer die zunächst
nur vereinzelten Versuche kleiner feindlicher Abtheilungen, gegen Avesnes
vorzudringen, ab.

Die drei Kompagnien, die gegen die Südostecke von Biefvillers

vorgingen, waren ohne erhebliche Verluste in die Nähe ihres Angriffs=
objektes gelangt. Hauptmann v. Buttler übernahm hier den Befehl
über die 1. und 2. Kompagnie, während der Hauptmann v. Wedell mit
der 3. Kompagnie noch in dem Ravin als Reserve verblieb. Haupt=
mann v. Buttler befahl dem Premierlieutenant v. Ledebur mit der
2. Kompagnie die 1. nach links zu verlängern und ohne Aufenthalt
gegen die Lisiere vorzustürmen. Die beiden Kompagnien pflanzten die
Seitengewehre auf, schwenkten links ein, nahmen ihre beiden vorderen
Züge als Schützenlinie vor, ließen dicht dahinter die geschlossenen Züge
folgen und drangen mit lautem Hurrah tambour battant in die Lisiere
von Biefvillers ein. Ihr plötzliches Vordringen schüchterte den größten
Theil der hier stehenden Franzosen ein, die eiligst nach dem nördlichen
Theile des Dorfes zurückwichen. Ein Theil der französischen Besatzung
des Dorfes war aber standhafter und beschoß die vorstürmenden Kom=
pagnien. Viele Füsiliere wurden im Siegessturm aufgehalten; ihr Blut
färbte den Schnee. Bei der 1. Kompagnie fiel der Lieutenant der
Landwehr, Richter, in der vordersten Reihe zu Tode getroffen. — Sein
liebenswürdiger und mannhafter Charakter hatten ihn schnell im Offizier=
korps heimisch gemacht, das seinen Tod schmerzlich empfand. —

Hauptmann v. Fischern, nachdem er der 4. Kompagnie auf dem
linken Flügel vorzugehen befohlen hatte, eilte, gefolgt von dem Bataillons=
Adjutanten Lieutenant v. Ploetz, nun zu den anderen drei Kompagnien
seines Bataillons und traf hier ein, als die 1. und 2. Kompagnie in
Biefvillers eindrangen. Um die Lücke zwischen diesen Kompagnien und
der zu dieser Zeit auch gegen das Dorf vorgehenden 4. Kompagnie
auszufüllen, befahl er dem Hauptmann v. Wedell, nun auch mit der
3. Kompagnie aus dem Ravin vorzubrechen und den vor ihm liegenden
Theil der Dorflisiere zu besetzen. Hauptmann v. Wedell ließ einen Zug
unter Lieutenant Radlke im Ravin stehen und kletterte mit den beiden
anderen Zügen der Kompagnie bis über die Kniee in dem zusammen=
gewehten Schnee aus dem Ravin zur Höhe empor, das feindliche Feuer
nicht achtend; der Fähnrich Meske stürzte schwerverwundet an der Spitze
seines Zuges, als dieser über eine Hecke hinweg vorzudringen versuchte.
Lieutenant Freudenfeld gelangte mit seinem Zuge bis auf die Dorfstraße,
hier fand er seinen Tod. — Ein durch hohen Wuchs und männliche
Schönheit ausgezeichneter Offizier muß er seinen Feinden ein ster=
bender Held erschienen sein. Als solcher fiel er in der treuen Erfüllung
seiner Pflicht, wie er gelebt und wodurch ihm ein ehrendes Gedächtniß
im Regiment gesichert bleibt. — Hauptmann v. Wedell versuchte es,
die stark gelichteten und im Handgemenge mit dem Feinde ringenden

Leute seiner Kompagnie in einigen Häusern an der Dorfstraße zu placiren, während aus den gegenüber liegenden der Feind schoß. Hierbei
wurde er schwer verwundet. Einige seiner Leute sprangen schnell herbei,
um den zu Boden gestreckten geliebten Führer vor weiterer Verwundung
zu schützen. Sie trugen ihren stark blutenden Hauptmann in ein Haus.
Als aber die Kugeln durch die Thüre und Fenster verheerend einschlugen, brachten sie ihn nach dem Ravin zurück, nicht achtend, daß sie
dabei im dichtesten Kugelregen waren. Dieser schöne Zug echt preußischer Soldatentreue ermöglichte es, den Schwerverwundeten zurückzubringen. Leider sollte er aber seine geliebte Frau und seine Kinder nicht
wieder sehen. Er verstarb am 30. Januar in Amiens an den Folgen
seiner Wunde. — Die Kunde von seinem Tode erregte überall dieselbe
Theilnahme und Trauer. In seinem eigenen Offizierkorps wie in weiteren Kreisen war er geliebt und geehrt. Sein Verlust war für das
Regiment ein sehr schmerzlicher. —

Die führerlosen zwei Züge der 3. Kompagnie wurden von dem
unter Lieutenant Radtke inzwischen herangekommenen Zuge aufgenommen
und versuchte es dieser, in Fühlung mit der 2. Kompagnie sich in den
eroberten Gehöften südlich der Dorfstraße zu halten.

Mit dieser Kompagnie war Lieutenant v. Ledebur über Hecken,
Gartenzäune und verrammelte Zugänge hinweg in einem wahren Kugelregen ins Dorf eingedrungen. Hier entspann sich ein heftiger Nahkampf,
der bald zum Handgemenge führte. Aug' in Auge rangen die Füsiliere
mit den Franzosen um den Besitz des Dorfes. Die zugführenden Vizefeldwebel Reichert und Hürth stürzten schwer getroffen auf der schnee-
bedeckten Dorfstraße nieder. Reicherts Blut röthete zum zweiten Male
Frankreichs Boden; schon bei Gravelotte hatte er eine Verwundung als
schönes Zeichen treuer Pflichterfüllung davon getragen. Hürth ward so
schwer getroffen, daß er die Amputation eines Beines bestehen mußte.
Neben ihm erreicht das tobtbringende Blei den Lieutenant Freiherrn
v. Boemelburg, der nach zwei Tagen seinen Wunden bei Achiet le grand
unter französischer Pflege erlag, in dem Augenblick, in dem die Fähnchen
unserer Ulanen in dem Dorfe wieder flatterten. — Trotz körperlichen
Siechthums war Boemelburg unausgesetzt in seiner Stelle verblieben,
den kameradschaftlichen Rath, sich in ein Lazareth zu begeben, nicht
achtend. Ein schöner Soldatentod endete sein Leiden und sein hoff-
nungsvolles junges Leben, in dem er sich schon viele Freunde, im Offizierkorps Liebe und Achtung zu erringen verstanden hatte. —

Tod und Verwundung brachten die Füsiliere hier noch nicht zum
Weichen. Hauptmann v. Fischern befahl dem Lieutenant v. Ledebur,

sich mit den Resten seiner Kompagnie möglichst in einem der massiven Gehöfte festzusetzen, während er den Lieutenant v. Ploetz nach Avesnes entsendete, um Verstärkungen zu holen, und um zu melden, daß Biefvillers genommen und besetzt sei; aber von den stark gelichteten Kompagnien des 1. Bataillons auf die Dauer nicht gehalten werden könne, zumal von Norden und Westen her immer mehr französische Abtheilungen gegen das Dorf vorgingen.

Als auch Lieutenant v. Ledebur schwer verwundet worden, war die Widerstandskraft der führerlosen 2. Kompagnie gebrochen. Sie war von der 1. Kompagnie durch ein von unserer Artillerie in Brand geschossenes Haus getrennt, hatte aber die Verbindung mit derselben außerhalb der Lisiere hergestellt.

Den Südostausgang des Dorfes hielt Hauptmann v. Buttler mit den Resten der 1. Kompagnie besetzt. Als Hauptmann v. Fischern hier eintraf, meldete der Hauptmann v. Buttler in stramm militärischer Haltung wörtlich: „Von Norden her bringt der Feind ums Dorf herum, wir werden rechts umgangen und ich — bin soeben tödtlich getroffen — worden." Mit diesen Worten brach er neben dem Hauptmann v. Fischern zusammen. Leute seiner Kompagnie trugen ihn in eines der neben dem brennenden stehenden Häuser, von wo er nach zwei Tagen nach Bapaume gebracht wurde. Dadurch hatte sich die von den Franzosen verbreitete Nachricht, daß ein Offizier von unserm Regiment in Biefvillers in einem von uns in Brand gesteckten Hause seinen Tod gefunden habe, gebildet. Leider ereilte dieser aber auch den Hauptmann v. Buttler, der am 5. Januar in einem zum Lazareth eingerichteten Kloster in Bapaume starb. — Noch sterbend diktirte er einen Abschiedsbrief an seinen Vater, dem er den Trost sendete, daß er als braver Soldat sterbe, wie er gelebt. Seine ernste Mannesart, sowie sein fester Charakter hatten den ihm vollbewußten Tod erleichtert. Er hinterläßt im Regiment den Ruf eines biedern Kameraden und tüchtigen Soldaten. Beide Eigenschaften sichern ihm das ehrende Gedenken, das sein wahrer Heldentod im Regiment nie verlöschen lassen möge.

Etwa eine halbe Stunde mag der Kampf um den Besitz der im ersten Anlauf genommenen Häuser von Biefvillers gedauert haben. Er wurde Mann gegen Mann gekämpft. Mit der Ueberzahl wuchs aber die Kraft des Gegners. Er behauptete den Besitz des Dorfes. Das heldenhafte Vorstürmen der fünf Kompagnien des Regiments hatte drei französische Brigaden länger als eine ganze Stunde gefesselt. Das Regiment darf mit Recht stolz auf diesen Erfolg sein, ein Recht, das

uns auch die französischen Historiographen einräumen. Zum zweiten
Male in vierzehn Tagen war es in kühner Offensive in des Feindes
starke Stellung eingedrungen, nicht Wunden, nicht den Tod scheuend.
Zwei Mal in kurzer Zeit hatte sich die Manneskraft der ostpreußischen
Füsiliere im Handgemenge mit den französischen Gegnern erprobt. Aber
hier, wie auf der Höhe von Pont Noyelles zwang die feindliche Ueber-
legenheit zur Aufgabe der mit vielen Opfern erkauften und erstrittenen
Erfolge. —

Aus Biefvillers wichen die Trümmer der Kompagnien auf Avesnes
und Bapaume zurück. Einige Leute konnten den Anschluß an ihre Kompagnien nicht mehr herbeiführen und geriethen unverwundet in Gefangenschaft. — Hauptmann v. Fischern raffte noch einen Theil der
zurückwogenden Füsiliere zusammen und warf sich in eine schneeerfüllte
Mulde, um das Nachdringen des Feindes auf der östlichen Seite der
Straße Avesnes—Biefvillers abzuwehren, während diese Aufgabe auf
der anderen Seite der Straße den dort stehenden zwei Zügen der
8. Kompagnie zufiel.

Die 6. Kompagnie, die in Grevillers nach dem Zurückgehen der
5. Kompagnie aus Biefvillers ohne jede Verbindung, ohne jeden Rückhalt war, war in eine sehr kritische Lage gekommen. Premierlieutenant
Meske beschloß dennoch, nicht eher aus dem Dorfe zurückzugehen, bevor
ihn nicht der Feind dazu zwinge. Er hatte mit einem Zuge den nach
Biefvillers belegenen Ostausgang, mit einem andern Zuge den Nord-
westausgang besetzt und einen Zug als Soutien im Dorfe bei der Kirche
aufgestellt.

Die gegen Grevillers bestimmte Division Derroja hatte von Achiet
le grand her einen längeren Marsch als die Division du Bessol gegen
Biefvillers zurückzulegen und war diese hier schon in den Kampf eingetreten, ehe sich ein Feind bei Grevillers zeigte. Als aber die Brigade
Aynés in dem Terrain zwischen beiden Dörfern auftrat und die Brigade
Pittié direkt auf Grevillers vorging, sah sich Premierlieutenant Meske
gezwungen, das Dorf nach Süden hin in dem Augenblick zu verlassen,
in dem feindliche Schützen schon in die Nordlisiere eindrangen. Durch
eine Terrainwelle gedeckt, konnte sich die 6. Kompagnie abziehen und
dadurch vor jeglichen Verlusten schützen. Premierlieutenant Meske führte
seine Kompagnie in der geraden Richtung auf Bapaume zurück und
machte wieder Front, als er sich in gleicher Höhe mit der 8. Kompagnie
wähnte, um dieser die linke Flanke zu decken. In einer Terrainfalte
Stellung nehmend, verblieb hier die Kompagnie, bis Premierlieutenant
Meske die auf Bapaume zurückgehenden Abtheilungen des 1. Bataillons

gewahrte, von denen er glaubte, sie gehörten dem 2. Bataillon an. Er führte nun seine Kompagnie auch nach Bapaume auf die weithin sichtbaren Schanzenreste des alten Bastions zurück. Hier ertheilte ihm der Oberstlieutenant v. Henning den Befehl zur sofortigen Besetzung der Wälle.

Nachdem der Feind in den unbestrittenen Besitz von Biefvillers gekommen war, sammelte er dort seine stark durcheinander gekommenen Bataillone und schickte sich zum weiteren Vordringen gegen Bapaume an. Seine zu beiden Seiten von Biefvillers aufgestellten Batterien sollten aber erst das Feuer der unsrigen zum Schweigen bringen; denn Dank der muthigen Ausdauer unserer bewährten Batterien war ein Heraustreten aus der gewonnenen Stellung für den Feind ein Wagniß, da die wohlgezielten Granaten seinen Bataillonen sicheres Verderben brachten. Ohne Rücksicht auf das feindliche Artilleriefeuer, beschossen unsere Batterien des Feindes Infanterie und verhinderten zunächst deren Vorgehen in größeren Abtheilungen. Die Batterien bezahlten ihren Opfermuth mit vielen Verlusten.

Der Feind im Besitz der dominirenden Stellung von Biefvillers flankirte von hier aus die Stellung der 30. Brigade bei Favreuil, gegen das die Division Payen vorzugehen versuchte. Auch die Division Robin entwickelte sich inzwischen von Mory her.

Zur Deckung der linken Flanke der 30. Brigade gegen Biefvillers wurde ein Bataillon 28er westlich Favreuil aufgestellt, während ein anderes Bataillon die vor dem Windmühlenberge liegende Höhe gegen Sapignies mit seinen Schützen besetzt hielt. Dem Vorgehen der Division Payen von hier gelang es noch nicht, die 30. Brigade zurückzudrängen.

Um der Division Robin entgegenzutreten, wurden zwei reitende Batterien mit dem Füsilierbataillon 65er nach Beugnâtre entsendet und traten sie in Gemeinschaft mit dem dort stehenden 1. Bataillon desselben Regiments in Aktion. Die wohlgezielten Granaten reichten aus, die nur aus mobilisirter Nationalgarde bestehende Division auf Mory zurückzutreiben.

Weniger leicht als hier auf dem rechten Flügel war der Kampf im Centrum und auf dem linken Flügel. Drei Brigaden des Korps Lecointe standen bei Biefvillers, eine Brigade bei Grevillers. Ihr nächstes Ziel waren Favreuil und Avesnes. Der Besitz des letzteren war um so wichtiger, als er die vom Feinde geplante Umgehung unseres linken Flügels und die Gewinnung der Straße nach Albert erleichterte. Die feindlichen Batterien, zum Theil schweren Kalibers, eröffneten ein gewaltiges Feuer gegen diesen Ort und die östlich davon stehenden Batterien Geißler und Busse.

Es war 11 Uhr; vorwärts Avesnes standen noch die beiden Züge der 8. Kompagnie, etwas weiter zurück der dritte Zug dieser Kompagnie. Avesnes hielten die 7. Kompagnie unter Lieutenant Scherff und die Reste der 5. Kompagnie unter Vizefeldwebel Kiesing besetzt. Hier befand sich Hauptmann v. Wobeser. An der Nordostecke von Avesnes hatten Feldwebel Wiese und Vizefeldwebel Tribukeit den größeren Theil der 4. Kompagnie gesammelt und in günstiger Stellung eingenistet. Hierher war auch Lieutenant v. Ploetz gekommen, als er nach Biefvillers zurückeilen wollte, um dem Hauptmann v. Fischern zu melden, daß Verstärkungen vorerst nicht zu erwarten seien. Als er aus Avesnes heraustrat, sah er die zurückgehenden Kompagnien und übernahm den Befehl über die Theile der 4. Kompagnie.

In den wenigen Häusern von Avesnes lagen Verwundete und Sterbende des Regiments; ihnen widmete der Stabsarzt Dr. Schütz seine aufopfernde Thätigkeit. In einem der vordersten Häuser hatte Hauptmann Wolff seinen letzten Athemzug gethan. Granaten auf Granaten schlugen in und um das Dorf ein, einen wahren Höllenlärm verursachend; zum Glück aber nur sehr vereinzelte Verluste herbeiführend.

Als General du Bessol den Angriff auf Avesnes genügend vorbereitet glaubte, befahl er einen Vorstoß seiner Infanterie gegen dieses Dorf. Die Straße, auf der derselbe erfolgte, wurde aber von dem Schnellfeuer der beiden gut gedeckten Züge der 8. Kompagnie und den Theilen der 4. Kompagnie unter Lieutenant v. Ploetz wirksam beschossen und so der Angriff zum Stehen gebracht. Den noch in zweiter Linie zurückgehaltenen Zug der 8. Kompagnie in diesem Augenblick neben den beiden anderen zu placiren gelang Lieutenant Lehfeldt nicht, da er für ihn keine Deckung im Terrain fand. Er beließ ihn in seiner Stellung an der Nordlisiere von Avesnes. Der Anprall der französischen Infanterie wurde von der geringen Zahl der Unsrigen tapfer abgewehrt und zogen sich die Franzosen zum Theil auf Biefvillers zurück, zum Theil nisteten sie sich in den Chausseegräben und kleinen Terrainmulden dicht vor unserer Stellung ein.

Das immer lebhafter werdende Infanteriegefecht fügte der 8. Kompagnie nicht bedeutende Verluste zu. Der Vizefeldwebel Toop wurde dabei schwer verwundet. — Die kleine Abtheilung hielt aber unter der Führung des Fähnrich Hunger wacker aus.

Um die weiterem Vordringen hinderliche Abtheilung aus ihrer gedeckten Stellung zu vertreiben, eröffnete gegen dieselbe eine der zwischen Grevillers und Biefvillers an dem Eisenbahndamme stehenden Batterien ein heftiges Shrapnelfeuer. Das falsch gewählte Intervall schützte vor erheblichen Verlusten und wurde der seit dem frühen Morgen besetzte Einschnitt gehalten. Aber eine Gefahr drohte den hier stehenden Füsilieren, der fühlbar werdende Mangel an Patronen. Schon schien ein endliches Aufgeben der wichtigen Stellung durch diesen Umstand geboten. In diesem kritischen Augenblick trafen drei Füsilierkompagnien des 28. Regiments zur Unterstützung der in Avesnes stehenden Kompagnien ein, die General v. Kummer dorthin entsendet hatte. Von ihnen gewährte Patronen ermöglichten die ununterbrochene Fortsetzung des abwehrenden Feuers der Züge der 8. Kompagnie, die die vom Schießen heiß gewordenen Gewehrläufe mit Schnee kühlten.

Das Eintreffen der Achtundzwanziger ermöglichte eine stärkere Besetzung von Avesnes, die einen erneuten Vorstoß feindlicher Massen durch ihr Schnellfeuer wohl abzuwehren im Stande gewesen wäre. Der Feind verzichtete aber auf die Forcirung dieser Stellung von der Front her; er leitete Bewegungen ein, die ein weiteres Ausholen gegen unsere linke Flanke andeuteten.

Als Hauptmann v. Fischern sah, daß die in Biefvillers eingedrungenen Abtheilungen des Feindes von erneuten Unternehmungen gegen Avesnes abließen, versammelte er zunächst an der Nordwestecke von Avesnes alle hierher gelangten Leute des 1. Bataillons und führte sie nach dem Westeingange von Bapaume, wo Lieutenant Radtke die Reste der 1., 2. und 3. Kompagnie gesammelt hatte und wohin die Feldwache des Fähnrich Preuße heranbeordert worden war. Das 1. Bataillon war nun wieder in der Hand seines Führers vereinigt, der es sammelte. Es zählte 3 Offiziere — Hauptmann v. Fischern, Lieutenant v. Ploetz, Lieutenant Radtke — 20 Unteroffiziere und 302 Mann. — Das Bataillon erhielt den Befehl, nach Ergänzung seiner Munition, die aus dem herangezogenen Patronenwagen schnell herbeigeholt wurde, die alten Festungsgräben an der Westlisiere der Stadt zu besetzen, wohin schon die 6. Kompagnie vorausgegangen war. — Es war gegen ½12 Uhr Mittags.

Die Bewegungen des Feindes, der von Grevillers her zunächst mit der Division Derroja gegen die Westlisiere von Bapaume und die nach Albert führende Straße vorging und dadurch sein Bestreben einer Umgehung unseres linken Flügels dokumentirte, wie auch der an der Straße nach Arras immer heftiger entbrennende Kampf mit den Truppen des

XXIII. Korps, veranlaßten den General v. Kummer, Befehle zu geben, daß zunächst die im Vorterrain nördlich von Bapaume fechtenden Truppen der 30. Brigade ihren Rückzug auf die Stadt antreten sollten. Bevor aber diese Bewegung ausgeführt werden konnte, mußte der Gefahr vorgebeugt werden, daß die noch westlich der Straße nach Arras stehenden Abtheilungen der 29. Brigade gleichzeitig zu einer rückgängigen Bewegung veranlaßt würden. Den in und vorwärts Avesnes stehenden sechs Kompagnien — 5., 7. und 8. des Regiments und den drei Füsilierkompagnien Achtundzwanziger ging der Befehl zu energischem Festhalten zu; ebenso den beiden Batterien Geißler und Busse; diese hatte schwer gelitten. Außer ihrem wackern Hauptmann lebte kein Offizier mehr. Der größte Theil der Bedienungsmannschaften und der Bespannung lag todt oder verwundet bei den Geschützen, die unverrückt auf dem Platze aushielten, wo sie am Morgen in den Kampf getreten waren.

General v. Kummer, der bei der fünffachen Ueberlegenheit des Feindes es nicht hindern konnte, daß dieser seine schwache Division überflügelte und zu umgehen versuchte, hatte den Entschluß fassen müssen, seine wenigen und geschwächten Truppen enger zusammenzuziehen und sich auf eine nachhaltige Vertheidigung der Stadt Bapaume zu beschränken. Er gab dem Kommandeur der 29. Brigade, Obersten v. Bock den Befehl zur Besetzung und Vertheidigungseinrichtung der Stadt. Diese wurde von der zur Stelle befindlichen halben Sappeurkompagnie des Premierlieutenant v. Goessel (die halbe Kompagnie war mit den Gefangenen des 2. Januar im Marsch nach Amiens) schnell improvisirt. Die zum Theil schon in den vorhergegangenen Tagen errichteten Barrikaden an den Ausgängen der Stadt wurden verstärkt, die Fenster der an der Lisiere liegenden Häuser mit Betten, Matratzen und dergleichen versetzt, die alten Festungsreste im Westen der Stadt aber so benutzt, wie sie sich fanden, da der hart gefrorene Boden Erdarbeiten nicht gestattete.

Das 1. Bataillon 65er hatte die Nordlisiere der Stadt bereits besetzt, als die 30. Brigade durch diese zurückging. Von dieser Brigade verblieb das Füsilierbataillon 68er in St. Aubin. Die Brigade nahm mit den Batterien Leo und Uthmann und den zwei reitenden Batterien südlich der Stadt bei dem Faubourg de Peronne Stellung.

Während sich diese Bewegungen der 30. Brigade auf dem rechten Flügel vollzogen, machte sich hier das Eingreifen der Detachements des Prinzen Albrecht zu guter Zeit bemerkbar. — Zuerst erreichte von Bertincourt her das Detachement des Obersten v. Herzberg — zwei Bataillone 40er, eine Schwadron Husaren 9 und zwei Batterien der

16. Division — die Straße Frémicourt—Bapaume, überschritt diese, besetzte das vom Feinde entblößte Beugnâtre und ließ die Batterien südlich Favreuil auffahren. Dieses vom Feinde nach dem Abzuge der 30. Brigade besetzte Dorf wurde vorübergehend vom 1. Bataillon 40er wiedergenommen, aber aufgegeben, als der Feind, dessen Bewegungen in dem Terrain östlich der Straße nach Arras auf keinen Widerstand mehr stießen, das Dorf links umging.

Prinz Albrecht nahm danach mit der ihm unterstellten Infanterie eine Aufstellung an der Straße Bapaume—Frémicourt, ließ die Batterien östlich der Stadt auffahren und ihr Feuer gegen den von Favreuil vorgehenden Feind eröffnen und deckte mit den 2. Garde-Ulanen die rechte Flanke.

Der Feind, so auf unserm rechten Flügel an weiterem Vorgehen gehindert und nicht im Stande, den geplanten konzentrischen Angriff auf Bapaume durchzuführen, hatte seine Umgehung unseres linken Flügels mit dem XXII. Korps inzwischen fortgesetzt. Die hier an dem Abschnitt von Miraumont stehende Abtheilung der 3. Kavallerie-division — ein Bataillon 69er, Küraffiere 8 und eine Batterie — hatten das feindliche Vorgehen nicht hindern können. Gegen die von dieser Abtheilung besetzten Dörfer Irles und Py ließ der Feind bei seinem Vorgehen kleine Infanterie-Abtheilungen zur Sicherung seiner Flanke stehen, ließ sich aber dadurch nicht aufhalten. — Die Brigade Dohna war von Bucquoi mit den Ulanen 5 und 14 gegen des Feindes rechte Flanke vorgegangen, holte aber zu weit aus, um irgend einen Einfluß auf seine Bewegungen ausüben zu können. So vollzog sich vor den Augen der bei Avesnes stehenden Abtheilungen der 29. Brigade der feindliche Rechtsabmarsch zur Umgehung unseres linken Flügels.

Unter diesen Umständen mußte auch das Vorterrain von Bapaume westlich der Straße nach Arras aufgegeben werden. Zuerst fuhr die Batterie Geißler ab. — Gegen 1 Uhr erhielt auch Hauptmann v. Wobeser den Befehl, die bei Avesnes stehenden Kompagnien auf Bapaume zurückzuführen. Er ordnete zunächst das Zurückgehen der drei Kompagnien 28er an, denen die Kompagnien des Regiments folgen sollten, sobald auch die Batterie Busse zurückgebracht sein würde. Bei dem durch die großen Verluste herbeigeführten Mangel an Bespannung für die Geschütze und Munitionswagen der Batterie bedurfte es der Unterstützung durch Mannschaften unserer Kompagnien. Die Füsiliere bezeigten bei dieser Gelegenheit der Batterie ihre aufrichtige Waffenbrüder-schaft. Keine Gefahr scheuend griffen sie munter in die Radspeichen ein und halfen die Batterie aufprotzen und zurückbringen.

Nachdem die Batterie in Sicherheit war, ordnete Hauptmann v. Wobeser das Abziehen der drei Kompagnien seines Bataillons an. Zuerst mußten die zwei Züge der 8. Kompagnie unter Fähnrich Hunger herangezogen werden. Es war das eine schwierige und gefährliche Aufgabe, da an dem von Biefvillers nach Avesnes führenden Wege feindliche Schützen bis auf achtzig Schritte an den Einschnitt vorgegangen und hier liegen geblieben waren. Bei dieser Nähe des Feindes waren schwere Verluste für die kleine Abtheilung unvermeidlich, wenn sie aus ihrer guten Deckung hervortreten und zurückgehen sollte. Um den Feind am sofortigen Drängen zu verhindern und ihn über die rückgängige Bewegung zu täuschen, machte die Abtheilung des Fähnrich Hunger einen Scheinangriff. Mit lautem Hurrahruf sprangen die Füsiliere aus ihrer Deckung auf und ließen den Feind vermuthen, daß sie zur Attacke gegen ihn vordrängen. — Der Feind, getäuscht und erschreckt, wich zurück und maskirte so selbst das Feuer der rückwärtigen Schützenlinien, wodurch es den Füsilieren gelang, ohne Verluste im schnellen Lauf Avesnes zu erreichen und sich mit dem dort stehenden Zuge ihrer Kompagnie zu vereinigen. Unteroffizier Mueller und Füsilier Kowski hatten sich bei dieser Gelegenheit noch einige Gefangene von den zurücklaufenden Franzosen geholt, die sie triumphirend nach Avesnes mitbrachten. Während die 8. Kompagnie sich sammelte, zog sich zunächst die 7. Kompagnie nach Bapaume ab, dann folgten die 5. und 8. Kompagnie.

In Avesnes blieben nur Schwerverwundete, bei ihnen aber der brave Stabsarzt Dr. Schütz, der auf die Mittheilung, daß das Dorf von uns aufgegeben werde, zu seinem Burschen sagte, er müsse bei den Verwundeten bleiben, käme er bis zum Abend nicht zum Regiment zurück, so sei er gefangen. „Schreibe dann das meiner Frau", fügte er noch hinzu „sie soll sich nicht um mich ängstigen." Er blieb und wurde gefangen; aber er erfüllte treulich seine schwere Pflicht, bei deren Ausübung ihn auch die feindlichen Granaten nicht gestört hatten. —

Es war 1 Uhr vorüber, als das Vorterrain von Bapaume von der 15. Division geräumt war. General v. Kummer meldete es dem General v. Goeben.

Dieser hatte schon um 11 Uhr, als ihm die Absicht des Feindes, unsern linken Flügel zu umfassen, bekannt wurde, aus der Reserve das 8. Jägerbataillon mit zwei Batterien, die von Peronne eingetroffen waren, von Baulencourt nach Ligny entsendet. Das Jägerbataillon hatte dieses Dorf und das dicht dabei liegende Tilloy frei vom Feinde gefunden und beide Ortschaften besetzt.

Der Feind machte gegen 2 Uhr wiederholt den Versuch, durch direktes Vorgehen gegen die Westlisiere von Bapaume von dieser Seite her in die Stadt einzudringen, wurde aber von den in den Festungs= gräben gedeckt liegenden fünf Kompagnien des Regiments unter schweren Verlusten abgewiesen. Die anderen drei aus Avesnes gekommenen Kompagnien empfingen zunächst Patronen und wurden anderweitig ver= wendet. Die 5. Kompagnie unter Vizefeldwebel Kiesing nahm Stellung an dem Ausgange der Stadt nach Tilloy, die 7. Kompagnie verblieb zur speziellen Verfügung des Brigadekommandeurs in der Stadt, die 8. Kompagnie erhielt den Befehl, auf der Straße nach Frémicourt so= weit vorzugehen, bis sie die Verbindung mit den Detachements des Prinzen Albrecht aufgenommen habe.

Der Feind, der im Besitz von Favreuil, Avesnes und dem Fau= bourg d'Arras war, stand so in gefährlicher Nähe; er suchte auch in den Besitz des von dem Füsilierbataillon 68er vertheidigten St. Aubin zu gelangen. Schon war er hier eingedrungen, als den bedrängten Füsilieren das 1. Bataillon 40er Hülfe brachte und St. Aubin dem Feinde wieder abgenommen wurde. Alle Bemühungen, gegen unsern rechten Flügel oder unsere Front weitere Fortschritte zu machen, waren erfolglos. Ebenso hatte sich General Faidherbe überzeugt, daß ein direktes Vorgehen von Westen gegen die Stadt zu keinem Erfolge führe, er setzte daher die eingeleitete Umfassung unseres linken Flügels fort, während er die Stadt aus vielen Batterien beschießen ließ. Als die Division Derroja die Straße nach Amiens überschritten hatte und sich gegen Tilloy entwickelte, zogen sich die dort stehenden Jäger vor der Uebermacht auf Ligny zurück.

Die Lage der 15. Division war eine kritische. Die dritte Stunde war gekommen, was noch geschehen sollte mußte bei der bald herein= brechenden Dunkelheit schnell geschehen. — Es schien als ob der Feind sich zu einem konzentrischen Angriff gegen Bapaume von Avesnes und Tilloy her bereite. Von den Truppen des 22. Korps wurden die Versuche, sich der alten Festungsgräben zu bemächtigen, erneut, aber eben so erfolglos wie vorher.

Da mit einem Male tönt lauter Hurrahruf von der 30. Brigade her über das Gefechtsfeld. General v. Goeben war hier eingetroffen. Das Erscheinen des geliebten Führers hatte seinen Soldaten diese Ovation entlockt, sie war ein sicherer Beweis für das unbegrenzte Ver= trauen, das dieser General bei allen Soldaten seines Korps besaß. Sein Kommen belebte einen Jeden von Neuem, gab neuen Kampfesmuth und Siegesgewißheit.

Nachdem er Kenntniß von der gesammten Gefechtslage genommen, befahl er Standhalten in Bapaume und die Wiederwegnahme von Ligny und Tilloy unter allen Umständen, sobald von der Reserve noch Verstärkungen eingetroffen sein würden.

Ein wahrer Feldherr, hatte General v. Goeben, trotz der ungünstigen Lage, in der sich die in Bapaume fechtenden Truppen befanden, trotz der vielfachen Meldungen hierüber, sich nicht bestimmen lassen, seine Reserve aus der Hand zu geben. Diese stand vier Batillone — zwei Bataillone 19er, ein Bataillon 69er und unser drittes Bataillon — und zwei Batterien stark noch intakt zwischen Le Transloy und Baulencourt. Von dieser Reserve bestimmte der General auch jetzt nur ein Bataillon zum Heranrücken: unser drittes Bataillon. —

Am 2. Januar hatte Major Ihssen den Befehl erhalten, nach dem Eintreffen der Detachements v. Herzberg und v. Wittich am 3. Januar von der Garde-Kavalleriebrigade bei Fins zu seinem Regiment abzumarschiren. Er hatte erfahren, daß das Regiment in Rocquigny kantonnire und war dorthin marschirt. Als er hier nach 10 Uhr eintraf und das Regiment nicht fand, schickte er nach Transloy, um dort Weiteres zu erfahren. Er erhielt den direkten Befehl des General v. Goeben, zur Reserve nach Baulencourt heranzurücken. —

Von hier wurde gegen 4 Uhr Nachmittags, als es schon zu dunkeln begann, das Bataillon gegen Ligny und Tilly entsendet, um bei der Wiederwegnahme dieser Dörfer mitzuwirken. Diese wurde von den Batterien der 30. Brigade von dem Faubourg de Peronne her tüchtig vorbereitet. Von hier führte General v. Strubberg persönlich ein Bataillon 28er und ein Bataillon 65er gegen Tilloy vor. Die Jäger schlossen sich unserm 3. Bataillon an, das zuerst in Tilloy eindrang; aber auch das der 3. Kavalleriedivision zugetheilte Bataillon 69er betheiligte sich an dem Sturm auf Tilloy. Diesem konzentrischen Angriff wich der Feind, durch die Dunkelheit begünstigt, aus. Er wartete den Stoß nicht ab, sondern räumte die Dörfer unter Zurücklassung zahlreicher Gefangener. — Das Terrain südlich Bapaume war vom Feinde gesäubert; es bestand die Gefahr nicht mehr, daß der Feind am nächsten Tage in der Lage sein könne, uns die Bewegungen vorschreiben zu können. Auch an den andern Punkten hatte der Feind keine weiteren Erfolge vor Einbruch der Nacht erzielen können. Ein erneuter Versuch, den dauernden Besitz von St. Aubin zu erzwingen, scheiterte.

Als die Nacht dem Kampfe ein Ende machte, hatte die französische Nordarmee nichts weiter erreicht, als daß sie im Besitz des von uns aufgegebenen Vorterrains von Bapaume war, allerdings in zum Theil sehr enger Fühlung mit unsern Truppen. Am Nordausgange von Bapaume trennte nur eine Barrikade die Fünfundsechsziger von dem in dem Faubourg d'Arras eingedrungenen Feinde. Die Absicht des General Faidherbe, Peronne zu entsetzen, war vereitelt, die Cernirung und Beschießung dieser Festung nicht einmal gestört. Der Erfolg des Kampfes war daher ein für die preußischen Truppen siegreicher. Diese hatten in zweitägigem Ringen einen mehr als vierfach überlegenen Feind abgewehrt.

Unser Regiment hatte in diesem ruhmvollen Kampfe neue Lorbeeren errungen und durch seine todesmuthige Bravour die Anerkennung aller seiner Führer erworben. Es verlor in dem Treffen bei Bapaume 12 Offiziere, 18 Unteroffiziere, 203 Füsiliere und zwar:

Komp.	Tobt.			Verwundet.			Vermißt.		
	Offiz.	Unteroffz.	Füs.	Offiz.	Unteroffz.	Füs.	Offiz.	Unteroffz.	Füs.
1.	2	1	11	—	1	18	—	3	8
2.	1	1	19	3	4	44	—	1	3
3.	2	1	11	1	3	24	—	—	4
4.	1	—	14	—	—	14	—	—	8
5.	1	—	4	—	2	8	—	—	3
6.	—	—	1	—	—	—	—	—	—
7.	—	—	—	—	—	1	—	—	—
8.	—	—	1	1	1	12	—	—	—
Summa	7	3	61	5	11	116	—	4	26

Das 3. Bataillon hatte keine Verluste zu beklagen.

An Offizieren und Offizierdienstthuern hatte das Regiment verloren:
Hauptmann v. Wedell † am 30. Januar im Lazareth zu
Amiens,

„ Wolff † auf dem Schlachtfelde,
„ v. Buttler † am 5. Januar im Lazareth zu
Bapaume.

Sekondelieutenant Goltz † auf dem Schlachtfelde,
„ Freudenfeld † auf dem Schlachtfelde.
„ Frhr. v. Boemelburg † am 5. Januar in
Achiet le grand in französischer Pflege,
„ der Landwehr Richter † auf dem Schlacht-
felde,

Schwer verwundet waren:
Premierlieutenant Frhr. v. Ledebur,
Portepeefähnrich Meske,
Vicefeldwebel Toop,
„ Reichert,
„ Hürth.

Nach Beendigung des Kampfes blieben die Truppen im Allgemeinen da wo sie gerade standen. Die 8. Kompagnie, die an dem Ausgange nach Frémicourt durch das 2. Bataillon 28er abgelöst wurde, rückte hinter die 5. Kompagnie an den Ausgang nach Tilloy.

Trotz der anscheinenden Gewißheit der Fortsetzung des Kampfes am folgenden Tage dachte ein Jeder nur daran, für die Nacht ein vor der Kälte geschütztes Lager zu finden, um sich einige Stunden der Ruhe hingeben zu können. Die Erschöpfung der Mannschaften war groß. Diese erforderte ein häufiges Ablösen der Wachen und Posten, die zahl-reich ausgestellt waren.

Die dunkle Nacht wurde durch brennende Häuser von Bapaume, Avesnes, Favreuil und Tilloy stellenweise erhellt. Sie verlief ruhig. Während derselben wurde es zur Gewißheit, daß der Feind den Fau-bourg d'Arras und Avesnes geräumt habe. Ueberhaupt sprachen alle Anzeichen dafür, daß der zweitägige Kampf die französische Nordarmee aus den Fugen, die Truppen durcheinander gebracht habe, während bei uns der Zusammenhalt gewahrt geblieben trotz des ungünstigen Kampfes, den hauptsächlich die 15. Division, an diesem Tage wohl kaum mehr als 7000 Mann stark, gegen 40000 Mann zu bestehen hatte. Sie verlor an beiden Tagen 42 Offiziere, 850 Mann. Der Verlust der nicht zur Division gehörigen Truppen beträgt 5 Offiziere, 200 Mann. — In der Nacht, die auf den blutigen Tag folgte, mußte General

v. Goeben sich entschließen, ob er am 4. Januar in einen neuen Kampf eintreten wolle. Er zog in Betracht, daß die Truppen auf's Aeußerste erschöpft seien, die Munition der Batterien zu mangeln beginne; er beschloß daher, den Kampf nicht fortzusetzen, sondern seine Truppen hinter die Somme zu nehmen und nur die 3. Kavalleriedivision am Feinde zu belassen, der er die zwei Bataillone 19er zuwies. Das Detachement des Prinzen Albrecht sollte um Roisel östlich Peronne in Kantonnements gehen. Für die 15. Division befahl der General:

„Die Division Kummer, unterstützt durch das Detachement des Prinzen Albrecht von Preußen hat dem vierfach überlegenen Feind gegenüber die Stellung bei Bapaume auch heute wieder glänzend behauptet. Das Armeekorps wird nun seine Stellung hinter der Somme nehmen.

Die 15. Division marschirt über le Transloy, Combles, Maurepas über die Brücke von Feuillières und etablirt sich auf dem linken Ufer der Somme in dem Rayon Feuillières, Frise, Cappy, Barleux, Flaucourt.

Das Hauptquartier geht nach Dompierre."

Der blutgetränkte Boden wurde geräumt. Die Division hatte hier ihre Aufgabe glänzend erfüllt. Der zum Entsatz von Peronne vorrückende Gegner hatte seinen Zweck nicht erreicht. Seinem Vordringen hatte die zähe Widerstandskraft der 15. Division bei Bapaume ein Ziel gesetzt. Schmerzlich aber war es für das Regiment, daß es abziehen mußte, ehe es ihm möglich gewesen, seine gefallenen Kameraden aufzusuchen. Keiner derer, die in dem Treffen bei Bapaume auf dem Schlachtfelde fielen, ist von Kameradenhand auf fremder Erde zu ewiger Ruhe gebettet worden. Ihre Gräber schmückt kein äußeres Zeichen des dauernden Gedenkens, das an ihren Heldentod für König und Vaterland gemahnt. Von den meisten gefallenen Offizieren ist es unbekannt geblieben, an welcher Stelle sie ihren letzten Athemzug gethan. Von Lieutenant v. Boemelburg brachten die 5. Ulanen die Nachricht, daß er in Achiet le grand gestorben sei, als sie den Ort nach dem Treffen von Bapaume wieder besetzten. Hauptmann v. Buttler war in Bapaume verstorben, wohin er zurückgebracht worden war. Zeugin seines Todes war die heldenmüthige Prinzessin Salm-Salm, die in Bapaume bei den Verwundeten geblieben war. —

Am frühen Morgen des 4. Januar traten die Kompagnien aus ihren Alarmquartieren auf die Sammelplätze, um von hier nach dem Rendezvous der Brigade auf dem Windmühlenberge südlich der Stadt abzurücken. Hier ſammelten ſich die Reſte des 1. Bataillons, deſſen Kompagnien nur noch Trümmer waren. Das 3. Bataillon kam von Tilloy heran; das 2. Bataillon traf zuletzt ein, da ihm die Deckung des Abmarſches aus Bapaume anfänglich übertragen wurde.

Auf dem Windmühlenberge wurden die fünf ihrer Führer beraubten Kompagnien anderen Offizieren unterſtellt. Die Stellenbeſetzung war danach folgende:

Kommandeur: Oberſtlieutenant v. Henning.

Adjutant: Premierlieutenant v. Homburg.

1. Bataillon:

Kommandeur: Hauptmann v. Fiſchern.

Adjutant: Sekondelieutenant v. Ploetz.

1. Kompagnie: Führer Sekondelieutenant Erdmann.
2.   „   „   „   v. Wegerer.
3.   „   „   „   Radtke.
4.   „   „   „   Recken.

2. Bataillon:

Kommandeur: Hauptmann v. Wobeſer.

Adjutant: Sekondelieutenant Gattung.

5. Kompagnie: Führer Sekondelieutenant Brandenburg.
6.   „   „   Premierlieutenant Meske.
7.   „   „   Sekondelieutenant Scherff.
8.   „   „   Premierlieutenant Lehfeldt.

3. Bataillon:

Kommandeur: Major Ihſſen.

Adjutant: Sekondelieutenant Brandt.

9. Kompagnie: Chef Hauptmann v. Wulffen.
10.   „   Führer Hauptmann Maier.
11.   „   Chef Hauptmann v. Zſchüſchen.
12.   „   Führer Premierlieutenant v. Beſſer.

Als Zugführer fungirten nur noch Fähnriche, Feldwebel, Vize= feldwebel und Sergeanten. Das Regiment verfügte außer den oben aufgeführten 20 Offizieren über keine anderen. Nur Lieutenant Rudolf war noch als Führer des Fußkrankendetachements in Amiens zurück.

Um 7 Uhr begann der befohlene Abmarſch nach der Somme, nach deren Ueberſchreiten in die Quartiere abgerückt wurde. Der Stab des Regiments ging mit dem 3. Bataillon nach Flaucourt; das 1. und 2. Bataillon kamen nach Barleux. Nach den anſtrengenden Tagen von Bapaume freute ſich ein Jeder auf die Ruhe, die er erhoffte. In Barleux sah es aber gar nicht banach aus. Das Dorf liegt am Fuße einer Höhe, auf der die gegen Peronne in Position gebrachten Festungs= geschütze standen. Diese sendeten in gleichmäßigen Pausen ihre Geschosse nach der Festung und störten selbst den festesten Schlaf, dem sich die Meisten schon früh am Abend hingaben. Unangenehm überraschte es aber, daß die aus Peronne zur Erwiderung gesendeten Geschosse Bar= leux erreichten und mehrere Granaten in die Häuser einschlugen. Das 1. Bataillon hatte dadurch vier, das 2. Bataillon drei Verwundete.

Am 5. Januar ruhten die Bataillone in diesen unbequemen Quar= tieren. — An diesem Tage klärte sich die Kriegslage, wie sie sich nach dem Treffen von Bapaume gestaltet hatte, auf; Faidherbe hatte seine Armee wieder hinter die Scarpe zurückgeführt und stand wieder in Anlehnung und gestützt auf die Festungen. Die in und vorwärts Ba= paume stehende 3. Kavalleriedivision hatte Fühlung mit dem Feinde erst südlich Arras aufgenommen. Auch von Cambrai her schien für die nächsten Tage kein erneuter Entsatzversuch von Peronne zu fürchten zu sein. Die Cernirung und Beschießung dieser Festung war also für die nächsten Tage gesichert. Leider konnte die letztere nur langsame Fort= schritte machen, da es an Belagerungsgeschütz und Munition fehlte und die zur Vervollständigung beider unterwegs befindlichen Transporte noch nicht heran waren. Es war so ein energisches Bombardement der Festung, wie es zu einer Beschleunigung der Uebergabe derselben er= forderlich war, noch unthunlich. Je länger sich die Entscheidung bei Peronne hinausschob, desto schwieriger wurde die Aufgabe der gegen die französische Nordarmee im Felde stehenden Truppen der I. Armee, die auf keine Verstärkung in der nächsten Zeit rechnen durften und deren Reihen stark gelichtet waren. Die feindliche Armee dagegen konnte un= gestört Verstärkungen auf dem Seewege und dem nördlichen Eisenbahn= netz heranziehen und sich hinter ihren Festungen zu neuen Unternehmungen formiren. Das Gerücht, daß noch ein drittes französisches Korps, das XIX., dem General Faidherbe unterstellt, und im Anmarsche sei, trat immer glaubhafter auf. Die Lage der an der Somme operirenden Theile der I. Armee wurde daher mit jedem Tage kritischer. War Peronne in unseren Händen, dann war erst die Sommelinie zu einer energischen Defensive gegen Norden hin auf dem linken Flußufer geeignet. Es war und blieb also die Aufgabe des General v. Goeben, Peronne zu erobern und bis zu diesem Ereigniß die Cernirung des mit Zähig= keit behaupteten Platzes gegen den Versuch des Entsatzes durch das französische Nordheer zu decken. —

Um dies mit den schwachen Kräften, über die General v. Goeben verfügte, durchführen zu können, wählte er eine günstigere Aufstellung seiner Truppen. In der Front dem überlegenen Gegner entgegenzutreten, war ein gefährliches Wagniß, dagegen ließen sich Erfolge erwarten, wenn der Feind bei einem erneuten Vorgehen über Bapaume auf Peronne in der rechten Flanke gefaßt werden konnte. General v. Goeben befahl in diesem Sinne für den 6. Januar:

„Die 15. Infanteriedivision verlegt eine Infanteriebrigade mit zwei Batterien und zwei Eskadrons nach Albert und Gegend; die andere Brigade besetzt Bray sur Somme mit einem Detachement und bleibt mit den übrigen Truppen auf dem linken Sommeufer."

Die Division bestimmte für den ersten Zweck die 29. Brigade mit den ihr zugetheilten Batterien und Eskadrons. — Das Regiment wurde mit einer Eskadron und einer Batterie zur Belegung von St. Albert bestimmt, das 65. Regiment nach Méaulte und Gegend verlegt.

Am Morgen des 6. sammelte sich die Brigade an dem Sommeübergange bei Feuillères und marschirte nach Albert. Oberstlieutenant v. Henning übernahm hier die Geschäfte eines Kommandanten. Die Ausgänge der Stadt, besonders die nach dem Feinde hin belegenen, wurden durch starke Wachen geschützt, hinter denen Kompagnien als Pikets in Alarmquartieren lagen, während die übrigen bei den Bürgern Quartiere bezogen, in denen gute Verpflegung für die Leute erzielt wurde. Während die 15. Division mit einer Brigade in der Flanke gegen die direkte Anmarschlinie des Feindes von Arras nach Peronne Stellung genommen, mit der anderen Brigade an der Somme an dem wichtigen Uebergang bei Bray und nördlich davon stand, war die 3. Reservedivision, die inzwischen dem Prinzen Albrecht unterstellt und mit der Garde-Kavalleriebrigade kombinirt worden war, nach Combles herangezogen worden. Die 16. Division war fast ausschließlich durch die Cernirung von Peronne gefesselt. In Amiens trafen aber inzwischen wieder Bataillone des I. Armeekorps mittelst Eisenbahn von Rouen her ein, die dort entbehrlich gemacht wurden.

Faidherbe verharrte, seitdem er seine Truppen hinter den schützenden Scarpeabschnitt geführt hatte, während mehrerer Tage in scheinbarer Unthätigkeit. Erklärlich erscheint diese bei der günstigen strategischen Lage, in der sich der französische Obergeneral befand, wenn man den Inhalt einer Depesche kennt, die er am Abend nach dem Treffen von Bapaume an den Kommissair der Vertheidigung Dr. Testelin in Lille

sendete. Faidherbe telegraphirte: „Wir haben außerordentlich viel Ver=
wundete. Unsere Soldaten haben seit zwei Tagen nichts Warmes ge=
nossen, sie hatten zu ihrer Ernährung nur ihr Brod, das gefroren war;
sie hatten keine Verpflegung wie der preußische Soldat, der sie stets in
seinem Blechkessel bei sich trägt. Seit zwei Tagen waren die nur
mangelhaft bekleideten Soldaten ununterbrochen den Unbilden der rauhen
Witterung ausgesetzt u. s. w." Mit einem Wort, die französische Nord=
armee war nicht so schnell wieder operationsfähig, wie die in viel un=
günstigerer Lage befindlichen preußischen Truppen an der Somme. Diese
waren schon am dritten Tage nach dem blutigen Treffen wieder kampf=
bereit und durch die kurze Ruhe hinter der Somme genügend gekräftigt,
um auf dem gegen den Feind belegenen Ufer die angegebene Stellung
einzunehmen.

Am Feinde war die 3. Kavalleriedivision, die verstärkt durch zwei
Bataillone 19er ihre Detachements nördlich Bapaume gegen Arras und
die Scarpe vorgeschoben hatte. Der Frost, die Glätte der Wege und
die hartgefrorene Schneelage beeinträchtigten zwar die Leistungsfähigkeit
der Kavallerie=Regimenter, doch waren die Dienste, die diese durch die
Meldungen ihrer Offiziere und Patrouillen leisteten, vom höchsten Werth,
da sie es dem General ermöglichten, zu rechter Stunde die Absichten
des Feindes zu erkennen und seine Truppen vor unnöthigen, ermüden=
den Bewegungen zu schützen.

So verliefen denn auch der 7. und 8. Januar für das Regiment
ohne besondere Zwischenfälle. Zahlreiche und starke Wachen, weitaus=
holende Patrouillen oder Requisitionen beschäftigten die Kompagnien.
In diesen Tagen traf ein Transport Rekonvaleszenten und Ersatzmann=
schaften unter der Führung des vom Ersatzbataillon zum mobilen Regi=
ment versetzten Lieutenants der Landwehr Hildebrandt ein. Die ein=
getroffenen Mannschaften wurden größtentheils zur Komplettirung der
am meisten geschwächten Kompagnien des 1. Bataillons verwendet.
Lieutenant Hildebrandt übernahm die Führung der 4. Kompagnie.

Am 9. Januar kam die Nachricht der 3. Kavalleriedivision nach
Albert, daß der Feind zu einem neuen Vorgehen entschlossen scheine.
Die in Albert liegenden Truppen wurden alarmirt und rückten in die
ihnen zugewiesenen Stellungen zu nachhaltiger Vertheidigung vor. Der
Feind kam nicht, die Truppen gingen in ihre Quartiere zurück. Aber
es war die Möglichkeit eines erneuten Vorgehens der französischen Nord=
armee zum Entsatze von Peronne wieder sehr wahrscheinlich geworden
und dadurch die endliche Kapitulation dieser wacker vertheidigten Festung

erwünschter denn je. Mit jedem Tage der Verzögerung wurde die Lage der an der Somme operirenden Truppen der I. Armee kritischer.

Am Abend des 9. versammelten sich die Offiziere des Regiments, die nicht im Dienste waren, in einem Gasthause zu Albert, um in Gemeinsamkeit das fünfzigjährige Dienstjubiläum des Chefs des Regiments, Seiner Excellenz des Generals v. Roon zu begehen.

Schon in den letzten Tagen des abgelaufenen Jahres war durch einen Armeebefehl den Truppen bekannt gegeben, daß der 9. Januar der Ehrentag sei, an dem der Kriegsminister, der diese siegreiche Armee schaffen half, ihr fünfzig Jahre angehörte. Das seltene Jubiläum wurde im Feldlager gefeiert. Zu Versailles, wo seither nur französische Feldherren verherrlicht worden, konnte unser Chef an der Seite seines erhabenen Kriegsherrn und geliebten Königs die schöne Feier begehen. Es war die Absicht gewesen, zu der Feier eine Deputation von Offizieren des Regiments nach Versailles zu entsenden, um die Glückwünsche des Regiments seinem Chef zu überbringen; aber die feindlichen Kugeln hatten das Offizierkorps zu sehr gelichtet, als daß Mitglieder desselben auch nur für wenige Tage entbehrlich gewesen wären. Der Führer der I. Armee, General v. Manteuffel telegraphirte nach Versailles, daß die ruhmreichen Verluste bei Bapaume es den Offizieren des 33. Regiments unmöglich machten, bei der Jubiläumsfeier vertreten zu sein. Das lobende Zeugniß, das unser Feldherr bei dieser Gelegenheit dem Regiment des Jubilars ausstellte, bestimmte Seine Majestät den König zu einem Gnadenakte. Er verlieh dem Regiment 27 eiserne Kreuze, die bei den gemachten Dekorationsvorschlägen nicht in Anrechnung kommen sollten. Auch andere Gnadenbeweise wurden bei dieser Gelegenheit dem Regiment zu Theil. Seine Hoheit der Herzog von Sachsen-Altenburg sprach den Wunsch aus, Offiziere des Regiments durch Verleihung des sachsen-ernestinischen Hausordens auszuzeichnen.

Dem Wunsche, seinem hohen Chef ein äußeres Zeichen der Dankbarkeit und Ergebenheit darbringen zu dürfen, konnte das Offizierkorps nicht entsprechen, da es toujours en vedette war. Aber Eines konnte das Offizierkorps seinem Chef bieten, und das war ein schönes werthvolles Geschenk: der auf Schlachtfeldern gelieferte Beweis, daß in ihm der gute Geist gehegt worden und fortlebte, den der General der Infanterie v. Roon als Oberst und Kommandeur des Regiments gepflanzt hatte.

Die Feier der Offiziere in Albert war keine rauschende, denn sie gemahnte nur zu sehr an die frischen Wunden, die dem Offizierkorps geschlagen worden waren. Der Kommandeur des Regiments Oberstlieutenant v. Henning leitete das Hoch auf unsern Chef mit begeisterten

Worten ein, die lauten Wiederhall bei allen Anweſenden fanden. — An
der Tafel der Offiziere ſaßen an dieſem Abeud auch die Prinzeſſin Salm
und der Geheimrath Dr. Buſch, die ſich ſo verdient um die Verwundeten
und ihren Wunden Erlegenen des Regiments gemacht, daß die Offiziere
ſich freuten eine Gelegenheit zu finden, ihrer Dankbarkeit Worte ver=
leihen zu können.   Mitten hinein in .die feierliche Stimmung brachte
der Befehl, daß am folgenden Tage ein Bataillon des Regiments als
Erſatz für die zwei Bataillone 19er zur 3. Kavalleriediviſion nach Ba=
paume vorrücken ſolle, eine peinliche Störung.   Ein Jeder lebte in der
Gewißheit, bald wieder an den Feind zu kommen, aber ſie war doch
überraſchend ſchnell verwirklicht worden.   Denn daß am Morgen des
Tages die Kavalleriediviſion auf dem blutgetränkten Boden von Bapaume
mit den Vortruppen der franzöſiſchen Nordarmee geſochten hatte, war
am Vormittag während der Alarmirung der Truppen in Albert bekannt
geworden.   Oberſtlieutenant v. Henning beſtimmte das 2. Bataillon
zum Abmarſch nach Bapaume.   Die zu demſelben gehörenden ſechs
Offiziere nahmen feierlich Abſchied von denen der beiden andern Ba=
taillone, denn ein Jeder ſchien zu glauben, daß auch er nun ſehr bald
die Verluſte des Regiments vermehren würde. — Da eine allgemeine
Heiterkeit doch nicht recht zum Durchbruch kommen wollte, trennten ſich
die Offiziere zu früher Stunde.

Um 6 Uhr Morgens des 10. ſammelte ſich das 2. Bataillon am
Nordausgange von Albert, um den Marſch nach Bapaume anzutreten.
Auf der ſchnee= und eisbedeckten Straße dorthin kamen Huſarenpatrouillen,
die die widerſprechendſten Nachrichten über die Bewegungen des Feindes
brachten.   Gegen 11 Uhr Vormittags erreichte das Bataillon Bapaume.
Am Südeingange in die Stadt begegnete ihm eine lange Wagenreihe,
die die Verwundeten des 3. Januar, die transportfähig waren, nach
Amiens in ſichere Pflege zurückführen ſollte, da neue Kämpfe um Ba=
paume bevorſtanden.

Der Führer des Bataillons, Hauptmann v. Wobeſer, erhielt bei
ſeinem Eintreffen von dem Kommandeur der 3. Kavalleriediviſion, Ge=
nerallieutenant Grafen von der Groeben, den Befehl, mit zwei Kom=
pagnien die Vorpoſten zu beziehen und die dort ſtehenden Kompagnien
des 19. Regiments abzulöſen.   Die beiden Bataillone dieſes Regiments
ſollten ſogleich zu der 3. Reſervediviſion des Prinzen Albrecht ab=
marſchiren.

Hauptmann v. Wobeſer beſtimmte für die Vorpoſten die 7. und
8. Kompagnie und bezog mit der 5. und 6. Alarmquartiere in Ba=
paume.   Lieutenant Scherff hatte mit der 7. Kompagnie die Dörfer
Beugnâtre, Frémicourt und Favreuil zu beſetzen.   Premierlieutenant

Lehfeldt mit der 8. Sapignies und Bihucourt. Diese Kompagnien erreichten unangefochten die ihnen vorgezeichneten Ziele und fanden dort
Kavallerie=Abtheilungen der 5. und 14. Ulanen, mit denen sie gemeinsam
den Vorpostendienst am Tage übernahmen; für die Nacht war dieser
alleinige Sache der beiden Kompagnien. Troß der unmittelbaren Nähe
des überlegenen Feindes verlief die kalte Winternacht ruhig. Bei der
8. Kompagnie wurde eine feindliche Patrouille von drei Mann gefangen
eingebracht.

Am Morgen des 11. Januar sollte die 5. und 6. Kompagnie die
7. und 8. in ihren Stellungen bei Tagesanbruch ablösen. Als die
5. Kompagnie Beugnâtre noch nicht erreicht hatte, traf sie mit der 7. zu=
sammen, die sich auf Bapaume zurückzog da der Feind mit starken In=
fanteriemassen von Mory vorging. Die Kavallerie blieb am Feinde;
die beiden Kompagnien gingen auf Bapaume ohne ins Gefecht zu kommen
zurück. Die 8. Kompagnie stand noch in Sapignies und Bihucourt, als
Premierlieutenant Meske mit der 6. zur Ablösung eintraf. Er selbst
ging mit seiner halben Kompagnie nach Sapignies und besetzte die
Tagesstellung der Infanterie, während Portepeefähnrich Hunger den hier
gestandenen Zug der 8. Kompagnie nach Bapaume zurückführte. Portepee=
fähnrich v. Knobelsdorff erreichte mit der andern Hälfte der 6. Kom=
pagnie Bihucourt später, und ließ sich von dem hier stehenden Premier=
lieutenant Lehfeldt die Tagesstellung der Infanterie anweisen. Die
Sonne trat eben über den Horizont, als plötzlich heftiges Schnellfeuer
bei Sapignies hörbar wurde.

Der Feind war am frühen Morgen von Ervillers über Behagnies
gegen Bapaume vorgegangen. Die 3. Kavalleriedivision hatte inzwischen
den Befehl erhalten, Bapaume aufzugeben. General Graf Groeben befahl
demgemäß, daß zunächst die Infanterie von den Vorposten zurückkehren,
die Kavallerie noch am Feinde bleiben und dessen Bewegungen beobachten
solle. Den beiden im Vorterrain befindlichen Kompagnien wurde der
Befehl mit dem Bemerken zugestellt, daß sie auf Bapaume zurückgehen
und sich dem Bataillon anschließen sollten, für alle Fälle aber hinzu=
gefügt, daß eventuell bei le Sars der Sammelpunkt der gesammten
Division sei. Dieser Befehl traf in den Kantonnements Sapignies und
Bihucourt ein, als zahlreiche Patrouillen noch im Vorterrain waren
und deren Rückkunft abgewartet werden mußte, ehe der Abmarsch an=
getreten werden konnte. In Bihucourt leitete denselben Premierlieutenant
Lehfeldt ein, die Führung der hier eingetroffenen Abtheilung der sechsten
Kompagnie mit übernehmend. In Sapignies waren zwei Züge der
6. Kompagnie unter Premierlieutenant Meske, als der Feind sein über=

raschendes Feuer eröffnete. In dem von der aufgehenden Morgensonne vergoldeten Nebel war es für den ersten Augenblick nicht möglich zu erkennen wie die Gefechtslage sei. Premierlieutenant Meske warf sich daher schnell mit einem Zuge dem nahen Gegner entgegen, um den Ulanen Zeit zu verschaffen, ihre Pferde aus den Ställen und Scheunen zu ziehen und in den Sattel zu kommen. Aber lange konnte er nicht Widerstand leisten, da er in der rechten Flanke von Mory, der linken von Gomié-court her angegriffen wird; besorgt um den Rückzug besetzt Premier-lieutenant Meske schnell den Südausgang von Sapignies. Als er aber auch schon seinen Rücken bedroht sieht, ist er zu eiligem Verlassen des Dorfes in der Richtung auf Bapaume gezwungen. Er läßt 10 Füsiliere verwundet und unverwundet in der Hand des Feindes, erreicht aber noch vor demselben Bapaume, wo er am Nordeingange des Faubourg d'Arras von dem Zuge des Portepeefähnrich Hunger aufgenommen wird, der sich hinter eine dort errichtete Barrikade geworfen hatte, als er das Gefecht bei Sapignies wahrnahm. Das Bestreben des Premier-lieutenant Lehfeldt, von Bihucourt aus die in Sapignies kämpfende Abtheilung zu degagiren, vereitelte der Feind, der sich zwischen beide Dörfer geschoben hatte. Die Theile der 8. und 6. Kompagnie gingen von Bihucourt ohne Verluste zunächst nach Biefvillers. Hier, wo schon soviel Blut des Regiments geflossen, machte die Abtheilung Halt. Als sie aber erkannte, daß Premierlieutenant Meske seine Abtheilung nach Bapaume führte, ohne vom Feinde auf dem Fuße gefolgt zu sein, gab sie Biefvillers auf und zog sich über Grevillers nach der Straße Ba-paume—Albert in Höhe von Ligny heran.

Der unerwartete Ueberfall hatte unserer 6. Kompagnie wie auch den 5. Ulanen empfindliche Verluste zugefügt. — General Graf von der Groeben, der auf die Meldung von dem Gefecht sich sogleich selber in das Vorterrain von Bapaume begeben hatte, traf alle Maßregeln für einen geordneten Rückzug von Bapaume auf le Sars, wo er Stellung nahm. Wenn es auch unmöglich gewesen wäre, Bapaume vor der über-legenen Macht des Gegners noch länger zu behaupten, so war die Aufgabe dieser Stadt, die seit dem 27. Dezember unausgesetzt von uns okkupirt war, doch nicht die direkte Folge des erneuten Vorgehens des Feindes, sondern des Befehls hierzu. Eine längere Behauptung dieses exponirten Postens war nicht mehr nothwendig geworden, nach-dem Peronne am 10. Januar kapitulirt hatte. —

Dieser endliche Erfolg änderte mit einem Schlage die gesammte Kriegslage der Theile der I. Armee, die an der Somme standen. Jetzt erst war dieser Fluß ganz in unsern Besitz gelangt. Der Unterlauf der

Somme von Amiens ab, der nur zeitweise durch einzelne Detachements
besetzt worden war, hatte keinen bedeutenden Werth für uns, wie auch
für den Feind. Ueberschritt er den Fluß zwischen Abbeville und Amiens,
um auf Paris vorzudringen, so genügte ein Linksabmarsch der ober=
halb Amiens und in dieser Stadt hinter der Somme stehenden Truppen,
um in des Feindes linke Flanke rechtzeitig vorzustoßen und ihn gegen
die Küste hin zurückzudrängen. Es konnte also füglich von einer dauern=
den Besetzung des linken Sommeufers unterhalb Amiens Abstand ge=
nommen werden. Anders oberhalb Amiens. Hier war nach dem
Falle von Peronne der Fluß von der Quelle an in unsern Händen.
Die auf dem linken Ufer stehenden Truppen hatten den Fluß als starkes
Hinderniß vor der Front, das der Feind erst überschritten haben mußte,
ehe ein Angriff auf unsere Truppen möglich war, die sich dann schnell
an der bedrohten Stelle konzentriren konnten. In diesem Sinne dis=
ponirte der neue Führer der I. Armee, General v. Goeben.

Durch eine Allerhöchste Kabinetsordre war zum zweiten Male in
diesem Kriege eine Aenderung in dem Kommando über die I. Armee
herbeigeführt worden. Der General der Kavallerie, Freiherr v. Man=
teuffel war zum Oberbefehlshaber einer zu bildenden Südarmee ernannt
worden. Er schied von der von ihm in vielen Kämpfen geführten
I. Armee mit folgendem Armeebefehl:

Seine Majestät der König haben mich zu einem anderen Kom=
mando berufen und mir befohlen, das über die I. Armee dem Ge=
neral der Infanterie v. Goeben zu übergeben. Mit vollstem Ver=
trauen lege ich dies schöne Kommando in so bewährte Generalshand.

General der Infanterie v. Goeben übernimmt von morgen an
den Oberbefehl über die I. Armee. Aber scheiden kann ich nicht
von der Armee, ohne den Schluß meines Neujahrswunsches zu
wiederholen.

Ich sage auch heute, aber heute in meinem alleinigen Namen
und aus meinem vollen, ganzen Ich heraus, der Armee meinen tief=
gefühlten Dank und meinen herzlichsten Glückwunsch für ihren ferneren
Lorbeer! Ich danke dem Stabe des Oberkommandos, ich danke den
Herren Generalen, Regimentskommandeuren und Offizieren, ich danke
jedem einzelnen Soldaten der Armee; ich danke den Herren Aerzten,
die in und außer Feuer ihre Dienste mit gleicher Hingabe geleistet
und danke da speziell den beiden Herren konsultirenden Generalärzten,
deren unermüdliche Thätigkeit dem Könige manch braven Soldaten
erhalten hat; ich danke den Geistlichen, die auch das Feuer nie ge=

scheut, wo es galt in ihrem Berufe zu wirken; ich danke sämmtlichen Militärbeamten und führe es anerkennend an, daß die Beamten der Intendantur es verstanden haben, die Verpflegung der Armee sicher zu stellen und daß die Offiziere und Soldaten, welche den Dienst beim Train und den Etappen versehen, hierzu erfolgreich mitgewirkt haben.

Und so sage ich Euch Allen Lebewohl! Und bei diesem Lebewohl gedenke ich zugleich in inniger Dankbarkeit unserer gebliebenen und verwundeten Kameraden, deren geflossenes Blut soviel zu dem Ruhme der I. Armee beigetragen hat.

Gott sei ferner mit Euren Fahnen.

Amiens, den 8. Januar 1872.

gez. Manteuffel.

General v. Goeben hatte am 9. Januar das Oberkommando übernommen und gleich als glückliche Vorbedeutung für die kommenden Ereignisse die wichtige Meldung von der Kapitulation von Peronne nach vierzehntägiger Einschließung und Beschießung, erhalten. In diese Festung rückten am Mittage des 10. Januar Bataillone der 16. Division ein, während ihre Vertheidiger in die Kriegsgefangenschaft auszogen. Die Kapitulation von Peronne barg außer dem nun ungestörten Besitz der Sommelinie von St. Quentin bis Amiens noch den großen Vortheil in sich, daß die durch die Cernirung dieser Festung gefesselten Truppen für die Operationen im Felde wieder frei geworden waren.

Der Besitz von Peronne mußte aber erst gesichert sein, wenn Nutzen für unsere Kriegslage daraus gezogen werden sollte. Dazu gehörte, daß die Festung wieder in vertheidigungsfähigen Zustand versetzt und hierfür die Zeit von mindestens einigen Tagen gewonnen werde. Es schien aber nach den Meldungen der Kavalleriedivision anfänglich nicht, als ob uns Zeit zur Herstellung der Festung für eine Vertheidigung zu unsern Zwecken vom französischen Oberfeldherrn gelassen werden würde.

Faidherbe hatte am 10. seine Truppen aus der Gegend von Arras in der Richtung auf Bapaume wieder auf zwei Straßen vorgeführt, dieses Mal im ersten Treffen das XXII. Korps, rechts die Division du Bessol, links die Division Derroja. Am Abend stand er in Fühlung mit unsern Vortruppen bei Bihucourt und Sapignies und ging am 11. Januar zu dem geschilderten Angriff gegen diese vor, deren Stärke er zu überschätzen schien, denn erst gegen Mittag nahm Faidherbe Besitz von Bapaume, das schon seit mehreren Stunden von

uns verlassen war. Hierher wurde ihm die Nachricht von dem Falle
Peronnes gebracht, die er mit unverhohlenem Aerger aufnahm, denn
dieses Mal war er fest entschlossen die Festung zu entsetzen. Da Faid=
herbe an eine Wiedereroberung von Peronne nicht dachte, war der für
seinen erneuten Vormarsch aus dem Festungsgebiete zu Grunde gelegte
Kriegsplan von den Ereignissen überholt. Er mußte einen neuen Ent=
schluß fassen. Zwar ging er am 11. Januar noch über Bapaume in
der Richtung auf Albert vor, schob aber seine Vorposten nicht über
Baulencourt, le Sars und Varlencourt hinaus vor.

Nachdem durch das Gefecht am Morgen und die Meldungen der
Kavallerie das erneute Vorgehen des französischen Nordheeres konstatirt
war, befahl General Graf von der Groeben den Abzug seiner Division
auf das rechte Ufer des Encrebaches. Er legte dort seine Truppen in
Kantonnements, nachdem er für jedes derselben eine Kompagnie Infanterie
bestimmt hatte. Unsere 5. Kompagnie kam nach Beaucourt, die 6. nach
Auchonvillers, die 7. nach Mailly und die 8. mit dem Stabe nach
Mesnil. Die 3. Kavalleriedivision stand so dem bis südlich Bapaume
vorgegangenen Feinde in der rechten Flanke gegenüber. Die Fühlung
mit ihm wurde durch Kavalleriepatrouillen aufrecht erhalten, die aber nur
mühsam den ihnen übertragenen Dienst ausführen konnten. Die Straßen
waren spiegelglatt, die Eisen der Pferde wegen Mangels an Zeit nur
ungenügend geschärft. Unter diesen Umständen war es erklärlich, wenn
die Meldungen der Kavalleriepatrouillen nicht wie sonst volle Klarheit
über die Absichten des Feindes verschafften.

General Graf von der Groeben, der am 12. in der Tags zu=
vor eingenommenen Stellung verbleiben wollte, erhielt im Laufe des
Vormittags Meldungen über einen anscheinend weitern Vormarsch des
Feindes, die ihn veranlaßten, seine Division alarmiren zu lassen und
bei Mesnil zu konzentriren. Die Division ging von hier hinter die
Hallue zurück. Nach langem Marsch erreichte die Division und mit
ihr die Kompagnien des 2. Bataillons die ihnen zugewiesenen Kan=
tonnements, welche für die Nacht wieder die Sicherung derselben über=
nahm. Die 6. Kompagnie ging nach Contay, die 7. nach Beaucourt,
die 5. nach Montigny, der Stab mit der 8. nach Carbonette, kaum
noch 10 Kilometer von Amiens entfernt.

Die der 29. Brigade nach Albert gesendeten Meldungen über die
Bewegungen des Feindes und das Zurückgehen der Kavalleriedivision
hatten einen Alarm der Brigade zur Folge, die 11 Uhr Vormittags
in eine Stellung zwischen die von Albert nach Peronne und Bray
führenden Straßen ging. Da der Feind mit seinen Massen nicht über
le Sars vorging, so kam es zu keinem Zusammenstoß. Da aber in=

zwischen die Aufstellung hinter der Somme beabsichtigt war, so befahl General v. Kummer für die 29. Brigade, daß sie schon an diesem Tage ihr Quartier hinter der Somme nehmen solle. Unser 1. Bataillon kam nach Chuignolles, der Regimentsstab mit der 9. und 10. Kompagnie nach Fontaines les Cappy, die 11. und 12. nach Chuignes.

Als beim Oberkommando der I. Armee in Amiens die Meldungen von dem Zurückgehen der 3. Kavalleriedivision und der Aufgabe von Albert eingingen, befahl General v. Goeben, daß unter dem Befehle des Kommandeurs der in Amiens wieder vereinigten 4. Infanteriebrigade, General v. Memerty, ein kombinirtes starkes Detachement nach Albert, die Kavalleriedivision aber am folgenden Tage wieder über Mesnil bis an den Feind vorzugehen und Verbindung mit dem Detachement Memerty aufzunehmen habe. Nur energischem Drängen des Feindes sollte die Kavalleriedivision nachgeben, ihn aber stets im Auge behalten, um einen wirklichen Vorstoß in Richtung und Stärke zu konstatiren.

Schon früh am Morgen des 13. Januar marschirte die Kavalleriedivision wieder über die Hallue vor und bezog, nachdem an keinem Punkte ein ernstes Engagement mit dem Feinde herbeigeführt worden, Kantonnementsquartiere. Unsere Kompagnien übernahmen die Sicherung derselben. Die 5. Kompagnie in Hébauville, die 7. in Bouzincourt, die 6. und 8. in Warloy und Vadencourt.

Der Dienst, den das 2. Bataillon bei der 3. Kavalleriedivision zu versehen hatte, war aufreibend. Am Tage wurde bei anhaltend großer Kälte marschirt, und am Abend bezogen die Kompagnien starke Kantonnementswachen, den Rest als Piket in Alarmhäusern unterbringend. Für den Fall eines feindlichen Vorgehens gegen die Kantonnements war die Aufgabe der Kompagnien eine schwierige und verantwortliche, da es für sie Pflicht war, den Feind so lange abzuwehren, bis die im Kantonnement liegenden Schwadronen ihre Pferde aus den Ställen gezogen, sich in den Sattel geworfen und an dem vom Feinde abgelegenen Ausgange gesammelt hatten. Für diesen anstrengenden Dienst verfügten aber die Kompagnien, deren keine mehr 150 Mann stark war, über unzureichende Kräfte für regelmäßige Ablösungen, und so litten die Leute in dieser Zeit durch die Anstrengungen der Märsche und die Unbilden der Witterung außerordentlich. Die Verpflegung war durch die große Fürsorge der Kavalleriedivision für das ihr beigegebene Bataillon eine ausreichende.

Den beiden andern Bataillonen des Regiments erging es in diesen Tagen besser. Nachdem am 12. Januar die 15. Division hinter die Somme gegangen war, konnte den Truppen mehr Ruhe und Bequemlichkeit gewährt werden.

Nachdem auch Peronne eiligst in einen einigermaßen vertheidigungsfähigen Zustand versetzt worden war, waren die an der Somme stehenden
Truppen der I. Armee in folgender Weise dislozirt worden.

Die 16. Division, Generallieutenant v. Barnekow, hielt Peronne
besetzt und stand auf dem rechten Sommeufer zwischen Peronne und
Roisel, hinter dem Colognebach; Detachements in nördlicher Richtung über
diesen Bach gegen Cambray und Bapaume vorgeschoben. Nach rechts
hin war die Division mit der bei St. Quentin stehenden königlich
sächsischen Kavalleriedivision des Grafen Lippe in Fühlung getreten.

Die 3. Reservedivision Prinz Albrecht stand auf dem linken Sommeufer westlich Peronne.

Die 15. Division General v. Kummer mit der Korpsartillerie des
VIII. Korps war auf dem linken Sommeufer, rechts an die Division
Prinz Albrecht anschließend, bis zur Mündung der Hallue aufgestellt.

Das Detachement des General Memerty, das aus Truppen des
I. Armeekorps bestand und durch die von Rouen mit der Eisenbahn
ankommenden Bataillone noch verstärkt wurde, stand in Amiens und
hatte auf der Straße nach Albert bis an die Hallue starke Abtheilungen
vorgeschoben.

Die 3. Kavalleriedivision stand nördlich der Straße Amiens—Bapaume auf der rechten Flanke des Feindes.

Detachements waren von Amiens in direkt nördlicher und nord-
westlicher Richtung vorgeschoben, während vor der ganzen soeben geschilderten Front Detachements gegen den Feind vorgingen, um mit
diesem in unablässiger Fühlung zu bleiben und seine Bewegungen zu
beobachten.

General Faidherbe schien ungewiß, wohin er den Stoß seiner verstärkten Armee richten solle. Der Fall von Peronne und dessen, von
ihm erwartete, schnell herbeigeführte Vertheidigungsfähigkeit ließen jedes
Unternehmen in dieser Richtung als erfolglos und der allgemeinen Kriegslage nicht entsprechend erscheinen. Gegen Amiens seine ganze Kraft ein-
zusetzen, konnte des Generals Absicht nicht sein, denn hier war er der
Wirkung der armirten Citadelle ausgesetzt, selbst wenn er in den Besitz der Stadt gelangte, die er obenein dadurch ihrem sichern Untergang
weihte. Ein Vordringen über die untere Somme nördlich Amiens war
noch weniger Erfolg versprechend, da er sich hier im Rücken und in seiner
Flanke bedroht wußte. Die Zweifel des französischen Feldherrn über
seine nächste Aufgabe wurden gehoben, als ihm von dem Diktator Gambetta die Mittheilung zukam, daß es sehr erwünscht sei, wenn Faidherbe
soviel Streitkräfte als möglich auf sich abzöge, weil ein großer Ausfall
aus Paris gegen die dort cernirenden Truppen in naher Aussicht stünde.

Am 14. waren auf beiden Seiten rekognoszirende Bewegungen ausgeführt worden. Dabei hatten starke feindliche Truppen Albert besetzt; vor ihnen waren die vom Detachement Memerty dorthin verlegten schwachen Abtheilungen hinter die Hallue auf Querrieux zurückgegangen.

Die gegen die vorgeschobene Stellung der 3. Kavalleriedivision ausgeführten Bewegungen des Feindes hatten zur Folge, daß unsere 5. Kompagnie mit der Kavallerie aus Hébauville auf Warloy zurückging. Ebenso folgte die 7. Kompagnie aus Bouzincourt. Beide Kompagnien gingen zunächst nach Contay. Die 6. und 8. Kompagnie verblieben in Warloy, eines feindlichen Angriffs gewärtig. Als dieser bis gegen Abend nicht erfolgte, befahl General Graf von der Groeben, daß die Division für die Nacht auch hinter der Hallue Stellung nehmen solle. Die 7. und 8. Kompagnie gingen nach Contay in Alarmquartiere, die 5. nach Beaucourt, die 6. nach Montigny. Sämmtliche Dörfer wurden verbarrikadirt und in Vertheidigungszustand versetzt. Die Kavallerie durfte nicht absatteln.

Das 1. und 3. Bataillon standen am 13. und 14. in weiten Kantonnementsquartieren in den Dörfern Ratnecourt, Framerville und Vauvillers. Hier traf Lieutenant Rudolf mit dem Detachement ein, das als Fußkrankendetachement am 21. Dezember zur Besetzung von Amiens abgerückt war. Die Mannschaften traten zu ihren Kompagnien, die des abwesenden 2. Bataillons vorläufig zum 1. Bataillon. — Lieutenant Rudolf übernahm die Führung der 3. Kompagnie. — Das Eintreffen von mehreren Bataillonen des I. Armeekorps und vier Landwehrbataillonen, die zur Besetzung der Citadelle von Amiens und von Peronne bestimmt waren, gestattete die theilweise Auflösung des Fußkrankendetachements, wodurch sich der Effektivbestand des Regiments nicht unbeträchtlich erhöhte.

Für die Heeresleitung an der Somme war die Verstärkung der Truppen auf diesem Kriegstheater von dem höchsten Vortheil. Die Aktionsfreiheit wurde dadurch der Armee wiedergegeben, und schon dachte General v. Goeben an eine Offensive über die Somme am 16. Januar. Zuvor aber sollten die Stellungen und die daraus zu folgernden Absichten des Feindes genau erkannt sein, und darum wurden für den 15. Januar vom Oberkommando der I. Armee in Amiens größere Rekognoszirungen befohlen. Während diese vom Detachement Memerty auf der nach Albert führenden Straße vom Hallue-Abschnitt her ausgeführt wurden, hatte der General Graf Dohna den Befehl erhalten, nördlich dieser Straße als linke Flankendeckung vorzugehen.

Am Morgen des 15. versammelten sich unser 2. Bataillon, die 5. und 14. Ulanen und die zur Kavalleriedivision gehörige reitende Batterie auf der Höhe von Warloy. Bei einer schneidenden Kälte stand hier das Bataillon bis gegen Mittag, ging dann durch Contay zurück auf die Höhen westlich davon, während von rechts her Kanonendonner hörbar wurde. Am Nachmittag ging das ganze Detachement Graf Dohna wieder auf die Höhe von Warloy vor und nahm die am Morgen innegehabte Stellung wieder ein. Eine Schwadron und zwei Geschütze gingen gegen das vom Feinde besetzte Hénencourt, westlich Albert, vor und beschossen es, ohne daß es zu einem ernsteren Engagement kam. Erst bei hereinbrechender Dunkelheit befahl Graf Dohna das Abrücken der zu der Rekognoszirung versammelten Truppen in ihre Kantonnements. Die Ausführung einer Rekognoszirung war eigentlich unterblieben. —

Als das Bataillon in seine Kantonnements eintraf, fand es hier Kompagnien des 1. Regiments, die zu seiner Ablösung bei der Kavalleriedivision eingetroffen waren. Unser 2. Bataillon sollte am nächsten Tage über Amiens zum Regiment abrücken.

Am Morgen des 16. Januar trat das 2. Bataillon seinen Marsch nach Amiens an. Es hatte während der sechs Tage, die es bei der Kavalleriedivision gewesen war, einen sehr anstrengenden und aufreibenden Dienst gehabt, in Folge dessen in Amiens nicht wenige Leute als krank den Lazarethen überwiesen werden mußten. In Amiens bezog das Bataillon Marschquartier und erhielt die Nachricht, daß die beiden anderen Bataillone an diesem Tage mit der 15. Division in der Richtung auf Ham aus ihren seitherigen Quartieren hinter der Somme abmarschirt seien. —

Das 1. und 3. Bataillon lagen am 15. und 16. Januar in Kantonnements in Warfusée—Abancourt und Lamotte en Santerre. Für das am folgenden Tage erwartete 2. Bataillon war Bayonvillers als Kantonnement bestimmt. —

Inzwischen hatten alle Meldungen ergeben, daß General Faidherbe den Vormarsch gegen Amiens nicht fortgesetzt habe, sondern aus allen beim Feinde beobachteten Bewegungen hervorgehe, daß die feindliche Armee sich nach ihrem linken Flügel zusammenziehe. Unsere Ueberlegenheit an Reiterei kam jetzt recht zur Geltung, als es sich darum handelte, die Absichten des Feindes schnell und richtig zu erkennen. Die nach allen Richtungen vorgeschickten Offizierpatrouillen brachten völlige Klarheit darüber, daß die französische Nordarmee sich im Linksabmarsch auf St. Quentin befände. Der Mangel an Kavallerie hatte den General Faidherbe nicht befähigt, seine Absichten uns zu verschleiern, und so fand er die I. Armee unter ihrem Führer sich entgegenstehend, als er hoffen mochte, durch seinen gutgeplanten und genial durchgeführten Abmarsch unseren rechten Flügel umgehen zu können.

Der französische Feldherr hatte am 15. sein Hauptquartier nach Albert verlegt und hier die Befehle für den von ihm beschlossenen Linksabmarsch ertheilt. Das XXII. Korps sollte am 16. von Bapaume, das XXIII. von Albert in die Gegend von St. Quentin abrücken. Faidherbe, besorgt, daß die deutsche Heerführung seine Pläne erkennen und ihm in Folge der gutgewählten Aufstellung hinter der Somme rechtzeitig begegnen könne, war zunächst bestrebt, seine Streitkräfte zu vermehren. Er hatte schon eine unter dem General Pauly in Arras neuformirte Brigade heranbeordert; er verlangte nun noch in Cambrai und Vervins die sofortige Entsendung aller dort vorhandenen Bataillone. So brachte er die in seiner Hand vereinigten Truppen auf 71 Bataillone mit 100 Geschützen; die wenigen Schwadronen, über die er verfügte, kommen bei der Berechnung der beiderseitigen Streitmittel nicht in Betracht.

Um dem numerisch überlegenen französischen Nordheere in der bevorstehenden Entscheidungsschlacht möglichst stark entgegentreten zu können, hatte General v. Goeben nicht sowohl die bei Rouen nur irgend disponibel zu machenden Bataillone und Geschütze des I. Armeekorps nach Amiens herangezogen, sondern auch die in der Gegend von St. Quentin stehende Kavalleriedivision des Grafen Lippe von der Maasarmee, von der auch noch einige Bataillone der I. Armee zur Verfügung gestellt worden waren, für die kommenden Ereignisse nutzbar gemacht. Die deutschen Streitkräfte auf dem Kriegsschauplatz an der Somme erreichten so die Gesammthöhe von $38^{1}/_{2}$ Bataillonen, 48 Schwadronen, 27 Batterien, nach den damaligen Stärken etwa 23,500 Mann Infanterie, 6200 Reiter und 162 Geschütze.

Die in den Befehlen Faidherbes für den 16. bezeichneten Marschziele waren von seinen Truppen erst am 17. erreicht worden, und wurde erst an diesem Tage die Gegend um Vermand und St. Quentin von den französischen Korps besetzt. So gelang es der französischen Nordarmee nicht, den geplanten Vorsprung vor der deutschen I. Armee zu gewinnen.

Diese stand am 17. in den angegebenen Stellungen. — Das Regiment kantonnirte mit dem Stabe und 1. Bataillon in Lamotte. Das 3. Bataillon war am 16. nach den an der Somme liegenden Orten Cérisy, Cailly und Morcourt verlegt worden. — Das 2. Bataillon war auf seinem Marsche von der Kavalleriedivision zum Regiment am 17. von Amiens nach Lamotte in Marschquartier gegangen.

Nachdem General v. Goeben den Entschluß gefaßt hatte, alle an der Somme anwesenden Truppen der I. Armee in der Gegend von St. Quentin zu konzentriren und die darauf bezüglichen Marschbefehle schon in der Nacht zum 17. erfolgt waren, ging er am Nachmittage desselben Tages mit seinem Hauptquartier mittelst Eisenbahn nach Nesle, wo er Abends gegen 8 Uhr eintraf. Aus den hierher gesendeten Meldungen ersah er, daß er sich über die Absichten seines Gegners nicht getäuscht habe, und nicht einer Demonstration, sondern einer Operation des gesammten französischen Nordheeres entgegentreten müsse. Unter der Annahme, daß der Feind am 17. schon weiter nach Osten vor= marschirt sei, als es ihm wirklich gelungen war, befahl General v. Goeben für den 18. Januar:

„Da es feststeht, daß der Feind mit mehreren Divisionen bei St. Quentin konzentrirt ist, so erfolgt morgen früh 8 Uhr allgemein der Aufbruch aus den heutigen Stellungen.

Die 15. Infanteriedivision setzt sich morgen früh 8 Uhr in der Richtung auf St. Quentin in Marsch und zwar über Tertry— Etreillers.

Das Detachement des General Graf von der Groeben geht auf Vermand und tritt dort unter den Befehl des Generallieutenant v. Kummer, die Kavallerie rekognoszirt und sichert nach links hin bis an und über die Schelde.

Bleibt der Feind bei St. Quentin stehen, so wird er nur re= kognoszirt, aber noch nicht angegriffen.

Die 16. Division rückt auf Jussy vor.

Die Division Prinz Albrecht marschirt nach Ham.

Die Korpsartillerie geht um 10 Uhr in die Gegend Quivières— Ugny l'Equipée.

Es ist wichtig festzustellen, ob der Feind von St. Quentin ab= marschirt oder dort bleibt."

Das 1. Bataillon war am Nachmittage des 17. nach Hyencourt, das 3. Bataillon nach Pertain in Quartier gegangen; hier traf sie der Marschbefehl der Brigade für den 18., wonach die Brigade um $7^3/_4$ Uhr früh so mit der Tete an Petit St. Christ stehen sollte, daß um 8 Uhr die Somme passirt werden könne. Die beiden Bataillone des Regiments standen im Gros der Brigade.

Die Bagagen wurden auf dem linken Flußufer belassen und parkirten unter Bedeckung eines Zuges der 12. Kompagnie bei Misery. —

Die Brigade marschirte nach Ueberschreiten der Somme auf der Straße über Athies gegen Tertry vor, wohin auch die 30. Brigade, die bei Brie die Somme überschritten hatte, sich zum Divisions-Rendezvous heranzog, das nördlich des Omignonbaches genommen wurde, während ein Bataillon 65er über den Bach südlich zur Deckung vorgeschoben wurde.

Auf dem Rendezvous traf bald die Meldung der Königshusaren ein, daß feindliche Abtheilungen auf Beauvois von Caulaincourt im Marsche seien. General v. Kummer ließ sogleich die 1. leichte und 1. schwere Batterie ihr Feuer auf die feindlichen Kolonnen und das Dorf Beauvois eröffnen, während er dem Rittmeister Rudolphi befahl, mit den der 29. Brigade zugetheilten 2. und 4. Eskadron dem Feinde möglichst viel Abbruch zu thun und ihn aufzuhalten. Trotz des tief aufgeweichten Bodens attackirte er mit großer Bravour und vollständigem Erfolge den Feind, ihm Gefangene und Munitionswagen abnehmend. Diese Kavallerieattacke leitete das Gefecht ein, in das die 15. Division eintrat.

Die Attacke hatte die Queue des französischen XXII. Korps und zwar Truppen der Brigade Foerster von der Division du Bessol getroffen. Die gleichzeitig gegen diese Truppen eröffnete Kanonade wurde von der Division Payen, die im Vormarsch von Vendelles auf Vermand war, gehört und veranlaßte dieselbe zum Eingreifen in das Gefecht der Division du Bessol und Vorgehen auf Caulaincourt. Hier kam sie ins Gefecht mit der Infanterie des Detachement Memerty.

Die ins Gefecht getretenen Abtheilungen der 15. Division hatten den Omignonbach auf den Uebergängen in Tertry überschritten. Die Sicherung derselben wurde dem Major Jhssen übertragen, der die 10. Kompagnie unter Hauptmann Maier an den östlichen Ausgang entsendete. — Als später gegen Mittag sich ein heftigerer Kampf südlich des Omignon entspann und nach der Gefechtslage die Deckung der Bachübergänge keine spezielle Aufgabe bildete, zog sich die 10. Kompagnie wieder an die anderen Kompagnien des 3. Bataillons heran, denen inzwischen der Befehl zugegangen war, eine Stellung zur Deckung der im Feuer stehenden beiden Batterien der 29. Brigade östlich der Straße Tertry—Beauvois zu nehmen, um sie in ihrer linken Flanke gegen Trefcon—Caulaincourt zu decken.

Gegen 1 Uhr war die 30. Brigade, von dem Sommeübergang bei Brie gegen Vermand vorgehend, bei Poeuilly mit den Truppen der

Division du Bessol ins Gefecht getreten. Um die Verbindung der 29. mit der 30. Brigade herzustellen, wurde das Füsilierbataillon 65er nach Trefcon entsendet; gleichzeitig erhielt Oberstlieutenant v. Henning den Befehl, ein Bataillon in Reserve dorthin folgen zu lassen. Er bestimmte das 3. Bataillon hierzu, während das 1. Bataillon an Stelle des ab= gerückten 3. Bataillons die Deckung der Batterien übernahm und hier bis zur Beendigung des Gefechts verblieb.

Gegen 4 Uhr nahmen das 1. und 2. Bataillon 65er dem Feinde Beauvois weg, der auch inzwischen Caulaincourt und Vermand gegen die 30. Brigade und das Detachement Memerty verloren hatte und von hier auf St. Quentin zurückgewichen war. Der Eintritt der Dunkelheit beendete den Kampf der von dem General v. Kummer be= fehligten Truppen der 15. Division und der kombinirten Division Graf von der Groeben. Die beiden hierbei betheiligt gewesenen Bataillone des Regiments bezogen Alarmquartiere in zweiter Linie, das 1. Bataillon in Tertry, der Regimentsstab mit dem 3. Bataillon in Trefcon. Der Verlust des Regiments an diesem Tage war nur gering; er betrug 1 Todten, 2 Verwundete.

Die direkten Folgen des Gefechts bei Beauvois waren die, daß dem Feinde ein Ausweichen nach Norden hin unmöglich, sein Rückzug in der Richtung, in der er gekommen, verlegt worden war und er einer Schlacht am folgenden Tage nicht ausweichen konnte.

Der unter dem Befehle des Generallieutenant v. Barnekow aus der 16. und der Division Prinz Albrecht gebildete rechte Flügel war von Ham und St. Simon von Süden her gegen St. Quentin östlich der Somme und des Sommekanals am 18. vorgegangen und hatte, ohne mit dem Feinde sich ernst zu engagiren, seine Aufstellung südlich der Stadt konstatirt. Die Verbindung mit der königlich sächsischen Ka= valleriedivision des Grafen Lippe war aufgenommen, die von der Maas= armee in Marsch gesetzten Bataillone waren bei dieser aber noch nicht eingetroffen.

Dem französischen Nordheer stand so am Abend des 18. Januar nur frei, nach Osten hin den Versuch einer Umgehung unseres rechten Flügels zu versuchen, nach Norden über le Catelet direkt auf Cambray zurückzuweichen oder bei St. Quentin eine Schlacht anzunehmen. General Faidherbe entschloß sich hierzu.

Er befahl für den 19.: Das XXIII. Korps solle Stellung auf dem rechten Ufer der Somme nehmen; und zwar die Division Payen an der Straße St. Quentin—Ham mit der Rückenanlehnung an die Mühle von Rocourt südwestlich St. Quentin. Rechts daneben gegen

Etreillers sollte die Brigade Jsnard bei Savy den Gegner abwehren und bei Selency mit der Division Robin in Fühlung treten. Diese Division hatte ihre Aufstellung bei Fayet zu nehmen und die Rückzugs=linie nach Norden offen zu halten.

Das XXII. Korps, das mit seinen Hauptkräften im Süden von St. Quentin stand, erhielt den Befehl, die Straßen nach St. Simon, Tergnier und La Fère zu decken. —

General v. Goeben hatte am Abend des 18. durch die an ihn ge=langten Meldungen die Ueberzeugung gewonnen, daß der Feind mit seinen Massen bei St. Quentin verblieben war. Er beschloß, nicht länger mit einem Angriff auf die feindliche Armee zu zögern, da zu be=fürchten stand, daß die französische Nordarmee sich in nördlicher Richtung abziehen und so einem entscheidenden Kampfe ausweichen könne. Er er=ließ am Abend 9 Uhr folgenden Armeebefehl:

„Die 15. Infanteriedivision und das Detachement des General Graf von der Groeben haben in einem glücklichen Gefechte die ihnen entgegengetretenen feindlichen Streitkräfte geworfen und ein Geschütz genommen, ohne indessen den Feind genügend verfolgen, oder die ihnen vorgeschriebenen Stellungen erreichen zu können. Der Sieg muß morgen vollendet werden.

Generallieutenant v. Kummer geht mit sämmtlichen ihm unter=gebenen Truppen, mit Einschluß der gesammten Korpsartillerie morgen früh 8 Uhr auf den Straßen von Vermand und von Etreillers kräftig gegen St. Quentin vor; unsere dort vorhandenen Streitkräfte genügen, um die ganze Nordarmee mit Erfolg anzugreifen. Ihre Aufgabe ist, Alles, was sich vor St. Quentin entgegenstellt, über den Haufen zu werfen, St. Quentin umfassend anzugreifen und zu nehmen. General Graf von der Groeben wird sich zu diesem Zweck nach links hin bis auf die Straße nach Cambrai ausdehnen.

Generallieutenant v. Barnekow seinerseits geht gleichfalls um 8 Uhr mit der 16. Infanteriedivision und der Division Prinz Albrecht längs der Eisenbahn und der Straße über Essigny le Grand gegen St. Quentin vor; die Division Graf Lippe mit der ihr zugetheilten 16. Infanteriebrigade, soweit solche bis morgen früh in Tergnier eingetroffen sein wird, unterstützt diese Bewegung durch gleichzeitiges kräftiges Vorgehen längs der Straße von La Fère nach St. Quentin und durch möglichstes Umfassen nach rechts hin.

Bei den jetzt hier vereinigten Streitkräften und unserer über=legenen Artillerie handelt es sich nur darum, energisch vorzugehen, um Alles, was der Feind uns entgegenstellen kann, über den Haufen zu werfen.

Die Reserve unter Oberst v. Böcking setzt sich um 9 Uhr von Ham auf St. Quentin in Marsch; ihr werden eine Eskadron 9. Husaren-Regiment aus Ham und zwei Eskadrons des Garde-Ulanen-Regiments zugetheilt, welche zwei Eskadrons gegen 9 Uhr bei Ham eintreffen und sich bei Oberst Böcking melden.

Ich befinde mich anfangs bei der Reserve, wohin Meldungen zu senden, und werde mich später voraussichtlich zum Korps Kummer begeben.

Das hier stehende Bataillon des 81. Regiments wird direkt vom Oberkommando um 7 Uhr Morgens nach Flavy in Marsch gesetzt werden.

Sollte aber der Feind unsern Angriff nicht abwarten, so ist mit Aufbietung der letzten Kräfte energisch zu verfolgen, da die Erfahrung lehrt, daß bei so schwach organisirten Streitkräften nicht sowohl der Kampf selbst als die durchgreifende Ausbeutung desselben die größten Erfolge giebt."

Für die 15. Division erging danach der Befehl, daß sie am 19. Januar früh 8 Uhr in nachstehender Truppeneintheilung mit der Tete am Straßenknoten der Wege von Beauvois nach Vaux und von Ugny nach Savy stehen solle:

Avantgarde: Oberstlieutenant v. Doernberg.
2. und 4. Eskadron Königshusaren,
2. Bataillon 65er,
1. leichte Batterie,
Füsilierbataillon 65er.
Gros der 29. Infanteriebrigade: Oberstlieutenant v. Henning.
1. schwere Batterie,
1. und 3. Bataillon 33er.

Die 30. Infanteriebrigade folgte mit der 1. und 3. Eskadron und der 2. leichten und 2. schweren Batterie.

Zur befohlenen Zeit war diese Stellung eingenommen. Ein feuchter Nebel deckte die Gegend. Durch das anhaltende Thauwetter und feinen Regen waren die nicht chaussirten Wege ganz aufgeweicht. Eine Bewegung neben den Straßen gehörte zu den Unmöglichkeiten.

Dem Vormarsch der 15. Division vom Rendezvous aus trat der Feind erst jenseits Savy entgegen. Beim Passiren von Etreillers erhielt

Hauptmann v. Wulffen den Befehl, mit der 9. Kompagnie und einem Zuge Husaren nach den Uebergängen über die Somme und den Somme= kanal zwischen le Hamel und Grand Seraucourt abzurücken und dort Stellung nehmend die Verbindung der 15. und 16. Division aufrecht zu erhalten. Er fand bereits auf dem Wege dahin in Roupy Truppen der Armeereserve und zog sich auf Befehl des General v. Goeben nach Savy zum Regiment wieder heran. — Hauptmann Maier hatte den Auftrag erhalten, das ausgedehnte Dorf Etreillers nach Versprengten und Waffen abzusuchen. Die ihm zunächst nur verbleibenden 11. und 12. Kompagnie formirte Major Ihssen als Halbbataillon und folgte mit demselben dem 1. Bataillon nach Savy. Schon diesseits des Dorfes erreichten die feindlichen Granaten die Marschkolonne. Savy wurde ohne ernsten feindlichen Widerstand von der Avantgarde um 10 Uhr passirt.

Oestlich dieses Dorfes steigt das wellige Terrain gegen St. Quentin hin allmälig an. Nördlich der dorthin führenden Straße erstreckt sich das Bois de Savy, von dem ein Stück durch eine mehrere hundert Schritt breite Lichtung abgetrennt ist. Nordöstlich des Waldes be= grenzte eine Höhe die weitere Aussicht für die aus Savy heraustreten= den Truppen. Hier stand des Feindes Infanterie von der Brigade Isnard. Erst als der Feind das Vorgehen der Avantgarde der 29. Brigade unter Oberstlieutenant v. Doernberg gewahrte, entschloß er sich, die für eine Vertheidigung wichtigen Waldstücke noch schnell zu besetzen.

Schon vor dem Heraustreten des 2. Bataillons 65er und der 1. leichten Batterie aus Savy hatte die 4. Eskadron unter Rittmeister Rudolphi schneidige und erfolgreiche Attacken gegen feindliche Dragoner und Infanterie geritten. Jetzt war es die Infanterie, die damit ins Gefecht trat, daß sie sich des zunächst Savy belegenen Waldtheiles be= mächtigte. Die Batterie fuhr bei einer ungefähr 500 Schritte südöstlich des Dorfes belegenen Windmühle auf und eröffnete ihr Feuer gegen des Feindes Batterien, deren Granaten uns gleich anfänglich Verluste zugefügt hatten. Oberstlieutenant v. Henning führte die beiden Ba= taillone seines Regiments auch nach dem Windmühlenhügel und nahm hier die befohlene Rendezvousstellung. Bald nachdem die Bataillone in diese eingerückt waren, kontusionirte ein Granatsplitter den Regiments= Kommandeur am Fuß. Oberstlieutenant v. Henning war gezwungen, sich nach Savy zu begeben, da ihm seine Verwundung das Verbleiben beim Regiment versagte. Major Ihssen übernahm die Führung des

Regiments, Hauptmann v. Wulffen die des 3. Bataillons, nachdem er bei demselben von Roupy wieder eingetroffen war.

Um die gut gedeckten feindlichen Batterien möglichst zu delogiren, fuhren noch die beiden schweren Batterien der Division neben der 1. leichten auf dem Windmühlenhügel auf und eröffneten sogleich ein erfolg= reiches Feuer.

In dem Waldtheile, den die 65er besetzt hielten, wogte ein heftiger Kampf. Die französische Infanterie war bemüht, denselben zurückzu= erobern. Um die 65er zu souteniren, erhielt Hauptmann v. Fischern den Befehl, mit dem 1. Bataillon auf dem von Savy nach dem Fau= bourg St. Martin führenden Feldwege vorzugehen. Von hier aus waren starke Infanterie=Abtheilungen im Vorgehen und trafen die Kom= pagnien des 1. Bataillons zu guter Zeit ein, um ihnen wirksam ent= gegenzutreten. Die 1. und 2. Kompagnie, von welcher ein Zug zur Bagage kommandirt worden war, entwickelten sich im Vordertreffen und besetzten eine vorliegende Terrainwelle. Lieutenant Erdmann führte die 1. Kompagnie auf die Höhe links des Weges, zunächst zwei Züge auf= lösend. Als aber die feindlichen Schützenschwärme immer mehr drängten, löste er die ganze Kompagnie in eine dichte Schützenlinie auf und eröffnete ein wirksames Schnellfeuer. — Lieutenant v. Wegerer war mit den zwei Zügen der 2. Kompagnie rechts vorwärts der 1. Kompagnie auf der Höhe ins Gefechts getreten und hielt sich hier, obschon er in seiner rechten Flanke von dem an der Chaussee nach St. Quentin liegen= den Gehöft l'Epine de Dallon sehr unbequem flankirt wurde. — Die 4. Kompagnie unter Lieutenant Hildebrandt war in die zwischen der 1. und 2. Kompagnie entstandene Lücke getreten und betheiligte sich am Schnellfeuer gegen die im stetigen Vorrücken begriffenen Franzosen. — Die 3. Kompagnie unter Lieutenant Rudolph hatte Hauptmann v. Fischern als Reserve hinter der von den Kompagnien besetzten Terrainwelle auf= gestellt.

Das 3. Bataillon, dessen 10. und 9. Kompagnie in Folge ihrer Detachirungen erst während des Vorgehens des 1. Bataillons herankamen, war in seiner Stellung hinter dem Windmühlenhügel östlich Savy ver= blieben. Als aber Major Jhssen gewahr wurde, wie die 2. Kompagnie von l'Epine de Dallon her flankirt wurde und wie ein weiteres Vor= gehen gegen St. Quentin von hier aus unmöglich sei, bevor dieses Gehöft nicht genommen, befahl er dem Hauptmann v. Zschüschen, die 11. Kompagnie gegen Dallon vorzuführen. — Es war die Mittags= stunde herangekommen, als die Kompagnien des Regiments diese Stellungen inne hatten.

Da der feindliche Widerstand auf dem linken Sommeufer eine größere Kraftentwicklung zu fordern schien als auf dem rechten, befahl General v. Goeben, der bei Roupy unter Oberst v. Boecking stehenden Armeereserve bei Seraucourt, auf das linke Ufer über= und dort vorzugehen. An Stelle der abgerückten Armeereserve hatte die 15. Division ein Detachement auszusondern. Unter dem Befehle des Kommandeurs des 8. Jägerbataillons Major Oppeln v. Bronikowski nahmen das Jägerbataillon, zwei Bataillone 28er und zwei reitende Batterien die Stellung der Armeereserve bei Roupy ein.

Der Rest der 30. Brigade verblieb in der ursprünglichen Stellung bei Savy, während die fünf Bataillone der 29. Brigade sich sämmtlich an dem Gefechte um die Waldstücke und die rechts daran hinziehende Höhe betheiligten. — Die 15. Division hatte das Terrain vom rechten Ufer des Sommekanals bis zum Walde von Holnon besetzt. Hier schloß sich der rechte Flügel der von Vermand siegreich vorgedrungenen In=fanterie des Grafen von der Groeben an, die schon den Besitz von Holnon erstritten und die Mobilisirten des General Robin ohne große Mühen vertrieben hatte. Auf dem äußersten linken Flügel der unter dem Befehle des General v. Kummer vereinigten Truppen operirte General Graf Dohna mit seiner Kavalleriebrigade. Er kam aber nicht über Fresnoy le petit hinaus und erreichte so nicht die Rückzugsstraße der Franzosen auf Cambrai. Dagegen war das Vorgehen der Ba=taillone des Regiments „Kronprinz" auf Fayet von Erfolg. Sobald dieses Dorf in unserm Besitz, war die französische Rückzugslinie ge=fährdet.

Oestlich Savy standen gegen 2 Uhr die Truppen der 15. Division wie folgt: In dem größeren Stücke des Waldes von Savy kämpften das Füsilierbataillon und zwei Kompagnien des 2. Bataillons 65er, in dem kleineren Waldstücke die beiden anderen Kompagnien dieses Ba=taillons. Als diese nicht mehr die Kraft fühlten, sich gegen die feind=liche Uebermacht hier zu halten, wurde zu ihrer Ablösung das erste Bataillon 65er nach der Waldparzelle entsendet, um diese dem dort in=zwischen eingedrungenen Feinde wieder streitig zu machen. Unsere rechts daneben im heftigen Feuergefecht stehenden Kompagnien des 1. Bataillons und die daran rechts anschließende 11. Kompagnie hielten die gleich an=fänglich besetzte Höhe bis nach l'Epine de Dallon hin, gegen das sich die Tete des Detachements Bronikowski von Roupy her entwickelte. Das energische Vorgehen des Feindes hatte das Feuer unserer Kom=pagnien unausgesetzt provocirt, so daß schnell ein Mangel an Munition eintrat. Zu gleicher Zeit machte sich aber vorübergehend eine feindliche

Flankirung von dem Bois de Savy her fühlbar, da dieses Gehölz sogleich vom Feinde besetzt worden war, als die dort gewesenen zwei Kompagnien 65er zurückgingen und das 1. Bataillon 65er noch nicht in den Wald eingedrungen war. Von der linken Flanke her überschüttete die feindliche Infanterie unsere Kompagnien mit ihren Geschossen. Eines derselben brachte dem Lieutenant Hildebrandt die Todeswunde. — Dieser der Landwehr angehörende Offizier hatte seine Versetzung vom Ersatzbataillon zum mobilen Regiment schon mehrfach erbeten. Es duldete ihn nicht in der Garnison, während das Regiment und bei diesem nahe Freunde draußen im Felde standen. Dorthin war er erst seit wenigen Tagen gelangt. Der erste Kampf an dem er Theil nahm, hatte ihm den Tod gebracht, den ein gutes kameradschaftliches Gedenken überdauert. —

Um der feindlichen Flankirung entgegenzutreten, zog Hauptmann v. Fischern die 3. Kompagnie aus dem Ravin, in dem sie bisher in Reserve gestanden, nach dem linken Flügel und gebot dem Feinde dadurch in seinem weiteren Umfassen Halt. Als auch noch auf dem linken Flügel das 1. Bataillon 65er vordrang ging der Feind aus unserer linken Flanke zurück. Lieutenant Rudolph schloß sich mit der 3. Kompagnie dem vorgehenden Bataillon 65er an, dem Feinde folgend. Inzwischen hatte Major Ihssen dem Hauptmann Maier befohlen, mit der 10. und 12. Kompagnie in die Stellung der drei Kompagnien des 1. Bataillons vorzugehen und diesen durch den Regimentsadjutanten Premierlieutenant v. Homburg den Befehl zugehen lassen, sich wieder an den Windmühlenhügel östlich Savy heranzuziehen, um zunächst die Munition zu ergänzen. Auf dem Ritte zu den Kompagnien des 1. Bataillons wurde dem Lieutenant v. Homburg das Pferd unter dem Leibe erschossen. Während dieser Zeit waren außer den vier Batterien der 15. Division auch noch zwei der Korpsartillerie zu beiden Seiten des von Savy nach St. Quentin führenden Feldweges auf dem aufgeweichten Boden mühsam aufgefahren und hatten ihr Feuer gegen die Bataillone und Batterien der Brigade Isnard eröffnet. Es war 2½ Uhr. —

Zu eben dieser Zeit ging das Detachement Bronikowski von Roupy gegen l'Epine de Dallon vor und stürmte das Dörfchen. Dem Sturm schloß sich Hauptmann v. Zschüschen mit der 11. Kompagnie erfolgreich an. Der Feind wurde geworfen, Dallon genommen. Jetzt war die feindliche Stellung im Vorterrain der Vorstadt St. Martin unhaltbar. Auf diese wichen die feindlichen Abtheilungen zurück. Die 8. Jäger folgten ihnen auf dem Fuße zunächst nach Oestre. Nach diesem Erfolge

befahl General v. Kummer ein Vorgehen auf der ganzen Front der
15. Division. Rechts sollte das Detachement Bronikowski auf Rocourt
und St. Quentin vordringen, daran links anschließend das Regiment 65
und unsere beiden Bataillone, zu denen noch ein Bataillon 68er für das
fehlende 2. Bataillon trat. Diese sechs Bataillone führte Oberst v. Bock
gegen den Faubourg St. Martin über die von Francilly nach Epine
sich hinziehende Höhe, während der Rest der 30. Brigade als Reserve
folgte.

Von Abschnitt zu Abschnitt drangen die Bataillone siegreich vor.
Die Verluste mehrten sich. Granaten schlugen in die 10. und 11. Kom=
pagnie verheerend ein. Hauptmann Maier wurde leicht verwundet. —
Nach 4 Uhr wurde der Angriff auf den verbarrikadirten Faubourg
St. Martin und Rocourt eingeleitet. Der verstärkte Gegner leistete
verzweifelten Widerstand. Die preußischen Trommeln und Hörner er=
tönten auf der ganzen Linie, sie ging vorwärts, nicht achtend daß sie
bei jedem Schritte vorwärts immer mehr gelichtet wurde. Es gab keinen
Halt. Die entfaltete Fahne des 3. Bataillons flatterte weithin sicht=
bar in der Luft, eine Mahnung für Jeden, die im Fahneneide ge=
schworene Treue bis in den Tod zu halten. Das Panier senkt sich
plötzlich zu Boden, sein Träger der Sergeant Kalweit der 11. Kom=
pagnie fällt mit der Fahne in der Hand zu Tode getroffen, Füsilier
Kaiser der 11. Kompagnie ergreift die Fahne und wieder zeigt sie sich
inmitten der avancirenden Linien. Es fing an zu dunkeln. Doch der
Kampf dauerte fort. Gegen 5 Uhr drangen das Detachement Broni=
kowski, unser 3. Bataillon und die 3. und 4. Kompagnie in Rocourt
und den Faubourg ein. Lieutenant Rudolph stürmte mit der 3. Kom=
pagnie ein Mühlengehöft, eine vom Feinde mit Nachdruck vertheidigte
Stellung. Die hier angegriffenen Gegner wurden großentheils ge=
tödtet, über 30 wurden zu Gefangenen gemacht. — Es war ein schöner
Abschluß der Thätigkeit des Regiments auf den Gefechtsfeldern in diesem
ruhmvollen Feldzuge. Die letzte Schlacht in demselben war siegreich
beendet. General v. Goeben hatte bei St. Quentin über General
Faidherbe einen entscheidenden Sieg errungen. Die gesammte französische
Nordarmee befand sich im vollen Rückzuge auf Cambrai. Schon um
6¹/₂ Uhr konnte General v. Goeben ins große Hauptquartier melden,
daß er im siebenstündigen Kampfe den Gegner geschlagen habe und seine
nur durch die Nacht unterbrochenen Operationen am nächsten Tage
fortsetzen werde.

Die beiden Bataillone des Regiments, die bei St. Quentin ge=
kämpft, hatten auch an diesem Tage den guten Namen der ostpreußischen
Füsiliere gewahrt. Ihr Verlust betrug: 3 Offiziere 108 Mann.

Komp.	Todt.			Verwundet.		
	Offiz.	Unteroffz.	Füs.	Offiz.	Unteroffz.	Füs.
1.	—	—	5	1	1	11
2.	—	—	3	—	—	4
3.	—	1	3	—	—	3
4.	1	—	1	—	4	8
9.	—	1	—	—	2	5
10.	—	—	2	1	—	25
11.	—	—	4	—	—	11
12.	—	—	6	—	—	8
Summa	1	2	24	2	7	75

Sekondelieutenant Hildebrand † am 5. Februar.

Oberstlieutenant v. Henning und Hauptmann Maier waren leicht verwundet und verblieben bei der Truppe.

Nachdem der Kampf geendet hatte, traf beim Major Jhssen der Befehl ein, daß die Bataillone des Regiments nach Savy in Alarm= quartiere zurückgehen sollten. Erst am späten Abend fanden hier die Füsiliere Ruhe. — Die 3. Kompagnie war unter Lieutenant Rudolph in dem Faubourg St. Martin weiter vorgedrungen und hatte sich bei der Vertreibung des Feindes aus den verbarrikabirten Straßen erfolg= reich betheiligt. Der Befehl, nach Savy abzurücken, erreichte Lieutenant Rudoph als er seine Kompagnie schon in der Vorstadt in Quartiere ge= legt hatte.

Das 2. Bataillon war am 19., der ihm vorgeschriebenen Route fol= gend, über Nesle nach Ham marschirt und hatte von dort sogleich seinen Marsch auf St. Quentin fortgesetzt, als hier Hauptmann v. Wobeser erfuhr, daß das Regiment bei diesem Orte voraussichtlich im Gefecht stehe. Die Erschöpfung der Leute machte es aber unmöglich, noch dahin zu gelangen. Das Bataillon war gezwungen, noch südwestlich St. Quentin nach Aubigny und Villers in Quartiere zu gehen. Patrouillen, die auf der Chaussee nach St. Quentin weiter vorgingen, erreichten den Anschluß an die Truppen des Detachements Bronikowski über Roupy. —

In der auf die Schlacht folgenden Nacht ergab sich der glänzende Sieg, der erfochten worden. Die Schilderung desselben bildete die Einleitung zu dem von General v. Goeben gegebenen Armeebefehl:

„Die französische Nordarmee ist vollständig geschlagen, St. Quentin ist von den Divisionen des General v. Barnekow und des Prinzen Albrecht K. H. besetzt, 2 Geschütze sind im Feuer genommen, über 4000 Gefangene sind in unsern Händen; ich spreche allen Truppen, welche ich zu befehlen die Ehre habe, meinen Glückwunsch zu dem erfochtenen Siege aus. Jetzt handelt es sich darum, diesen Sieg auszubeuten; heute haben wir gekämpft, morgen müssen wir marschiren, um die Niederlage des Feindes zu vollenden. Derselbe scheint sich einerseits auf Cambray, andererseits auf Guise zurückgezogen zu haben; wir müssen ihn einholen, bevor er seine Festungslinie erreicht. Zu diesem Zweck stelle ich als Grundsatz hin, alle Truppen marschiren morgen 5 Meilen, die Infanterie, indem sie, wenn irgend möglich die Tornister auf Wagen mit sich führt.

General v. Kummer, mit der 15. Infanteriedivision, dem Detachement Graf Groeben, dem Stabe der Korpsartillerie und der 2. Fußabtheilung marschirt auf Cambrai. Die mehrfachen Uebergänge über die Schelde geben ihm Gelegenheit, durch Kombinirung mehrerer Marschkolonnen den feindlichen Truppen den Rückzug auf Cambrai abzuschneiden.

General v. Barnekow mit der 16. Infanteriedivision, der Division Prinz Albrecht mit dem ihm überwiesenen Detachement Böcking, marschirt über Sequehart auf Clary und Caudry.

Die Division Graf Lippe marschirt auf Bohain und Le Cateau Cambresis, indem sie zugleich in der Richtung auf Guise detachirt, um die dorthin ausgewichenen feindlichen Abtheilungen im Auge zu behalten.

Ich reite vorläufig nach Le Catelet, wo ich Mittags bin und Meldungen der oben genannten Kommandeure erwarte. Das Detachement des Major v. Bronikowski, einschließlich der reitenden

Abtheilung der Korpsartillerie, folgt mir zu meiner Disposition dorthin.

Abmarsch aller Divisionen um 8 Uhr Morgens.

Sämmtliche Gefangene, soweit sie nicht schon nach Péronne transportirt sind, sind unter genügender Bedeckung nach La Fère abzuführen. Die Zahl derselben ist morgen Mittag nach Le Catelet zu melden.

Der Ersatz der Munition wird für die 16. Division, sowie für die Division Prinz Albrecht K. H. in Gr. Seraucourt bewirkt, für die Truppen des General v. Kummer in Etreillers."

Noch bevor die Sonne den 20. Januar erhellte, war das 2. Bataillon im Marsch auf der Chaussee nach St. Quentin, um möglichst vor den Bewegungen der Armee noch die Befehle zu erlangen, durch deren Ausführung es in den Verband des Regiments zurücktreten konnte. Der vorausgerittene Adjutant Lieutenant Gattung brachte dem Bataillon den Befehl, zu dem Detachement des Major Oppeln v. Bronikowski zu treten, das zur speziellen Verfügung des kommandirenden Generals sich zunächst in St. Quentin zu sammeln hatte. Gegen Mittag erhielt das Bataillon den Befehl, in der Stadt Quartiere zu beziehen. Major v. Bronikowski wurde Kommandant und ordnete sogleich die Besetzung der Stadt durch starke Wachen an, die von den Truppen des Detachements gegeben wurden. Dasselbe wurde von dem Jägerbataillon Nr. 8, zwei Bataillonen 28er und unserm 2. Bataillon, einer Schwadron 9. Husaren, einer leichten Batterie und den drei reitenden Batterien der Korpsartillerie gebildet. Am Nachmittag verließ General v. Goeben St. Quentin und verlegte sein Hauptquartier nach Bellicourt, um den den geschlagenen Feind verfolgenden Truppen näher zu sein.

General v. Kummer hatte für den 20. Januar befohlen, daß die Division früh 7¼ Uhr zwischen Savy und Holnon zum Vormarsch auf Cambrai derart bereit stehe, daß die Königshusaren mit dem Rest der Brigade Strubberg als Avantgarde sogleich antreten könnten. Die 29. Brigade und die Fußabtheilung der Korpsartillerie sollten als Gros unmittelbar folgen.

Am frühen Morgen hatte Oberstlieutenant v. Henning das Kommando des Regiments trotz seiner Verwundung wieder übernommen. Lieutenant Radtke übernahm für den schwerverwundeten Lieutenant Hildebrandt die Führung der 4. Kompagnie. —

Das anhaltende Thauwetter und feiner Regen weichten die nicht chaussirten Wege bis zur Grundlosigkeit auf. Das Schuhzeug war ohne-

dies in keinem guten Zustande mehr; es war daher eine natürliche
Folge, daß viele Leute sich nur mühsam mitschleppen konnten. Dennoch
gelangte das Regiment gegen Abend mit dem 1. Bataillon nach Vend=
huile, mit dem 3. nach Bony, nach einem Marsch von etwa fünfund=
zwanzig Kilometern Ausdehnung. Es war unmöglich, dem im Armee=
befehle ausgesprochenen Grundsatze, an diesem Tage fünf Meilen zurück=
zulegen, zu entsprechen.

Die Resultate der sogleich aufgenommenen Verfolgung der geschlagenen
französischen Nordarmee waren nicht so günstige als erwartet werden
konnte. Die Ueberlegenheit unserer Armee an Kavallerie, der für eine
wirksame Verfolgung unentbehrlichen Waffe, kam auch dieses Mal nicht
zur vollen Geltung.

Als General Faidherbe am Nachmittag des 19. nicht mehr im
Zweifel sein konnte, daß seine Armee geschlagen und zum Rückzuge auf
Cambrai gezwungen sei, ordnete er diesen auf den dorthin führenden, von
uns nicht verlegten Straßen am Nachmittag gegen 4 Uhr an. Es ge=
lang seiner Energie und mustergiltigen Führerschaft, seine aus großen=
theils unsicheren militärischen Elementen zusammengesetzte Armee auf
einem Rückzuge, der zur völligen Flucht auszuarten drohte, durch einen
Nachtmarsch aus dem Bereich der Fühlung mit dem Sieger zu bringen,
und so die Zaghaften wieder zu beruhigen, die Muthigen aber für die
schweren Aufgaben einer Arrieregarde vorzubereiten. Den größten Ge=
winn aus seinem Marsch in der Nacht vom 19. zum 20. zog aber
Faidherbe daraus, daß er vor unserer Annäherung hinter den schützenden
Festungen verschwand. Die bei einem nächtlichen Rückzuge nach ver=
lorener Schlacht unvermeidlichen Nachzügler und Versprengten fielen am
20. in unsere Hände, als die vom General v. Goeben befohlene Ver=
folgung aufgenommen worden war.

Die Resultate dieses Tages wurden in einem Armeebefehl in der
dem Tage folgenden Nacht bekannt gegeben; General v. Goeben befahl
für den 21. Januar:

„Aus den eingegangenen Meldungen geht hervor, daß der Feind
mit seinen Hauptkräften die Richtung nach Cambrai eingeschlagen hat.
Er hatte gestern Nachmittag noch die Eisenbahn zwischen Cambrai
und Le Cateau stark besetzt. Ebenso hat die Division Graf
von der Groeben bei Masnières feindliche Abtheilungen nach Cambrai
hineingetrieben. Es bleibt bei der gestern gestellten Aufgabe und be=
merke ich nur noch, daß die Eisenbahnen, besonders die Brücken aufs
gründlichste zu zerstören sind; ebenso die Telegraphenlinien. — Ich

verlege mein Hauptquartier nach Caudry (auf der Straße Cambrai—
Le Cateau—Cambrefis)."

Am 21. waren die Wege noch schwerer zu paffiren. Mit Auf=
bietung aller Kräfte bewegten sich die Marschkolonnen langsam vorwärts.
·— Das Regiment ging mit dem Stabe und 3. Bataillon nach Gonnelieu,
mit dem 1. Bataillon nach Banteux und Bantouzelle. Hierher verlegte
auch General v. Kummer sein Quartier. —

Auch an diesem Tage war der Feind an keinem Punkte mehr mit
namhaften Kräften angetroffen worden. Er sammelte sich hinter seinen
Festungen. Dahin ihm zu folgen, war nicht die Absicht des Heerführers.
Es fehlte auch an dem nöthigen Geschützmaterial, um Cernirungen und
Beschießungen der Festungen durchzuführen. General v. Goeben nahm
darum Abstand von der ursprünglich geplanten Verfolgung der geschla=
genen Armee bis zu ihrer völligen Auflösung. Er gab Befehle, die
für die hier versammelten Truppen eine Aufstellung in breiter Front
vorschrieben.

Die 15. Division und die ihr zugetheilten Truppen hatten danach
auf dem linken Flügel in die Gegend von Achiet—Bapaume—Beugny—
Beaumetz zu rücken und gegen Cambrai und Arras Beobachtungs=
Detachements vorzuschieben. — Stand auch nach den Erfolgen der
Schlacht von St. Quentin ein neues kräftiges Auftreten der französischen
Nordarmee in der nächsten Zeit nicht mehr zu erwarten, so konnte doch
General Faidherbe versuchen, durch kleinere Unternehmungen vorüber=
gehend Erfolge zu erringen. Hierzu bot ihm von Arras her die nörd=
lich Amiens liegende Gegend die günstigste Gelegenheit, wenn diese nicht
stark besetzt wurde. Um solchen Unternehmungen des Feindes in dieser
Richtung entgegentreten zu können, wurde die 15. Division in das ihr
wohlbekannte Terrain von Bapaume dislozirt.

Am Morgen des 22. marschirten das 1. Bataillon in Quartiere
nach Beaumetz les Cambrai, die 9. und 10. Kompagnie nach Lebuquière
und die 11. und 12. Kompagnie nach Beugny.

Am nächsten Tage wurde eine veränderte Dislokation für beide
Bataillone angeordnet, nach welcher der Regimentsstab mit der 1., 2.
und 4 Kompagnie nach Beugny ging, während die 3. Kompagnie in
Beaumetz verblieb. Die 9., 10. und 12. Kompagnie gingen nach Vaulx,
die 11. nach Beugnâtre. Die Verpflegung der Leute war in den Orten
selbst nicht zu beschaffen und mußte durch weit ausholende Requisitionen
sicher gestellt werden.

In diesen Quartieren wurde eine Allerhöchste Kabinetsordre vom

18. Januar bekannt, wonach der Kommandeur des Regiments Oberst=
lieutenant v. Henning zum Obersten, die Majors v. Knobelsdorff und
v. Gilsa zu Oberstlieutenants befördert worden waren. —

Diese Beförderungen waren von Seiner Majestät allergnädigst an
dem Tage befohlen worden, an welchem Ihm die deutschen Fürsten die
deutsche Kaiserkrone dargebracht hatten. In dem französischen Königs=
schlosse, in welchem Kaiser Wilhelm inmitten Seines siegreichen, von
Ihm geführten Heeres tausendjähriges Hoffen der deutschen Nation ver=
wirklichte, wurde das Werk gekrönt, das auf den Schlachtfeldern errichtet
worden. Die Kanonen der I. Armee donnerten ihre Salutschüsse zur
Kaiserkrönung auf dem Gefechtsfelde bei Tertry und Poeuilly. Der erste
Tag des neuerstandenen deutschen Reiches brachte den Sieg von
St. Quentin.. Die Aufgabe der I. Armee wurde hier glänzend erfüllt.
Sie hatte dadurch berechtigten Antheil erworben an den Worten des
Kaisers, die Er in seinem ersten Armeebefehl an das unter Seinem Be=
fehle vereinigte deutsche Heer richtete:

Mit dem heutigen für Mich und Mein Haus denkwürdigen
Tage nehme Ich, im Einverständniß mit allen deutschen Fürsten und
unter Zustimmung aller deutschen Völker neben der von Mir durch
Gottes Gnade ererbten Stellung des Königs von Preußen auch die
eines deutschen Kaisers an.

Eure Tapferkeit und Ausdauer in diesem Kriege, für welche Ich
Euch wiederholt Meine vollste Anerkennung aussprach, hat das Werk
der inneren Einigung Deutschlands beschleunigt, ein Erfolg, den Ihr
mit Einsetzung Eures Blutes und Eures Lebens erkämpft habt.

Seid stets eingedenk, daß der Sinn für Ehre, treue Kamerad=
schaft, Tapferkeit und Gehorsam eine Armee groß und siegreich macht;
erhaltet Euch diesen Sinn, dann wird das Vaterland immer wie
heute mit Stolz auf Euch blicken, und Ihr werdet immer sein starker
Arm sein.

Hauptquartier Versailles, 18. Januar 1871.

Wilhelm.

Auf den Appellplätzen wurde dieser Armeebefehl verlesen und das
erste Hurrah gerufen für den deutschen Kaiser, unsern geliebten König
und Kriegsherrn. —

In den von den Kompagnien des 1. und 3. Bataillons am
23. Januar eingenommenen Quartieren verblieben sie mehrere Tage.
Es traten während derselben Veränderungen in der Stellenbesetzung ein.
Premierlieutenant v. Homburg trat von seinem Posten als Regiments=

Adjutant zurück und übernahm die Führung der 2. Kompagnie. Lieutenant v. Ploetz wurde an seiner Stelle Regiments-Adjutant, während Lieutenant v. Wegerer für ihn die Geschäfte des Adjutanten des 1. Bataillons übernahm.

Das 2. Bataillon war in dieser Zeit in St. Quentin verblieben, wohin auch General v. Goeben am 22. sein Hauptquartier verlegt hatte, nachdem die Verfolgung des Feindes eingestellt worden war. Durch einen am 23. gegebenen Armeebefehl wurde mit Ausnahme der 15. Division die Armee hinter die Somme zurückverlegt und die Ordre de bataille möglichst wieder hergestellt.

In diesem Befehl hieß es unter Anderem:

„Das Jägerbataillon, das 2. Bataillon 33er mit der reitenden Abtheilung Artillerie-Regiments Nr. 8 und der 1. Eskadron Husaren-Regiments Nr. 9 bleiben vorläufig in St. Quentin zu meiner Disposition." —

Seit dem 20. waren die Kompagnien des 2. Bataillons mit der Bewachung der zahlreichen Gefangenen, wie auch mit dem Transport derselben nach La Fère beschäftigt worden. Den größten dieser Transporte, 22 Offiziere, 530 Mann, eskortirte am 21. die 6. Kompagnie. — Die nicht zum Gefangenen-Transport verwendeten Mannschaften wurden zu dem starken Wachtdienst in der Stadt und deren nächster Umgebung herangezogen. Eine Kompagnie lag stets als Piket in einem Alarmhause.

Bei den sämmtlichen Truppen trat eine angenehme Regelmäßigkeit im Dienst ein, die der Feind nicht störte. Nur der 15. Division gegenüber, südlich Arras, zeigte er ab und zu schwächere Abtheilungen, die stets vor den unsrigen schnell zurückwichen. Dadurch wurde es aber nothwendig, die zu den Requisitionen von Lebensmitteln entsendeten Kommandos so stark zu machen, daß sie kleine feindliche Abtheilungen abwehren und zurückwerfen konnten.

Die 9. und 12. Kompagnie wurden am 25. vom Hauptmann v. Wulffen zu einer gewaltsamen Fouragirung bis in die Nähe von Arras geführt und wechselten hier die letzten Schüsse mit dem Feinde in diesem Feldzuge des Regiments. —

Am 28. Januar überraschte um die Mittagsstunde das 1. und 3. Bataillon der Befehl zum schleunigen Abmarsch in der Richtung auf Amiens. Die auch an diesem Tage ausgesendeten Requisitions-Kommandos mußten schleunig durch Kavallerie-Patrouillen zurückgeholt werden. Die Bataillone marschirten am Nachmittage ab. Sie bezogen südwestlich Albert an der Eisenbahn nach Arras Marschquartiere in Dernancourt und Buire.

Am folgenden Tage rückten die Bataillone in Amiens ein und trat hier das 2. Bataillon in den Regimentsverband nach einer Trennung von neunzehn Tagen zurück.

Das 2. Bataillon war bis zum 26. in St. Quentin verblieben. An diesem Tage lösten Truppen der königlich sächsischen Kavalleriedivision das Detachement Bronikowski ab und marschirte dasselbe nach Amiens. Es hatte bei Brie die Somme überschritten und war in drei Tagemärschen nach Amiens gelangt, wo es am 28. Quartiere bezog.

Schon am 29. Januar besetzte das 2. Bataillon die sämmtlichen Wachen der Stadt, wozu fast zwei Dritttheile der Mannschaften erforderlich wurden.

Am Abend dieses Tages war das durch die zahlreichen Verluste so sehr zusammengeschmolzene Offizierkorps des Regiments wieder einmal vereinigt. An diesem Tage ging die Nachricht ein, daß der Hauptmann v. Wedell an den Folgen seiner bei Bapaume davongetragenen Wunde im Museumlazareth zu Amiens verstorben sei. Die Nachricht von seinem Tode versetzte das Offizierkorps in ernste Trauer. — Am Vormittage des 29. hatte ein von dem Hauptmann Goltz geführter Transport von Ersatzmannschaften das Regiment erreicht. Mit diesem Offizier waren gleichzeitig Hauptmann Herber und Lieutenant Moeller vom Ersatzbataillon eingetroffen, auch traten Hauptmann v. Homburg und Lieutenant Reichwald nach ihrer Wiederherstellung in ihre Feldstellen zurück. Hauptmann Goltz übernahm die 1., Hauptmann Herber die 5. Kompagnie als Chef. —

Da die feindliche Armee in Unthätigkeit verharrte und für die nächste Zeit neue Operationen nicht zu erwarten standen, schien es, als ob das Regiment für längere Zeit in Amiens verbleiben würde. Zudem verbreiteten sich immer glaubhaftere Gerüchte über den bevorstehenden Abschluß eines Waffenstillstandes. Am Abend traf der Wortlaut der abgeschlossenen Konvention im Hauptquartier aus Versailles ein. Der Waffenstillstand sollte am 31. Januar Mittags 12 Uhr beginnen und zunächst bis zum 19. Februar währen. Die Demarkationslinie für die I. Armee war dahin festgesetzt, daß die Departements du Nord und Pas de Calais, sowie die Halbinsel Le Hâvre bis zu einer Linie Etretat—St. Romain von der Okkupation durch deutsche Truppen ausgeschlossen bleiben sollen. Die französische, wie auch die deutsche Armee sollten von der angedeuteten Demarkationslinie 10 Kilometer entfernt, beide Heere also 20 Kilometer getrennt bleiben.

Ein Korpsbefehl benachrichtigte die Truppen alsbald von dem Ab=
schluß des Waffenstillstandes:

„Nach telegraphischer Mittheilung des General Graf Moltke
tritt am 31. Mittags 12 Uhr Waffenstillstand ein. Indem ich vor=
läufig hervorhebe, daß unsererseits unter allen Umständen die größte
Vorsicht zu beobachten ist, bis konstatirt ist, ob die feindliche Nord=
armee die pariser Abmachung anerkannt, bestimme ich Folgendes:

Die 15. Infanteriedivision hat morgen Vormittag Vortruppen
bis Bucquoi und Gegend vorzuschieben, aber auch schon Doullens
durch ein Detachement zu besetzen, welches übermorgen auch Pas
okkupirt und andererseits auch Truppen nach Bernaville detachirt.‟

General v. Kummer befahl:

„Das Regiment Nr. 33 rückt am 30. Januar Mittags mit dem
Stabe und einem Bataillon nach Villers Boccage, mit einem Ba=
taillon nach Flesselle zur Disposition der 29. Brigade.

Ein Bataillon Regiments Nr. 33 und das Jägerbataillon Nr. 8
verbleiben in Amiens.

Die 29. Brigade besetzt am 31. bis 11 Uhr Vormittags Berna=
ville mit einem Bataillon und einer Eskadron, und Fienville mit
einem Bataillon; Doullens mit zwei Bataillonen, Pas mit einem
Bataillon u. s. w.‟

Im Laufe des Vormittags des 30. Januar befahl Oberst v. Hen=
ning, daß das 1. und 3. Bataillon den befohlenen Abmarsch von Amiens
um 2 Uhr anzutreten haben. Das 2. Bataillon konnte nicht ab=
marschiren, da es zum größten Theile mit seinen Mannschaften die
Wachen besetzt hatte und zu der befohlenen Abmarschzeit die Leute noch
nicht abgelöst sein konnten.

Vor dem Abmarsch der Bataillone trat eine neue Stellenbesetzung
ein, da durch die Ankunft rekonvaleszenter Offiziere und der vom Ersatz=
bataillon eingetroffenen das Offizierkorps vollzähliger geworden war. —
Danach waren die Führerstellen bei dem Beginn des Waffenstillstandes
wie folgt vertheilt:

Kommandeur: Oberst v. Henning.
Regiments=Adjutant: Sekondelieutenant v. Ploetz.
1. Bataillon.
Hauptmann v. Fischern.
1. Kompagnie: Hauptmann Goltz.

2. Kompagnie: Premierlieutenant v. Homburg.

3.   „   Premierlieutenant May.

4.   „   „   v. Besser.

2. Bataillon.

Hauptmann v. Wobeser.

5. Kompagnie: Hauptmann Herber.

6.   „   Premierlieutenant Meske.

7.   „   Sekondelieutenant Erdmann.

8.   „   Premierlieutenant Lehfeldt.

3. Bataillon.

Major Jhssen.

9. Kompagnie: Hauptmann v. Wulffen.

10.   „   „   Maier.

11.   „   „   v. Zschüschen.

12.   „   „   v. Homburg.

Die beiden zum Abmarsch bestimmten Bataillone des Regiments rückten nach 2 Uhr von Amiens ab und bezogen gegen Abend die ihnen zugewiesenen Quartiere. Das 2. Bataillon, bei dem zu diesem Zweck die Regimentsmusik verblieben war, hatte am Nachmittag 3 Uhr die Bestattung des verstorbenen Hauptmann v. Wedell zu bewirken.

Pünktlich war vor dem Museumlazareth eine kombinirte Kompagnie zur Leichenparade aufmarschirt. Die wenigen nicht in der Front derselben stehenden Offiziere des 2. Bataillons bildeten das Trauergeleite. Der Zug bewegte sich langsam durch die Straßen der Hauptstadt der Pikardie. Es war das erste Mal in diesem Kriege, daß die Beerdigung eines unserer verstorbenen Offiziere in so feierlicher Weise stattfinden konnte. Die anderen waren auf den Schlachtfeldern, wo sie für König und Vaterland geblutet hatten oder von den Lazarethen aus, in denen sie verstorben waren, bestattet worden. Auch die Bewohner Amiens schienen gegen eine solche militärische Feier noch nicht abgestumpft. Die Neugierde hatte viele von ihnen auf den weit von der Stadt entfernten Kirchhof gelockt. Inmitten der Gräber deutscher Krieger, die noch frische Hügel deckten, wurde der Leichnam des Hauptmann v. Wedell in die französische Erde gesenkt. Nicht blos die das Grab umstehenden Offiziere und Füsiliere waren durch den Ernst der eigenartigen Feier ergriffen, auch unter den vielen Zuschauern zeigten sich thränenerfüllte Augen. Aus ihrer Mitte trat ein Mann, nachdem der Geistliche das Vaterunser geendet, verstohlen an einen Offizier heran, reichte ihm die Hand und gab sich halblaut als deutscher Landsmann zu erkennen.

„Seit vierzehn Jahren habe ich heute zum ersten Male wieder das Vaterunser deutsch gehört; ich fühle in diesem Augenblicke wieder, wo meine Heimath ist. — Es ahnt kein Mensch, daß ich ein Deutscher bin, darum bin ich nicht vertrieben worden", fügte er schnell hinzu und entzog sich den prüfenden Blicken der Umstehenden. Diese kleine Episode zeigt, wie nichts die Anhänglichkeit an die Heimath verwischen kann und welche Macht das deutsche Gebet übt. — Es folgte dem geliebten Kameraden ins Grab nach, über welches die drei Ehrensalven krachten, eine vernehmbare Mahnung für die Bewohner Frankreichs, die soeben einen Waffenstillstand erbeten hatten, nachdem der Uebermuth ihrer Herausforderung gedemüthigt worden war.

Am 31. Januar bezog der Regimentsstab mit dem 1. Bataillon Kantonnementsquartier in Fienvillers, das 3. Bataillon ging nach Bernaville. —

Um 12 Uhr Mittags begann der Waffenstillstand. —

In Bernaville fand das 3. Bataillon eine Kompagnie Mobilgarden, deren Führer noch keinen Befehl erhalten hatte, sich zurückzuziehen. Da er einen solchen erst von seinen Vorgesetzten einholen wollte, so vereinbarte Major Jhssen mit ihm, daß ein Theil des Ortes von den Franzosen noch belegt bleiben solle. Am Abend waren die französischen Offiziere die Gäste unserer Offiziere. Erst in der Nacht ging die Kompagnie zurück. — Am 1. und 2. Februar verblieben die beiden Bataillone in denselben Quartieren, mit dem Retablissement aller Sachen beschäftigt. Das 2. Bataillon war durch den Wachtdienst in Amiens stark in Anspruch genommen. Am 2. stellte es die sämmtlichen Wachen und fand die erste Wachtparade und Paroleausgabe durch den Kommandanten General v. Ruville statt. Dieses Bild des Friedens war dessen erster Vorbote. Der Krieg schien beendet. Doch lag noch keine Garantie vor, daß er nicht alsbald von Neuem entbrennen könne. Die Vorgesetzten ertheilten darum Befehle, die die Kriegsbereitschaft der Truppen nicht sowohl erhalten, sondern noch erhöhen sollten, zumal in den letzten Tagen fast bei allen Truppentheilen Ersatzmannschaften eingetroffen waren, die noch gar nicht an Anstrengungen gewöhnt waren. Schon am 1. Februar hatte General v. Kummer in diesem Sinne einen Befehl ertheilt, der von den Regiments-Kommandeuren verlangte, daß sie in etwa zehn Tagen die Kompagnien besichtigen sollten. —

Am 2. brachten Befehle die Anordnungen über die durch die Truppen der I. Armee zu belegenden Rayons. Der der 15. Division zugewiesene Rayon reichte bis an die Küste des Aermelmeeres westlich der Somme-

mündung bis Dieppe (excl.). Der Rayon rechts davon war der 3. Re=
servedivision, links der 2. Division zugewiesen.

Bei dem Marsch in die Kantonnements der Rayons sollten mög=
lichst viele Ortschaften von den Truppen belegt und in jeder derselben
eine Kriegskontribution von 10 bis 25 Francs pro Kopf eingetrieben
werden. Im Falle der Verweigerung des Geldes oder der Zahlungs=
unfähigkeit waren die angesehensten Leute des Ortes als Bürgen zu
sistiren und zur Internirung in die Citadelle nach Amiens zu senden.
Der jedesmalige Kantonnementsälteste hatte die Kontribution einzutreiben
und an die Kriegskasse abzuliefern. Diese Maßregel sollte das Ver=
langen nach dem Frieden fördern. Die Durchführung derselben war für
die Offiziere in den meisten Fällen eine sehr peinliche Aufgabe, da ge=
wöhnlich die Quartierwirthe derselben diejenigen wohlhabendsten Orts=
eingesessenen waren, die die Gemeinde als Bürgen stellen mußte. Nur
in seltenen Fällen entschlossen sich die Gemeinden zur Zahlung; meist
stellten sie die geforderten Geiseln zur freiwilligen Gefangenschaft.

Um die Verpflegung während der Dauer des Waffenstillstandes
zu regeln, wurde von dem Oberkommando befohlen, was ein jeder Mann
zu fordern habe. Morgens Kaffee und Brod; zum zweiten Frühstück
Brod und ein Stück Fleisch; Mittags Fleisch, Gemüse und eine halbe
Flasche Wein; Abends eine kräftige Suppe und Brod; außerdem im
Laufe des Tages eine Portion Cognac. Das durch ein günstiges Klima
und alte Bodenkultur reiche Land der okkupirten Theile Frankreichs
konnte die geforderte Verpflegung der Mannschaften ohne jede Schwierig=
keit bieten. Diese befanden sich sehr wohl dabei und erholten sich schnell
von den großen Anstrengungen der verflossenen Monate. Den Leuten,
die den beendeten Winterfeldzug mitgemacht hatten, war der Waffenstill=
stand das, was für einen genesenden Kranken die Zeit der Rekonvaleszenz
ist. Die Strapazen hatten in den ersten Tagen des Waffenstillstandes
noch nicht ganz aufgehört, denn die Märsche bei wechselnder Witterung
forderten noch viele Kräfte.

Am 3. Februar marschirten das 1. und 3. Bataillon von Fienvillers
und Bernaville in den neuen Quartierrayon in südwestlicher Richtung
ab, gingen bei Picquigny auf das linke Sommeufer und nahmen Quar=
tier in Fourdrinoy und Saisseval. Dem noch in Amiens stehenden
2. Bataillon ging an diesem Tage der Befehl zu, am 4. Februar zum
Regiment abzumarschiren.

Der Regimentsstab bezog mit dem 3. Bataillon Quartier in
Hornoy, das 1. Bataillon in Boisrault und Gegend, das 2. in Molliens
Vidame und Camps.

Am 5. Februar bezogen die Bataillone Quartiere in Foucarmont, St. Léger und Villers und verließen sie am 6., um Quartiere in Blangy, Monchaux und Pouilleucourt zu nehmen. In diesen Orten verblieben sie bis zum 9. Februar. An diesem Tage bezog das Regiment Kantonnements an der Küste in Ault und in südlich dieses Marktfleckens liegenden Dörfern. Es war ein imponirender Augenblick, als die weithin tönende Brandung zum ersten Male hörbar wurde; ein erhebendes Gefühl, die Fahnen siegreich bis an die Küste des Halt gebietenden Weltmeeres getragen zu haben. In den nahe der Küste belegenen Kantonnements verblieben die Kompagnien bis zum 16. Februar. Am 14. und 15. besichtigte Oberst v. Henning dieselben, nachdem sie die Tage der Ruhe ausgenutzt hatten zur Wiedererlangung guter Haltung und Exerzirdisziplin.

In den Tagen dieser gleichmäßigen Arbeit und Ruhe wurde an der Wiederherstellung der Bekleidung unausgesetzt tüchtig gearbeitet, Fehlendes ergänzt. Besonders thätig in Heranschaffung von Sachen und zahlreich eingehenden Liebesgaben aus der Heimath erwies sich der Unteroffizier Moses, ein in dieser Beziehung sehr nützliches Faktotum des Regiments. Er hatte einen schnelleren Verkehrsweg zu den neuen Kantonnements sich selbst gebahnt. Mit der Eisenbahn gelangten die von ihm herbeigeschafften Gegenstände nach Dieppe, hier aber half er sich, der selbst Seemann war, dadurch, daß er einen kleinen Dampfer requirirte und diesen als Pilot in den nahen Hafen von Tréport führte, wo die Kompagnien die Sachen empfingen. Diese seltsame Fahrt wie auch manche andern Dienste, die er bei Requisitionskommandos geleistet, hatten ihm eine gewisse Popularität im Regiment, wie auch in den übrigen zur Division gehörigen Truppen verschafft. Die Füsiliere riefen ihm, so bald sie ihn sahen, schon auf große Entfernung stets ein „Guten Tag, Herr Moses!" zu.

Am 16. Februar trat ein Dislokationswechsel ein. Das Regiment ging wieder auf das rechte Sommeufer zurück und bezog Kantonnements in der Gegend von Abbeville. Der Regimentsstab ging nach St. Riquier.

Der am 31. Januar begonnene dreiwöchentliche Waffenstillstand nahte seinem Ende, ohne daß eine Basis für den von Frankreich angestrebten Frieden gefunden war. Schon schien es, als ob bald von Neuem der Schlachtendonner hörbar werden solle. Zunächst wurde aber der Waffenstillstand noch bis zum 24. Februar Mittags 12 Uhr verlängert. Doch auch diese Frist schien abzulaufen, ohne daß der Friede geschlossen war, und so befahl das große Hauptquartier schon am 20., daß die

Bewegungen, die die Sicherheit gegen eine feindliche Offensive erforderten, baldigst auszuführen seien. General v. Goeben befahl dem entsprechend für die an der Somme stehenden Truppen der I. Armee, daß sie so zu konzentriren seien, daß am 24. Mittags 12 Uhr die 15. Division bei Abbeville stehen und ihre Vortruppen auf den Straßen nach Calais, St. Omer und Auxy bis zur neutralen Zone vorgeschoben haben solle.

General v. Kummer befahl für den 23. eine Konzentration seiner Division. — Das Regiment rückte Morgens 7 Uhr aus seinen bisherigen Kantonnements, um, wie man allgemein glaubte, neuen Kämpfen entgegenzugehen. Die Bataillone bezogen engere Quartiere zwischen Abbeville und St. Riquier und Orten südlich dieser Linie. —

Die letzte Stunde des Waffenstillstandes rückte heran, noch war keine definitive Entscheidung getroffen. Da traf kurz vor Ablauf die Nachricht ein, daß der Waffenstillstand nochmals bis zum 26. Nachts verlängert sei, und erst eine Stunde vor dieser Zeit langte beim Oberkommando der I. Armee die telegraphische Mittheilung an, daß die Friedenspräliminarien unterzeichnet und darauf hin der Waffenstillstand bis zum 12. März verlängert sei. — Der Krieg war beendet. —

Am 27. wurde wieder eine weitere Dislozirung der Truppen der 15. Division in demselben Rayon befohlen und bezogen die Kompagnien zum Theil ihre früheren Quartiere. Der Regimentsstab blieb in St. Riquier. Hier erhielt der Kommandeur des Regiments das ihm durch Allerhöchste Kabinetsordre vom 24. Februar verliehene Eiserne Kreuz erster Klasse. Gleichzeitig wurden folgende Beförderungen bekannt:

Die Premierlieutenants v. Asmuth, Ziemer und Schulz waren Allerhöchst zu Hauptleuten, die Sekondelieutenants v. Schoeler, Gattung und Reichwald zu Premierlieutenants, die Portepeefähnriche v. Donat, Vigge, Hunger, v. Knobelsdorff und Preuße zu Sekondelieutenants befördert worden.

Die Friedenspräliminarien waren vereinbart, ob daraus aber auch der Friede erblühen werde, war von der französischen Nationalversammlung in Bordeaux abhängig. Die von Deutschland gestellten Bedingungen waren klar und unabänderlich.

Gleichsam zur Belebung der Friedenshoffnungen war das herrlichste Frühlingswetter eingetreten. Die gesunde Luft kräftigte Alle, ließ die Rekonvaleszenten in den Lazarethen schneller gesunden. Aber nicht allein die herrlichen Gaben der Natur schufen Genuß, auch materiell wurde derselbe gefördert. Seine Majestät hatte befohlen, daß aus den Kontributionsgeldern für die Dauer des Waffenstillstandes den Offizieren und Beamten eine tägliche Zulage von 15 Francs gezahlt werbe.

In dem Präliminarfrieden hatte Frankreich das Elsaß und einen großen Theil Lothringens abgetreten. Die von Frankreich als natürliche Grenze bezeichnete und angestrebte Rheinlinie hatte kein französischer Soldat in diesem Kriege erreicht. Die natürliche Grenze zwischen dem französischen und neugeeinten deutschen Reiche ward auf dem Grat der Vogesen gezogen.

Ueber die erfolgte Ratifikation der Friedenspräliminarien berichtete zuerst Seine Majestät der Kaiser telegraphisch:

Versailles, 2. März 1871.

Kaiserin und Königin in Berlin!

Soeben habe Ich den Friedensschluß ratifizirt, nachdem er schon gestern in Bordeaux von der Nationalversammlung angenommen worden ist. Somit ist also das große Werk vollendet, welches durch siebenmonatliche siegreiche Kämpfe errungen wurde. Dank der Tapferkeit, Hingebung und Ausdauer des unvergleichlichen Heeres in allen seinen Theilen. Der Herr der Heerschaaren hat überall unsere Unternehmungen sichtlich gesegnet und daher diesen ehrenvollen Frieden in seiner Gnade gelingen lassen. Ihm sei die Ehre, der Armee und dem Vaterlande aus tieferregtem Herzen Mein Dank.

Wilhelm.

Der Friede war errungen. Ein Jeder, der im Donner der feindlichen Geschütze, den Tod nicht scheuend, seine schwere Pflicht treulich erfüllt hatte, durfte sich freuen, in das geliebte Vaterland zurückkehren zu dürfen. Die aber, die nicht heimkehren konnten, die durch ihren Tod die Treue besiegelt hatten, sie sind nur gestorben, nicht todt; ihr Name lebt fort in der Geschichte des Vaterlandes.

In der engern Geschichte unseres Regiments aber sollen die ein dauerndes Denkmal finden, die in seinen Reihen für Gott, König und Vaterland bluteten. Es sind:

50 Offiziere, 190 Unteroffiziere, 1154 Füsiliere

und zwar:

Komp.	Todt			Verwundet		
	Offiz.	Unteroffz.	Füs.	Offiz	Unteroffz.	Füs.
1.	2	4	43	3	8	59
2.	2	4	55	4	9	88
3.	2	2	23	1	6	45
4.	2	1	32	3	4	49
5.	2	2	23	—	7	48
6.	2	2	25	1	9	72
7.	2	2	47	3	6	86
8.	—	3	20	4	5	61
9.	3	3	31	2	4	53
10.	2	1	33	4	3	83
11.	3	2	22	1	3	66
12.	—	3	27	2	7	63
Summa	22	29	381	28	71	773

Auf dem Schlachtfelde starben den Heldentod:

Major v. Reinhardt, 18/8. 70.   Pr.-Lt. Graf Rittberg, 18/8. 70.

Hptm. v. Jasmund, 18/8. 70.   „   Nolte, 18/8. 70.

   „   Cohen van Baren,   Sek.-Lt. Gabbum, 18/8. 70.

               18/8. 70.   „   Goltz, 3/1. 71.

   „   Wolff, 3/1. 71.   „   Freudenfeld, 3/1. 71.

   „   v. Buttler, 3/1. 71.

Sek.-Lt. Frhr. v. Boemelburg, 3/1. 71.
„ b. Landw. Oehlmann, 18/8. 70.

An den erhaltenen Wunden starben:

Major v. Gilsa, verw. a. 18/8. 70.
Hptm. v. Wedell, 3/1. 71.
Sek.-Lt. v. Fragstein und Niemsdorff, 18/8. 70.
„ Rupe, 18/8. 70.
„ v. Rosenberg-Gruszczinski, 18/8. 70.

Verwundet wurden:

Oberst v. Henning, 19/1. 71.
Maj. v. Knobelsdorff, 18/8. 70.
„ v. Wedell, 23/12. 70.
Hptm. v. Etzdorff, 18/8. 70.
„ Menner, 18/8. 70.
„ Maier, 19/1. 70.
Pr.-Lt. Schulz, 23/12. 70.
„ v. Broich, 6/10. 70.
„ Januskowski, 18/8. 70.
„ Frhr. v. Ledebur, 3/1. 71.
Sek.-Lt. Reichwald, 18/8. 70.
„ Krause, 18/8. 70.
„ Woide, 23/12. 70.
„ v. Arnoldi, 18/8. 70 u. 23/12. 70.
„ Charlier, 23/12. 70.
„ Heidweiller, 18/8. 70.

Sek.-Lt. b. Landw. Richter, 3/1. 71.
„ b. Ref. Raberschatt, 18/8. 70.
Sek.-Lt. b. Landw. Hildebrandt, 19/1. 71.
„ b. Landw. Lescheck, 23/12. 70.
Portepeefähnrich Muelentz, 23/12. 70.
Sek.-Lt. b. Landw. Strübing, 23/12. 70.
„ b. Ref. Baumeister, 18/8. 70 u. 23/12. 70.
„ b. Ref. Kyll, 23/12. 70.
Portepeefähnr. Hunger, 18/8. 70.
„ v. Knobelsdorff, 23/12. 70.
„ Meste, 3/1. 71.
Vizefeldw. Toop, 3/1. 71.
„ Porsch, 18/8. 70.
„ Thulke, 18/8. 70.
„ Reichert, 18/8. 70 u. 3/1. 71.
„ Thiem, 27/11. 70.
„ Hürth, 3/1. 71.

Am 5. März trafen aus dem großen Hauptquartier die Direktiven für die Ausführung des Präliminar-Friedens-Vertrages ein. Danach trat sogleich überall Magazinverpflegung an Stelle der durch Requisitionen in den Gemeinden herbeigeführten Verpflegung. — Den Direktiven waren aber auch die Bestimmungen beigefügt, nach denen verschiedene Truppenverbände sofort aufgelöst werden, einzelne Regimenter in andere Korps übertreten sollten. Von diesen Bestimmungen wurde unser Regiment betroffen. Es sollte alsbald in den Verband des I. Armeekorps übertreten.

Mit aufrichtiger Trauer vernahm das Regiment die Kunde von

ſeiner Verſetzung. Am 1. November 1851 war das Regiment in Köln
eingetroffen und in das VIII. Armeekorps aufgenommen worden. Un=
ausgeſetzt hatte es in den faſt zwanzig Jahren ſeine Garniſon in Köln
gehabt. Zwiſchen dieſer Stadt und dem Regiment hatte ſich in dieſer
langen Zeit ein nie geſtörter, freundſchaftlicher Verkehr begründet, wie
er nur ſelten beſteht. Schon nach dem Kriege 1866 ſollte das Regi=
ment Köln mit einer Garniſon des I. Armeekorps vertauſchen; damals
hatte die Stadt Köln Allerhöchſten Ortes um die Belaſſung der 33er
in ihren Mauern gebeten, und das Regiment durfte in dieſelben wieder
einziehen. Dieſes Mal fruchteten ähnliche, das Regiment ehrende Ver=
ſuche der Stadt Köln nichts, das oſtpreußiſche Füſilier=Regiment durfte
nicht nach den Ufern des Rheins zurückkehren. Die erſchwerte Mobi=
liſirung eines Füſilier=Regiments, das von ſeinem Korps weit entfernt
iſt, macht es unmöglich, daſſelbe außerhalb ſeines Korpsbezirks zu be=
laſſen. Das hatte ſich bei der Mobilmachung des Regiments im Juli
1870 von Neuem gezeigt. Ein Jeder hatte ſich daher ſchon längſt ſagen
müſſen, daß eine Verſetzung in das I. Armeekorps dereinſt eintreten
werde. Als ſie zur Gewißheit wurde, überraſchte ſie doch einen Jeden.
Wer ſchiede gern aus liebgewonnenen Kreiſen, aus ſeiner Heimath?
Und eine ſolche war Köln den oſtpreußiſchen Füſilieren geworden, in
deren Reihen auch viele Söhne des Rheinlandes ſtanden. —

Schon am 7. März trafen die Befehle für den Abmarſch des Re=
giments von der Somme nach der Seine vom VIII. zum I. Armee=
korps ein. Mit dieſen Befehlen ging folgender Befehl Seiner Excellenz
des Generallieutenants v. Kummer ein:

„Das Regiment Nr. 33 ſcheidet morgen den 8. März aus
dem Verbande der Diviſion und tritt ſeinen Marſch zum I. Armee=
korps an.

Bei dem ſo plötzlichen Abmarſch des Regiments Nr. 33 iſt es
mir leider unmöglich, dem Regiment mündlich ein herzliches Lebewohl
zu ſagen, um dem Regiment die gerechte Anerkennung auszuſprechen
für ſeine Hingebung, Bravour und tüchtige Leiſtung während dieſes
Feldzuges.

Die 15. Diviſion, mit deren Geſchichte das Regiment aufs In=
nigſte verbunden iſt, wird demſelben für alle Zeiten ein kamerad=
ſchaftliches Andenken bewahren, und ſo rufe ich denn dem Regiment
zu: Ein glücklicher Stern geleite es auf allen ſeinen Wegen.“

Am frühen Morgen des 8. März verließ das Regiment ſeine
Kantonnements, ging bei Pont Remy auf das linke Sommeufer und

kam in die Gegend von Airaines, um Tags darauf in der Richtung auf Rouen weiter zu marschiren; es erging aber an diesem Tage der Befehl, daß das Regiment noch einmal in den Verband der 15. Division zurücktreten solle.

Schon am 6. war die Nachricht bei dem Oberkommando der I. Armee eingetroffen, daß Seine Majestät die Truppen derselben in Parade inspiziren werde. General v. Goeben wollte das Regiment theilhaben lassen an dieser hohen Ehre und hatte daher befohlen, daß es erst nach der bei Amiens stattfindenden Parade seinen Marsch zum I. Armeekorps antreten solle. — Das Regiment bezog darum am 9. März wieder Quartiere auf dem rechten Sommeufer, in und um St. Leger und ging am 10. näher an Amiens heran, engere Quartiere in den wohlbekannten Orten Allonville, Carbonette und Raineville beziehend; hier wo nach blutiger Schlacht das Weihnachtsfest verlebt worden war. Der 11. und 12. März wurde von den Mannschaften benutzt, um die Sachen in den guten Zustand zu setzen, in dem sie sich in der Parade vor dem geliebten Kriegsherrn zeigen wollten. Da traf unerwartet die Nachricht ein, daß Seine Majestät durch Unwohlsein verhindert sei, die Parade über die bei Amiens stehenden Truppen der I. Armee abzunehmen. Statt Seiner Majestät kam Seine Kaiserliche und Königliche Hoheit der Kronprinz, um Seinen erlauchten Vater zu vertreten und von Ihm Seine Grüße zu bringen.

Auf dem Plateau östlich von Amiens, von dem aus die Schlachtfelder des 27. November und des 23. Dezember zu übersehen waren, rückten die Truppen zur Parade heran. Die Infanterie stellte sich im ersten Treffen auf. Auf dem rechten Flügel derselben stand unser Regiment als das ältere der 29. Infanteriebrigade. Der Himmel hatte sich in trübes Grau gekleidet, ab und zu fiel feiner Regen. Gegen die Mittagsstunde erhellten sich Aller Gesichter, zwar brach nicht die Sonne durch, aber der Kronprinz kam um 12 Uhr von tausendfachem Hurrah begrüßt. Hatte der geliebte Königssohn in dem beendeten Kriege auch nicht einmal Gelegenheit gehabt, die Truppen der I. Armee vor dem Feinde zu sehen, so waren ihm diese doch nicht fremd, ihre Siege hatten sie ihm gleich werth gemacht den Truppen, die so glücklich waren unter seinem hohen Befehle zu siegen.

Langsam ritt der Kronprinz die Treffen ab; in seiner Suite, die sich vom rechten Flügel an anschloß, befanden sich die Generale, unter denen wir gefochten, die mit uns gegen den Feind gestürmt waren. Auch unser englischer Freund, der Major Roberts war in dieser Suite. Er hatte die Erlaubniß erhalten, in seiner Uniform sich dem Stabe der

I. Armee anzuschließen. Mit voller Theilnahme war er den Geschicken des Regiments gefolgt, oft hatte er sich bei demselben eingefunden und mit aufrichtiger Herzlichkeit Freud und Leid mitempfunden. Es war daher natürlich, daß in seinem Bericht über die Parade bei Amiens für den Daily=Telegraph unseres Regiments spezielle Erwähnung geschah. Er schrieb damals unter Anderem:

„Regungslos und still wie im Grabe stand die lange Linie da; nicht ein Wort, nicht ein Ton kam aus dem Munde der Helden von hundert Gefechten. Im Centrum der ersten Linie stand General Kummer mit seinem Stabe, und auf der äußersten Rechten war eine glänzende Gruppe berittener Offiziere aufgestellt, aus denen man wegen seiner Größe leicht den General v. Goeben, den Helden von St. Quentin, den geliebten und angebeteten Führer des tapfern rheinischen Armeekorps, herauserkannte. Mit einem kleinen Stabe herantrabend, begrüßte der Kronprinz Seine Excellenz, und wendete sich dann, um auf die rechte Flanke des ersten Regiments zuzureiten.

Es war dies das ostpreußische Füsilierregiment Nr. 33, das näm= liche, welches bei Gravelotte dezimirt worden war, welches die französische Position bei Boves mit nur zwei Bataillonen genommen hatte, welches die Hallue=Linie bei Pont Noyelles hielt, die französischen Batterien auf den Höhen fast ganz allein stürmte, und welches — von fünf französischen Bataillonen zum Rückzug gezwungen — die Pferde von der französischen Batterie links von La Houssoye mit sich zurückbrachte. Dies war das Regiment, welches das VIII. Korps bei Bapaume rettete und General v. Goeben in den Stand setzte, Peronne zu unterwerfen. Aber jetzt sind von den ursprünglich mit ausgerückten Offizieren nur vier im Stande, an der Heerschau theilzunehmen, — der Oberst v. Henning und die Lieutenants v. Plötz, v. Homburg und Lehfeldt. Das Regiment war voller Rekruten, jedes Bataillon hatte ihrer etwa 200 bis 250; aber da stehen sie, so frisch und blühend wie je mit lächelndem Gesicht und verwegenem Blick, der zu sagen scheint: „Wir können noch ein gut Theil mehr thun!“ Ich brauche nicht jedes Regiment zu beschreiben, denn das nämliche gilt von allen, zumal auch vom 65., welches mit dem vorigen unter dem Obersten v. Bock die 29. Brigade bildet.“

Nicht aus Eitelkeit ist ein Theil des Wortlautes des Artikels hier wiedergegeben, sondern um zu zeigen, welche Theilnahme das Regiment durch seine Leistungen sich selbst bei Fremden erworben hatte.

Nachdem die Parade beendet, marschirte das Regiment bei seinen bisherigen Vorgesetzten vorbei in seine Quartiere; ein jeder derselben begrüßte die Scheidenden. Unvergeßlich bleibt die Trennung von den

Truppen, mit denen das Regiment zusammen vor dem Feinde gestanden. Die Königshusaren waren herangetrabt, um in kräftigen „Lehm opps" den Abschiedsgruß zuzurufen, die 65er riefen Lebewohl den Füsilieren; besonders herzlich aber war der Abschied von den Batterien Uthmann, Busse, Leo und Geißler. Die Offiziere und Kanoniere eilten herbei und nahmen Abschied von den Dreiundbreißigern. Manches Auge füllte sich mit Thränen: es war der Abschied von den braven Kampfgenossen, deren viele Kameraden mit den unserigen in französischer Erde gemeinsam ruhen. Unvergeßlich bleibt der Abschied des Regiments vom achten Armeekorps. Er ist ihm schwer geworden, doch einen schönen Trost brachte der Korpsbefehl vom 11. März, in dem der geliebte Feldherr zum Regimente sprach:

Seine Majestät haben Allergnädigst befohlen, daß das Ostpreußische Füsilierregiment Nr. 33 aus dem Verbande des VIII. Armeekorps tritt und in den des I. übergeht. Dem Regiment wird es bewußt sein, daß dasselbe von einem Korps sich trennt, welches mit vollem Vertrauen und mit ganzem Stolze es zu seinen Truppentheilen gezählt hat.

Mir, als seinem bisherigen kommandirenden General, gereicht es aber zur wahrhaften Befriedigung, die vorzüglichen Leistungen des Regiments während des jetzt beendeten glorreichen Feldzuges anzuerkennen, seine Disziplin, seine Ausdauer, seine Opferwilligkeit unter den schwierigsten Verhältnissen lobend hervorzuheben, und dem Regiment zu sagen, daß die hingebende Tapferkeit, welche dasselbe an den Tagen von Gravelotte, Pont Noyelles und Bapaume in rühmlichster Weise bewährt hat, weder meinem Gedächtniß noch dem der Truppen des VIII. Armeekorps entschwinden wird.

Hiermit rufe ich dem ostpreußischen Füsilierregiment Nr. 33 ein herzliches Lebewohl zu und lebe der Ueberzeugung, dasselbe wird in allen seinen Gliedern dem VIII. Armeekorps, das aus einer solchen rühmlichen Vereinigung hervorgegangene Andenken in andauernder Weise bewahren.

Amiens, den 11. März 1871.

Der kommandirende General VIII. Armeekorps

v. Goeben,

General der Infanterie.

Dieser letzte Korpsbefehl für das Regiment im VIII. Armeekorps, in dessen Reihen es fast zwanzig Jahre gestanden, bildete den schönen Abschluß einer Zeit, die die denkwürdigsten Erlebnisse des Regiments umfaßt. —

Der letzte Tag des Regiments bei dem Rheinischen Armeekorps war der Tag, an dem der sieggekrönte Monarch Frankreich verließ, um über den Rhein in seine Residenz heimzukehren. Seine Majestät der Kaiser und König schied von seinem Heere mit folgenden Worten:

Soldaten der deutschen Armee!

Ich verlasse mit dem heutigen Tage den Boden Frankreichs, auf welchem dem deutschen Namen so viel neue kriegerische Ehren erwachsen, auf dem aber auch so viel theures Blut geflossen ist. Ein ehrenvoller Frieden ist jetzt gesichert und der Rückmarsch der Truppen in die Heimath hat zum Theil begonnen. Ich sage Euch Lebewohl und Ich danke Euch mit warmem und erhobenem Herzen für Alles, was Ihr in diesem Kriege durch Tapferkeit und Ausdauer geleistet habt. Ihr kehrt mit dem stolzen Bewußtsein in die Heimath zurück, daß Ihr einen der größten Kriege siegreich geschlagen habt, den die Weltgeschichte gesehen, daß das theure Vaterland von jedem Betreten durch den Feind geschützt worden ist, und daß dem deutschen Reiche jetzt Länder wiedererobert worden sind, die es vor langen Jahren verloren hat.

Möge die Armee des nunmehr geeinten Deutschlands stets eingedenk sein, daß sie sich nur bei stetem Streben nach Vollkommenheit auf ihrer hohen Stufe erhalten kann; dann können wir der Zukunft getrost entgegen sehen.

Nancy, den 15. März 1871.

Wilhelm.

Am Morgen des 16. März sammelte sich das Regiment bei Allonville und trat seinen Marsch zum I. Armeekorps an. Ein scharfer Nordwind brachte starke Abkühlung; dichter Schneefall machte den Marsch beschwerlich. Derselbe führte anfänglich durch Dörfer, die von Truppen der 15. Division belegt waren. Auf den Dorfstraßen standen die alten Kriegskameraden und riefen den Ostpreußischen Füsilieren nochmals ein Lebewohl zu. Mancher Händedruck wurde gewechselt. Am Nachmittage erreichten die Bataillone die ihnen vorgezeichneten Quartiere in der Gegend von Poix als erste Etappe auf dem Marsch nach Rouen. In den Quartieren fanden die Füsiliere wohlthuende Erwärmung nach einem ermüdenden Marsche bei großer Kälte. Der Marsch am folgenden Tage führte das Regiment in die Gegend von Formerie. Am 18. März erreichte das Regiment Forges les Eaux und verblieb hier am 19. in Ruhe; am 20. war das Regiment in und um Buchy dislozirt, eine dem Regiment durch das Gefecht am 4. Dezember, welches der Einnahme von Rouen vorausging, bekannte Gegend. Am 21. März wurde diese Stadt erreicht. Das Regiment trat in die Reihen des I. Armeekorps ein und wurde der 4. Infanteriebrigade zugetheilt.

Der Führer des I. Armeekorps Generallieutenant v. Bentheim war mit seinem Stabe und vielen Offizieren dem Regiment entgegen geritten. Eine kurze Strecke vor Rouen ließ er es halten, sich die Offiziere desselben vorstellen und begrüßte das Regiment bei seinem Eintritt in die Reihen des I. Armeekorps, bei seiner Rückkehr in die Heimath. Der General ließ darauf das Regiment an sich vorüber marschiren und befahl die Dislokation für die nächsten Tage. Danach bezog vorerst nur der Regimentsstab und das 1. Bataillon Quartiere in Rouen; das 2. Bataillon ging in das nahe gelegene Bonsécours, das 3. Bataillon in die Vorstadt Darnetal. Erst nach dem in einigen Tagen erfolgenden Abmarsch des 1. Regiments sollten diese beiden Bataillone auch in Rouen Quartier nehmen.

Am letzten Marschtage hatte heiteres Frühlingswetter den bisher grau bewölkten Himmel erhellt; ringsum grünte es und trieb es Blüthen. Es wurde Kaiserwetter. Am Abend des 21. März tönte der preußische Zapfenstreich durch die Straßen der Hauptstadt der Normandie und verkündete deren Bewohnern, daß der nächste Tag, der Tag der Geburt des Kaisers von Deutschland, Wilhelm I., sei.

Zum ersten Male feierte Preußens Heer den Geburtstag seines geliebten Königs und Kriegsherrn als den des Deutschen Kaisers. Vierundsiebzig Jahre hatte der Gottbegnadete Schirmherr deutscher Ehre und deutschen Rechtes, ein echter Hohenzoller, vollendet. Unter Seiner Führung war das deutsche Heer zum Ruhm und Heile seines Vaterlandes von Sieg zu Sieg gezogen. Wie Seine Ahnherren, der große Kurfürst und der große König, war der große Kaiser aus dem Hohenzollernschen Hause nicht nur der Kriegsherr Seiner Truppen, Er war ihr Vater. Mit welch' hehrer Freude durften Seine Kinder Sein Geburtsfest feiern!

Ostpreußens Füsiliere, deren Bataillone an diesem Tage nicht vereint waren, feierten das herrliche Fest im Glanze einer hellleuchtenden Frühlingssonne in ihren Quartierorten. Am Ufer der Seine, von dem die übermüthige Herausforderung zum Kriege erfolgt war, tönten laute Hurrahs der Preußen für ihren Kaiser und König Wilhelm I., eine Mahnung für die französischen Republikaner, daß nur eine Monarchie glückbringend für das Volk, daß nur die Liebe und treue Anhänglichkeit eines Volkes an sein Herrscherhaus zum sichern Siege führt. Eine Parade der Garnison in Rouen, an welcher das 1. Bataillon theilnahm, gab dem Königs-Geburtstage im fremden Lande das äußere Gepräge, während in den Herzen der preußischen Soldaten dieser Tag zum herrlichsten Festtage wurde. Die Offiziere der Bataillone des Regiments versammelten sich zu gemeinsamem Festmahle. Die mit des Franzmanns Wein gefüllten Gläser klangen harmonisch aneinander bei einem Hoch dem Kaiser und Könige. Die inneren Gefühle an solchem Festtage lassen sich nicht schildern. Glücklich der, der daran Theil hatte.

Bis zum 24. März verblieben die Bataillone in ihren bisherigen Kantonnements. An diesem Tage bezog das ganze Regiment Standquartiere in Rouen. Das 1. Bataillon wurde in die Kaserne „Napoleon" auf dem Champ de Mars gelegt. Es begann eine Zeit regelmäßigen Dienstes. Die Aufrechterhaltung der Ordnung und die Bewachung von vielen dienstlich benutzten Gebäuden erforderten einen starken Wachtdienst, in den sich das Regiment mit den in Rouen stehenden Regimentern 4 und 44 theilte. Die nicht im Wachtdienst verwendeten Kompagnien begannen Exerzir-, Schieß- und Felddienstübungen, durch welche die Disziplin gewahrt und die äußere Haltung der Mannschaften gehoben wurde. —

Durch eine Allerhöchste Kabinetsordre vom 29. März wurde der für die Dauer des mobilen Verhältnisses zum Kommandeur des Regiments ernannte Oberst v. Henning in dieser Stellung definitiv bestätigt. Er war bemüht, die voraussichtlich lange Zeit währenden Standquartiere in Rouen für Offiziere und Mannschaften in jeder Beziehung angenehm zu gestalten. — Aus der heimathlichen Garnison trafen neue Bekleidungsstücke und Material ein, die alten in einen besseren, dem Auge angenehmeren Zustand zu versetzen. Auf den Straßen, den Quais und Boulevards, der durch ihre herrlichen Baudenkmäler ausgezeichneten Stadt, zeigten sich die Füsiliere nicht mehr in den vom Feldzuge stark mitgenommenen Anzügen; sie gingen sauber und nett gekleidet einher, die Herzen mancher Feindinnen versöhnend.

Die Offiziere hatten schnell gesorgt, sich in neuen Anzügen der schönen Welt von Rouen zeigen zu können, und wenn, wie täglich, eine Regimentsmusik in dem mitten in der Stadt belegenen Jardin de Solferino konzertirte, fanden sich auch Mitglieder der besseren Gesellschaft, selbst der irréconciliables ein. Das Verhältniß zwischen der Bewohnerschaft von Rouen und dem Füsilierregiment ließ nichts zu wünschen übrig. Es wurde aber auch mit großer Strenge darauf gehalten, daß sich die Mannschaften, die ja doch nun einmal les barbares blieben, keiner Ausschweifungen schuldig machten. Die in ihren Dienst wieder eingetretene französische Gensdarmerie hielt dafür Ungebührlichkeiten des niederen Volkes im Zaume. Besonders günstig für die äußere Ordnung und Ruhe war es, daß die auf dem linken Seineufer liegende, fast ausschließlich von Fabrikarbeitern bewohnte Vorstadt St. Sever nicht belegt werden durfte, da die Demarkationslinie der okkupirten Gebietstheile Frankreichs auf dem rechten Seineufer verlief.

Während in den von den deutschen Truppen okkupirten Gegenden vollkommene Ruhe herrschte und das arbeitsame französische Volk sich seiner Friedensbeschäftigung rastlos hingab, tobte ein erbitterter Vernichtungskampf in der französischen Hauptstadt, deren geheiligten Boden die Pariser vor den Füßen der Deutschen ängstlich bewahrt hatten. Jetzt trat die Kommune, mit allen der menschlichen Gesittung Hohn sprechenden Mitteln, die hohe Kultur der alten Lutetia nieder. Das zur Vernichtung der Wälder Deutschlands bestimmte Petroleum flammte in den herrlichsten Bauwerken von Paris vernichtend auf. Die von den Deutschen besiegte, jetzt aus der Gefangenschaft heimkehrende französische Armee wurde schnell wieder bewaffnet, um die Franzosen zu besiegen.

Angstgefühle beschlichen die biedern Rouenesen, wenn sie daran dachten, daß auch bei ihnen die Flamme der Rebellion gegen menschliche Zucht und Ordnung auflodern könne. Sie fühlten sich nur dagegen gesichert durch den Schutz ihrer siegreichen Feinde und scheuten sich nicht, das auszusprechen. Welch' neuer Sieg für Deutschland, dessen Söhne Zeugen des abschreckenden Beispiels einer zügellosen Anarchie waren. — Die in den Straßen laut feilgebotenen Zeitungen brachten die Erzählungen des furchtbaren Brudermordes, dem die im Norden von Paris liegenden deutschen Truppen stumm zuschauten. — Sedan, Metz, Pontarlier und die Kommune geben die Geschichte der Demüthigung Frankreichs, wie sie noch nie verzeichnet worden. —

Ein freundlicheres Bild bot Rouen. Hierher strömten täglich aus allen okkupirten Theilen Frankreichs Offiziere, um sich an der schönen Stadt und ihrer Umgebung zu ergötzen, die nicht allein dem Auge reiche Nahrung bot, sondern auch dem verwöhntesten Gaumen eines Feinschmeckers. In den eleganten Restaurants und Hotels von Rouen tafelten Offiziere aller deutschen Armeekorps und Waffengattungen. Aber noch zu weitergehenden Ausflügen lud die Lage Rouens ein. Täglich fuhren viele deutsche Offiziere nach Dieppe, vertauschten hier ihr soldatisches Gewand mit einer bürgerlichen Kleidung und bestiegen den nach New-Haven gehenden Dampfer, um von hier aus der Metropole Old-Englands ihren Besuch abzustatten. In den Straßen Londons begegneten sich ganze Trupps deutscher Offiziere. —

Dem Regiment war Rouen ein liebgewonnener Aufenthalt, in dem es sich ganz heimisch fühlte. Für das Offizierkorps war eine elegante Speiseanstalt im Hotel de la Subdivision von der Stadt Rouen eingerichtet worden, in der nach französischer Zeiteintheilung die Mahlzeiten eingenommen wurden. Die Mannschaften wurden aus Magazinen verpflegt. Der festgestellte Speisezettel bot gute Nahrung, die durch die schmackhafte Zubereitung der Quartierwirthe den Füsilieren gut mundete; Rothwein und Cyder würzten die Kost.

Die gute Zeit verging aber nicht ohne Thätigkeit. Am 10. April besichtigte der Führer des I. Armeekorps, General v. Bentheim die Bataillone und sprach seine Zufriedenheit mit der Haltung und dem Aussehen derselben aus.

Am 14. April erhielten Hauptmann v. Fischern und der Feldwebel Wiese das eiserne Kreuz 1. Klasse für ihr muthiges Verhalten im Treffen bei Bapaume. Am 25. Mai erging die Mittheilung, daß Seine Hoheit der Herzog Ernst von Sachsen-Altenburg den Obersten v. Henning, den Oberstlieutenant v. Gilsa, die Hauptleute v. Etzdorff und Meske und den Sekondelieutenant v. Ploetz, sowie die Feldwebel Stoeckel und Ebert und drei Füsiliere mit seinem sachsen-ernestinischen Hausorden dekorirt habe.

Während der Dauer der Okkupation waren nicht allein vielfache Beurlaubungen und Kommandirungen auf dienstliche Posten in der Heimath erfolgt, sondern auch schon theilweise Entlassungen aus den Reihen des mobilen Regiments. Der brave Stabsarzt Dr. Schütz war nach seiner westfälischen Heimath zurückgekehrt, durch sein Verhalten bei Bapaume in dankbarer Erinnerung beim Regiment. Auch einige Landwehr- und Reserveoffiziere waren schon zu ihrer bürgerlichen Thätigkeit zurückgekehrt. Aeltere Jahrgänge der Mannschaften waren durch Rekruten vom Ersatzbataillon abgelöst und in ihre Heimath entlassen worden. Die Zahl der noch in Frankreich weilenden Truppen verminderte sich mit jedem Tage.

Durch eine Allerhöchste Kabinetsordre vom 27. Mai wurde der Verband der I. Armee aufgelöst und traten die noch in Frankreich zurückbleibenden Truppen dieser Armee unter das Oberkommando der III. Armee. Das VIII. Armeekorps trat schon in den ersten Tagen des Juni den Rückmarsch in die Heimath an; das I. Armeekorps verblieb vorläufig noch in Frankreich. Nicht lange nachher verließ auch ein Theil desselben die 1. Division, mit Ausnahme des 3. Regiments, das fremde Land, nur die 2. Division und mit ihr das Regiment, blieb von der ehemaligen I. Armee zurück. —

Am 16. Juni hielt Seine Majestät der Kaiser und König, umgeben von Seinen Heerführern, an der Spitze Seiner Garden einen feierlichen Einzug in Berlin. Zu den vielen Gnadenbeweisen, mit denen der Kaiser Sein Heer an diesem Tage beglückte, gehörte die Erhebung in den Grafenstand des Chefs des Regiments, des Kriegsministers General der Infanterie v. Roon.

Am 18. Juni, dem in Preußens Geschichte denkwürdigen Tage, fand eine kirchliche Friedensfeier statt. — „Gott war mit Uns, Ihm sei die Ehre." — So lautet die Umschrift der Medaille, die die Brust aller Derer ziert, die an dem siegreich beendeten Feldzuge theilgenommen. — Vor dem Herrn der Heerschaaren beugte am 18. Juni der Allerhöchste Heerführer dankbar seine Knie, mit Ihm Deutschlands Volk. —

Auch bei den noch in Frankreich weilenden Truppen wurde die kirchliche Friedensfeier in angemessener Weise abgehalten. Die Franzosen, die in leichtfertigem Uebermuth den Frieden gebrochen, waren Zeugen, wie die deutschen Krieger für den erstrittenen, ehrenhaften Frieden dem Lenker der Schlachten dankten, der die Gebete von Freund und Feind erhört und den Sieg verleiht.

Der Friedensfeier folgten viele auf die Rückkehr zum Friedensstande der Armee bezügliche Bestimmungen. Die wichtigste war der Allerhöchste Befehl, daß auch die noch in Frankreich verbleibenden Bataillone durch Entlassung der älteren Jahrgänge der Reserve auf 802 Mann zu reduziren seien. Am 1. Juli verließen in Folge dieses Befehls ungefähr 400 Mann die Reihen des Regiments, um unter der Führung des Hauptmannes v. Wulffen bei dem bereits in der neuen Garnison des Regiments, Danzig stehenden Ersatzbataillon zur Entlassung zu gelangen. — General v. Manteuffel, der Führer in der Schlacht, der jetzt zum Oberbefehlshaber „der Okkupationsarmee in Frankreich" ernannt worden war, rief den Scheidenden folgende Abschiedsworte zu:

„Ich sende den Reserve-Mannschaften, die jetzt entlassen werden, meinen Gruß. Ich danke ihnen für die Tapferkeit und gute Führung. Ich wünsche von ganzem Herzen, daß es ihnen Allen gut und wohl ergehe in der Heimath."

Während sich der Mannschaftsstand des Regiments verminderte, füllte das starkgelichtete Offizierkorps die Lücken. Vom 1. Regiment wurden die Lieutenants v. Horn und Schwarz von der Reserve des 43. Regiments, der Lieutenant Schrewe ins Regiment versetzt.

Im Juli verringerte sich die Besatzung von Rouen bedeutend. Hier blieb nur noch das Regiment, eine Eskadron des 10. Dragoner-Regiments und eine Batterie, die ein unter die Befehle des Oberſten v. Henning geſtelltes Detachement bildeten. Für dieſes war der 22. Juli der letzte Tag des Aufenthaltes in der Hauptſtadt der Normandie. Vier Monate hatte das Regiment ununterbrochen hier geſtanden. In dieſer langen Zeit war kein ernſter Konflikt der Füſiliere mit der Bewohnerſchaft Rouens vorgefallen. Dieſe zeigten ſich zwar beim Abmarſch des Regiments theilnahmlos, wie es die allgemeine feindliche Geſinnung nicht anders zuließ; aber ehe die Offiziere und Mannſchaften ſich zum Abmarſch rüſteten, wurde manch' freundſchaftlicher Händedruck in den Häuſern gewechſelt. Es war ein ernſtes würdiges Scheiden der Dreiundbreißiger von Rouen. Als das Regiment am Morgen des 22. Juli abmarſchirte, waren viele Neugierige in den Straßen, die die letzten Preußen abrücken ſehen wollten. Einige Gamins riefen: „à revoir à Berlin." Ob ſie wohl kommen werden? —

Die Wege der Bataillone trennten ſich gleich nach. dem Abmarſch. Der Regimentsſtab ging mit dem 1. Bataillon in drei Märſchen nach Beauvais, das 2. Bataillon ging nach Clermont und Creil. Das 3. Bataillon gelangte nach ſechstägigem Marſch nach den ihm zugewieſenen Kantonnements Chantilly, Vineuil und Gouvieux.

Die Truppen, die bei der Okkupationsarmee in Frankreich ſtanden, unter dieſen in vorderſter Linie die 2. und 22. Diviſion, waren dem Kommando des General v. Manteuffel unterſtellt, der ſein Hauptquartier nach Compiegne verlegt hatte. Hier hatte auch der Kommandeur der 2. Diviſion Generallieutenant v. Treskow ſein Quartier genommen. Der Kommandeur der 4. Infanteriebrigade, Generalmajor v. Zglinitzki lag in Creil.

Entgegen der Hoffnung, daß die neuen Kantonnementsquartiere nicht mehr lange belegt ſein würden und die Heimkehr ins Vaterland nahe bevorſtehe, blieb das Regiment in den genannten Orten viele Wochen hindurch in Quartier. Die Sehnſucht nach der lieben Heimath und die Lieben daheim mußte niedergekämpft werden. Das herrlichſte Wetter in ſchöner Gegend und eine angenehm empfundene Ruhe in behaglichen Verhältniſſen machten den verlängerten Aufenthalt in Frankreich angenehm; obſchon die Stimmung der Bewohner der okkupirten Gegenden ſich unfreundlicher gegen die ungebetenen Gäſte geſtaltete. Der Auguſt verſtrich in gleichmäßiger Arbeit. Während regelmäßiger Uebungen im Exerziren, Schießen u. ſ. w., wurden die Bataillone durch weitere Entlaſſungen und den Austauſch von Mannſchaften mit dem Erſatzbataillon dem Friedensſtande immermehr nahe gebracht. —

Eine Allerhöchſte Kabinetsordre, d. d. Gaſtein den 1. September, brachte die freudige Nachricht, daß der Hauptmann v. Wobeser und der Sekondelieutenant v. Ploetz für ihr tapferes Verhalten in dem Treffen bei Bapaume mit dem eisernen Kreuz 1. Klasse ausgezeichnet worden seien. Dieses schöne Ehrenzeichen schmückte nun die Brust von vier Offizieren und einem Feldwebel des Regiments.

In den ersten Tagen des September wurden die Anordnungen für die nahe bevorstehende Heimkehr getroffen. Die Eisenbahn=Fahrtdispositionen gingen ein. Danach sollte das Regiment in Beauvais und Creil die Eisenbahn besteigen und zu je einem Bataillon der Nummerfolge nach zunächst nach Köln befördert werden. Die freigebige Bewohnerschaft der langjährigen Garnison hatte es durch den Gouverneur, Generallieutenant v. Frankenberg, ausgewirkt, daß das den Kölnern liebgewordene Regiment noch einmal, ehe es über den Rhein nach Osten ziehe, in ihrer Mitte weile.

Der 19. September war der letzte Tag, den das Regiment bei der Okkupationsarmee in Frankreich verlebte. Am Nachmittage verließ der Regimentsstab mit dem 1. Bataillon Beauvais, das 2. Bataillon Creil mit der Eisenbahn. Das 3. Bataillon rückte nach Creil, um am folgenden Tage gleichfalls von hier aus befördert zu werden. Die lang währende Fahrt ging über Reims, Mohon, Thionville, an welchen Orten die Mannschaften warme Mittagskost oder Kaffee erhielten. Diedenhofen war der erste Ort im neuen deutschen Reiche, den die heimkehrenden Füsiliere erreichten. Von hier ging es weiter nach Metz. Die wohlbekannte Gegend rief die Erinnerung an die hier durchlebten Tage der Kämpfe und der Einschließung Allen ins Gedächtniß zurück. In Bingerbrück war der Rhein erreicht. Da floß der heilige Strom, dessen Wellen vor mehr als einem Jahre das Regiment auf seiner Fahrt ins Feld getragen hatten. Der Feind hatte den Rhein nicht erreicht. Nur als Gefangene waren Frankreichs Heerschaaren bis dorthin gelangt. Mit stolzer Genugthuung durfte ein Jeder, der Theil genommen hatte an dem heiligen Kampfe, sich dessen vollbewußt sein.

In nächtlicher Fahrt gelangten die beiden ersten Bataillone von Bingerbrück nach Köln. Am Morgen des 22. September um 4 Uhr traf das 1. Bataillon, bald nach 5 Uhr das 2. dort ein.

Um 6 Uhr führte in Abwesenheit des Regimentskommandeurs der Oberstlieutenant v. Knobelsdorff die beiden Bataillone durch das Gereons= thor in die Stadt nach dem Neumarkt. Hier hatten sich der dem Regimente väterlich wohlwollende Gouverneur v. Frankenberg, der Kommandeur der 15. Division Generallieutenant v. Kummer, der Führer in der Schlacht, und alle früheren Vorgesetzten eingefunden. Auch viele Bewohner der Stadt hatten trotz der frühen Morgenstunde es sich nicht versagt, die Heimkehrenden zu begrüßen. Nach einem Parademarsch auf dem Neumarkt gingen die Leute in die für sie freiwillig angebotenen Quartiere. Mit freudiger Herzlichkeit wurden die Ankommenden begrüßt und in ihren Quartieren von den Bürgern der Stadt mit unbegrenzter Freigebigkeit bewirthet. Die Dankbarkeit und Anerkennung der Mit=bürger, der vor feindlichem Ueberfall geschützten Bewohner des Vater=landes ist nach der Anerkennung und der Zufriedenheit des Allerhöchsten Kriegsherrn der schönste Lohn, der aus dem Felde heimkehrenden Kriegern werden kann. Das Regiment hat in Köln diesen schönen Lohn reichlich empfangen.

Das Offizierkorps des 65. Regiments, die Brigadekameraden, be=wirtheten die Offiziere der beiden Bataillone bei einem Gastmahle im Militärkasino, an welchem auch die sämmtlichen Generale der Garnison Theil nahmen. — Den Glanzpunkt der Empfangsfestlichkeiten bildete das von der Stadt Köln dem Regiment in der Flora und in dem zoologischen Garten gegebene Fest. In den beiden Gärten konzertirten Musikkorps. Die Offiziere und Mannschaften waren dorthin eingeladen. Diese wurden mit Getränken, Speisen und Cigarren reichlich bewirthet. Für die Offiziere war in der herrlich beleuchteten Flora ein Festmahl bereitet. Unter Palmen war eine reichausgestattete Tafel aufgestellt, an welcher die Generalität, die Spitzen der städtischen Behörden und der Bewohnerschaft, viele Offiziere der Garnison mit den Offizieren des Regiments Platz nahmen. Ein vortreffliches Mahl von den schönsten Rheinweinen begleitet, wurde aufgetragen. Für das „Abendessen zur Feier der Rückkehr des ostpreußischen Füsilier=Regiments Nr. 33 im Wintergarten der Flora" war eine nur in deutschen Küchenausdrücken geschriebene Speisekarte ausgegeben worden.

Aber mehr Werth als alle äußere Pracht hatte die ungezwungene Herzlichkeit und Liebenswürdigkeit der Gastgeber. Der gehobenen Stim=mung gaben zahlreiche Tischreden Ausdruck. General v. Frankenberg brachte das begeistert aufgenommene Hoch auf den Kaiser und König. Dann folgte eine Ansprache des Oberbürgermeisters Herrn Bachem, der zum letzten Male zum Regiment gesprochen, als es am 31. Juli des verflossenen Jahres die Schiffe bestieg, um ins Feld zu ziehen. Welche Zeit der Kämpfe und des Ruhmes lag zwischen den beiden Tagen! Gewiß ein reicher Stoff zum Sprechen; daß dieser aber einen berechtigten Dank für die Anwesenden bot, das machte die Herzen der Dreiund=dreißiger lauter schlagen, die mit stolzer Freude den Worten des Ober=bürgermeisters lauschten, welche der Oberstlieutenant v. Knobelsdorff

mit Dankesworten und einem Hoch auf Köln erwiderte. Auch ein be=
sonders gedichteter Willkommengruß an die Dreiunddreißiger in Köln
wurde nach der Melodie der Wacht am Rhein gesungen. Singend und
toastirend verrannen die Stunden Jedem zu schnell. — Die herrliche
Feier dauerte bis zu später Nachtstunde.

Am Vormittage des 23. marschirten beide Bataillone über den
Rhein nach Deutz auf das rechte Ufer, nachdem die Heimath des Re=
giments fast volle zwanzig Jahre auf dem linken Ufer gewesen war.
Auf dem Deutzer Bahnhofe hatten sich Offiziere aller Waffengattungen
und Chargen und eine überaus zahlreiche Menge von Bewohnern zu
einem letzten Lebewohl eingefunden. Der Abschied war herzlich und
wurde den Scheidenden sehr schwer. —

Das 3. Bataillon war inzwischen um 4 Uhr Morgens in Köln
eingetroffen und vom Bahnhofe aus in die ihm zugewiesenen Quartiere
abgerückt, in welchen den Mannschaften ein gleich herzlicher Empfang
wurde. Am Nachmittage fand für dieselben wie am Tage zuvor in der
Flora und dem zoologischen Garten Konzert und Bewirthung statt.
Die Offiziere waren von der Stadt zu einem Abschiedsmahle nach dem
Moslerschen Saale eingeladen. Hier waren wieder die Generale, der
Oberbürgermeister Bachem und Deputirte der Stadtverordneten an=
wesend. Auch nicht ein Dreiunddreißiger sollte auf der Heimkehr aus
dem Felde in den Mauern Kölns geweilt haben, ohne von der Gastlich=
keit seiner Bewohner einen schönen Beweis zu erhalten. Eine warm=
empfundene Rede des Oberbürgermeisters als letzter Abschied den zuletzt
Scheidenden erwiderte der Kommandeur des 3. Bataillons Major
v. Wedell. Er hob hervor, wie in den Reihen des Regiments, als es
vor zwanzig Jahren aus dem Osten des Vaterlandes nach Köln kam,
zwei Männer gestanden, die unvergänglichen Ruhm mit ihren Namen
verknüpft hätten. Der damalige Regimentskommandeur Oberst v. Roon
und der Kommandeur des 1. Bataillons Major v. Werder, der mit
seinen Truppen den bourbakischen Schaaren den Eintritt in Deutschland
gewehrt hatte. Das damals fremde Regiment sei in der gastlichen
Stadt schnell heimisch geworden. Mit einem Alaaf Köln schloß Major
v. Wedell seine Rede. Die Gesellschaft trennte sich spät.

Am Morgen des 24. September verließen die letzten Dreiund=
dreißiger Köln. Dankbare Erinnerung lebt bei ihnen für ihre lang=
jährige Garnison dauernd fort. — Vor dem Abmarsch vom Neumarkt
verabschiedeten sich die Offiziere noch bei dem hochverehrten Gouverneur
v. Frankenberg, der trotz sehr ungünstigen Wetters das Bataillon über
die Schiffbrücke nach Deutz begleitete. —

24*

Das zuerst von Deutz abgefahrene 2. Bataillon erreichte Berlin am 24. nach 5 Uhr Nachmittags und bezog dort Quartiere. Offiziere und Mannschaften erhielten freien Eintritt in die Königlichen Theater. Weniger gut erging es dem 1. Bataillon, das erst gegen 12 Uhr Nachts bei strömendem Regen eintraf. Die Leute desselben konnten ihre Quartiere in der ihnen unbekannten Stadt nur schwer finden, so daß viele erst gegen Morgen dieselben erreichten. Das 3. Bataillon kam in der folgenden Nacht in Berlin an und bezog dort keine Quartiere.

Am 25. Nachmittags 1 Uhr verließ das 2. Bataillon Berlin auf der Ostbahn, das 1. folgte eine Stunde später. Vor seiner Abfahrt hatte es das hohe Glück, seinen verehrten Chef, den General v. Roon zu sehen, der zur Begrüßung des Bataillons nach dem Bahnhof gekommen war und mit herzlichen Worten Offiziere und Mannschaften willkommen hieß. — Das 3. Bataillon folgte Tags darauf. — Das Ziel der Bataillone war die neue Garnison Danzig.

Da der feierliche Einzug der aus dem Felde zurückgekehrten Truppen in die Stadt erst am 30. September stattfinden sollte, so wurden die ankommenden Bataillone in der Umgegend einquartiert. In den Kantonnements fanden sich die zu dem bereits in Danzig stehenden Ersatzbataillon des Regiments gehörenden Offiziere zur Begrüßung ein. —

Das Ersatzbataillon

war schon am 16. Juli zusammengetreten*) und in der Kaserne auf dem Neumarkt untergebracht worden. Seine Rangliste war nach dem Abmarsch des Regiments folgende:

Kommandeur: Major v. Wedell.

Adjutant: Sekondelieutenant der Reserve Bender.

Stabsarzt der Landwehr: Dr. Levy.

Zahlmeister: Morhenn.

1. Kompagnie:	2. Kompagnie:
Führer: Hauptm. v. Wulffen.	Führer: Prem.-Lt. Herber.
Sek.-Lt. d. Landw. Stürmer.	Sek.-Lt. d. Landw. Hildebrandt.
„ Goltz.	„ „ „ Moeller.
Vizefeldw. Vogelsang.	„ Brandt.
	Vizefeldw. Thiem.
3. Kompagnie:	4. Kompagnie:
Führer: Hauptm. Goltz.	Führer: Prem.-Lt. Schulz.
Prem.-Lt. May.	Sek.-Lt. d. Landw. Toop.

---

*) S. Seite 120.

Sek.-Lt. d. Reſerve Dilthey. | Sek.-Lt. d. Reſerve Weyland.
„ d. Landw. Feyerabend. | „ d. Landw. Schrewe.
Portepeefähnrich v. Donat. | Portepeefähnrich Muelenz.

Handwerkerabtheilung:
Sekondelieutenant der Landwehr Lange.

Der Dienſt in einem Erſatzbataillon iſt der ſchwerſte für einen Berufsſoldaten, der ſeine Regimentskameraden draußen im Felde am Feinde weiß. Der Dienſt des Erſatzbataillons des Regiments in Köln wurde aber noch geſteigert durch die Aufgaben, die ihm als Beſatzungstruppe einer im Belagerungszuſtande befindlichen Feſtung zufielen.

Die Beſatzung der Feſtung Köln beſtand anfänglich aus dem mobilen Regiment Nr. 65, den Erſatzbataillonen Nr. 33, 40, 65, der Erſatzkompagnie des 7. Jägerbataillons, der Erſatz-Eskadron des 8. Küraſſier-Regiments, der Erſatzabtheilung des 8. Artillerie-Regiments, einiger Pionierkompagnien des 7. Bataillons. Außerdem gehörten fünfzehn bis zwanzig Landwehrbataillone zu der kriegsmäßigen Beſatzung Kölns, über welche Truppen der Generallieutenant v. Bothmer den Befehl führte. — Die gegen den gewaltſamen Angriff armirte Feſtung mit allen dort ſtehenden Truppen und Militärbehörden war dem Befehl des Gouverneurs der Feſtung, Generallieutenant v. Frankenberg, unterſtellt. —

Die Armirung war beim Abmarſch der Feldtruppen noch nicht zu Ende geführt und mußten daher die Beſatzungstruppen das Werk vollenden helfen. Die Abholzung der ſchönen Promenaden auf dem Glacis war nicht zu vermeiden, aber die Anlagen der Flora und des zoologiſchen Gartens wurden geſchont, da ſich die Stadt verpflichtet hatte, im Nothfalle für eine ſchleunige Niederlegung ihrer weltberühmten Gärten zu ſorgen.

Während ſo das Erſatzbataillon entweder durch den ſehr verſtärkten Wachtdienſt oder mit Arbeiten in den Feſtungswerken beſchäftigt war, wurde auf den ausgedehnten Handwerksſtätten des Bataillons mit raſtloſem Eifer neues Bekleidungsmaterial geſchaffen. Der Zahlmeiſter Morhenn wirkte hier unermüdlich zum großen Nutzen des Regiments und der ſpäter erfolgenden Neuformationen. —

Die ſchnell aufeinanderfolgenden Siege über die franzöſiſchen Heere in den erſten Auguſtwochen hatten jede Gefahr für Köln abgewendet. Das 65. Regiment war darum ſchon am 6. Auguſt von den Beſatzungstruppen der Feſtung geſchieden und der General-Etappeninſpektion der I. Armee überwieſen worden. Die meiſten der Landwehr-Beſatzungsbataillone folgten bald nach.

Ein bedeutender Zuwachs an Mannſchaften wurde dem Erſatz=
bataillon noch vor dem Eintreffen der Rekruten durch den Eintritt von
beinahe zweihundert einjährigen Freiwilligen und Freiwilligen für die
Dauer des Krieges. Begeiſtert von dem Wunſche, in den heiligen
Kampf fürs Vaterland gegen den fränkiſchen Gegner zu ziehen, waren
die jungen Leute aus der Stadt Köln, den Rheinlanden und dem Aus=
lande bis von jenſeits des Ozeans herbeigeeilt und hatten Aufnahme in
den Reihen der oſtpreußiſchen Füſiliere gefunden. Ihr Eifer, ſchnell die
Kriegstüchtigkeit zu erlangen, die ſie zur Nachſendung ins Feld befähigen
werde, erleichterte die ſchwierige Aufgabe, ſie mit den wenigen Offizieren
und Unteroffizieren dienſtlich heranzubilden. Schon bei dem erſten größern
Nachſchube konnten viele derſelben mit ins Feld ziehen, wo ſie durch die
ihnen meiſt eigene Kenntniß der franzöſiſchen Sprache den Kompagnien,
denen ſie zugetheilt wurden, gute Dienſte leiſteten. — Um die Aus=
bildung der jungen Mannſchaft zu fördern, war von dem Generalkom=
mando angeordnet worden, daß der ſtellvertretende Kommandeur der
29. Infanteriebrigade, der General v. Plehwe, alle vierzehn Tage ſich
von den Fortſchritten durch Inſpizirungen eigene Anſchauungen ver=
ſchaffen ſollte.

Aufregende Stunden brachten die ſchnell verbreiteten Nachrichten
von den Kämpfen und Siegen. Da die I. Armee an allen Kämpfen
zwiſchen der Saar und Moſel Theil genommen, war es wahrſcheinlich
daß das Regiment vor dem Feinde geblutet hatte. Mit ängſtlicher Un=
geduld ſahen die Kameraden dem Eingange näherer Nachrichten entgegen.
Angſtbeklommen eilten die Angehörigen der im Felde ſtehenden Männer,
Söhne und Verwandten nach der Kaſerne, um hier nach dem Schickſal
der Ihrigen zu forſchen. Fieberhafte Aufregung brachte die Nachricht
von dem blutigen Siege bei Gravelotte, da es ſogleich bekannt geworden,
daß das Regiment ſchwere Verluſte erlitten hatte. Die erſt ſpärlichen
Mittheilungen wurden durch Gerüchte zum Unglaublichen umgeſtaltet
und manche Schmerzensthräne floß, die auf die Widerlegung der erſten
Nachrichten zur Freudenthräne wurde. Aber die Wahrheit war ernſt
genug. Viele der Lieben im Felde hatten ihr Leben als brave Soldaten
geendet. — Sie hatten gewiß beim letzten Athemzuge noch einen Gruß
nach Hauſe geſendet. — Schlecht paßte die Trauer zu der Siegesfreude
und dem Siegesjubel der die Straßen Kölns erfüllte, der in der Kaſerne
des Regiments wiedertönte, in der ſich die junge Mannſchaft rüſtete zur
Füllung der von den feindlichen Geſchoſſen in den Reihen des Regiments
gemachten Lücken. Nicht lange nach dem Tage von Gravelotte trafen
die erſten Verwundeten des Regiments ein, von den Kameraden und
ihren Familien mit ſtolzer Freude begrüßt.

In Folge der zahlreichen Verlufte ging in der letzten Auguftwoche der Befehl ein, Offiziere und Mannſchaften nachzuſenden. Unter der Führung des Hauptmann v. Wulffen gingen Premierlieutenant May, Sekondelieutenant Brandt, die Portepeefähnriche v. Donat und Muelenz mit 554 Mann*) zum mobilen Regiment ab. Der für die Dauer des Krieges reaktivirte Hauptmann a. D. von der Schulenburg übernahm die Führung der 1. Kompagnie.

Mit dem Eintreffen der Verwundeten war dem Erſatzbataillon die Sorge zugefallen, dieſe während ihrer Rekonvaleszenz zu verpflegen. Auch die an innern Krankheiten Leidenden wurden dem Erſatzbataillon nach ihrer Geneſung zugewieſen. Die Mannſchaften wurden nach ihrer völligen Wiederherſtellung in kleinen Transporten dem Regimente nach-geſendet.

Die Rekruten trafen in den erſten Tagen des September ein und begann ſogleich ihre Ausbildung, die durch den Mangel an tüchtigen Unteroffizieren ſehr erſchwert wurde, zumal ein Theil derſelben zu dem vielſeitigen Dienſt in der Garniſon mit herangezogen werden mußte, zu dem die Bewachung der Kriegsgefangenen noch hinzugetreten war.

Am 18. Oktober trat ein Wechſel in dem Kommando des Ba-taillons ein. Der bei Gravelotte verwundete Hauptmann v. Etzdorff war zum Kommandeur des Erſatzbataillons, Major v. Wedell für den gefallenen Major v. Reinhardt zum Kommandeur des 3. Bataillons ernannt worden. Der Wechſel des Kommandos beim Erſatzbataillon ſollte erſt eintreten wenn der Hauptmann v. Etzdorff wieder hergeſtellt ſei. Noch vor ſeiner völligen Geneſung übernahm er das Bataillon und ging Major v. Wedell zum mobilen Regiment ab.

Eine ſchwere Laſt erwuchs dem Erſatzbataillon aus der Attachirung der ſämmtlichen in Köln internirten kriegsgefangenen Offiziere, etwa dreihundert an der Zahl.

Mit der Fortdauer des Krieges und der Kämpfe nahm die Zahl der Verwundeten und Kranken, die dem Erſatzbataillon überwieſen wurden, bedeutend zu, während die immer zahlreicher eintreffenden Kriegsgefangenen, die in dem für ſie auf der Wahner Haide errichteten Barackenlager unter-gebracht waren, einen erhöhten Wachtdienſt nothwendig machten.

Am 7. Dezember übernahm der von ſeiner Wunde geneſene Premier-lieutenant v. Broich die 4. Kompagnie für den zum mobilen Regiment verſetzten Premierlieutenant Schulz. Die Hauptleute Goltz und Herber wurden erſt am 17. Januar durch Hauptmann Menner und Premier-

---

*) Siehe Seite 185.

lieutenant v. Asmuth abgelöſt und gingen mit einem ſtarken Transport
zum Regiment, zunächſt nach St. Quentin ab. Sie kamen nicht mehr
an den Feind. Dieſer war beſiegt, zum Waffenſtillſtand und Frieden
gezwungen.

Bevor dieſer in gewiſſer Ausſicht ſtand, war die Errichtung von
Garniſonbataillonen aus den älteſten Jahrgängen und ausgedienten
Mannſchaften angeordnet worden, da die in den Feſtungen verbliebenen
Truppen nicht mehr im Stande waren den Dienſt zu leiſten, der ihnen
durch die in der Weltgeſchichte noch nicht gekannte Zunahme von Ge=
fangenen auferlegt werden mußte. Die neu zu errichtenden Garniſon=
bataillone ſollten die franzöſiſchen Armeen bewachen, die in Deutſchland
gefangen gehalten wurden. Dem Erſatzbataillon fiel zum großen Theil
die vollſtändige Einkleidung der Garniſonbataillone Nr. 25 und 65 zu.
Anfangs Februar wurden dieſe Bataillone errichtet, aber ſchon Anfang
März wieder aufgelöſt. Die durch ihre Einkleidung herbeigeführten
Schwierigkeiten wußte Zahlmeiſter Morhenn leicht zu überwinden, der
ſich bei jeder Gelegenheit die Anerkennung und den Dank ſeiner Vor=
geſetzten erwarb.

Die nach beendigtem Kriege erfolgte Verſetzung des Regiments zum
I. Armeekorps war gleichzeitig dem Erſatzbataillon bekannt gegeben
worden und demſelben der Befehl zugegangen, ſich auf die Ueberſiede=
lung nach der neuen Garniſon Danzig vorzubereiten. Ende Juni er=
folgte der Befehl zum Abmarſch von Köln.

Am 27. Juni räumte das Erſatzbataillon die Kaſerne auf dem
Neumarkt und bezog Quartiere bei den Bürgern. Am 1. Juli ſollte
es von Deutz abfahren. Bevor das Bataillon aus der langjährigen
Garniſon des Regiments ſchied, empfing es noch zahlreiche ehrende Be=
weiſe, wie lieb das Regiment der Stadt Köln geworden ſei und wie
ungern deren Bewohner es ſcheiden ſahen. Der Oberbürgermeiſter von
Köln ſchrieb am 29. Juni dem Gouverneur v. Frankenberg:

Daß die Stadtverordneten=Verſammlung in der geſtrigen Sitzung
für das Erſatzbataillon des oſtpreußiſchen Füſilier=Regiments Nr. 33
einen Serviszuſchuß von 500 Thalern bewilligt hat, mittheilen zu
können, gereicht mir zur hohen Freude.

Die Gewährung für einen die hieſige Garniſon verlaſſenden Truppen=
theil iſt erfolgt, abgeſehen von der Rückſicht auf die alt bewährte Tapfer=
keit und Tüchtigkeit des 33. Regiments, hauptſächlich in Erwägung der
zwanzigjährigen Dauer des hieſigen Aufenthaltes derſelben, des guten
Einvernehmens, welches zwiſchen ihm und der Bürgerſchaft während

dieser langen Zeit bestanden hat, sowie des Umstandes, daß das Bataillon gerade vor den Einzugsfeierlichkeiten für die heimkehrenden Truppen die Garnison verläßt und daß die überwiegende Mehrzahl in Frankreich gefochten hat. Das Oberbürgermeisteramt:

gez. Bachem.

Ein schöneres Lob konnte dem Regiment, das zwanzig Jahre hindurch in Köln gestanden hatte, nicht werden, als der von den städtischen Behörden ausgesprochene Dank für ein gutes Einvernehmen mit der Bewohnerschaft. Es war das dritte Mal seit dem Bestehen des Regiments im preußischen Heere, daß es seine Garnison wechselte; aber auch beim Scheiden aus Graudenz und Thorn war dem Regiment eine gleiche Anerkennung für sein Wohlverhalten geworden. — Möge es immer so sein! —

Ebenso ehrenvoll war das Zeugniß, das der Gouverneur der Festung dem aus derselben scheidenden Truppentheil gab. Er erließ am 30. Juni folgenden Parolebefehl:

Das Ersatzbataillon Nr. 33 verläßt morgen Köln, um nach seiner neuen Garnison Danzig abzugehen. Mit ihm scheidet das ostpreußische Füsilier-Regiment Nr. 33 von Köln, wo es zwanzig Jahre in Garnison gestanden hat und sich durch gute Mannszucht und durch seine Verträglichkeit mit den Einwohnern die allgemeine Achtung und Liebe erworben. In dem beendeten Feldzuge hat es sich durch seine Bravour vor dem Feinde besonders ausgezeichnet und in demselben leider sehr schwere Verluste gehabt.

Möge es dem Regiment in seiner neuen Garnison so gut gehen, wie es ihm in Köln gegangen ist, das dasselbe ungern scheiden sieht. Das Gouvernement bedauert seinen Abgang und sagt ihm ein herzliches Lebewohl.

gez. v. Frankenberg.

Der Generallieutenant v. Frankenberg war dem Regiment mehr als Vorgesetzter, er war ihm im langen dienstlichen Zusammenleben ein wahrer Freund geworden. Als solcher erwies er sich auch bei dem Abmarsch des Ersatzbataillons. Als dasselbe am Vormittage des 1. Juli zum Abmarsch nach Deutz auf dem Neumarkt bereit stand, erschien der Gouverneur, um persönlich nochmals Abschied zu nehmen. Um den Schwerverwundeten den Weg nach dem Bahnhofe zu erleichtern, hatte er auf seine Kosten Wagen ermiethen lassen, auf denen dieselben dem abrückenden Bataillon vorauf gefahren wurden.

Am Nachmittage des 1. Juli verließ das Erſatzbataillon Deutz und traf am Vormittage des 4. in Danzig ein, vom Kommandanten, Generallieutenant v. Bothmer empfangen. Es bezog Quartiere in der Stadt, da die Kaſernements zum großen Theil noch von Kriegsgefangenen belegt waren. Erſt am 1. Auguſt konnte es in der Kaſerne Wieben untergebracht werden.

Ein Garniſonwechſel iſt eine der ſchwerſten Prüfungen, die an einen Truppentheil herantreten kann. Iſt es für den Einzelnen ſchon ſchwer, ſich in neue Verhältniſſe hineinzufinden und einzuleben, um wie viel ſchwieriger für eine Vereinigung Vieler, für eine Truppe. Nicht die Einzelnen unterliegen der Beurtheilung der Bewohnerſchaft einer neuen Garniſon, ſondern die Geſammtheit. In dem preußiſchen Heere beſteht, Dank der Erziehung deſſelben, die Verantwortlichkeit Aller für Einen, und weil das preußiſche Volk dieſe Anſchauung theilt, ſo muß die gegenſeitige Aufſicht um ſo ſchärfer gehandhabt werden, wenn ein Truppentheil fremd, ſeine Nummer keine altbekannte iſt. Den Maßnahmen des Kommandeurs des Erſatzbataillons, Hauptmann v. Etzdorff, iſt es zu danken, daß der erſte Eindruck, den die oſtpreußiſchen Füſiliere in der weſtpreußiſchen Hauptſtadt machten, ein ſo günſtiger war, daß auch in Danzig der gute Ruf des Regiments ſchnell begründet wurde, den es in ſeinen frühern Garniſonen hinterlaſſen hatte.

Bei dem Scheiden des Erſatzbataillons aus den Reihen des VIII. Armeekorps waren nicht wenige Leute deſſelben dort zurückgeblieben. Die Mannſchaften aus rheiniſcher Heimath waren in die dort verbleibenden Regimenter verſetzt worden.

Auch im Offizierkorps waren gleichzeitig Veränderungen eingetreten. Hauptmann von der Schulenburg hatte ſeine Kompagnie an den Premierlieutenant Bender abgegeben, der die Geſchäfte des Adjutanten nicht lange geführt hatte. Später übernahm der von ſchwerer Verwundung geneſene Premierlieutenant Freiherr v. Ledebur die Führung der 3. Kompagnie für den nach Frankreich abgegangenen Hauptmann v. Asmuth.

Im Laufe des Juli erfolgten erneute Entlaſſungen älterer Jahrgänge und eine Einſtellung von Rekruten. Am 18. ging ein ſtarker Erſatztransport, der letzte im Feldzuge 1870/71, zum mobilen Regimente ab. So wechſelte die Stärke des Bataillons mit jedem Tage, während die Zahl der demſelben attachirten Rekonvaleszenten zunahm. Die Invalidiſirung der Mehrzahl derſelben erforderte eine außergewöhnliche Thätigkeit des Kommandeurs des Bataillons, der es gelang, bis zum Eintreffen des Regiments für die meiſten Mannſchaften, die Anſpruch

auf Invalidenbenefizien hatten, die Anerkennung als Invaliden herbei=
zuführen. —

Das Regiment verblieb nach seinem Eintreffen in den Kantonne=
ments in der Umgegend seiner neuen Garnison bis zum Tage des feier=
lichen Einzuges aller aus dem Felde nach Danzig heimgekehrten Truppen
am 30. September. Der mit der Führung des I. Armeekorps beauf=
tragte Generallieutenant v. Barnekow und der Oberpräsident der Pro=
vinz Preußen v. Horn waren von Königsberg zu den Einzugsfeierlich=
keiten nach Danzig gekommen.

Von dem kleinen Exerzirplatz aus fand der Einmarsch der Truppen
unter Führung des Kommandeurs der 2. Division des Generallieute=
nants v. Treskow statt. Die sehr schön ausgestattete via triumphalis
führte die einziehenden Truppen durch das Hohe=Thor in die altehr=
würdige Stadt Danzig, begrüßt von den städtischen Behörden unter
ihrem thatkräftigen Oberbürgermeister v. Winter und einer Anzahl er=
lesener Jungfrauen. Das fremde Regiment durfte die ihm dargebrachte
Freundlichkeit für sich mit in Anspruch nehmen, da es nicht ruhmlos
aus dem Felde heimkehrte.

Ein von der Stadt den Offizieren dargebotenes Festmahl fand in
den Räumen des Schützenhauses statt. Der Oberbürgermeister v. Winter
gab durch schöne Worte diesem Feste die Weihe. —

Am nächsten Tage traten die sämmtlichen Landwehroffiziere, Re=
serveoffiziere und in Offizierstellen stehenden Vizefeldwebel aus den
Reihen des Regiments, in dem sie eine lange Zeit ruhmvollen Wirkens
verlebt hatten, an dessen Thaten sie Antheil haben, an welches sie
dauernde Erinnerung ketten wird. Die Erlebnisse eines Krieges, wie
des beendeten, vergessen sich nicht. Ihr Scheiden war eine schmerzlich
empfundene Trennung von liebgewonnen Kameraden, von Freunden, von
Zugehörigen einer Familie. —

Am 1. und 2. Oktober verließen auch die letzten Mannschaften der
Reserve das Regiment. Unter den Scheidenden befanden sich viele, die
als Erinnerung an ihre Thaten die schöne Auszeichnung des Eisernen
Kreuzes auf ihrer Brust trugen.

Diese Auszeichnung war dem Regiment in hohem Maße zu Theil
geworden. Es waren dekorirt worden:

Mit dem Eisernen Kreuz 1. Klasse:
4 Offiziere, 1 Feldwebel.
Mit dem Eisernen Kreuz 2. Klasse:
52 Offiziere, 11 Fähnriche, 15 offizierdienstthuende Vize=

feldwebel, 10 Feldwebel, 1 Stabshautboist, 95 Unter=
offiziere, 3 Lazarethgehülfen und 139 Füsiliere.
Mit dem Eisernen Kreuz 2. Klasse am weißen Bande:
5 Aerzte und 2 Zahlmeister.
In Summa: 5 Eiserne Kreuze 1. Klasse, 326 Eiserne Kreuze
2. Klasse und 7 Eiserne Kreuze 2. Klasse am weißen Bande.

Mit gerechtem Stolz darf das Regiment diese hohe Zahl der auf
den Schlachtfeldern erworbenen Ehrenzeichen in seiner Geschichte ver=
zeichnen.

Nach der Entlassung der Reserven erfolgte die Auflösung des Er=
satzbataillons.

Das Regiment befand sich auf dem Friedensstande. — Das
1. Bataillon bezog die Kaserne Wieben, das 2. und 3. Bataillon die
Reiterkaserne. Der Friedensdienst begann mit dem althergebrachten
Eifer. — Die gewissenhafte Handhabung desselben allein befähigt zum
Siege; in ihr liegt die Sicherheit und der Schutz der Grenzmarken des
Vaterlandes allein fest begründet. Kriegstüchtigkeit muß im Frieden
durch mühevolle Arbeit erlangt werden. —

Der Garnisondienst in der ausgedehnten Festung und den mit ihr
in Verbindung stehenden Marine=Etablissements erforderte gleich nach
dem Einrücken eine starke Betheiligung des Regiments an demselben.
Dasselbe hatte sogleich ein Kommando nach der Vorfestung Weichsel=
münde zu verlegen.

Während der Friedensdienst alle Kräfte gleichzeitig anspannte, blieb
der Geist noch lange beschäftigt mit den Eindrücken, die die durchlebte
große Zeit des deutsch=französischen Krieges hinterlassen hatte; vor Allem
war es das Gedenken an die Kameraden, die nicht mit heimgekehrt
waren ins geliebte Vaterland, die fern von seinen Grenzen geblutet,
ihr Leben geendet hatten. Ihnen ein bleibendes Denkmal zu setzen, das
die Zeiten überdauere und ihre Namen der Nachwelt verkünde, hatten
die Offiziere des Regiments schon beschlossen, als sie noch in Frankreich
waren. Der Ankauf eines kleinen Stückes Land auf dem Schlachtfelde
von Gravelotte ermöglichte es, dort einen einfachen Stein errichten zu
lassen, der die Namen derer trägt, die das Regiment hier in heißer
Schlacht verlor. Der Stein steht zwischen den beiden Brennpunkten
des Gefechtsfeldes des Regiments St. Hubert und Point du jour an
der Straße nach Metz; er bezeichnet die Stelle, die das Ziel des
Kampfes war. Auf den anderen Gefechtsfeldern, die das Blut des
Regiments geröthet hatte, stehen keine Gedenksteine für die Gefallenen.
Sie liegen weit jenseits der neuen Reichsgrenze gebettet, darum blieben

ihre Gräber schmucklos. Die feindliche Gesinnung der Franzosen verbot es, dort bleibende Denkmale zu errichten.

Ein Denkmal, das die Namen aller im Kriege gefallenen Offiziere und Mannschaften trägt, sollte in Danzig aufgestellt werden. Schon während des Waffenstillstandes waren durch Beiträge der Offiziere des Regiments nicht unbedeutende Mittel für die Errichtung eines Denkmals zusammengebracht worden. Der hohe Chef des Regiments, der General Graf v. Roon vermehrte diese Summe durch ein Geschenk von 500 Thalern. Die Ausführung des Denkmals wurde dem Dombildhauer Fuchs in Köln übertragen. Hauptmann v. Fischern übernahm es, alle weiteren Vorbereitungen für die Errichtung des Denkmals fürsorglich zu leiten. —

Das Jahr 1872 begann in angestrengter Friedensthätigkeit. Das Klima Danzigs, ungünstiger als das der früheren rheinischen Garnison, machte die Ausbildung der Rekruten schwieriger, die während der sehr empfindlichen Winterszeit meist nur in geschlossenen Räumen herangebildet werden können. Je schwieriger die Lösung der gestellten Aufgaben, desto eifriger die Arbeit, in die sich nicht viele Offiziere theilen mußten. Die vielen jungen im Feldzuge beförderten Offiziere waren nach Anklam abkommandirt, um auf der dortigen Kriegsschule sich das militärische Wissen anzueignen, ohne welches das Können nur Stückwerk ist. Im Sommer war das Offizierkorps vollzählig beim Regiment vereinigt, das seine größeren Uebungen bei der Garnison abhielt. Am 7. September rückte es dann zu einem kurzen Manöver der 2. Division in die Gegend von Marienburg. Hier sollte das Regiment an einer schönen Feier Theil nehmen.

Am 12. September waren hundert Jahre verflossen, seit Westpreußen, das durch den Vertrag über die Theilung Polens vom 5. August 1772 unter das Scepter des großen Königs gekommen, dem Königreiche Preußen einverleibt worden war. Diesen Tag wollten die Westpreußen feierlich begehen. Zur Säkularfeier war die deutsche Ordensburg zu Marienburg ausersehen. Dieses altehrwürdige Bauwerk, das Denkmal der Geschichte der im fernen Osten das Christenthum pflanzenden und schützenden deutschen Ritter, die mit dem Christenthum auch deutsche Kultur in die slavischen Lande brachten, war der geeignete Ort, an dem die königstreuen Westpreußen Kaiser Wilhelm begrüßen wollten.

Seitdem Seine Majestät der Kaiser und König Sein Kommen zur Feier der Westpreußen huldreich zugesagt hatte, wurden die Vorbereitungen zu einem prächtigen Feste von den Ständen Westpreußens betrieben. Wo aber der König zum frohen Feste weilt, dürfen auch

Seine Soldaten nicht fehlen. Die 2. Division war so glücklich, am 14. September vor dem Könige bei Marienburg in Parade zu stehen. Der König traf, begleitet vom Kronprinzen und dem Prinzen Karl, in Marienburg ein. Auch Sein Kriegsminister, unser hoher Chef, war nach Marienburg gekommen, um seinem Regiment die Ehre zu gewähren, daß es in der Parade von ihm bei Seinem Könige vorübergeführt werde. Graf v. Roon hatte sich vor Beginn der Parade das Offizierkorps durch den Obersten v. Henning vorstellen lassen und freundliche Worte an seine Offiziere gerichtet.

Anhaltende Ungunst des Wetters ließ die Befürchtung gerechtfertigt erscheinen, daß das militärische Schauspiel einer Königsparade dadurch sehr beeinträchtigt werden würde. Erst im letzten Augenblick vor dem Erscheinen des Kaisers und Seiner Umgebung theilten sich die trüben Wolken, und heiterer Sonnenschein leuchtete den ihrem höchsten Kriegsherrn mit Hurrahrufen entgegenjubelnden Kriegern.

Ein Vorbeimarsch in Zug- und Kompagniefronten folgte der Besichtigung der Division, die in zwei Treffen aufgestellt von ihrem Kommandeur dem Generallieutenant v. Treskow kommandirt wurde. — Seine Majestät sprach Seine Allerhöchste Zufriedenheit mit den Truppen der 2. Division aus. —

Am 16. kehrte das Regiment nach Danzig zurück und wurden Tags darauf die Reserven in ihre Heimath entlassen. Die Zahl der Füsiliere, die noch mit am Feinde gewesen waren, verminderte sich jetzt auf nur wenige.

Nach der Rückkehr aus dem Manöver wurden die Arbeiten zur Fertigstellung des Denkmals eifriger betrieben. Es ging seiner Vollendung entgegen. Als Tag für die feierliche Enthüllung war der 27. November bestimmt worden, der Tag, an dem das Regiment zwei Jahre vorher in der Schlacht bei Amiens den Ruinenberg bei Boves erstürmt hatte.

Am Tage, der der Feier voranging, traf zur Freude des Regiments von Königsberg der stellvertretende kommandirende General des I. Armeekorps Generallieutenant v. Barnekow ein, welcher im Feldzuge die 16. Infanteriedivision kommandirt und so an den Schlachten Theil genommen hatte, in denen das Regiment gekämpft hatte. Dieses war auch seinem Befehl unterstellt, als er die Führung des VIII. Armeekorps für den zum Oberkommandirenden der I. Armee ernannten General v. Goeben übernommen hatte.

Der 27. November war leider von unfreundlichem Wetter begleitet. Bei strömendem Regen stellten sich die Bataillone des Regiments um

11 Uhr in einem Karree um das Denkmal auf dem Wiebenplatze auf. Dort hatten sich die Generalität, die Offizierkorps der Garnison, Deputationen der zu derselben gehörenden Regimenter und die Spitzen der Civilbehörden eingefunden. — Auf einer Tribüne hatte ein zahlreiches Publikum trotz des ungünstigen Wetters Platz genommen.

Vor der Front der Bataillone standen die Offiziere derselben, die enthüllten Fahnen vor dem 2. Bataillon.

Das mit Tannengrün geschmückte Denkmal umgab ein weiter Halbkreis von mit Guirlanden umwundenen Flaggenstangen, die die Namen der Schlachten und Gefechte trugen, an denen das Regiment Theil genommen hatte.

Die Festlichkeit begann mit einem von der Regimentsmusik vorgetragenen Choral. Der Divisionsprediger Collin hielt danach die Weihrede. Er gedachte der rühmenswerthen Thaten des Regiments im Kriege gegen Frankreich, die christliche Bedeutung des Festes hervorhebend. Auf ein von ihm gegebenes Zeichen fiel die Hülle des Denkmals, das sich den Umstehenden im Glanze der Sonne zeigte, die in diesem feierlichen Augenblick für kurze Zeit die grauen Wolken durchbrochen hatte. Das Regiment präsentirte, die Fahnen wurden gesenkt, die Musik intonirte einen Choral, von den nahen Wällen donnerten 21 Kanonenschüsse zum Salut — es war ein feierlicher Augenblick in dem Leben des Regiments. — Nachdem das Regiment geschultert hatte, sprach Oberst v. Henning in kernigen Worten von der opferfreudigen Hingebung des Lebens fürs Vaterland, der in den Reihen des von ihm im Kriege geführten Regiments Gefallenen, zu deren ewigem Andenken dieses Denkmal errichtet worden sei. Er hob hervor, wie Jeder, der die Nummer 33 trage, den Braven, deren Andenken geehrt werde, nachzueifern bestrebt bleiben, und sein Leben für König und Vaterland zu opfern bereit sein werde. Er schloß seine Worte mit dem begeisterten tausendstimmig wiedertönenden Rufe: „Lange lebe Seine Majestät unser geliebter Kaiser und König Wilhelm I."

Nach beendigter Rede des Obersten stellte sich das Regiment zum Parademarsch auf, den General v. Barnekow abnahm. Daran schloß sich eine Parade der Offizierkorps der Garnison, bei welcher sich General v. Barnekow die noch in den Reihen des Regiments stehenden Unteroffiziere und Mannschaften, die mit dem eisernen Kreuz dekorirt waren, vorstellen ließ.

Um 2 Uhr fand ein Festmahl im Militär-Kasino statt, wo das Offizierkorps die Generalität, die Kommandeure der übrigen Truppen der Garnison, die Spitzen der Behörden und die zum Feste gekommenen

Anverwandten der Gefallenen bewirthete. Bei Tisch folgten sich zahlreiche Reden, eröffnet durch einen Toast auf Seine Majestät den Kaiser und König durch General v. Barnekow. Der Oberbürgermeister v. Winter gab hierbei in schönen Worten dem Regiment die Zusicherung, daß das Denkmal des Regiments, mögen auch dessen Schicksale es von Danzig wieder fortführen, von der Stadt Danzig stets geschützt und geehrt werden würde.

An dem Tage, an dem die Hülle von dem Denkmal gefallen, das das Regiment seinen vor dem Feinde gebliebenen Kameraden errichtete, traf die Mittheilung von seinem hohen Chef ein, daß er durch ein neues Geschenk sein Regiment geehrt habe.

Seine Excellenz der Kriegsminister General der Infanterie Graf v. Roon hatte am 25. November zu Berlin die Statuten für den beim Königlich Ostpreußischen Füsilierregiment Nr. 33 gegründeten Unterstützungsfond, „Graf v. Roon-Stiftung", vollzogen. Er schenkte dem Regiment 2000 Thaler mit der Bestimmung, hiermit einen Fond zur Unterstützung hülfsbedürftiger Unteroffiziere und deren Familien zu begründen. In der Stiftungsurkunde heißt es:

„Diese Stiftung wird zum bleibenden Andenken dessen, daß das Ostpreußische Füsilier-Regiment Nr. 33 seinen ehemaligen Kommandeur, den nunmehrigen Herrn Kriegsminister, General der Infanterie Grafen v. Roon, als Chef an seiner Spitze sieht, mit dessen Genehmigung den Namen: „Graf v. Roon-Stiftung" führen."

Die Statuten für diese Stiftung besagen, daß das überwiesene Geschenk von 2000 Thalern ein unantastbares Grundkapital bleiben solle, wogegen die Zinsen desselben zur Unterstützung verfügbar sind. Auf eine solche haben Anspruch alle dem Regimente mindestens vier Jahre angehörenden Unteroffiziere, deren Wittwen und Waisen, die Frauen der ins Feld rückenden Unteroffiziere. Die Verwaltung des Fonds und die Gewährung von Unterstützungen ist unter dem Vorsitz des Regimentskommandeurs Aufgabe der Kassenkommission desjenigen Bataillons, dem der Regimentsstab attachirt ist.

Das Geschenk seines Chefs war dem Regiment ein erneuter Beweis der großen Huld, die er demselben bewahrte. Die segensreiche Stiftung ist aber nicht blos ein Beweis hohen Wohlwollens, sondern noch vielmehr dafür, daß der sorgende Kriegsminister wohl wußte, wem eine Fürsorge in der Armee am meisten Noth thue. Jede dem Unteroffizierstande zu Theil werdende Begünstigung erhält demselben thatkräftige Männer, deren Arbeit eine schwere und unentbehrliche ist. Da die große Zahl der dem Heere angehörenden Unteroffiziere es nie er-

möglichen wird, ihre Einnahmen mit ihren Leistungen, in Vergleich mit
den bürgerlichen Beschäftigungen, in Einklang zu bringen, so ist die Möglichkeit, den Bedürftigen zu helfen, wie es die „Graf v. Roon-Stiftung"
dem Regiment gestattet, nicht allein wohlthuend für die Unteroffiziere
desselben, sondern sichert auch den Ersatz an solchen. Der Namen des
Generals Grafen v. Roon wird von den Unteroffizieren seines Regiments
immer in dankbarer Verehrung genannt werden.

Noch ehe das Jahr zu Ende ging, beglückte er das Regiment
wiederum durch ein Geschenk. Er übersandte dem Offizierkorps seine
wohlgetroffene Büste, die in dem Speisesaale desselben feierlich aufgestellt
wurde, während in demselben die sämmtlichen Offiziere zum Festmahle
vereinigt waren. So knüpfte sich das Band zwischen dem Regiment
und seinem Chef immer enger, wurde das Gedenken an ihn immer inniger.

Mit aufrichtiger Freude begrüßte darum das Regiment die Nachricht, daß am ersten Tage des Jahres 1873 Seine Majestät der Kaiser
und König Seinen treuen Minister, Seinen Mitarbeiter an dem großen
Werke, das zum sichern Siege führte, die höchste Rangstufe im Heere
verliehen, den General der Infanterie Grafen v. Roon zum General-
feldmarschall ernannt habe. —

Das Jahr 1873 brachte für das Regiment wenig bedeutungsvolle
Erlebnisse. In ungestörter Arbeit lebte es sich in seiner neuen Garnison
immer mehr und mehr ein, die hohe Freude genießend, bei seinen
Vorgesetzten Anerkennung und in der Bevölkerung günstige Beurtheilung
zu erlangen.

Im April traf bei dem Regiment der Königlich Schwedische Lieutenant der Infanterie v. Liliehöck zu einer ihm vom Kriegsministerium
gestatteten längeren Dienstleistung ein. Er sollte den Dienst der preußischen
Infanterie kennen lernen. Bei der Wahl eines Regiments hatte er sich
für das unsrige entschieden, da es aus schwedischen Regimentern hervorgegangen ist. Lieutenant v. Liliehöck lebte sich schnell im Regiment ein,
in dessen Reihen er über ein Jahr lang an seinen Uebungen Theil nahm.
Als er schied, hinterließ er viele Freunde. —

Am 19. September verlor das I. Armeekorps seinen kommandirenden
General, den Generalfeldmarschall Freiherrn v. Manteuffel, unter dessen
Führung es seine Lorbeeren auf französischen Schlachtfeldern gepflückt
hatte. Das Regiment war unter seine Führung seit dem Abmarsch von
Metz gestellt gewesen, als er an an die Spitze der I. Armee trat. Als
Oberkommandeur hatte Generalfeldmarschall Freiherr v. Manteuffel dem
Regiment ehrendes Lob zu Theil werden lassen. Es theilte den allge-
meinen Schmerz über sein Scheiden. — Der bisherige stellvertretende

kommandirende General, Generallieutenant v. Barnekow übernahm definitiv das ihm anvertraute Kommando des I. Armeekorps.

Im Herbste fanden Detachementsübungen vor den Thoren der Garnison statt, da in Folge der in der Provinz Preußen aufgetretenen Cholera größere Manöver nicht abgehalten werden durften. —

Auch das Jahr 1874 läßt in den Annalen des Regiments nichts Bemerkenswerthes verzeichnen. Im Herbst marschirte das Regiment zu Detachementsübungen und einem Divisionsmanöver in die Gegend von Rosenberg und Riesenburg.

Das Jahr 1875 brachte Veränderungen in den Vorgesetzten des Regiments. Am 12. Mai schied der Generallieutenant v. Treskow als General der Infanterie aus der Stellung als Kommandeur der 2. Division. Er war dem Regimente ein wohlwollender Gönner gewesen, das ihm treue Anhänglichkeit bewahrt. An seine Stelle trat der Generallieutenant v. Bernhardi.

Schon vorher war im Kommando des Regiments ein Wechsel eingetreten. Durch eine Allerhöchste Kabinetsordre vom 15. April wurde der Oberst v. Henning, unter Stellung à la suite des Regiments, mit der Führung der 1. Infanteriebrigade, und der Oberstlieutenant vom Oldenburgischen Infanterie-Regiment Nr. 91 v. Wülcknitz mit der Führung des Regiments beauftragt. Am 19. Juni zum Kommandeur des Regiments ernannt, wurde Oberstlieutenant v. Wülcknitz am 3. Juli zum Obersten befördert. Er ist der sechszehnte Kommandeur des Regiments seit seinem Bestehen in dem preußischen Heere.

Seiner Anregung verdankt diese Aufzeichnung der Erlebnisse des Regiments ihre Entstehung. Mögen die folgenden Theile der Regimentsgeschichte viele an Ruhm und Anerkennung reichen Jahre schildern. Das Regiment darf dessen gewiß sein, wenn es bleibt wie es ist und war. Wenn Jeder der in seinen Reihen steht, der Mahnung folgt, die Kaiser Wilhelm zu Seinem Heere an dem Tage sprach, an welchem Er das deutsche Reich als Siegespreis neu erstehen ließ:

„Seid stets eingedenk, daß der Sinn für Ehre, treue Kameradschaft, Tapferkeit und Gehorsam eine Armee groß und siegreich macht; erhaltet Euch diesen Sinn, dann wird das Vaterland immer wie heute mit Stolz auf Euch blicken, und Ihr werdet immer sein starker Arm sein."

Geschichtliche Mittheilungen

über die

beiden Königlich schwedischen Regimenter,

aus denen

das 33. Infanterie-Regiment

formirt worden ist.

Die Stiftungsjahre der beiden Königlich schwedischen Regimenter, aus denen am 15. Dezember 1815 das 33. Infanterie-Regiment formirt worden, genau zu bestimmen, ist eine schwierige Aufgabe.

„Die Stammliste der Königlich preußischen Armee seit dem 16. Jahrhundert bis 1840" bezeichnet das Jahr 1604 als das Stiftungsjahr des Leib-Regiments der Königin, welches von Karl IX. aus Garden und zwei National-Regimentern errichtet sein soll. Ueber den Ursprung des spätern Regiments v. Engelbrechten, welches den Namen mit seinen Chefs wechselte, enthält die Stammliste keine Angaben. Die über das Leib-Regiment der Königin verzeichnete Mittheilung rührt von den aus dem schwedischen in den preußischen Dienst übergetretenen Offizieren her, worauf dieselbe damals begründet worden ist, ließ sich jetzt nicht mehr feststellen.

Der schwedische Historiograph, Hauptmann Mankell, auf dem Gebiete der schwedischen Kriegsgeschichte eine Autorität, ist dagegen der Ansicht, daß die beiden Regimenter in den Jahren 1720 und 1721 neugebildet worden seien. Aus den Resten der unter Karl XII. formirt gewesenen Regimenter seien fünf Infanterie-Regimenter für den Garnisondienst in den Festungen gebildet worden, mit diesen auch die beiden Stamm-Regimenter.

Die den hier folgenden geschichtlichen Mittheilungen vorangegangenen Forschungen haben ergeben, daß weder 1604, noch 1720 und 1721 als die Stiftungsjahre bestimmt anzusehen seien. Vielmehr muß deren Ursprung in der Zeit gesucht werden, in welcher Gustaf Adolf in Beziehungen zu dem deutschen Religionskriege trat.

Der Gedanke, entgegen den beiden als authentisch erscheinenden Mittheilungen, den Ursprung der beiden Regimenter in diese Zeit zurückzuverlegen, wurde durch archivalisches Material angeregt, welches bei der Uebergabe der schwedischen Kommandantur von Stralsund sich in deren Akten vorgefunden hat.

Da dieses aber nur unzureichend auf den Ursprung der beiden Regimenter hindeutete, so mußten weitergehende Forschungen die nöthige Aufklärung verschaffen. Nur der thatkräftigen Unterstützung durch den Herrn Oberstlieutenant a. D. Riese in Greifswald, wie auch mancher anderer der Arbeit freundlich gesinnten Herren ist es zu danken, daß diese Arbeit zum Abschluß gelangte.

Die als Quellenmaterial bekannten Werke: das Theatrum Europaeum, das Diarium Europaeum, der Königlich schwedische in Deutschland geführte Krieg von Philipp von Chemnitz und die schwedische und deutsche Kriegsgeschichte von Samuel von Puffendorff, wie eine große Anzahl von Flugschriften aus der Zeit des dreißigjährigen Krieges boten den ersten Anhalt für die begonnene Arbeit. Ebenso ist die neuere einschlägige Literatur mit zu Rathe gezogen worden. Dennoch ist es nicht geglückt, die Geschichte der beiden Regimenter mit der ursprünglich geplanten Ausführlichkeit niederzuschreiben. Es hätten lang während Studien in dem Kriegsarchiv von Stockholm und den Urkunden der Universität Upsala vorausgehen müssen. Auch ist es unmöglich, einzelne Truppentheile in der Zeit von fast 200 Jahren, nicht sowohl auf ihren vielen Kriegszügen, als auch in ihrem Friedensleben zu schildern, wenn es an geordnetem und vollständigem Material gebricht.

So unvollkommen darum die vorliegende Arbeit auch ist, so wird sie doch den Zweck erfüllen, ein Bild der Geschichte der beiden Stamm-Regimenter des 33. Infanterie-Regiments zu geben. — Mögen spätere Forschungen dasselbe noch erweitern. —

Gustaf II. Adolf war als ältester Sohn seinem Vater Carl. IX. 1611 in einem Alter von noch nicht achtzehn Jahren auf den schwedischen Thron gefolgt. Als er die Zügel der Regierung Schwedens ergriff, war dieses Land durch innere und äußere Stürme erschüttert. Der Adel war wegen der Eingriffe, die sich Carl IX. in seine Rechte erlaubt hatte, unzufrieden, die Geistlichkeit wegen eingeführter Neuerungen, die Bürger wegen Vernichtung des Handels, die Bauern wegen der großen Steuerauflagen, die drei gleichzeitig geführte Kriege nothwendig gemacht hatten. Diese hatten die Macht Schwedens erschöpft. — Der junge König schreckte nicht vor seiner schweren Aufgabe zurück. Er erwählte den einsichtsvollen und thatkräftigen Axel Oxenstierna zum Leiter der Staatsgeschäfte. Während er in seinem Lande den Wünschen der Stände, so gut es ging, Rechnung trug, rüstete er drei Heere zur

Beſiegung der benachbarten Dänen, die in dem letzten Regierungsjahre Carls IX. Schweden zum Kriege herausgefordert hatten. Das ſieg= reiche Vordringen der Dänen in Weſtgothland zwang Guſtaf Adolf, den unter engliſcher Vermittelung 1613 herbeigeführten Frieden zu Knäröd zu vollziehen. — Glücklicher war Guſtaf Adolf in dem durch nieder= ländiſche Vermittelung 1617 erzielten Frieden zu Stolbowa, in welchem Rußland Kexholm, Karelen und Ingermanland an Schweden abtrat und ſo von der Mitbeherrſchung der Oſtſee ausgeſchloſſen wurde.

Dem Kriege Schwedens mit Polen hatte zu Ende der Regierung Carls IX. ein Waffenſtillſtand, der bis 1612 währen ſollte, ein Ziel geſetzt.

Während der Waffenſtillſtand verlängert wurde, bereitete Polen einen neuen Feldzug gegen Schweden vor. Zu dem geplanten Kriege ſuchten beide Könige Verbündete. Der katholiſche Sigismund fand einen mächtigeren Verbündeten in dem ihm anverwandten Kaiſer. Guſtaf Adolf ſuchte ein Bündniß mit dem glaubensverwandten Kurfürſten von Brandenburg, dem Herzoge von Preußen, herbeizuführen. Durch eine Familienverbindung glaubte er es am ſicherſten zu erlangen. Er warb um die Hand der Tochter des Kurfürſten Johann Sigismund, mußte ſich aber vorerſt mit der Heirathseinwilligung, wie mit dem Bündniß gedulden.

Der öfters erneuerte Waffenſtillſtand mit Polen verhinderte den Wiederausbruch des Krieges. Guſtaf Adolf konnte darum den inneren Angelegenheiten Schwedens ſeine Sorge mehr zuwenden. Vor allem war er beſtrebt, ſich in einem tüchtigen Nationalheere das Werkzeug zur Ausführung ſeiner politiſchen Wünſche und Pläne zu ſchaffen. Er hatte von ſeinem Vater neben den von dem Lande geſtellten Nationaltruppen Soldtruppen, die in Deutſchland und Schottland geworben waren, über= nommen. Zu den geworbenen Regimentern gehörte auch das deutſche, ſpäter ſo berühmte blaue Regiment.

Die militäriſchen Vorbereitungen Guſtaf Adolfs für den Krieg be= fähigten ihn, zu jeder Zeit in denſelben einzutreten, wenn Schwedens politiſches Sonderintereſſe es erwünſcht machte.

Der in Deutſchland entbrannte Religionskrieg hatte ſein Intereſſe von Anfang an gefeſſelt. Er ſcheint ſchon anfänglich entſchloſſen geweſen zu ſein, ſeinem Glaubenseifer für die Sache der bedrängten Proteſtanten und dem Wunſche, an der deutſchen Küſte der Oſtſee feſten Fuß zu faſſen, Rechnung zu tragen, allein er war ſelbſt zu klug und von ſeinem Kanzler Oxenſtierna zu gut berathen, um übereilt zu handeln. Er erwartete einen günſtigen Zeitpunkt.

Als die polniſchen Heere am 20. Dezember 1620 bei Jaſſy von den Türken in furchtbarer Schlacht faſt ganz vernichtet waren, mußte dem Könige Sigismund von Polen ſehr viel daran liegen, den gerade wieder ablaufenden Waffenſtillſtand mit Schweden von Neuem zu verlängern. Die Verhandlungen führten nicht zum Waffenſtillſtande, ſondern zum erneuten Ausbruche des Krieges. Guſtaf Adolf ging nach Livland, belagerte und eroberte Riga im September 1621. Einen hiernach folgenden Waffenſtillſtand brach Guſtaf Adolf bald, um durch die Fortſetzung des Krieges Polen von einem Einfall in die proteſtantiſche Mark abzulenken, wodurch er der Sache ſeines Glaubens, für die er ſich mit England und Dänemark nicht hatte vereinigen können, indirekt zu nützen. Er drang ſiegreich vor und gelangte in den Beſitz faſt der ganzen öſtlich von Preußen gelegenen Oſtſeeküſte. Den Polen und Ruſſen hatte der junge Schwedenkönig die Küſte und ſo ihren Antheil an der Herrſchaft über die Oſtſee entriſſen, wollte er ſich zum alleinigen Beherrſcher des mare balticum machen, ſo mußte er die brandenburgiſch-preußiſche, die polniſch-preußiſche und die pommerſche Küſte noch unter ſein Gebot bringen. Zunächſt war er darauf bedacht, ſich der preußiſchen Küſte zu bemächtigen. Er hatte dabei weitergehende Pläne, größere Ziele. Er bemächtigte ſich Pillau's unter der Zuſicherung, in dem Lande ſeines Schwagers nicht als Eroberer auftreten zu wollen. Von Pillau brach er aber bald auf und ging über Braunsberg nach der Weichſel, Preußen durch Drohungen zur Neutralität zwingend. So war ſchnell die ganze Oſtſeeküſte bis zur pommerſchen Grenze in ſeiner Gewalt. Nur Danzig hatte er noch nicht. Er legte ſein Heer in zwei befeſtigte Läger bei Dirſchau und Mewe ſüdlich Danzig, um es von polniſchem Entſatz abzuſcheiden, und ſendete zwölf Kriegsſchiffe unter dem Reichsadmiral Gyldenhjelm auf die Rhede Danzigs, es von der See her zu blokiren. —

Im Herbſte 1626 war Guſtaf Adolf Herr in Preußen, deſſen Räumung ſein Schwager auf Betreiben des Kaiſers und des Königs von Polen vergeblich forderte, welcher mit einem Heere zum Entſatze von Danzig heranzog, aber zurückgewieſen wurde und ein befeſtigtes Lager in der Nähe des ſchwediſchen bei Dirſchau bezog.

Als der Winter 1626/27 herannahte, hatte ſich Nichts in der Kriegslage in Preußen geändert. Guſtaf Adolf aber ſah ſich nun dem Ziele ſeiner Pläne und Wünſche näher; er trat in engere Beziehungen zu den in Deutſchland für ihren Glauben ringenden Kämpfern. Ihnen thatkräftige Hilfe im richtigen Augenblick zu bringen, vermehrte er ſein Heer durch neue Rüſtungen. Während er ſelbſt nach Schweden ging, um dort die Rüstungen zu betreiben, ernannte er Axel Oxenstierna zum General-Gubernator über das eroberte Preußen.

In Schweden sorgte er für nationale Verstärkungen seines Heeres, während in Deutschland neue Regimenter geworben wurden. Seine Kriegs-Obersten Streiff und Teuffel ließen im Mecklenburgischen und Bremischen die schwedische Werbetrommel ertönen.

Die frisch geworbenen deutschen Kriegsknechte führten die beiden Obersten auf dem kürzesten Wege aus Mecklenburg nach dem Lager bei Dirschau durch Pommern, dessen Neutralität mißachtend und seinen Widerstand nicht fürchtend, weil es keine militärische Macht besaß, nicht einmal eine solche, die den frisch geworbenen Mannschaften den unberech=tigten Durchzug wehren konnte. —

In Pommern herrschte seit 1625 Bogislaw XIV., der als letzter Manneserbe der verschiedenen pommerschen Herzogslinien das seither in mehrere Herzogthümer getheilte Land allein regierte. Er hatte die Regierung über ganz Pommern unter den schwierigsten Verhältnissen angetreten. Eine Sturmfluth hatte das Land überschwemmt, die Pest raffte viele Menschen fort, die Kassen waren leer und schwere Schulden lasteten auf dem Lande. Dazu kam, daß der Krieg sich schon bis in die Gauen Norddeutschlands erstreckte, schon waren die pommerschen Gemarkungen direkt bedroht. Eine militärische Macht, sie vor feindlichem Einfall zu schützen, fehlte dem Herzoge Bogislaw XIV. Das Defensions=werk Pommerns *) war noch nach dem mittelalterlichen Lehnssystem organisirt, wonach der Adel und sonstige Inhaber von Lehnsgütern eine bestimmte Anzahl von Mannen und Pferden zu stellen hatten. Zu diesem bunten Lehnsaufgebot, das für ganz Pommern etwa 1100 Pferde betrug, kamen noch die Fußtruppen der Städte, die aber nach ihren Privilegien zur eigenen Vertheidigung bestimmt werden konnten und so gerade fehlten, wenn das Land bedroht war. Unter solchen Verhält=nissen mußte es dem Herzoge Bogislaw XIV. an jeglicher militärischer Macht gebrechen, als er derselben nothwendig bedurfte.

Um nicht ungerüstet zu bleiben, erließ der Herzog am 15. August 1626 ein in seinem Lande wenig beachtetes allgemeines Aufgebot zur Kriegs=rüstung. — Alle Einwohner und das Landvolk sollten sich in steter, guter stündlicher Bereitschaft zur Defensive ihrer und des heiligen römischen Reiches Grenzen halten, sollten Mauern der Städte, Thore,

---

*) Fock: Rügensch = Pommersche Geschichten aus sieben Jahrhunderten. —

Wälle und Gräben in fertigen Stand ſetzen, ſich mit Munition, Proviant ꝛc. verſorgen.

Erſt nachdem die beiden deutſchen Regimenter Guſtaf Adolfs und
nach dieſen das kaiſerliche Regiment Holſtein zur Verſtärkung des polniſchen Heeres ohne Rückſicht auf die Neutralität Pommerns, durch
das Land nach Preußen ungehindert gezogen waren, ließ auch Bogislaw
auf Vorſchlag der Stände im Juni 1627 einige Kompagnien Musketiere werben, die Jürgen v. Heyden als Chef der vorpommerſchen
Defenſivtruppen befehligte, die aber wegen Mangel an Geld bald wieder
auseinander liefen.

Schon im Herbſt dieſes Jahres ſtanden die Wallenſteinſchen
Heeresmaſſen an der Grenze Pommerns. Bald ſah der ſchwache Herzog
Bogislaw ſein Land den größten Gefahren ausgeſetzt.

Das proteſtantiſche Pommern hatte ſich in den erſten Jahren des
Glaubenskrieges fern von jeder Theilnahme an demſelben gehalten.
Auch als 1623 der König Chriſtian IV. von Dänemark als deutſcher
Reichsfürſt des niederſächſiſchen Kreiſes die Führung der proteſtantiſchen
Sache übernahm, trat Pommern dem Bunde mit dem Dänenkönige
nicht bei, obſchon das benachbarte Mecklenburg, Hamburg, Lübeck und
Bremen dem Bündniß beigetreten waren. Pommern ſtellte keine Truppen
zu den vom niederſächſiſchen Kreiſe geſtellten 12,000 Mann, die in
Folge des Braunſchweiger Bündniſſes gegen die Kaiſerlichen in's Feld
zogen. — Die Kriegführung des Dänenkönigs war keine glückliche.
Wallenſteins Heere drangen durch Schleſien und die Mark Brandenburg nach Schleswig-Holſtein und Jütland vor. Im Herbſt 1627 war
der König von Dänemark auf ſeine Inſeln zurückgeworfen und der
kaiſerliche Feldherr hatte mit Jütland, Schleswig-Holſtein und Mecklenburg die weſtlichen Küſtenländer der Oſtſee in ſeine Gewalt gebracht.
Für den für das Frühjahr 1628 geplanten Krieg zur See mit ſpani-
ſchen Schiffen gegen Dänemark ſollte die ganze deutſche Oſtſeeküſte als
Operationsbaſis dienen. Wallenſtein, darum die Beſetzung Pommerns
planend, hatte hierin nur einen Gegner zu fürchten, den bei Danzig mit
Heer und Flotte liegenden König Guſtaf Adolf, der zwar noch nicht im
Kriege mit dem Kaiſer war, obwohl dieſer dem Könige Sigismund von
Polen Hülfstruppen als Verſtärkung geſendet hatte. Zu den ſtrategi-
ſchen Gründen für die Beſetzung Pommerns trat noch ein ſehr wichtiges politiſches Motiv hinzu. Ganz Pommern beherrſchte der kinder-
loſe Bogislaw, ſtarb er, ſo fiel ſein Land in Folge der früheren Erb-
verträge an Kur-Brandenburg, welches erſt kürzlich durch die Jülich-
Cleve'ſche Erbſchaft und das Herzogthum Preußen einen bedeutenden

Machtzuwachs erhalten hatte. Eine Vergrößerung dieſes proteſtantiſchen Staates durch Pommern fürchtete der Wiener Kaiſerhof, wohl fühlend, daß eine ſtarke proteſtantiſche Macht eines brandenburgiſchen Hohenzollers in Norddeutſchland der Habsburgiſchen Monarchie große Gefahren bereiten könne. Ein dritter Grund, Pommern und ſeine Küſtenſtrecke in die Gewalt des Habsburgiſchen Hauſes zu bringen, war der Wunſch, auch die Oſtſee unter kaiſerliche Herrſchaft zu bringen. Solch gewichtige Gründe führten zu der Beſetzung Pommerns durch kaiſerliche Truppen im Herbſte 1627.

Als Wallenſtein im Oktober 1627 aus Holſtein nach Böhmen auf Urlaub reiſte, übertrug er dem Oberſten Georg v. Arnim den Befehl über den Theil ſeiner Armee, der in Mecklenburg ſtand und zu der Beſetzung Pommerns verwendet ·werden ſollte. Er ſchrieb von Frankfurt a. O. am 23. Oktober (a. St.) an Arnim bezüglich der Beſetzung Pommerns u. A.*) „ſonſten ſehe der Herr wie er ſich in Pommern aller der Mährhafen bemechtigt ſie fortificirt und wol beſetzt undt vor allen die Inſel Rügen. Was die Schwediſche ſchief anbelangt bitt der Herr wolle keine Zeit verliehren ſondern dieſelbige fort abbrennen laſſen denn bis dato haben wir noch kein verbündnis mit ihm gemacht undt menniglich das er die leit gern bei der Naſen herumb führt nun bedarf er keiner ſchief wann er allein ſein Königreich defendiren will will er aber zu uns deswegen ſollen ſie ihm abgebrent werden, denn wir bedürfen ſeiner bei uns nicht u. ſ. w.“

Als Arnim den beſtimmten Befehl Wallenſteins zur Beſetzung Pommerns erhalten hatte, konzentrirte er Ende Oktober ſeine Truppen an der mecklenburgiſch=pommerſchen Grenze. Das kaiſerliche Regiment Holſtein, welches vor einigen Monaten ohne Rückſicht auf die Neutralität Pommerns zu dem polniſchen Heere marſchirte, war von dorther wieder in Pommern eingerückt, um angeblich nach Mecklenburg durchzumarſchiren; es blieb aber bei Paſewalk ſtehen.

Herzog Bogislaw hatte Anfang November ſein Hoflager nach Franzburg verlegt, hierher ging Arnim, umgeben von vielen kaiſerlichen Offizieren, um mit dem Herzoge wegen der Aufnahme kaiſerlicher Garniſonen in ſeinem Lande zu verhandeln. Arnim verlangte die Aufnahme von zehn Regimentern, was für Pommern etwa hieß fünfundzwanzigtauſend Mann zu verpflegen und ſeine Selbſtſtändigkeit zu opfern. Der Herzog erſchrak ob dieſer Forderung und wendete ein, daß er erſt ſeine

---

*) Foerſter: Briefe Albrecht v. Wallenſtein's.

Landstände befragen müsse; Arnim wurde aber dringender, und ließ sich herbei, nur acht Regimenter, etwa 20,000 Mann, nach Pommern zu verlegen, wobei er hervorhob, daß es ihm namentlich auf die Besetzung der Hafenstädte und der Insel Rügen ankomme. Nach mehrtägigem Verhandeln vollzog am 13. November der schwache und wehrlose Herzog Bogislaw die Franzburger Konvention. Unmittelbar nach dem Abschluß derselben rückten die ersten kaiserlichen Regimenter in Pommern ein. — An diesem Tage endete die pommersche Selbstständigkeit.

Arnim, der keinen Widerstand zu fürchten brauchte, verlangte zunächst in Stralsund die Aufnahme einer Garnison und den Durchzug nach Rügen. Mit Staunen mußte er erfahren, daß diese Stadt beides verweigerte.

Stralsund, damals die sechste Stadt des Hansa-Bundes, hatte 16—18,000 Einwohner, deren Haupt-Nahrungsquelle Handel und Schifffahrt war, nur wenige der reicheren Bürger hatten Grundbesitz auf Rügen. Es unterhielt stets eine geringe Zahl Soldtruppen, die es Ende 1627 im Hinblick auf die drohenden Gefahren, vorsorglicher als sein Landes- und Schutzherr Bogislaw, schon auf 500 Mann verstärkt hatte. Auch die Befestigungen der Stadt waren im Laufe des Jahres 1627 ausgebessert und verstärkt worden. Die dem dreizehnten Jahrhundert entstammende Stadtmauer mit Thürmen und Wachthäusern war nur an einzelnen Stellen durch vorgelegte Erdwälle in einen gegen Geschütze vertheidigungsfähigen Zustand gebracht worden. Sobald die Franzburger Konvention, in welcher ausdrücklich ausgesprochen war, daß auch Stralsund kaiserliche Truppen aufnehmen solle, in der Stadt bekannt wurde, faßten Rath und Bürgerschaft die entscheidenden Beschlüsse, dagegen zu protestiren und den Kaiserlichen den Eintritt in die Stadt zu wehren. Die Werbetrommel wurde gerührt, die Bürgerschaft eilte auf die Wälle und schanzte selbst. Es wurde eine Bürgerwehr, die in sieben Fähnlein zu 350 Mann getheilt wurde, errichtet, die Offizierstellen bei derselben wurden an angesehene Bürger und Rathsherren vergeben. Das Kommando in der Stadt führte der seit 1621 in ihrem Dienste stehende Stadthauptmann Chemnitz, dem als zweiter Befehlshaber der Kapitain Jürgen Volkmann beigegeben war. Auch eine kleine Marine wurde geschaffen und unter die Befehle der erfahrenen Schiffskapitaine Stubbe und Blohme gestellt. So klein und schwach diese Flottille auch war, so reichte sie doch aus, um den Ostseearm den Kaiserlichen, die keine Flotte hatten, zu sperren.

Stralsund war in Wehr und Waffen und entschlossen, sich zu vertheidigen, als Arnim die Oeffnung der Thore forderte. Was er nicht

durch Drohungen erlangte, hoffte er durch List zu erreichen. Er erbat
am 3. Dezember für seine Truppen den Durchzug durch die Stadt nach
Rügen, der Rath der Stadt war klug genug, denselben nicht zu gestatten. Arnim mußte auf anderem Wege Rügen besetzen. Von hier
aus bemächtigte er sich am 4. Februar 1628 der Insel Dänholm.
Dieses kleine Eiland liegt etwa 1500 Schritt vom südlichen Ende der
Stadt Stralsund und gegen 400 Schritt von dem gegenüberliegenden
Vorsprung des pommerschen Festlandes entfernt. Der Besitz dieser
Insel war für die Unterwerfung Stralsunds von hohem Werth. Darum
war der Verlust des Dänholms für Stralsund ein harter Schlag. Es
mußte mit allem Ernst an seine energische Vertheidigung denken. Die
Vertreibung des Feindes vom Dänholm war die nächste Aufgabe. Um
die dortige kaiserliche Besatzung auszuhungern, wurde die kleine Stralsunder Flottille angewiesen, den Dänholm zu blokiren und von jedem
Verkehr mit Rügen abzuschneiden. In einer Bürgerversammlung am
27. Februar wurde die größte Opferwilligkeit für die Vertheidigung der
Stadt beschlossen. Das geworbene Regiment war auf 1000 Mann
angewachsen, die vorhandenen 80 Geschütze wurden durch schnell ge-
gossene vermehrt.

Wallenstein, der zu dieser Zeit noch in Böhmen war, drängte auf
eine Entscheidung bei Stralsund. Er befürchtete, daß Stralsund, wenn
es nicht in der Hand der Kaiserlichen sei, bald in fremden Händen,
entweder Dänemarks oder Schwedens sein werde. Damit waren aber
der Lage nach auch Rügen und so wieder die nächsten Hafenplätze bedroht, was bei der Absicht Wallensteins und des Wiener Hofes, sich
zum Herrn der Ostsee zu machen, nicht unberücksichtigt bleiben konnte.
So wuchs für das auf sich allein verwiesene Stralsund mit jedem Tage
die Gefahr. Unmöglich konnte es allein einen langen Kampf gegen
Wallensteins mächtige Heere bestehen. Dabei kam Herzog Bogislaw
den Wünschen Arnim's und nicht denen seiner Stadt Stralsund nach.
Er ermahnte die Stadt, die Blokade des von den Kaiserlichen besetzten
Dänholms aufzuheben. Die Stralsunder wiesen diese Zumuthung nicht
allein zurück, sondern setzten nun erst ernstlich die Blokade fort und
zwangen den kaiserlichen Hauptmann Schallendorf mit der kaiserlichen
Besatzung des Dänholms zu kapituliren und nach Rügen abzuziehen.
Der Dänholm wurde jetzt von 100 Mann Stralsunder unter dem
Kapitain Volkmann besetzt.

Arnim, der inzwischen zum Feldmarschall ernannt worden, hatte
in Franzburg sein Hauptquartier. Als er den Abzug seiner Truppen
vom Dänholm erfuhr, schwor er denselben zu rächen. Die Stralsunder

mußten nun auf das Aeußerste gefaßt, sein. Rath und Bürgerschaft der bedrängten Stadt hielten aber fest zusammen und schworen, gemeinsam zur Fahne der Stadt halten zu wollen in Noth und Tod.

Als die Gefahr für die Stadt drohender wurde, trafen am 3. Mai, zur rechten Zeit, Gesandte des Königs von Dänemark ein, die der Stadt, Stralsund ein großes Schiff, zwei Galeeren, sechszehn Kanonen nebst Munition, fünf Konstabler und zwei Ingenieurs zur Verfügung stellten. Wichtigere Hülfe wurde aber der Stadt unerwartet von König Gustaf Adolf, die am 18. Mai in der Stadt bekannt wurde.

Schon am 4. April hatte der Rath ein Schiff nach Danzig gesendet, um von dort Pulver zu holen. Ein Verbot des Königs von Polen und der Reichsstände versagten dieser unter polnischer Hoheit stehenden Stadt die Ausfuhr von Pulver. Als das Stralsunder Schiff vor Danzig eintraf, fand es auf dessen Rhede die Flotte des schwedischen Königs ankernd. Der Kapitän des Schiffes machte hier die Bekanntschaft des schwedischen Reichsadmirals Gyldenhjelm. Dieser theilte Gustaf Adolf mit, was er von Stralsund erfahren, das vergeblich in Danzig Pulver zu kaufen versucht habe. Es gefiel dem Könige, daß eine einzelne Stadt für ihre evangelische Religion und ihre Freiheit sich dem großen kaiserlichen Heere zu widersetzen Muth hatte. Er gab sogleich den Befehl, an Bord des Stralsunder Schiffes eine Last Pulver zu bringen, womit er der Stadt ein Geschenk machte. Gleichzeitig entsandte er seinen Hofjunker Georg Burchard, welcher den Stralsundern ein freundliches Schreiben des Königs überbrachte, worin derselbe an das Verhältniß des gleichen protestantischen Glaubens erinnerte und betonte, daß es unrecht sei, daß sich Stralsund nicht schon früher an ihn, als freundlich gesinnten Nachbar, gewendet habe. „Damit Ihr aber einiges Zeugniß unserer wohlwollenden Gesinnung gegen Euch haben möget, senden wir Euch, wie es eben die Umstände erlauben, eine Last Pulver und ermahnen Euch herzlich, daß Ihr in dem lobenswerthen Entschluß zum Schutze der Sicherheit Eurer Freiheit und Eurer evangelischen Religion tapfer und treu beharren möget, niemals zweifelnd, daß die Rechte Gottes, so reiner Absicht, tapfer beisteht."

Der Trostbrief und die Pulversendung Gustaf Adolfs erhöhten den Muth der Stralsunder. Die Stadt schickte alsbald zwei Abgesandte an den schwedischen König und erbat bei demselben seinen ferneren ernsten Beistand, die Zusendung von 5 bis 600 Mann, 4 Karthaunen und noch einige Last Pulver.

Am 23. Mai hatte ein allgemeiner Sturm der Truppen Arnims alle Schanzen der Außenwerke bis auf eine Bastion in die Gewalt der

Kaiserlichen gebracht. Ein Sturm auf die Stadtumwallung am 25. Mai gelang nicht. An diesem Tage traf wieder zu rechter Stunde als Verstärkung der Stralsunder Truppen unter dem Obersten Holk dänische Hülfe in Stärke von drei Kompagnien Schotten und einer Kompagnie Deutscher ein, die bald nachher um vier Kompagnien Schotten vermehrt wurden. Während so Stralsund wehrhafter wurde, wurden die Verhandlungen mit Arnim fortgesetzt.

Am 4. Juli trafen auch die ersten schwedischen Truppen, 600 Mann unter dem Obersten Rosladin, in Stralsund ein. Tags darauf schloß der Sekretär Gustaf Adolfs, Philipp Sattler, als schwedischer Bevollmächtigter mit Stralsund einen Allianzvertrag auf 20 Jahre ab.

Dennoch war die Lage Stralsunds durch die fortgesetzte Belagerung eine trostlose. Seitdem Arnim die Außenwerke in seinen Besitz gebracht hatte, bereitete er den Sturm auf die Hauptumwallung vor. Zur Verstärkung seiner Truppen führte Wallenstein selbst ein größeres Korps heran. Am 7. Juli traf der kaiserliche Feldherr über Greifswald im Lager vor Stralsund ein und erfuhr hier von Arnim, daß, entgegen seinen Erwartungen, die Stadt noch immer nicht ihrem Falle nahe sei. Diesen zu beschleunigen, verlangte Wallenstein selbst vom Herzoge von Pommern Geschütze und Pulver zur Einäscherung seiner Stadt.

Am späten Abend des 8. Juli ließ Wallenstein einen Sturm auf die Schanzen am Frankenthor ausführen, bei deren muthiger Vertheidigung Oberst Rosladin tödtlich verwundet wurde. Der Sturm, am 8. abgeschlagen, wurde am 9. von Wallenstein wieder versucht. Am 10. war Stralsund seines bisherigen Muthes beraubt und sendete seinen Syndikus Hasert mit anderen angesehenen Bürgern zu Wallenstein, um zu verhandeln. Dieser bewilligte gnädige Bedingungen und schon war der sonst so muthige Bürgermeister der Stadt, Steinwig, zur Uebergabe derselben an Wallenstein bereit, als die fremden Obersten mit Entschlossenheit widersprachen. Die dänischen und schwedischen Offiziere der Besatzung zeigten sich als die eigentlichen Herren der Stadt, die Uebergabe unterblieb. Wallenstein ließ, um diese endlich herbeizuführen, am 12. und 13. Juli die Stadt unausgesetzt beschießen. Die Noth in Stralsund war groß und seine Bewohner hätten Wallenstein jetzt auch die Thore geöffnet, wenn nicht die fremden Obersten erklärt hätten, daß sie ohne Befehl ihrer Könige ihre Posten nicht verlassen und diese vertheidigen würden. — Anhaltende Ungunst des Wetters hatte im Lager Wallensteins Krankheiten und schlechte Mannszucht hervorgerufen. Er wollte die Entscheidung. Er bot mildere Bedingungen und bestimmte

—

den Herzog Bogislaw die Stadt zu vermahnen, sich diesen Bedingungen zu fügen.

Inzwischen war das dänische Regiment (Schotten) Spynie 1100 Mann stark in Stralsund angelangt und war Christian IV. mit seiner Flotte vor Rügen erschienen. Auch schwedische Verstärkung stand nahe bevor. Die Wallenstein'schen Bedingungen wurden darum trotz der Mahnung des Landesherrn zurückgewiesen.

Gustaf Adolf, besorgt um das bedrohte Stralsund, hatte aus seinem Lager bei Dirschau die Obersten Alexander Leslie und Graf Nils Brahe mit 1200 Mann — 8 Kompagnien Nils Brahe; 6 Kompagnien Lars-Kagge — nach Stralsund entsendet, wo sie am 27. Juli eintrafen. Mehr konnte der König für den Augenblick nicht thun, da sein Heer noch immer in Polen und Preußen gefesselt und König Sigismund durch kaiserlichen Sukkurs verstärkt worden war, wodurch dessen Kampflust neue Nahrung erhielt, wenn er auch hatte einsehen müssen, daß er nicht die Macht zur Besiegung der Schweden besitze, da er sie nicht einmal aus seinem Lande zurückwerfen, geschweige selber nach Schweden übergehen konnte. —

Stralsund hatte jetzt eine ansehnliche Besatzung. Sie bestand aus 2000 Dänen, 1700 Schweden und 1000 Stralsunder Soldtruppen, zu denen die sieben Fähnlein der Bürgersoldaten noch hinzutraten. Mit der so vermehrten Widerstandsfähigkeit der Stadt wuchs auch wieder der Muth und das Vertrauen seiner Bewohner. Wallenstein mußte einsehen lernen, daß eine pommersche Stadt dem von der Donau bis an den baltischen Strand siegreich vorgedrungenen kaiserlichen Heere unüberwindlichen Widerstand zu leisten vermochte. Wallenstein, der eine dänische Landung fürchtete, und durch die Nachricht beunruhigt wurde, daß Gustaf Adolf mit dem Könige von Polen Frieden geschlossen und mit seinem Heere von der Weichsel nach der Oder im Anmarsch sei, suchte nach einem Mittel, mit scheinbaren Ehren die Belagerung Stralsunds aufheben zu können. In dieser Absicht schloß er mit dem Herzoge Bogislaw XIV. von Pommern, der zwar der Schutzherr, nicht aber mehr der Herr von Stralsund war, wo sich die fremden Obersten als solche betrachteten, einen Vergleich, worin Bogislaw für die Stralsunder die Bürgschaft der Ausführung der Vergleichsbestimmungen übernahm. Tags nach dem Vergleiche zog Wallenstein nach Mecklenburg ab. Arnim verblieb mit seinen Truppen noch vor Stralsund, um den Ausgang der Unterhandlungen Bogislaws mit Stralsund abzuwarten. Während der Dauer derselben wollte er Waffenruhe beobachten. Bogislaw hatte mit seinen Verhandlungen mit Stralsund kein Glück, seine Kommissarien wurden nicht einmal in die Stadt eingelassen. Dagegen begannen die schwedischen Obersten Leslie und Brahe mit frischem Muth die Feindseligkeiten. Die durch die Verstärkungen erhöhte Offensivkraft Stralsunds und die in Aussicht stehende Landung der Dänen veranlaßte Wallenstein, auch Arnim den Befehl zum Rückzuge zu geben; er bevollmächtigte ihn, nach Besetzung der Schanze bei Brandshagen südlich Stralsund auf Barth oder Triebsees abzumarschiren. Am 5. August Abends war Stralsund von keiner Seite mehr belagert. Seine muthigen Bewohner tummelten sich am Abend lustig auf den verlassenen Lagerplätzen der Kaiserlichen.

Gustaf Adolf hatte während der Belagerung Stralsunds ein gesteigertes Interesse für die Erhaltung dieser Stadt gezeigt. Er dachte daran, nach Entsatz von Stralsund dort ein Truppenkorps zu sammeln, eine Armee auf deutschem Boden zu halten. Im August sandte er Axel Oxenstierna nach Stralsund, damit er diese Stadt vertheidigungsfähiger mache. Inzwischen war er bemüht von Christian IV. die Zurückziehung der dänischen Besatzung aus Stralsund zu erwirken. Bogislaw XIV. erkennend, daß Gustaf Adolf sich in Pommern festsetzen wolle, suchte den Abschluß eines derartigen Vertrages möglichst zu hintertreiben. Der zu Kopenhagen von Oxenstierna mit dem Könige Christian und den dänischen Reichsständen am 17. September zu Stande gebrachte Vergleich war des Inhaltes, daß Dänemark sich seine Forderungen an die Stadt Stralsund wegen der aufgewandten Kosten vorbehielt und Schweden verspricht, darin nicht hinderlich zu sein. Schweden macht sich anheischig, auf eigene Kosten die Stadt so zu verwehren, daß weder der Kaiser, noch die Liga von ihr aus die Ostsee beunruhigen und die nordischen Reiche überfallen können. Die dänische Besatzung verläßt bei Ankunft der neuen schwedischen Besatzung die Stadt; nur 300 Mann, die nach Belieben durch andere 300 Mann abgelöst werden dürfen, läßt der König von Dänemark in der Stadt. Diese dürfen nicht zu Ausfällen gebraucht werden; sie stehen aber unter Befehl und Jurisdiktion des Königs von Schweden und werden von ihm besoldet. Ueberhaupt verbinden beide Könige sich, Stralsund in seinen alten Freiheiten zu beschützen. —

Den Befehl in Stralsund übertrug Gustaf Adolf seinem Obersten Leslie. Mit Stralsund wurde am 29. August 1629 ein Vertrag abgeschlossen, wonach von nun an zwei schwedische National-Regimenter zu 1200 Mann und ein geworbenes Regiment Stralsunder die Besatzung der Stadt und Festung bilden sollten. —

Von dieſem Zeitpunkt an bis zu der Bildung des 33. Infanterie-Regiments war Stralſund eine ſchwediſche Garniſon.

Am 17. April 1629 ſchifften ſich die letzten 300 noch zurück-gebliebenen Dänen ein und blieben nun nur noch die ſchwediſchen Regimenter der Oberſten Graf Nils Brahe, Jacob Duwall und Lars Kagge. Das vertragsmäßig geworbene „Stadt-Regiment" Stralſunds, das 1200 Mann ſtark ſein ſollte, war aus dem während der Belagerung geworbenen Regiment hervorgegangen; es hatte aber noch nicht die volle Stärke. Den Oberbefehl über dieſe Truppen führte Alexander Leslie, während als Kommandant Steno Bielke im Januar 1630 aus Schweden in Stralſund anlangte. —

Stralſund ſollte der ſichere Ausgangspunkt für die von Guſtaf Adolf beſchloſſene Theilnahme am Kriege in Deutſchland werden. Um bei dieſer nicht in der Flanke oder im Rücken durch die Polen bedroht zu ſein, ſuchte Guſtaf Adolf den Frieden mit König Sigismund. Die Verhandlungen führten vorerſt am 16. September 1629 zu dem Ab-ſchluß eines ſechsjährigen Waffenſtillſtandes, der zu Altmark bei Stuhm abgeſchloſſen wurde. Als Guſtaf Adolf die Hände frei hatte, ging er an die Vorbereitung zum Kriege gegen den Kaiſer. Am 3. November erhielt der König von ſeinen Reichsräthen die Zuſtimmung zum Kriege, nachdem alle Gründe für und wider einen Offenſivkrieg in Deutſchland eingehend erörtert worden waren.

Von den acht Gründen *) für den Beginn des Offenſivkrieges war der ſiebente: „Auch würde es vor Gott und den Menſchen unver-antwortlich ſein, wenn Schweden ſeine Bundes- und Religionsverwandten, vor allem Stralſund, das es in ſeinen Schutz genommen, ſo plötzlich verließe."

Die Bewohner dieſer Stadt litten durch die ſchwediſche Beſatzung ſehr. War auch die Stadt nicht mehr belagert, ſo war ihr doch jeder Verkehr abgeſchnitten, da rings herum die Kaiſerlichen eingelagert waren. Dabei mußte Stralſund ein Drittheil der Beſatzung erhalten. Seine Hilfsquellen wurden ſtark in Anſpruch genommen, ſie reichten kaum aus. Mangel und Krankheit herrſchten in der Stadt, die der Oberſt Leslie als ſchwediſche Stadt behandelte. Inzwiſchen bereitete Guſtaf Adolf den beſchloſſenen Krieg vor. Er benachrichtigte Leslie von ſeiner bevor-ſtehenden Landung und beauftragte ihn, ſich rechtzeitig den Beſitz von Rügen, das noch von den Kaiſerlichen beſetzt gehalten wurde, zu ſichern.

---

*) Siehe G. Droyſen, Guſtaf Adolf.

Leslie benutzte das Gerücht, daß Dänemark sich Rügens bemächtigen wolle, zum Vorwande für die widerrechtliche Befetzung dieser Insel.

Seine Streitkräfte hierzu waren genügend. Am 7. März 1630 verfügte er in Stralsund über 5500 Mann Infanterie, sowie über 225 Reiter. Mitte März begannen die Operationen gegen Rügen. Oberstlieutenant v. d. Heyden besetzte am 23. März die Insel Hiddensee, am 9. April ging Oberst Duwall nach Rügen über und nahm Tags darauf die alte Fährschanze. Am 17. April wurde auch die neue Fähr-schanze von den Kaiserlichen den Schweden übergeben. Den Oberst Goetze, der von Brandshagen mit 3—4000 Mann herbeieilte, wies Leslie zurück.

Am 19. Juni erstürmte er die Schanze am neuen Tief und vollendete so die Besetzung von Rügen. Bald nachher räumte Oberst Goetze auch die Brandshagener Schanze und zog sich auf Greifswald zurück. Die Errungenschaften der Truppen Leslies schreckten die Kaiserlichen.

Nach dem Verlufte Rügens konnten sie eine schwedische Landung nicht mehr hindern.

Torquato Conti, der nach Wallensteins Abgang nach Oesterreich das Generalkommando übernommen hatte, eilte jetzt sich der Oder zu versichern.

In den pommerschen Städten lagen frisch geworbene Truppen. In Stettin, wo die pommersche Hauptmacht stand, führte Oberst Siegfried v. Damitz den Befehl. — Torquato Conti zwang die pommersche Be-satzung von Greifenhagen unter dem Hauptmann v. Krokow zum Abzuge nach Stettin und den pommerschen Oberstlieutenant Gruntze zur Ueber-gabe von Gartz. Conti forderte auch Einlaß für seine Truppen in Stettin. Da der Herzog Bogislaw sich dieses Mal ermannte und die Thore der Stadt den Kaiserlichen nicht öffnete, so begannen die Kaiser-lichen die Stadt förmlich zu blokiren.

Während in Pommern und auf Rügen die schwedischen Truppen des Obersten Leslie die ersten Kämpfe mit den Kaiserlichen glücklich be-standen, hatte Gustaf Adolf ein Heer von 14,000 Mann auf seiner Flotte zur Landung in Deutschland versammelt. Nachdem widrige Winde das Auslaufen der Flotte aus Elfsnabben mehrere Tage verhindert hatten, ging sie am 17. Juni unter Segel. Am 26. Juni ließ Gustaf Adolf die Anker seiner Flotte am deutschen Strande fallen und begann die ungehinderte Landung. Auf einem der drei Böte, die zuerst dem Lande zusteuerten, befand sich Gustaf Adolf; er betrat das Land auf der Insel Usedom, da wo die Peene ins Meer mündet, südlich der Sandbanf Ruden. Eine hier liegende verlaſſene Schanze wurde beſetzt und ein Lager bei dem Dorfe Peenemünde errichtet.

Am 8. Juli eröffnete Guftaf Adolf ſeinen deutſchen Feldzug mit einer Rekognoszirung gegen Wolgaſt, das er den Kaiſerlichen abnahm. Guftaf Adolfs Landung in Pommern fand nur in Stralſund freudigen Wiederhall. Ganz Pommern war erſchreckt über das zur Gewißheit ge= wordene Erſcheinen des ſchwediſchen Heeres in Pommern. Guftaf Adolf ging, nachdem er die Inſel Uſedom mit Leichtigkeit in ſeinen Beſitz ge= bracht, über die Swine nach der Inſel Wollin, welche die Kaiſerlichen räumten, ehe die Schweden mit ihnen in Fühlung getreten waren. Danach ging er über die Divenow und bemächtigte ſich nach längerer Beſchießung Kamins. Mit überraſchender Geſchwindigkeit und ohne Verluſt hatte Guftaf Adolf wichtige ſtrategiſche Errungenſchaften erlangt, er war der Herr der Odermündungen, verfügte über den freien Beſitz von Rügen und Stralſund. Die nächſte Aufgabe war Stettin, die Hauptſtadt Pommerns, zu beſetzen, welches von den Kaiſerlichen bisher vergeblich blokirt worden.

Als Torquato Conti von Stettin die Einnahme kaiſerlicher Völker forderte, hatte ſich dieſe Stadt ſtandhaft gezeigt und den Eintritt ver= weigert. Conti ließ ſich zu falſcher Nachgiebigkeit verleiten und ver= mahnte Stettin, es möge dann auch keine ſchwediſchen Truppen auf= nehmen. Nicht ſo dachte Guftaf Adolf, er begann ſchnell die Rüſtungen zur Einnahme von Stettin.

Am Abend des 19. Juli ſchiffte er die zu der Expedition gegen Stettin beſtimmten 74 Kompagnien auf mehr als fünfzig größeren und kleineren Fahrzeugen ein und fuhr bei günſtigem Winde über das große Haff durch das Papenwaſſer in die Oder ein. Unerwartet traf er bei Stettin ein, deſſen Bürgerſchaft erſchreckt war. Der Kommandant, Oberſt v. Damitz, zeigte ſich entſchloſſen, den Schweden, wie vorher den Kaiſer= lichen, die Thore verſchloſſen zu halten. Guftaf Adolf beharrte aber bei ſeinem Entſchluß Stettin zu beſetzen und der ohnmächtige Herzog Bogislaw mußte nachgeben. Am 20. Juli marſchirten die Schweden in Stettin ein.

Guftaf Adolf beſetzte die Stadt mit 4000 Mann. Die pommer= ſchen Truppen etwa 3000 Mann, an der Spitze ihr Oberſt v. Damitz, traten in ſchwediſche Dienſte über.

Chemnitz berichtet hierüber: „Die fürſtliche Pommerſche Soldatesca unterm Obriſten Sigfrid von Damitz iſt auch auf des Fürſten Beliebung in Königliche Schwediſche Dienſte getreten und hat dem König ſich mit

Eyd und Pflicht verbindlich gemachet; So folgends wegen Farbe der Fähnlein das Weisse Regiment genannt worden."

Mit der Besitzergreifung Stettins beginnt die schwedische Herrschaft in Pommern, die Gustaf Adolf auch nicht sobald wieder aufgeben wollte, wie der vierzehnte Passus der Kapitulation zwischen dem Herzoge Bogislaw XIV. und dem Könige Gustaf Adolf darthut. Derselbe lautet:*)

„Endlich hat der König per expressum sich vorbehalten: Daß, wan der Herzog von Pommern die Welt | ohne Männliche Leibs-Erben, gesegnen sollte | ehe der Kurfürst zu Brandenburg | als eventualiter, gehuldigter Successor | die Einigung ratificiret oder diesen Landen zur ihrer Erledigung wirklich assistiret hätte | oder da dem Churfürsten die Succession von andern streitig gemachet würde; der König zu Schweden oder dessen Successores an der Kron diese Lande alsdann in sequestatoria & clientelari possessione so'lange inne behalten wolten: Bis der punctus successionis seine Vollständige Richtigkeit erlangt und ihm von dem Successore die Kriegs Unkosten (doch ohne Beschwer und Zuthat des Landes Pommern) entrichtet | auch diese Einigung ratificiret | und vollzogen würde."

Gustaf Adolf mußte das Gewonnene festzuhalten. Er befahl die sofortige Verbesserung der verfallenen Festungswerke durch rastlose Schanzarbeit, an der die Bürgerschaft Stettins theilnehmen mußte. Er errichtete bei der Oberburg ein Lager und verlegte dorthin seine Truppen mit Ausnahme der zur Besatzung von Stettin bestimmten Regimenter.

Rasch breiteten sich die schwedischen Truppen in Vorpommern aus. Der Oberst v. Damitz mit dem weißen Regiment war der erste, der mit seinen Truppen für Schweden ins Feld zog und bei der Wegnahme von Stargard den Beweis lieferte, daß die Pommern ihrem neuen Kriegsherrn treu und redlich dienten.

Der schwedisch-deutsche Krieg begann im Sommer 1630, er gab dem schon seit mehr als zehn Jahren in Deutschland währenden Religionskriege eine unerwartete Wendung. Gustaf Adolfs nicht anzuzweifelnder Glaubenseifer für die Sache der Evangelischen, nicht minder aber auch eine kluge Eroberungspolitik ließen die schwedischen Banner auf Deutschlands Boden entfalten und den Kaiserlichen entgegenflattern.

Es gehört nicht zu der vorliegenden Aufgabe, auf die geschichtlichen

---

*) Philipp von Chemnitz. Königl. Schwedische in Teutschland geführten Krieges Geschichte u. s. w.

Thatsachen noch näher einzugehen als es geschehen, um die Ereignisse zu schildern, die auf die Entstehung der Regimenter im schwedischen Heere Einfluß übten, die als die Stammregimenter anzusehen sind.

Gustaf Adolf hatte während des Krieges gegen Polen, wie bereits erzählt, zur Verstärkung seines Heeres in Deutschland neue Regimenter werben lassen. Das Bremische war der Hauptwerbeplatz für die Schweben in Deutschland, weil das Herzogthum dafür sehr günstig gelegen war. Zu den dort geworbenen Regimentern gehörte auch das des Obersten Teuffel, Freiherrn von Gundersdorf und Weyersberg. Dieses Regiment hieß das gelbe und später das Leibregiment des Königs zu Fuß. Als solches genoß es einen Vorrang vor den andern Landregimentern und hatte in der Schlachtordnung seinen Ehrenplatz auf dem Flügel derselben. Nur die Leibregimenter durften Standarten von blauem Atlas mit silberner oder goldener Stickerei führen. Ob daher die Bezeichnung des gelben (goldenen) Regiments rührt, ist schwer zu entscheiden. Es scheint nicht, daß die Farbe der Uniform hierfür entscheidend gewesen sei, da erst in späterer Zeit festzuhaltende Uniformen im schwedischen Heere eingeführt wurden; erst 1687 wurde es gleichmäßig blau — die Dragoner grau — bekleidet. Wahrscheinlich rührt die Bezeichnung: gelbes und blaues Regiment, wie bei dem weißen, von der Farbe der Fahnen oder von der Farbe der Feldzeichen der Obersten her.

Das gelbe Regiment des Obersten Teuffel scheint zuerst gegen Ende 1625 aufgestellt worden zu sein, da in dem Kriegs-Kolleg-Archiv 1626, als noch in Deutschland zu werben, 5 Kompagnien Deffel aufgeführt sind, damit dieses Regiment auf 10 Kompagnien gebracht werde. Im Februar 1626 zählte dieses Regiment 1700 Mann und stand in Preußen. Es scheint dann durch Verluste und Desertionen so geschwächt worden zu sein, daß der Oberst Teuffel sich zu neuer Werbung entschließen mußte, die dann im Frühjahr 1627 in Mecklenburg erfolgte. (S. S. 393.)

Das gelbe Regiment blieb in Preußen, bis es am 10. Juli 1630 mit 1874 Mann in 12 Kompagnien nach Hinterpommern abrückte. Auf den Befehl Gustaf Adolfs an den Reichskanzler, den Generalgubernator in Preußen, Truppen von Preußen als Verstärkung nach Hinterpommern zu senden, war auch das Regiment Teuffel dorthin aufgebrochen. Es gehörte zur Avantgarde des Generals Kniephausen, welcher den aus Preußen kommenden Truppen entgegengeschickt worden war.

Dem Regiment ging bald nach seinem Eintreffen in Hinterpommern der Befehl zu, sich nach Wolgast heranzuziehen, wo es Gustaf Adolf

Anfangs September erwartete, um es bei der mecklenburgiſchen Expedition zu verwenden.

Die aus Preußen heranrückenden Verſtärkungen trafen aber nicht ſo rechtzeitig, wie es Guſtaf Adolf wünſchte, ein. Das Regiment hatte darum an den in Mecklenburg errungenen Vortheilen nicht Theil.

Das gelbe Regiment traf mit Kniephauſen erſt im November bei dem Korps des Feldmarſchalls Guſtav Horn ein.

Guſtaf Adolf hatte die bei Gartz an der Ober ſtehenden überlegenen Truppen Torquato Conti's nicht angreifen wollen und hatte nur ein Obſervationskorps unter Horn ihm gegenüber ſtehen laſſen, während er ſich nach Mecklenburg und gegen die untere Elbe wendete, um hier zunächſt die durch Wallenſtein vertriebenen und entthronten Herzöge in ihr Land zurückzuführen.

Die von Kniephauſen herangeführten Truppen traten zunächſt zu Horns Korps.

Guſtaf Adolf war von Stralſund aus in Mecklenburg eingerückt und hatte bei Dammgarten ein befeſtigtes Lager bezogen. Er wollte nun ſein Heer in fünf verſchiedene Kolonnen theilen und von allen Seiten die in Mecklenburg ſtehenden Kaiſerlichen angreifen. Ehe jedoch dieſer Plan ausgeführt werden konnte, mußte er ſich an der Oſtſee eine feſte Operationsbaſis ſichern. Das führte ihn nach Pommern zurück. Er ging nach Stettin und konzentrirte ſeine Truppen bei Damm am 23. Dezember, im Ganzen 8000 Mann Infanterie, 4000 Mann Kavallerie und 10 halbe Karthaunen. Am 24. brach er zu Land und zu Waſſer nach Greifenhagen auf. Chemnitz ſagt über das Treffen bei Greifenhagen:

„In Meinung | der Feind würde | ehe er dieſen importanten Paß im Stiche lieſſe ein Schlacht hasardiren | und ſich aus ſeinem Vortheil bei Gartz begeben. Weil aber kein Feind ſich ſehen ließ | als wurden bald | recht in der Chriſtnacht | unterſchiedliche baterien verfertiget |, die ſchweren Stücke | welche der König | ſambt theils commendirten musquetierern | in Pramen zu Waſſer die Ober hinaufgehen laſſen | gepflanzet; Und fieng man darauf Morgens umb fünff Uhr | die Stadt mit ſolchem Ernſt und furi, von allen Seiten | Creutzweis zu canoniren an: daß in kurzer Zeit ein gros Stücke von der Maure niedergeleget | und eine ziemliche breche den königlichen zum Sturm geöffnet ward.

Der Kaiſerliche Obriſte und Commendant darin | Don Fernando de Capua, von Geburt ein Neapolitaner | Ritter des Ordens S. Jacob zu Compoſtel | hatte ſchon den Tag zuvor die Fähnlein von dannen weg | und nacher Gartz ins Kaiſerliche Feldlager geſchicket: Weil er ſich wiewohl er in die drittehalbtausend Mann stark darinnen lag | den Platz zu erhalten nicht getrauet. Darumb auch seine Knechte desto schlechtern Muth zum Fechten gehabt; nach geringem Wiederstande | über die Brücke hinaus auf die andere Seite | gegen Gartz zu | ihren Fähnlein bald gefolget; und also diesen Paß | nebst allen Stücken | worunter die metallene dem König zu Schweden überlassen.

Ob nun wohl (angesehen sie sich zeitlich aus dem Staube gemachet) über vierzig oder fünfzig Mann nicht nieder gehauen | und etwa hundert gefangen worden: Ist doch der Commendant selbst | welcher wegen zweier Wunden | so er in diesem Einbruch der Königlichen empfangen (woran er hernachmals Todts verfahren) nicht fortgekont | nebenst dem Major, Antonius genandt | einen Haubtmann Don Joseph, einem jungen Graffen von Thurn und etlichen andern Officierern im Stich und gefangen hinterblieben. Welche gefangene der König allesammens dem Herrn Teuffel | Obristen vom Leib-Regiment verehret und übergeben."

Aus dieser dem Obersten Teuffel widerfahrenen Auszeichnung, darf wohl mit Recht geschlossen werden, daß das Leib-Regiment des Königs am meisten zu den Erfolgen bei Greifenhagen beigetragen hatte.

Da dieses Regiment als der Ursprung des bis 1815 bestandenen deutschen Leib-Regiments der Königin angesehen werden kann, so wird es von Interesse sein, dieses Regiment, so weit als möglich, auf seinem ferneren Kriegspfade zu begleiten.

Am Schlusse des Jahres 1630 hatte Gustaf Adolf ganz Pommern in seiner Gewalt außer Kolberg, Greifswald und Demmin. Die Erfolge seines ersten Feldzuges in Deutschland waren nicht bedeutend; aber solid, die Basis war geschaffen und durch methodisches Verfahren gesichert. Durch diese Eigenschaft unterscheidet sich Gustaf Adolf vortheilhaft von Wallenstein und den protestantischen Condottieris Mansfeld und Braunschweig; nur Tilly konnte als ihm ebenbürtig gelten.

Anfang des Jahres 1631 marschirte des Königs Leib-Regiment unter Gustaf Adolf nach Mecklenburg. Er verfügte über eine Streitmacht von beinahe 25,000 Mann. Er nahm Neu-Brandenburg, Malchin und das sehr wichtige Demmin ein, das Tilly, der im Anmarsch von Brandenburg her war, entsetzen wollte.

Gustaf Adolf wendete sich jetzt nach Osten, um Frankfurt an der Oder zu gewinnen. Er hatte den Plan, in fünf Kolonnen vorzugehen, aufgegeben und wollte zunächst zwischen Oder und Elbe stehen bleiben, um sich später nach Sachsen oder Schlesien zu wenden. — Er ließ in Demmin ein starkes Detachement zurück, beauftragte den General Tott mit der Einnahme von Greifswald, übertrug Horn den Befehl über alle in Pommern ſtehenden Truppen und wendete ſich gegen Frankfurt.

Hier ſtand Tieffenbach mit 7000 Mann als am 28. März die Schweden von Lebus her vor der Stadt eintrafen. Bei einem Ausfall aus Frankfurt wurde Oberſt Teuffel in der linken Seite leicht verwundet. Das Regiment zeichnete ſich bei der Erſtürmung der Stadt am 3. April von Neuem aus.

Die Erfolge Guſtaf Adolfs in der Mark Brandenburg nöthigten Tilly zum Rückzuge nach der Elbe und Schleſien. Ehe ihm Guſtaf Adolf dorthin folgte, wollte er erſt ſeinen Rücken vom Feinde frei wiſſen. So lange noch kaiſerliche Beſatzungen in Greifswald und der unmittelbaren Nähe der von den Schweden beſetzten Gebiete ſtanden, fühlte ſich Guſtaf Adolf noch nicht für weiter ausholende Operationen befähigt, zumal ein thatkräftiges Bündniß mit den proteſtantiſchen Fürſten Deutſchlands nicht zu erzielen war. Ein Theil ſeiner Armee, zu dem auch das Leib-Regiment gehörte, ging unter dem General Johann Baner nach Landsberg an der Warthe und nahm dieſen feſten Platz am 16. April ein.

Während dieſer Unternehmungen war Tilly mit ſeiner ganzen Armee auf Magdeburg marſchirt, das Pappenheim cernirte. Der Beſitz dieſer Stadt war für Tilly, nachdem Guſtaf Adolf an der Elbe erſchienen war, von großer Wichtigkeit.

Die Abſicht Guſtaf Adolfs war es, dieſe Stadt, die Glaubensfeſte der Evangeliſchen zu entſetzen. Er brach dahin auf und bezog am 1. Mai ein Lager bei Köpenick. Die Verhandlungen mit ſeinem Schwager, dem Kurfürſten von Brandenburg, wegen der Uebergabe von Küſtrin und Spandau hielten ihn auf; erſt nachdem er dieſe erlangt hatte, ſetzte er ſeinen Marſch nach der Elbe fort. Es war zu ſpät. Am 10. Mai war Magdeburg von Tilly erobert.

Der Fall Magdeburgs änderte die Kriegslage zum Nachtheile Guſtaf Adolfs. Zunächſt ſuchte er ein Bündniß mit dem Kurfürſten von Brandenburg herbeizuführen, das Ende Mai geſchloſſen wurde. Gleichzeitig wartete er auf Verſtärkungen. Die anlangenden Schweden zog er zur Armee heran, das engliſche Hilfskorps beſtimmte er, in Pommern Horn's Truppen zu erſetzen und machte dieſe dadurch theilweiſe zur Verſtärkung ſeines Hauptheeres frei. Die weiteren Operationen berieth er Anfang Juni in Brandenburg mit Baner, Teuffel und Baudiſſin.

An drei Punkten drohte dem ſchwediſchen Heere Gefahr, an der ſchleſiſchen Grenze, an der mecklenburgiſchen Grenze und im Centrum der ſchwediſchen Stellung. Im Centrum war eine unangreifbare Poſition gewonnen, nachdem Brandenburg und Spandau in schwedischen Händen waren. Die von Schlesien her drohende Gefahr war gering, so lange die schwedische Armee ihre Stellung behauptete. Der rechte Flügel war gesichert, wenn Greifswald erobert war. Dieser Flügel konnte dann in Mecklenburg einrücken. Der rechte Flügel konnte unmittelbar an die untere Elbe vorrücken und dort mit dem Centrum, das von Brandenburg aus die Havel bis zu deren Einmündung in die Elbe zu besetzen hatte, in Fühlung treten. Gelang es, diesen Plan auszuführen, so stand die schwedische Armee in einem großen Viereck, gewissermaßen einem großen Ostsee-Bastion, dessen Rückseite die See, dessen Angriffsfront die Spree und Havel, deren Flanken Oder und Elbe bildeten, auf den Schulterpunkten lagen Stettin und Frankfurt a. d. O., an der untern Elbe Hamburg. Eine Befestigung an dem Einfluß der Havel in die Elbe sollte angelegt werden. Hierzu war aber die Einnahme von Havelberg vorerst nothwendig. Die Operationen gegen die untere Havel von Brandenburg her sollte General Baner leiten. Das Leib-Regiment des Königs unter dem von seiner Wunde wieder genesenen Obersten Teuffel stand bei Rathenow und Brandenburg.

Ein großer Erfolg für die schwedische Kriegführung war die am 16. Juli erfolgte Einnahme Greifswald's durch Tott, gerade als Kaiserliche aus Mecklenburg zum Entsatze heranrückten. Die Kaiserlichen hatten das letzte Bollwerk in Pommern verloren, die Schweden waren dort von nun an unangefochtene Selbstherrscher. Für Gustaf Adolf war der Erfolg ein großer, er wußte seinen Rücken frei, seine Verbindungen mit Schweden waren an keiner Stelle der pommerschen Küste mehr bedroht und konnte er über einen Theil der in Vorpommern gefesselt gewesenen Truppen verfügen. Gustaf Adolf ernannte Tott für die Einnahme von Greifswald zum .General-Feldmarschall. — Es ging das Witzwort, daß Gustaf Adolf siegen müsse, da er mit Tod (Tott) und Teufel (Teuffel) im Bunde sei.

Tilly war nach der Einnahme von Magdeburg unentschlossen bis Ende Mai dort stehen geblieben; ging dann an die Weser, um das Vordringen des englischen Hülfskorps zu verhindern.

Er hatte aber keinen festen Operationsplan, den er ausführte. Gustaf Adolf dagegen hatte die Zeit nicht ungenutzt gelassen; Anfangs Juli hatte Baner Havelberg erstürmt. Bei Werben am Einfluß der Havel in die Elbe war ein stark befestigtes, wohl angelegtes Lager entstanden. Tilly war nach verschiedenen Unternehmungen in Thüringen und Hessen am 15. Juli Abends bei Magdeburg eingetroffen und trat nun den Marsch gegen Gustaf Adolfs befestigte Stellung bei Werben an. Am 26. Juli traf er mit 32,000 Mann vor dieser ein, zog aber ohne Erfolg wieder ab, da Gustaf Adolf zu klug war, um aus seiner festen Defensivstellung herauszutreten und mit seinen schwächeren Truppen- kräften eine offene Feldschlacht zu wagen. Bei Werben hatten sich zum ersten Male beide Heerführer gegenüber gestanden. Tilly hatte einsehen müssen, daß er an Gustaf Adolf einen überlegenen Gegner habe. War er auch nicht in offener Feldschlacht besiegt, so mußte er doch vor der schwedischen Defensive umkehren, ohne gesiegt zu haben. Tilly selbst sagte schon damals von Gustaf Adolf, er sei ein Gegner, gegen den Nichts zu verlieren schon Gewinn sei.

Gustaf Adolf war aber nicht nur der Führer in der Schlacht, er war auch der Organisator seines Heeres, er darf mit Recht der Schöpfer der neuen Taktik genannt werden, er hat zuerst das Treffensystem im modernen Sinne wieder hergestellt. Eine Schilderung aller taktischen Verhältnisse in dem Heere Gustaf Adolfs würde zu weit führen. Mag hier nur eine sehr sachliche Darstellung der Infanterietaktik, wie sie der sehr zuverlässige Chemnitz in seinem mehrfach erwähnten Werke giebt, Platz finden.

„Das Fußvolk war in seine Regimenter und compagnien | die compagnien in ihre gewisse Corporalschafften und Rotten | deren jede ihren Ober- und Unter-Rottmeister hatte | so ordentlich abgetheilet: Daß ein jedweder gemeiner Knecht | auch ohne der Officierer Anweisung | schon vorhin wußte; an welchem Platz er stehen und Fechten solte. Und weil der König befunden | daß in den tieffen bataillons, wie man sie nach alter manier gemachet | die voranstehenden den letzten im Fechten hinderlich waren | auch der canon, wan er durch die trouppen spielete | großen Schaden unterm Volk thete | als ließ er seine infanterie nur sechs Man hoch stellen. Welche | wen es an ein Treffen gieng | die Glieder doubliren mußten | und also nur drei hoch zu stehen kommen. Auf welche manier des Feindes canon geringern effect hatte; auch die hindersten so wol | als die fordersten | ihr Gewehr gegen den Feind nütz- lich gebrauchten: In dem das erste Glied kniend | dz andere gebucket | das dritte aufrecht stehend | und also einer über des andern Schultern Feuer gab. Das Fußvolk zu stellen | hatte Er eine sonderliche manier inventiret; also daß die musquetierer von piquen bedecket | und diese hinwiederumb von jenen sousteniret wurden: Wie dan auch je eine sqwadron den andern secoundirte und jede brigade gleichsamb wie eine kleine bewegliche Festung | ihre courtinen und flanquen hatte; deren eines vom andern defendiret und bestrichen ward.

So stunden auch die brigaden in unterschiedlichen Treffen | und sattsamer distantz | neben und hinter einander; waren auf den Seiten und am Rücken dergestalt mit Reutern verwahret; wie gleichfals die Reuter mit commandirten mousquetiren vermischet; Daß ja eines auf das andere sich retiriren | und eines das andere entsetzen konte."

Die normale Aufstellung zur Schlacht war die, daß die Pikeniere in 32 Rotten, 6 Mann tief, in der Mitte standen, während sich die Musketiere, in drei Haufen getheilt, auf den beiden Flügeln befanden; jeder dieser Haufen zählte 12 Rotten zu 6 Mann Tiefe, also 72 Mann.

Die Treffenstellung der Infanterie war die Brigade. — Die acht Kompagnien eines Regiments sollten nur eine Halb-Brigade, die zehn Kompagnien von zwei Regimentern die volle Brigade bilden. Konstant war aber diese Formation nicht, da sie von den sehr verschiedenen Stärke-verhältnissen der Regimenter abhing; so bildete nicht selten ein Regiment eine Brigade in der Schlachtordnung.

Die taktische Unterabtheilung des Regiments war eigentlich das Vierfähnlein, — Quaternio, Quadron, Eskadron — das spätere Bataillon zu 4 bis 5 Kompagnien. In den Schlachten fochten sie als taktische Einheiten, selbst wenn mehrere Vierfähnlein eines Regiments nebeneinander standen. Die geworbenen Regimenter waren meist stärker als die Nationalregimenter, weil sie leichter ihre Lücken füllen konnten und keinen genau festzuhaltenden Etat hatten. Das stärkste Regiment war aber meist das Leib-Regiment. Darum erscheint es auch oft in der Schlacht als gelbe Brigade.

Bei den taktischen Formen ließ man sich damals allgemein gern von fortifikatorischen Rücksichten leiten. Solche herrschten auch im schwe-dischen Heere noch vor. Alle Theile der Brigade sollten sich gegenseitig wie die Werke einer Festung unterstützen. Stehen mehrere solcher Bri-gaden neben einander, so erscheint das erste Treffen als Bastion, das zweite als die Courtine. War vor der Front ein Hinderniß, ein Graben oder dergleichen, so bildeten die Musketiere hier eine zusammenhängende Schützenkette.

Wie die taktische Anordnung Gustaf Adolfs seiner Zeit die beste war, so war die administrative Leitung, wie der innere Dienst im Heere mustergiltig und epochemachend. Vieles, was uns heute gewohnheits-mäßig geworden, hatte seinen Ursprung in dem Heere des großen Schwedenkönigs. Kriegsartikel; theoretischer Dienstunterricht der Mann-schaften durch die Offiziere; gleicher Haarschnitt und viele andere gleich-mäßig regelnde und ordnende Bestimmungen verdanken ihre Entstehung dem Genie Gustaf Adolfs und dem Eifer seiner tüchtigen Offiziere. — Das Studium der schwedischen Heereinrichtungen zur Zeit der geschilderten Ereigniſſe iſt heute noch belehrend. Mit Stolz darf darum darauf hingewieſen werden, daß in ſo großer Zeit der Urſprung unſeres Regiments wurzele.

In den Tagen vor Werben begann die entſcheidende Wandlung in der allgemeinen Lage. Die Königin von Schweden hatte die erwarteten Verſtärkungen aus der Heimath ſelbſt nach Pommerns Küſte geführt; von den 8000 eingetroffenen Schweden ließ Guſtaf Adolf die Hälfte in Mecklenburg, die andere zog er an das Hauptheer nach Brandenburg heran. Die engliſchen Hilfstruppen unter Hamilton wurden an die mittlere Oder zur Verſtärkung der Truppen Horns dirigirt. Wichtiger aber als alle dieſe Verſtärkungen war die Aenderung der politiſchen Situation. Die Allianzverträge mit dem Landgrafen von Heſſen und dem Kurfürſten von Sachſen, die wieder Muth für die proteſtantiſche Sache gefaßt hatten, ſeitdem Guſtaf Adolfs Waffen ſiegreich waren, brachten dem Könige die Stellung in Deutſchland, die er erſtrebt hatte. Er war nicht ſowohl der Schutz- und Schirmherr der evangeliſchen Sache geworden, als auch der gebietende Heerführer in Deutſchland.

Das Bündniß mit Sachſen war am 1. September abgeſchloſſen worden und alsbald erhielten die ſchwediſchen Truppen Marſchbefehl zur Vereinigung mit dem ſächſiſchen Korps unter dem Feldmarſchall Arnim — demſelben, der als kaiſerlicher Heerführer Stralſund belagert hatte. — Am 3. September ging die ganze ſchwediſche Armee bei Wittenberg über die Elbe, um ſich bei Düben mit den Sachſen zu vereinigen. An dieſem Tage marſchirte Tilly mit ſeinem Heere bis Leipzig und begann am folgenden Tage mit der Beſchießung der Stadt. Am 6. September brach das ſchwediſch-ſächſiſche Heer unter Guſtaf Adolfs Befehl zum Entſatze von Leipzig auf und lagerte Abends 1½ Meile von der Stadt. Tilly hatte ſich ſchon zum Herrn der ſchwach befeſtigten Stadt Leipzig gemacht. Das änderte aber nicht Guſtav Adolfs Entſchluß, eine offene Schlacht mit ſeinem Gegner zu wagen, nachdem er ſich ſtark genug hierzu wußte. Tilly nahm die Schlacht in der Gegend zwiſchen Seehauſen und Breitenfeld, eine Meile nordöſtlich Leipzig, an. Tilly, ſonſt der vorſichtigſte Feldherr ſeiner Zeit, verſäumte bei Breitenfeld, den Flügeln ſeiner Aufſtellung eine Anlehnung zu geben, auch ließ er ſeine alte Gewohnheit, ſich zu verſchanzen, diesmal aus den Augen. Er ſtellte ſeine 21,000 Mann Infanterie und 11,000 Reiter in einem Treffen auf.

Guſtaf Adolfs Heer zählte 8400 Mann Infanterie, außer 3000 zur Kavallerie abkommandirten Musketieren, und 7000 Reiter, ungefähr 19,000 Mann; dazu kamen die Sachſen mit 16,000 Mann Infanterie·

und 4000 Reitern. Die schwedisch=sächsische Aufstellung zur Schlacht war so angeordnet, daß der rechte Flügel und das Centrum von den Schweden, der linke Flügel von den Sachsen gebildet wurde. Auf dem rechten Flügel standen schwedische Reiter=Regimenter in zwei Treffen unter General Baner. Im Centrum stand die schwedische Infanterie in zwei Treffen; im ersten die Brigaden Winkel, Carl Hall, Teuffel und Axel Oxenstierna.

Wir müssen es uns im Hinblick auf die Schranken dieser Arbeit versagen, eine der folgenschwersten Schlachten des 17. Jahrhunderts in ihren belehrenden Einzelheiten zu schildern. Die schwedische Kriegskunst und die militärischen Reformen Gustaf Adolfs siegten bei Breitenfeld über die spanische Taktik der Kaiserlichen. Hier sei nur des Königs Leib=Regiments zu Fuß Erwähnung gethan, an dessen Spitze sein Be= gründer der Oberst v. Teuffel an diesem Tage den Heldentod fand. Er fiel, als die schwedische Infanterie gegen die feindliche Artillerie= stellung vorging und Tilly's sämmtliche Geschütze eroberte. Den Löwen= antheil am Siege hatte die schwedische Reiterei. Erst nachdem der Feind ernstlich erschüttert war, kam die Infanterie zur Verwendung: „die meiste Königliche Infanterie als die vier brigaden im ersten | und eine im letzten Treffen | seind fast unthätig gestanden | und nicht einmal zum Fechten kommen."

Der Erfolg der Schlacht bei Breitenfeld war ein großartiger. Tilly's Heere, in nicht für möglich erachteter Weise geschlagen, ver= nichtet. Der Eindruck, den diese „miraculöse Victoria" auf die Zeit= genossen machte, war ein gewaltiger. Seit dieser Schlacht war Gustaf Adolf in Deutschland kein Fremdling mehr, die Protestanten erkannten in ihm den gottgesandten Erretter ihres Glaubens. Der schwedische Sieg hatte auch noch den, der damaligen Zeit entsprechenden Erfolg, daß dem schwedischen Heere viel Kriegsvolk zur Werbung zulief, es wollte lieber hier als bei den Kaiserlichen dienen, weil bei den siegreichen Schweden mehr Beute zu hoffen war. — Schon zwei Tage nach der Schlacht war das schwedische Heer um 7000 Mann stärker als es vor der Schlacht gewesen. Es wurden neue deutsche Regimenter aufgestellt und an Offiziere vergeben, die sich ausgezeichnet hatten. An die Spitze des Leib=Regiments des Königs trat Graf Nils Brahe.

Gustaf Adolf sah durch den Sieg bei Breitenfeld seine Pläne erfüllt, die deutsche Ostseeküste war sein, der breite Gürtel des ober= und niedersächsischen Gebietes auf dem rechten Elbufer trennte den Kaiser von der See, das Dominium maris baltici gehörte Gustaf Adolf. — Nach der Schlacht war Tilly nach Halle geflohen, von dort nach

·Halberſtadt. Guſtaf Adolf hatte nach der Verfolgung des aufgelöſten Heeres der Kaiſerlichen ſeinen Siegeszug durch Thüringen und Franken fortgeſetzt und war dann aus ſtrategiſch nicht verſtändlichen Gründen nach dem Rhein gezogen. Während der Landgraf Wilhelm in den Rheingau einrückte, brach Guſtaf Adolf am 1. Dezember mit ſeiner Armee ins Darmſtädtſche auf, um ſich Heidelbergs zu bemächtigen. Da die Straße am weſtlichen Fuße des Odenwaldes durch die von Spaniern beſetzte Schanze auf dem linken Rheinufer bei Oppenheim beſtrichen wurde, mußte Guſtaf Adolf ſich entſchließen, gegen dieſe vorzugehen.

Ueber die Theilnahme des Leib=Regiments an dem Unternehmen gegen die Schanze bei Oppenheim berichtet Chemnitz: „Dieſem nach lies Er | den ſiebenden Chriſt Monats früh Morgens umb ſechs Uhren | dreyhundert Man von ſeinem Leib Rogiment unterm commando Graf Niclas Brahe von der Wiſingsburg | Obriſten über gedachtes Regimont in zwey großen Schiffen (welche | nebenſt andern | ein Schiffman von Nierſtein gebracht | und damit bey der Ueberfahrt großen Vorſchub gethan) überſetzen. Dieſe | ſobald ſie ans Land kommen | wurden von vierzehn compagnien Spaniſcher Reuter und dragoner hart an= geſprenget: Und war dem Könige | wie Er ſahe daß die Spanier ſo ſtark auf die ſeinige anſetzten | nicht allerdings wol bey der Sache. Sintemahl der ſeinigen | gegen dem Feinde zurechnen | gar wenig an der Zahl; darzu lauter Fus=Volk | in einem geringen Vortheil: Und befahrete Er; ſie möchten | ehe er ſie mit mehrerm Volcke secoundiren könte | übermannet werden | und den kürzern ziehen. Es hielte aber der Graffe | mit ſeinem kleinen Häufflein | ſich ſo tapffer; daß Er die Spanniſche | ob ſie wol zum dritten Mahl | mit großer furi; auf Ihn anhieben zum dritten Mahl zurücke ſchlug: Biß Ihm ein mehrer succours vom Könige zukam. Da dan die Spanniſche das weite Feld ſuchen | Ihm aber das Ufer des Rheins | und die freye Ueberfahrt verlaſſen muſten.‟

Auch alle anderen Darſtellungen des Gefechts bei Oppenheim am 7. Dezember geben dem Leib=Regiment des Königs das ehrende Zeugniß, es habe ſich mit außerordentlicher Bravour geſchlagen und Stand ge= halten. —

Mit der Einnahme von Oppenheim war die Iſolirung von Mainz vollendet. Guſtaf Adolf benutzte dieſe günſtige Situation, gab ſeinen Plan auf Heidelberg auf und wandte ſich gegen Mainz, das am 13. Dezember von den Spaniern geräumt wurde.

In Mainz nahm Guſtaf Adolf ſein Winterquartier. Seine Gemahlin traf dort ein. Der Feldzug des Jahres 1631 war beendet. Bei Abschluß desselben verfügte Gustaf Adolf in Deutschland über bedeutende Streitkräfte, 64,000 Mann Infanterie und 16,000 Reiter. —

Bei Mainz hatte er etwa 18,000 Mann, die Royalarmee, zusammengezogen, bei der sich auch das gelbe Regiment des Grafen Nils Brahe befand, das aber hier unter der Bezeichnung „Hof=Regiment" in den Listen aufgeführt ist. Es ist aber das Leib=Regiment des Königs zu Fuß.

Nach Mainz und Frankfurt, wo Gustaf Adolf im Winter Hof hielt, hatte er auch den Reichskanzler Axel Oxenstierna, der bisher als Generalgouverneur in Preußen geblieben, kommen lassen, er wurde der Leiter der diplomatischen Verhandlungen, die dem siegreichen Feldzuge folgten. Inzwischen ertönte in den deutschen Gauen nördlich des Mains die schwedische Werbetrommel und füllten sich die Lücken der bestehenden Regimenter, während auch neue bei der Feldarmee errichtet wurden. Die in den Garnisonen belassenen Regimenter wurden nur theilweise ins Feld herangezogen. —

Am 22. Februar 1632 begann die Royalarmee unter dem Könige wieder ihre Operationen mit der Erstürmung von Kreuznach. Das Leib=Regiment, das auch nach der Nahe marschirt war, ist bei dem Sturm nicht direkt betheiligt gewesen.

Seine Pläne am Rhein und die damit verknüpften Operationen gab Gustaf Adolf auf, als er die Nachricht erhielt, daß Horn an Tilly Bamberg verloren habe. Er führte sein Heer den Main aufwärts, um sich mit Horn zu vereinigen, Tilly zu schlagen und über die obere Donau in Bayern einzudringen. Nach der Einnahme von Donauwörth am 27. März traf Gustaf Adolf Anstalten zum Marsch gegen den Lech, um diesen Fluß zu überschreiten und den Churfürsten Maximilian von Bayern im Herzen seines Landes anzugreifen. Dieser hatte sich zu Tilly begeben, der bei Rain lag. Bei dem siegreichen Uebergange Gustaf Adolfs über den Lech am 5. April zeichnete sich das Leib=Regiment aus. Da es den Uebergang über den Rhein erkämpft hatte, sollte ihm die Ehre zu Theil werden, auch den Uebergang über den Lech zuerst durchzuführen.

Das bayerische und Tillys Heer, der hier die Todeswunde erhielt, wichen auf Ingolstadt und München zurück. — Am 7. Mai zog Gustaf Adolf in München, der Hauptstadt seines Hauptgegners, ein.

Inzwischen war Wallenstein wieder in Gnaden aufgenommen worden und an die Spitze einer kaiserlichen Armee getreten, mit der sich Ende Juni die geschlagene bayerische Armee vereinigt hatte. Beide Heere, mehr als 60,000 Mann, führte Wallenstein gegen Nürnberg, bei welcher Stadt in einem verschanzten Lager die schwedische Armee lag. In ihrer Nähe errichtete auch Wallenstein ein verschanztes Lager und blieben nun beide Heere gegenüber, ohne daß es zu großen Aktionen kam, da Wallenstein einer offenen Feldschlacht auswich. Gustaf Adolf hatte die Zeit der scheinbaren Unthätigkeit gut genutzt, indem er seine detachirten Korps an sich heranzog. Mitte August war die unter vielen Schwierig= keiten und Gefahren erstrebte Vereinigung der Royalarmee mit den detachirten Korps glücklich vollbracht, ohne daß Wallenstein es versucht hätte, dies zu hindern. Als aber Gustaf Adolf einen Angriff gegen Wallensteins Lager und Stellung an der Feste Burgstall unternahm, glückte dieser nicht und brachte dem schwedischen Heere erhebliche Ver= luste. In diesem Kampfe, den das weiße, das früher pommersche Regi= ment des schon früher gefallenen Oberst Damitz, unter seinem Obersten Burt eröffnete, verlor auch das gelbe Regiment viele Offiziere und Knechte. Da Gustaf Adolf keine Erfolge in dem Lager bei Nürnberg zu erringen vermochte, räumte er dasselbe und rückte nach der oberen Donau ab. Wallenstein sah unthätig von seinem Lager aus dem Ab= zuge der Schweden zu und folgte erst nach mehreren Tagen, um nach Sachsen zu gehen, in der Absicht, dort Winterquartiere zu beziehen. Er hoffte durch Bedrückungen des Landes den Kurfürsten von Sachsen, den ohnehin schon unzuverlässigen Verbündeten Gustaf Adolfs, zum Abfall von diesem zu bewegen. Der Kurfürst rief aber in seiner Noth Gustaf Adolf herbei, der, die beabsichtigte Wiedereroberung Bayerns aufgebend, großmüthige Hilfe brachte. Er eilte von der Donau nach Arndstadt und vereinigte sich dort am 23. Oktober mit dem Korps des Herzogs Bernhard von Weimar, besetzte Erfurt und marschirte nach Naumburg, wo er die Nachricht erhielt, daß der Feind bei Weißenfels eine vortheil= hafte Stellung inne habe. Am 5. November erfuhr Gustaf Adolf, daß Wallenstein bei Lützen stünde und sich durch Entsendung eines Korps unter Pappenheim geschwächt habe. Um diesen Umstand auszunutzen, brach der König von Naumburg zum Angriff des Wallenstein'schen Heeres gegen Lützen auf. Am Morgen des 6. November rückten die Schweden auf der großen Wahlstatt der Völkerschlachten gegen Lützen vor. Hier schlugen die beiden gewaltigen Heerführer mit ihren unbesiegten Heeren die Schlacht. Die Schweden standen wie bei Breitenfeld in zwei Treffen geordnet, auf den beiden Flügeln die Reiter-Regimenter, bei denen des ersten Treffens wieder abkommandirte Musketiere. Das erste Treffen des Centrums der Infanterie kommandirte der General Graf Nils Brahe. Das Treffen bestand aus der alten schwedischen Brigade, der gelben,

der alten blauen und der grünen. Das zweite Treffen kommandirte
General Kniephausen. Wir geben einen kurzen Originalbericht über die
Verwendung des gelben Regiments.

„Wie die Königlich Schwedische bataille die grosse Heerstrasse |
und beyderseits aufgeworffene | mit commendirten musquetierern
starcke besetzte | zween Lauffgräben erreichte | gab es zuerst einen harten
Standt daselbst ab. Nichts desto minder fiel die Schwedische brigade
diese musquetierer | ob wol dieselbige nicht einen geringen Vortheil inne
hatten | mit tapffern Muthe an: Uebermeisterte | und machte sie mehren-
theils nieder; den rest verjagte sie daraus | und brachte die sieben Stücke
so hinter den Lauffgräben gepflanzet waren | in ihre Gewalt. Worauff
die andere Brigade | nemlich das gelbe oder Leib Regiment folgte:
Welche schnell über den Graben kam und auf des Feindes vierten
bataillon, so | nach der linken Hand | zu äußerst stand (ungeachtet der-
selbe wol dreymahl stärker | wie die Königliche Schwedische) Manlich traff;
denselben ganz zertrennete und von einander stäuberte: Hernach auf den
andern nächst dabey | mit gleicher ruin und Trennung desselben gieng |
und biß auff den dritten gelangte. Weil sie aber von so langem Ge-
sechte ziemlich schwach und abgemattet | auch der angefallene des Feindes |
bataillon von dem Vierten | und zween squadron Reutern secundiret
ward | büssete sie endlich | nach scharffem Treffen | nebenst der dritten
Königlichen Schwedischen brigade, dem alten Blauen Regiment | unterm
Obristen Winkel | welche ihr zur Hülfe kommen war | nicht wenig ein |
und gewunnen die Kaiserliche ihre sieben | schon einmahl verlohrene |
Stücke wieder. Die vierte Königliche Schwedische brigade | so im ersten
Treffen sich mit befand | ward von des Feindes Stücken | so bey der
Windmühlen auff der Höhe stunden | ziemlich warm gehalten | und reti-
rirte sich ein wenig auf die Seite zurücke | hinter des Müllers Häußlein:
Derowegen die Königliche Schwedische ihre Stücke | so sonst vor den
brigaden gestanden | auch an diesem Ort auff die Windmühlen ge-
richtet | und dem Feinde damit scharf geantwortet.“

Der Ausgang der Schlacht war siegreich für das schwedische Heer;
aber sein guter Stern hatte aufgehört zu leuchten. Der große König
von Schweden hatte als muthiger Heerführer den Tod auf dem Schlachtfelde gefunden. Nach einer früheren Abmachung trat Herzog Bernhard
von Weimar an die Spitze der Heerführung; er vollendete den Sieg
über Wallensteins Heer. Es war eine der blutigsten Schlachten. Auch
der Oberst des Leib-Regiments des Königs, der General Graf Nils
Brahe war gefallen, als die Infanterie des ersten Treffens an der
Straße von Lützen nach Leipzig um den Siegespreis rang. —

Das gelbe Regiment hatte bei Lützen seinen Herrn und seinen Führer verloren. --

Die schwedische Krone erbte das einzige Kind Gustaf Adolfs, die sechsjährige Christina. Die Regierung kam dadurch in die Hand der Aristokratie des Landes. Im Januar 1633 beschlossen die Stände, die vormundschaftliche Regierung über die junge Königin dem Reichsrath zu übertragen. Den größten Einfluß gewann die Familie Oxenstierna, deren Haupt der Reichskanzler war, der die schwedischen Angelegenheiten in Deutschland leitete. Um unter allen Umständen sich des Besitzes von Pommern und der Ostseeküste zu versichern, ernannte er Steno Bielke zum Legaten am Stettiner Hofe des Herzogs Bogislaw, das heißt Bielke wurde schwedischer Regent in Pommern.

Der Tod Gustaf Adolfs hatte einen gewaltigen Eindruck auf ganz Europa gemacht. Am Wiener Kaiserhofe, in allen katholischen Gauen Deutschlands, auf der Engelsburg in Rom, in Madrid, überall gab man seiner Freude über den Tod des mächtigsten Gegners der päpstlichen Sache lauten Ausdruck. Die deutschen Protestanten gaben sich bei der Kunde von dem Tode ihres Führers verloren. Frankreich allein nahm eine zweifelhafte Stellung ein. Es hatte im Bunde mit den Schweden gegen den habsburgischen Kaiser gekämpft, ohne der protestantischen Sache dienen zu wollen. Im Gegentheil feierte man in Frankreichs Kirchen den Tod des Bundesgenossen als ein Glück für die katholische Lehre; aber das hinderte nicht, daß Richelieu den Gedanken festhielt, aus dem deutschen Bruderkriege Nutzen für die Erweiterung Frankreichs zu ziehen.

Der Krieg wurde von Neuem aus politischen Gründen und Eroberungsgelüsten fortgesetzt. Oxenstierna wollte die schwedischen Errungenschaften in Deutschland, die Ostseegebiete, nicht wieder räumen, Schweden wollte seine deutschen Eroberungen vertheidigen, erweitern. --

Die schwedische Kriegführung verlor nach dem Tode des königlichen Feldherrn ihren bisherigen Glanz, weil das gebietende Oberhaupt fehlte und oft Uneinigkeit zwischen den kooperirenden Generalen die Operationen hemmte. Es fehlte dem schwedischen Heere nicht an genialen Führern. Baner, Horn, Kniephausen, Torstenson, die beiden Wrangels und Andere haben ruhmvolle Thaten vollbracht. Neben ihnen erwarb Herzog Bernhard von Weimar unsterblichen Kriegsruhm. -- Die Thaten der auf verschiedenen Kriegstheatern kämpfenden Heeresabtheilungen während der letzten fünfzehn Jahre des dreißigjährigen Krieges zu erzählen gehört nicht hierher. Hier ist es nur von Interesse, von dem gelben Regiment

zu berichten, wenn man annimmt, daß dieſes das Stamm=Regiment des
Leib=Regiments der Königin ſei.

Es wird in den Relationen über die Schlachten nach dem Tode
Guſtaf Adolfs meiſt nur als das alte gelbe Regiment bezeichnet. Der
Name Leib=Regiment ſcheint aber weiter beſtanden zu haben. Bei
Hameln am 3. Juli 1633 wird die Leibgarde, 802 Mann ſtark, erwähnt.
In den ſpäteren Jahren iſt es ſehr ſchwer das Regiment beſtimmt zu
verfolgen. Es ſcheint von 1633 ab vom Oberſten Lohauſen, nach
Anderen Lochhuſen, geführt worden zu ſein und des Feldmarſchalls
Baner Leib=Regiment geweſen zu ſein. ·Unter welchem Namen es auch
in den erſten Jahren nach Guſtaf Adolfs Tode beſtanden haben mag.
Das Eine ſteht feſt, zu Ende des dreißigjährigen Krieges hieß es der
Königin Leib=Regiment. Wann es dieſen Namen erhalten hat, iſt nicht
genau feſtzuſtellen. Wegen der Minderjährigkeit der Königin Chriſtine
bei ihrem Regierungsantritt ſcheint es erſt in den letzten Jahren des
dreißigjährigen Krieges dieſen Namen erhalten zu haben und bis dahin
das in den Liſten aufgeführte Leib=Regiment geweſen zu ſein. Zwar
wird das alte blaue Regiment in einzelnen Liſten des Jahres 1645 als
das Leib=Regiment, 12 Kompagnien, 776 Mann ſtark, aufgeführt, doch
kann das nicht richtig ſein, da das alte blaue Regiment 1652 auf dem
Glacis zu Stettin abgedankt worden iſt, während das Leib=Regiment
der Königin ſchon 1649 den deutſchen Boden verlaſſen hat und nach
Stockholm und Riga eingeſchifft wurde. —

Die Operationsbaſis für die ſchwediſche Heerführung blieb immer
Pommern, wenn auch ſchwediſche Heere im Südweſten Deutſchlands
fochten. Pommerns Häfen geſtatteten allein einen geſicherten Verkehr
mit Schweden. Darum blieb Pommern während der ganzen Dauer
des deutſch=ſchwediſchen Krieges ſtark beſetzt und wurde auch wiederholt
der Kampfplatz der vom wechſelnden Kriegsglück in ihren Operationen
beſtimmten Gegner.

Der ſchwediſche Legat Steno Bielke regierte Pommern, während
der Herzog Bogislav XIV. es noch beherrſchte. Der Gebieter eines
der anſehnlichſten deutſchen Herzogthümer ſtarb am 20. März 1637 zu
Stettin in tiefer Armuth. Der letzte Herzog von Pommern war ohne
Leibeserben geſtorben. Nach den Verträgen mit dem Hauſe Brandenburg hätte das hohenzollernſche Herrſcherhaus jetzt die pommerſchen Lande
mit dem ſeinigen vereinigen ſollen; aber die mächtigeren Schweden Steno
Bielke als Statthalter und der in Pommern kommandirende General
Baner waren die Herren im Lande. Der Friede von Münſter und

Osnabrück gab an Brandenburg nur einen Theil seiner Erbschaft. Vorpommern blieb schwedisch.

Stettin und Stralsund waren die Stützpunkte der schwedischen Macht in Pommern. Bei der großen Wichtigkeit der beiden befestigten Städte waren während des Krieges stets schwedische Nationaltruppen in denselben, besonders in Stralsund verblieben. Das nach dem Vertrage von 1629 von dieser Stadt zu haltende Stadt-Regiment scheint unter anderem Namen in der schwedischen Armee aufgegangen zu sein. In Stralsund war es nach dem 1. Juli 1630 nicht mehr, es scheint, daß es nur 4 Kompagnien stark unter Chemnitz zu dieser Zeit bestanden habe. —

Nachstehende Garnisonlisten Stralsunds aus den Jahren 1630—32 werden am deutlichsten zeigen, wie schwedische Regimenter die deutschen dort ersetzten und Schweden seine Machtstellung dort in zuverlässige Hand legte.

1. Juli 1630:

13 Kompagnien Jacob Duwall,

 4 Kompagnien Joachim Duwall, rückten den 15. August nach Wollgast,

 5 Kompagnien Jacob Duwall, rückten den 1. December zur Armee ab,

 4 Kompagnien Jacob Duwall,

12 Kompagnien Alex Leslie,

 4 Kompagnien Johann Rudwen, rückten den 15. Juli nach Stettin,

 4 Kompagnien Weißmeier,

 4 Kompagnien Johann Leslie, rückten am 1. August nach Stettin,

 4 Kompagnien Robert Leslie,

 5 Kompagnien Kriegbaum, rückten den 1. October nach Ribnitz,

 6 Kompagnien Hall, rückten am 15. Juli nach Stettin,

 4 Kompagnien Chemnitz, rückten am 15. Juli nach Barth,

44 Kompagnien,

44 Kompagnien,

 1 Kompagnie Duwall, Reiter,

 1 Kompagnie Platen, Reiter,

 1 Kompagnie Behr, Reiter,

 1 Kompagnie Löhe, Reiter.

48 Kompagnien.

1. Januar 1631:

 4 Kompagnien Duwall,

 4 Kompagnien Weißmeier,

 4 Kompagnien R. Leslie,

später traten hierzu:

 4 Kompagnien R. Leslie,

 8 Kompagnien Haftfehr,

 8 Kompagnien Metstake,

 4 Kompagnien Nöding,

36 Kompagnien.

März 1631:

 8 Kompagnien Haftfehr, Finnen,

 8 Kompagnien Metstake, Finnen,

 4 Kompagnien Nöding, Ostgothen,

 4 Kompagnien Weißmeier,

 4 Kompagnien Duwall,

 8 Kompagnien Jung Leslie

= 3000 Mann.

September 1661:

8 Kompagnien Metstake, Finnen,

8 Kompagnien Jung Leslie, Schotten,

4 Kompagnien Nöding, Ostgothen,

4 Kompagnien Duwall,

8 Kompagnien Hans Kyhle, Oster-botten = 3100 Mann.

31. Dezember 1631:

8 Kompagnien Metstake,

4 Kompagnien Nöding,

4 Kompagnien Duwall,

8 Kompagnien Jung Leslie, = 2100 (760 manquiren).

Mitte 1632:

8 Kompagnien Metstake,

4 Kompagnien Ostgothen = 1100 Mann.

Während die schwedischen Heerführer in Deutschland für die Politik Oxenstiernas fochten, wuchs unter seiner Leitung die junge Königin heran. Die Tochter Gustaf Adolfs, ebenso wie ihr Vater mit großen Geistes- gaben von der Natur ausgestattet, fand in den schweren Aufgaben, die ihr die Regierung eines so großen Reiches auferlegte nicht die Be- friedigung ihres vielfältigen Strebens. In noch jugendlichem Alter dachte sie daran, sich die königlichen Fesseln abzustreifen und außerhalb ihres Erblandes den Wissenschaften und Künsten ihr Leben zu widmen. Sie suchte die Stände zu bestimmen, den Pfalzgrafen Carl Gustaf, einen Urenkel Gustaf Wasa's, der in den letzten Jahren des Krieges Generalissimus über die schwedischen Streitkräfte in Deutschland war, als Kronprinzen und ihren Successor anzuerkennen. Schon im Jahre 1654 wurde er auf dem Reichstage zu Upsala der Nachfolger der abgedankten Königin Christine. Ihre Regierungszeit füllte der große deutsche Krieg fast ganz aus. Er fand ein Ende, als am 24. Oktober 1648 „Im Namen der Hochheiligen, unzertheilten Dreifaltigkeit zwischen Ihrer Kaiserlichen und Königlichen Schwedischen Maj. Maj. und Dero Alliirten zu Osnabrüg" der Friede geschlossen wurde. —

Während die verarmten Bewohner der zertretenen deutschen Lande freier athmeten, waren ihre Bedrücker, die Führer der im Felde stehenden Heere, nicht zufrieden mit den Friedensaussichten. Besonders der schwedische Feldmarschall C. Gustaf Wrangel soll, als er am 6. November zu Feuchtwangen von dem abgeschlossenen Frieden Nachricht erhielt, so ungehalten gewesen sein, daß er seinen Generalshut mit Füßen getreten habe.

Eine der schwierigsten Aufgaben bei der Ausführung des Friedens war daher die Zurückführung der Heere, wie die Abbankung der geworbenen Truppen. So lange die Generale noch an der Spitze ihrer Heere standen war der Friede sehr problematisch. Der Schlußpassus des 16. Artikels des Osnabrückischen Friedensvertrages bestimmte darüber:

„Endlich sollen aller im Reiche kriegender Theilen Völker abgedanket
und erlaſſen werden: iedoch mag ieder Stand ſoviel Völcker behalten als
er zu ſeiner Sicherheit nöthig befinden wird.

Es ſolle aber ſowol der Soldateſca Abbanckung als der Oerter
Wiedereinräumung, zu beſtimmter Zeit mit ſolcher Ordnung und Weiſe
geſchehen wie ſich die Kriegs Generalen vergleichen werden: iedoch mit
Beobachtung deſſen was hauptſächlich bey dem Articul von Befriedigung
der Kriegs-Völker iſt verglichen worden.“

Da ſich aber die Abbankung dennoch verzögerte, ſo drangen die
Stände Anfangs 1649 auf die Entfernung der Truppen aus den Quartieren in denen ſie ungeſtört ſo gewirthſchaftet hatten, als daure der
Krieg weiter. Da aber ieder dem andern mißtraute, die Kaiſerlichen
den Schweden, ſo kam es wegen der Abbankung der Völker zu einem
beſondern Vertrage, der zwiſchen dem Pfalzgrafen Carl Guſtaf, als
ſchwediſchen Generaliſſimus und dem Kaiſerlichen Feldmarſchall Octavio
Piccolomini zu Nürnberg am 5 Oktober 1649 abgeſchloſſen wurde und
die Abbankung der meiſten der geworbenen, namentlich aufgeführten
Regimenter in drei Terminen zur Folge. haben ſollte.

Die hierauf bezüglichen Angaben der Ende 1648 in der ſchwediſchen Armee in Deutſchland ſtehenden Infanterie-Regimenter ſind nicht
ganz gleichlautend in den Liſten des Kammer-Kollegium-Archivs, des
Reichsarchivs und der Werke über den dreißigjährigen Krieg von Puſendorf, ſowie des theatri Europaei. Das Leib-Regiment der Königin
iſt nach des Letzteren Angaben nicht abgedankt, ſondern wie bereits erzählt, nach Stockholm und Riga übergeführt worden. Allerdings ſagt
Puſendorf, daß von der Königlichen Majeſtät Leib-Regiment — da in
Schweden kein König ſondern eine Königin regirete, muß es das Leib-
Regiment der Königin ſein — 8 Kompagnien im dritten Termin hätten
abgedankt werden ſollen. Es kann dies auch leicht ſein, da dieſes Regiment immer beſonders ſtark und vollzählig gehalten wurde. Es konnte
8 Kompagnien abbanken, um dann erſt ſo ſtark zu werden, wie die
übrigen geworbenen Regimenter es waren. — Nach dem Kammer-
Kollegium-Archiv beſtanden Ende 1648 19 Kompagnien Garde mit
2130 Mann, nach dem Reichsarchiv dagegen 12 Kompagnien Königliche
Leibgarde 1000 Mann, 3 Kompagnien Durchlauchts Leibgarde 350 Mann
und 13 Kompagnien Feldmarſchall-Leibgarde 700 Mann. Wir konnten
nicht eingehender unterſuchen, wie dieſe Angaben mit dem Leib-Regiment
der Königin in Zuſammenhang zu bringen ſind. Es genügt hier feſtzuſtellen, daß das Regiment nicht ganz abgedankt, ſondern nach Schweden übergeführt worden iſt. Hier hat es entweder ſeinen Namen ge-

ändert, oder ist langsam reduzirt und schließlich aufgelöst worden, denn
das steht auch fest, daß das alte gelbe, das Leib=Regiment der Königin
1654 nicht mehr bestand, sondern 1655 im Bremischen neu geworben
und wieder aufgestellt wurde. Es mag danach als eine gewagte Hypo=
these erscheinen, das 1625 zuerst errichtete Regiment Teuffel mit dem
1655 neu geworbenen Leib=Regiment der Königin in Verbindung bringen
zu wollen; aber die damaligen Heeresverhältnisse gestatten das, denn
sonst ließe sich kein geworbenes Regiment, das in einer Schlacht oder
bei einer Kapitulation ganz aufgerieben wurde — und das geschah
nicht selten — in früheren Zeiten verfolgen. Das geschieht aber all=
gemein, wenn ein Regiment unter dem gleichen Namen bald wieder ent=
steht, und so ist ohne Scheu vor den kritischen Vorwürfen der Herren
Historiker hier wenigstens darauf hingedeutet worden, daß das alte
gelbe Regiment, dessen Ursprung hier geschildert wurde, nur das bis
1815 bestandene Leib=Regiment der Königin sei. — Die von den da=
mals aus schwedischem in den preußischen Dienst übergetretenen Offizieren
dieses Regiments aufgestellte Behauptung, ihr Regiment entstamme
dem Jahre 1604 kann doch auch unmöglich ohne geschichtliche Berechtigung
sein. Diese Ansicht deutet aber darauf hin, daß das berühmte alte
blaue Regiment der Ursprung sein solle, welches Carl IX. — also vor
1611 — in Deutschland hatte werben lassen; dieses Regiment wird auch
einige Male als das Leib=Regiment erwähnt; aber nach den meisten
Urkunden und Geschichten der Zeitgenossen, war das gelbe Regiment
das Leib=Regiment. — Es bietet sich hier noch ein interessantes Feld
archivalischer Forschungen,*) die aufklärend wirken werden.

Unter den im dritten Termin abzubankenden Regimentern befindet
sich auch das Feldmarschall=Regiment, das Regiment des Feldmarschall
Carl Gustaf Wrangel, das Pufendorf nur Wrangels Regiment nennt,
und welches mit 14 Kompagnien aufgeführt wird. Der Pfalzgraf von
Sulzbach kommandirte es. In wie weit dieses Regiment in Zusammen=
hang mit dem 1656 neugeworbenen Regiment Carl Gustaf Wrangel in
Verbindung zu bringen ist, lassen wir dahingestellt. Nach der vorher
entwickelten Ansicht ist das nicht schwierig. Die Erlebnisse dieses Regi=
ments im dreißigjährigen Kriege müßten uns dann interessiren, denn auf
dieses Regiment läßt sich der Ursprung des späteren Regiments Engel=
brechten zurückführen. Der Mangel an sicherem Quellenmaterial, wie
auch die Schranken, die diese Arbeit nicht überschreiten soll, ließen uns

---

*) Daß diese nicht der Niederschreibung dieser Mittheilungen vorausgegangen,
geschah, um das Erscheinen des Buches nicht noch länger aufzuhalten, zumal solche
langwierigen Forschungen nur in den Archiven von Stockholm selbst möglich sind.

Abstand nehmen von den detaillirten Schilderungen der vielfachen Kämpfe während des großen deutsch-schwedischen Krieges.

Wenige Jahre nach Vollzug des westphälischen Friedens hatte die Königin Christine, deren Regierungsjahre eingehender zu schildern wir uns auch versagen müssen, die schwedische Königskrone freiwillig niedergelegt und war Carl X. Gustaf ihr gefolgt. Sein Vater, der Pfalzgraf Casimir zu Zweibrück-Cleburg, lebte in eingeschränkten Verhältnissen in Schweden. Carl Gustaf hatte unter Torstenson seine kriegerische Laufbahn eröffnet und war am Schluß des dreißigjährigen Krieges Generalissimus in Deutschland. Er war ein tüchtiger Soldat, der nur den Fehler hatte, sich von einem unbezähmbaren Ehrgeiz leiten zu lassen. Bald nach seinem Regierungsantritt verwickelte er sich und sein Land in neue Händel. Zum Kriegführen fehlte es ihm aber an Geld, da durch Christinens freigebige Art zu regieren Schweden unter sehr zerrütteten Finanzverhältnissen litt. Er hoffte dieselben durch Kriege und Eroberungen im Auslande am ehesten zu beseitigen und suchte nach einem Vorwande zum Bruch mit den benachbarten Mächten. Mit Polen ward zuerst ein scheinbarer Grund in den Schritten, welche der polnische Abgeordnete Carasil nach Christinens Abdankung zur Verwahrung der Rechte seines Königs Johann Casimir, der wie Carl Gustaf von dem Hause Wasa abstammte, gethan hatte, gefunden. Alle Unterhandlungen, die von Seiten Polens zur Aufrechterhaltung des Friedens versucht worden, zerschlugen sich an dem Verlangen des Stockholmer Hofes, gewisse Förmlichkeiten beobachtet zu sehen. Als Alles zum Kriege bereit war, mußte der General Wittenberg von Pommern mit 15,000 Mann in Polen einbrechen, ihm folgte bald der König mit einem noch zahlreicheren Heere.

Carl Gustafs Ziel war ganz Polen zu erobern und durch Gewinnung der polnischen Ostseeküste das schwedische Dominium maris baltici wieder zur Wahrheit zu machen. Zur Erlangung dieses Zieles bewarb sich der König um das Bündniß mit dem Kurfürsten Friedrich Wilhelm von Brandenburg, dem er für die Einräumung der preußischen Ostseehäfen die Aufhebung der polnischen Lehnshoheit über das Herzogthum Preußen zusicherte. Der Kurfürst zögerte, auf das ihm angebotene Bündniß einzugehen. Als aber Carl Gustaf in kurzer Zeit, schnell siegend, fast ganz Polen erobert hatte, führte der Kurfürst sein 27,000 Mann starkes Heer zum Schutze seines Herzogthums Preußen gegen die Schweden über die Weichsel. Das stürmische Vordringen Carl Gustafs bis Königsberg zwang den Kurfürsten zum Vertrage zu Königsberg, durch welchen er das Herzogthum Preußen so von Schweden zu Lehen erhielt, wie früher von Polen, außerdem aber noch das Bisthum Ermeland, wogegen Brandenburg 1500 Mann für Schweden stellen mußte.

Das Heer, das Carl X. Guſtaf bei ſeinem Regierungsantritt über= nahm, beſtand nur aus Nationaltruppen, da noch in dem letzten Regie= rungsjahre Chriſtinens die letzten in Deutſchland geworbenen Regimenter abgedankt worden waren. Während wir wiſſen, daß das alte blaue Regiment 1652 zu Stettin abgedankt wurde, konnten wir nicht feſtſtellen, wann das deutſche Leib=Regiment der Königin zu Fuß in Schweden oder Livland abgedankt worden ſei. —

Lange fehlten die geworbenen deutſchen Regimenter im ſchwediſchen Heere nicht. Carl Guſtaf bedurfte ihrer für den Krieg in Polen. Er ließ in ſeinen deutſchen Herzogthümern Bremen und Verden neue Regi= menter werben. 1655 ein Leib=Regiment der Königin und 1656 ein Regiment Graf Carl Guſtaf Wrangel. Es ſcheint, daß Carl X. Guſtaf zunächſt beabſichtigt habe, in den deutſchen Provinzen Bremen und Pom= mern die geworbenen Truppen ſtehen zu laſſen, um von dort die ſchwediſchen Nationaltruppen zur Feldarmee heranzuziehen, da hier ſeit der erſten Okkupation Pommerns durch die Schweden immer nur Nationaltruppen verblieben waren. —

Die Erfolge, die Carl Guſtaf 1654 und 1655 mit Leichtigkeit in Polen und bei ſeinen charakterſchwachen Bewohnern errungen hatte, gingen durch einen allgemeinen Aufſtand gegen Schweden und die Rück= kehr des Königs Johann Caſimir nach Polen anfangs 1656 theilweiſe wieder verloren. Carl Guſtaf wurde zum Rückzuge, den er kühn und meiſterhaft ausführte, gezwungen und erreichte mit einem nur noch ſehr ſchwachen Heere die ſchützenden Mauern von Warſchau. Die Bedrängniß der Schweden gab dem Kurfürſten von Brandenburg Gelegenheit, ſein Verhältniß zu Schweden in einem ihm günſtigen Sinne zu geſtalten, da Carl Guſtaf alles aufwandte, den Kurfürſten zum Bündniß mit ihm zu bewegen. Der im Juni 1656 zu Marienburg abgeſchloſſene Ver= trag machte den Kurfürſten Friedrich Wilhelm zum Verbündeten des Königs von Schweden. — Bald nachher begannen die gemeinſamen Operationen, die zur ſiegreichen Schlacht bei Warſchau führten, welche in den Tagen nom 18. bis 20. Juli 1656 geſchlagen wurde. In dieſer Schlacht fochten auf ſchwediſch=brandenburgiſcher Seite haupt= ſächlich Reiter=Regimenter und verhältnißmäßig ſehr wenig Infanterie. Geworbene deutſche Infanterie=Regimenter ſtanden nicht in der Schlacht= linie bei Warſchau.

Das von Bengt Horn kommandirte Leib=Regiment der Königin — Hedwig Eleonora — war in der Armee Wittenbergs mit nach Polen gezogen, hatte bei Ilcz *) am 15. Juli 1655 mitgefochten und war dann nach Preußen in Standquartiere verlegt worden.

Das Regiment Graf Carl Gustaf Wrangel war bald nach seiner Neuwerbung aus Bremen nach Pommern gegangen und in Stralsund verblieben.

Nach der Schlacht bei Warschau suchte der Kurfürst Friedrich Wilhelm, der ein Erstarken der schwedischen Macht nicht noch mehr fördern wollte, wieder mit dem Könige von Polen Frieden zu schließen. Als Preis hierfür forderte der Kurfürst die Unabhängigkeit seines Herzog=thums Preußen.

Den Krieg Schwedens mit Polen hatten inzwischen auch die anderen Feinde Schwedens benutzt, um über seine Besitzungen herzufallen. In Livland waren die Russen eingedrungen und belagerten Riga. Der König Friedrich III. von Dänemark versuchte die Wiedereroberung des seit dem westfälischen Frieden zu Schweden gehörigen Erzbisthums Bremen, dem Friedrich als geistlicher Fürst vorgestanden hatte. Auf die Nachricht hiervon eilte der König durch Pommern und Mecklenburg ins Holsteinische zurück und entsendete Wrangel ins Bremische, wo er schnelle Erfolge errang, während der König Dänemark im eigenen Lande auf Fühnen, Langeland und Laaland bekämpfte und zu dem für Däne=mark ungünstigen Frieden von Rotschild am 12. März 1658 zwang.

An diesem Feldzuge unter Wrangel scheint sein Regiment nicht Theil genommen zu haben, sondern in Stralsund zurückgeblieben zu sein.

Das Leib=Regiment der Königin stand in Elbing bis zu dem Frieden von Oliva. Es war nach den Listen des Kammer=Kollegium=Archivs 8 Kompagnien stark und hatte 1657 eine Stärke von 360, 1658 von 462 Mann.

Zur Sicherung des Besitzes von Pommern bestimmte Carl X. Gustaf im Jahre 1658 als normale Besetzung für nachstehende Garni=sonen:

	im Frieden:			im Kriege:		
Stettin	8 Komp.	1200 Mann;	20	Komp.	3000	Mann
Damm	1 =	200 =	3	=	450	=
Wollin	2 =	300 =	3	=	450	=
Greifswald . . .	2 =	300 =	6	=	900	=

Latus 13 Komp. 2000 Mann; 32 Komp. 4800 Mann

---

*) Nach Pufendorfs Angaben.

Transport	13 Komp.	2000	Mann;	32	Komp.	4800	Mann
Anklam	2	=	300	=	6	=	900	=
Demmin . . .	2	=	300	=	8	=	1200	=
Wolgast und Peene-							
münde . . .	½	=	75	=	2½	=	375	=
Stralsund . . .	8	=	1200	=	16	=	2400	=
Neue Fährschanze .	½	=	75	=	1	=	150	=

26 Komp. 3950 Mann; 65½ Komp. 9825 Mann

Eine für damalige Verhältnisse bedeutende Truppenzahl, die Schweden unter den Waffen erhalten mußte zur Sicherung seines pommerschen Besitzes.

Am 12. Februar 1660 starb der König Carl X. Gustaf nach einer nur sechsjährigen, von Kriegszügen ausgefüllten Regierungszeit. Sein Nachfolger wurde sein sechsjähriger Sohn Carl XI. unter der Regentschaft der verwittweten Königin Hedwig Eleonora und von fünf Reichsräthen. Das erste Werk dieser Regentschaft war der am 3. Mai 1660 zu Oliva abgeschlossene Friede zwischen Polen, Brandenburg, dem Kaiser und Schweden.

Bald nach dem Regierungsantritt Carls XI. wurde das Leib-Regiment der Königin-Wittwe von Elbing nach Riga, 8 Kompagnien 392 Mann stark, verlegt. — Das Regiment Graf Carl Gustaf Wrangel blieb in Stralsund, 8 Kompagnien 775 Mann. *)

Neben geworbenen deutschen Regimentern standen 1660 in Pommern noch an schwedischen Nationaltruppen:

4 Kompagnien Südermannland in Anklam,
2   =   Ostgothen und 1 Kompagnie Calmar in
                    Stralsund,
8   =   Dal in Stettin,
4   =   Westgöta Dal in Wollin,
1   =   Osterbotten in Wolgast;
außerdem noch vertheilt:
4 Kompagnien Halland-Blekinge.

Die Nationaltruppen wurden aber später aus Pommern zurückgezogen, wo dann nur geworbene deutsche Regimenter verblieben. —

---

*) Nach Angaben des Kammer-Kollegium-Archivs zu Stockholm.

1665 beſtanden in Schweden nur fünf ſolcher Regimenter. Es waren:

Graf Carl Guſtaf Wrangel . . . . . 12 Kompagnien 1300 Mann,
Generalmajor Graf Königsmark . . 12   =   1200   =
Leib = Regiment des Königs, Oberſt
            Grotthuſen 8   =   1200   =
Leib = Regiment der Königin, Oberſt
            Delwig 8   =   1200   =
Oberſtlieutenant Horn 2   =   300   =

Mit Ausnahme dieſes nahmen die genannten Regimenter Theil an dem Kriegszuge, den der General-Feldmarſchall Wrangel 1666 gegen Bremen unternahm.

Das Regiment C. G. Wrangel war 12 Kompagnien, 1300 Mann, ſtark. Oberſt Schwerin kommandirte es als Feldherrn-Leib-Regiment. Das Leib-Regiment der Königin kommandirte Delwig.

Wrangel hatte den Auftrag erhalten, wider Bremen zu ziehen, welche Stadt unabhängig von dem in ſchwediſchem Beſitze befindlichen Herzogthum Bremen große Reichsfreiheiten beſaß, um die Grenzen dieſer Freiheiten zu prüfen, zu beſtimmen und zu Gunſten Schwedens möglichſt einzuſchränken. Inwieweit die Annahme einzelner Hiſtoriker, Wrangel ſei mit dieſem Zuge nur beauftragt worden, um dieſen einflußreichen Mann fern von dem Sitz der inneren Politik, Stockholm, zu beſchäftigen, begründet iſt, laſſen wir dahingeſtellt. Der Feldzug währte mehrere Monate, ohne der Wrangel'ſchen Armee zu rühmenswerthen Thaten Veranlaſſung zu geben. —

Nach dieſem Kriegszuge blieben den Pommern nur geworbene Re=gimenter. Um ihr Verhältniß zu den Bewohnern der deutſchen Provinz zu regeln, erging am 10. April 1669 nachſtehende Beſtimmung.*)

COPIA

J. Kön. Maytt.

allergnädigſten Placats

Wegen Verhaltens dero Milice

in Pommern.

Davon das Original in der Kön. Regierungs Canze-ley aſſerviret wird.

Publiciret im Jahr, 1669.

WIR CARL von Gottes Gnaden der Schweden, Gothen und Wenden König und Erb-Fürſt, Groß-Fürſt in Finnland, Hertzog zu

*) Aus den Akten der ſchwebiſchen Commanbantur Stralſunds.

Schonen, Ehesten, Liessland, Carelen, Brehmen, Vehrden, Stettin, Pommern, der Cassuben und Wenden, Fürst zu Rügen, Herr über Ingermanland und Wismar, wie auch Pfaltzgraf bey Rhein, in Bayern, zu Jülich, Cleve und Bergen Hertzog, ꝛc. Entbieten allen und Jeden in unserm Hertzogthum Pommern und Fürstenthum Rügen bey dem Militar-Stat befindlichen hohen und niedrigen Bedienten, insonderheit aber denen Commendanten, Officirern und gemeinen Soldaten in Städten, Schantzen und Pässen, auch allen denen, so mit Kriegs-Diensten und Pflichten uns verwandt seyn, Unsere Königl. Gnade, und fügen Euch samt und sonders hiemit zu wissen, daß Unsere getreue und gehorsame Land-Stände von Praelaten, Ritterschaft und Städten daselbst, bey vorgewesener Einrichtungs Commission neben anderen dero Ruhe und Wolstand angehenden Puncten, unterthänigst gesuchet, Wir geruheten gnädigst nicht allein Unsern in den Garnisonen und Vestungen bestehenden Militar-Stat zur Erträglichkeit einzurichten, sondern auch gewisse Ordonance zu stellen, wornach sich die Soldatesque zu richten hätten, und dawieder den Einwohnern in Städten und auf dem Lande keine Beschwer noch Unlust zufügen müsten. Gleich wie Wir nun zu aller und jeder gedachter Unser Pommerschen Lande Eingesessenen Sicherheit und Beschirmung so wol den Militar- als Civil-Stat mit erwehnten Land-Ständen erträglich einrichten lassen; Also haben Wir auch im übrigen derselben Suchen vor billig, und Unserm hohen Obrigkeitlichen Amte gemäß gehalten, unsere benandte Unterthanen für aller unbefugten Gewalt und Schaden gebürlichen zu schützen, und deshalben die von unsern Vorfahren am Reich, Könige Gustavo Adolpho und Unsers Hochseel. Herrn Vaters Carl Gustavus Königl. Maytt. desfalls publicirte Ordonnances und Placaten renoviren, und durch dieses offene Patent, damit hienegst keiner einige Ohnwissenheit vorzuwenden haben möge, zu männigliches Notitz und Wissenschafft nicht allein ausfertigen lassen, sondern auch hiemit gnädigst verordnet, daß dasselbe durch Veranlassung Unser Regierung in Pommern in offenen Druck gebracht, auch an allen Orten und Enden, wo einige Officirer und Soldaten so wol in Städten, Pässen und Schantzen als auch sonsten im Land liegen, angeschlagen werden möge.

Gebieten demnach und befehlen hierauf anfänglich Unsern Commendanten und Officirern, gleich wie die Besatzungen allein zu benöhtigter Defension des Landes angesehen, sonst aber dadurch derselben Privilegiis, Rechten und Immunitäten, wie auch dero Eigenthum und Gewohnheiten keines weges praejudiciret werden solle, daß also dieselbe dasjenige, was dero Charge bey der Milice concerniret, allein beobachten;

deſſen aber, was zu Bürgerlichen Sachen, Policey und Gerichten ge=
hörig, keines Weges ſich anmaſſen, noch jemand wider ſeine Obrigkeit
und deſſen Gerichts Gewalt, in Schutz nehmen, ſondern einen jeden bey
ſeinem ordentlichen Richter Recht ſuchen und nehmen laſſen: In allem
ſcharfe Disciplin und fleißige Aufficht halten, und der Soldaten wider
den Articuls-Brief und dieſes unſer Patent lauffenden Verbrechen
ernſtlich ſtraffen, und ſonſt allen Muthwillen und Licentz verwehren
ſollen.

Damit auch alle Confusiones jurisdictionum verhütet bleiben
mögen, ſollen zwar, wann Bürger mit Soldaten zu ſchaffen und dieſe
zu belangen haben, ihnen von den Commendanten oder Kriegs
Recht, desgleichen hinwiederum den Soldaten, wann ſie diejenigen, ſo
zu anderer jurisdiction gelegen, zu belangen haben, von dero ordent=
lichen Obrigkeit ohnverzüglich Rechtens verholffen, und ſie durch ohn=
dienliche Weitläufftigkeit nicht aufgehalten werden. Es ſoll aber die
militaris jurisdictio weiter nicht als auf die, ſo zu den Guarnisonen
gehören, und würckliche Dienſte haben, und deren Namen in den
Munſter-Rollen angeſchrieben ſtehen, ſich erſtrecken.

Solchemnach wann auch bei Nacht einiger Händel, Mords, Dieb=
ſtals oder anderer Tumults halber, Delinquenten einzuziehen, ſoll
ſolches zwar durch die negſte Soldaten= oder Bürger=Wacht geſchehen,
die Soldaten aber alſofort auf die Haupt=Wache die andere aber in die
Bürger=Wache (an Orten, da ſolche verhanden) gelieffert, ſonſt aber
auf die Haupt=Wache bis zum Morgen behalten, und alsdann ſo fort
dem competirenden Richter angemeldet und abgefolget werden: Wann
bey dieſen unſern Ordinar-Beſatzungen vor dem Kriegs=Recht Urtheil
geſprochen, ſollen die Appellationes an unſern General-Stathalter
und Regierung, als welche in unſerm Namen die hohe Landes-Obrigkeit
verwalten, und wobey die Generalität zugleich praesidiret, gerichtet
werden.

Da auch der Zeiten Umſtände erfordern ſollten, daß ein Commendant etwa Ordnungen unter Soldaten publiciren müſte, ſo das Policey=
Weſen und Stadt=Regiment afficiren, ſoll er ſolches mit Vorwiſſen
und mit Belieben des Raths, oder zum wenigſten des Wort=haltenden
Bürgermeiſters thun.

Damit auch bei der Einquartierung die wenigſte Ungelegenheit den
Städten zuwachſen möge, bleibet dieſelbe zuforderſt bei den Magiſtraten,
welche durch die Quartiers-Herren und Billet-Schreiber die Quartiere
zu beſchreiben, und jedoch, daß dabey kein Mangel der erforderten
Stücke erſcheinen möge, auszutheilen befügt ſeyn, womit alsdann ſo wol

Officirer, als Soldaten sich begnügen lassen, und ausser dem **real
Servis**, an Saur, Saltz, Licht und Lager, von den Wirthen **nichts
praetendiren**, noch zu ihren Speisen absonderlich Feuer fordern, sondern
bey ihres Wirthes Feuer kochen lassen. Wolte aber jemand sich des
Ungemachs zu benehmen, an stat des Obdachs und gedachten **real Servis**,
dem ihme durch Billet angewiesenen Officirer und Soldaten Geld
geben, hat er sich mit demselben zur Billigkeit zu vergleichen, oder, da
sie mit einander nicht eins werden könnten, ihm, so leicht er mag, ein
gleichtüchtiges Quartier zu bedingen, welches derselbe alsdann sofort
oder auf Erhaltenes anderweites Billet zu beziehen schuldig seyn soll.

Wann Soldaten an einer ansteckenden Seuche kranck werden, sollen
dieselbe, um die Infection so viel müglich zu verhüten, dem Wirthe
abgenommen, und an solche bequeme Oerter, welche jedes Ortes Magistrat
dazu adaptiren lassen wird, verleget, ihnen aber nicht weniger wegen
Lagers und der Service von ihren Wirthen gehörige Provision ge=
machet werden. Gleichwie auch keinem, der zur ordentlichen Garnison
nicht gehöret, weder Quartier noch real Servis gegeben werden soll;
Also sollen auch denen Commendanten oder Officirern, nachdem sie
wegziehen, oder abgefordert, oder ein ander an ihre Stelle einlogiret
worden, kein ferner Quartier offen gehalten werden, es wäre dann,
daß derselbe wegen Eilfertigkeit sein Weib und Kinder nicht sofort mit
sich nehmen könnte, auf solchen Fall würde mit denselben etwa auf einem
Monat in die Gelegenheit zu sehen seyn.

Und damit das Onus Inhospitationis unsern Unterthanen ohne
Noth nicht beschwerlicher gemacht werde, sollen die Capitains und fol=
gende Officirer keine Pferde noch ander Vieh halten, weniger dieselbe
absonderlich, zu der gemeinen Bürgerschaft Schaden hüten und weyden
lassen; Wolte aber ein Capitain, Leutenant oder Fendrich seines
Standes, oder Noht und Bequemlichkeit halber ein oder zwo Pferde
oder Kühe halten, soll er solches mit gutem Willen des Wirthes thun,
demselben dabey kein Ungemach zufügen, auch das Viehe, an welchen
Oertern Gelegenheit darzu ist, um die Gebühr vor den gemeinen Hirten,
nicht aber auf, noch an den Wällen und Wercken weyden lassen; Wie
sie dann auch an denselben keine Garten anrichten, und weder selbst an
den Wällen und Wercken, wie auch dero Pallisaden, Corps de Garden,
Batteryen und Schilder=Häusern einigen Schaden thun, noch andere
zufügen lassen, sondern es Bestens mit verhüten helfen sollen.

Alle Commendanten, Officirer sowol als die Gemeine sollen
sich des Jagens und Schiessens beydes an Feder= auch klein und grossen
Wildprät, nicht weiniger auf der vom Adel und Städte Güter, als auf

unsern eigenen Wild-Bahnen, wie auch des Föllens und Verwüstung der Heyden und Höltzungen, Abmehung der Wiesen, und Ausfischung der Teiche, Graben und Seen, bey ernstlicher Strafe gäntzlich enthalten: Desgleichen sollen die Soldaten sich nicht unterfangen, einige Bürgerliche Nahrung, als Bierbrauen, Wein, Bier oder Brandwein schencken, oder Handwercks-Arbeit, bey Verlust dessen, darüber sie betroffen werden, und anderer Bestraffung, zu treiben; Da aber einer ein Handwerck gelernet hat, demselben soll vor seinen Officirer oder Cammeraden (nicht aber insgemein oder vor Bürgern) zu arbeiten zugelassen seyn.

Die reisende Leute, und die, so Ab- und Zufuhr auf dem Lande thun, sollen unter keinem Praetext in den Thoren und auf den Pässen aufgehalten, noch die Fracht- und andere Wagen mit Trinckgeld und dergleichen Beschatzung beschweret, oder auch einige Vorkäufferehen dabei angestellet werden, weniger soll jemand bey unsern Guarnisonen sich unterfangen, Wagen und Pferde anzuhalten oder wegzunehmen, und seines Gefallens zu gebrauchen.

Wann irgends ein Officirer den Abgang bey seinen Compagnien durch Werbung neuer Leute zu ersetzen nöhtig hat, oder befehliget ist, soll derselbe die abreisende oder ankommende Handwercks-Gesellen wider ihren Willen zu Diensten nicht nöhtigen, noch die Leibeigene Unterthanen im Lande wider ihrer Herrschafft Willen nicht annehmen, und da ein solcher Leibeigener ohne Vorbewust seiner Herrschafft sich hätte annehmen lassen, denselben auf beschehenes Anmelden und Revocation ohnaufhältlich wieder abfolgen lassen.

Ob auch gleich freye Leute, so aber zu Bürger-Recht gesessen, bey unser Milice daselbst in Kriegs-Diensten sich bestellen lassen würden, sollen dieselbe zuvor das Bürger-Recht ordentlich resigniren und aufkündigen, und der Bürgerlichen Nahrung sich enthalten; Ehe aber solches geschiehet, der Bürgerlichen jurisdiction nach wie vor unterworffen bleiben.

Endlich wann sich begiebet, daß Officirer durch Heyrath, Erbschaft, Kauff- oder sonsten in den Städten und dero Botmäßigkeit Immobilia erlangen, dieselbe bewohnen und vor sich nützen und gebrauchen wollen, sollen sie der Stadt mit Bürgerlichen Pflichten sich verwand machen, sonsten aber wegen solcher unbeweglichen Güter Bürgerliche Onera und Unpflicht, wie auch Land-Reichs- und Crayß-Steuren gleich andern tragen, auch deswegen die jurisdiction des Ortes, ihrer personal Exemption, so lange sie in würcklichen Diensten sich befinden, unpraejudicirlich, agnosciren und daselbst Rechtens gewärtig seyn.

Befehlen darauf unserm sowol jetzigem, als künfftigen General-

Stathalter und Regierung gantz ernstlich, und wollen, daß sie ob dieses
unser Königl. Patent und Verordnung festiglich halten, da jemand betroffen oder angegeben und befunden würde, der im geringsten hiewieder
gefrevelt und gehandelt, denselben ohn Ansehen der Person zuforderst zu
Bezahlung des verübten und verursachten Schadens, oder beschehenen
Abnahm auch von seiner Löhnungen anzuhalten, und darüber noch andern
zum Abscheu und Exempel wegen Uebertretung Unsers Königl. Mandats
ernstlich zu bestraffen; Gestallt sie dann, wann sie sich hierin säumig
bezeigen, und über dieses unser Königl. Gebot mit Ernst nicht halten
oder exequiren lassen würden, deßfalls Rede und Antwort zu geben
schuldig und gehalten seyn sollen; Welches wir dann ernstlich meynen,
und obigem allerdings nachgelebet wissen wollen. Uhrkundlich unsers
hiefür gedruckten Königl. Insiegels, auch unser Hochgeehrten und Viel-
geliebten Frau Mutter, wie auch ander unser und unserer Reiche Vor-
münder und Regierung eigenhändigen Unterschrift, gegeben Stockholm,
den 10. April. Anno 1660.

Hedwig Eleonora.

<table>
<tr><td>Petrus Brahe,
Comes in Wißinsburg,</td><td>Gustav Kurck,
in D. R. Marschens
Stelle.</td><td>Nicolaus Brahe,
ins R. Ammirals Stelle.</td></tr>
<tr><td>Magnus Gabriel de la Gardie,
D. R. S. Cantzler.</td><td></td><td>Seved Baadh,
D. R. S. Schatz-
meister.</td></tr>
</table>

F. J. Dernstedt.

Man sieht aus diesem Patent, wie die durch den langen Krieg
herbeigeführten und noch nicht beseitigten Unordnungen durch Regulative
eingedämmt und geordnete Garnisonverhältnisse angestrebt wurden.

Carl XI. übernahm mit 17 Jahren 1672 die Regierung aus den
Händen der Regentschaft. Damals begann in Schweden die Spaltung
der Aristokratie in zwei sich gegenseitig verfolgende und bekämpfende
Parteien. Die eine, an deren Spitze der Graf de la Gardie stand,
war für einen engen Anschluß an Frankreich, die andere Partei unter
der Führung des Reichsraths Björnclos war dagegen. Die erste Partei
siegte; Schweden trat in einen neuen Krieg für die Interessen Ludwigs XIV.

Der Kurfürst Friedrich Wilhelm von Brandenburg hatte 1674 ein
Schutz- und Trutzbündniß mit dem Kaiser, Spanien und Holland wider

Ludwig XIV. geschlossen. Im August desselben Jahres führte der Kurfürst 20,000 Mann nach dem Main und vereinigte sich mit den kaiserlichen Truppen unter Bournonville.

Das zweifelhafte Verhalten des österreichischen Feldherrn führte zu dem Siege bei Mühlhausen im Elsaß, den Turenne über Bournonville erfocht. Ohne viel Lorbeeren ernten zu können, mußte der Kurfürst seine Truppen nach Franken in die Winterquartiere führen.

Inzwischen war es dem französischen Einflusse in Stockholm gelungen, Carl XI. zu bewegen, das Bündniß mit Ludwig XIV. einzugehen und seine Waffen gegen den am Rhein stehenden Kurfürsten von Brandenburg zu erheben. Während dieser im November 1674 noch im Elsaß stand, trat die feindliche Absicht der Schweden zuerst hervor. Von Pommern und Mecklenburg rückten die schwedischen Truppen im Dezember in die Uckermark unter dem Feldmarschall Graf Carl Gustaf Wrangel ein.*) Ohne zu offenen Feindseligkeiten überzugehen, bedrückten die Schweden die Marken derart, daß die Bauern sich gegen die Feinde ihres im Auslande weilenden Herrn erhoben und bewaffneten Widerstand leisteten. Das Bauernaufgebot konnte aber das Land nicht schützen, nicht von den Feinden befreien. Im Mai 1675 begannen die eigentlichen Operationen gegen Spandau und Berlin, wo brandenburgische Truppen standen. Die Schweden nahmen Brandenburg und standen Mitte Juni zwischen Havelberg und Brandenburg mit der Absicht, ihre Operationen gegen die Elbe fortzusetzen.

Der große Kurfürst war aus Franken mit seinen Soldaten aufgebrochen und führte den in der Kriegsgeschichte einzig dastehenden Gewaltmarsch so geheim aus, daß er die Schweden in Rathenow überraschte und zu der Schlacht bei Fehrbellin am 18. Juni zwang.

Auf der Wahlstatt von Fehrbellin standen die beiden Infanterie-Regimenter: Leib-Regiment der Königin des Generals Delwig unter der Führung des Obersten v. Maltzan und das Regiment Graf Carl Gustav Wrangel.

Da der Feldmarschall Wrangel kränkelte, führte sein Bruder, der Generallieutenant Woldemar Wrangel das Kommando in der Schlacht bei Fehrbellin. Er hatte die Aufstellung des schwedischen Heeres in der hergebrachten Form in zwei Treffen angeordnet; das erste Treffen war das

---

*) Interessante Mittheilungen über die Schweden in der Mark Brandenburg f. Zeitschrift für Preußische Geschichte und Landeskunde. 3. Jahrgang. 1866. S. 628 u. f.

stärkere; auf den beiden Flügeln die Kavallerie, im Zentrum die Infanterie.

Auf dem rechten Flügel des ersten Treffens stand das Leib-Regiment*) der Königin, links neben ihm das Regiment Carl Gustaf Wrangel, auf den Gefechtsplänen als „Regiment-Felther" bezeichnet. Der rechte Flügel der schwedischen Schlachtordnung erstreckte sich bis zu den Dechtower Fichten; in seiner Verlängerung lagen einige Sandhügel, die der schwedische Heerführer nicht mit in seine Stellung hineingezogen und unbesetzt gelassen hatte. Auf diesen Punkt des schwedischen rechten Flügels richtete sich der brandenburgische Angriff.

Während die Avantgarde gegen die Front demonstrirte, begann die Ueberflügelung der schwedischen Aufstellung. Auf den unbesetzten Sandhügeln wurden brandenburgische Geschütze in Position gebracht, bei welchen abgesessene Dragoner die Bedeckung bildeten, da Fußvolk hierzu fehlte. Die Geschütze konnten die schwedische Aufstellung der Länge nach bestreichen. Als Wrangel das ihm gefahrdrohende Flankenmanöver übersah, befahl er, daß das zunächst stehende Leib-Regiment der Königin die Hügel und die dort aufgefahrenen Geschütze nehmen solle. Es war 8 Uhr, als das Regiment vorging und brandenburgische Reiter zwang, sich rückwärts zu wenden. In diesem Augenblick erschien der große Kurfürst selber im Kampfgewühl und trieb die Flüchtigen mit donnernder Stimme wieder vorwärts. Schon war der Königin Leib-Regiment mit gefällter Picke nahe an die Aufstellung der Geschütze gelangt und schienen diese verloren, da setzten die brandenburgischen Schwadronen zur Attacke an. Die schwedischen Reiter eilten den Brandenburgern entgegen, es kam zum tapfern Handgemenge, zum wahrhaften Reiterduell, in welchem die Brandenburger siegten. Die schwedische Kavallerie des rechten Flügels wurde geworfen und jetzt das Leib-Regiment der Königin umzingelt und niedergeritten. Etwa 70 Mann wurden gefangen, nur wenige entkamen durch die Flucht, die andern wurden von den Brandenburgern niedergehauen.

Nur die Kavallerie des rechten Flügels und das Leib-Regiment der Königin hatten an dem Kampfe wirklichen Antheil; die übrigen schwedischen Truppen waren kaum ins Gefecht gekommen. Dennoch zwang sie der Sieg des brandenburgischen linken Flügels zur Aufgabe ihrer Stellung. Um 10 Uhr trat das schwedische Heer seinen Rückzug an, der anfänglich ordnungsmäßig und ruhig ausgeführt wurde, später aber in eine eilige Flucht überging.

---

*) Fehrbellin. Zum 200jährigen Gedenktage von v. Witzleben und Dr. Hassel.

War auch für die Schweden die Schlacht verloren, so hatte doch das Leib = Regiment der Königin in derselben durch seinen Heldenmuth unsterblichen Ruhm geerntet. Das Regiment Carl Gustaf Wrangel ist an diesem Tage nicht zu hervorragender That gelangt.

Der Sieg von Fehrbellin bestimmte den großen Kurfürsten zum weiteren Vordringen gegen die Schweden, zur Eroberung Pommerns, seines Erblandes. Hatte er doch schon in Franken, als er die erste Nachricht von dem Eindringen der Schweden in Brandenburg erhielt, gerufen: „Das kann den Schweden Pommern kosten." In Pommern war man durch den Schlag von Fehrbellin erschreckt. Man fürchtete brandenburgische Rache für die Bedrückungen, die sich die schwedischen Soldaten erlaubt hatten, die jetzt in eiliger Flucht nach Pommern zurück= kehrten, um erst wieder in den befestigten Städten Halt zu machen, in denen sich die rohe Soldateska viele Ausschreitungen und ungebührliche Forderungen erlaubte. Da half auch das Patent vom 10. April 1669 wenig. Stralsund wendete sich sogar an Carl XI. und forderte Ab= stellung der schweren Lasten.

Der König war erschreckt über die unerwarteten Erfolge des Branden= burgischen Heeres. Er enthob den kränkelnden Feldmarschall Carl Gustaf Wrangel von dem Oberbefehl, den er dem Grafen Königsmark übertrug. Wrangel zog sich auf sein Schloß Spyker auf Jasmund zurück, wo er schon im Sommer 1676 starb.*) Nach seinem Tode erhielt der Oberst Peter Makelier**) das bisherige Regiment Wrangel.

Der Leichtsinn der französischen Partei in Stockholm, der die Schweden zum Friedensbruch gedrängt hatte, rächte sich bei und nach Fehrbellin. Der König Christian V. von Dänemark schloß mit dem großen Kur= fürsten ein Bündniß gegen Schweden. Der Kaiser sendete 6000 Mann Hilfstruppen. Im September rückte der dänische König über Damm= garten, der brandenburgische Kurfürst über die Peene in Pommern ein. Der Kurfürst rückte direkt vor Stralsund und vereinigte sich hier am 13. Oktober mit der dänischen Armee. Am 15. zogen aber Branden= burger und Dänen wieder ab, weil es ihnen an Belagerungsmaterial fehlte. Die Dänen zogen gegen Wismar, die Brandenburger nahmen Wolgast ein. Damit schloß der Feldzug des Jahres 1675.

---

*) Die Erzählung, Wrangel sei in seinem Schlosse auf königlichen Befehl hingerichtet worden, ist durch neue Forschungen mehrfach widerlegt worden.

**) Vielfach Maclear oder Mac Lear fälschlich geschrieben. In den in unseren Händen befindlichen Originalkorrespondenzen ist Makelier die gebräuchliche Schreib= weise.

Das Kriegsjahr 1676 ließ die Verbündeten nur geringe Fortschritte in Pommern machen. Zwar war durch weitere Verluste die schwedische Macht in Deutschland auf den Besitz der befestigten Städte Stralsund, Stettin und Greifswald und die Insel Rügen beschränkt, doch waren die schwedischen Streitkräfte hier ausreichend, um in starker Defensive den Feinden entgegenzutreten.

Durch schnell erfolgte Werbungen waren die Lücken, die bei Fehr= bellin und durch den eiligen Rückzug des schwedischen Heeres entstanden waren, möglichst wieder ausgefüllt worden. Der Abgang an Fußknechten war sehr groß gewesen, da es zu den Sitten der Söldner gehörte, daß sie aus dem Heere desertirten, das unglücklich gefochten hatte, um sich den Unbilden der Gefangenschaft und der zwangsweisen Einreihung in die feindliche Armee zu entziehen.

Das Leib = Regiment der Königin mußte fast ganz neu geworben werden. Der kleine Rest desselben war nach Greifswald geführt worden. Nach den Listen des Archivs des Kammerkollegiums in Stockholm soll das Leib = Regiment der Königin schon 1677 wieder 1200 Mann stark gewesen sein. Diese Angabe klingt aber sehr unwahrscheinlich, da die Werbungen für die schwedischen Regimenter damals sehr schlecht gingen. Ein großer Theil des deutsch = schwedischen Gebietes war vom Feinde okkupirt, der Seeweg nach Schweden durch die dänische Flotte bedroht, auch gingen die Söldlinge Norddeutschlands damals lieber zu den Branden= burgern. Wahrscheinlich bezeichnet die obige Ziffer nur die Sollstärke.

Anfang 1678 war die Kriegslage in Pommern für Brandenburg und seine Verbündeten eine günstige. Rügen war bis auf die neue Fährschanze von den Dänen besetzt. Die Belagerung von Stettin hatte den großen Kurfürst in den Besitz der pommerschen Hauptstadt gebracht. Er durfte hoffen, sein erobertes Erbe behalten zu können. Er war, da ihn seine Bundesgenossen nur wenig unterstützten, zu Friedensverhand= lungen geneigt, deren erste Bedingung war, daß ganz Pommern, oder wenigstens das Land bis zur Peene der Preis für den Sieger sei.

Der Feldmarschall Königsmark, der seine Hauptkräfte in Stralsund zusammengezogen hatte, war nach dem Verlust von Rügen in sehr schlimmer Lage. Der Befehl seines Königs Carl XI., Rügen unter allen Umständen wieder zu nehmen, festigte in ihm den Entschluß zu dem kühnen Unternehmen, mit seinen schwachen Truppenkräften im An= gesicht eines überlegenen Feindes über den Meeresarm nach Rügen über= zugehen. Er zog, was er in Stralsund und Greifswald irgend dispo= nibel machen konnte, zu diesem Unternehmen an sich heran. In Stral= sund ließ er nur wenig Truppen unter dem zum Kommandanten bestellten

Obersten Makelier zurück. Von des Obersten Regiment waren 205 Mann mit nach Rügen übergesetzt worden.

Mit seinen Truppen, unter diesen zahlreiche Kavallerie, ging Königsmark am 6. Januar nach Rügen auf besonders zu dem Zweck hergerichteten Fahrzeugen über. Der Uebergang gelang vollkommen. Am Morgen des 8. Januar zog er dem feindlichen überlegenen Heere unter dem dänischen General Rumohr entgegen und schlug das in guter Position in Schlachtordnung stehende Heer zwischen Güstow und Poseritz.*) Rumohr fiel. Der Sieg Königsmarks war ein vollkommener. Binnen vier Tagen eroberte er ganz Rügen wieder. 324 Offiziere, 4700 Mann, 53 Fahnen und Standarten und 21 Geschütze gelangten in seinen Besitz.

Der Theil des Regiments Makelier, der mit nach Rügen übergegangen, war an dem Siege betheiligt. Ob das Leib-Regiment der Königin zu Königsmark's Armee auf Rügen gehörte, ist schwer zu entscheiden. Unter der dort kämpfenden Infanterie ist Grotthusen Königs-Leib-Regiment, nicht Garde, nur genannt.

Nach der Wiedereinnahme der Insel ließ Königsmark einen großen Theil seiner Streitkräfte hier zurück, die er noch vermehrte, als im September der große Kurfürst von Brandenburg und der König von Dänemark zahlreiche Landungstruppen auf ihren Flotten einschifften, um Rügen wieder zu erobern. 950 Mann Infanterie von allen in Pommern vorhandenen Regimentern, 23½ Schwadronen und 37 Geschütze waren über ganz Rügen vertheilt und an den gefährdetsten Stellen aufgestellt.

Der große Kurfürst hatte 11 Bataillone und 10 Schwadronen in Peenemünde auf den Schiffen seiner kleinen Flotte und vielen anderen Fahrzeugen am 10. September verladen und führte selbst die Expedition gegen Rügen, von dem Kurprinzen und dem alten Derfflinger begleitet.

Die Dänen schickten ihre Flotte unter dem Admiral Nils Juel und 4000 Mann Landungstruppen.

Den Dänen gelang schon am 12. die Landung auf Rügen eine viertel Meile südlich des Vorgebirges Arkona bei dem Dorfe Witte. Die gelandeten Truppen verschanzten sich hier nach einem mehrstündigen Gefecht mit einer schwachen schwedischen Abtheilung. Der brandenburgischen Landungsflotte war es durch die Ungunst des Windes nicht gelungen, an dem gleichen Tage ihren Auftrag zu erfüllen. Erst am 13. September führte der große Kurfürst selbst seine Brandenburger

---

*) Ansprechend geschildert in Fock's Rügensch-Pommerschen Geschichten.

siegreich auf den rügenschen Strand. Königsmark mußte sich mit seinen schwächeren Truppen auf die Schanzen an der alten und neuen Fähre zurückziehen. In der Nacht vom 13. zum 14. September gelang es Königsmark, mit seinen Truppen und Geschützen Stralsund unangefochten zu erreichen. Die beiden Fährschanzen und der Dänholm blieben noch besetzt. Diese Insel und die alte Fährschanze gingen aber auch bald an die Brandenburger verloren und so war Stralsund wieder in der= selben Lage, wie fünfzig Jahre früher, als Arnim den Dänholm besetzen ließ. — Am 25. September begann die eigentliche Belagerung von Stralsund.*)

Die Werke der von Wallenstein vergeblich belagerten Festung Stral= sund waren bedeutend vermehrt und verstärkt worden. Dennoch konnten sie den brandenburgischen Belagerungsgeschützen nicht so langen Wider= stand leisten, wie einst die schwächeren Werke den Kaiserlichen.

Wir übergehen die Einzelnheiten der sehr interessanten Belagerung und schwierigen Vertheidigung Stralsunds, das am 15. Oktober kapi= tulirte. Das Regiment Makelier — das frühere Regiment Carl Gustav Wrangel — gelangte durch die Kapitulation von Stralsund mit seinem Obersten in brandenburgische Gefangenschaft. Das Regiment zählte bei der Uebergabe von Stralsund nur noch 205 Mann in den acht Kom= pagnien, deren Fahnen zu den Trophäen gehörten, die der große Kur= fürst aus dem Feldzuge in Pommern heimbrachte. Am 20. Oktober hielt er seinen feierlichen Einzug in das eroberte Stralsund, das durch das vorangegangene Bombardement sehr gelitten hatte.

Nach einer Beschießung von Greifswald, dem letzten in schwedischem Besitz befindlichen festen Platze, kapitulirte auch diese Stadt. Zu der schwachen Besatzung derselben gehörte ein Theil des Leib=Regiments der Königin.

Der große Kurfürst war Herr in Pommern. Diese deutsche Pro= vinz schien für Schweden verloren. Königsmark hatte selbst diese An= sicht unverhohlen ausgesprochen, als er die Kapitulation von Stralsund unterzeichnete.

Der im Juni 1679 zu St. Germain zu Stande gebrachte Friede zwang den großen Kurfürsten, sein siegreich erobertes Erbe an Schweden wieder zurückzuerstatten. Der hohe und mächtige Verbündete des Kur= fürsten, der Kaiser, wollte Brandenburg nicht groß werden lassen, lieber sollte ein Theil seines Reiches als Lehn an einen fremden Staat ver= geben bleiben.

____

*) Siehe Fock, Rügensch=Pommersche Geschichten aus sieben Jahrhunderten.

Das arme Pommern konnte sich nur schwer von den großen Verlusten erholen, die es in dem fast vierjährigen Kriege erlitten hatte. Aber nicht allein die deutschen Provinzen Schwedens hatten schwer gelitten; das ganze Reich war schwer getroffen.

Gegen das in Schweden eingedrungene dänische Hauptheer hatte Carl XI. seine Armee selbst ins Feld geführt, während die beiden Flotten sich zur See bekämpften. Die Friedensschlüsse von St. Germain, Fontainebleau und Lund hatten Schweden das von den Feinden okkupirte Land wiedergegeben; aber Schweden hatte durch den Krieg seine Schuldenlast bedeutend vermehrt, 40 Schiffe und beinahe 100,000 Mann verloren. Dennoch hatte der König durch den Krieg an Ansehen in seinem Lande gewonnen. Er hatte an der Spitze seines Heeres sich durch seine soldatischen Tugenden die Verehrung und Liebe seines Volkes erworben. Gestützt auf sein Nationalheer durfte er es wagen, bald nach dem Frieden, dem mächtigen Adel nicht blos viele seiner Vorrechte, sondern auch den größten Theil seines Reichthums zu entziehen. Alle Herrschaften und Ländereien, die seit 1609 an den Adel und an verdiente Soldaten und Staatsmänner verschenkt worden waren, wurden wieder als Krongüter eingezogen. Hierdurch geriethen viele reiche Adelsfamilien in Armuth und in Abhängigkeit vom Hofe, dem sie bisher selbstbewußt und mächtig entgegengetreten waren. Diese Maßregel mit strenger Sparsamkeit gepaart, sollte schnell die Schuldenlast verringern. Vor Allem aber war Carl XI. darauf bedacht, ein starkes nationales, dem Throne treu ergebenes Heer zu schaffen. Er bestimmte zu diesem Zwecke aus der großen Masse der eingezogenen Güter 4500 Kronhemmans-Bostellen zu Wohngütern für Kriegsleute; der Zustand dieser Güter war in einem Inventar genau aufgezeichnet, weil sie nach dem Tode des Inhabers wieder abgeliefert werden mußten. Der Inhaber konnte das Gut verpachten, nur mußte es jedes Jahr besichtigt werden. Jeder höhere Offizier hatte, wo es irgend möglich war, sein Gut dort, wo rund umher die Unteroffiziere und Gemeinen seines Regiments angesiedelt waren. Jeder Adelige, der 500 bis 580 Mark Einkünfte hatte, mußte einen Mann und in demselben Verhältniß bei größerer Einnahme auch mehr Soldaten stellen und unterhalten. Starb ein Soldat, so war es überlassen, einen andern zu stellen oder soviel Geld zu geben, daß dafür ein anderer gestellt werden konnte. Der Bauer oder mehrere zusammen mußten auf die gleiche Weise einen Mann stellen, beschäftigen und ernähren; aber der König lieferte die Bekleidung und Ausrüstung für denselben. Zweimal im Jahre sollten die Soldaten zu Uebungen herangezogen werden. Jeder Soldat erhielt Feld, Garten und Wohnung entweder für sich allein, oder bei seinem Bauern, für den er gegen Tagelohn arbeitete. Hatte er einmal den Dienst angenommen, so mußte er in demselben aushalten. Deserteure wurden mit dem Tode bestraft.

Die von Carl XI. eingeführte Militärverfassung „das Eintheilungswerk", d. h. die Eintheilung des ganzen Königreichs in Rotten zur Stellung von Soldaten ist ein großartiges Milizsystem, das entgegen den damals bestehenden Anschauungen über die Ergänzung der Heere ein sehr großer Fortschritt war. Schweden erhielt so ein nationales Heer, das in wenigen Jahren 35,000 Mann Infanterie und 17,000 Mann Kavallerie stark war.

Neben dem schwedischen Nationalheere und der eingetheilten Armee sollten noch die geworbene Garde und 6 für die deutschen Provinzen geworbene Regimenter bestehen bleiben.

Die aus brandenburgischer Gefangenschaft zurückkehrenden Obersten und Offiziere bildeten den Stamm der früheren Regimenter, die durch Werbungen wieder neu aufgestellt werden mußten, denn die gefangenen Fußknechte wurden meist in den Regimentern der Sieger untergesteckt. Von den beiden Regimentern Makelier und Leib-Regiment der Königin, resp. Delwig haben wir nur genaue Details über die Wiederwerbung des ersteren Regiments.

Carl XI. regelte für die geworbenen Regimenter alle Diensteinrichtungen selber und mußte durch klare Bestimmungen diese Regimenter auf eine gleich hohe Stufe militärischen Könnens, wie die National-Regimenter, zu bringen. Der gute Geist, der die Armee Gustaf Adolfs beseelt hatte, wurde im schwedischen Heere durch Carls XI. Fürsorge wieder geweckt.

Die zahlreichen Korrespondenzen des Königs mit den Obersten seiner Regimenter zeigen, wie er von Stockholm aus Alles anordnete und regelte, was zur Ausbildung und Aufrechterhaltung der Kriegsfertigkeit in den geworbenen Regimentern beitragen sollte. Er forderte eingehende Berichte und Vorschläge von seinen Obersten, die durch königliche Resolutionen beantwortet wurden.

Da es von Interesse ist, einen Einblick in die innern Dienstverhältnisse der Truppen zur Zeit Carls XI. zu gewinnen, sind hier einige Originalkorrespondenzen mit dem Obersten Makelier wiedergegeben. Sie bestimmen die Stärkeverhältnisse des uns als Stamm-Regiment interessirenden Regiments, dessen Stärke normal 1200 Mann in 8 Kompagnien sein sollte.

„Carl von Gottes Gnaden, der Schweden, Gothen und Wenden König, Groß-Fürst in Finland, Hertzog zu Schonen, Ehesten, Liefland, Carelen, Brehmen, Verden, Stettin, Pommern, der Cassuben und Wenden; Fürst zu Rügen; Herr über Ingermanland und Wißmar; Wie auch Pfaltzgraf bey Rhein, zu Jülich, Cleven und Bergen Hertzog.

Unsern Gnädigsten Gruß und wohlgeneigten willen Zuvor; Edler Vest- und Manhafter, besonders lieber Getreuer; demnach Wir für Unsere Dienste gut und nötig gefunden Euer Regiment mit 700 Mann an Corporals und gemeine verstärken und anwerben zu laßen, so daß solch Regiment in allem effective aus Zwölfhundert Man bestehen solle, wozu Wir auf jeden Man zwölf Rthr. werbgelder gutthun; Also haben Wir Euch ein solches hiermit voraus in gnaden eröffnen wollen, damit Ihr Euch zu dieser werbung anschicken und sobald Ihr Unsere gemachten disposition Zufolge die dazu erfordernde werbgelder empfangen, dieselbe Alßdenn würcklich beginnen und fortsetzen könnet; Sind Euch im Uebrigen nächst empfehlung Göttl: obhut mit Königl. hulden wohlbeygethan.

Gegeben Stockholm d. 31 Dezemb 1686.

Carolus.

An den Oberst Peter Makelier.

Carl von Gottes gnaden; u. s. w., u. s. w. Unsern Gnädigsten Gruß und wohlgeneigten willen Zuvor, Edler, Vest und Manhafter, besonders Lieber Getreuer; Wir haben Euch zwar in unserm jüngsten vom 31 verwichenen Dezemb eröfnet, wie Wir gutgefunden', Euer Regiment mit 700 Man an Corporals und gemeine verstärcken zu laßen; Nachdem Wir aber erwogen, daß es Euch etwa schwer fallen dürfte, so große Manschaft dort in Pommern auf bringen zu können; So haben Wir obige Unsere Gnädigste intention und in soweit geändert, daß Ihr anstatt obgem:ter 700 jetzt nur fünfhundert Man an Corporals und Gemeine anzuwerben habet, welches Wir Euch hiermit Zur nachricht umb Eure sachen dernach anstellen zu können, kund Thun wollen. Sind Euch im übrigen nechst empfehlung Göttl: obhut mit Königl. hulden wohlbeygethan;

Gegeben Stockholm d. 12. January 1687

Carolus.

An den Oberst Peter Makelier, wegen der werbung.

Wegen der Exerzitien, Beurlaubungen, Beförderungen, Werbungen, u. s. w. erfolgten auf die Memoria der Obersten Königliche Resolutionen wie die folgenden:

Ihr: Königl: Maj:
Gnädigste Resolution
Auf das von dem Obersten Poter Maklier eingereichte unterthänigstes Memorial.

Datum Stockholm d. 22. April A 1687.

Ihro Königl. Maj: gnädigste intention ist, daß die Exercitien bey dero Regimentern auf einerley weise, und zwar so wie sie bey Ihr: Königl. Maj. Leib Garde allhie gebräuchlich, introduciret werden sollen, und hat der Oberste Maklier sich deßfalls bey dem Obersten von der Garde anzugeben, umb eine Abschrift von solchen Exercitien zu erhalten.

Zu dem nöthigen Pulver bey exercirung der Knechte, wollen Ihro Königl. Maj. Anstalt machen, daß in solchem Behuf etwas gewisses gutgethan und abgefolget werden soll.

Ihro Königl. Maj. lassen für dieses mal bey Ihro gnädigst gelten, was bisher in Beuhrlaubung der Ober= und Unter=Offizierer, auch gemeiner Knechte bei Ihren Pommerschen Regimentern, umb in Ehescaften und andern dergleichen Angelegenheiten, auf einige Zeit abwesend zu seyn, geschehen, und wollen Ihro Königl. Maj. dannenhero, daß denenselben wegen ihres tractements für selbige Zeit, ob sie entweder in ihren eigenen Bestellungen, oder auch zu Ihrer Königl. Maj. Diensten, vom Regiment weggewesen, keine grawation oder Abzug widerfahren solle; bey künftigen dergleichen Vorfallenheiten aber muß solches zuvor erst dem dortigen General Gouverneur oder in dessen Abwesenheit, Ihrer Königl. Maj. Selbst zu erkennen gegeben werden.

Ihr. Königl. Maj. wollen den Ober und Unter = Officierern und Gemeinen, welche auf werbung oder andern des Obersten Regiments nothwendigen angelegenheiten verschicket worden. Gleichfallß biß hieher das völlige tractament aus gnaden unabgekürzet gutthun, Es müssen sich dieselben aber hiernegst allemahl, so lange der Herr General Gouverneur abwesend ist, beim General Major angeben und bey dergleichen Verschickungen desselben consens und beweiß erfordern, wann sie das völlige tractament künftig zu genießen gedenken und kan der Oberster darumb beym General Major schriftlich anhalten.

Zu einführung der Grenadiers bey des Obersten Regiment und damit die Gemeine solche wissenschaft desto süglicher erlernen können, beftehen Ihr. Königl. Maj. granaten unb materialien auf zwey Man von jeber Compagnie unb einen Ober=Offizierer, so baff wenn sie selbige Kunst gefaffet, sie ihre Camerathen barin wieber informiren müssen, baß also 12 Man von jeber Compagnie barin exerciret werben; in welchem behuf bie granaten, das Pulver, Schwefel unb Salpeter aus bem Magazin genommen werben können, zu ben übrigen materialien wollen Ihro Königl. Maj. etwas gewiffes an gelb auf nechst künftigen jahres etat anorbnen laffen; Waß aber bie granat taschen unb Bajonetten kosten, barüber kan ber Oberster einen Vorschlag einliefern.

Zu Folge bes memorials haben Ihro Königl. Maj. auf bes Lieutenant Müllers verlangen, bie dimission für benselben hiebey aus= fertigen laffen, zugleich auch auf bes Oberften Vorschlag unb inter- cession, ben Fenbrich Trackewitzen hinwiber zum Lieutenant bestellt unb einem Pommerschen eingebohrnen nahmens Hennig Christian Cock ben Fenbrichsbienst beygeleget unb anvertrauet.

Zur facilitirung bes Capitain Jägers werbung unb recruitirung wollen Ihro Königl. Maj. gestatten, baß Er suchen möge, solche recruiten aus Schonen zusammen zu bringen, boch baß Er barunter Moderation gebrauchen unb keine anbere nehmen solle, Alß welche sich freiwillig unterhalten laffen wollen beß fallß Ihro Königl. Maj. nebengehenbe ordre an ben Hrn. Felbmarschall Aschenberg abgehen zu laffen gut gefunben.

Actum ut supra.

(L. S.)   Carolus.

Resolution vorn Oberften Peter Makelier.

Alle bienftlichen Schriftstücke ber Zeit Carl XI. weisen barauf hin, baß im schwebischen Heere immer mehr unb mehr bie Einrichtungen entstanben, bie allein ein stehenbes Heer möglich machen. Ehe bas branbenburgisch=preußische Heer bas mustergiltige wurbe, war es bas schwebische. —

Schweben, bas burch bie Friebensschlüffe mit Kaiser unb Reich in bem Besitz ber zu bemselben gehörenben Provinzen geblieben war, hatte bie Verpflichtung für seine beutschen Provinzen, zum Reichsheere ein Kontingent zu stellen, sobalb bieses aufgeboten wurbe. Das siegreiche Vorbringen ber Türken gegen Wien 1683 hatte bas Reich unter bie Waffen gerufen; es galt bas beutsche Lanb vor bem Einbruch asiatischer Barbarei zu schützen. Für bas Reichsheer wurbe aus ben pommerschen Regimentern ein Reichs=Kreis=Kontingent zusammengestellt, zu bem auch das Regiment Makelier einen Theil seiner Mannschaften abgab. Das nur wenige Kompagnien starke Kontingent wurde sehr langsam formirt und marschirte dann zur Armee des Markgrafen von Baden. Es nahm an den zahlreichen Kämpfen in Ungarn und den Donauländern Theil.

Der um sein Reich und sein Heer hoch verdiente König Carl XI. starb am 15. April 1697. Er hinterließ sein Land in besseren Verhältnissen, als er es übernommen hatte. Ein Theil der Schulden war bezahlt, Handel und Wandel blühten von Neuem. Das Heer war zahlreich und wohl organisirt. Schweden stand auf dem Gipfel seiner Macht, es gehörten zu diesem Reiche Finnland, Liefland, Carelen, Ingermannland und die deutschen Herzogthümer Bremen, Verden, Pommern und die Stadt Wismar. Erbe der Macht und des Reichs war der noch minderjährige Sohn des verstorbenen Königs, Carl XII.; geboren am 17. Juni 1682. Wegen seiner Minderjährigkeit wurde er einer Regentschaft unterstellt, an deren Spitze seine Großmutter Hedwig Eleonore stand, da seine Mutter Ulrike Eleonore schon im März 1693 gestorben war. Lange währte die vormundschaftliche Regentschaft nicht, da Carl, so jung er auch noch war, nicht der Mann war, die Fesseln einer Vormundschaft lange zu ertragen. Der junge König trat die Regierung seines Reiches an, während demselben von außen her von Neuem große Gefahren drohten.

Die Beherrscher Rußlands, Polens und Dänemarks, drei mächtige Fürsten, hatten sich vereint, die Unerfahrenheit eines dem Knabenalter kaum entwachsenen Königs zu benutzen, um verlorne Provinzen wieder an sich zu bringen. Der Czar Peter von Rußland hoffte sich der Ostseegegenden bemächtigen zu können, der König August von Polen, zugleich Kurfürst in Sachsen, machte den Versuch, Unruhen in Liefland zu seinem Vortheile zu benutzen, und der König von Dänemark erneute die Streitigkeiten mit dem jungen Herzoge von Holstein, dem Schwager und Schützling Carls XII., dessen festgestellte Rechte Schweden garantirt hatte.

Für die schweren Kämpfe, die ihm bevorstanden, bedurfte Carl XII. des starken, tüchtigen Heeres, das ihm sein Vater hinterlassen hatte.

Bei seinem Tode standen in den deutschen Provinzen nur geworbene Truppen. In Pommern die Infanterie-Regimenter Bielke, Müller und Ribberhielm. Wenn in den Listen derselben zur Zeit ein Regiment der Königin nicht aufgeführt ist, so hat das seinen Grund darin, daß keine Königin, sondern nur eine verwittwete Königin-Mutter lebte. Das Regiment hat wahrscheinlich unter einem andern Namen kurze Zeit fortbestanden, denn bald findet es sich wieder als Regiment der Königin bezeichnet, obgleich später auch keine Königin in Schweden war.*)

Das Regiment Makelier hatte seinen Namen gewechselt. Der Oberst war Anfang 1697 gestorben. Sein Regiment war dem Obersten Ribberhielm, der gleichzeitig Kommandant von Stralsund war, über= geben worden. Schon bei dem Tode Carls XI. kommandirte Ribber= hielm dieses Regiment, denn der Statthalter von Pommern, Bielke, ein Nachkomme des aus dem dreißigjährigen Kriege bekannten Statthalters, adressirt das Schreiben wegen der Leichenfeier schon: Monsieur, Monsieur de Ridderhielm Colonel d'Infanterie pour sa Majestée le Roy de Suede et Commendant de Stralsund. Das Schreiben lautete:

Von Ihrer Königl. Mayst. zu Schweden zum Pommerschen Estat Verordnete General Statthalter und Regierung.**)
Wohlgeborner, Hochgeehrter Herr Obrister
und Commendant.

Auß Ihro Königl. Maj. Unser Allergnädigster König und Herr allergnädigst resolviret, und befohlen, daß bey der am 24t. nechstkünff= tigen Novembris zu begehenden Leichbegängnis Ihro in Gott höchstseel. ruhenden Herrn Vatern glorwürdigsten Andenckens, dieselbigen Cere= monien und derjenige Process überall gehalten und observiret werden solle, welcher bey Beerdigung Ihro Maj. der hochseel. Königin gebrauchet und adhibiret worden; Also eröffnen Wir solches Unserm hochgeehrten Hr. Obristen hiermit, und gesinnen an denselben, sich solchem überall gemäß zu bezeigen, und insonderheit zu veranstalten, daß nach geendeter Procession, und verrichtetem Gottesdienst in Anhörung der Leich=Predigt von der Garnison sowohl eine doppelte Salvo, alß alle Stücken rund umb die Bestung zu Zweyen Mahlen gelöset werden mögen. Empfehlen denselben Göttl. Obhuth. Datum Stettin den 4. October Anno 1697.
Bielke.
An den Herrn Obristen und Commendant
in Stralsund, Ribberhielm.

Dem Obersten Makelier war ein Neffe, der als Kapitän eine Kompagnie in seinem Regiment hatte, bald ins Grab nachgefolgt. Ein

---

*) Wir hofften hierüber klarere Auskunft aus der schwedischen kriegsakade= mischen Zeitschrift für 1848/49 zu erhalten, welche über die Armee Carls XII. nähere Angaben enthalten soll. Leider ist es trotz vielfachem Bemühen nicht gelungen, diese Mittheilungen zu erlangen.

**) Dieser Titel wurde bis zuletzt von der Schwedisch=Pommerschen Statt= halterschaft und Regierung beibehalten.

Kapitain Lilliehoeck*) erhielt dessen Kompagnie.   Da die bei der Uebergabe der Kompagnie aufgenommene Verhandlung einen interessanten Einblick in die damaligen Dienstverhältnisse gewährt, so lassen wir dieses Aktenstück nachstehend folgen:

*) S. S. 385. Ein Nachkomme dieses Kapitäns war 176 Jahre später als schwedischer Offizier dem ostpreußischen Füsilier-Regiment zur Dienstleistung zugetheilt.

Inventirte Moundirungs Rolle von des Wollgebohren und Wollsehl. Herrn Obristen Peter Mackliers Regiment, und zwar von des Sehl. Herrn Capitain Mackliers Compagnie, wie Selbige von den Herrn Lieutenant Ulffsparren befunden und an seinen Herrn Capitain Mr. Lilliehööck geliewfert worden, in Gegenwart des Herrn Major Schultzen.

Stralsund, den 29. Marty. — Anno 1697.

Feltwebel.	Peter Roth.	
Sergeant.	Hans Hinrich Wrangel.	
Führer.	Christoffer Husay.	
Fourier.	Christoff Daniel Müller.	
Rüstmeister.	Erich Ragge.	
Spielleute.	Christ. Vic. Droßelman. Martin Bester.	Kombt von Kaulbarsen Compagnie für welcher der Herr Capitain Kaulbars 8 Nbr. haben muß. Seinen Rock hat der Lieutenant Repariren laßen, kostet 37.

		Die Erste Corporalschafft.	Bekleidung.						
			Hembd.	Halstücher.	Hudt undt Grenadiermütze.	Mantel undt Spangen.	Leibrock.	Hosen.	Orange Strümpffe.
			st.	st.	st.	st.	st.	Paar.	Paar.
Corpr.	1	Gottfriedt Kittel . . .	3	4	1 M.	1	1	1	2
Grena-diers.	2	Jochim Lüvcke	3	4	1 M.	1	1	1	2
	3	Oncke Wirmers	3	4	1 M.	1	1	1	2
	4	Hans Jürgen Schwendler	3	4	1 M.	1	1	1	2
	5	Johan Friedrich Rose . .	3	3	1 M.	1	1	1	2
	6	Heinrich Josowobschy . .	4	3	1 M.	1	1	1	2
Gefr.	7	Johan Carl Nicolay . .	3	4	1	1	1	1	2
NB.	8	Cordt Hamstet	3	4	1	1	1	1	2
	9	Heinrich Kähler	3	3	1	1	1	1	2
	10	Hans Bein	4	3	1	1	1	1	2
	11	Heinrich Kuntz	4	3	1	1	1	1	2
	12	Andres Karsten	3	6	1	1	1	1	2
Gefr.	13	Daniel Bock	3	4	1	1	1	1	2
	14	Alexander Wilhelm . .	3	3	1	1	1	1	2
	15	Jacob Rosenberg . . .	2	1	1	1	1	1	2
	16	Jacob Schultz	3	3	1	1	1	1	2
	17	Peter Mürck	3	3	1	1	1	1	2
	18	Ulrich Christian . . .	3	3	1	1	1	1	2

Gewehr.				
Fertige Lunt undt Flint Musqvet.	Fertige Bandelier Taschen.	Fertige Degen.	Gehenq undt Schnallen.	
ft.	ft.	ft.	ft.	Die gantze Compagnie hat hier aus dem Zeughause alte Musqveten, die von 3 Regimentern daselbst geliefwert wahren, bekommen, undt entgegen nehmen müßen. Sonst haben dieselbe alle neue Dägens.
1 F.	1	1 B.	1	Die gantze Compagnie hat an den Sehl. Capitain bezahlt 1 fl. zum Mann vor Oehlirflaschen, haben aber derer keine bekommen. 100 fl.
1 S.	1	1 B.	1	Muß sich ein Patron Taschen schaffen.
1 S.	1	1 B.	1	
1 S.	1	1 B.	1	Fehlt Kretzer welches d. Feltwebel ob. d. Soldat schaffen muß.
1 S.	1	1 B.	1	
1 S.	1	1 B.	1	
1 L.	1	1	1	
1 L.	1	1	1	Beuhrlaubt nach Holstein.
1 L.	1	1	1	
1 L.	1	1	1	
1 L.	1	1	1	Sagt daß er mit den Capitain auf 2 Jahr capituliret hätte, sein Bruder hatte aber die Capitulation bey sich.
1 L.	1	1	1	
1 L.	1	1	1	
1 L.	1	1	1	
1 L.	1	1	1	Ist in arrest der Herr Lieutenant unb der Feltwebel repondiren vor seine völlige Mouudirung.
1 L.	1	1	1	Fehlt Kretzer. Mütterchen schafft er selbst.
1 L.	1	1	1	
1 L.	1	1	1	

		Die Andere Corporalschafft.	Bekleidung.						
			Hembb.	Halßtücher.	Hudt undt Grenadiermütze.	Mantel undt Spangen.	Leibrock.	Hosen.	Orange Strümpffe.
			ft.	ft.	ft.	ft.	ft.	Paar.	Paar.
Corpr.	19	Thomas Falck	4	4	1	1	1	1	2
	20	Christian Frantzen . . .	2	4	1	1	1	1	2
	21	Gehrt Langhaar . . .	3	3	1	1	1	1	2
	22	Hans Heinrich Buschhorn	3	4	1	1	1	1	2
	23	Bartel Heidemann . . .	3	2	1	1	1	1	2
	24	Heinrich Trög	3	4	1	1	1	1	2
Gefr. vacant.	25	Christert Libbert Lilliekron	3	4	1	1	1	1	2
	26	Josche Schmidt	3	3	1	1	1	1	2
	27	Christoffer Bockelmann .	3	3	1	1	1	1	2
	28	Johann Holling . . .	3	3	1	1	1	1	2
	29	Hans Walter	3	3	1	1	1	1	2
	30	Joachim Tarnau . . .	3	4	1	1	1	1	2
Gefr. vacant.	31	Johan Friedrich Weber .	3	4	1	1	1	1	2
	32	Christian Till	2	2	1	1	1	1	2
	33	Matties Melcher Koch .	8	4	1	1	1	1	2
	34	Christian Rosenhagen .	4	6	1	1	1	1	2
	35	Hans Wilms	4	5	1	1	1	1	2
	36	Henrich Holländer . . .	3	4	1	1	1	1	2

Gewehr.				
Fertige Lunt undt Flint Musqvet.	Fertige Bandelier Taschen.	Fertige Degen.	Gehæng undt Schnallen.	
st.	st.	st.	st.	
1 L.	1	1	1	
1 L.	1	1	1	
1 L.	1	1	1	
1 L.	1	1	1	Hat etwas schlimme Beine der vermuthet man die Genehsung.
1 L.	1	1	1	Fehlet Kretzer, item Patron Tasche, welche er sich selbst anschafft.
1 L.	1	1	1	
1 L.	1	1	1	Scheibe accommodirt er selbst, derselbe berichtet, daß sein Bruder einen in seine Stelle geliefwert hatte, welchen er auch hier präsentirt hatt, krigt bannenhero seinen Abscheidt.
1 L.	1	1	1	
1 L	1	1	1	Hat schlimme Beine, doch hofft man daß sie können curiret werden, ob es bauren würde, weiß man nicht.
1 L.	1	1	1	
1 L.	1	1	1	
1 L.	1	1	1	Patrontaschen.
1 L.	1	1	1	Soll einen schlimmen Bruch haben.
1 L.	1	1	1	
1 L.	1	1	1	
1 L.	1	1	1	Fehlt Kretzer.
1 L.	1	1	1	
1 L.	1	1	1	

		Die Dritte Corporalschafft.	Bekleidung.						
			Hembb.	Halßtücher.	Hudt undt Grenadiermütze.	Mantel undt Spangen.	Leibrock.	Hosen.	Orange Strümpffe.
			st.	st.	st.	st.	st.	Paar.	Paar.
Corp.	37	Henrich Arent Grahl . .	4	4	1	1	1	1	2
	38	Christian Peters jun.. .	3	3	1	1	1	1	2
NB.	39	Baltzer Rahn	4	3	1	1	1	1	2
	40	Henrich Henrichsohn . . .	3	3	1	1	1	1	2
	41	Cordt Herbe	4	4	1	1	1	1	2
	42	Hans Vollsteht	2	2	1	1	1	1	2
Gefr.	43	Marttin Krüger . . .	3	4	1	1	1	1	2
	44	Gregor Wirth	3	3	1	1	1	1	2
	45	Gustaff Hinrich Ernst .	4	4	1	1	1	1	2
	46	Martin Wirth	3	3	1	1	1	1	2
	47	Michel Buchau	4	6	1	1	1	1	2
	48	Carsten Lohrman . . .	3	4	1	1	1	1	2
NB. Gefr. vacant.	49	Jacob Krüger	6	4	1	1	1	1	2
+	50	Hans Jürgen Brügman	3	4	1	1	1	1	2
	51	Erich Geßelsohn . . .	2	2	1	1	1	1	2
	52	Christoff Jürgen Blumenbahl	2	3	1	1	1	1	2
	53	Hans Schmerling . . .	3	5	1	1	1	1	2
	54	Hans Wittler	3	4	1	1	1	1	2

Gewehr.				
Fertige Lunt undt Flint Musquet.	Fertige Bandelier Laschen.	Fertige Degen.	Geheng undt Schnallen.	
st.	st.	st.	st.	
1 L.	1	1	1	
1 L.	1	1	1	Krand, der Gefreyt Corporal repondiret vor beßen seine völlige Moundirung.
1 L.	1	1	1	Klagt daß ihm von den Sehl. Capitain währe 8 Rbr. Werbgelt versprochen worden, hette nur 4 Carolin bekommen, welches der Lieutenant wieder praetendiret muß also derselbe contentiret werden.
1 L.	1	1	1	
1 L.	1	1	1	
1 L.	1	1	1	
1 L.	1	1	1	Fehlt Kretzer, nach Holstein beuhrlaubt.
1 L.	1	1	1	
1 L.	1	1	1	
1 L.	1	1	1	
1 L.	1	1	1	
1 L.	1	1	1	
1 L.	1	1	1	Klagt daß der Capitain ihm vor 7 Rbr. Specie seinen Abschiedt versprochen, das Gelt wie die Unter·Officirer berichten empfangen, aber den pass eingehalten hette, weßhalben er vor einen Freykerl erkant wirdt, oder daß ihm die 7 Rbr. Specie müßen bezahlet werden.
1 L.	1	1	1	Schafft sich Mütterchen, fehlt Kretzer. Holstein.
1 L.	1	1	1	
1 L.	1	1	1	
1 L.	1	1	1	
1 L.	1	1	1	

		Die Vierdte Corporalschafft.	Hembb.	Halßtücher.	Hüdt undt Grenadiermüke.	Mantel undt Spangen.	Leibrock.	Hosen.	Orange Strümpffe.
			ft.	ft.	ft.	ft.	ft.	Paar.	Paar.
Corpr.	55	Johann Seeler	4	6	1	1	1	1	2
	56	Jochim Christersohn . .	4	4	1	1	1	1	2
	57	Michel Festenstein . . .	3	4	1	1	1	1	2
Vacant.	58	Matties Krüger . . .	3	3	1	1	1	1	2
	59	Peter Federsen	3	3	1	1	1	1	2
	60	Martin Holm	3	4	1	1	1	1	2
Gefr.	61	Ernst Rüpcke	4	6	1	1	1	1	2
	62	Hendrich Maue	3	4	1	1	1	1	2
	63	Paull Sarimscky . . .	2	3	1	1	1	1	2
Vacant.	64	Hans Jürgen Kraßau .	2	3	1	1	1	1	2
	65	Christian Petersen sen. .	2	3	1	1	1	1	2
	66	Andres Pein	3	3	1	1	1	1	2
Gefr. Vacant.	67	Paull Franck	3	3	1	1	1	1	2
	68	Johan Didrich Holstein .	3	3	1	1	1	1	2
	69	Peter Martens	3	4	1	1	1	1	2
	70	Jochim Martens . . .	3	3	1	1	1	1	2
	71	Christian Marten Uelßen	3	4	1	1	1	1	2
	72	Jürgen Wichert . . .	3	4	1	1	1	1	2

Gewehr.				
Fertige Lunt undt Flint Musqvet.	Fertige Bandelier Taschen.	Fertige Degen.	Geheng undt Schnallen.	
ft.	ft.	ft.	ft.	
1 L.	1	1	1	
1 L.	1	1	1	
1 L.	1	1	1	
1 L.	1	1	1	Fehlt Kretzer, bekombt seinen Abschiedt vermöge seine Capitulation, mit den Sehl. Herrn Capitain.
1 L.	1	1	1	
1 L.	1	1	1	dessertirt ben 24. May.
1 L.	1	1	1	
1 L.	1	1	1	
1 L.	1	1	1	
1 L.	1	1	1	Hat kein Werb Gelt bekommen, vermöge seine mit den Sehl. Herrn Capitain geschloßene Capitulation, daß er allezeit wann er will Abschiedt haben soll, muß er seinen Abschiedt haben.
1 L.	1	1	1	
1 L.	1	1	1	
1 L.	1	1	1	Der Fourier repondiret vor seine völlige Moundirung, weill er auf Landt Rügen kranck sein soll. NB. Bekombt auch vermöge seine Capitulation Abschiedt, weil er kein Werb Gelt bekommen hat.
1 L.	1	1	1	
1 L.	1	1	1	
1 L.	1	1	1	
1 L.	1	1	1	
1 L.	1	1	1	

		Die Fünffte Corporalschafft.	Bekleidung.						
			Hembd.	Halßtücher.	Hudt undt Grenadiermüße.	Mantel undt Spangen.	Leibrock.	Hosen.	Orange Strümpffe.
			ft.	ft.	ft.	ft.	ft.	Paar.	Paar.
Corpr. Vacant.	73	Jochim Brunman . . .	4	4	1	1	1	1	2
	74	Peter Mattießen . . .	4	3	1	1	1	1	2
	75	Paull Brummer . . .	3	3	1	1	1	1	2
	76	Jacob Paschedach . . .	3	3	1	1	1	1	2
NB.	77	Johan Altenbrecht . . .	2	3	1	1	1	1	2
Vacant.	78	Philip Friedrich Körmer	3	5	1	1	1	1	2
Vacant.	79	Daniel Ernst Kraßau .	3	5	1	1	1	1	2
	80	Carl Friedrich Hollandt .	3	3	1	1	1	1	2
	81	Ener Helgersen	3	3	1	1	1	1	2
	82	Carsten Teschendorff . .	3	2	1	1	1	1	2
Vacant.	83	Christoffer Berg . . .	3	3	1	1	1	1	2
		Die Sechste Corporalschafft.							
Corpr.	84	Engell Troll	3	4	1	1	1	1	2

Gewehr.				
Fertige Lunt undt Flint Musqvet.	Fertige Bandelier Taschen.	Fertige Degen.	Geheng undt Schnallen.	
ft.	ft.	ft.	ft.	
1 L.	1	1	1	Hat kein Werb Gelt bekommen, berufft sich auf seine Capitulation und hat Abschiedt bekommen.
1 L.	1	1	1	
1 L.	1	1	1	
1 L.	1	1	1	
1 L.	1	1	1	Ist ein schlechter und schier unbauglicher Kerl, wirdt also ein ander an seine stelle seyn müßen; ist passirt die Gen. Munsterung.
1 L.	1	1	1	Hat kein Werb Gelt bekommen, ist im Augusti Monath nach der Capitulation frey, von den Dienste, undt muß Abschiedt haben, bericht auch, daß der Sehl. Capitain ihm 10 Rbr. schuldig sey alß Diener.
1 L.	1	1	1	Fehlt Kräzer, Pulver Beutel schafft sich selbst auch Patron Taschen, krigt seine erlaßung also fort, laut seine mit den Sehl. Herrn Capitain gemachte Capitulation.
1 L.	1	1	1	
1 L.	1	1	1	
1 L.	1	1	1	
1 L.	1	1	1	Schafft sich Mütterchen. Fehlt Krezer. NB. Der Kerl ist lahm, undt wird cassirt.
1 L.	1	1	1	

Im Uebrigen.

Seindt würcklich Vacanten . . . . 26 }
Item ein Tambour . . . . 1 } 27 Mann.

Item an Livery.
mangeln.

Leibröcke . . . . 16 ft.
Hüte . . . . 12 ft.
Hosen . . . . 16 ft.
Mousqveten . . . . 6 ft.
Dägens . . . . 6 ft.
Gehänge . . . . 6 ft.
Mantell . . . . 14 ft.
Taschenklappen . . . . 8 ft.

1. Dahingegen hat der Sehl. Herr Capitain von Herrn Regiments qvartir Meister zu fodern 60 Ellen Blau Mantel Tucken aber keine Boy.
2. Noch hat der Herr Capitain 4 Mousqvet Pfeiffen-Schlößer.
3. Ist der Herr Capitain an die Compagnie schulbig gewesen, vermöge seiner qvittung an die Renterey die 4te reserve Löhnung, vor 6 Corporales unbt 79, Summa 85 Mann. mit Tambours thut 152 Rbr. unbt 1 ßl. so nachgehendts von dem Herrn Regiments qvartier Meister bezahlet worden.

NB. Dehlir Flaschen sollen der Compagnie gemangelt haben worauff aber der Sehl. Macklier von jeden Soldaten einen Schilling gehoben, aber an den Blechschläger, welcher 100 stück fertig haben sollen à 1 ßl. das stück nichtes bezahlet hatte.

Außzugt aus der moentirung Rolle vom 29. Marty Anno 1697, angehend, was der Sehlige Hr. Capitain Makliern, an den Herrn Capitain Lilliehöck Schulbigt geworden ist. Nembl.

	Rb.	ßl.[*)
Vor 26 vacante manschafft à 15 Rb. Item vor einen Tambour à 8 Rb. macht.	398	
16 Leib Röcke verdiret à 3 Rb. 12 ßl. thut 52 Rb. weill aber der Sehl. Hr. Capitain 60 Ellen blau commisse Tuch nachgelaß, ist solches angenommen à 26 ßl. die Elle Währen 32 Rb. 24 ßl. der halb bleibet über.	19	24
12 ft. hüete à 24 ßl.	6	
16 Hosen à 36 ßl.	12	
6 Mousqueten à 2 Rb. währen 12 Rb. als aber 4 mousqueten pfeiffen vnd 4 schlößer sich geliefuert finden, wird à 1 Rb. berechnet, bleibt also über.	8	
6 Dägens à 32 ßl.	4	
6 gehänge à 24 ßl.	3	
14 Mäntell à 4 Rb.	56	
8 Taschen Klappen à 6 ßl.	1	
100 öhlir fläsche so die Boursche bezahlet haben das ft. à 1 ßl.	2	4
Summa Rb.	509	28

Stralsunt d. 4. Juny 1698.

M. Schoultz.

[*) 48 Schillinge = 3 Mark 40 Pfennige heutige Währung.

Das Regiment Ridderhielm passirte im Oktober 1698 die General=musterung. Ueber den Befund des Regiments berichtete der General=gouverneur von Pommern Mellin an König Carl XII:

„Demnach Jhro Königl. Majst. unterm 2. November 1694 bero der General Musterungen halber gemachte Allergnädigste Verordnung dahin in Gnaden wiederholet, daß dieselbe deß Jahres 2 mahl in dieser Provinze vorgenommen werden solle; So haben Seine Hoch=Gräfl. Exellence der Herr Feldt Marschall und General Gouverneur Graff Jürgen Mellin bey Antretung bero General Gouvernements sofort angefangen die in Pommern stehende Milice und unter andern des Herrn Obristen Ridderhielms in Stralsund liegendes Regiment den 25. October 1698 zu munstern, da wir dan solches folgender Gestalt befunden:

Dieses Regiment besteht auß 12 Compagnion, welche sich ins=gesambt an Tüchtigen und zu Kriegsdiensten Geschickter Manschafft Complet gestellet, des Herrn Capit. Thun's wobey 2 Man absentes — sambt des Herrn Capitain Taubens Compagnie wobey 2 Absentes, 3 Desertieret und 1 dimitieret worden, und also an der Completen Zahl bey dem Regiment 8 Mann gefehlet haben, welche gegen Künftige General Munsterung wieder anzuwerben, allermaßen daß Regiment alle=mahl bey der General Munsterung sich zu stellen.

Die Mundirung welche diesem Regimente jetzo Neu gereichet, und bey der General Munsterung praesentiret, war denenselben im Staat pro A's. 1695 und 1696 aufgeführten Kleidungsgeldern gegeben, und befandt sich allerdings nach beykommenden deß Hr. Obersten unter=schriebenen Aufsatze, So daß dieselbe für eine Guhte Mundirung passiren kan.

Weiter war dem Regiment von denen 1697ften Jahres Bekleidungs Geldern von dem Hr. Obristen Ridderhielm laut beykommender Rech=nung 1200 Neue Flinten und Bajonets und die dazu gehörige Scheiden, 12 Stück Neue Fahnen, 1200 Stück Neue Degens, 900 Stück Neue Gehänge, sampt 144 stück Neue Grenadier Taschen gegeben und ange=schaffet, welche daß Regiment bey die General Munsterung allen vor=gewiesen.

Welches alles Wir mittelst Unseres Nahmens Unterschrift und fürgedruckte Petschaft bekräftigen."

Stettin, den 20. Decembris Ao. 1698.

J. Mellin.
M. Klinkowstroem.

Aus diesem Musterungsbericht geht hervor, daß das Regiment durchweg schon mit handlichen und brauchbaren Flinten bewaffnet war, und daß die Piken aus demselben ganz verschwunden waren. Die Ausrüstung scheint eine sehr vollkommene gewesen zu sein, da neben den Degen der Leute auch noch die Bajonette an der Seite getragen wurden. Jedenfalls war die Ausrüstung der geworbenen Regimenter in Schweden eine vorzügliche und der Ausrüstung der meisten anderen Heere weit vorangeschritten.

Oberst Ribberhielm blieb nicht lange an der Spitze des Regiments, schon am 21. Februar 1699 gab er es auf nachstehende Ordre *) hin an den Oberst Klinkowstroem ab:

Carl von Gottes Gnaden, der Schweden, Gothen und Wenden König u. s. w.

Wir haben Euer Schreiben am 11. vor. Monats erhalten und da Ihr darin unterthänigst anfraget, ob Ihr das Regiment und Kommando dem Obersten Klinkowstroem übergeben sollt, wozu Ihr unsern Befehl noch nicht erhalten habt, so sei Euch hiermit die Antwort ertheilt, daß Ihr das Regiment und das Kommando dem obengenannten Obersten Klinkowstroem übergeben sollt und Euch dann eiligst hierher begeben sollet.

Stockholm, den 4. Februar 1699.

Carolus.

An den Obersten Ribberhielm. **)

Klinkowstroem theilte den Antritt seines Kommandos dem General-Gouverneur Grafen Mellin in folgendem Schreiben mit:

Euer hochgräfl. Exell<sup> erstatte ich gehorsamsten Dank, bey des vor die in dero gnädigem schreiben versicherte hohe Zuneigung, wie auch vor die gnädige Gratulation, daß ich nicht allein aus dem Embarras mit dem Herrn Grafen Eyck ***) gekommen, sondern auch, daß Ihro Königl. Maj. mier mit ein Regiment begnadigt haben. Wie ich mier zuförderst Ew. hochgräfl. Exell<sup> hinwiederumb alles selbsterwünschtes hohes Wollergehen von hertzen will appreciret und zugleich alle gehorsame bezeigungen meiner seits versichert haben. So will demnägst der Zuverlässigen hoffnung leben, es werde die affaire mit dem herrn Graf Eyck in Wien dergestalt erledigt und abgerichtet sein, daß ich

---

*) Aus den schwedischen Regimentsakten übersetzt.

**) Ribberhielm wurde 1704 Generallieutenant und Kommandant von Wismar.

***) Worauf sich diese Andeutung bezieht, konnte nicht ermittelt werden.

desfals nicht weiter werbe inquietiret werden. Waß übrigens die Ab=
tretung des Herrn Obrist Ridderhielms Commendantschaft anlanget,
so habe so woll aus hoch ersagten von Euer hochgräfl. Exell^{ce} an mier
Selbst, als auch aus dem unter Selbigem dato an wollgedachten Herrn
Obrist Ridderhielm abgelaßenen schreiben, so er mier communiciret
ersehen, daß Ew. hochgräfl. Exell^{ce} gutachten dahin gehet, daß es am
diensamsten sey, daß es damit in Statu quo verbleibe, biß Ihro Königl.
Maj. auf eine ober andere weise ausdrücklich und in specie darunter
gnädigst disponireten wovon, Ew. hochgräfl. Exell^{ce}, wo desfals
etwas an Sie gelangen solte, mier pact gegeben, gnädigst versichert.
Was aber Ihro Königl. Maj. albereits im vorigen Jahre sub dato
b. 26 Juli in einem an den Herrn Obrist Ridderhielm abgelaffenen
gnädigsten schreiben, wovon hiebey die Copie ergehet, hierüber dero
allergnädigsten willen deutlicher an die Handt gegeben. So habe solches
zu Ew. hochgräfl. Exell^{ce} erwegung hiebei Copeilich übersenden, und
daneben mich über eins befragen wollen, wie ich bey so bewarten Umb=
ständen mich zu verhalten habe. Worüber Ew. hochgräfl. Exell^{ce} gnä=
bige resolution gehorsambst erbitte, und in schuldigster respect
verharre

Ew. hochgräfl. Exell^{ce}

Klinkowstroem. *)

Als das neue Jahrhundert begann, war das schwebische Reich durch
die Tripelalliance Peters des Großen von Rußland, Friedrichs IV.
von Dänemark und August II. von Polen von allen Seiten gefährdet.

Der von den drei Mächten geplante große norbische Krieg begann
mit einem Angriffe Dänemarks auf Schweden, endete aber bald unglücklich
für den Angreifer mit dem Travendahler Separatfrieden am 18.
August 1700. Auch Peters Heer wurde von dem viel schwächeren
schwedischen unter persönlicher Führung seines jugendlichen Königs bei
Narwa geschlagen. Carl nutzte diesen Sieg nicht genügend gegen die
geschlagenen Russen, sondern wendete sich erst gegen das polnisch=sächsische
Heer Augusts. Er besiegte es im Juli 1702 bei Klissow vollständig
und ruhte troß einsichtiger Abmahnungen seiner Staatsmänner und
Generale nicht eher, bis er Polen in langwierigen Kämpfen sich ganz
unterworfen und die Absetzung Augusts als König von Polen, sowie die
Wahl des Stanislaus Lesczinski zum Könige durchgesetzt hatte. — 1706

---

*) Dieses, den Akten entlehnte Schreiben hat hier nur Wiedergabe gefunden,
weil aus ihm hervorgeht, daß Klinkowstroem das Regiment Ridderhielm über=
nommen hat, was in anderen Angaben bestritten wird.

führte Carl sein Heer aus Polen und Litthauen durch Schlesien selbst
nach Sachsen, um den ihm verhaßten August II. in seinem eigenen
Lande heimzusuchen. Er erzwang dort den Frieden zu Alt-Ranstädt,
in welchem er von August die Anerkennung Lesczinski's als König von
Polen durchsetzte. Am 4. September 1707 brach Carl aus Sachsen,
das er und sein Heer an den Rand des Verderbens gebracht hatten,
wieder auf, um den Krieg gegen Rußland aufs Neue zu beginnen. —
Hier kämpfte er mit wechselndem Glück, immer tiefer in das unendliche,
unwegsame Reich vordringend, bis die für Carls Heer verderbliche
Schlacht bei Poltawa am 8. Juni 1709 seinen kühnen Kriegsthaten
ein Ziel setzte. Carl floh nach der ihm befreundeten Türkei und
nahm in Bender seinen denkwürdigen und merkwürdigen, mehrjährigen
Aufenthalt.

Während dieser ersten Periode des nordischen Krieges sind die
beiden uns interessirenden Regimenter nicht am Kriege direkt betheiligt
gewesen.

Das Regiment Klinkowstroem stand 1701 in Stralsund. Schon
1703 trat ein erneuter Wechsel der Obersten ein. Der Oberst Baron
Martin Schoultz übernahm es von Klinkowstroem. Aus einer Gehalts-
liste konnten wir die damalige Rangliste des Regiments ersehen. Sie
enthielt folgende Namen: *)

    1. Oberst Baron Martin Schoultz,
    2. Oberstlieutenant Wrangel,
    3. Major Grubbenhielm,
    4. unleserlich,
    5. Kapitän Rahn,
    6.   =   Taube,
    7.   =   Grüggenschildt,
    8.   =   Hertell,
    9.   =   Barclay,
  10.   =   Wulffradt,
  11.   =   Isar,
  12.   =   Bruyn,
  13. Kapitänlieutenant Kessenbrink,
  14. Lieutenant Schwartz,
  15.   =   Bruse,
  16.   =   Hertell,

---

*) Es war nicht üblich die Adelspräbikate anzuführen. Mit wenigen Aus-
nahmen gehörten die Offiziere dem Adel an.

17. Lieutenant Hogman,
18.   =   Bauman,
19.   =   Grippenberg,
20.   =   Griggenschild,
21.   =   Ifares,
22.   =   Zader,
23.   =   Friedell,
24.   =   Friedenschildt,
25. Fenbrich Sandbeck,
26.   =   Dansman,
27.   =   Rahn,
28.   =   Bergh,
29.   =   Rohde,
30.   =   Faber,
31.   =   Meyer,
32.   =   Raupach,
33.   =   Brunell,
34.   =   Seel,
35.   =   Tabbert,
36.   =   Plaht.

Von dem Leib=Regiment konnten wir keine Rangliste finden. Nur die Mittheilung ift ficher, daß es beftand und 1000 Mann ftark war. 1703 ftand diefes Regiment in Schweden in Chriftianftadt unter dem Oberften Sinclair.

Daß die beiden Regimenter an den Kriegszügen Carls XII. bis zur Schlacht bei Poltawa nicht Theil hatten, geht aus den Liften über die Regimenter hervor, die an der Okkupation von Sachfen theil= genommen hatten und von hier den Marfch nach Rußland mitmachten. Es ift in diefer Zeit überhaupt nur ein deutfches Regiment Pommern unter Carl Horn in den Liften der Feldarmee aufgeführt.

Carls Heer war damals auch ungleich ftärker an Kavallerie, 24,850 Mann, als Infanterie, 19,200 Mann. Die beiden Regimenter, die bei dem Beginn des ruffifchen Feldzuges nicht bei der Armee waren, konnten auch fpäter nicht mehr zu derfelben herangezogen werden, denn es war ein zu weiter und gefährlicher Weg zu dem ohne Operations= bafis in Rußland operirenden fchwedifchen Heere Carls oder dem aus Liefland heranrückenden Heere Lewenhaupts. Aus diefen Gründen find die uns gewordenen Angaben, daß noch 1708 das Regiment Schoultz in Pommern und das deutfche Leibregiment in Schweden ftanden, mit

Sicherheit als richtig anzuſehen. Erſt an den kriegeriſchen Ereig-
niſſen nach der Schlacht bei Poltawa haben die Regimenter Theil.

Carl hatte unter dem General Kraſſow ein Kavalleriekorps in der
Ukraine zurückgelaſſen, um die rückwärtigen Verbindungen nicht ganz
aufzugeben. Als das Kriegsglück anfing Carl untreu zu werden, hatte
er die Abſicht, unter Kraſſow eine ſtarke Reſerve-Armee zu vereinigen
und ließ dieſem General den Befehl zugehen, daß er aus Pommern und
den anderen deutſchen Beſitzungen die dort ſtehenden acht Regimenter Infanterie an ſich heranziehen ſollte. Kraſſow ging nach Krakau, um dieſe
Verſtärkungen zu erwarten. Dieſe ſollte der General Ribberhielm führen,
da er aber in Wismar krank lag, ſo übernahm der Oberſt Schoultz,
deſſen Regiment auch zu den Verſtärkungen gehörte, die Führung.
Kraſſow ſtand eben im Begriff, ſich mit den von der Oſtſee nach der
obern Weichſel heranziehenden Fußregimentern zu vereinigen, als er die
Nachricht von dem Unglück von Poltawa erhielt. Gleichzeitig erfuhr er,
daß in ſeinem Rücken in Polen neue Rüſtungen gegen Schweden trotz
des Altranſtädter Friedens eifrig betrieben wurden. Kraſſow mußte
darauf bedacht ſein, ſein Heer auf ſchwediſches Gebiet in Sicherheit zu
bringen. Er wandte ſich gegen den Theil Preußens, durch den der
kürzeſte Weg nach Pommern führt und begehrte von dem Könige Friedrich I.
in Preußen freien Durchzug, der ihm aber verweigert wurde. Kraſſow
führte dennoch ſein Heer über Drieſen in der größten Ordnung, alle
Lieferungen bezahlend, durch Preußen ohne auf Widerſtand zu ſtoßen
nach Pommern.

Eine weitere Folge der Schlacht bei Poltawa war, daß der König
Stanislaus von Polen ſeinen Thron wieder verließ und Polen wieder
unter die offenen Feinde Schwedens zurücktrat. Auch Friedrich IV.
rüſtete ſich zum neuen Kriege gegen das von Rußland beſiegte Schweden,
deſſen König unthätig in der Türkei weilte, ſich mit der Hoffnung
tragend, den Sultan zum Kriege gegen Rußland zu drängen. Die
Stelle des königlichen Oberfeldherrn übernahm Magnus Steenbock, der
bisher Generalgouverneur von Schonen geweſen war und den Oberbefehl in Schweden übernahm.

Mitte November 1709 gingen die Dänen über den Sund. Ihre
Landung konnte Steenbock nicht hindern, der auch noch von Norwegen
her einen däniſchen Einfall befürchten mußte.

Die Bedrohung des eigenen Landes hatte in Schweden die Be-
geiſterung und Opferfreudigkeit hell aufflammen laſſen. Steenbock wußte
ſie zu ſchüren und zu nützen. Er rief zu den Waffen und ſammelte bei
Wexiö ſchnell ein Heer.

Jetzt kam das von Carl XI. geschaffene Eintheilungswerk zur schönsten Geltung. Steenbock rief die eingetheilten Milizregimenter zu den Waffen. Einzelne Regimenter waren schon zu Anfang des Krieges zum Schutze des eigenen Landes aufgestellt gewesen, so das Schonensche Dreimänner-Regiment zu Pferde. Es wurde derart gebildet, daß jedes dritte Rusthall (so heißt jedes Gut, das einen Reiter aufzusetzen und zu erhalten hatte) von den Nord- und Süd-Schonenschen und den drei Smaländischen Kavallerie-Regimentern zusammen einen Mann aufsetzten. Das Schonensche Dreimänner-Regiment zählte in 8 Kompagnien 1000 Mann unter Goeran Gyllenstierna — die Ausrüstung dieses Regiments muß übrigens keine sehr glänzende gewesen sein, denn wir wissen aus Lagerbrings Bericht, daß das Schonensche Dreimänner-Regiment bei Wexiö vor Steenbock in Holzschuhen zu Pferde vorbeiparadirt sei, wodurch es lange Jahre hindurch den Namen „das Holzschuh-Regiment" behalten habe.

Von den während des Krieges aufgestellten eingetheilten Regimentern haben für uns auch noch das Westgöthische und Upländische Fünfmänner-Regiment zu Fuß, wie sich später zeigen wird, Interesse. Diese waren von jedem fünften Rusthall (d. h. von jedem Gute, das einen Infanteristen zu stellen hatte) in Svealand (mit Ausnahme von Wermland, Nericke und Dalarne) und Götheland aufgestellt worden. Diese beiden Regimenter gehörten ebenfalls zu der von Steenbock bei Wexiö zusammengezogenen Armee. Die Obersten v. d. Noth und Schommer waren ihre Führer. Bei Wexiö hatte Steenbock 14,000 Mann gesammelt, mit diesen griff er die Dänen am 10. März 1710 bei Helsingborg unerwartet an. Der glänzende Sieg, den er hier erfocht, war eine That der Begeisterung nationaler Truppen zur Befreiung ihres Vaterlandes. Das Schonensche Dreimänner-Regiment Gyllenstierna stand auf dem äußersten linken Flügel des zweiten Treffens. Die beiden Fünfmänner-Regimenter standen im ersten Treffen des Centrums und zwar das Regiment Schommer*) als viertes, das Regiment v. d. Noth als fünftes Regiment. Dieses Regiment litt stark, als die Infanterie gegen die dänische Aufstellung avancirte. —

Das deutsche Leib-Regiment war in der Schlacht bei Helsingborg nicht anwesend, es war nach Bohuslän entsendet, um dem dort erwarteten dänischen Einfall von Norwegen entgegenzutreten.

---

*) Hauptmann Mankell bezeichnet den Obersten Schommer als den Führer des Upländischen Fünfmänner-Regiments. Lundblad und Adlerfeld dagegen erzählen, daß Schommer ein deutsches aus gefangenen Sachsen gebildetes Regiment kommandirt habe. Wir lassen hier die Angabe Mankells gelten, obgleich dieselbe weiter unten (S. 479) in anderer Weise widerlegt wird.

Im April hatte die Türkei an Rußland den Krieg erklärt. König Carl XII., der diesen Erfolg erzielt hatte, blieb dennoch in Bender und erklärte von hieraus dem Könige August von Polen von neuem den Krieg.

Neben der mißglückten dänischen Operation in Schweden war ein gemeinsamer Ueberfall auf Wismar und Pommern von dem Czaren und den Königen von Dänemark und Polen geplant worden.

In Pommern stand Krassow mit seinen 20,000 Mann. Für die schweren Aufgaben, die seinem Heere bevorstanden, bestimmte der Reichs= rath einen thatkräftigern Feldherrn in dem General Dücker. Auch dem alten Generalgouverneur Grafen Mellin wurde in dem General Meyer= feldt eine jugendlichere Stütze beigegeben. Die wichtigen Kommandanturen Wismar und Stralsund waren in sichere Hände gelangt. In Wismar war der zum General beförderte Schoultz Kommandant, in Stralsund Eckeblad.

Gegen Stralsund rückten die Dänen unter ihrem Könige, die Sachsen unter Flemming und die Russen unter Menschikoff heran.

Das Leib-Regiment der Königin Wittwe*) stand 1711 noch in Bohuslän. In diese Provinz waren zu Anfang des Jahres die Dänen aus dem angrenzenden Norwegen brandschatzend eingefallen, hatten sich aber bald wieder über die Berge zurückgezogen. Als sie im August desselben Jahres dieses Unternehmen mit größerer Truppenmacht wieder= holten, fanden sie in Bohuslän eine Armee unter dem General Buren= schoeld, zu der auch das Leib=Regiment der Königin Wittwe gehörte. Das Regiment war zur Deckung der nach Norwegen führenden Paß= straßen in der Gegend nördlich Swarteborg in kleinen Detachements aufgestellt und nahm Theil an einem erfolgreichen Detachementskriege, den der General Burenschoeld gegen den dänischen General Lewendahl führte. Im September 1711 wurden die Dänen zum Rückzuge nach Norwegen gezwungen, dorthin von den Schweden verfolgt.

Am baltischen Strande wuchs die Gefahr für das schwedische Heer mit jedem Tage. Steenbock trieb den Reichsrath in Stockholm zu energischem Handeln. Neue Truppen sollten aufgestellt, Verstärkungen nach Pommern gesendet werden, sonst sei diese Provinz und der ganze schwedische Besitz in Deutschland verloren.

Der Generalgouverneur von Pommern sollte in dieser Noth eine Miliz zur Landesvertheidigung schaffen. Er erließ am 8. April 1711

---

*) So nennt es Nordberg in seiner Geschichte Carls XII. Diesen Namen führte es nach Carls Großmutter, der einzigen lebenden Königin in Schweden.

eine „Instruktion über Aufstellung der Landmiliz in Pommern",*) die das schwedische Eintheilungswerk zum Muster genommen hatte. Der hauptsächliche Inhalt dieser interessanten Instruktion war folgender:

Jede steuerbare Hufe auf dem Lande stellt einen Mann, ebenso die Städte von drei Hufen einen Mann. Die Leute sollen zwischen 20 und 40 Jahre alt sein, werden von den Kommissarien und Offizieren der Miliz gemustert und enrollirt. Die Leute sollen sich möglichst freiwillig auf 5 Jahre enrolliren lassen unter dem Versprechen, daß sie nach Ablauf dieses Termins bestimmt entlassen werden. Melden sich nicht Freiwillige, so entscheidet das Loos, jedoch nur unter den Tauglichen. Die thatsächlich enrollirten Mannschaften erhalten von der Herrschaft, Gemeinde u. s. w. 8 Thaler Antrittsgeld, wovon jedoch für die stellende Herrschaft, Gemeinde u. s. w. der Preis für die dem Manne zu liefernden 1 Paar lederne Hosen, 2 Hemden, 1 schwarzes Halstuch, 1 Paar weiße Strümpfe, 1 Paar gute Schuhe abzuziehen sind. Dieser Abzug darf jedoch niemals über 4 Thaler 12 Schilling betragen. Die Verpflegung trägt das Land.

Bei Friedenszeiten „außer wirklichen Diensten" genießen die Unteroffiziere den vollen Lohn, die Oberoffiziere jedoch nur die Hälfte. Die Gemeinen bei Märschen, Musterung und Exerzirübungen tägliches Traktament und wenn der Enrollirte nicht bei Jemandem dient, der ihn zu stellen verpflichtet war, erhält derselbe soviel Lohn als ein Knecht erhält, sowie Essen und Trinken von denen, die ihn gestellt haben. Die bei der Landmiliz enrollirten Gemeinen sind von der Accise, so lange sie im Dienst bleiben, für ihre Person, Weib und Kinder frei.

Die Exerzirübungen der ganzen Kompagnie müssen Anfangs im ersten Jahre alle 2 Monat einmal abgehalten werden. Bei den Zusammenziehungen erhält jeder Mann täglich 6 Schilling (⅛ Thlr. pommersch = 40 Pfennige) und ist dies Tagegeld dem Manne von der Obrigkeit und Herrschaft beim Abmarsche auf 10 Tage mitzugeben. Außerdem aber soll jede Korporalschaft allmonatlich einmal einen Nachmittag üben. Dafür erhält jedoch die Mannschaft kein Tagegeld, da sie Abends wieder zu Hause sein soll. Die Flintmusketen liefert der Staat; Fahnen, Kurzgewehr, Trommeln dagegen das Land.

Im Herbst des Jahres 1711 hatten die gegen Schweden verbündeten Heere manche Vortheile in den Provinzen am baltischen Strande errungen. Die Sachsen hatten unter dem General Herzog v. Weißen-

---

*) Nach Döhnert-Klinkowstroem Pommersche und Rügensche Urkundensammlung.

fels das Fort Peenemünde der schwachen schwedischen Besatzung abgenommen. Wismar wurde von den Dänen belagert. Schoultz hatte
mehrere für seine Truppen sehr blutige Ausfälle unternommen. Wismar,
in das schwedische Verstärkungen gelangten, widerstand den Dänen.

Auf dem Kriegsschauplatz in Pommern kam es erst im Herbst 1712
zu größeren Aktionen, nachdem Steenbock von Schweden eingetroffen
und das Oberkommando über die Armee übernommen hatte.

Er besiegte am 9. Dezember in der Schlacht bei Gadebusch mit
8400 Mann das vereinte dänisch-sächsische Heer, das 20,000 Mann
stark war und verhinderte dessen Vereinigung mit einem heraurückenden,
nur noch drei Meilen entfernten russischen Heere unter Menschikoff.

Bei Gadebusch focht ein Bataillon des Regiments Schoultz unter
dem Major Schwanlob*) auf dem linken Flügel der Infanterie unter
Generalmajor Eckeblad. Die Folge der Schlacht bei Gadebusch war
der Rückzug der Dänen nach Holstein, wohin ihnen Steenbock folgte.

Die grausame Niederbrennung Altonas am Schlusse des Jahres
1712 ist ein Schandfleck in Steenbocks ruhmvoller Geschichte. Während
des Marsches nach Holstein war das Bataillon des Regiments Schoultz
zur Bedeckung der Artillerie kommandirt. — Steenbock, zur Konzentrirung
seiner Feldarmee bei der holsteinschen Festung Tönningen gezwungen,
verblieb in und bei der Stadt, bis ihn die Verhältnisse zu der Kapitulation seiner Armee am 5. Mai 1713 zwangen. Das Bataillon des
Regiments Schoultz ging, nur noch 235 Mann**) stark, in die dänische
Gefangenschaft nach Hadersleben.

Der Major Schwanlob scheint bei Tönningen das Bataillon nicht
mehr kommandirt zu haben, da er im folgenden Jahre Oberst und Kommandant von Stralsund war.

Nach der Kapitulation der Steenbockschen Armee war die Vertheidigung der deutschen Ostseeprovinzen Schwedens auf die wenigen festen
Plätze, besonders Wismar und Stralsund, beschränkt. Das offene Land
verwüsteten die dänischen, sächsischen und russischen Heerschaaren.

Der schwedische Reichsrath war rathlos. Sein König weilte noch
immer in der Türkei.

Mitte Juli 1709 hatte Carl XII. den Bug überschritten und sich
auf türkisches Gebiet begeben und in Bender seinen Aufenthalt genommen.
Der Sultan Achmet III. hatte befohlen, ihm die ehrenvollste Aufnahme
widerfahren zu lassen; täglich wurden ihm und seinen 1800 Begleitern,

---

*) Nach Nordberg Oberst Schwanlob.
**) Theatrum Europaeum.

Schweden und Polen, 500 Thaler und Lebensmittel angewiesen. Vor der Stadt schlug der König sein Lager auf. Sein einziges Trachten war den Russen einen neuen Feind zu erregen. Obgleich es ihm auch einmal durch seinen Gesandten, den Grafen Poniatowsky, gelungen war, die Pforte zum Kriege aufzureizen und den Czar in eine sehr bedrängte Lage zu bringen, so hatte dieser sich doch nicht allein durch den Frieden am Pruth gerettet, sondern auch veranlaßt, daß die Pforte durch Vermittelung Englands und Hollands bewogen wurde, Carl den fernern Aufenthalt in der Türkei zu versagen.

Seine unerschütterliche Festigkeit wurde auch durch die bestimmten Weisungen, welche durch den Pascha von Bender wegen seines Fortganges an ihn gelangten, nicht erschüttert; vielmehr wagte er es, als von den Türken endlich Gewalt angewendet wurde, sich mit seinen wenigen Schweden einem ganzen türkischen Heere im Lager zu Warnitza zu widersetzen. Nach einer verzweifelten Gegenwehr im beispiellosen Kampfe überwältigt, wurde Carl nach Bender und von dort nach Demotika gebracht. Vergebens erschienen damals Abgesandte aus Schweden, ihn zur Rückkehr aufzufordern; noch immer hegte er den Plan, einen neuen Krieg wider Rußland in der Türkei zu entzünden.

Der durch die lange Abwesenheit des Königs zu großer Selbstständigkeit gelangte Adel hatte die Zeit genützt, um seine verlorene Macht wieder an sich zu bringen. Er wollte eine Regentschaft einsetzen, die ganz von ihm abhängig sei. Darum stellte der Reichsrath nicht den muthmaßlichen Nachfolger Carl XII., Carl Friedrich von Holstein, einen Sohn von Carls älterer Schwester, sondern Ulrike Eleonore, die jüngere Schwester des Königs, an die Spitze der neuen Regierung. Carl XII. war über die Eigenmächtigkeit des Reichsraths empört, er versagte in zornigen Ausbrücken seine Zustimmung zu der Regentschaft. Den Erfolg aber hatte das Vorgehen des Reichsraths, daß Carl die endliche Rückkehr in sein Land beschloß. Am 25. Oktober 1714 verließ der König Demotika zu Pferde und ritt in Verkleidung und unerkannt in 17 Tagen die 286 Meilen bis nach Stralsund. Am 11. November traf er hier ein.

Die Rückkehr des Königs in sein Land wurde mit freudiger Zuversicht begrüßt. Das Heer fühlte sich zu neuen Thaten beseelt.

Carl war überall selbst thätig. Er musterte die in Pommern stehenden Regimenter, beaufsichtigte selbst die Befestigungsarbeiten in Stralsund und zeigte überall die staunenswertheste Ausdauer im Ertragen von Anstrengungen.

Gleich nach seiner Ankunft hatte er die bereits schwebenden Verhandlungen mit dem Könige in Preußen Friedrich Wilhelm I. wegen eines Bündnisses zu einem Abschluß bringen wollen; allein die Eigenart des Königs Carl XII. paßte nicht zu dem festen Sinne des Königs Friedrich Wilhelm I., der, als seine Forderungen wegen der Abtretung von Stettin nicht erfüllt wurden, mit den Feinden des schwedischen Königs ein Bündniß einging. So hatte Schweden einen gefährlichen Gegner mehr. Am 3. Juni 1715 ging das preußische Heer über die Peene und eröffnete mit einem Angriff auf einen schwedischen Posten bei Loitz die Feindseligkeiten. Carl XII., einsehend, daß er mit seinen geringen Truppenkräften nicht im offenen Felde dem verbündeten Heere der Preußen, Dänen und Sachsen Widerstand leisten könne, zog sich auf Stralsund und Rügen zurück. Diese Festung schlossen die Verbündeten im Juli im weiten Bogen, der sich auf beiden Flügeln an die See anlehnte, ein. Die Sachsen standen auf dem rechten, die Dänen auf dem linken Flügel, die Preußen im Centrum.

In Stralsund führte der König selbst den Oberbefehl, in seiner Vertretung der General Dücker. Nach einer Angabe der Kommandanturakten bestand die Garnison in der Festung neben kleinen Resten anderer Regimenter damals aus:

Jönköping	800 Mann.		Stakelberg . . .	200 Mann.
Grubenbach . . .	700	„	Meierfeld	200 „
de Wett	150	„	Leutrum	300 „
Mellin	150	„	Delwig	489 „
Wellworth . . .	150	„		

Zusammen etwa 3500 Mann.

Das unter dem Namen Delwig aufgeführte Regiment ist das Bataillon des Regiments Schoultz, wie sich aus den darüber angestellten Forschungen ergiebt. — Die energische Belagerung und die zähe Vertheidigung Stralsunds führten nur langsam zu dem sichern Ende, das eine jede belagerte Festung, die auf Entsatz und die Möglichkeit, die Belagerer durch andere Operationen abgezogen zu sehen, nicht hoffen darf, erleiden muß. Ein Ausfall, den Dücker Ende Oktober gegen die dänische Front machte, war blutig, aber ohne großen Erfolg. Eine wichtigere Aufgabe in dieser Zeit zu lösen, war der König selbst bemüht. Es galt, die Landung der Verbündeten auf Rügen und so die vollkommene Einschließung Stralsunds zu verhindern. Carl hatte erfahren, daß die Könige von Preußen und Dänemark selbst zu Schiffe gegangen seien, um ihre Landungstruppen nach Rügen zu führen.

Auf dieser Insel hatte Carl seine besten Truppen in Detachements vertheilt. Zu ihnen gehörte auch das aus Schweden herangezogene Leib-Regiment der Königin-Wittwe, 7 Kompagnien stark. Die Verbündeten landeten in der Stresower Bucht und kam es bei Stresow am 4. November zum heißen Kampfe. Die Tapferkeit, mit der hier von den schwedischen Truppen besonders von ihren Offizieren unter den Augen des im Kampfgewühle verwundeten Königs gefochten wurde, gehört zu den denkwürdigsten Ruhmesthaten des schwedischen Heeres. Aber alle Tapferkeit konnte es nicht verhindern, daß Rügen von den Preußen und Dänen besetzt wurde und die nicht in Gefangenschaft gerathenen Truppen sich auf Stralsund zurückziehen mußten.

Nachdem die Stadt durch die Beschießung furchtbar gelitten hatte, kapitulirte Stralsund Ende Dezember 1715. Carl XII., der nur schwer von dem Vorsatze, sich unter den Trümmern Stralsunds begraben zu lassen, abzubringen war, hatte sich bewegen lassen, in der Nacht vom 10. zum 11. Dezember (a. St.) die gefährliche Ueberfahrt nach Schweden zu wagen. In zwei Tagen hatte er trotz der feindlichen Schiffe und Eistreibens auf der See Schwedens Küste wohlbehalten erreicht. Tags nach der Abfahrt des Königs begann General Dücker die Kapitulations-verhandlungen. — Die Preußen rückten durch das Tribseer-, die Dänen durch das Frankenthor in das eroberte Stralsund ein. Seine Besatzung war kriegsgefangen, ausgenommen waren 1000 Nationalschweden, die nach vier Monaten nach Schweden überfahren sollten. Ueber die in die Gefangenschaft des Königs August von Polen gegebenen Truppen berichtet eine zeitgenössische, glaubwürdige Quelle:*)

„Den 26sten des Morgens mußten zufolge denen gemachten Anstalten des Herrn Gen. Grafen von Wackerbarth,**) wegen des Ausmarsches der Schwedischen Garnison aus Stralsund, 6 Bataillons und 1 Escadron Königl. Polnischer, 6 Bataillons und 1 Escadron Königl. Preußischer, und auch soviel von den Königl. Dänischen Truppen sich in 2 Reihen vom Triebseer Thor an bis ans Lager, gegenüber dem Königl. Preußisch-Stillischen Regiment stellen, worauf die Garnison um 10 Uhr also auszog: der Baron v. Dücker, General der Cavallerie, marschirte voran, nebst denen Generalmajors, Zülich, Mevius, Albendyl, Zechmanteuffel, Leutrum, Delwig, Trautsetter, Marschall, Ersander, Schwerin und Kirchbach: denen folgten außer der Artillerie, 30 Regi-

<hr>

*) Historische Nachricht vom Nordischen Kriege, wobey zugleich verschiedene Documenta und andere Pieçen in Originali mit getheilt werden. Entworffen von G. L. F. v. H. Freystadt 1716.

**) Graf Wackerbarth war der sächsische Obergeneral.

menter Cavallerie, Dragoner und Infanterie, welche aber, weil über
2000 Bleßirte vorhanden, so nicht mit marschiren konten, und die
1000 Mann, welche keine Gefangene sind, sondern nach Schweden über=
gehen sollen, nicht dabey, auch Dänischer Seits vorm Ausmarsch schon
ein guter Theil in Diensten genommen waren, überdem diese Garnison
von 30 Regimenter vor der Attaque der Stadt, als nehmlich bey der
Insel Usedom, bey der Paßage ohnweit Ruden, bey Eroberung des
Retrenchements und Landung auf Rügen, um ein merkliches vermindert
worden, nicht über 1800 Mann ausmachten. Weil nun Se. Königl.
Majest. von Pohlen den Antheil, welcher deroselben von denen bey oben
angeführten Expeditionen bekommenen Gefangen gebühret, nicht ge=
nommen, so haben selbige allhie durch Auswechselung vor ihr Quotum
folgende Regimenter und Siegeszeichen erhalten als: das Bremische
Kavallerie=Regiment, das Verdensche, das Pommersche, das Beudersche,
das Niestrische, die Französ. Dragoner, das Jönköpingsche, Königl. Garde,
das Malmösche, Wrangelsche, Königin, das Bremische, Elbingsche,
Rheinische, Stettinische, Anklamsche Infanterie; und mit diesen Regimentern die General=Majors Zülich und Trautfetter, 8 Obristen, 6 Obrist=
Lieutnts., 8 Majors, 85 Capitains, 80 Lieutenants, 62 Fähndrichs und
ohngefehr 1000 Gemeine, nebst 6 Canonen, 36 Fahnen, 2 Standarten,
1 Paar Pauken, und 13 Trommeln erhalten. Selbigen Tags hatte der
Herr Gen. Graf von Wackerbarth alle Generals welche in der Attaque
vor Stralsund unter seinem Commando gestanden, zur Mittagsmahl=
zeit einladen lassen, welche Gesellschaft Se. Königl. Maj. von Preußen,
mit dero hohen Gegenwart beehrten, und befand sich des Prinzen von
Anhalt Durchl. und die Schwedischen Generals Dalwig und Kirchbach
nebst dem Oberst Lewenhaupt auch mit dabey."

Danach ist der Rest des Regiments Schoultz, der in Stralsund
kapitulirte, nicht in sächsische, sondern in dänische Gefangenschaft abgeführt
worden. Beide Regimenter „Schoultz" und „Königin" waren in Gefangen=
schaft gerathen. —

Das Regiment Schoultz hatte ein Bataillon bei Tönningen, das
andere in Stralsund und auf Rügen verloren, sein Regimentschef, der
General Schoultz, kapitulirte in Wismar im Februar 1716. Nur kurze
Zeit fehlte das Regiment in den Reihen des schwedischen Heeres. Nach
den Stralsunder Kommandanturakten ist das 1721 in Stralsund stehende
Regiment Graf Carl Posse das frühere Regiment Baron Martin
Schoultz. Danach hat das Regiment Posse seinen Ursprung in dem
Regiment Carl Gustaf Wrangel, welches aus dem Leib=Regiment des
Feldmarschalls des dreißigjährigen Krieges hervorgegangen ist.

Das Leib-Regiment (der Königin) der Königin-Wittwe scheint mit Verstärkungen aus Schweden erst eingetroffen zu sein, nachdem Carl XII. in Stralsund angelangt war. Bis dahin wird es immer noch als in Bohuslän stehend aufgeführt.

So waren während der letzten Periode des großen nordischen Krieges die beiden uns interessirenden Regimenter gefangen. Dennoch müssen wir auch von dieser Kriegsperiode berichten, da an derselben Regimenter theilnahmen, die später in die beiden Stamm-Regimenter aufgehen.

Mit Stralsund und Wismar waren für Schweden die letzten Bollwerke in Deutschland verloren gegangen. Der König, der nach einer fast fünfzehnjährigen Abwesenheit in sein Land heimgekehrt war, fand hier nur wenige Regimenter und die Milizen der eingetheilten Armee. Carl XII. hatte nichts als seinen ungebeugten Muth und seinen tapfern Degen in seine Heimath mitgebracht. Dennoch war er nicht kampfes-müde, nicht zu einem aufgezwungenen Frieden entschlossen. Er plante neue Kämpfe. Den Winter über blieb er in Carlscrona, weil er aus Abneigung gegen den Reichsrath seine Hauptstadt mied. Von hier aus ergingen die Königlichen Befehle zur Verstärkung des Heeres durch Füllung der entstandenen Lücken und Neuformationen, wie sie das Miliz-system des Eintheilungswerkes ohne Schwierigkeit gestattete.

Carl schuf aber nicht allein wieder ein zahlreiches Heer, er machte es auch kampfbereit. Sein Eifer für die Heranbildung und Diszipli-nirung der jungen Truppen spornte seine Offiziere zu erhöhter Thätigkeit und Tüchtigkeit an. Er konnte schon im Februar 1716 einen neuen Feldzug gegen Dänemark mit dem Einmarsch in Norwegen beginnen. In zwei Korps überschritt er mit seinem Heere die Grenze. Das eine Korps unter dem Könige selbst brach aus Wermland, das andere unter General Mörner von Bohuslän auf. Die folgenden Kämpfe auf der skandinavischen Halbinsel wurden mit großer Erbitterung geführt, ohne daß sie Entscheidungen, epochemachende Siege brachten. Es war ein zähes Ringen. — Um Norwegen endlich unter seinen Scepter zu bringen, machte Carl XII. 1718 noch einmal die gewaltigsten Anstren-gungen, sein Heer zu vergrößern. Er erschöpfte dadurch die letzten Kräfte seines Landes, dem durch die Aufstellung der Armee alle Land-arbeiter, Bauern wie Knechte, entzogen wurden.

Fryxell sagt von den Maßregeln Carls: „Gleichwie die drei- und fünf Männings-Regimenter durch sogenannte Kirchspielknechte und Rottirungs-Kerle komplettirt wurden und zwar manche drei bis vier Mal; auf ähnliche Weise und aus denselben Volksklassen suchte Carl XII.

auch in seinen geworbenen Regimentern die Lücken zu füllen. Den Beschluß hierzu faßte er im Juli 1718. In den verschiedenen Läns mußten die dazu nöthigen Mannschaften von den Landshöfdingen ge= stellt, d. h. durch Werbegeld von 100 Thlrn. Kupfermünze dazu verlockt werden."

Zu Werbungen im Auslande fehlte das Geld, denn die Kupfer= thalerwährung *) galt nur in Schweden und war bedeutend niedriger als die Silberthalerwährung.

So war das schwedische Heer mehr und mehr ein Nationalheer geworden, in welchem nur noch wenige Ausländer dienten.

Für die Operation im Sommer 1718 theilte es Carl XII. in drei Armeen, die größte derselben, 76 Schwadronen, 42 Bataillone stark, führte der König selbst nach dem südlichen Theile Norwegens, eine schwächere Armee ging unter Armfeldt gegen Drontheim vor und eine schwache Reserve=Armee blieb unter dem Feldmarschall Gyllenstierna in Schonen zurück.

Ueber die Infanterie in dem Heere des Königs bei seinem letzten Kriegszuge berichtet Nordberg: „Bey dem Fußvolcke behielt die königliche Leibgarde ihre eigene Abtheilung, unter dem Obersten Michael Torn= flycht. Außerdem gehörten dahin vier Bataillone von den upländischen, südermannländischen, dahl= und westmannländischen Regimentern, unter dem Generalmajor, Johann Reinhold Trautfetter; fünf Batallions von den westerbothnischen, ostgothischen und jönköpinglehnischen Regimentern, unter dem Generalmajor, Gabriel Ribbing; und noch sechs Batallions von den upländischen, südermannländischen, dahl= und westmann= ländischen, cronbergischen und westgöthischen Dahlregimentern, unter dem Generalmajor, George Wilhelm Fleetword. Noch waren dabey anzutreffen fünf Batallions von den ostschonischen, calmarischen, scara= borgischen, elfsborgischen und westgothischen Dahlregimentern, unter dem Generalmajor, Swen Lagerberg; sechs Batallions von den scaraborgischen, elfsborgischen, calmarischen und smaländischen Fünfmännings, und von den westgothischen Dahlregimentern, unter dem Generalmajor, Reinhold Wilhelm von Essen, nebst fünf Batallions von den ostschonischen, jön= köpingschen und croneberglehnischen Regimentern, unter dem General= major, Otto Wilhelm Stael von Holstein. Den Beschluß machten ein Bataillon Grenadirer, nach ihrer eigenen Eintheilung unter dem Oberst= leutnant Stockmann und fünf Batallions vom nerikischen und warm=

---

*) Sie gehörte zu den Finanzoperationen des damals mächtigen Ministers Carls, des Grafen Goertz.

ländischen Regimente; wie auch die Dreimänninger von selbigen Land-
schaften, unter dem Generalmajor, Leutrum. Bey dem Geschütz waren
zwey Bataillons von unterschiedenen geworbenen Regimentern, unter dem
Oberstleutnant, Nicolaus Philipp Schwerin, und dem Major Jacob
von Baltzar."

Carl war mit seiner Armee in kühnem Zuge von Süden her in
Norwegen eingedrungen. Den Weg nach Christiana versperrte ihm die
Festung Fredrickshald. Im November begann der König die förmliche
Belagerung dieser Festung. Sie war seine letzte Kriegsthat. Am Abend
des 11. Dezembers erreichte ein tödtliches Geschoß den in den Lauf-
gräben weilenden König Carl XII. — Er hinterließ den Ruhm eines
kühnen Kriegshelden, den eines weisen Landesherrn verdient er nicht.

Während der langen Kriegsperiode unter Carl und in der langen
Zeit seiner Abwesenheit von seinem Lande hatte in demselben der Adel
die ihm geraubte Macht wieder an sich zu bringen versucht. Nach dem
Tode Carls bemächtigte er sich vollends der Regierung, indem der
Reichsrath mit Umgehung des rechtmäßigen Thronerben, des jungen
Herzogs von Holstein, eines Sohnes der älteren Schwester Carls, dessen
jüngere Schwester Ulrike Eleonore, die mit dem Erbprinzen Friedrich
von Hessen-Kassel vermählt war, zur Regentin erwählte. Als Preis für
die Königskrone mußten Ulrike Eleonore und ihr Gemahl das Ansehen
und die Macht des Königthums dem mächtigen Adel opfern und sich
unter die legale Bevormundung eines Reichsraths stellen. Schweden
wurde 1719 eine Oligarchie.

Die erste Aufgabe der neuen Regierung war, mit den vielen Feinden
Frieden zu schließen, da das Land zu erschöpft, zu arm war, die Kriege
fortzuführen.

Das Heer Carls führte Dücker nach Schweden zurück. Armfeldt
brach zu spät in der Jahreszeit von Drontheim mit seiner Armee auf
und verlor durch furchtbare Kälte bei der Ueberschreitung des Grenz-
gebirges sein ganzes Heer bis auf 500 Mann. Mit Dänemark wurde
dann Frieden geschlossen, ohne daß Schweden etwas von seinen Gebieten
abtrat. Dagegen verlor es in dem Frieden mit Hannover-England die
deutschen Provinzen Bremen und Verden. Preußen erhielt in dem
Frieden zu Stockholm 1720 von Pommern den Theil, der zwischen Oder
und Peene liegt, und die Inseln Usedom und Wollin, also die wichtigen
Odermündungen. — Ein zweiter Theil der pommerschen Erbschaft wurde
dem rechtmäßigen Herrn übergeben. — An Sachsen-Polen verlor Schweden
kein Land, dagegen an Rußland im Frieden zu Nystädt Liefland, Esth-
land, Karelen, Kexholm und die Insel Oesel. Das verwüstete Finn-

land wurde Schweden zurückgegeben. — Das einst so mächtige schwedische
Reich ging aus diesen Friedensschlüssen als ein Staat hervor, der auf
die Geschicke Nordeuropas keinen entscheidenden Einfluß mehr äußern
konnte. Rußland trat an seine Stelle. Nur durch die Erhaltung seines
pommerschen Besitzes blieb Schweden noch mit den andern als ausschließlich nordischen Staatsereignissen in Fühlung.

Die kleine schwedische Provinz Pommern, deren Hauptstadt Stralsund war, räumten die Preußen Ende 1720 und trafen hier bald darauf
schwedische Truppen wieder ein.

Aus den Resten der vielen Regimenter der Armee Carls XII.
wurde ein neues Heer geschaffen. Die Regimenter, die durch außergewöhnliche Aushebungen formirt waren, wie die Dreimänner- und
Fünfmänner-Regimenter,*) wurden ganz aufgelöst, die geworbenen Mannschaften, die sich in denselben befanden und die Fußknechte, die weiter
dienen wollten, wurden in andere Regimenter vertheilt. Die Offiziere
der aufgelösten Regimenter wurden den bestehenbleibenden überwiesen.
Zu diesen gehörte das Regiment Graf Carl Posse, das, wie erzählt, das
frühere stralsundische Garnison-Regiment Schoultz war, und das Leib-
Regiment der Königin, das wieder diesen Namen seit der Krönung der
Königin Ulrike Eleonore führte. Beide Regimenter waren, wie früher,
geworbene und zur Garnison in Stralsund bestimmt.

Das Regiment des Grafen Carl Posse nahm die Reste von drei
aufgelösten Regimentern der Armee Carls XII. auf: das ostschonensche,
das westschonensche Infanterie-Regiment und das schonensche Dreimänner-Regiment zu Pferde. Ueber die Zugehörigkeit dieses Regiments
zu der von Steenbock bei Wexiö gesammelten Armee und der Theilnahme
an der Schlacht bei Helsingborg ist schon auf Seite 467 berichtet worden.
Die beiden schonenschen Infanterie-Regimenter gehören zu den letzten
organisatorischen Schöpfungen Carls aus den Jahren 1717 und 18.
Das ostschonensche Infanterie-Regiment nahm an dem Zuge Carls nach
Norwegen (s. o.) 1718 Theil und lag mit vor Fredrikshald, geführt
von dem Obersten Ollonborg. Das westschonensche Infanterie-Regiment
unter dem Obersten Hastfehr verblieb bei der Reserve-Armee Gyllenstierna's bei Schonen. Nach 1719 waren diese Regimenter**) noch voll-

---

*) Diese Regimenter werden immer als geworbene Regimenter bezeichnet.

**) Nach der kriegswissenschaftlichen akademischen Zeitschrift, Stockholm 1849,
zählten die folgenden Regimenter am 24. März 1719

Westschonensche Regiment zu Fuß	998 Gesunde	36 Kranke.
Ostschonensche Regiment zu Fuß	370 „	417 „
Schonensche Dreimänner-Regiment zu Pferde	825 „	22 „
Westgötha Fünfmänner-Regiment zu Fuß	1073 „	58 „
Upland Fünfmänner-Regiment zu Fuß	915 „	4 „

zählig, sie litten aber in dem letzten Kriegsjahre in den Kämpfen mit den Russen so, daß sie nur noch wenige hundert Mann zählten, als sie aufhörten zu bestehen. Die Mehrzahl der Soldaten dieser aufgelösten Regimenter kehrte zu ihrer früheren ländlichen Beschäftigung auf die Höfe zurück, die wenigen die im Heer verblieben, wurden dem Obersten Graf Carl Posse zur Vervollständigung seines deutschen Garnison-Regiments übergeben.

Graf Carl Posse war 1718 Oberst des upländischen Fünfmänner-Regiments. Es ist befremdend, daß er nicht bei diesem Regimente verblieb, welches in dem neu aufgestellten Leib-Regiment der Königin aufging.

Das upländische Fünfmänner-Regiment, dessen kurze Geschichte wir aus dem vorliegenden Material genauer verfolgen konnten, ist 1703 errichtet worden, verblieb in Schweden, stand 1709 in Schonen, focht 1710 bei Helsingborg unter dem Obersten Bruhn*) (s. S. 467). 1711 machte es den Zug nach Norwegen mit und stand dann in Bohusläu. 1712 und 13 stand es um Götheborg, und wurde zum Theil zur Besatzung der dortigen Galeereen-Eskadre mit verwendet. 1713 ging das Regiment nach Schonen und war hier bis 1715 auf Strandpostirungen. 1717 war das Regiment mit bei Skanör und Falsterbo, 1718 vor Fredrikshald, 1719 an der norwegischen Südgrenze. Von 1711 bis 1718 kommandirte der Generalmajor Baron Bildstein das Regiment, sein Nachfolger im Kommando war Graf Carl Posse.

Das upländische und das westgothische Fünfmänner-Regiment zu Fuß wurden bei der Neuaufstellung des Leib-Regiments der Königin verwendet. Das westgothische scheint gleichzeitig mit dem upländischen Regiment errichtet worden zu sein und gleiche Schicksale wie dieses Regiment gehabt zu haben. Bei Helsingborg kommandirte es der Oberst v. d. Noth. —

Die neue Zeit, die nach dem Tode Cars XII. für Schweden begann, war eine unselige. Das königliche Ansehen war erschüttert, selbst das Heer mußte die Macht des Reichsrathes anerkennen.

Eine natürliche Folge der Herabsetzung des königlichen Ansehens und der Herrschaft des Adels waren Parteiungen im Adel. Er stand sich in den zwei Parteien der Mützen und der Hüte schroff gegenüber. Die erste war anfänglich die Hofpartei. Sie hatte den Namen der

---

*) Dieser Name findet sich entgegen der Behauptung Mankells (s. S. 467), daß Schommer das Regiment bei Helsingborg kommandirt habe, in den Akten verzeichnet. Wir folgten weiter oben aber der Mankell'schen Angabe, weil wir derselben hohen Werth beimessen.

Mützen von einer Aeußerung des Königs Friedrich erhalten, der ihr bei einem Zugeständniß, daß sie ihren Gegnern machte, vorgeworfen hatte, die Parteimitglieder hätten sich wie Nachtmützen verhalten. Die Partei der Mützen wollte die Erhaltung des Friedens mit Preußen, Dänemark und Rußland. Die Hüte, zu denen besonders die Krieger Carls XII. gehörten, erstrebten die Wiederherstellung des alten Glanzes von Schweden und die Zurückeroberung der in den letzten Friedensschlüssen verlorenen Provinzen, sie wollten engen Anschluß an Frankreich und den Krieg mit Rußland. Führer der Mützen war Graf Arwid Horn, Führer der Hüte Graf Carl Gyllenborg. Die Hüte erlangten schließlich das Uebergewicht und wurden die Partei des Königs.

Das Leib-Regiment der Königin und das Regiment Graf Carl Posse beendeten ihre Reorganisation in Schweden, um nach Pommern übergeführt zu werden, sobald die Dänen vertragsmäßig das von ihnen besetzte Land geräumt haben würden.

Es war eine schwierige Aufgabe aus den Resten der zahlreichen Armee Carls XII. ein kleines Heer zu formiren. Die große Zahl von Offizieren der aufgelösten Regimenter vermehrte sich noch bedeutend durch die Rückkehr vieler Offiziere aus der Gefangenschaft. Sie alle wollten untergebracht werden. Eine natürliche Folge war es, daß viele Offiziere Dienststellungen annehmen mußten, die sie ihrer Charge nach nicht mehr bekleidet hätten. Aber auch so blieben noch viele Offiziere ohne Dienststellung, sie wurden den Regimentern als Expectanten überwiesen. Eine Königliche Verordnung vom 29. November 1722 regelte diese Verhältnisse. Um in der reorganisirten Armee angestellt zu werden, mußten die Offiziere, die durch Gefangenschaft oder sonst wie von den Truppen abgekommen waren, einen Bericht über ihre früheren dienstlichen Verhältnisse in der Armee einreichen. Diese Berichte, Meritenlisten, vieler Offiziere, die später in einem der beiden Stamm-Regimenter standen, sind aufbewahrt geblieben. Sie geben zum Theil wichtige Aufschlüsse über die Regimenter, aber auch ein Bild von den Erlebnissen und der Beförderungsart eines Offiziers zur Zeit Cars XII. Einige derselben geben wir darum theils in ihrem Wortlaut, theils in der Uebersetzung aus dem Schwedischen wieder.

Cuno Paris Hertell, später Kapitain im Leib-Regiment der Königin, berichtet:

„Ich Endeß unterschriebener habe angefangen Ihro Königlichen Maytt: zu dienen Anno 1708 und habe vor Musquetier und unterofficirer bei dem Stralsundischen Infantorie Regiment*) 3 Jahr

---

*) Dieses Regiment ist das Regiment von Schoultz.

gestanden | in oben erwähnter Zeit habe eine Campagne in Pohlen*)
mitgethan | Nachhero bin zu fenderich**) bei selben Regiment avanciret |
Laut Vollmacht von Ihro Hoch Gräfflichen Eccellence | dem Herrn
Feltmarschall Gyldenstern datiret Stade d. 22. January 1711 |
Worauff denn mit der | unter Ihro Eccelence beß Seeligen Herrn
Graffen Steinbocks dahmaligen Commando gestandenen Armee | Von
Stralsund auß mit marchiret | darauff bin folglich zu Lieutenant
avanciret, Laut Volmacht Von seiner Eccelence dem H. Graffen
Steinbock | datiret Wismar d. 7. December 1712 in diesem charac-
teur habe ich die Battallie bei Gadebusch mit beigewohnet, auch mit
der Armee nach Toenning marchiret | alwo die gantze armee und
also auch ich zu prisoniers de guerre geworden | und weillen dahmalen
alle aparence zu einer rantionirung verschwunden | so habe mich nach
einer 7 monatlichen Gefangenschaft | wieder beim Regiment***) in Stral-
sund eingefunden | und Ihro Königlichen Maytt: Dienste nach der mier
anvertrauten Function so lange verrichtet biß da die Vestung par accord
an die Alliirten übergeben worden | da ich dan abermahlen Kriegs-
gefangen geworden | auß dieser gefangenschaft habe mich den 8ten April 1718
hier wieder eingefunden | deß Vorhabens Ihro Königlichen Maytt: noch
ferner zu dienen Von Welcher Allerhöchst Gedachten Ihro Königlichen
Maytt: ich die Confirmation über Meiner Lieutenants Volmacht erhalten datiret Stralsund d. 15 January 1715 von Ihro Königliche
Maytt. bei Anno 1718 datiret d. 18 Juny als Capitain bei upp-
ländische femmenning Regiment bestallet."

Carl Friedrich von Grape, später Lieutenant im Leib-Regiment der
Königin schreibt in seiner Meritenliste:

„Anno 1704 in Ihro Königl. Majest. von Schweden Dienste ge-
tretten untter der Artilerie und zwar als Handlanger und Constapel
1½ Jahr unter des HEr. Major Spongs Commando gestanden.
Anno 1706 als frey Corporall bey des Herrn Major Sculenbergs
Battalion angagiret. 6 Mohnatt hernach zu Sergiant geavanciret.
Da wir denn zu selbe gegangen unter des Herren General Major
Lübeckers Commando darauff mit bey Neva Strom im treffen ge-
weßen; Nachgehends als Adjutant Dienste gethan, Ehe aber eine Voll-

---

*) Hiermit kann nur der Marsch von Stralsund nach Krakau zu dem Heere
Kraffows 1709 gemeint sein.

**) Der Fähnrich hatte die Stellung des jüngsten Offiziers einer Kompagnie.

***) Hieraus geht hervor, daß ein Bataillon Schoultz nicht bei Toenningen
war, sondern später in Stralsund mit kapitulirte.

macht bekommen bin Anno 1708 d. 17. October in der letzten Action unter die Moscowiter gefangen geworden; Von selbige aber selbst Anno 1715 Rantioniret. In Stargardt aber von ein Preusch Commando als ein Schwedischer Spigon wieder aufgehoben und nach einer 8 wöchichen arrest, da meine Sache anders bewiesen, auff einer sichern Caution wieder auff freyen Fuß gestellet. Da mich aber bey obligiren müßen Schweden nicht wieder zudienen, hab aus ein und ander Ursachen mich in Pommern und Mecklenburg bis diese Zeitt auff halten müssen.

Johann Herzberg, später Lieutenant im Leib-Regiment der Königin, berichtet:

„Auf order beß Hochgebohrnen H. Grafen und Obristen Posse, habe hiermit meine Wenige Meriten auffsetzen wollen. Anno 1706 habe mich bey dem Königl. Pommerschen Horn'schen Infanterie Regiment vor volonteur aufgehalten. Anno 1707 d. 3. Septemb. Habe ich mich unter obgedachten regiment und bey beß damahligen Hhr. Capit. Focken Compag. als würcklicher Musquetierer Engagirt. Anno 1708 d. 1. Marty. Unter selbiger Compag. zum Corporal avanciret. Anno 1709 d. 5. aug. Unter selbiger Compag. zum Sergeanten avanciret. Anno 1710 d. 19. Marty zum Feldwebel avanciret Unter beß Hhr. Capit. Wagners Compag. bey obgedachten regiment Anno 1713 d. 16. Septemb. Ein auf order Ihro Exell^{ce} beß Hh. Graff Meyerfelten biß auf Confirmation Ihro Königl. Maj. bey beß Herrn Capit. Kronenfelts Compag. unter selbigen regiment zum Fendrich avanciret und habe die Confirmation von Ihro Königl. Maj. d. 8. Febr. 1715 aller gnädigst darauff Erhalten. Anno 1709 Bin mit dem regiment auß Pohlen zurückgekommen. In Pohlen habe die Battallie bey Calisch und wo zu sonst bin Comandiret, nach möglichkeit Berrichtet. In Pommern bin in der Belagerung Stettin wie auch Stralsund gewehsen, auch mit auf Land Rügen Commandiret und bey der retirirung Wieder in Stralsund gekommen und bey übergab und Außmarch der Stadt, Ihro Maj. von Dänemark gefangener geworden. In allem Ihro Königl. Maj. Gedienet: 11 Jahr 5 Monath.

Johan Hinrich Jahnke, später Capitän im Leib-Regiment der Königin, erzählt seine Meriten wie folgt:

1709 als Student beim Bataillon Saxorna vom Oberstlieutenant Boyen angestellt als Feldwebel darauf zum Fähndrich beim Regiment v. b. Noths laut Vollmacht vom 25. November ernannt. Mit dem Regiment nach Schonen marschirt.

1710. Zum Lieutenant avancirt laut Vollmacht vom 7. Juli 1711 vom Feldmarschall Grafen Steenbock.

1712. Zum Regiments Quartiermeister ernannt. Wurde ich nach Wester Gothland und Gothenburg commandirt und von dort nach Schonen 1713.

1714 zum Second Capitain bei der Leib Compagnie ernannt und später zur Oberstlieutenants Compagnie versetzt. Dabei auf Postirung commandirt Kialla, Roa und Helsingborg mitgemacht.

1716 vom Generallieutenant Ahrnstedt zum Premier Capitain bei der Nyköping Compagnie ernannt laut Vollmacht vom 8. Dezember 1716."

Aus der großen Zahl der uns vorliegenden Meritenlisten geht hervor, daß Offiziere höheren Bildungsgrades im Heere Carls XII. auf schnellere Beförderung rechnen durften. Das Offizierkorps dieses Heldenkönigs war wahrlich ein gutes gewesen. Daß es an seinem auf den Schlachtfeldern erworbenen Werthe schnell einbüßte, daran trug die unheilvolle politische Lage Schwedens unter der Regierung Friedrichs I. und Ulrike Eleonore bei. So lange Carl XII. als König und Feldherr das gebieterische Machtwort sprach waren die Offiziere gewohnt gewesen, wie rechte Soldaten zu gehorchen und zu handeln. Nachdem aber die Laune der Reichsstände über dem Königlichen Willen stand, bildeten sich in den Reihen der Offiziere Parteien, wie sie am Königlichen Hof bestanden. Die Offiziere, die meistens den Adelsfamilien angehörten, standen auf dem Parteistandpunkt ihrer Angehörigen, die Anhänger der Partei der Hüte oder der Mützen waren. Welchen Werth für den Thron und das Vaterland kann ein Heer haben, dessen Offiziere an dem Hader der politischen Parteien thätigen Antheil nehmen? — Dazu kam noch, daß das Offizierkorps durch die zahlreichen, in Dienststellen nicht unterzubringenden Exspektanten mehr als vollzählig war und darum ein großer Theil desselben, durch den Dienst nicht gefesselt, seine Zeit den politischen Umtrieben widmen konnte. Die Reihen der Offiziere lichteten sich aber darum nicht, denn die höheren Stellen boten eine gute Einnahmequelle, die der verarmte Adel nicht entbehren konnte. Die Kompagniechefs: der Chef des Regiments als Chef der Leibcompagnie, der Oberstlieutenant, die beiden Majors und die ältesten Kapitäns zogen neben ihren Gehältern nicht unbeträchtlichen Gewinn aus den ihnen für ihre Kompagnien gewährten Geldern.

Die jährlichen Gehälter der Offiziere bei den pommerschen Regimentern, die auf den pommerschen Etat gehörten, betrugen 1721 für den Generalgouverneur 5200 Thaler *) pommersch, für den Komman-

---

*) Der Thaler pommersch = 48 Schillinge = 3 Mark 40 Pfennige.

banten 919 Thaler 12 Schilling, für den Oberst 894 Thaler, Oberstlieutenant 573 Thaler, Major 423 Thaler, Kapitän 240 Thaler, Lieutenant 162 Thaler, Fähnrich 162 Thaler.

Zur Aufstellung, Kompletthaltung und Bekleidung der Kompagnien
wurden ihren Chefs die Bekleidungsgelder, kleine Montirungsgelder und
die Passevolantengelder gewährt.

Vor den alljährlich einmal stattfindenden Musterungen erhielten die
Kompagniechefs die Passevolantengelder (Werbegelder) für die volle Zahl
der etatsmäßigen Mannschaften ohne Rücksicht auf Beurlaubungen oder
fehlende Nummern ausgezahlt. Dafür waren sie gehalten bei der
Musterung die in der Musterrolle (Munsterrulla) aufgeführten Leute,
tauglich und gut bekleidet (die Ausrüstungsstücke wurden aus den Zeug-
häusern geliefert), vollzählig nachzuweisen; für die fehlenden Leute wurden
die Gelder in Abzug gebracht. An Passevolantengeldern wurden monatlich
für den Mann und Korporal (Gefreiter) 17⁷/₉ Schillinge gewährt.
An Bekleidungsgeldern alle Jahre 5 Thaler, an kleinen Montirungs-
geldern (vierteljährlich den Kompagniechefs gezahlt) alle 3 Jahre 7 Thaler
39¹/₄ Schillinge. — Da nur an dem Musterungstage die Kompagnie
in ihrer Etatsstärke geprüft wurde, so waren die Ersparnisse, die der
Kompagniechef machte, nicht geringe, wenn er erst kurz vor diesem Tage
die fehlenden Nummern seiner Kompagnie ergänzte, die im Laufe des
Jahres durch Desertionen, Ablauf der Kapitulation, Tod, Beurlau-
bung u. s. w. entstanden waren. Da das Verwerfliche einer solchen
Handlungsweise von den höheren Offizieren nicht gemißbilligt wurde,
scheute sich kein Kompagniechef seine Dienststellung zu seinem Besten
auszunutzen. —

Darum galt es aber auch als eine Vergünstigung, eine Kompagnie
als Chef zu haben, und so finden wir in den Korrespondenzen, die
wegen der Besetzung der Kompagniechefs-Stellen in den beiden Regimentern geführt wurden, unter Anderem folgende Eröffnungen: Andreas
Joachim v. Henel *) sollte, obgleich Nationalschwede, eine Kompagnie in
den deutschen geworbenen Regimentern mit Majorscharakter erhalten,
weil er bei der Abtretung Livlands seiner Güter beraubt worden war.
Gleiche Rücksichten galten bei der Anstellung des Kapitäns Zacharias
Ernst, des Majors v. Arremberg und Anderer. Bei der Vergebung
der Chefsstellen wurde später auch noch der Parteistandpunkt wichtig. —

Die Neuformation der für die pommerschen Garnisonen bestimmten
Regimenter war im Herbst 1720 beendet. Im November wurden die

---

*) Henel war 1729 noch Expektant bei dem Leib-Regiment der Königin.

Regimenter auf einer Transportflotte in Carlskrona eingeschifft, um nach Rügen übergeführt zu werden.

Bevor die Regimenter wieder nach Pommern abgingen, bestimmte ein Königlicher Erlaß, daß, wenn sich bei den überzuschiffenden Bataillonen Hausväter oder Nationalschweden befänden, die mit Gewalt zum Dienste herangezogen seien, es diesen gestattet sein solle, sich gegen 20 Thaler Silbermünze loszukaufen oder durch Gestellung eines Remplacants vom Dienst zu befreien. —

In dem an Schweden zurückerstatteten Theile Pommerns mit Stralsund und Rügen standen Dänen, während die preußischen Truppen in Folge des Friedens zu Stockholm sich auf das pommersche Gebiet östlich der Peene zurückgezogen hatten. Dänemark wollte das okkupirte Land nicht räumen, selbst als schon die Garnisontruppen auf Rügen gelandet waren. Auf der Fahrt dahin hatten die Regimenter durch Stürme Gefahren zu bestehen, über die ein eingehender Bericht vorliegt. Danach war die Transportflotte aus Carlsham abgesegelt, mußte aber wegen widrigen Windes beidrehen und konnte erst am folgenden Tage bei günstigerem Winde die Fahrt beginnen. Schon hatte sich die Transportflotte Pehrd auf Mönchguth (Rügen) genähert, als wieder konträrer Wind aufging und die Transportschiffe zwang, den Tag über zu laviren. Am Abend gelang es, die Anker auf der Rhede bei Jasmund fallen zu lassen; aber die See wurde wieder so unruhig, daß die Anker gelichtet werden mußten und die mit den Mannschaften der Regimenter überfüllten Transportfahrzeuge in die offene See zurückgeworfen wurden. Wegen der Ueberfüllung der Fahrzeuge konnten die meist seekranken Soldaten sich nicht legen und litten durch die gegen jede Berechnung langwährende Ueberfahrt furchtbar. Dem Führer der Transportflotte, dem Schout-by-Nacht Grubbe, gelang es nach sechstägiger Gefahr die Garnison-Regimenter bei Pehrd zu landen, einen dänischen Protest dagegen nicht achtend. Die zahlreichen Kranken wurden in den Dörfern auf Mönchguth untergebracht.

Nach längeren Verhandlungen erst räumten die Dänen Stralsund, in das die schwedischen Regimenter und mit ihnen die schwedische Statthalterschaft wieder einzogen. Generalgouverneur wurde der General Graf Meierfeldt.

Fünf Jahre hatten die alliirten Eroberer in Pommern geherrscht und das Land bedrückt.

Als die Schweden wieder eingezogen waren, suchten sie auch der deutschen Provinz die schwere Last der Selbstverwaltung und Erhaltung der Besatzungstruppen aufzubürden.

Zu diesen Truppen gehörten auch die nach gefährlicher Ueberfahrt nach dem deutschen Strande zurückgeführten Regimenter: Leib=Regiment der Königin und das Regiment Graf C. Posse.

Ueber die Wiedereinrichtung der Garnison Stralsund und die Rege= lung des Dienstbetriebes liegen zahlreiche Aktenstücke vor, deren Inhalt wohl nicht ohne Interesse ist, dessen, selbst gekürzte, Wiedergabe wir uns aus Rücksicht auf die Grenzen dieser Arbeit versagen.

Nur von den abweichenden Stärkeverhältnissen der beiden Regimenter wollen wir berichten, daß 1723 wahrscheinlich aus Ersparnißrücksichten das Regiment Posse von dem festgesetzten Etat von 1200 Mann auf 800 in 8 Kompagnien reduzirt wurde. Das Leib=Regiment der Königin behielt den normalen Etat bei. Dieser betrug nach den Festsetzungen von 1721: 3 Stabsoffiziere, 9 Kapitäns, 12 Lieutenants, 12 Fähnriche, 12 Feldwebel, 36 Unteroffiziere, 12 Sergeanten, 24 Trommelschläger, 72 Korporale und 1128 Gemeine. In diesen Zahlen ist der Regiments= stab, zu dem 26 Personen gehörten, nicht mit enthalten. —

Das Leib=Regiment verlor 1721 seinen seitherigen Chef, den General= major Johann Wilhelm Freiherr v. Beckern und erhielt einen neuen Chef in dem zum Kommandanten von Stralsund ernannten General= lieutenant Johann Reinhold Freiherr v. Trautvetter, dessen Name ruhm= vollen Gedenkens an Carls XII. Kriegszüge war. Auch das andere Stamm=Regiment behielt seinen Chef nicht lange. Schon 1729 wurde der Graf Carl Posse durch den Obersten Carl August Graf Dohna ersetzt.

Aus diesem Jahre besitzen wir zuverlässige Ranglisten der beiden Regimenter, die von besonderem Interesse durch die große Zahl von Exspektanten sind, die zu den Regimentern gehörten:

Der Königin Leib=Regiment oder das Trautvetter'sche Regiment:

Der Regimentsstab:

Chef: Generallieutenant und Kommandant Johann Reinhold
v. Trautvetter.

Oberster Niclas Philipp Freiherr v. Schwerin.

Oberstlieutenant Graf David Froelich.

Major Johann v. Loevenheim.

Adjutant Anders Kindstedt.

Regimentspastor Jacob Georg Ratky.

Regimentsauditeur Ernst Hindrich Schneider.

Regimentskommissär Swen Soederstroem.

Regimentsfeldscheer Jacob Leinitzer.
Regimentsschreiber Johann Friedrich Tau.

1. Leibkompagnie:

Kapitän Johann Maximilian v. Löwenfels.
Kapitän Johann Koch.
Fähnrich Hindrich Gideon v. Sinclaire.

2. Oberstlieutenantskompagnie:

Major Erasmus Hinrich Schneider v. Weismantel.
Fähnrich Jürgen v. Cochenhausen.

3. Majorskompagnie:

Kapitän Carl Hinrich v. Boumann.
Kapitän Frantz Erdtmann Ferger.
Fähnrich Petter Gabriel Rosenschantz.

4. Kompagnie:

Oberstlieutenant Jacob Friedrich v. Usedom.
Kapitän Gottfried Georg v. Heinen.
Fähnrich Zacharias Printz.

5. Kompagnie:

Oberstlieutenant Hans Berendt v. Kirchbach.
Kapitän David Wilhelm v. Sinclaire.
Lieutenant Bernhard Johann Freiherr v. Wrangell.
Fähnrich Jacob v. Beckendahl.

6. Kompagnie:

Oberstlieutenant Hans Ernst v. Bugenhagen.
Kapitän Carl Thunberg.
Lieutenant Joachim Adolph Stubbs.
Fähnrich Christian Hinrich v. Pungoldt.

7. Kompagnie:

Oberstlieutenant Diedrich v. Sternbach.
Kapitän Johann Hinrich Jahncke.*)
Lieutenant Carl Friedrich v. Grape.*)
Fähnrich Andreas Preutz.

8. Kompagnie:

Oberstlieutenant Berent Otto Freiherr v. Taube.
Kapitän Johann Hartwig v. Lützow.
Lieutenant Nicolaus Schmitterlöw.
Fähnrich Carl Christian Schytte.

---

*) Siehe S. 481 und 482 die Meritenlisten.

9. Kompagnie:

Major Christian Eberhard v. Schantz.

Kapitän Carl Johann v. Wiedemann.

Lieutenant Carl Johann Hüsing.

Fähnrich Johann v. Wobeser.

10. Kompagnie:

Major Carl Friedrich v. Schwartzern.

Kapitän Zacharias Ernst.

Fähnrich Johann Bernhard Voelcker.

11. Kompagnie:

Major Wedig Ernst v. Wakenitz.

Kapitän Carl Magnus Freiherr v. Bildstein.

Lieutenant Anders Waßmann.

Fähnrich Hindrich Christopher Freiherr v. Schoultz.

12. Kompagnie:

Major Sebastian Moltzer.

Kapitän Cuno Paris Hertell.*)

Lieutenant Carl Carlstedt.

Expektanten:

Oberstlieutenant Johann Georg v. Bülow.

     *   Conrad v. Blixen.

     *   Johann Friedrich v. Oeller.

Major Carl Johann v. Chemnitz.

    *   Johann Georg v. Kleyhe.

    *   Andreas Joachim v. Henel.

    *   Michel Dibbelt.

    *   Carl Friedrich Laesewitz.

Kapitän Gustav Warg.

    *   Johann Georg Krapell.

    *   Christian Dansman.

    *   Johann Ernestus.

    *   Christian Wollmar Stakelberg.

    *   Leonard v. Gardie.

    *   Berent Hindrich Stormer.

    *   Abraham Rulandt.

    *   Frantz v. Stipman.

    *   Carl Hindrich Bohse.

    *   Berent Christian v. Sternbach.

---

*) S. S. 480 Meritenlisten.

Kapitän Friedrich Petersen.
   =   Johann Adam Schleusing.
   =   Johann Friedrich Meyer.
Rittmeister *) Gottfried Kling.
   =   Caspar Stein.
   =   Adam Wilde.
Regimentsquartiermeister Otto Friedrich Block.
Lieutenant Jacob Jancklau.
   =   Johann Carl Moeller.
   =   Johann Hertzberg.**)
   =   Wilhelm Rose.
   =   Friedrich Niclas Perl.
   =   Niclas v. Braun.

Das Dohna'sche Regiment:

Der Regimentsstab:

Oberster Carl August Graf Dohna.
Oberstlieutenant Hans Georg Graf Moerner.
   =   Jonas Adlersträle.
Kapitän Peter Eeg.
Regimentspastor Eric Burmarck.
Regimentsauditeur Anton Berg.
Bataillonsprediger Eric Almstedt.
Regimentsfeldscheer Friedrich Christiani.

1. Leibkompagnie:

Kapitän Bernhard Klenck.
   =   Ludwig v. Böhnen.
Fähnrich Jörem Böbler.

2. Oberstlieutenantskompagnie:

Kapitän Carl Hinrich Slütte.
Lieutenant Hindrich Solter.
Fähnrich Otto Wilhelm Meinicke.

3. Majorskompagnie:

Kapitän Jwan Gabriel v. Schantz.
Lieutenant Elias Tarnowsky.
Fähnrich Anders Lohmberg.

---

*) Die Offiziere der aufgelösten Reiter=Regimenter, die geborene Pommern waren, wurden den dorthin verlegten Regimentern als Expektanten überwiesen.
**) S. S. 482 Meritenlisten.

4. Kompagnie:

Major Gustav v. Bornemann.

Kapitän Anders Fritzberg.

Lieutenant Diedrich Wilhelm Kiällmann.

Fähnrich Johan Polanschy.

    -    Johan Remner.

5. Kompagnie:

Major Lorenz v. Roxendorff.

Kapitän Martin Preuz.

Regimentsquartiermeister Anders Chormann.

Fähnrich Daniel Chronmann.

6. Kompagnie:

Major Esaias Aminoff.

Kapitän Olof Adolph Timmerhjelm.

    -    Swen Abermann.

Fähnrich Nils Kanterhielm.

7. Kompagnie:

Major Christian Benedict Freiherr Clodt v. Jürgensburg.

Kapitän Johann Caspar Wittrock.

Regimentsquartiermeister Swen Aspegreen.

Fähnrich Swen Ekeholm.

8. Kompagnie:

Kapitän Johan Adam Freiherr v. Ungern-Sternberg.

    -    Axel Friedrich Faltzburg.

Lieutenant Paul Ludwig Anderson.

Fähnrich Peter Gissler.

Exspektanten.

Oberstlieutenant Carl Fromholdt Tallberg.

Major Ferdinand v. Canal.

    -    Johann Woldemar Pastelberger.

    -    Lorenz August v. Balck.

Oberadjutant Nils Schunck.

Kapitän Reinhold Heldt.

    -    Arved Bergström.

    -    Anders Lindquist.

    -    Carl Witting.

Rittmeister Johann Morbeck.

Lieutenant Carl Tiel.

    -    Wilhelm Drossel.

    -    Carl Otto v. Borneman.

Lieutenant Börje Norman.

    *   Lorentz Kropp.

Fähnrich Johan Bruce.

    *   Wolf Martin Kops.

    =   Simon Rosenbeck.

Cornett Jonas Stobée

    =   Johann Walling.

    *   Peter Rolleroth.

Adjutant Gabriel Sundell.

Diese Ranglisten zeigen, wie zahlreich das schwedische Offizierkorps selbst noch zehn Jahre nach der Beendigung des nordischen Krieges war. Ein großer Theil sämmtlicher Offiziere muß ohne dienstliche Beschäftigung gewesen sein, da noch weitere Rebuktionen in Folge der langen Friedensperiode und des herrschenden Geldmangels eintraten. — Die inneren Zwistigkeiten verhinderten, daß die Friedenszeit eine für das so schwer geschädigte Schweden segensreiche wurde. Alle Finanzoperationen führten nicht dahin, daß die leeren Staatskassen gefüllt wurden. Der Geldmangel war in Stralsund nicht minder fühlbar, als in Stockholm. Ein Bild dieser Misere gewährt die Kriegsrüstung, die Pommern 1734 ausführen mußte.

Der im Anfange des Jahres 1733 erfolgte Tod des Königs von Polen August II. führte zu einem erneuten Streit um den erledigten Thron. Der König Stanislaus Leszynski machte seine alten Rechte geltend, während August's Nachfolger, der Kurfürst August von Sachsen, ihm diese streitig machte. Leszynski setzte im September bei dem polnischen Reichstage seine erneute Wahl zum König von Polen durch; aber der dieser Wahl widerstrebende Czar von Rußland ließ durch ein Heer Leszynski aus Warschau wieder vertreiben und zur Entsagung der polnischen Königskrone zwingen, die sich August III. aufs Haupt setzte. Bei diesem Vorgehen hatte Oesterreich im Bündniß mit Rußland gehandelt und dadurch seinen alten Feind Frankreich wieder gereizt, da der König Ludwig XV. der Schwiegersohn Leszynski's war. Ludwig XV. ließ unter dem Marschall Belleville eine Armee an den Rhein rücken und Lothringen besetzen, dessen Herzöge mit dem habsburgischen Hause nahe verwandt waren. Während Ludwig XV. in Spanien und Sardinien bereitwillige Verbündete gegen die habsburgische Monarchie fand, suchte der Kaiser vergeblich nach Verbündeten. Es blieben ihm nur Rußland und das Reich, und dieses auch unter der Protestation von Cöln, Bayern und Pfalz.

Das Reich verpflichtete sich dem Kaiser eine Hilfsarmee zu stellen

und entbot die Reichskontingente. Zu diesen hatte schwedisch Pommern
300 Mann zu stellen. Der König Friedrich mußte als deutscher Reichs=
fürst den Befehl zu der Formirung des Reichs= und Kreis=Mannschafts=
Kontingents geben, während die Politik seines Hofes eine franzosen=
freundliche war und Schweden stets den König Stanislaus Leszynski
unterstützt hatte. So ungern die Befehle in Stockholm gegeben wurden,
so ungern wurden sie auch in Stralsund ausgeführt, denn die pommer=
schen Stände mußten die Gelder dazu hergeben. Die Kassen der pom=
merschen Kammer waren aber leer und so verzögerte sich die Auf=
stellung und Entsendung des Kontingents durch Protestationen und lang=
währende Korrespondenzen, die aber nichts ändern konnten, da der
Kaiser die endliche Gestellung des Kreis=Kontingents bringend verlangte.

Der Generallieutenant v. Zülich, der dem Generallieutenant Frei=
herrn v. Trautvetter als Chef des Leib=Regiments der Königin gefolgt
war, wurde angewiesen, die Absendung des Kontingents eifriger zu be=
treiben, dennoch war es erst am 20. Juli 1735 zum Abmarsch von
Stralsund nach dem Rhein bereit.

Der Führer des schwedisch=pommerschen Kontingents war der
Oberstlieutenant Hans Bernhard von Kirchbach, dessen Kompagnie der
Stabskapitän Cuno Paris Hertell führte. Die Chefs der andern zwei
Kompagnien, die zum Kontingent gehörten, waren Johann Hindrich
Jahncke und Carl Hindrich v. Baumann. Das Kontingent und der
zahlreiche Stab setzten sich wie folgt zusammen:

Lieutenant Carl Johann Hüsing,

   =   Carl Carlstedt,

   =   Nicolaus Schmitterlöw,

Fähnrich Johann Bernhard Boelcker,

   =   Peter Gabriel Rosenschantz,

   =   Franz Otto v. Groscreutz,

Auditeur v. Boelschow,

Regimentspastor Troles,

   1 Feldscheer mit 2 Feldscheergesellen,

   1 Musterrollenschreiber,

   3 Feldwebel,

   3 Sergeanten,

   9 Unteroffiziere,

   6 Trommelschläger,

 18 Korporals

282 Gemeine und

 20 Troßknechte.

Offiziere und Mannschaften gehörten sämmtlich zum Leib-Regiment der Königin.

Der Marsch des Kontingents ging durch Mecklenburg, Hannover ins Hildesheimsche und sollte das Kontingent seinen Weg nach dem Rhein durch Hessen nehmen. Da ihm aber der Landgraf den Durchzug durch sein Land versagte, so mußte der Umweg durch das Eichsfeldsche, Eisenachsche, Fuldasche und ritterschaftlich Darmstädtische, nach Frankfurt gemacht werden. Hier erhielt Oberstlieutenant v. Kirchbach den Befehl nach Mainz abzumarschiren und zu dem etwa 30000 Mann starken Korps des Grafen v. Seckendorf zu stoßen. — Das schwedisch-pommersche Reichskontingent wurde dem hessischen Korps zugetheilt, über das der Prinz Georg von Hessen den Befehl führte. Dieser entsendete den Oberstlieutenant v. Kirchbach nach Winkel im Rheingau auf Postirung. — Bis hierher hatte das schwache Kontingent auf seinem Marsch vom baltischen Strande durch das deutsche Reich schon 40 Mann durch Desertion verloren.

Anfangs November ging das Kontingent mit dem hessischen Korps bei Bingen über den Rhein und auf dem Hundsrück gegen die Truppen Belleville's vor. Das Kontingent litt mehr durch die Ungunst des Wetters als durch die feindlichen Geschosse. Nur in einem Gefecht bei Clausen am Salmbache scheint das Kontingent ernst engagirt gewesen zu sein. Oberstlieutenant v. Kirchbach berichtete über dieses Gefecht an den General v. Zülich:

„Die feindliche Armee stand an Ordre de Bataille auf der andern Seite der Rivière Salm, worauf die Generalität, die unsrige gleichfalls an Ordre de Bataille am Ufer der Rivière gestellt und noch desselben Abends die Chargirung zwischen beiden Armeen den Anfang genommen, demnach durch dieses Rivière ist separirt gewesen, welches ungefähr 20 Schritte breit. Das Contingent hatte die Ehre gehabt, auf dem considerablen Paß mit den von der Armee commandirten Grenadiren commandirt zu sein, welche Passage so Ribinick genannt wird, schon von den französischen Schweizern besetzt gewesen, auch von 2 Bataillonen Franzosen soutenirt, wurde dennoch glücklich repoußirt, von der Passage und aus dem Dorfe zurückgetrieben und den Paß am Rivière hinübermarschirt, mit dem Feinde chargirt, wobei wir 5 Mann verloren und der junge Crassow in den Arm légèrement blessirt, wobei die Nacht eingefallen. Am andern Morgen sind beide Armeen gegen einander in Ordnung an Ordre de Bataille gestellt gewesen, da sich auch Niemand Anders vermuthet, als daß auf das den Abend zuvor angefangene Chargiren, ein ordentliches Treffen erfolgen werde. Es hat sich aber

die feindliche Armee wider alles Vermuthen zurückgezogen, das Con=
tingent ist denselben Morgen wieder selbigen Posten zu behaupten nebst
Kaiserlichen und Hessischen Grenadiren commandirt gewesen, da denn der
General=Feldmarschall Lieutenant von Dimar öffentlich vor dem Ba=
taillon dem Contingent die Ehre gethan und nicht allein seine Zufrieden=
heit von der Conduite bezeigt, sondern auch die vorgefallene Contenance
öffentlich angerühmt, dabei erwähnt, daß der Brief schon in der Arbeit
wäre, so darüber an Ihro Majestät dem Könige ergehen sollte, welches
nichts anders als eine besondere Grace von Ihro Excellenz dem Herrn
Feldmarschall ansehen kann. Ich wollte wünschen, daß wir so voll=
kommen verdient hätten, indessen hat es in der ganzen Armee einen
guten Namen gemacht.

Jetzt stehen wir noch mit der Armee an der Salm in einem zwar
schlechten Zustande, indem es an allem fehlt, sowohl an Brod, als
Fourage, in einem so tiefen Terrain, daß man kaum durchsteigen kann.
Allem Ansehen nach scheint es, daß der Marsch noch weiter fortgesetzt
werden soll, wodurch die Armee, worunter wir mitbegriffen, nicht ein
geringes wird zu leiden kommen u. s. w."

Auf dem weiteren Marsche gegen Trier fanden täglich Scharmützel
statt. Bei Trier machte das Korps Halt.

Die Franzosen hatten sich auf das jenseitige Moseluser zurück=
gezogen und standen sich beide Heere in ihren Lägern gegenüber. Das
Kontingent lag im Lager bei Pfalzel. Hier war der kriegerischen
Thätigkeit ein Ziel gesetzt. Die schon während des Marsches aufge=
tauchten Friedensgerüchte wurden durch folgenden Erlaß bestätigt:

„Zwischen dem Kaiser und dem König in Frankreich ist ein Still=
stand getroffen und sind die Präliminarien unterschrieben, die darin
bestehen, daß der König August vor ein König in Polen erkannt, hin=
gegen ebenfalls in Titulo für eine Königliche Person der Stanislaus
angesehen werden soll. Die pragmatische Sanction solle von Seiten
Frankreichs anerkannt und garantirt werden, mithin die zwei kaiserlichen
Töchter die zwei lothringenschen Prinzen heirathen, nach dem Tode des
Großherzogs von Toskana solle Lothringen und nach dem Tode
Stanislai Bar erblich dem Könige von Frankreich anheimfallen; der
Herzog von Lotharingen solle zum Aequivalent haben Großherzogthum
Toscana, Parma, Piazzenz und Mailand, außer einigen Stücken, so
Savoyen eingeräumt werden, sollen dem Kaiser cedirt werden. Solle
Spanien dieses nicht eingehen wollen, obligirt sich Frankreich ihn durch
Gewalt dazu anzuhalten, bei welchem Falle dem Kaiser erlaubt sein soll,
das Königreich Neapolis wiederum zu conquettiren, mithin der Don

Carlos allein mit Sicilien sich vergnügen laffen soll. All dasjenige, so Frankreich in diesem Kriege von Deutschland conquettirt, soll reftituirt werden und die franzöfischen Völker von deutschem Boden sogleich ab= ziehen. Um sonftige Streitigkeiten abzuthun, solle ein Ort als Aachen oder in Frankreich benannt werden, wo ein Congreß gehalten werden solle."

Die Mittheilung von dem Waffenftillftand und den begonnenen Friedenspräliminarien hatten zur Folge, daß die Truppen des Reichs= heeres in die Winterquartiere abrückten. Dem Kontingent wurde ein trauriger und wenig günftig gelegener Ort in der Eifel, Schöneck, an= gewiesen. Oberftlieutenant v. Kirchbach klagt in seinen vielen Briefen aus dem Winterquartiere, daß nicht einmal alle Offiziere Betten gefunden hätten, vor allem scheint es den biedern Pommern widerftrebt zu haben, in einer bergigen und zerklüfteten Gegend, wie die Eifel, längere Aufent= halt nehmen zu müssen. Während der Wintertage wurde der Friede noch nicht zu Stande gebracht, so daß es im Frühjahr 1736 den An= schein hatte, als ob der Ausbruch neuer Feindsellgkeiten bevorftände. Es kam aber nicht einmal mehr zu einer Konzentration der Armee, obschon die Kontingente in ihren Poftirungsquartieren feftgehalten wurden. Unter den schwierigsten Verhältniffen mußte das kleine Kontingent in Schöneck aushalten, da der Kurfürft von Trier von seiner Reflbenz Ehrenbreitstein aus Ordres gegeben hatte, die in seinem Lande liegenden Truppen des Reichsheeres keineswegs entgegenkommend zu behandeln. Den proteftantischen Pommern aber war die kurfürftlich Triersche Regie= rung am wenigsten hold. Der dem Kontingent beigegebene Regiments= paftor Trolus beschwert sich noch dazu über die Proselyten, die nicht erfolglos an den Mannschaften des Kontingents versucht wurden.

Erft im Sommer 1736 wurde das Kontingent, welches obenein noch mit großem Geldmangel zu kämpfen hatte, aus seinen beinahe einer Gefangenschaft gleichkommenden Poftirungsquartieren befreit und durfte seinen Marsch von der Eifel nach der pommerschen Küfte wieder antreten.

Der polnische Erbfolgekrieg, an dem die kleine Abtheilung des Leib=Regiments der Königin unter dem Oberftlieutenant v. Kirchbach theilgenommen hatte, gehört zu den vom Reiche geführten Kriegen, die deffen Ansehen und Macht schwächten. Durch diesen Krieg ficherte fich Frankreich die Erbfolge in Lothringen.

Schweden krankte an Parteikämpfen im Innern. Jeder Reichstag war ein Feldzug der einen Partei gegen die andere. Die regierende Partei der Hüte ließ die Verwaltung des Landes und das Heer in den

ſchlechteſten Zuſtand gerathen. Dennoch drängte dieſe Partei auf fran-
zöſiſches Betreiben Schweden zu einem Bündniß mit der Türkei gegen
Rußland.

An dem 1741 unter Graf Loewenhaupts Oberbefehl von den
Generalen Wrangel und Buddenbrock unglücklich geführten Kriege in
Finnland nahmen die pommerſchen Regimenter nicht Theil.

Der zu Abo im Auguſt 1743 abgeſchloſſene Friede beendete den
Krieg. Die ſchwediſchen Anführer Loewenhaupt und Buddenbrock wurden
nach ihrer Heimkehr auf Betreiben der Hüte als die an dem Unglück
Schuldigen hingerichtet. Dieſe That zeigt, welche Wege die ſchwediſche
Oligarchie beſchritten hatte.

Im November 1741 war die Königin Ulrike Eleonore kinderlos
geſtorben. Der Reichsrath mußte ſich zur Wahl eines Thron-
folgers entſchließen. Nach langen Kämpfen wurde der Herzog Adolph
Friedrich von Holſtein, der Gemahl der Schweſter des Königs Friedrichs II. von Preußen, als Thronfolger erwählt. — Um ihm die Krone
Schwedens zu ſichern, wurde ſchon dem Herzoge Adolph Friedrich neben
dem Könige die Treue im Dienſteide gelobt. Wir geben den Wortlaut
eines ſolchen Dienſteides wieder, weil er gleichzeitig ein Bild davon
giebt, wie ſich die Reichsſtände neben und über den König geſtellt
hatten:

„Ich gelobe und ſchwere bey Gott und ſeinem heiligen Evangelio,
daß ich will und ſoll vor meinem Geſetzmäßig gecrönten König haben
und halten, den Großmächtigſten König, Friedrich der Schweden, Gothen
und Wenden König etc. Land-Grafen zu Heſſen etc. etc. auf Art und
Weiſe wie der Reichsſtände Beſchluß und Vereinigung vom 24. Martii
1720 verordnet und gebiethet: Und nachdem die Reichs-Stände durch
ihr den 23. Juny einhellig getroffene Wahl zum Nachfolger auf den
Königl. Schwediſchen Thron, nach unſers nun regierenden allergnädigſten
Königes tödtlichen Hintrit, welchen der höchſte Gott lang in Gnaden
abwenden wolle auserſehen, erkohren und erkläret, den Durchlauchtigſten
Fürſten und Herrn, Hertzog Adolph Friedrich, Hertzogen und Admini-
ſtratorn zu Holſtein etc. zum Nachfolger auf den Königl. Schwediſchen
Thron; Alſo will und ſoll ich, wann nach des Höchſten Schickung, unſer
nun regierender allergnädigſter König aus dieſem zeitlichen Leben abgefordert wird, Höchſtgemeldt Seine Königl. Hoheit für meinen Geſetzmäßig erwählten König halten, und wann alsdann derſelbe ſeine Königl.
Verſicherung gegeben, ſeinem Reiche den Eyd gethan, und gecrönet
worden, rechten Gehorſam leiſten, und deroſelben Befehl nachkommen,
wie ſolches verantwortlich ſeyn kann, vor Gott und männiglich, auch in

mitlerzeit Seiner Königl. Hoheit getreu verbleiben, nach äußerstem Ver=
mögen Deroselben Bestes befördern und beobachten, und alles was
Seiner Königl. Hoheit zum Nachtheil gereichen kann, abwenden, und
wann ich vernehme, daß so was obhanden, bey Zeiten zu erkennen geben.
Ich soll auch nach der aufgerichteten und festgestellten Regierungsform
und obengemeldeten Vereinigung, Ihro Königl. Majest. meinem aller=
gnädigsten König rechten Gehorsam leisten, dessen Befehl nachkommen,
und alles Königl. Recht stärken, wie solches verantwortlich seyn kann,
beydes vor Gott und männiglich. Auf das höchste soll ich mir auch
lassen angelegen seyn, zu beschützen und zu befördern alles was zu Ihro
Königl. Majest. Hoheit und zu der Stände Freyheit und Ge=
rechtigkeit auf ein oder andere Arth zu getreuen Diensten und
Nutzen gereichet, wie auch hindern und abwenden allen Schaden und
Verderb, und bey Zeiten zu erkennen geben, wann ich vermerke, daß
so was obhanden. Insonderheit soll ich weder heimlich noch offenbahr,
selbst oder durch andere mit Rath oder That auf einige Weise einzu=
führen, aufzuhelffen und zu beföbern suchen, die unumschränkte
Königliche Eigengewalt oder sogenannte Souverainität,
sondern dieselbe auf das höchste . mit Leben, Kräffte und Vermögen
abzuwehren, und ihr entgegen zu stehen suchen, ich soll auch
entdecken und sofort kund thun, wann ich vermercke, daß etwas zu
beren Einführung in das Reich von andern geschmiedet und vorge=
nommen wird. Ich will mich auch richten nach denen Kriegs Articuln,
denenselben äußersten Vermögens nachkommen, und geleben, nicht weniger
mich, wie es einem redlichen und getreuen Soldaten anstehet, es seye
in Stürmen, Schlachten, Scharmützeln, und all andern Begebenheiten,
worzu ich commandiret werde, beydes zu Wasser und Lande tapffer
und wohl verhalten. In demjenigen was mir sowohl, in Wachten
und Arbeiten, als sonsten, es seye, wo und was es wolle, zu Seiner
Königl. Majest. und des Reiches Bestem anbefohlen wird, soll und
will ich mich willig und fleißig bezeigen. Meinen Vorgesetzten und
Offizirer will ich unterwürfig und gehorsam seyn, in allem was sie mir
zu des Königs und des Reiches diensten gebiethen, und mir vor Gott,
dem Könige, denen Reichsständen, meinen Vorgesetzten und jedem redlichen
Mann verantwortlich sein kann. Von dem regiment und der Compagnie worunter ich gehöre, will ich nicht weichen oder mich heimlich
verbergen, sondern denenselben, so oft es mir angesaget wird und so
lange Leben und Kräffte in mir ist, standhafftig, willig und gerne folgen,
mich auch sonsten in einem und dem andern, als einem verpflichteten und
unerschrockenen Soldaten zustehet, verhalten, sowohl bey dieser Bestallung,

welches ich nun habe, als derjenigen, welche mir ins künfftige, könte vertrauet und anbefohlen werden.

Diesem allen will und soll ich treulich nachkommen wie einem recht=schaffenen und redlichen Soldaten wohl geziemet und anstehet, ohne alle Gefährde und Argelist, und zu solchem Ende bey dem mir allergnädigst anvertrauten Dienst überall mich so verhalten, wie ich es vor Gott, Ihro Königl. Majest. und denen Reichs=Ständen sicherlich will und kann verantworten.   So wahr mir Gott helfe an Leib und Seel."

Das Heer war also verpflichtet, die Versuche zur Wiederherstellung der Monarchie, zur Kräftigung des Königlichen Ansehens niederzuhalten und die „sogenannte" Souveränität zu bekämpfen.   Solche Anschauungen mußten dem Heere, das unter der Führung heldenhafter Souveräne siegen gelernt hatte, den letzten Rest seines früheren Werthes nehmen. Und so war es auch.   Der Parteigeist drang in die Offizierkorps, in denen es zu vielfachen Reibungen gekommen sein muß, denn es sind aus der damaligen Zeit viele Akten vorhanden, die von den Händeln zwischen Offizieren berichten. —

Am 1. Juli 1754 ereignete es sich zum Beispiel, daß der Oberst=lieutenant Marquis de St. Maclou den Major v. Blixen, Beide vom Leib=Regiment der Königin, auf offener Straße in Stralsund mit gezo=genem Degen zum Zweikampf herausforderte. —

Daß unter solchen Verhältnissen der Ruhm des schwedischen Heeres verblassen mußte, ist leicht begreiflich. —

Das Leib=Regiment der Königin führte nach dem Tode der Königin (nur kurze Zeit) den Namen: „Ihro Majestät höchstseeligen Königin Leib=Regiment."   Die Chefs desselben hatten in schneller Aufeinander=folge gewechselt.   An des Generallieutenants v. Zülich Stelle trat der Oberst Graf David Frölich, dem, als er 1748 starb, der Oberst Jonas Adlersträhle folgte, der in dem Regiment Graf Dohna als Oberstlieutenant gestanden hatte.

Auch dieses Regiment hatte 1739 einen neuen Chef in dem General=major Claus Philipp v. Schwerin erhalten, den 1750 der Oberst Baron v. Cronhjort ersetzte.

Neben diesen beiden Regimentern waren für Pommern noch zwei deutsche Regimenter geworben, die 1750 den Baron Posse und den Grafen Spens zu Chefs hatten.   Ebenso war ein kleines Artilleriekorps für Pommern geworben.

Im März 1750 wurde je ein Bataillon des Leib=Regiments und des Regiments Cronhjort nach Rügen verlegt.   Der Generalgouverneur Graf Löwen befahl, daß die Obersten Adlersträhle und Cronhjort diese

Bataillone auf ihre Etatsstärken von 600 Mann bringen sollten und der jüngste Oberst und Oberstlieutenant von beiden Regimentern das Kommando über das kombinirte Regiment führen sollten. Der Grund für diese außergewöhnliche Besetzung Rügens mitten im Frieden ist uns unbekannt geblieben, lange scheint Rügen nicht die Bataillone beherbergt zu haben, denn noch im Jahre 1750 wurde das Leibbataillon des Regiments Cronhjort mit dem des Regiments Posse nach Schonen und Blekinge verlegt. —

Die Erlebnisse der beiden Regimenter in den folgenden Jahren waren keine außergewöhnlichen. Innerhalb ihrer Offizierkorps scheint die Parteispaltung zugenommen und die Kameradschaft gestört zu haben, wie neben anderen der oben angeführte Fall zeigt.

Das schwedische Heer lebte von der Tradition seiner früheren Heldenthaten, es schien wenig befähigt, neue zu vollbringen, als es wieder zum Kriege auszog.

Adolf Friedrich, der Schwager des großen Königs in Preußen, war von der unter französischem Einfluß stehenden Partei der Hüte gezwungen worden, im Interesse Frankreichs sich den Großstaaten Europas anzuschließen, gegen die Friedrich der Große 1756 den Krieg begonnen hatte.

Gegen die Gewährung französischer Subsidiengelder, den Köder des demoralisirten Adels, verpflichtete sich Schweden, gegen Preußen ein Heer von 22,000 Mann, einschließlich der Garnison von Stralsund, ins Feld zu stellen.

Die Garnison von Stralsund bestand 1757 aus den Infanterie-Regimentern: Leib-Regiment der Königin, dessen Chef der Generalmajor Jonas v. Adlersträhle gleichzeitig der Kommandant von Stralsund war; dem Regiment des Obersten Maximilian v. Loewenfels, welcher dem Obersten Baron Cronhjort als Regimentschef gefolgt war und den beiden Regimentern Baron Posse und Graf Spens.

Außerdem gehörten 200 Mann Artillerie zur Stralsunder Garnison, die im Ganzen 5380 Mann betrug.

Am 27. Juni 1757 erging der Befehl zu den Kriegsrüstungen. Dreizehn Regimenter Infanterie mit 11,580 Mann und sechs Kavallerie-Regimenter mit einer Etatsstärke von 4000 Pferden nebst einer zahlreichen Artillerie wurden zur Ueberführung nach Pommern bestimmt. Den Oberbefehl über das ins Feld ziehende schwedische Heer erhielt der kränkelnde, hochbetagte Feldmarschall v. Ungern-Sternberg, ein Veteran des Heeres Carls XII. Sein körperlicher Zustand gestattete ihm nicht sogleich mit seinen Truppen ins Feld zu ziehen, über die

interimistisch der Generallieutenant Hamilton den Befehl übernahm. Auf
11 Linienschiffen, 5 Fregatten und 4 Galeeren fuhr das schwedische Heer
nach der pommerschen Küste.

Während der Ueberfahrt trat so stürmisches Wetter ein, daß ein
Theil der Artillerie verloren ging.

Das kleine schwedische Heer, dessen innerer Werth nichts mehr mit
dem Heere Carls XII. gemein hatte, trat in den Kampf mit dem besten
Heere Europas unter dem Oberbefehle seines großen Königs. Ein
Kampf zwischen dem schwedischen und preußischen Heere hätte nicht lange
auf eine endgiltige Entscheidung warten lassen, aber die zum Theil neu
aufgestellten Truppen, die Friedrich der Große seinen nordischen Feinden
in Pommern allein entgegenstellen konnte, waren nicht Bataillone, wie
sie in den fridericianischen Schlachtlinien der anderen Kriegstheater
standen.

Die Schweden basirten ihre Operationen in Pommern auf Rügen
und Stralsund. Hier residirte der Generalgouverneur Graf Loewen als
Statthalter von Pommern. Weil der Reichsrath ihm wegen seiner bekannten Abneigung gegen ein französisches Bündniß nicht traute, so wurden
der General Lautingshausen und zwei Reichsräthe als Kriegskommission
an seine Seite gestellt.

Die gelandete Feldarmee bezog zunächst ein Lager bei Greifswald.
Von den Garnisontruppen Stralsunds war anfänglich nur das Regiment
Graf Spens zur Feldarmee mit herangezogen, weil dieses Regiment
allein, das bestimmt war als schwedisch-pommersches Reichs- und Kreis-
Mannschaftskontingent zu dem aufgebotenen Reichsheere zu stoßen, die
volle Feldequipage besaß. Die preußischen Truppen gestatteten vorerst
nicht den ungefährdeten Marsch des Regiments zum Reichsheere und so
zog es Hamilton zur Feldarmee heran.

Am 12. September begann er die Operationen mit einem Vormarsch in drei Kolonnen gegen die Peene unter den Generalen Liewen,
Lautingshausen und Ehrenswaerd. Dem schwedischen Vordringen konnte
kein preußischer Widerstand entgegengestellt werden, da keine Feldarmee
in Pommern stand und die schwache Besatzung Stettins unter General
Manteuffel sich auf die Vertheidigung der preußisch-pommerschen Hauptstadt beschränken mußte. Dennoch waren die Bewegungen der Schweden
sehr langsam und ereignißlos. Die einzige That war die Einnahme
der Insel Wollin durch den Oberstlieutenant Blixen, der mit 300 Mann
ein preußisches Detachement von der Insel vertrieb und sich der Stadt
bemächtigte. — Mankell giebt an, daß Blixen dem Loewenfelsschen
Regiment angehört habe, wir wissen, daß er zu den Offizieren des

Leib-Regiments der Königin gehört hat. Auch bezweifeln wir, daß das von ihm geführte Detachement einem der beiden Regimenter angehört habe, weil die beiden Garnison-Regimenter anfänglich nicht an den Operationen theilnahmen. General Marschall v. Sulicki bezeichnet in seinem Werk über den siebenjährigen Krieg in Pommern das Nyland-Regiment als das, dem das Detachement des Oberstlieutenants Blixen angehört habe. Wir lassen es daher dahingestellt, ob Mankells Behauptung, das Detachement habe dem Regiment Loewenfels angehört, begründet ist.

Der Feldmarschall v. Ungern-Sternberg, der am 10. Oktober das Kommando übernommen hatte, verharrte lange in Unthätigkeit, die um so unerklärlicher ist, als er nicht zu fürchten brauchte, einem feindlichen Heere im offenen Felde zu begegnen. Ein denkbarer Grund ist der, daß er sich in Pommern zu isolirt fühlte, so lange er nicht mit den Russen zu gemeinsamer Operation schreiten konnte.

Zwischen dem schwedischen und dem russischen Heere stand die preußische Armee des Feldmarschalls Lehwaldt. Ungern-Sternberg suchte darum mit dem französischen Heere Richelieus von der unteren Elbe her Operationen gegen die Mark zu vereinbaren. Der Sieg von Roßbach zerstörte aber für den Augenblick derartige Kombinationen. Doch nahm sie der französische Oberfeldherr Richelieu bald wieder auf und sendete den Marquis de Montalembert in das schwedische Hauptquartier. Von diesem genialen Franzosen,*) der einen großen Einfluß auf die schwedische Heerführung gewann, ging der Plan zu einer Vereinigung schwedischer und französischer Truppen bei Havelberg zu gemeinsamer Operation gegen Berlin aus. Diesem Plane stimmte der Feldmarschall Ungern-Sternberg aber nicht zu, weil er inzwischen von dem Anmarsch des Lehwaldtschen Korps aus Preußen unterrichtet worden war. Der schwedische Heerführer wollte sich nicht von seiner Operationsbasis entfernen und blieb unthätig stehen. Die Nachricht von der Schlacht bei Leuthen und das Erscheinen der Lehwaldtschen Truppen an der Peene hatten zur Folge, daß Ungern-Sternberg seine Schweden ohne erfindlichen Grund in Eile unter die Kanonen von Stralsund zurückführte. Blixen mußte Wollin vor den Preußen wieder räumen. In den letzten

---

*) Mémoire sur les opérations de l'armée suédoise von Montalembert, abgedruckt in: „Correspondance de Monsieur le Marquis de Montalembert." London, 1777. Eine Sammlung von Briefen, die für das Studium des Beginnes des schwedisch-preußischen Krieges von hohem Werth ist.

Tagen des Jahres 1757 waren alle Schweden hinter der Peene auf schwedischem Gebiete.

Ungern=Sternberg, der einsah, daß er eine Armee vor dem Feinde zu führen nicht im Stande sei, erbat seinen Abschied und legte am 7. Januar 1758 das Kommando in die Hände des Generallieutenants und Reichsraths Rosen, der dasselbe auch bald aus Krankheitsrücksichten an den General Hamilton abgab.

Lehwaldt rückte langsam gegen Stralsund vor und schloß diese Festung und die schwedische Armee ein.

Die Sturmfreiheit Stralsunds, das von einem Meeresarme und zwei großen Landseen ganz umschlossen ist, wurde im Winter 1758 durch einen außergewöhnlich starken Frost, der eine dicke Eisschicht um Stralsund legte, sehr beeinträchtigt. Lehwaldt entschloß sich aber nicht, Nutzen aus diesem ihm günstigen Umstande zu ziehen.

Das preußische und das schwedische Heer standen sich bei Stral=sund monatelang fast ganz unthätig gegenüber.

Feldmarschall Lehwaldt legte im März das Oberkommando nieder, an seine Stelle trat der Generallieutenant Graf Dohna. Dieser hielt, trotzdem die Russen durch Preußen schon bis Pommern vorgedrungen waren, die Einschließung von Stralsund und der schwedischen Armee aufrecht. Erst am 18. Juni hob Dohna die Blokade auf und wendete sich gegen die Russen.

Die schwedische Feldarmee hatte während der langen Einschließung furchtbar gelitten, sie zählte nach Abrechnung der deutschen Regimenter nur noch 7000 Mann, 6000 Mann waren krank, 1000 Mann auf die Schiffe abkommandirt, 4000 Mann mankirten. Um die Feldarmee zu verstärken, wurden nun auch die deutschen Garnison=Regimenter theilweise herangezogen.

Aus den beiden Regimentern, Leib=Regiment der Königin und Loewenfels, wurde ein Grenadierbataillon ausgehoben und unter dem Befehl des Majors Graf Meyerfelt in die Feldarmee des Generals Hamilton eingereiht. Diese rückte im August bei Loitz in das preußische Gebiet ein. Sie durchzog brandschatzend die Uckermark und bezog bei Daberkow, Straßburg und Prenzlau Läger. Von hier aus marschirte die schwedische Armee nach dem rechten Flügel über Lichen, Fürstenberg und Rheinsberg ab, um ihre Vereinigung mit einem französischen Korps zu bewirken. Da dieser Marsch die Schweden in bedrohliche Nähe von Berlin führte, so sendete der große König aus Sachsen dem Grafen Dohna schnelle Hilfe unter dem General Werner.

Am 26. September fochten die Schweden und Preußen in diesem

Feldzuge zum ersten Male bei Tarnow auf der Wahlstatt von Fehrbellin. Auch bei diesem denkwürdigen Orte wurde am 28. September
gefochten. Beide Gefechte waren rühmlich für die beiden Gegner und
zeigten, daß die schwedische Tapferkeit im Kampfe nicht erloschen war.
Ueber die Theilnahme des Bataillons Meyerfelt an den beiden Gefechten
fehlt es uns an Mittheilungen.

Da die Vereinigung mit den Franzosen nicht zu bewerkstelligen
war, so ging das schwedische Heer von Fehrbellin auf Prenzlau zurück,
um von hier aus dem bis Stargard vorgedrungenen russischen Heere
unter Fermor die Hand zu einer geplanten gemeinsamen Operation
gegen Stettin zu reichen. Dohna wendete sich in richtiger Erkenntniß
der ihm drohenden Gefahr schnell gegen Fermor, während er gegen die
Schweden nur 8 Bataillone und 12 Schwadronen stehen ließ. Er
zwang Fermor von der Oder auf die Weichsel zurückzugehen, während
die Schweden vergeblich darauf warteten, die verabredeten Bewegungen
gegen Stettin beginnen zu können.

Hier war der General Manteuffel mit seinen wenigen dem Dohnaschen Korps zugehörigen Truppen verblieben. Er übernahm nun auch noch
den Befehl über die den Schweden bei Prenzlau gegenüber belassenen
Truppen. Dohna war, nachdem er die Russen zum Zurückgehen gezwungen hatte, mit seinen Truppen auf den sächsischen Kriegsschauplatz
berufen worden.

Zwischen den Truppen Hamiltons und Manteuffels entspann sich
Anfangs November ein lebhafter kleiner Krieg, dessen größte That das
Gefecht bei Güstow am 26. November war. Das Gefecht fiel für das
schwedische Heer ungünstig aus.

Auch General Hamilton fühlte sich der Stellung eines Oberkommandirenden nicht gewachsen und legte die Führerschaft der schwedischen
Feldarmee in die Hände des Generals Lautingshausen.

Derselbe führte in den letzten Novembertagen das Heer wieder auf
schwedisches Gebiet zurück, die Stellung bei Anklam besetzt haltend.
Manteuffel verfügte nicht über eine genügende Anzahl von Truppen, um
die ungünstige Lage des schwedischen Heeres für die preußische Kriegführung auszunutzen. Er blieb vor der Peene auf preußischem Boden
stehen. Um eine thatenreichere Kriegführung in Pommern zu ermöglichen, ließ der König, den seine Operationen gegen Ende 1758 befähigt
hatten, Schlesien vom Feinde zu befreien und Sachsen zu behaupten,
Dohna wieder nach der Peene abmarschiren.

Am 24. November marschirte Dohna aus der Gegend von Eilenburg ab und traf am 20. Dezember bei Stavenhagen im Mecklen-

burgischen ein, um von hier aus gegen die Flanke der schwedischen Auf=
stellung vorzugehen, während Manteuffel gegen die Front demonstriren
sollte. Die Uebergänge über die Reckenitz und über die Trebel, einem
Nebenfluß der Peene, hatte Lautingshausen rechtzeitig besetzen lassen, um
Dohnas Vordringen von dieser Seite zu verhüten. Nur bei Damm=
garten gelang es der Avantgarde Dohnas unter dem General Diericke
den Uebergang zu erzwingen. Als der Angriff auf Dammgarten dem
General Lautingshausen gemeldet wurde, entsendete er das Grenadier=
bataillon des Grafen Meyerfelt und das Kavallerie=Regiment Smaland
zur Unterstützung der 250 Mann starken Besatzung des Ueberganges,
die dem Regiment Loewenfels angehörte und Kapitän Oertzen kom=
mandirte.

Oertzen hatte aber schon, ohne ernsten Widerstand zu leisten, den
Paßübergang bei Dammgarten und eine zu dessen Vertheidigung erbaute
Schanze den Preußen übergeben, so daß Meyerfelt seinen Auftrag nicht
mehr erfüllen konnte und gezwungen war, vor den von Süden her vor=
dringenden Truppen Dierickes bis auf Steinhagen zwischen Richtenberg
und Stralsund zurückzugehen. In dieser Stellung griff ihn Diericke
am 2. Januar 1759 an. Meyerfelt mußte in rühmlichem Gefecht bis
auf Seemühl zurückweichen. Hier bot er tapfere Gegenwehr und ver=
schloß Diericke dadurch das Defilee zwischen dem Krummenhagener See
und den daran stoßenden Höhen und damit den Zugang zu Stralsund
von dieser Seite.

Zu Ende des Feldzuges bezog Dohnas Korps die Winterquartiere
in schwedisch Pommern. Stralsund und mit ihm der größte Theil der
schwedischen Feldarmee wurde wieder eingeschlossen, ohne daß die Preußen
sich der Festung, die über den offenen Seeweg und die ungestörte Ver=
bindung mit Rügen verfügte, bemächtigen konnten.

Der Feldzug 1759 begann sehr spät. Erst am 15. August konnte
General Lautingshausen nach dem Abmarsch der letzten Theile des
Dohnaschen Korps, das nach Hinterpommern und Westpreußen den
Russen entgegenzog, sein kleines Heer aus den Thoren von Stralsund
gegen die preußische Grenze führen. Er detachirte den General Fersen
mit etwa 4000 Mann, zu denen das Grenadierbataillon Meyerfelt
gehörte, welches aus den beiden Regimentern wieder kompletirt worden
war, zur Eroberung der beiden Oderinseln.*) Am 18. August ging
Fersen bei Wolgast auf die Insel Usedom über und warf die preußischen

---

*) Der siebenjährige Krieg in Pommern und in den benachbarten Marken
von Marschall v. Sulicki, königl. preußischer Generalmajor a. D.

Vorposten auf Swinemünde zurück. Das Detachement bezog am 21. ein Lager unweit Swinemünde und schloß die Stadt mit der daneben gelegenen Westredoute ein. Am frühen Morgen des 27. August schritt Fersen zum Angriff auf Swinemünde. Das Grenadierbataillon Meyerfelt und ein Bataillon Leibgarde griffen in erster Linie an. Die mit Pallisaden verwehrte und hartnäckig vertheidigte Stadt Swinemünde wurde genommen. Am 1. September ergab sich auch die Westredoute den Schweden. Am 12. September ging Fersen auf die Insel Wollin über. Am 15. unternahm Fersen mit dem Grenadierbataillon Meyerfelt und einem anderen Bataillon eine gewaltsame Rekognoszirung der Befestigung der Stadt Wollin, in Folge deren der Sturm auf dieselbe beschlossen wurde.

Das Grenadierbataillon Meyerfelt und die Leibgarde gingen gegen das Swinethor und Dückerthor vor. Durch diese Bataillone gedeckt sollte eine Abtheilung Freiwilliger den Wall zwischen beiden Thoren ersteigen. Der Angriff wurde durch die Artillerie vorbereitet. Das Bataillon Meyerfelt stürmte mit großer Tapferkeit zweimal gegen das Swinethor, wurde aber durch Flankenfeuer zum Rückzuge gezwungen. Durch seinen Muth hatte aber das Bataillon fast die ganze preußische Besatzung auf sich nach dem Swinethor hinabgezogen, wodurch es der Leibgarde gelang, das Dückerthor zu erobern. Wollin gelangte in schwedischen Besitz. Die Verluste an diesem Tage waren auf beiden Seiten beträchtliche. —

Nachdem Fersen die Inseln Usedom und Wollin besetzt hatte, führte er sein Detachement über das frische Haff zu dem Gros der Armee Lautingshausens heran, die er am 1. Oktober erreichte.

Die schwedische Hauptmacht war am 21. August über die Peene gegangen und hatte Anklam und Demmin genommen. Bei dem weiteren Vordringen in der Richtung auf Stettin wurde Pasewalk von den Schweden okkupirt und von dort aus die Uckermark gebrandschatzt.

Preußischerseits konnte nur geringer Widerstand geleistet werden. Die für Friedrich den Großen unglückliche Schlacht bei Kunersdorf hatte zur Folge gehabt, daß Pommern bis auf die Stettiner Garnison von Truppen entblößt worden war. Die Deckung der Mittelmark gegen die Russen war eine wichtigere Aufgabe, als die Verhütung von schwedischen Streifereien in der Uckermark.

Schon Mitte September konnte der große König einen Theil seiner Truppen für die Operationen gegen Schweden wieder frei machen. In dem gegen die Schweden entsendeten Korps bildeten das nachher so berühmte Husaren-Regiment Belling und das Frei-Regiment Hordt die

Avantgarde. In den ersten Tagen des Oktober kämpften Manteuffel und Lautingshausen um den Besitz von preußisch Vorpommern. Der in seinen Einzelheiten hoch interessante und lehrreiche Zug der Avantgarde Bellings gegen die schwedischen Detachements, die Graf Putbus und Prinz Hessenstein befehligten, zwang die Schweden sich ganz auf Pasewalk zurückzuziehen.

Die Regimenter der Königin und Loewenfels hatten neben dem aus ihnen formirten Grenadierbataillon Meyerfelt von Stralsund aus kleine Abtheilungen als Besatzungen detachirt, die durch die Belling'schen Streifereien Verluste erlitten.

Ende Oktober zogen sich die Schweden wieder auf die Stellung bei Anklam zurück, von wo sie Anfang November wieder ganz auf schwedisches Gebiet hinter die Peene gingen und ihre Winterquartiere bezogen. Der Feldzug 1759 war beendet. An den hervorragendsten Thaten während desselben bei Swinemünde und bei Wollin hatte das Grenadierbataillon der beiden Stamm-Regimenter rühmlichen Antheil.

Die schwedische Winterruhe wurde von Manteuffel durch einen Angriff auf die schwedischen Winterquartiere hinter der Peene am 20. Januar 1760 gestört. Das preußische Korps drang, die Belling'sche Avantgarde voraus, über die Peene bis halbwegs Greifswald vor, fand aber am 24. Januar bei Züssow die ganze schwedische Armee unter Lautingshausen sich gegenüber und mußte gegen die Peene zurückweichen. Lautingshausen folgte mit seiner Armee. Am 28. Januar überfiel er mit Tagesanbruch Anklam, wo General Manteuffel sein Hauptquartier genommen hatte. Das Bataillon Meyerfelt ging in erster Linie bei dem Ueberfall vor. Er gelang vollkommen. Der preußische oberkommandirende General Manteuffel gehörte zu den Gefangenen des Generals Lautingshausen. Einen strategischen Nutzen hatten die Schweden durch den taktischen Erfolg bei Anklam nicht errungen, sie gingen in ihre Winterquartiere hinter die Peene zurück. In Stockholm aber feierte man den Sieg bei Anklam. Nach Tempelhofs Angabe gingen dem General Lautingshausen 78,000 Thlr. Kupfermünze aus freiwilligen Beiträgen zur Vertheilung unter die bei dem Ueberfall betheiligten Truppen zu. —

Während der nun nicht mehr gestörten Winterruhe wurde das schwedische Heer bedeutend verstärkt. Die gesammte schwedische Armee unter Lautingshausen war bei Beginn des Feldzuges 1760 ungefähr 15,000 Mann stark. Ueber das den Schweden entgegenstehende preußische Heer führte an Manteuffels Stelle der General Stutterheim den Befehl. Erst im August 1760 begannen die Operationen, nachdem

Lautingshaufen seine Armee durch fleißige Waffenübungen in Lägern für die bevorstehende Aufgabe vorbereitet hatte.

Lautingshaufen ließ General Ferfen mit der Avantgarde von Grimmen her nördlich Demmin über die Trebel gehen und wandte sich dann mit dem ganzen Heere gegen diese Stadt, die Stutterheim am 20. August aufgab. Belling mit seinen braven Husaren bildete die Arrieregarde. Er hatte täglich Gefechte mit den Schweden zu bestehen. Bei einem Rencontre der schwedischen Avantgarde mit den Belling'schen Husaren gerieth der schwedische Cornet Blücher*) in preußische Gefangenschaft. — Der weitere Marsch der Schweden führte über Boldekow, den Kavelpaß, Heinrichswalde und Straßburg in die Uckermark und auf Prenzlau. Am 6. September erfolgte der Angriff auf diese Stadt. Das Grenadier-bataillon Meyerfelt und das 2. Bataillon des Regiments Westmanland unter dem Befehl des Obersten Petersdorf griffen das Anklamer Thor an. Es entspann sich hier ein heißer Kampf. Prenzlau wurde von den Schweden genommen. Damit endete aber die schwedische Offensive für das Kriegsjahr 1760. Das Hauptheer, zu dem das Grenadierbataillon gehörte, blieb bei Prenzlau bis Mitte Oktober stehen und ging dann wie auch in den Feldzügen der vorangegangenen Jahre über Anklam hinter die Peene zurück. Belling blieb mit seinen leichten Truppen allein am Feinde, die andern den Schweden entgegengestellten Truppen wendeten sich gegen die Russen. Schließlich wurde ein Waffenstillstand bis zum 29. März 1761 vereinbart. Der Feldzug 1760 war beendet, ohne daß die Schweden in demselben hervorragende Thaten vollbracht hatten. Ein großer Theil der Offiziere reiste im November nach Stockholm, um im Reichsrath ihre Stimmen zur Fortführung des Krieges geltend zu machen, entgegen den Wünschen des Königs und seines Volkes. Man trieb nach wie vor im Heerlager Politik, eine traurige Folge der schwedischen Oligarchie. Der Muth und die Tapferkeit der Offiziere wurde aber dadurch nicht beeinträchtigt. —

Vor dem Beginn des Feldzuges 1761 wechselte das Oberkommando in der schwedischen Armee wiederum. An die Stelle des Generals Lautingshaufen trat der General Ehrenswaerd. Am 19. Juli rückte die schwedische Armee, etwa 15,000 Mann stark in drei Kolonnen aus Pommern in das preußische Gebiet. Das deutsche**) Grenadierbataillon

---

*) Geboren in Mecklenburg, war der nachmalige Feldmarschall in Pommern in schwedische Dienste getreten.

**) So wird das aus den beiden Regimentern formirte Grenadierbataillon des Grafen Meyerfelt in Befehlen und Relationen oft genannt.

befand sich bei der Kolonne, die unter dem Befehl des Oberkommandirenden bei Loitz die Grenze überschritt.

Die Kriegslage Preußens war zu Anfang dieses Feldzuges eine
sehr ungünstige. Preußen hatte keine andern Regimenter, die es den
Schweden entgegenstellen konnte, als die wenigen leichten Truppen des
Obersten Belling. Der kühne Oberst, ein epochemachender Lehrmeister
im Detachementskriege, hatte nicht allein die schwere Aufgabe zu lösen,
das Vordringen der Schweden soviel als möglich zu erschweren, als auch
die während des Winters von den Preußen in Mecklenburg angelegten
Magazine zu decken.

Zur Beobachtung der Schweden und Besetzung der Grenze hatte
Belling kleine Detachements an den Hauptausgängen aus Pommern aufgestellt und sein Gros bei Lage Stellung nehmen lassen.

Die ersten Unternehmungen des Generals Ehrenswaerd waren gegen
die Magazine zu Malchin und Treptow gerichtet. Es begann der De-
tachementskrieg, der dem Obersten Belling unsterblichen Ruhm in der
preußischen Kriegsgeschichte gesichert hat. Ohne daß große Truppenmassen mit einander rangen, ohne daß große Operationen einem Endziel
zustrebten, ist der Feldzug Bellings gegen die Schweden Ehrenswaerds
1761 einer der lehrreichsten Feldzüge. Wir können hier nur kurz auf
die Ereignisse während desselben eingehen, an denen das Grenadierbataillon Meyerfelt betheiligt gewesen ist. Das Bataillon befand sich
bei dem Uebergang über die Peene bei Loitz in der Avantgarde unter
dem General Stackelberg. Ein dort stehendes preußisches Detachement
zog sich von Loitz auf Demmin und bei der weiteren Verfolgung über
diese Stadt hinaus längs der Peene ab, wobei es zu einem für die
preußischen Waffen ungünstigen Gefecht etwa eine Meile südwestlich
Demmin kam. Auch an den andern Uebergangspunkten wurde der
preußische Widerstand von den Truppen Ehrenswaerds leicht überwunden.
Er blieb aber nach den ersten Erfolgen bei Demmin stehen, wo er die
entsendeten Kolonnen an sich heranzog. Es geschah auf schwedischer
Seite nichts weiter, als daß eine Avantgarde unter dem General Prinzen
Hessenstein südwärts vorgeschoben wurde. Kleine Gefechte, die dem
Muthe der Belling'schen Husaren Ehre machten, aber ohne Einfluß auf
den Gang der Kriegsereignisse waren, füllten die Zeit bis zum 13. August,
an welchem Tage Ehrenswaerd mit seiner Armee endlich wieder eine
Offensivbewegung unternahm. Da er überlegenen Widerstand nicht zu
fürchten brauchte, so formirte Ehrenswaerd sein Heer wieder in drei Kolonnen. Eine Kolonne ging über den Kavelpaß nach Friedland, diese
führte Oberstlieutenant Meyerfelt, bei ihr befand sich sein Grenadierbataillon. Er forcirte den Kavelpaß und besetzte Friedland. In dem

Gefecht bei Neu-Brandenburg am 22. August scheiterte der anfänglich preußische Erfolg an der Standhaftigkeit des Grenadierbataillons Meyerfelt. Der Feldzug gegen Bellings leichte Truppen hatte dem schwedischen General den Mangel an solchen Truppen sehr empfindlich gemacht. Er beschloß zur Beseitigung dieses Mangels die Bildung eines Freikorps. Dasselbe setzte sich aus zwei Grenadierbataillonen, zu denen das deutsche*) gehörte, dem Bataillon Skaraborg, vier Freikompagnien und acht Schwadronen nebst etwas Artillerie zusammen. Den Befehl über dieses Freikorps übertrug Ehrenswaerd seinem Generaladjutanten, dem General Sprengtporten. Die hervorragendste That des Freikorps war das Gefecht bei Neuensund am 18. September, in welchem die im Centrum stehenden Grenadierbataillone den preußischen Angriff zurückschlugen und den Preußen empfindliche Verluste zufügten.

Schon Mitte Oktober endete der Feldzug mit dem Rückgange des schwedischen Heeres in die Winterquartiere hinter die Peene. Nur die in dem Werke Tempelhof's angedeuteten politischen Gründe lassen eine derartige Kriegführung erklären, wie sie der General Ehrenswaerd mit seiner Armee den wenigen Truppen Bellings gegenüber beobachtete. Dennoch entschloß sich der schwedische Heerführer zu einem Angriff auf die preußischen Winterquartiere in Mecklenburg, als in diesem Lande, das mit Schweden verbündet war, Belling zu energisch requirirte, kontribuirte und Rekruten aushob. Der Herzog von Mecklenburg erbat bei dem General Ehrenswaerd schnelle Hülfe, dieser konnte nicht länger zögern, dem Verbündeten die erbetene Hülfe zu bringen.

In drei Kolonnen brachen die zu der Wiederaufnahme der Feindseligkeiten bestimmten Truppen, zu denen auch das Freikorps Sprengtporten gehörte, auf. Das Freikorps überschritt bei Triebsees, die andern Kolonnen bei Demmin und Loitz die Grenze. Sprengtporten nahm schon am 23. Dezember nach heftigem Kampfe Malchin ein. Bei dieser Stadt wiederholten sich in den folgenden Tagen die Kämpfe zwischen den Truppen Bellings und Sprengtportens, wobei die Schweden meist Sieger blieben. Am 31. Dezember änderte sich aber die Lage Sprengtportens sehr bedenklich, er sah sich in Malchin von 10,000 Mann eingeschlossen. Das Korps des Prinzen Würtemberg war in Mecklenburg zur Verstärkung der Bellingschen Truppen eingetroffen und schloß die Stadt Malchin und mit ihr die Truppen Sprengtportens eng ein. Dieser hielt sich muthig in der kritischen Lage und schlug am 1. Januar 1762 einen Sturm der Preußen ab. Inzwischen setzte sich das bei Demmin konzentrirte schwe-

---

*) Nach Mankell's Angaben. — Marschall Sulitzki dagegen giebt an, daß die Grenadierbataillone des Freikorps sich aus Freiwilligen der verschiedenen Regimenter zusammengesetzt hätten. Wir folgen Mankell's Angaben.

dische Hauptheer gegen Malchin in Anmarsch. Es kam zu blutigen Gefechten bei Neu-Kahlden und Malchin, in denen die Schweden Sieger blieben und den Preußen beträchtliche Verluste zufügten. Die Preußen mußten zurückweichen und die Blokade von Malchin wieder aufheben. Trotzdem räumte General Ehrenswaerd bald wieder Mecklenburg und überließ das befreundete Land den Preußen. Die Schweden kehrten in ihre Winterquartiere zurück. Es kam auch bald zu einer zwischen den Oberkommandirenden abgeschlossenen Waffenruhe bis zum 7. April 1762, die nicht mehr unterbrochen wurde. Am 22. Mai wurde der Friede zu Hamburg zwischen Schweden und Preußen abgeschlossen und das frühere Verhältniß zwischen beiden Staaten ohne territoriale Veränderung wieder hergestellt. Die Theilnahme Schwedens an dem siebenjährigen Kriege hatte dem Lande nur Nachtheile bereitet und dem Heere wenig Ruhm gebracht. Da wo es Lorbeeren erntete, war auch das aus den beiden Stamm-Regimentern kombinirte Grenadierbataillon betheiligt.

Die beiden Regimenter Leib-Regiment der Königin und Loewenfels behielten während des Krieges ihre Garnison in Stralsund. Neben dem Festungsdienst wurden Detachements der Regimenter nach allen pommerschen Städten verlegt. Greifswald blieb, wenn nicht der Feind in Schwedisch-Pommern stand, stets von starken Detachements der beiden Regimenter besetzt.

Die schwedische Provinz Pommern hatte während der fünf Kriegsjahre schwer gelitten, wenn auch der Generalgouverneur Loewen, nach den vorhandenen Korrespondenzen und Reglements zu urtheilen, bemüht gewesen ist, durch streng aufrecht erhaltene Ordnung das Land vor Ausschreitungen des Kriegsheeres zu schützen. Bald nach dem Frieden verließen die schwedischen Nationaltruppen den deutschen Boden und blieben nur die deutschen Garnison-Regimenter in Stralsund und Pommern zurück. Auch diese wurden nach und nach reduzirt und auf schwache Etats zurückgeführt.

Das schwedische Heer war aus dem siebenjährigen Kriege reich an Erfahrungen heimgekehrt, es hatte im Kampfe mit den Truppen Friedrichs des Großen viel gelernt. Um diese Kriegserfahrungen für sein Heer auszunützen, befahl König Adolf Friedrich schon Ende 1762, daß einzelne seiner Regimentschefs ihre Ansichten über wünschenswerthe Aenderungen darlegen sollten. Uns interessirt der sehr eingehende Bericht des Generals v. Hoepken, der als Chef des Leib-Regiments der Königin in einem sehr ausführlichen Bericht besonders auf die Verhältnisse der geworbenen deutschen Regimenter eingeht. Wir entnehmen dem Bericht nur einige wenige charakteristische Stellen:

Großmächtigster, Allergnädigster König!

Zufolge des Briefes des Königlichen Kriegs Collegii vom 9. Dezember 1762 habe ich mit den Stabs-Offizieren und den übrigen Compagnie Chefs des mir allergnädigst anvertrauten Regiments wiederholt Ew. Königl. Majestät gestellte Gnädigste Fragen durchgegangen und folgende unterthänige Bemerkungen dabei um so nöthiger aufzustellen gefunden, als Ew. Königl. Maj. auf das Gründlichste und Zuverläßigste über alles unterrichtet sein wollen, was die hier angeworbenen Regimenter und sowohl deren besondere wie allgemeine Haushaltung betrifft, wohl wissend, daß es unmöglich ist, Truppen jemals in Disciplin zu bringen und folglich auch irgend etwas mit solchen auszurichten, deren Zusammensetzung und Einrichtung fehlerhaft sind.

Das Geschick des Volckes und Reiches ist so eng mit den militairischen Einrichtungen verknüpft, daß man für diese Zwecke gar nicht besorgt und scharfsinnig genug sein kann, wo alles durchaus wesentlich ist und wo der geringste Fehler, welcher Natur er auch sein möge, dem Reiche die größten und gefährlichsten Folgen zuziehen kann.

Die Veränderungen, welche hierin allmählich in Europa, besonders bei unserm Grenznachbaren, dem Könige von Preußen stattgefunden haben, wo man unter zwei Königen unaufhörlich im Militairwesen gearbeitet hat, und endlich die Erfahrungen des letzten Krieges beweisen deutlich genug, wie viel Gewicht darauf zu legen ist, daß hierin nichts vernachläßigt oder verwahrlost werde. Die angeworbenen Regimenter und unter ihnen diese hierher in Garnison verlegten deutschen machen wohl keinen großen Theil der Armee aus, besonders jetzt, wo sie fast zur Hälfte mit einander verschmolzen sind. Jedoch sind dieselben hinsichtlich des Landes und der Festung, in denen sie stationirt sind, bedeutend genug, um so mehr als sie in einem fremden und durch die See vom eigentlichen Reiche getrennten Lande einen guten Theil des Jahres ohne irgend welche Hilfe Anfällen der feindlichen Nachbarn und einer weit überlegenen Macht ausgesetzt sein können. Hierzu kommt (und das lege ich bei alle diesem hauptsächlich zu Grunde), daß Ew. Königl. Majest. und die Krone so gute, ansehnliche und wohl disciplinirte Regimenter fordern können, wie irgend eine Macht, weil hierzu ganz dasselbe gegeben worden ist, was andere Mächte zu gleichen Zwecken verwendet haben. — Durch einen unzureichenden Aufwand hierfür wird weniger als nichts ausgerichtet, weil die angewandten Kosten verloren gehen und weil auch weniger Bedachtsamkeit hierin dem Regimente und den Compagnie Chefs zur Entschuldigung dienen würde. Und da es unbestreitbar ist, daß jede Nation ihren eigenen und besondern Character hat, so würde es ein übel angebrachtes Vorurtheil sein, den deutschen Soldaten nach dem schwedischen zu beurtheilen oder den letzteren als Regel ohne Ausnahme aufzustellen. Wir können hierbei, wie bei jeder andern Sache, nicht anders als vergleichsweise urtheilen, indem wir das Eine neben das Andere halten. Derjenige also, welcher die deutschen Truppen nicht genau genug beurtheilen gelernt oder nicht unter ihnen gedient hat, kann unmöglich glauben, wie weit das Denkungsvermögen dieses Soldaten geht, und in wie weit er den einen Dienst mit dem andern zu vergleichen versteht. Und da die Ehre oder der Eigennutz die hauptsächlichsten Triebfedern des menschlichen Thuns sind, so müßte sich Jemand, wenn er in einem Dienst wäre und sähe, daß er nicht sein Auskommen, keinen zureichenden Unterhalt, keine ausreichenden Montirungsstücke, keine zureichende Pflege und Aufwartung bei eintretenden Krankheiten hätte, doch dazu bequemen. Was aber würde ihn denn bewegen, nicht jeden andern Dienst, (wo ihm das alles zu Theil wird), diesem vorzuziehen und, was noch mehr sagen will, diesen Dienst nicht in üblen Ruf zu bringen, um hierdurch einen Widerwillen gegen denselben, in fremden Ländern zu erwecken? — Zum Schaden für die Krone ist man im Soldatenstande außerdem so vielen unglücklichen Schicksalen unterworfen, daß es unverantwortlich und gegen alle Menschlichkeit wäre, wenn man den Soldaten noch etwas davon nehmen wollte, was zu seinem nothdürftigen Unterhalt und zu dessen Conservirung dienen könnte.

Mit Bezug auf die Gründe und von alle diesem durchdrungen habe ich es für meine Schuldigkeit gehalten, das Folgende in aller Unterthänigkeit aufzuführen und Ew. Königlicher Majestät allergnädigster und gerechtester Prüfung zu unterbreiten.

„Es ist höchst nothwendig versichert zu sein, daß das Regiment in der Weise wie die Verordnung festsetzt, seine Garnison ungetrennt hier in schwedisch Pommern erhält und zu wissen, ob nicht sowohl die Frauen der Offiziere wie die der Unteroffiziere und Soldaten, wenn das ganze Regiment oder wenn auch nur Detachements ausrücken, von der Stadt Servis oder die nöthigen Hausräumlichkeiten und Betten zu bekommen haben, und schmeichelt sich das Regiment um so mehr Ew. Königl. Majestät Beifall hierzu zu erlangen, als unsere Vorfahren in der Zeit der hochseeligen Majestät Carl XII. ihren Servis von hier nach Polen abgeschickt erhielten, während wir nur bis heute das sogenannte Obbdacht bekommen, folglich auch die Capitaine nicht mehr als 1 Thaler Servis zugleich mit den Rüstmeistern erhalten haben.

Daß die General Musterung alle zwei Jahr abgehalten und daß

an Stelle der früher bewilligten 8 Schilling Passevolance pro Mann — in Anbetracht des während des letzten Krieges stattgehabten zahlreichen Abgangs an Volk im deutschen Reiche, und da wir noch keine Erlaubniß haben, überall zu werben, auch das Cartell mit Meklenburg noch besteht, und weil diese Regimenter nicht wie im Preußischen Dienst-Cantons haben oder haben können, aus denen die Regimenter ⅓ ihrer Stärke umsonst nehmen dürfen — diese Passevolance nach der Stärke der Compagnie auf monatlich 24 Schilling pro Mann möchte vermehrt werden.

Zugleich wird gehorsamst darum gebeten, daß eine derartige Verordnung, wie im Preußischen hier von der Königl. Regierung publicirt und streng gehandhabt werden möchte, nämlich daß sobald ein Kanonenschuß wegen eines Deserteurs von der Festung gehört wird, man in allen Dörfern die Glocken läutet. Die Bauern müssen mit ihren Hunden soweit die Dorfgrenzen sich erstrecken, dem Deserteur nachspüren, da derjenige, welcher ihn findet und ergreift, für jeden Mann außer seiner Montirung und seinem Gewehr — vom Capitain ohne Einwendung 5 Reichsthaler, für jeden Mann mit Montirung 8 Thlr. und für jeden mit Montirung und Gewehr 10 Thlr. Pommersch Courant ausgezahlt erhält. — Sollte dagegen das Volk im Dorf diesem Zeichen nicht gehorchen und es nachgewiesen werden, daß der Deserteur durch das Dorf oder über dessen Grenzen gegangen ist, so muß das ganze Dorf den Mann sammt Gewehr und Montirung ersetzen, wenn es bei seinem Entweichen die Hand mit im Spiele gehabt hat, wenn nicht, braucht nur der Mann ersetzt zu werden. Da es oft geschehen ist und es noch geschehen kann, daß ein Compagniechef in einer Nacht das Unglück hat, 5 bis 6 Mann und wohl mehr mit voller Montirung, Riemzeug und Gewehr zu verlieren und es ihm sonach unmöglich sein würde, dieselbe Nummer sofort zu ersetzen (sofern ihm nicht gewisse über complette bewilligt werden) so scheint es billig zu sein, daß ihm keine bestimmte Anzahl von Vacanzen festgesetzt wird, für die er Löhnung erhält, oder daß diese Vacanzen wenigstens auf 10 oder 12 erhöht werden, besonders da ein Compagniechef nach derselben Verordnung der Dienstleistung wegen nicht mehr Vacanzen zu haben bestrebt sein muß, als wozu ihn die höchste Noth zwingt."

Aus diesem und vielen ähnlichen Berichten geht hervor, wie man im schwedischen Heere bemüht war, die im Kriege mit den kriegstüchtigeren Preußen gesammelten Erfahrungen auszunutzen.

Als der König Adolf Friedrich 1771 starb, hinterließ er seinem Sohn ein kriegstüchtiges Heer.

Gustaf III., der älteste Sohn Adolf Friedrichs, war, als sein
Vater starb, im Auslande. Hierher brachte ihm der Generallieutenant
Scheffer die Nachricht von dem Tode seines Vaters und legte ihm
zugleich zur Unterschrift eine Versicherungsakte vor, durch die er sich
zur Aufrechterhaltung der Staatsform von 1720 verpflichten sollte, also
zur fortdauernden Einschränkung des königlichen Ansehens. Gustaf sah,
wollte er in Ruhe den Thron besteigen, vorerst keinen anderen Ausweg,
als die Versicherungsakte zu unterschreiben. Im März verließ der nun=
mehrige König Gustaf III. Paris und reiste zunächst nach Berlin, um
seinen Oheim Friedrich den Großen zu besuchen. Von hier ging er
nach Stralsund, wo er von den Ständen und dem Volke jubelnd auf=
genommen wurde. Die beiden Regimenter, der Königin und Psilander=
hjelm, schworen ihm den Eid der Treue.

Nicht lange nachdem er die Zügel der Regierung ergriffen, mußte
er gegen den Uebermuth und die Uebermacht des hohen Adels einen
offenen Kampf beginnen, in dem er obsiegte. Gustaf III. befestigte seine
Selbstständigkeit, indem er sie durch ein zuverlässiges Heer zu schützen
suchte. Vor allem sorgte er für genaue Bestimmungen über das
Bestehende und gleichgestaltende Reglements und Etats. Auch die beiden
Regimenter in Pommern erhielten einen neuen Etat. Der des Leib=
Regiments der Königin war besser dotirt als der des anderen Regi=
ments, bei welchem aus Ersparnißrücksichten die chargenmäßigen Gehälter
nicht für die volle Stärke gewährt wurden.

Wir geben den Etat von 1775:

Leib=Regiment der Königin.	Regiment Blixen.
Stab:	Stab:
1 Oberst,	1 Oberst,
1 Oberstlieutenant,	1 Oberstlieutenant,
1 Major,	1 Major,
1 Sekondmajor mit Capitainslöh= nung,	1 Sekondmajor mit Capitainslöh= nung,
1 Regimentsquartiermeister,	1 Regimentsquartiermeister,
1 Regimentsadjutant,	1 Regimentsadjutant,
1 Sekondadjutant mit Feldwebel= löhnung,	1 Sekondadjutant mit Feldwebel= löhnung,
1 Regimentsauditeur,	1 Regimentsauditeur,
1 Regimentspastor,	1 Regimentspastor,
1 Bataillonspastor,	1 Bataillonspastor,
1 Regimentsfeldscheer mit 4 Feld= scheergesellen,	1 Regimentsfeldscheer mit 4 Feld= scheergesellen,

4 Hautboisten,
1 Regimentstrommelschläger,
1 Regimentspfeifer,
1 Regimentswebel,
1 Schreiber,
3 Profossen,
1 Stockmeister,
1 Stockknecht.
     Kompagnieetat:
8 Capitains,
12 Lieutenants,
12 Fähnriche,
12 Feldwebel,
12 Sergeanten,
2 Musterrollenschreiber,
36 Unteroffiziere,
60 Corporale,
1140 Soldaten,
24 Trommelschläger.

1 Regimentswebel,
1 Schreiber,
3 Profossen,
1 Stockmeister,
1 Stockknecht.
     Kompagnieetat:
8 Capitains,
3 Stabscapitains mit Lieutenants-löhnung,
9 Lieutenants,
3 Lieutenants mit Fähnrichslöhnung,
9 Fähnrichs,
3 Fähnrichs mit Feldwebellöhnung,
8 Feldwebel,
4 Feldwebel mit Sergeantenlöhnung,
4 Sergeanten mit Unteroffizier-löhnung,
4 Musterrollenschreiber,
33 Unteroffiziere,
3 Unteroffiziere mit Corporals-löhnung,
48 Corporale,
1152 Soldaten,
24 Trommelschläger.

Aus demselben Jahre können wir auch zuverlässige Ranglisten der beiden Regimenter wiedergeben.

Leib-Regiment der Königin.
Stab:
Generalmajor, Oberster, Kommandant und Kommandeur vom Königl. Schwert-Orden, Baron Arvid Niclas v. Hoepken.
Obristlieutenant Ulrich Abelhjelm.
Obristlieutenant und Premiermajor Carl v. Hintzenstern.
Sekondmajor, Graf Carl Friedrich v. Jahnke.

Regiment Blixen.
Generalmajor und Kommandeur vom Königl. Schwert-Orden, Baron Conrad Christoph v. Blixen.
Obristlieutenant Carl David Ankerstroem.
Premiermajor, vakant.
Sekondmajor Magnus Johann Siöholm.
Capitain und Regimentsquartiermeister Johann Adolf Gyllenpamp.

Capitain und Regimentsquartier=
meister Gustaf Hinrich von
Dahlstierna.

Premieradjutant Axel von
Blessing.

Sekondadjutant Malcum Her=
man v. Friedrichs.

Auditeur Johann Ledebour.

Regimentspastor Johann
Joachim Zausen.

Bataillonspastor Anton Frie=
drich Schütz.

Regimentsfeldscheer Bogislaus
Johann Hasper.

Kompagnie-Staat:

Obristlieutenant in der Armee,
Platzmajor David Malcum
v. Schantz.

Major in der Armee Carl Sigismund v. Wackenitz.

Capitain Hennig Gotthard von
Vogelsang.

Capitain Carl Wilhelm von
Schwartzer.

Capitain Johann Gustaf Her=
melin.

Capitain Graf Christian von
Jahnke.

Capitain Friedrich Zachow.

Major in der Armee Christoph
Adam v. Stedingk.

Stabscapitain Johann Abraham
v. Sodenstern.

Stabscapitain Graf Ferdinand
Putbus.

Stabscapitain Herrman Phi=
lipp v. Bock.

Stabscapitain Friedrich Streng.

Lieutenant Baron Sigge Sparre.

Premieradjutant Christian
Bodin.

Sekondadjutant Ernst Willich.

Regimentsauditeur Mandorf
Paulson.

Regimentspastor Herrmann
Gottfried Willich.

Bataillonspastor Joachim Frie=
drich Ploetz.

Regimentsfeldscheer Carl Hinrich
Deute.

Kompagnie-Staat:

Capitain David Silander.

Major in der Armee Carl Wil=
helm v. Reetzow.

Major in der Armee Carl Frie=
drich Stiernroos.

Capitain Bernhard August von
Wolfradt.

Capitain Friedrich Ludwig von
Lilljestroem.

Capitain Gustaf Adolf von
Yhlen.

Capitain Baron Carl Gustaf
Diurklow.

Capitain Joachim Wilhelm
Souhr.

Capitain Friedrich v. Klinkowstroem.

Capitain Reinhold Leinitzer.

Capitain Christoph v. Norr-
mann.

Capitain Johann Christian
Gebda.

Lieutenant Johann Cedersträhle.

Lieutenant Conrad v. Quillfelt.

Lieutenant Johann Georg
Bobker.

Lieutenant Fromhold v. Köhler.

Lieutenant Johann Christian Kindstedt.

Lieutenant Carl Detlof von Platen.

Lieutenant Hinrich Samuel von Born.

Lieutenant Hennig Rudolph de Carnal.

Lieutenant Carl Hartwig von Gaffemoundt.

Lieutenant Andreas Guftaf Niemann.

Lieutenant Johann Carl Sodemann.

Lieutenant Andreas Joachim Gedda.

Lieutenant Carl Friedrich von Wachenfeldt.

Lieutenant Baron Andreas Ehrenswaerd.

Lieutenant Johann Hindrich v. Schöpffenstern.

Fähnrich Baron David Friedrich Maklier.

Fähnrich Thure Didrich von Lilljeftroem.

Fähnrich Bernhard v. Dahlstierna.

Fähnrich Graf Amadeus von Jahnke.

Fähnrich Graf Herrmann Magnus v. Jahnke.

Fähnrich Guftaf Adolf Schubert.

Fähnrich Achates Carl v. Platen.

Fähnrich Friedrich Adolf von Ehrenheim.

Fähnrich Carl Guftaf Terfmeden.

Fähnrich Johann Peter Tarnow.

Lieutenant Baron Carl Guftaf Schoultz v. Afcherade.

Lieutenant Wilhelm v. Quillfelt.

Lieutenant Baron Guftaf Wrangel.

Lieutenant Guftaf Adolf von Kraffow.

Lieutenant Baron Guftaf von Nummers.

Lieutenant Bogislaus von Kahlden.

Lieutenant Carl Philipp von Blixen.

Eine Stelle vakant.

Fähnrich Ferdinand v. Baumann.

Fähnrich Baron Corwitz Staeiil v. Holftein.

Fähnrich Carl Friedrich von Dyke.

Fähnrich Baron Carl Adolf Armfelt.

Fähnrich Alexander Schmitterlow.

Fähnrich Jacob Stumpe.

Fähnrich Jacob Philipp Heffe.

Fähnrich Ernft v. Grap.

Fähnrich Philipp v. Normann.

Fähnrich Baron Ph. C. Schoultz v. Afcherade.

Fähnrich Carl Hindrich von Slicht.

Eine Stelle vakant.

Die ersten Jahre seiner Regierung verlebte Guſtaf im Frieden nach außen, während er die Aufſtände der beiden Adelsparteien zu bekämpfen hatte. Seine Reformen ſollten ſeinem Lande eine glückbringende Zeit geben. Die durch ſeine Verbeſſerungen nothwendigen Abänderungen des Hergebrachten ſchufen aber mehr Unzufriedene als Zufriedene, und der König ſah ſehr bald, wie gering der Erfolg war, den er erhofft hatte. Die Unzufriedenheit in ſeinem Volke erhielt Nahrung durch den Glanz, mit dem der König ſeinen Hof umgab, und die koſtſpieligen Reiſen, die er ins Ausland unternahm. Auf einer Reiſe an den Petersburger Hof ſtellte er das Einvernehmen mit demſelben äußerlich wieder ganz her, dennoch blieb Guſtaf von dem Wunſche beſeelt, die erſte Gelegenheit zu benutzen, die es ihm geſtatten werde, die an Rußland verlorenen Provinzen ſeinem Reiche zurückzuerobern.

Als Rußland 1788 in einen Krieg mit der Türkei verwickelt wurde, verſammelte Guſtaf ſein Heer und ſeine Flotte zum Angriff unter dem Vorwande eines 1739 mit der Pforte abgeſchloſſenen Schutzbündniſſes und unter der Behauptung, Rußland habe unausgeſetzt geheime Umtriebe in Schweden angewendet, um die Unzufriedenheit des Volkes gegen ſeinen König zu erregen. Durch einen plötzlichen Angriff wollte er ſich in den Beſitz der wichtigen Feſtung Friedrichsham am Finniſchen Meerbuſen ſetzen und ſich von hier den Weg nach Petersburg öffnen. Bevor der König zur Armee abging, traf er alle Anſtalten zum Schutze ſeines eigenen Landes. Er befürchtete anfänglich eine Landung in Schonen und ließ die hier ſtehenden Regimenter zuſammenziehen. Im September 1788 zog er in großer Eile von den pommerſchen Regimentern 1650 Mann nach Yſtadt heran. In Stralſund blieben die Reſte beider Regimenter in je einem Bataillon formirt; das Bataillon des Regiments Königin unter dem Kapitän Streng, das Bataillon vom Blixenſchen Regiment unter dem Major Diurklow. Beide Bataillone wurden dem Kommandanten Oberſten Pollet im Befehl direkt unterſtellt.

Die für Schweden beſtimmten Mannſchaften, vom Regiment Königin 820 Mann, vom Regiment Pſilanderhjelm 827 Mann, wurden am 15. September auf 12 Kauffahrteiſchiffen nach Yſtadt eingeſchifft und langten nach günſtiger Fahrt in wenigen Tagen dort an. Die bei Yſtadt eingetroffenen Theile der Regimenter formirten je 2 Bataillone und ſollten zu dem ſich dort ſammelnden Korps des Feldmarſchalls Ferſen treten.

Außerdem ſammelte ſich bei Wenersborg eine Diviſion unter dem Generallieutenant Hjerta und in Wermland eine Brigade unter dem Oberſt Armfelt. Gleichzeitig beſchloß Guſtaf III. den Landſturm in diesen Gegenden zu organisiren. Er reiste am 10. September von Stockholm nach Dalarne, der schwedischen Vendee, ab und förderte hier die Organisation von 3000 Mann Landsturm. Carlstadt wurde zur Vertheidigung hergerichtet.

Rußland hatte, als Schwedens feindliche Absichten hervortraten, sogleich Dänemark aufgefordert, von Norwegen her in Schweden einzumarschiren, um dessen Streitkräfte zu versplittern.

Am 24. September 1788 rückte der dänische Heerführer Prinz von Hessen mit etwa 8000 Mann in Bohuslän ein.

Der Generallieutenant Hjerta hatte inzwischen von Wenersborg den Obersten Tranefelt mit 350 Mann nach Strömstadt und Swinesund entsendet, um der Tete des dänischen Heeres entgegenzutreten. Tranefelt zog sich den 27. September schnell nach Quistrum zurück, wo er sich verschanzte und Verstärkung erhielt. Dennoch wurde er am 29. September zur Kapitulation mit seinen Leuten gezwungen. Die norwegische Armee drang nun schnell gegen Göteborg vor, um dies zu nehmen, ehe dort Verstärkung anlangte.

Am 30. September rückte die norwegische Armee in Ubbewalla ein und besetzte am 3. Oktober Wenersborg, welches von der nur 300 Mann starken schwedischen Besatzung geräumt wurde. Diese zerstörte bei ihrem Rückzuge die Brücke über den Göta-Elf. Am 4. Oktober drang der Feind in dem an der Westküste Schwedens sich erstreckenden Bohuslän weiter vor. Ein Theil der norwegischen Truppen schlug am 6. Oktober bei Edet eine Brücke und ging über den Göta-Elf. Auf die Kunde von dem Vordringen des Feindes befahl Gustaf III., daß alle entbehrlichen Truppen aus Wermland und Westgothland herangezogen werden sollten und marschirte selbst mit den aus Pommern angelangten Truppen und den Schonenschen Husaren nach Göteborg. Am 5. Oktober traf er hier ein und ließ sogleich mit großem Eifer die Befestigung der Stadt verstärken. In den folgenden Tagen vermehrten sich seine Truppen durch weitere Zuzüge bis auf 5000 Mann, die er unter den Befehl des Generallieutenants Graf Sparre stellte.

Die beiden deutschen Regimenter genossen das königliche Vertrauen im vollsten Maße, und entsprang aus demselben eine besondere Fürsorge Gustafs für diese.

Am 8. Oktober bestimmte er durch eine Kabinetsordre eine Aenderung der Uniform, die dem rauhen Klima Schwedens und dem voraussichtlichen Winterfeldzuge angepaßt sei; auch für wärmere Kopfbedeckungen der beiden Regimenter sorgte der König. Die Sorge für die Beschaffung und Bezahlung der warmen Uniformstücke übertrug er aber der pommerschen Kammer, und von Stralsund aus mußte das Nothwendige schleunigst gesendet werden.

Das Heer des Prinzen von Hessen erschien vor Göteborg bereits am 6. Oktober. Er forderte sogleich die Uebergabe; seine Forderung wurde zurückgewiesen. Inzwischen hatte der Friedensbruch Dänemarks die Aufmerksamkeit anderer Regierungen wachgerufen, denen daran gelegen sein mußte, daß kein Krieg im Norden ausbräche.

Der englische und preußische Gesandte in Kopenhagen, der holländische in Stockholm, eilten nach Göteborg und veranlaßten am 9. Oktober Unterhandlungen mit dem Prinzen von Hessen, in Folge deren ein Waffenstillstand zu Stande kam.

Der Prinz von Hessen trat den Rückzug nach Uddewalla an, wo er am 22. Oktober eintraf. Am 4. November zog er sich noch weiter nordwärts und hatte am 12. November das schwedische Gebiet bereits wieder ganz geräumt, nachdem am 5. November der Waffenstillstand bis zum 1. Mai 1789 verlängert worden war. Aus diesem Waffenstillstande ging später der Friede mit Dänemark hervor.

Inzwischen waren die Bewegungen gegen die Russen in Finnland eingeleitet worden, doch setzte ihnen die rauhe Jahreszeit zunächst ein Ziel.

Die beiden Regimenter bezogen noch im Oktober 1788 ihre Winterquartiere. Das Leib-Regiment der Königin ging nach Christianstadt und Landscrona, das Regiment Pfilanderhjelm nach Malmö. In Finnland hatten die Russen bedeutende Rüstungen betrieben, ihr Landheer bestand aus 60,000 Mann, die große Flotte und die Scheerenflotte waren bedeutend verstärkt. Ende Mai 1789 wurde der Krieg auf beiden Seiten mit großer Lebhaftigkeit begonnen. Der König Gustaf focht selbst als Freiwilliger in dem Gefecht bei Uddismalm, er siegte bei Likala am 3. Juli und rückte gegen Friedrichsham, das er aber nicht einnehmen konnte.

Die beiden Regimenter waren im Laufe des Sommers auf Schiffen in Finnland eingetroffen und der Division des Generallieutenants v. Meyerfelt zugetheilt worden, in der sie den Feldzug 1789 mitmachten. Während des Winters 1789/90 gehörte das Regiment Königin zur Division des Generals Platen, welche um Lowisa ihre Winterquartiere nahm. Das Regiment Pfilanderhjelm bildete die Garnison von Sweaborg. Im Frühjahr 1790 wurden beide Regimenter auf die Flotte kommandirt. Das Regiment Pfilanderhjelm kam auf die Armee oder Scheerenflotte, das Regiment Königin auf die Kriegs- oder Orlogsflotte.*) Der König begab sich selbst auf die Scheerenflotte und griff den russischen Admiral, den Prinzen von Nassau, am 15. Mai bei Friedrichsham an. Er siegte und nahm dem berühmten Seehelden 38 Schiffe weg. Gustaf versuchte von Neuem eine Erstürmung von Friedrichsham, aber wieder ohne Erfolg. Er faßte nun den Entschluß, Petersburg selbst anzugreifen. Am 2. Juni setzte er bei Björke, 9 Meilen von Petersburg, Truppen ans Land, zugleich griff der schwedische Admiral, Herzog Carl von Südermanland, die russische Flotte vor Kronstadt an. Gustaf versuchte, die Kriegsflotte des Herzogs mit der Scheerenflotte zu unterstützen, aber ungünstige Winde hielten ihn zurück. Es gelang einer russischen Flotte von Reval her, sich mit der vor Kronstadt zu vereinigen und die gesammte schwedische Flotte in die Bucht von Wiborg zu drängen und hier die Schweden einzuschließen. Von Hunger und Wassermangel getrieben, blieb den Schweden nur die Wahl, sich zu ergeben oder durchzuschlagen. Bei einem heftigen Sturme unternahm Gustaf am 3. Juli das kühne Werk. Es gelang ihm auch nach einem blutigen Kampfe und mit einem Verluste von 7 Linienschiffen, 31 Fregatten, 31 Scheerenschiffen und 7000 Mann aus der Wiborger Bucht nach dem Svensksund sich durchzuschlagen. Dorthin folgten ihm aber die Russen. Der Prinz von Nassau, seines Sieges gewiß, beschloß, den Geburtstag seiner Kaiserin Katharina, den 9. Juli, durch die Vernichtung der schwedischen Flotte zu feiern; schon ließ er auf seinem Admiralsschiffe die Zimmer für den als sicheren Gefangenen betrachteten König Gustaf herrichten. Dieser hatte geschworen, zu sterben oder zu siegen. Er durfte das letztere. Eine der blutigsten Seeschlachten begann und endete mit dem Ergebniß, daß die eingeschlossene, durch frühere Kämpfe fast aufgeriebene Flotte der Schweden nicht allein vollständig siegte, sondern daß es ihr sogar gelang, die russische Flotte gänzlich zu vernichten. 55 Schiffe und 643 Kanonen fielen den Schweden in die Hände. Nassau selbst rettete sich mit Mühe aufs feste Land. Die Russen verloren 14,000 Mann an Todten und Gefangenen.

Beide Regimenter hatten Theil an den Siegen vor Friedrichsham und im Svensksund. Leider sind unsere Bemühungen, Einzelheiten über ihre Theilnahme an den beiden Seeschlachten mit Sicherheit festzustellen, erfolglos geblieben. Nur die nachstehende Kabinetsordre, die Gewißheit über das Wohlverhalten der beiden Regimenter giebt, fanden wir in

---

*) Die Orlogs- oder Kriegsflotte war für die Operationen auf der See bestimmt; die Scheeren- oder Armeeflotte begleitete die Armee bei ihren Operationen an der Küste, sorgte für Verpflegung u. s. w.; auch diente sie als Reserve für die Kriegsflotte.

den Akten der Stralsunder Kommandantur. Sie ist an den General-lieutenant und Kommandanten von Stralsund, Pollet, gerichtet. Daraus geht auch hervor, daß er, dem das Kommando über die in Pommern zurückgebliebenen Theile der beiden Regimenter übertragen war, nach Finnland gefolgt ist; ob er Verstärkungen dorthin aus Stralsund mit-führte, wissen wir nicht:

Gustaf von Gottes Gnaden, der Schweden Gothen und Wenden König, Erbe zu Norwegen, Hertzog zu Schleswig-Holstein p. p.

Unsern Besonderen Gruß und gnädiges Wolwollen mit Gott dem Allmächtigen Unserm treuen General-Lieutenant und Commandeur von Unserm Schwerdt-Orden. Nachdem wir beschlossen mit einem be-sondern Ehrenzeichen, diejenigen Offiziere auszuzeichnen, die unter ver-floßenem Feldzuge unter Unserem eigenen Befehle durch ihren Muth und Tapferkeit zu den beyden Siegen beygetragen haben, die Wir über die Russische Scheerenflotte unterm 15. May und 9. Juli verfloßenen Jahres erfochten haben, und Wir demnach schon die hiesigen Offiziere damit bekleidet haben; senden Wir nun dasjenige das Wir Euch bestimmt haben, dem General-Lieutenant Freyherrn von Armfelt, der solches nach verrichtetem Gottesdienste in der Haupt und Cathedralkirche der Stadt Euch zu überreichen hat; Welches Ihr alsdann auf der Brust mit einem goldenen Schnur um den Hals befestigt, zu tragen habet. Mit dieser Ceremonie ist aller Anstand und Würde zu vereinigen, die das Andencken Zweyer für Uns und dem Reiche wichtigen Siege ver-dienen; und Wir erwarten über den Verlauf davon einen vollständigen Bericht. Diejenigen für die übrigen bey beyden obgenannten Schlachten gegenwärtig gewesenen Offiziere der Pommerschen Truppen, Bestimmten Ehrenzeichen, übersenden Wir Euch hiemit, damit nachdem ihr von dem General-Lieutenant Baron Armfelt Zuerst das Eurige werdet er-halten haben, ihr alsdann dasselbe auf nehmliche Weise in Unserem Namen an diejenige Offiziere überreichet deren Nahmen den hier bey-gefügten Verzeichnißen einverleibt sind; die größeren um den Hals, die kleinern im Knopfloch tragend. Wir empfehlen Euch in Gnaden dem Schutze des Allmächtigen. Gegeben in Unserem Schlosse zu Stockholm d. 18. Februar 1791.

Gustaf.

Die Namen der dekorirten Offiziere und Mannschaften kennen wir nicht, da das in der Kabinetsordre angedeutete Verzeichniß nicht mehr zu finden war. — Der Sieg im Svensksund war das letzte große Er-eigniß in dem finnischen Kriege. Am 14. August 1790 fand er durch den Frieden zu Werelä seinen Abschluß. Noch im Herbst 1790 kehrten beide Regimenter in ihre pommersche Heimath zurück. Am 12. März fand die feierliche Ueberreichung der Dekorationen durch den General Pollet statt. Am 7. Juli kehrten die letzten Kriegsgefangenen, 27 Mann des Regiments Pfilanderhjelm, aus Finnland zurück.

Der feste Sinn, den Gustaf III. vor dem Feinde bekundete, hatte ihm auch im Innern seines Reiches eine Machtstellung verschafft, wie sie lange Zeit kein schwedischer König in seinem Lande besessen hatte. Dadurch war aber der Adel erbittert und suchte, was ihm durch Widerspruch nicht gelang, durch ein Verbrechen zu erreichen. Auf einem Maskenballe im März 1792 streckte die Kugel des Meuchelmörders den König nieder.

Während im Osten der Frieden hergestellt war, hatte im Westen die französische Revolution ganz Europa zu den Waffen gerufen. Die Staaten, die nicht sogleich mit in den Kampf eintraten, blieben gerüstete Zuschauer desselben.

Auch in Schwedisch-Pommern wurden 1793 die Truppen aus dieser Ursache vollzählig gemacht. Am 1. Oktober betrugen die schwedisch-pommerschen Streitkräfte:

Artilleriebataillon:
12 Offiz. 17 Unteroff. 2 Spiell. 232 Korporale und Gem.
Reitende Artillerie-Brigade:
6 Offiz. 5 Unteroff. 1 Spielm. 77 Korporale und Gem.
Leib-Regiment Königin:
66 Offiz. 51 Unteroff. 24 Spiell. 1145 Korporale und Gem.
Regiment Pfilanderhjelm:
64 Offiz. 56 Unteroff. 24 Spiell. 1173 Korporale und Gem.

Dem König Gustaf III. folgte sein noch unmündiger Sohn als Gustaf IV. unter der Regentschaft des Herzogs Carl von Südermanland auf dem Throne. Am 1. November 1796 übernahm der junge König die Regierung selbst.

Das Ende des Jahrhunderts war der Anfang der Größe Napoleons, der die Armeen der Welt gegen sich zum Kampfe herausforderte. Bevor wir die beiden Regimenter auf ihren neuen Kriegspfaden geleiten, geben wir die erste Rangliste derselben in unserem Jahrhundert, welche die Namen der Offiziere enthält, die den Boden ebneten, auf dem die beiden Regimenter im preußischen Dienste fortbestehen und gedeihen sollten. Die Kommandeure derselben hatten früher gewechselt. An die Spitze des Leib-Regiments der Königin war schon 1784 der General v. Quillfeldt getreten. Der General Pfilanderhjelm war am 19. Oktober 1796 in seiner Stelle durch den Obersten v. Engelbrechten ersetzt worden.

Das Leib=Regiment der Königin.

Generalmajor Carl Gustaf von Quillfeldt.

Obristlieutenant Graf Ferdinand Putbus.

Premiermajor Carl Axel von Normann.

Secondmajor Graf Amadeus Jahnke.

Capitain Thurow Diedrich von Lilljestroem.

Capitain Gustaf Adolf Schubert.

Capitain Malcum Herrmann v. Friedrichs.

Capitain Baron Gustaf Boye.

Capitain Carl Jacob Moritz, Regimentsquartmstr.

Capitain Gustaf v. Vogelsang.

Capitain Graf Ernst Jahnke.

Capitain Carl Bahnkamp.

Capitain Carl v. Vogelsang.

Capitain August v. Bobbien.

Capitain Johann v. Kantzow.

Capitain Gustaf v. Benneck.

Capitain Johann Christian Beyer.

Capitain Johann Gustaf von Böhnen.

Lieutenant Baron Carl Boye.

Lieutenant Emanuel Loeding.

Lieutenant Carl Julius von Roeder.

Lieutenant Carl v. Sodenstern.

Lieutenant Carl v. Quillfeldt.

Lieutenant Carl v. Steegmann.

Lieutenant Bogislaus v. Platen.

Lieutenant Paul Kiellstroem.

Lieutenant Carl v. Schwerin.

Lieutenant Baron Theodor von Bennet.

Regiment Engelbrechten.

Oberst Herrmann v. Engelbrechten.

Obristlieutenant Hindrich Chr. v. Normann.

Major im Regiment David Silander.

Secondmajor Cl. Fromholt von Koehler.

Premiermajor Carl Friedrich v. Pollet.

Major im Regiment Wilhelm v. Quillfeldt.

Capitain Alexander v. Schmitterlöw.

Capitain Carl v. Bilow.

Capitain Gabriel Feltmann.

Capitain Carl v. Gützkow.

Capitain Ernst v. Platen.

Capitain Baron Alexander von Düben.

Capitain Carl Leopold v. Heß.

Capitain Friedrich Rehfeldt.

Capitain Gustaf Grönland, Regimentsquartmstr.

Capitain Carl v. Yhlen.

Capitain Wilhelm v. Souhr.

Capitain C. Ludw. Stjerneroos.

Capitain Anton Friedrich Schütz.

Lieutenant Nils v. Normann.

Lieutenant Carl Silverskiöld.

Lieutenant Gustaf Bahnkamp.

Lieutenant Philipp v. Normann.

Lieutenant Rudger v. Barnekow.

Lieutenant Carl Koeppen.

Lieutenant Carl v. Lilljestroem.

Lieutenant Heinrich Mellendorff.

Lieutenant Friedrich v. Müller.

Lieutenant Carl Kuylenstjerna.

Lieutenant Wilhelm Salomon.

Lieutenant Otto v. Quillfeldt.

Lieutenant Balthesar v. Normann.

Fähnrich Ludewig v. Bassewitz.

Fähnrich Wilhelm de Carnall.

Fähnrich Friedrich Müller.

Fähnrich Gustaf v. Quillfeldt.

Fähnrich Friedrich Nieberg.

Fähnrich Ferdinand v. Schantz.

Fähnrich Carl v. Adlerbaum.

Fähnrich Wilhelm v. Bohlen.

Fähnrich Pereswetoff von Morath.

Fähnrich Joachim v. Barner.

Fähnrich Gustaf v. Beringe.

Fähnrich Wilhelm v. Hagens.

Fähnrich Herrmann Scheele.

Fähnrich Christian Schwinge.

Fähnrich Gustaf v. Friedrichs.

Fähnrich Johann v. Friedrichs.

Auditeur Johann Aspelin.

Regimentspastor Adolf Schlichtkrull.

Bataillonspastor Carl Schoenrock.

Regimentsfeldscheer Christian Philippi.

Beim Regiment placirt:

Major Graf Carl Ernst Taube.

Major Baron Charles Joseph de Hautregard de Beauvall.

Capitain Gustaf v. Hennings.

Capitain Johann v. Wachenhusen.

Lieutenant Hans v. Aminoff.

Lieutenant Friedrich v. Lilljestroem.

Lieutenant Wilhelm Friedrich v. Bagevitz.

Fähnrich Christian Schohl.

Fähnrich Johann Heimberger.

Fähnrich Carl Otto v. Koehler.

Fähnrich Nils Peter Wallje.

Fähnrich Ernst Flint.

Fähnrich Carl v. Sodenstern.

Fähnrich Bogislaus Glüer.

Fähnrich Franz v. Reder.

Fähnrich Bernhard v. Normann.

Fähnrich Georg Schwing.

Fähnrich Adolf Wulffcrona.

Fähnrich Friedrich v. d. Lanken.

Fähnrich Johann Heinrich Graff.

Fähnrich Gustaf v. Koehler.

Fähnrich Johann v. Wachenhusen.

Fähnrich Gustaf v. Stegmann.

Fähnrich Christoph v. Platen.

Fähnrich Malthe v. Schwarzer.

Fähnrich Baron Hans Wachtmeister.

Fähnrich Carl v. Normann.

Fähnrich Philipp v. Langen.

Fähnrich Gustaf Adolf von Behrenfels.

Fähnrich Ehrenfried v. Voß.

Regimentsauditeur Friedrich von Bonne-Creutz.

Regimentspastor Balthasar Wüstenberg.

Bataillonspastor Carl Hindrich Denecke.

Zum Dienst placirt:

Capitain Francois Chevalier de Marcq.

Lieutenant Wilhelm v. Thun.	Capitain Claas v. Préen.
Fähnrich August Wackerow.	Lieutenant Herrmann v. Reder.
	Lieutenant Heinrich Friedrich v. Schmidt.

Gustaf IV., einer der eifrigsten Gegner der französischen Revolutionsbestrebungen und Napoleons, trat erst 1803 mit seinen feindlichen Gesinnungen hervor, als er, am badischen Hofe in Carlsruhe weilend, in direkte Beziehungen zu den Feinden Napoleons trat.

In Schweden wurde zum Kriege gegen Frankreich gerüstet. Die gegen Frankreich angeordneten militärischen Maßregeln wurden aber so matt betrieben, daß dadurch die mögliche Theilnahme an einem Kriege weit hinausgeschoben wurde. Das Einzige, was geschah, war, daß im Herbst 1804 3000 Mann, sowie 16 Kanonenschaluppen aus Schweden nach Pommern gesendet wurden. Gleichzeitig wurde mit der Ausbesserung der Festungswerke Stralsunds begonnen. Die Truppen fanden bei diesen Arbeiten Verwendung. Dem Generalgouverneur von Pommern, Generallieutenant Essen, wurde der Generallieutenant Armfelt als Truppenkommandeur unterstellt.

Im April 1805 trat Schweden der dritten Coalition gegen Napoleon bei und wurde dadurch Verbündeter von England, Oesterreich und Rußland. Die Verbündeten wollten ein von England bezahltes großes Heer aufstellen, durch welches die Franzosen nach Frankreich zurückgetrieben werden sollten. Preußen trat der Coalition nicht bei, wies aber auch das ihm angebotene Bündniß mit Frankreich zurück. Am 25. September 1805 begann der Feldzug „der großen Armee" Napoleons gegen die Heere der dritten Coalition.

Im August war ein Kriegsplan zwischen den Verbündeten aufgestellt worden, nach welchem 15,000 Russen unter General Ostermann-Tolstoi in Pommern landen, über die Elbe nach Hannover rücken und sich hier mit 12,000 Engländern vereinigen sollten. Der König von Schweden hatte sich durch ein besonderes Bündniß mit England verpflichtet, in Stralsund eine Garnison von 8000 Mann zu halten. Stralsund sollte im Nothfall der Rückzugsort des englisch-russischen Heeres werden. Durch ein neues Bündniß vom 3. Oktober verpflichtete sich der König Gustaf IV. gegen englische Subsidiengelder mit 12,000 Mann am Kriege direkten Antheil zu nehmen. Er ließ darum aus Schweden soviel Truppen nach Pommern übersetzen, daß seine dort stehenden Streitkräfte die vertragsmäßige Stärke erhielten.

Mitte Oktober landeten die Russen auf Rügen und marschirten durch Pommern, Mecklenburg und Hannover nach Hameln, das die Franzosen besetzt hatten, und schlossen es ein. Von den schwedischen

Truppen folgten dabei 1100 Mann unter dem Obersten Cardell bis zur Elbe. Anfang November wurde diese Abtheilung noch durch weitere 1200 Mann unter dem Obersten Morian verstärkt, der den Befehl über das ganze schwedische Detachement übernahm.

Am 31. Oktober erklärte der König Gustaf IV. an Napoleon den Krieg und traf Tags darauf in Stralsund ein, um den Oberbefehl über seine Truppen selbst zu übernehmen. Er zögerte mit seinem Vorrücken wegen der zweifelhaften Haltung Preußens. Erst Anfang Dezember trat die schwedische Feldarmee ihren Marsch nach der Elbe an. — Nach dem Archiv des topographischen Korps bestand die Armee aus einer Kavallerie-Brigade zu zwei Regimentern, vier Infanterie-Brigaden zu je drei Bataillonen, deren Gesammtstärke zwischen 1900 und 1600 Mann schwankte, und 820 Mann Artillerie. — In Stralsund verblieben als Garnison die beiden Bataillone des Leib-Regiments der Königin mit 946 Mann und die beiden Bataillone des Regiments Engelbrechten 966 Mann nebst 100 Mann Fortifikationspersonal und 50 Matrosen. — Die ganze schwedische Armee in Deutschland zählte einschließlich der Offiziere 12,125 Mann, jedoch waren darin auch nur präsent 370 Offiziere, 366 Unteroffiziere, 196 Spielleute und 8516 Korporale und Gemeine.

Am 27. November ging Morian über die Elbe und besetzte Lüneburg. Zwischen dem 4. und 7. Dezember brachen die übrigen schwedischen Truppen, 6000 Kombattanten, von Pommern auf, überschritten am 20. Dezember mit der halben Stärke unter dem Befehle des Generallieutenants Wachtmeister die Elbe und nahmen um Lüneburg hinter der Ilmenau die Winterquartiere, während die andere Hälfte der schwedischen Armee unter Generallieutenant Armfelt zwischen Lauenburg und Dremitz auf dem rechten Elbufer verblieb. Der König Gustaf nahm sein Hauptquartier in Lüneburg. Da traf die Nachricht von der Schlacht bei Austerlitz und den Friedensverhandlungen zwischen Oesterreich und Frankreich ein. Die Russen hoben sogleich die Belagerung von Hameln auf und zogen sich hinter die Aller zurück; das englische Korps ging nach der unteren Weser. Ueber beide Armeen erhielt Gustaf IV. den Oberbefehl. Zwei Wochen nach der Austerlitzer Schlacht schloß Preußen mit Frankreich einen Bündnißvertrag, in welchem es gegen die Abtretung des Fürstenthums Anspach an Baiern, wie des Fürstenthums Neufchatel und der Festung Wesel an Frankreich, das Kurfürstenthum Hannover in Besitz nehmen sollte, welches Frankreich gar nicht rechtmäßig besaß und wodurch Preußen zu England in ein feindliches Verhältniß gebracht wurde. Im Februar 1806 nahm Preußen von Hannover und Lauenburg Besitz. In Folge dessen zog König Gustaf IV. seine Truppen aus Hannover zurück. Er behielt nur noch Lüneburg mit 1000 Mann unter dem Oberstlieutenant Loewenhjelm besetzt. Auf Anrathen Englands und Rußlands zog Gustaf auch dieses Detachement zurück, Lauenburg aber noch besetzt haltend. Am 3. April versammelte er wieder seine ganze Armee in Pommern. Preußen machte bei dem Könige Gustaf vergebliche Vorstellungen wegen der Besetzung von Lauenburg und forderte von Schweden die Räumung dieses Gebiets. Da diese nicht erfolgte, rückten am 23. April 1100 Preußen dort ein und zwangen in einem Gefecht am Schaadensee das dort stehende nur 232 Mann starke Detachement des Oberstlieutenant Loewenhjelm über Gadebusch, Wismar und Rostock sich nach Pommern zurückzuziehen. In Folge dieser offenen Feindseligkeiten ließ Gustaf IV. Anfang Mai die preußischen Ostseehäfen von Swinemünde bis Memel durch eine Flotte unter dem Kontre-Admiral Cederstroem blokiren und brach alle Beziehungen zu Preußen ab.

Zur Sicherung des Landes für den Fall ernster Ereignisse beschloß der König, eine pommersch-rügensche Landwehr zu errichten, in welche die männlichen Bewohner der Provinz von 19 bis 26 Jahren einzutreten verpflichtet waren. Die pommerschen Landstände wollten der Verordnung nicht unbedingt Folge leisten, sondern erklärten, daß sie bei den deutschen Reichsgerichten wegen der Verfassungsverletzung klagen würden. Gleichwohl trat die Landwehr Ende Juni zusammen und betrug in 6 Bataillonen, die eine Etatsstärke von 600 Mann hatten, 2667 Mann.*) Der König, den der Widerspruch der Landstände gereizt hatte, erklärte, daß er die ganze bisherige pommersche Verfassung aufhebe. Er entließ die pommersche Regierung und ernannte den Generalgouverneur von Essen zum alleinigen Vollstrecker der königlichen Befehle.**)

Pommern und die dort stehende schwedische Armee waren durch die bisherigen Kriegsereignisse nicht berührt worden. — Am Schlusse des Sommers besserte sich auch das Verhältniß Schwedens zu Preußen, nachdem sich dieses zum Kriege gegen Napoleon entschlossen hatte. Als die preußischen Truppen Hannover und Lauenburg räumten, besetzte Loewenhjelm Lauenburg am 18. August wieder, schon am 20. August wurde die schwedische Blokade der preußischen Ostseehäfen aufgehoben. Am 6. September wurde das Detachement in Lauenburg durch zwei Bataillone und vier Geschütze verstärkt, es waren hier jetzt etwa 1500 Mann unter Oberst Morian vereinigt.

-----

*) Archiv des topographischen Korps.

**) Die geschichtlich merkwürdige Verordnung Gustavs IV. siehe: Abriß der Geschichte Pommerns und Rügens von J. H. Biesner.

Am 14. September verließ König Gustaf IV. Pommern und kehrte nach Schweden zurück, wohin er eine Infanterie=Brigade und vier Schwadronen mitnahm. Den Oberbefehl in Pommern übertrug er dem Generalgouverneur Essen, unter dem General Armfelt kommandirte. Im Ganzen betrugen die pommerschen Streitkräfte ohne die noch wenig ge= übten und noch in ihrer Heimath befindlichen Landwehren nur 7000 bis 8000 Mann.

In Folge der Katastrophen bei Jena und Auerstaedt rückten die Franzosen, die die preußischen Truppen unter Blücher verfolgten, trotz Morians Protest in Lauenburg ein. Da Morian von Stralsund schon abgeschnitten war, eilte er Lübeck zu erreichen, um sich von hier nach Stralsund einzuschiffen. Am 3. November erreichte er es und mußte sich den Eintritt erzwingen. Die Einschiffung konnte nicht sogleich vor sich gehen und so war Morian noch in Lübeck, als Blücher dorthin ge= langte und die Franzosen die Stadt stürmten. Diese zwangen auch noch die in den Schiffen auf der Trave liegenden Schweden zur Ueber= gabe, Morian entkam nur mit einer Kompagnie und zwei Schwadronen nach Stralsund. Die gefangenen Schweden wurden nach Frankreich transportirt. General Essen ließ bei der Annäherung der Franzosen einen Grenzkordon zwischen Dammgarten und Anklam ziehen. Hierzu verwendete er 500 Jäger, die aus schwedischen Indelta=Bataillonen herausgezogen waren, und 500 Husaren. Am 29. Oktober wurde Stral= sund auf königlichen Befehl in Belagerungszustand erklärt.

Die Truppenkräfte des General Essen reichten nicht aus, den heran= rückenden Franzosen unter Marschall Mortier im offenen Felde entgegen= zutreten. Essen mußte auf eine energische Vertheidigung hinter den Wällen von Stralsund Bedacht nehmen und verstärkte diese mit großem Eifer.

Am 12. Dezember traf Mortier mit seinen Truppen*) südlich der Peene ein, nahm Stellung an diesem Grenzfluß Pommerns und verlegte sein Hauptquartier nach Anklam. Zu Anfang des Jahres 1807 langten 2700 Mann Verstärkung aus Schweden für Essen an, es gingen aber 1200 Mann, die für den Dienst nicht tauglich waren, zurück. Essen theilte seine Armee in eine Kavallerie= und fünf Infanterie=Brigaden. Die 5. Brigade kommandirte Oberst Normann, der Chef des Leib=Regi= ments der Königin. In dieser Brigade standen das Regiment Königin und das Regiment Engelbrechten.

---

*) Hoepfner giebt in seinem Werke über den Krieg von 1806 und 1807 die Stärke Mortiers auf 30,000 Mann an, es dürfte diese Zahl sehr hoch gegriffen sein. Nach andern Quellen waren es nur 15,000 Mann.

Napoleon gab Mortier den Befehl, auch in Pommern einzurücken. Mortier überschritt in zwei Kolonnen am 28. Januar 1807 die zugefrorene Peene. Die Division Grandjeau mit der Kavallerie und dem Artilleriepark ging bei Anklam, die Division Dupas bei Loitz über. Die schwedischen Grenzposten, Jäger und Husaren, zogen sich fechtend vor den Franzosen langsam zurück. Mortiers rechter Flügel ging über Greifswald, der linke Flügel über Grimmen gegen Stralsund vor. Vor dieser Stadt erschienen die Franzosen am 30. Januar und begannen die Blokade. General Essen war ein thatkräftiger Vertheidiger, er vertheilte seine Streitkräfte auf die Festungswerke. Die 5. Brigade des Obersten Normann hatte die Nord- oder Knieperfront zu besetzen und zu vertheidigen. Mortier versuchte bald, Stralsund von dem Dänholm und Rügen abzuschneiden. Die Schweden befreiten aber ihre Kanonenschaluppen aus dem Eise, fuhren in den Sund ein und beschossen am 1. Februar die Franzosen in ihrer Stellung südlich Stralsund bei Andershof. Essen machte am 10. und 12. Februar und am 1. und 14. März Ausfälle gegen das französische Einschließungsheer. Der letzte Ausfall war der blutigste; er wurde von dem Obersten Cardell geführt und richtete sich gegen eine von den Franzosen errichtete Redoute. Der Angriff auf dieses Werk mißlang trotz des Muthes der Angreifer, in Folge eines heftigen Regens, der die lehmigen Wälle so aufgeweicht hatte, daß sie nicht erstiegen werden konnten. Das Regiment Engelbrechten hatte blutigen Antheil an diesem Ausfalle, der den Schweden 300 Mann kostete. Die Franzosen verfolgten sie bis auf das Glacis des Knieper-Brückenkopfes.

Napoleon, der sich eines Erfolges bei Stralsund sicher glaubte, befahl, daß Ende März Mortier mit dem größeren Theile seiner Truppen nach Kolberg abzöge. Mortier trat seinen Marsch dorthin am 29. März an und ließ nur Grandjeau mit vier Infanterie- und zwei Kavallerie-Regimentern vor Stralsund. Als Essen die Schwächung der ihm gegenüberstehenden Franzosen erfuhr, beschloß er mit Armfelt den Feind durch einen großen Ausfall zurückzuwerfen. Am 1. April brachen die Schweden, 10 Bataillone, 8 Schwadronen und 23 Kanonen stark, in zwei Kolonnen aus Stralsund vor. Bei der rechten Flügelkolonne unter Essen war ein Bataillon des Regiments Königin, bei der linken unter Armfelt und Vegesack ein Bataillon Engelbrechten.*) Es kam zu einem ernsten Gefechte bei Lüdershagen, durch welches Grandjeau auf Greifswald zurückgeworfen wurde.

---

*) So berichtet Mankell. Daß die 5. Brigade getheilt wurde, geschah wohl, weil sie zur Verstärkung der 3. und 4. Brigade dienen und ein Theil derselben zum Dienst auf den Wällen zurückbleiben mußte.

Am 3. April besetzte Essen mit der rechten Flügelkolonne Demmin, das die Franzosen bei seinem Anrücken räumten. Armfelt war der französischen Hauptmacht über Greifswald nach Anklam gefolgt und nahm in heißem Kampfe diese Stadt und wichtige Stellung ein. Die Franzosen zogen sich unter großen Verlusten nach Stettin*) zurück, wo sie am 7. April anlangten. Der linke Flügel unter Armfelt und Vegesack verfolgte den Feind und besetzte Ueckermünde, Torgelow und Ferdinandshof, Essen blieb mit dem rechten Flügel bei Demmin stehen. Eine Division Kanonenschaluppen drang in das frische Haff ein und landete Truppen, die die Oderinseln Usedom und Wollin besetzten.

Napoleon befahl auf die Meldung von dem Ausfalle und den Erfolgen der Schweden, daß Mortier sogleich gegen diese vorgehen und sie hinter die Peene zurückwerfen solle.

Am 15. April vereinigte Mortier zu diesem Zwecke seine Streitkräfte bei Pasewalk, etwa 13,000 Mann. Er theilte sie in die Divisionen Grandjean und Dupas und die Kavallerie Division Lorge. In der Nacht zum 16. brach Mortier auf und griff Armfelt an. In zwei scharfen Gefechten bei Ferdinandshof und Alt=Cosenow zwang er ihn zum Rückzuge auf Anklam, wo General Essen die Kolonne Armfelts aufnahm. Die Generale Armfelt und Vegesack waren unter den Verwundeten des Tages.

Cardell, der mit etwa 1000 Mann von Torgelow nach Ueckermünde vorgerückt war, sah sich durch die rückwärtige Bewegung Armfelts von dem Hauptheere abgeschnitten. Er begann sich darum in Ueckermünde einzuschiffen, wurde aber dabei von den Franzosen angegriffen und mußte 677 Mann und 4 Kanonen in ihren Händen lassen. Mit 300 Mann entkam Cardell nach Stralsund.

Das siegreiche Vordringen der Franzosen bestimmte Essen mit Mortier in Verhandlungen wegen einer Waffenruhe einzutreten. Sie wurde am 18. April zu Schlatkow bei Anklam abgeschlossen, danach räumten die Schweden Usedom und Wollin wieder und verpflichteten sich, den Feinden Napoleons keinen Vorschub leisten noch Landungen gestatten zu wollen. Die Kündigungsfrist des Waffenstillstandes war auf 10 Tage bemessen. Zwei Tage später wurde zu Bartenstein ein Bündniß zwischen Schweden und Preußen abgeschlossen, wonach Preußen 5000 Mann nach Pommern senden sollte, die durch Heranziehung von Versprengten aus allen Theilen der Monarchie auf 10—12,000 Mann verstärkt werden

---

*) Die preußische Festung Stettin war am 29. Oktober 1806 von Romberg den heranrückenden Franzosen ohne den Versuch eines ernsten Widerstandes übergeben worden.

sollten. Ueber das verbündete Heer sollte der König von Schweden den Oberbefehl führen und gegen die Franzosen operiren, um diese aus Berlin zu werfen.

Am 12. Mai traf der König Gustaf von Ystadt wieder in Stralsund ein. Er erklärte die meisten Bedingungen des Waffenstillstandes für ungiltig, wodurch der Wiederausbruch der Feindseligkeiten gewiß wurde. Ende Mai und Anfang Juni langten die preußischen Truppen auf Rügen an. Blücher, der am 29. Mai in Stralsund eingetroffen war, führte den Befehl über diese Truppen. Die preußischen Truppen wurden zwischen dem 12. und 18. Juni von Rügen nach Pommern verlegt und nahm dann die vereinigte Armee derart Stellung, daß die schwedische 3. Brigade zwischen Barth und Richtenberg, die 4. zwischen Richtenberg und Grimmen, die Preußen zwischen Grimmen und Greifswald, also auf dem linken Flügel lagen. Die 5. schwedische Brigade, die beiden deutschen Regimenter Königin und Engelbrechten verblieben als Garnison in Stralsund. Die Vorpostenlinie lief von Dammgarten über Loitz nach Anklam.

In einer zu London am 17. Juni abgeschlossenen Konvention hatte sich auch England verpflichtet, 10,000 Mann hannöverscher Truppen nach Rügen zur Vereinigung mit den Verbündeten zu senden. Es kamen aber nur 5,500 Mann, die am 5. und 9. Juli unter dem Lord Cathcart auf Rügen landeten.

Am 3. Juli hatte der König Gustaf den Waffenstillstand gekündigt, am 13. sollten die Feindseligkeiten wieder beginnen.

Napoleon hatte den Oberbefehl über die französischen Truppen in Mecklenburg und Pommern inzwischen dem Marschall Brune übertragen. Dieser verfügte über 40,000 Mann in 5 Divisionen. Molitor stand bei Ribnitz, Boudet gegen Triebsees, Loison bei Demmin, Grandjeau bei Anklam, die Reservedivision bei Loitz. Gegen die französische Uebermacht wollte der König den Kampf muthig aufnehmen, als sich plötzlich die Verhältnisse änderten. Blücher mußte in Folge der Tilsiter Friedensverhandlungen Pommern verlassen, die Engländer sollten nur auf Rügen bleiben. Der König konnte so nur noch 8000 Schweden und die Besatzung von Stralsund dem Feinde entgegenstellen. Seine Lage war sehr schwierig. Er zog sich darum näher an Stralsund heran. Die 3. Brigade unter General Toll ging nach Pütte, die 4. unter General Wrede nach Brandshagen. Am 13. Juli überschritten die französischen Truppen die Grenze und drängten überall die Schweden zurück. Molitor rückte auf Hanshagen, Boudet auf Richtenberg, Grandjeau ging nach Greifswald. Die andern französischen Truppen gingen auf Grimmen und Demmin vor. Am 14. Juli wurden die Schweden unter schwachen Gefechten näher an Stralsund herangedrängt. Am 15. erschienen die Divisionen Molitor, Boudet und Loison vor der Festung. Grandjeau blieb in Greifswald zur Ueberwachung der preußischen Truppen auf Usedom und Wollin. Die Reserve blieb bei Grimmen.

In diesen Tagen waren gerade 4 Bataillone Finnen bei den Schweden eingetroffen, sie wurden als 5. Brigade formirt und wurde die Brigade der beiden deutschen Regimenter die 6. Nach Stralsund rückten nun auch drei Bataillone der englisch-hannöverschen Truppen von Rügen, wohin dafür einige Bataillone Schweden und das Hauptquartier gingen. General Vegesack übernahm den Befehl über die Truppen in Stralsund; General Peyron war Kommandant der Festung. Die gesammten Streitkräfte, einschließlich der Engländer, die auf dem Kriegs-schauplatz, in Stralsund und auf Rügen unter dem Befehl des Königs Gustaf vereinigt waren, betrugen 20,000 Kombattanten, die Besatzungs-truppen und Landwehren mitgerechnet.

Die ersten drei Wochen verwendeten die Franzosen zur Verschan-zung ihrer Position vor Stralsund, das sie vollständig einschlossen.

Es fanden vielfache Kanonaden statt, an denen sich die schwedischen Kanonenschaluppen betheiligten.

Am 6. August machten die Franzosen einen allgemeinen Angriff auf die Vorposten der Festung und trieben sie bis auf den gedeckten Weg zurück. Bald darauf verließen auch die Engländer Stralsund und Rügen; die Schweden standen den Franzosen allein gegenüber. Diese eröffneten unter der Leitung des Generals Chasseloup in der Nacht zum 16. August die Lanfgräben gegen alle drei Fronten und näherten sich in den folgenden Nächten der Festung mit großer Geschwindigkeit. Ver-geblich versuchte die zahlreiche schwedische Artillerie das Vordringen der Franzosen aufzuhalten. Die Gefahr für Stralsund wuchs mit jedem Tage. Da bat die Bürgerschaft den König, die Gefahr, die der Stadt durch eine Belagerung drohte, von ihr abzuwenden. — Es wohnte in der Bevölkerung Stralsunds nicht mehr der Geist, der ihre Väter zum Widerstande gegen Wallenstein beseelt hatte. — Der König gab nach und ließ die Besatzung Stralsunds in den Nächten zum 18., 19. und 20. August nach Rügen so heimlich übersetzen, daß die Franzosen es nicht merkten. Alle Geschütze waren vorher vernagelt worden. Am 20. August wurden die Thore Stralsunds dem Marschall Brune geöffnet und die Festung durch den Kommandanten, General Peyron, übergeben.

Brune war nicht gesonnen mit der Besitznahme Stralsunds den

Feldzug als beendet anzusehen. Zur Sicherstellung seiner Eroberung schien ihm der Besitz des Dänholms und der Insel Rügen unerläßlich. Obschon die Schweden alle Fahrzeuge nach Rügen mitgenommen hatten, gelang es Brune doch, 100 Fahrzeuge aller Art zu sammeln und 1200 Mann nach dem Dänholm überzusetzen, um die dortige Besatzung gefangen zu nehmen. Nun trafen die Franzosen alle Anstalten, auch nach Rügen überzusetzen.

König Gustaf verließ am 6. September Rügen und kehrte in sein Reich zurück. Den Oberbefehl über die auf Rügen bleibenden Truppen übergab er dem General Toll. Dieser wollte nicht unnöthig die kleine Armee bei der Vertheidigung von Rügen gefährden und schloß mit dem Marschall Brune ein Uebereinkommen ab, wonach die Schweden binnen Monatsfrist die Insel räumen und freien Abzug nach Schweden haben sollten. Am 9. September setzten die ersten Franzosen nach Rügen über. Am 27. September verließen die letzten schwedischen Truppen diese Insel. Tod, Desertion, Gefangenschaft, Krankheit und die Entlassung der pommer-schen Landwehr hatten die Reihen des schwedischen Heeres sehr gelichtet. — Die beiden Regimenter vertauschten ihre Garnison Stralsund mit schwedischen Kantonnementsquartieren.

Einer friedlichen Zeit gingen die Regimenter hier nicht entgegen. König Gustaf IV. gerieth mit dem Kaiser von Rußland sehr bald in ernste Differenzen. Er war von diesem vergeblich aufgefordert worden, dem Kontinentalsystem beizutreten und den Verträgen wegen der nordischen Allianz gemäß den Engländern die Häfen der Ostsee zu verschließen. Gustaf erklärte, die Lage der Dinge sei zu verändert, als daß er an früheren Verpflichtungen festhalten und der an ihn gestellten Aufforderung Folge geben könne. Auf diese Erklärung hin brach ein russisches Heer 1808 sogleich und ohne Kriegserklärung in Finnland ein. Die dort be-findlichen schwedischen Truppen unter Feldmarschall Graf Klingspor waren zu schwach, um ernsten Widerstand leisten zu können. Abo und Swert-holm gingen an die Russen verloren, die auch am 8. Mai das für un-überwindlich gehaltene Sweaborg sammt der im Hafen liegenden Scheeren-flotte eroberten. Unmittelbar darauf erließ Kaiser Alexander 1. ein Manifest, durch welches das Großfürstenthum Finnland dem russischen Reiche einverleibt wurde. Gustaf war über diesen russischen Angriff aufs höchste empört. — Gleichzeitig mit der Eröffnung der russischen Feind-seligkeiten hatte aber auch Dänemark an Schweden als den Bundes-genossen Englands den Krieg erklärt.

Ein schwedisches Heer von 20,000 Mann unter Armfelt brach zur Eroberung Norwegens auf; es wurde indeß bald mit Verlust zum Rückzuge genöthigt, und die Dänen machten unter Anführung des Prinzen von Holstein-Augustenburg sogar einige Streifzüge in Schweden. Der Feldmarschall Graf Klingspor hatte sich inzwischen an die Spitze der schwedischen Armee in Uleaborg gestellt und verfuhr wiederum angriffs= weise im nördlichen Finnland, während General Vegesack in Abo landete. Bei den Truppen Vegesacks befand sich in der Alands-Brigade 1 Ba= taillon Königin, 458 Mann stark, und 1 Bataillon Engelbrechten, 394 Mann stark. Vegesack drang glücklich in Finnland vor, am Ende des Feldzuges aber waren die Russen wieder im völligen Besitz von Finnland und blieben in demselben in Folge des zu Lochto abgeschlossenen Waffenstillstandes und der darauf folgenden Konvention zu Olkioki. Von der finnischen Armee wurden 10,400 Mann auf die Alandsinseln, westlich Finnland, verlegt. Diese zur Vertheidigung der Inseln bestimmten Truppen waren in drei Brigaden getheilt. Bei der zweiten befanden sich die beiden Regimenter, die zu dieser Zeit nur schwach waren.

Das Leib-Regiment der Königin hatte in seinen 2 Bataillonen anfangs Oktober 723 Mann, das Regiment Engelbrechten 694 Mann.

Bereits bei Ausbruch des russischen Krieges hatte das Volk seine Unzufriedenheit laut geäußert. Die Stimmung gegen den König wurde durch den unglücklichen Gang des Krieges gesteigert. Als Gustaf zur Fortsetzung des Kampfes neue Anstrengungen machte, den Soldaten der finnischen Armee die Verletzung ihrer Schuldigkeit zur Last legte und mit Strenge gegen sie verfuhr, brach in der Armee im März 1809 eine Verschwörung aus. Von den an der norwegischen Grenze stehenden Truppen rückten 6000 Mann gegen Stockholm vor. Gustaf wollte sich anfänglich hier gegen die Aufrührer vertheidigen, später beschloß er aber, erst hinlängliche Streitkräfte zu sammeln. Zu diesem Zwecke verlangte er einen Vorschuß von zwei Millionen aus der reichsständischen Bank; und als diese Gelder ihm verweigert wurden, traf er Anstalt, sich der= selben durch die Bürgergarde zu bemächtigen.

Am Morgen des 13. März erschienen die Generale Klingspor und Adlerkreutz vor dem Könige und baten ihn dringend, andere Maßregeln zu ergreifen. Als aber der König, solcher Sprache ungewohnt, Adler= kreutz aus dem Zimmer wies, kehrte dieser, begleitet von dem Hof= marschall Silversparre und fünf Adjutanten, zurück und erklärte: Er verhafte den König im Namen der Nation.

Von den Verschworenen wurden zuverlässige Truppen aufs Schloß gezogen, um Volksbewegungen zu verhindern; an demselben Tage noch machte der Herzog Carl von Südermanland bekannt, daß er die Regie= rung vorläufig übernommen habe, da der König durch eingetretene Hinder= nisse außer Stand gesetzt sei, dieselbe fortzuführen.

Während dieser unerhörten Ereigniffe, die nur in einem Lande möglich waren, in welchem eine oligarchische Verfaffung faft ein Jahrhundert hindurch beftanden hatte, und wo die Offiziere gewohnt waren am Parteiftreit theilzunehmen, ftanden die beiden Regimenter noch auf den Alandsinfeln, unbetheiligt an der verabscheuungswerthen That einzelner Truppen des schwedischen Heeres, zu denen fogar in erfter Linie die Garden gehörten.

Erft im Auguft 1809 wurden die beiden Regimenter auf Aland nach Schweden eingeschifft. Hier formirte jedes Regiment ein Feldbataillon. Die beiden Bataillone wurden der 2. Brigade der Küftenarmee zugetheilt, während die Refte der beiden Regimenter in verschiedene Garnisonen verlegt wurden.

In demselben Monat nahm ein Bataillon von jedem der beiden Regimenter an einer Seeexpedition nach Rathan (Norrland) Theil. In dem Gefecht am 19. Auguft bei Säfvar war das Regiment Königin unter dem Befehl des Majors Hennings beim Beginn des Kampfes auf der Brücke des Fluffes aufgeftellt, welcher die Hauptftellung des schwedischen Korps deckte. Eine kleinere Abtheilung ftand auf dem äußerften weftlichen Flügel bei Öfterboda. Als die Ruffen diesen Flügel zu umgehen anfingen, eilte der Reft des Regiments herbei, es gelang ihm zwar durch eine lebhafte Attacke den Feind zurückzuwerfen, indeffen mußte das Regiment fich gleich darauf in die frühere Stellung zurückziehen.

Als bald darauf der schwedische Oberbefehlshaber den Kampf in Folge des heftigen Vordringens der Ruffen abbrechen mußte, wurde das Regiment Engelbrechten dazu ausersehen, den Rückzug zu decken. Diesen Auftrag führte das Regiment, das an diesem Tage von dem Oberftlieutenant v. Gützkow geführt wurde, mit Ruhe und Tapferkeit aus. Beide Bataillone betheiligten fich an dem am folgenden Tage ftattfindenden Gefecht bei Rathan. —

Im Juni beftieg der Herzog von Südermanland als Carl XIII den schwedischen Thron. Als Thronfolger des kinderlofen Königs wurde der Prinz Chriftian Auguft von Holftein-Sonderburg-Auguftenburg erwählt.

Das erfte Werk der neuen Regierung waren die Abschlüffe des Friedens mit den bekriegten Mächten. Mit Rußland kam der Friede im September 1809 zu Stande, Schweden verlor dadurch Finnland und Ofterbotten. Mit Dänemark und Frankreich schloß Schweden Frieden ohne Länderverluft.

Durch den am 6. Januar 1810 mit Frankreich abgeschloffenen

Frieden gelangte Schweden wieder in den Besitz von Pommern. Nicht lange nachher, sobald es die Schifffahrt gestattete, fuhren die beiden Regimenter Königin und Engelbrechten von Ystadt nach Rügens Küste.

Die beiden Regimenter wurden auf Stralsund und viele andere Garnisonen vertheilt. Das Regiment Engelbrechten kam nach Stralsund und detachirte einige Kompagnien nach Barth und anderen Orten, das Leib-Regiment der Königin nahm seine Garnison mit einem Bataillon in Stralsund, mit einem in Greifswald. Die beiden heimgekehrten Regimenter wurden unter die Befehle des Generalgouverneurs Grafen Moerner gestellt. Dieser befahl am 30. März 1811 die Organisation eines pommerschen Landsturms, in den alle Männer von 18 bis 30 Jahren eintreten mußten. Seine Bestimmung sollte sein, die Engländer an einer Landung an Pommerns Küste zu hindern. Zu Kommandeuren der Landsturmbataillone wurden Offiziere von beiden Regimentern bestimmt. Aus dem Landsturm wurden auch Mannschaften zur Kompletirung der beiden Regimenter auf je 1200 Mann nach einer Verordnung vom 11. Mai entnommen.

Nach der Vertreibung Gustaf IV. Adolfs und den Friedensschlüssen war Schweden zu Frankreich in die Beziehungen getreten, die Napoleon damals ganz Europa mit Ausnahme Englands aufgezwungen hatte.

Durch den sehr bald erfolgenden unerwarteten Tod des zum Thronfolger erwählten Prinzen von Holstein war Schweden zur Wahl eines anderen gezwungen. Diese Wahl fiel auf den französischen Marschall Bernadotte, der als Kronprinz von Schweden im Oktober 1810 dort eintraf. Dennoch blieb das Verhältniß mit Frankreich ein gespanntes. Auf das Drängen Frankreichs mußte Schweden im Dezember 1810 an England den Krieg erklären und dem Kontinentalsystem beitreten. Stralsund und der pommersche Küstenhandel wäre dadurch ruinirt worden, wenn nicht England in Würdigung der Lage Schwedens alle Rücksichten gegen dieses Land genommen hätte. Dadurch wurde aber Napoleon mißtrauisch gegen Schweden. Dazu kam noch, daß persönliche Feinde Bernadottes den Zwist immer ernster zu gestalten bemüht waren.

Alle Maßnahmen Schwedens gegen England genügten Napoleon nicht, erfüllten ihn im Gegentheil mit Mißtrauen. Er befahl darum, nachdem er mit Gewaltmaßregeln gedroht hatte, dem in Norddeutschland kommandirenden Marschall Davoust, Prinz von Eckmühl, ohne Kriegserklärung mitten im Frieden schwedisch Pommern zu besetzen.

Am 27. Januar 1812 rückte General Friant über die Grenze. An einen Widerstand war nicht zu denken. Der General versicherte, daß der Einmarsch in schwedisch Pommern sich auf freundschaftliche Verträge, die

zwifchen dem Kaifer der Franzofen und dem König von Schweden ge-
fchloffen feien, gründe; daß die franzöfifchen Truppen nur als Freunde
erfchienen feien, jedoch während ihres Aufenthaltes in Pommern von
dem Lande unterhalten werden müßten. Pommern mußte fich fügen.
Die beiden Regimenter und der Landfturm konnten die Franzofen des
Prinzen Eckmühl nicht zurückdrängen.

Der Dienft in Stralfund und Greifswald, wo das Bataillon Königin
verblieb, wurde zwifchen dem fchwedifchen Generalgouverneur und dem
franzöfifchen General derart geregelt, daß fchwedifche und franzöfifche
Wachen den Dienft gemeinfam thun follten. Daß das Einvernehmen
kein gutes und ehrliches fein konnte, ergiebt fich von felbft. So erging
auch am 1. Februar die geheime Generalordre, daß die fchwedifchen
Truppen keine Befehle der franzöfifchen Befehlshaber direkt befolgen,
fondern in Höflichkeit abweifen follten, mit dem Vorgeben, daß fie erft
die fchwedifchen Befehlshaber davon in Kenntniß fetzen müßten. Die
Franzofen zeigten fich bald rückfichtslofer gegen die Schweden. Sie verlangten genaue Verzeichniffe des vorhandenen Kriegsmaterials, das fie
unter ihre Obhut nahmen, — Alles aus friedlichen Abfichten. — Im
März wurden Detachements des Regiments Engelbrechten, die von
Poftirungen in Rügen zurückkehrten, entwaffnet. In den erften Tagen
des Monats Mai nahmen die Franzofen fämmtliche Bekleidungs= und
Ausrüftungsftücke von den Kompagniekammern. In einer folchen furchtbaren Lage der beiden Regimenter war die Kataftrophe, die ihnen am
3. Juli bereitet wurde, zu erwarten. Die Franzofen zwangen an
diefem Tage plötzlich die fchwedifchen Trommelfchläger, Generalmarfch
zu fchlagen, während fie fchon in überlegener Zahl unter Gewehr
ftanden. Bevor fich aber die Bataillone der beiden Regimenter fammelten,
waren fchon die Wachen entwaffnet und durchftreiften ftarke Patrouillen
die Straßen, in denen fie die herbeieilenden Offiziere und Soldaten
ergriffen und zu Gefangenen machten. Darauf erklärte der franzöfifche
General die beiden Bataillone des Regiments Engelbrechten und das eine
Bataillon des Regiments Königin für kriegsgefangen; ebenfo wurde das
andere Bataillon Königin in Greifswald überfallen. Es entkamen nur
wenige Offiziere und Soldaten. Die Gefangenen wurden einige Tage
nach dem unerhörten Gewaltakt nach Frankreich abgeführt; nur die
Mannfchaften des pommerfchen Landfturms wurden in ihre Heimath
entlaffen.

Während Napoleon fchwedifch Pommern und Rügen befetzt hielt,
bot er dem Könige Carl XIII. an, diefe Provinz wieder zurückzugeben,
auch Rußland zur Wiederabtretung von Finnland zu zwingen, wenn er

Napoleon ein Hülfskorps von 30,000 Mann stellen wolle. König Carl XIII. war aber zu einem Bündnisse mit Frankreich weniger bereit als zu einem solchen mit Rußland. Der Kronprinz von Schweden schloß persönlich mit dem Kaiser Alexander zu Abo ein Bündniß, in welchem der Besitz von Norwegen Schweden zugesichert wurde. Die Ereignisse zu Ende des Jahres 1812 verzögerten die geplante Eroberung von Norwegen, doch störten sie nicht das Einvernehmen Schwedens mit Rußland und den Gegnern Napoleons.

Mit England wurde wieder Friede geschlossen. Im Januar 1813 erließ die schwedische Regierung ein langes Manifest gegen Napoleon. Am 3. März schloß sie mit England ein Angriffsbündniß gegen ihn ab. In dem Bündnißvertrage versprach Schweden ein Heer von 30,000 Mann nach Deutschland zu senden und dort mit einem russischen Korps zu ver=einigen, über das der Kronprinz von Schweden den Oberbefehl über=nehmen sollte. Dafür verpflichtete sich England den größeren Theil der Kosten für die Ausrüstung der 30,000 Mann zu bestreiten und ver=bürgte die Vereinigung Schwedens mit Norwegen. Im März 1813 war Pommern von den Franzosen geräumt und wieder in schwedischem Besitz.

Die beiden Regimenter Königin und Engelbrechten (der General war nicht unter den gefangenen Offizieren) wurden sogleich wieder auf=gestellt. Die Offiziere und Mannschaften, die dem französischen Ueberfall entgangen waren, eilten in die Reihen der Regimenter, die sich in kurzer Zeit füllten. Hauptsächlich wurden Mannschaften des vorjährigen Land=sturms in die Regimenter eingestellt. Daneben wurde aber auch die Landwehr wieder neu organisirt. Am 25. und 26. März landeten bei Pjerd auf Mönchgut die von Carlscrona ankommenden ersten schwedischen Truppen unter dem Generallieutenant Sandels. Im April traf in Stralsund der General der Kavallerie Adlercreutz ein und übernahm den Oberbefehl über die in Pommern versammelten Truppen. Dieselben sollten nach den Etatszahlen 12,038 Mann zählen, waren aber in Wirklichkeit nur 9419 Mann stark. Im Mai traf der Kronprinz mit dem Rest der Truppen in Stralsund ein. Inzwischen war das preußische Volk zu den Waffen geeilt, um den Erbfeind Deutschlands über seine Grenzen zurückzutreiben. Schweden gehörte als Verbündeter Rußlands und Englands auch zu den Verbündeten Preußens.

An der Spitze des schwedischen Heeres stand der Kronprinz von Schweden, ein französischer Marschall, der auf den Napoleonischen Sieges=gefilden Ruhm und Glück gefunden hatte. Jetzt stand er im Begriff gegen seinen einstigen Herrn und Meister ins Feld zu ziehen. Seine Mitwirkung an den großen Kämpfen Europas mit Napoleon war den

Verbündeten von hohem Werthe. Blücher vor allem war ein großer Verehrer Bernadottes, das zeigt ein Schreiben *) an Hardenberg:

„Mein Tichten und Trachten geht nur dahin, dem Herrn Napoleon an die Haut zu kommen. Wenn nur der Kronprinz von Schweden daran geht, wie ich ihn inständig gebeten, so soll die Sache wohl gehen."

Am 4. Juli war zwischen den Verbündeten und Napoleon ein sechswöchentlicher Waffenstillstand zu Stande gekommen. Die Waffenruhe ermöglichte eine Zusammenkunft des Kaisers Alexander, des Königs Friedrich Wilhelm und des Kronprinzen von Schweden. Er wurde zu einer solchen nach Trachenberg eingeladen. Am 10. Juli traf er dort ein. Durch den Trachenberger Operationsplan wurde der Kronprinz der Generalissimus der Nordarmee.**)

Das schwedische Heer hatte in Pommern und auf Rügen Kantonnements bezogen. Am 3. August befahl der Kronprinz, daß die schwedische Armee am 6. aus ihren Kantonnements abrücken und sich auf Berlin in Marsch setzen solle.

Die beiden Regimenter hatten in der Zeit der Zusammenziehung des schwedischen Heeres in Pommern vielfach ihren Aufenthalt gewechselt. Vor dem Abmarsch der Armee standen sie in einem Lager bei Greifswald. Für die Theilnahme am Kriege war aus jedem Regiment ein Feldbataillon formirt worden. Bei dem Regiment Engelbrechten bildeten die 2., 4., 6. und 8. Kompagnie das vollzählig komplettirte Feldbataillon. In Folge der Gefangenschaft der meisten Offiziere des Regiments waren die Stellen bei dem Bataillon nicht durch die vorschriftsmäßigen Chargen besetzt. — Die Rangliste desselben lautete:

Oberstlieutenant v. Platen.	Lieutenant v. Playsant.
Major Baron v. Boye.	Fähnrich v. Schubert.
Capitain Dryfen.	Fähnrich v. Voß.
Lieutenant v. Bärenfels.	Fähnrich Dahlgreen.
Lieutenant v. Normann.	Fähnrich Aquilon.
Lieutenant v. Effen.	Fähnrich v. Schubert.
Lieutenant v. Hochwaechter.	Fähnrich Hallèn.

Das Bataillon zählte 14 Offiziere, 13 Unteroffiziere, 8 Spielleute, 537 Korporale und Soldaten, 5 vom Unterstab, 4 Troßfahrer, 3 Offizierdiener, 14 Troßpferde, 4 Offizierpferde.

Das Bataillon Königin war gleich stark.

Bei dem Abmarsch der schwedischen Armee aus Preußen blieb die

---

*) Am 16. September aus Bautzen.

**) Geschichte der Nordarmee 1813, Beiheft des Militär-Wochenblatts 1859, redigirt von der historischen Abtheilung des Generalstabes.

6. Brigade, welche sich zu Ende des Waffenstillstandes bei Grevismühlen im Mecklenburgischen konzentrirt hatte, stehen und stieß zu Wallmodens Korps. Diese Brigade kommandirte ursprünglich der Generalmajor v. Engelbrechten, der aber Oberbefehlshaber in Stralsund und Pommern geworden war. Für ihn wurde der Oberst Bergenstrale zum interimistischen Kommandeur der Brigade ernannt, welche zu der Division Vegesack des Korps des Generals Graf Wallmoden Grimborn gehörte. Bei dieser Brigade war bei Beginn des Feldzuges keines der beiden Bataillone. Die Ordre de bataille der Geschichte der Nordarmee führt sie hier irrthümlich*) auf und läßt noch außerdem zwei Bataillone Königin in der ersten Brigade des General Schulzenheim neben den andern zu dieser Brigade gehörigen Leib- und Garde-Regimentern figuriren, während überhaupt nur ein Bataillon Königin im Felde war. Richtig ist, daß das Feldbataillon des Leib-Regiments der Königin zu der ersten Brigade der schwedischen Armee gehörte und daß das Feldbataillon des Regiments Engelbrechten bei der 5. Brigade stand. Der Irrthum scheint dadurch entstanden, daß der General v. Engelbrechten die 6. Brigade führen sollte, die zu der Division Vegesack stieß. Das Bataillon seines Regiments marschirte den aus Pommern gegen Berlin vorrückenden Truppen am 7. August aus Stralsund nach und trat am 17. August in den Verband der 5. Brigade unter dem Obersten Hedenstierna.

Das schwedische Korps der Nordarmee, das der Feldmarschall Graf Stedingk befehligte, stand am 17. August bei Charlottenburg, wo der Kronprinz von Schweden sein Hauptquartier hatte. Von hier aus eröffnete er die Offensive gegen das Heer Oudinots, das zur Wegnahme von Berlin im Anmarsch war, und am 23. August bei Groß-Beeren, nahe dem erstrebten Ziele, geschlagen wurde. Die schwedische Armee stand während der Schlacht bei Ruhlsdorf und sendete nur eine gemischte Kolonne gegen den Feind, als sich dessen Tirailleurs gegen Ruhlsdorf wendeten. Die Bataillone der beiden Regimenter waren nicht im Feuer. Nach der Schlacht von Dennewitz war Oudinots Korps nach Wittenberg an der Elbe zurückgewichen. Napoleon unterstellte dieses Korps dem Marschall Ney, der den Befehl erhielt, die von Oudinot nicht gelöste Aufgabe mit verstärkten Kräften zu erfüllen.

Ney begann am 5. September den Vormarsch gegen Berlin, wurde aber schon am 6. bei Dennewitz unweit Jüterbogk geschlagen. Die

---

*) Auch Mankell ist in demselben Irrthum befangen; er läßt die Bataillone an den Gefechten an der Niederelbe theilnehmen, während sie an der mittleren Elbe fochten. Das uns vorliegende Ordrebuch des Feldbataillons Engelbrechten gestattet keinen Zweifel.

beiden Bataillone nahmen an der Schlacht Theil, das Bataillon Engelbrechten in der Reserve, der „Armée combinée du Nord de l'Alle-
magne." Bernadotte sagt in seinem Tagesbefehl über den Erfolg bei
Dennewitz:

„Alle Truppen haben an Muth und Ergebenheit gewetteifert. Das
heldenmäßige Beispiel, welches die preußische Armee bei dieser Gelegenheit gegeben, ist von der Art, daß es in dem Andenken eines jeden
Kriegers fortleben und alle die befeuern wird, welche für Deutschlands
Unabhängigkeit fechten. Die russischen und schwedischen Truppen, welche
Theil an dem Gefechte nahmen, haben die Anstrengungen ihrer Waffenbrüder tapfer unterstützt."

Am Tage nach Dennewitz ließ der Kronprinz von Schweden in den
Bivouaks einen großen Dankgottesdienst abhalten. Einige Tage später
begannen die Operationen zu einer Vereinigung mit der Armee Blüchers.
Das Ueberschreiten der Elbe war die nächste schwierige Aufgabe. Noch
war Wittenberg in den Händen der Franzosen. Diese Festung zu nehmen
wurde Bülow übertragen. „Da die Armee", so heißt es in den Dispositionen des Kronprinzen vom 14. September, „nicht die Elbe passiren
kann, wenn sie nicht einen festen Punkt auf einem ihrer Ufer in Besitz
hat, überträgt Seine Königliche Hoheit dem General Bülow dieses
wichtige Unternehmen, welches so entscheidenden Einfluß auf die Armee
und ihre Thätigkeit hat, und beauftragt denselben, aus Berlin und
Spandau soviel schweres Geschütz herbeizuschaffen, als zur schnellsten
Eroberung dieses Platzes nothwendig ist; denn so lange der Feind noch
im Besitze des Brückenkopfes von Torgau und der Festung Wittenberg
ist, so lange ist auch Berlin niemals außer Gefahr, und die zu ihrem
Schutze bestimmte Nordarmee nicht im Stande, sich weiter zu entfernen."

Während Bülow bei Wittenberg aufgehalten wurde, ging das schwedische Korps nach Roslau, um hier den Elbübergang zu bewirken. Die
schwedische Avantgarde des Generals Schulzenheim, zu der das Feldbataillon des Regiments Königin gehörte, war voraus über die Elbe
gegangen und hatte sich der Stellung südlich desselben bei Dessau bemächtigt, die aber die Franzosen wieder forcirten. Es kam zu mehreren
Gefechten bei Dessau, bei welchen sich das Bataillon Königin besonders
hervorthat.*) Der Kronprinz sagt über das Gefecht bei Dessau in seinem
Tagesbefehle d. d. Zerbst, 30. September 1813:

„Da der Kaiser Napoleon seinen Generälen den Befehl gegeben

---

*) Für sein Verhalten im Gefecht bei Dessau erhielt der damalige Fähnrich
Wossiblo später im preußischen Dienst noch den Orden pour le mérite. S. S. 23.

hatte, sich um jeden Preis der Stadt Dessau zu bemächtigen, so ward man noch frühzeitig genug davon benachrichtigt, um dem General v. Schulzenheim aufzugeben, sich auf die angefangenen Werke des Brückenkopfs zurückzuziehen. Diese Bewegung wurde am 27. zwischen zwölf und zwei Uhr ausgeführt. Der Feind machte gar keinen Versuch gegen den General Schulzenheim. Der Oberst Björnstjerna, der sich zu Wörlitz befand, erhielt Befehl, auf das rechte Elbufer zurückzugehen.

Ehegestern nahm der Wachtposten, der die Arbeiten bei dem Brückenkopfe deckt, eine Rekognoszirung gegen Dessau hin vor. Die aus der Stadt ausgerückten feindlichen Posten wurden bis in die Straßen zurückgedrängt, und die rekognoszirende Mannschaft zog sich wieder hinter die Brückenkopfswerke zurück. In diesem Scharmützel hatten wir 20 Getödtete und Verwundete. Bald nachher erfuhr man, daß der Feind, nachdem er sich zu Dessau verstärkt hatte, wieder gegen den Brückenkopf vorrückte. Der Marschall Graf v. Stedingk schickte ihm den Obersten Björnstjerna mit 1000 Mann Infanterie, etwas Kavallerie und zwei Kanonen entgegen. Der Feind zog sich eilig in die Stadt zurück und verschloß die Thore. Junge Offiziere und Soldaten ließen sich durch eine bis zur Unbesonnenheit getriebene Tapferkeit hinreißen, stürzten sich, ungeachtet des Gewehrfeuers der Feinde aus den Häusern und von den Mauern herab, auf das Thor und versuchten es mit Beilen zu sprengen. Die eisernen Nägel und Bänder machten es aber unmöglich. Der Oberst Björnstjerna ließ deswegen die Truppen in den Brückenkopf zurückkehren. Da er sich auf 50 Klafter weit entfernt hatte, öffnete der Feind das Thor und feuerte mit 3 Kanonen. Der Oberst machte Halt, erwiderte das Artilleriefeuer und rückte dem Feinde entgegen, der sich wiederum in die Stadt zog und die Thore verschloß. Uns wurden zwei Offiziere getödtet und einige verwundet; an Gemeinen hatten wir 40 Blessirte und und 3—4 Getödtete. Dem Obersten Björnstjerna wurden 3 Pferde unterm Leibe getödtet und verwundet."

Während der Elbübergang bei Roslau den Schweden nicht sehr erschwert wurde, hatte ihn das York'sche Korps bei Wartenburg blutig erstritten. Das schlesische Heer Blüchers und die Nordarmee Bernadottes begannen gemeinsam die Bewegungen auf dem linken Elbufer, die der Schlacht bei Leipzig vorausgingen.

Die Schicksale der beiden Feldbataillone in den kommenden denkwürdigen Tagen trennten sich in Folge der Disposition des Kronprinzen für den 16. Oktober.

„Die schwedische Armee hat zwischen Wettin und dem Petersberge zu bleiben, und dort eine Stellung zu nehmen. Der Feldmarschall

Graf Stedingk hat dort die ganze schwedische Armee zu vereinigen, ausgenommen jene Abtheilung, welche die Brücke von Alsleben beobachtet. Der Marschall Stedingk hat morgen früh um 3 Uhr hundert Mann Kavallerie über Schkeuditz gegen Leipzig vorzuschicken; dieses Detachement hat sich mit dem zu vereinigen, welches der General v. Bülow vorsendet. Die gesammte schwedische Kavallerie ist hinter der Armee aufzustellen. General v. Bülow bezieht die Stellung so, daß sich sein rechter Flügel gegen den Petersberg anlehnt, der linke hingegen die Richtung nach Rabegast hat; er läßt den Flecken Brehna durch Kavallerie besetzen, und sendet Abtheilungen über Schkeuditz, so nahe als möglich gegen Leipzig vor.

Der General Baron Winzingerode nimmt seine Stellung bei Oppin, einem Dorfe zwischen Zörbig und Halle; er behält Zörbig besetzt, und beobachtet den Raum sowohl von Dessau bis Delitzsch, als von dort gegen Leipzig. Die Korpskommandanten haben morgen früh um 3 Uhr Abtheilungen gegen die Elbe zu schicken, als der General Winzingerode nach Dessau, der General v. Bülow nach Aken, der Marschall Stedingk aber nach Bernburg. U. s. w. u. s. w.

Der Generallieutenant v. Hirschfeld und der Oberst Loewenstern haben beide ihre Posten auf das hartnäckigste zu vertheidigen, nämlich der Erstere den von Aken, der Letztere den von Bernburg." —

Zu der nach Bernburg entsendeten Abtheilung gehörte das Feldbataillon Engelbrechten, das hier vom 18. bis 22. Oktober stehen blieb.

Das Feldbataillon Königin nahm an der Völkerschlacht bei Leipzig Theil.

Nach der Schlacht bei Leipzig war der Nordarmee die Bestimmung zugefallen, das nordwestliche Deutschland vom Feinde zu befreien. Am 22. und 23. Oktober marschirte die schwedische Armee unter dem Kronprinzen von Leipzig nach Merseburg. Das Detachement aus Bernburg zog sich über Halle an die Armee heran, welche über Querfurth, Sondershausen, Heiligenstadt nach Göttingen rückte. Der Kronprinz von Schweden wendete sich mit seiner Armee gegen den Marschall Davoust, welcher in und bei Hamburg stand. Nach längerem Aufenthalt in Hannover brach der Kronprinz Mitte November auf und marschirte über Bremen, Zelle, Lüneburg nach der unteren Elbe.

Vom 2. Dezember ab hatte die 5. Brigade, zu der das Feldbataillon Engelbrechten gehörte, die Avantgarde des schwedischen Korps. Am 4. Dezember lag das Bataillon in Harmsdorf bei Ratzeburg; hier erhielt es den Befehl, sich zum Sturm von Lübeck mit Leitern zu versehen. Am 5. Dezember ging es gegen Lübeck vor, das die Franzosen aber ohne Kampf räumten.

Der Kronprinz von Schweden hatte auf dem rechten Ufer der untern Elbe 60,000 Mann vereinigt, mit denen er einen Winterfeldzug in Holstein gegen die Dänen unternahm, mehr dem schwedischen Sonderinteresse folgend als der großen Aufgabe, die er als Führer der Nordarmee zu lösen hatte.

Als der Marschall Davoust die Nachricht von dem Marsche des Kronprinzen von Schweden durch Hannover erhielt, ging er hinter die Stecknitz. Der Kronprinz vereinigte vor weiteren Operationen erst seine Truppen bei Boitzenburg und begann dann seinen Marsch in der Absicht, die Franzosen von den Dänen zu trennen. Das Korps Wallmodens nahm an den folgenden Operationen Theil. Davoust zog sich in Folge dessen auf Hamburg zurück, seine Verbindung mit den Dänen aufgebend, die so der schwedischen Armee allein gegenüber standen. Am 4. Dezember rückte des Kronprinzen Armee in drei Kolonnen über die Stecknitz vor. Die Dänen führte der Prinz Friedrich von Hessen. Durch das Gefecht bei Bornhöft am 7. Dezember war der Prinz von Hessen in eine Stellung an der Eider zurückgewichen.

Das Feldbataillon Engelbrechten war am 9. Dezember der 1. Division des Generals Posse zugetheilt, welche den Auftrag hatte, die Festung Friedrichsort zu nehmen. Nach einem Bombardement kapitulirte die Festung schon in wenigen Tagen. Die Division Posse zog sich wieder an die Armee heran. Das Feldbataillon Engelbrechten trat von der 1. Division wieder zurück und wurde jetzt der 6. Brigade Bergenstrale, der Division Vegesack zugetheilt.

Die Ereignisse in Holstein führten zu Ende des Jahres 1813 zu einem Waffenstillstand zwischen dem Kronprinzen von Schweden und dem dänischen Heerführer. Der Waffenstillstand lief am 5. Januar 1814 ab und begannen die Feindseligkeiten von Neuem nur für kurze Zeit, da die Dänen schon am 9. Januar eine neue Waffenruhe erbaten, welcher am 14. Januar der Friede zu Kiel folgte.

In dem Friedenstraktate trat Dänemark gegen die Insel Rügen und gegen Schwedisch-Pommern das Königreich Norwegen mit Ausnahme der bis dahin dazu gehörigen Faröer-Inseln, Grönland und Island, an Schweden ab und verpflichtete sich, als Verbündeter eine verhältnißmäßige Truppenzahl unter die Befehle des Kronprinzen von Schweden zu stellen.

Dieser Friedenstraktat änderte nichts an der Stellung der beiden Regimenter, sie blieben die deutschen Regimenter in schwedischem Dienste. Ihre beiden Feldbataillone machten in dem seitherigen Truppenverbande den Marsch von Holstein nach dem Niederrhein mit. Das Feldbataillon

der Königin in der 1. Brigade, das Feldbataillon Engelbrechten in der
6. Brigade. Der Marsch begann Ende Januar von Kiel aus und führte
die Armee durch Hannover nach Düsseldorf, wo der Rhein am 4. März
auf Schiffen überschritten wurde. Die beiden Bataillone gingen nach
Elberfeld und Aachen, wo ihre Kommandeure die Funktionen der Kommandanten übernahmen. Am 23. März wurden die beiden Feldbataillone
mit dem südschonenschen Feldbataillon zu einer Brigade unter dem
Obersten Ankarswaerd vereinigt. Diese Brigade wurde der Division
des Erbprinzen Friedrich Louis von Mecklenburg-Schwerin zugewiesen.
Der Prinz löste am 24. März mit seiner Division das Lützowsche
Freikorps vor Jülich ab, welche Festung die Franzosen sehr thätig vertheidigten. Hier lagen beide Bataillone bis zum 5. April auf Vorposten. Bei dem Kugelwechsel zwischen den Vertheidigern der Festung
und den einschließenden Truppen hatten beide Bataillone Verluste. Die
Brigade Ankarswaerd wurde am 5. April von Jülich nach der Maas zur
Blokade von Mastricht entsendet. Schon am 24. April kapitulirte Mastricht.

Während dieser Ereignisse hatte der Krieg durch die Schlacht bei
Paris sein Ende erreicht. Nach dem Abschluß des Friedens zog ein
Theil der in Frankreich, den Niederlanden und Belgien stehenden Heere
in die Heimath zurück. Zu diesen gehörte auch theilweise das schwedische
Korps, das in Folge einer Generalordre am 23. April seinen Rück-
marsch nach Schweden beginnen sollte. Nur eine Division unter dem
General Freiherrn v. Boye sollte noch in Belgien verbleiben und zu
dem Korps des englischen Generals Graham treten.

Die schwedische Armee wurde darum vor ihrem Abmarsch neu ein-
getheilt:

Die 1. Division General Baron v. Posse, 1. und 2. Brigade.

Die 2. Division General Baron v. Sandels, 3. und 4. Brigade.

Die 3. Division General Freiherr v. Boye, 5. und 6. Brigade.

Die 5. Brigade Oberst Bergenstrale.

Regiment Jönköping	2 Bataillone.
" Königin	1 "
" Königin	1 "
" Engelbrechten	1 "
" Bremisches	1 "

Schonensches Husaren-Regiment, 18 Kanonen und 2 Haubitzen.

Auf der Chaussee nach Brüssel inspizirte am 5. Mai der Kronprinz von Schweden zum letzten Male die beiden Bataillone und sprach
ihnen seine größte Anerkennung für ihr Verhalten und für ihre
Leistungen aus.

Am folgenden Tage marschirte die 5. Brigade nach Lüttich, wo sie am 18. Mai eintraf. Hier kamen von Brüssel in 25 Kutschen die Offiziere der beiden Regimenter Königin und Engelbrechten an, die seit dem Ueberfall am 3. Juli 1812 in französischer Gefangenschaft verblieben waren.

Bald nachher begann der Rückmarsch nach Pommern über den Niederrhein durch Westfalen, Hannover und Mecklenburg. Am 6. Juli trafen die beiden Bataillone in Stralsund wieder ein. — Nachdem beide Regimenter sich in der alten Weise wieder formirt hatten, marschirte ein Bataillon Königin nach Greifswald.

Pommern gehörte seit dem 14. Januar zu Dänemark, dennoch blieb es nach wie vor unter schwedischer Verwaltung, da die Dänen Norwegen nur langsam räumten.

Der dänische Besitz ging aus schwedischen Händen an Preußen über, welches durch die Separatverträge *) am 4. Juni mit Dänemark und am 7. Juni mit Schweden den letzten Theil seiner pommerschen Erbschaft erhielt.

Das fernere Geschick der beiden schwedischen Regimenter, Leib-Regiment der Königin und v. Engelbrechten entschied die Kabinetsordre des Königs Friedrich Wilhelm III. vom 15. Dezember 1815, die aus ihnen das 33. Infanterie-Regiment erstehen ließ.

Die lose aneinandergereihten Mittheilungen über die geschichtliche Vergangenheit der beiden Regimenter können nicht als deren Geschichte angesehen werden. Sie zeigen nur den Weg, den beide Regimenter durch die Jahrhunderte gegangen, auf dem sie zu finden sind von dem, der sie sucht und in ernster Forschung bemüht sein wird, die Kenntnisse von der Geschichte beider Regimenter zu erweitern. Das Wenige, was wir zu derselben beitrugen, ist das Resultat langer, mühevoller Forschungen, die jedenfalls mehr Erfolg gehabt haben würden, wenn wir im Stande gewesen wären, in den schwedischen Archiven eingehende Studien zu machen. Nur nach Einem haben wir bei unserer Arbeit gestrebt, nach der Feststellung des Richtigen und Wahren.

Blicken wir nun zurück in die Zeiten, in denen sich die Anfänge der beiden Regimenter suchen lassen, so finden wir den Ursprung derselben zu verschiedenen Zeitpunkten und an verschiedenen Orten.

---

*) Die Verträge finden sich in J. H. Biesner, Abriß der Geschichte Pommerns und Rügens.

Das 1625 geworbene gelbe Regiment war zu Ende des dreißig=
jährigen Krieges (nach der schwedischen Adelsmatrikel) das Leib=Regi=
ment der Königin Christine; auch erzählt der zeitgenössische Historiograph
Pufendorf: „Die deutschen Regimenter zu Fuß wurden (1649) ein=
gezogen" u. f. w. „doch der Königin Leib=Regiment, 1900 Mann stark,
wurde theils nach Riga, theils nach Stockholm geführt. 1655 ist Bengt
Horn Oberst des Leib=Regiments der Königin und von da an läßt es
sich ununterbrochen verfolgen bis 1715, wo es, wie die ganze nach
Deutschland geführte schwedische Armee, in Gefangenschaft gerieth. 1720
wieder neu aufgestellt, bestand es bis zum 3. Juli 1812, wo der französische
Ueberfall es zersprengte. Nach kurzer Zeit war das Regiment wieder
aufgestellt, bis es in dem preußischen 33. Infanterie=Regiment aufging.

Der Ursprung des Regiments v. Engelbrechten läßt sich bis auf
das Regiment Carl Gustaf Wrangel, das 1655 neu aufgestellt wurde,
mit Sicherheit zurückführen; ob dieses Regiment aus dem Leib=Regiment
des Feldmarschalls, oder aus dem 1628 geworbenen Stralsunder Gar=
nison=Regiment hervorgegangen ist, wagen wir nicht zu entscheiden. Von
1655 an läßt sich auch dieses Regiment mit Sicherheit bis zur Gefangen=
nehmung 1715 verfolgen. 1720 auch wieder aufgestellt, sind seine
Schicksale die gleichen, wie die des Leib=Regiments der Königin.

Nicht der Zeitraum des Bestehens eines Regiments, sondern sein
rühmliches Verhalten während desselben begründen seinen guten Ruf.
Darum können wir auf die Vergangenheit der beiden Stamm=Regi=
menter mit stolzer Befriedigung zurückblicken. Sie brachten dem 33. Regi=
ment eine ruhmvolle Geschichte, deren sich dieses Regiment würdig
gezeigt hat.

Möge die Zukunft dem Regiment neuen Ruhm zur Verzeichnung
in seiner Geschichte bringen.

Druck von E. S. Mittler u. Sohn in Berlin, Kochstraße 69, 70.

Chefs, resp. Kommandeure der beiden Stamm-Regimenter.

Leib-Regiment der Königin.	von	bis	Regiment Engelbrechten.	von	bis
Oberst Maximilian von Teuffel, Freiherr von Gundersberg und Meyersberg	1625	1630	Feldmarschall Carl Gustav Wrangel	1655	1676
			Oberst Peter Makelier	1676	1697
			Oberst Ribberhjelm	1697	1699
General Graf Nils Brahe von der Wisingsburg	1630	1632	Oberst von Klinkowstroem	1699	1702
Generalmajor Lohusen?			Oberst Baron Martin Schoultz	1702	1715
Oberst Brinken?			Oberst Graf Carl Posse	1721	1731
Oberst Bengt Horn	1655	1665	Generalmajor Graf Carl August Dohna	1731	1739
Oberst von Delwig	1665	1677	Generalmajor Freiherr Claus Philipp von Schwerin	1739	1750
Mit Sicherheit nicht festgestellt in der Zeit	1677	1715	Oberst Freiherr C. C. von Cronhjort	1750	1757
Generalmajor Johann Wilhelm von Beckern	1720	1721	Oberst Johann Maximilian von Loewenfels	1757	1766
Generallieutenant Freiherr Johann Reinhold Trautfetter	1721	1735	Oberst Freiherr C. C. von Blixen	1766	1779
Generallieutenant Baron Gustav Zülich	1735	1742	Generallieutenant Johann von Pfilanderhjelm	1779	1796
Oberst Graf David Froelich	1742	1748	Generallieutenant Herrmann von Engelbrechten	1796	1815
Oberst Jonas Adlerstrahle	1748	1759			
Oberst Baron Arvid Niclas von Hoepken	1759	1780			
Oberst Ulrich Adelhjelm	1780	1784			
Generalmajor Carl Gustav von Quillfeldt	1784	1803			
Oberst Carl Axel von Normann	1803	1815			

Heere.

Bemerkungen.

---

ls General der Infanterie a. D.
uguſt 1861.

---

ls Generallieutenant und erſter Kom=
mt von Stettin 16. Juli 1846.

---

ls Generalmajor a. D. 27. Sep=
1846.

---

ls Generalmajor a. D. 27. Sep=
1846.

n 30. Auguſt 1840.

---

n 2. März 1847.

---

s Generallieutenant a. D.

---

n 4 November 1863.